한 권으로 읽는

이수명리학

앞서가는 선진 한국 명리의 표지 ★ 李修命理의 理解

신익수 지음 (매일경제신문 기자)

THE LEESOO BAZI ART

Korean Astrology - Four Pillars of Destiny

장서원
도서출판

명리학자 '이수'의 행로, 7년을 돌아보며

뉴밀레니엄 시대의 서막과 함께 혜성처럼 등장한 이수李修 선생은 한 마디로 사학계斯學界 최고의 기재奇才로 꼽을 수 있다. 단순히 두뇌가 명석하고 문장이 탁월한 것에 머물지 않고 명학命學에 대한 남다른 열정과 품었던 원대한 꿈이 범인의 그것과는 한참 달랐다. 선생이 명리학자로 왕성하게 활동했던 3-4년 남짓한 짧은 기간의 초기 행보는 정말 대단했다. 역학계에 끼친 영향력이 지대했고 그것은 전무후무한 일이었다. 간단히 말해 지금 인터넷에 널려 있는 방대한 역학 자료의 십중팔구는 지난 시절 애스크퓨처닷컴www.askfuture.com을 통해 무한 방출되었던 내용이다. '애퓨'의 이수 대표는 저작권이나 비인부전非人不傳 따위의 미명 아래 극소수가 한정적으로 공유하는 학술 문화를 지양했다. IT 초기에 이미 인터넷 문명의 속성을 간파하고 있었다는 얘기다. 오늘날 우리나라 역학易學의 눈부신 발전과 성과는 여기에서 비롯되었다. 스스로 자신의 책이 출간되기도 전에 초고를 공개하기를 마다하지 않았고, 엄청난 양의 토론 자료와 학술 원고, 증험 사례들이 무한정 생산되었다. 그 같은 열린 마음과 자세는 곧 이수라는 개인과 '애퓨' 사이트의 효율적인 프로퍼갠더였는지도 모른다. 아무튼 선생은 등장과 동시에 강호의 수많은 학인들에게 감동을 주는 아이콘으로 한판에 부상했다. 하지만 대립되는 입장을 취하는 이들 또한 적지 않았다. 기득권층은 어디에나 존재하기 마련이다. 그는 거대한 난관을 보통 여유롭게 때론 강단이 있게 극복해 나갔다. 당시 '애퓨' 사이트는 커뮤니티를 위주로 한 환경으로 공개 상담과 토론, 포럼 등 200여개가 넘는 게시판이 연일 성황을 이루었다. 운영자 측에서는 일체 글을 삭제하지 않는 방침을 고수했으므로 간혹 수위를 넘는 비난과 욕설이 난무하기도 했다. 그럴 때마다 어김없이 등장하는 선생의 일도양단, 카리스마가 드러나는 언행은 필자와 같은 동학同學들의 공감과 성원을 얻기에 충분했다. 게다가 '괭도인'이나 '야부리'

등의 필명으로 게시되는 글들은 정말 재미있고 유익했다. 거기엔 반짝이는 지식의 알맹이와 학도들에게 무한한 용기와 영감을 불어넣는 내용들로 가득했다. 지금도 이러한 흔적들을 인터넷의 관련 자료들과 '팔자술필살기'를 통해 찾아볼 수 있다.

선생은 등장부터 요란했다. 유수한 언론의 스포트라이트를 받으며 신세대 명리학자의 등장과 함께 새로운 문화를 예고했다. 애퓨의 서막과 동시에 게재된 인터뷰 기사의 제목이 "애퓨를 나스닥에 상장하겠다"는 포부였다. 아쉽게도 그것은 아직 현실이 되지 못했다. 그는 명리학자나 혹은 술가術家의 역할로 만족하지 못했던 것 같다. 그는 명리학에 담긴 미래 예측의 기능을 확신하고 그것을 통해 거시 경제지표 등의 예측을 통한 빅비즈니스를 꿈꿨다. 선생이 품은 야심은 '애퓨'의 이수서신李修書信을 통해 수차 밝혀지기도 했다. 그는 은행의 외환딜러 출신으로 당시에 이미 증권가에서 유명한 전문분석가로 통했기에 전공과 연계해서 진로를 설정했을 것이라 짐작된다. 그런데 여기에는 단순히 예측 비즈니스로 성공하겠다는 포부 이면에 더 큰 뜻이 담겨 있었다. 한마디로 국부國富에 기여하는 슈퍼콘텐츠를 선조들이 물려준 육십갑자六十甲子에서 창출해낸다는 것이었다. 생각해보라! 이러한 발상이나 실천은 종래의 선학들이 염원한 한자문화권의 부흥 같은 류類와는 차원이 다른 가슴 벅찬 주장이었다. 그래서인지 수많은 학도들의 열렬한 지지와 성원, 자부의 상징이 됐다. 선생은 참으로 폼이 나는 명리학자였다. 때론 경쟁이나 질시의 상대가 되기도 했지만 궁극에는 희망과 응원의 대상이 됐다.

2000년 애퓨를 런칭하며 단박에 사학계의 중심으로 자리매김하기 시작한 선생은 젊은 신진 술사의 패기만만하고 고정관념을 깨는 근사한 모습으로 등장했다. 이듬해 닷컴 거품이 빠질 무렵에도 학교법인 동국학원을 2대주주로 영입하며 승승장구했다. 2002년에는 스포츠조선 계열사의 대표이사로 취임하며 온-오프라인을 동시에 장악해 나가는 CEO로서의 면모를 과시했다. 게다가 한국경제TV의 프로그램 진행자로 또 중앙일보에 오늘의 운세를 연재하며 방송과 신문을 경계 없이 넘나드는 왕성한 활동을 선보였다. 2003년에 이르자 그는 대만의 무릉武陵출판유한공사에 중국인이 아닌 외국인으로는 두 번째, 한국인으로서는 사상 최초로 동양사상서인 '적천수적요滴天髓摘要'를 본토에 출간하는 쾌거를 이룩했다. 일본의 아부태산阿部泰山 이후 세계적인 지명도를 지닌 유일한 한국의 술사術士가 탄생한 것이다. 필자의 생각으로 선생이 이즈음에 술가術家로서의 진로에만 매진했더라면 한결 수월한 길을 가지 않았을까하는 아쉬움이 있다. 2004년에는 '팔자술필살기'와 양택陽宅풍수 관련 서적을 출간하며 일반 독자들의 곁으로 다가가는 행보에 치중했다. 이를테면 월간중앙과 제휴한 대중역학강좌나 풍수프로그램의 진행자로 왕성한 활동을 했다. 이렇게 보면 2000년부터 2004년 초반까지가 명리학자로서 선생의 전성기였다고 볼 수도 있다. 2005년부터 2006년까지의 2년간은 비교적 저조했다. 2005년 '애퓨'는 매직다우닷컴 magicdow.com이라는 사이트를 열며 예측 비즈니스를 본격적으로 지향해 나갔지만 그렇다할 성과를 내지 못했다. 아쉽게도 '애퓨'는 2005년 8월경 5년간의 항해를 마치고 문을 닫았다. 기간 동안 사계에는 무성한 소문이 난무했다. 그간 선생을 질시했던 적지 않은 이들이 매도하기를 서슴지 않았다. 그런데 놀랍게도 그가 침잠했던 기간 중에 한국의 팔자학은 새로운 장(뉴챕터)을 열게 된 것이다. 2004년 애퓨에서 '야부리 특강'으로 연재되던 형충회합刑沖會合의 실전 기법이 '팔자술필살기八字術必殺技'라는 저술로 편집되어 세상에 모습을 나타냈을 때 동호인들의 반응은 실로 대단했다. 그것이 마지막 불꽃은 아니었다. 5년간 소란스럽게 회자되던 '애퓨'의 항진에 정적이 감돌 무렵 선생은 도서출판 '장서원'을 통해 '자평진전리뷰ⅠⅡ'와 '난강망마스터리ⅠⅡⅢ', '적천수적요해설', '적천수스펙트럼ⅠⅡ'등 자평子平의 3대 텍스트를 모두 주해註解해서 출간해 내는 저력을 보였다. 이러한 저술 성과는 명리학사에 서락오徐樂吾 이후 유일한 사례다. 또한 '팔자술필살기'의 보완서인 '팔자술파이널블로'를 출간하며 강호 명리학도들의 갈증을 해소시켰다. 2005년에 선생은 매일경제신문에 한국을 대표하는 창조적 인물 20인 중의 한명으로 선정됐다. 한편 경향신문에는 세계적 명리학자의 반열에 오른 4세대 명리학의 선두주자라는 제하의 전면 인터뷰 기사가 나왔다. 이는 마치 그간의 침묵을 깨고 재차 포효하는 선생의 재등장을 예고하는 서막과 같았다. 하지만 이후 그는 더 이상 대중들 앞에 별달리 모습을 드러내지 않았다. 까닭에 동호인들 사이에 그 이름만 끊임없이 회자되는 전설적 존재로 남을 듯 여겨졌다.

그러다가 선생이 2007년 늦가을에 불현듯 동호인들 앞에 모습을 드러내는 사건이 있었다. 조그마한 하나의 책자와 함께. 제목이 '공망비약空亡秘鑰'이다. Touching the void라는 부제가 달린. 그렇다면 2000년대 초반의 궤적은 활동의 다가 아닌 서막에 불과했던 것일까? 책의 서두에는 이런 말이 있다. "영감으로 가는 유일한 통로는 고독이라 했다. 누가? 괴테다." 외면의 화려함에 비해 내면은 누구보다도 고독했던 것일까? 공개 강연이 예정된 곳은 천안의 단국대학교 국제회의장. 현장에서 선생은 특유의 변함없는 강렬한 포스를 발산하며 팔자학의 원칙과 온고지신溫故知新의 모범을 보여주었다. 공백 기간이 무색하게도 선생의 인기는 여전했고, 선명한 원칙과 지식을 바탕으로 요약해 내는 화려한 실기實技에 대한 찬사를 담아 명리학도들은 그의 컴백을 환영했다.

근자에 외람되이 이수라는 한 개인에 대해 필자의 입장에서 명조命造를 분석해 보았다. 팔자는 乙巳年 甲申月 壬子日 庚戌時로 알고 있다. 乙巳生의 선생은 편인투식偏印透食에 식상食傷이 공망空亡이다. 甲申月 壬子日은 관귀학관官貴學으로 '삼명통회'에 이르길, 학당學堂이 공망空亡을 보면 사유장이분명辭有章而賁名이라고 했다. 게다가 월시月時의 申 지축地軸과, 戌 천문天門의 문축門軸을 구비했으니 명동천하名動天下한다. 협록夾祿의 亥가 있어 戌亥 천문을 다 보았으니 천문을 읽어 내는 철학자요, 사상가로 이름을 떨칠 명命이다. 결론해서 정해진 분수分數로 보자면 크게

실업失業을 일으킬 명命은 아니라고 생각된다. 그렇다면 선생의 향후 진로는 어떤 것일까? 올해 들어 그는 컴백과 동시에 마치 속도전으로 기선을 제압해 나가듯 전국적으로 직계의 문하門下들을 양성했다. 그리고 이수명리학회李修命理學會를 구심으로 한 문제자들의 저술叢書들이 쏟아져 나오기 시작했다. 그간 발표된 선생의 저술은 모두 대만의 무릉출판사를 통해 출간될 예정으로 본토와 화교華僑들이 활동하는 영역에서 또 한 차례의 진검승부眞劍勝負를 예고하고 있다. 이뿐만이 아니다. 구미歐美 시장에도 저술의 발간과 동시에 팔자八字(BAZI) 콘텐츠의 수출을 기획하고 있다. 풍수風水(Fengshui)는 이미 화교들이 선점했다. 그렇다면 선생이 당분간 학자로서의 활동과 성과에 포커스를 맞추고 있는 것일까? 그는 움직였다 하면 파죽지세破竹之勢로 나아간다. 그랬던 인사가 내년 己丑年 한해에는 스스로 잠행潛行을 언급했다. 깨침 후의 여유일까? 이 같은 말은 가볍게 이보전진을 위한 일보후퇴를 하겠다는 얘기로 들릴 수도 있다. 하지만 그가 계획하는 잠행은 오랜 세월 동안 시간과 몸으로 쌓아 온 시금석 같은 엄숙한 불법들을 떨치고 저자거리로 나서 자신을 시험하는 수도승의 만행처럼 의미가 깊을 것이다. 그동안 선생이 주로 속했던 고급 사교계가 아닌 무질서 속에서도 정밀히 굴러가는 서민바닥의 삶들을 연구하려고 철저히 몸을 낮추는 시간을 가지려는 의도가 과연 그다운 결정이라 생각된다. 선생은 늘 술가術家라면 마땅히 세사世事 일반에서 도道를 구해야 한다는 입장을 변함없이 피력해왔다.

필자는 '애퓨'의 이수 대표가 사계에 등장하던 때부터 그의 존재를 알게 됐고 조그만 친교의 관계를 이어오다 2회 문하로 특별한 인연을 맺었다. 이제 필자는 스승이 만행하는 기간 동안 학파의 일원으로 더욱 충실한 삶의 자세를 영위하고자 한다. 인생의 지혜와 때가 묻은 노인 술사에서부터 20대 세내기 신진 세대들에 이르기까지 경계가 없이 하나가 되도록 아우르는 이수학파의 미래를 만들어 가는데 작은 견인차가 되었으면 하는 마음이다. '애퓨'로 상징되는 스승의 그간 행적은 영화에 비유하면 하나의 트레일러에 불과했다고 생각한다. 필자는 확신한다. 이수학파는 역학계가 오랜 기간 꿈꿔 온 고리타분한 한자권의 문화 부흥復興 정도가 아니라, 이 사회의 새로운 문화를 선도하고 새로운 시대를 열어 나가는 너럭바위로 확고히 자리 잡을 것이라는 점을. 그것도 머지않은 기간 내 말이다.

예로부터 한 가지 경서經書를 강술할 줄 아는 사람은 유생儒生이고, 고금의 서적에 두루 통한 사람은 통인通人이라 했다. 고서의 문장을 인용해서 글을 쓰는 사람을 문인文人이고 깊은 사색을 거쳐 글을 짓고 계통 있는 문장을 써내는 사람은 홍유鴻儒라 했다. 보통의 사람들은 홍유를 통인과 견주거나 혹은 유생과의 차이를 알지 못한다. 식견이 있는 자라면 사학계에서 문인을 넘어 홍유의 반열로 손꼽을 수 있는 유일한 인사가 누구인지 알 것이다. 현대의 명리학은 복잡하게 분화되어 매끄럽지 않고 까다롭게 여겨질 때가 많다. 명리를 제대로 학습하다보면 이수명리가 얼마나 체계 있게 발전되고 진화된 이론인지 알 수 있다. 그래서 이수명리는 생명력이 강하고 비교 우위가 확고하다. 다시 말해 온고溫故와 지신知新이 분명하게 살아있다는 얘기다. 바로 이점이 필자로 하여금 이 책을 쓰기로 마음먹은 직접적 동기가 됐다.

일러두기

이 책은 처음 한국 역학계를 대표하는 세계적 명리학자 이수李修의 2000년부터 2008년 초반까지로 제한된 활동 경과에 대한 평전評傳으로 의도되었으나, 학자로서 선생의 활동이 진행 중인 시점이라 편집 방향을 다소 수정하였습니다.

전체 구성은 Ⅰ·Ⅱ부로 나누어 Ⅰ부에서는 그간 발간된 방대한 저술을 개관하며 이수명리 이론체계의 전반적인 정리와 신사조를 반영하는 학술 용어 등을 정리하는데 주안을 두었습니다. 이로써 독자들의 선진 명리에 대한 정확한 이해를 도모했습니다. Ⅱ부에서는 선생의 활동 연표를 중심으로 입수한 관련 자료를 덧붙여 가능한 한 구체적인 사학계의 기록을 남기는 데 주력했습니다.

이 책의 말미에는 필자가 정리해 본 간략한 이수명리의 학습체계도를 덧붙였습니다. 모쪼록 학습자들의 제대로 된 명리 학습의 과정에 도움이 되길 바랍니다. 끝으로 이 책의 발간에 한정 없는 도움과 격려를 주신 많은 관계자 분들께 지면을 빌어 심심한 감사의 인사를 전합니다.

차례

Ⅰ부 · 著述 評論

唐四柱

1997년 10월 1일에 출간된 '당사주'는 이수의 처녀작이다. 이 때문에 명리학자로서 그의 활동 시점을 1997년으로 보는 경우가 있는데 엄밀히 따져 그렇지 않다. 당시는 단순히 동호인의 한 사람으로 취미 삼아 역학을 공부하던 시기다. 아이러니하게도 이 책은 저자가 명리학을 독학한지 6개월 만에 자평명리를 부정하는 입장에서 저술되었다. 이수가 사학계에 데뷔한 시점은 스포츠조선에 '오늘의 운세'를 연재하기 시작한 1999년 10월이나 '애스크퓨처닷컴'의 런칭으로 본격적인 활동이 시작된 2000년 6월로 보는 것이 적합하다. 명리학을 2년 정도 독학한 다음에 술업術業계에 데뷔한 것이다.

책의 목차는 전체 4부, 19장에 걸쳐 비교적 아기자기하게 구성되어 있다. 종래에 화도畵圖와 함께 십이성十二星 위주의 평이한 내용으로만 채워져 적중률과는 무관했던 당사주를 비술秘術로서 복원하고자 한 저자의 의도가 담겨 있다. 천여 년 동안 서민들이 즐겨 보는 역술 형태로 전해 온 당사주는 세련되지 못한 낡은 내용과 초년, 중년, 말년운의 단조로운 반복된 해석으로 명리학의 지배권에서 벗어날 수 없었다. 저자는 당사주의 학문적 퇴보나 실체가 가려진 연유로 누구나 쉽게 미래사를 예측할 수 있는 놀라운 적중률에 있다는 점을 주목했다. 당사주는 십이지지의 네 글자로 운명을 보는데 이것이 간지 여덟 글자로 간명看命하는 자평명리보다 더 명쾌하고 높은 적중률을 보일 때가 많다는 것이다. 그 방법이 무엇인가. 종래에는 운용하지 않던 형충착刑沖着 등의 글자 관계를 네 글자에 접목하면 놀라운 결과를 실감할 수 있게 된다. 게다가 만세력도 필요 없으니 금상첨화라는 것인데. 무엇이 특히 잘 맞는다는 말인가? 예컨대 부부간의 생이별이나 형액, 질병 등의 부정적인 현상이 잘 들어맞는다. 까닭에 책의 전반적인 내용이 우울하고 무겁게 느껴진다. 다시 말해 당사주는 한 개인의 명운을 담는 그릇을 파악하거나 발전적인 상황이나 전개 국면을 예지하는 측면에서 한계를 드러내는 방술이라 볼 수도 있다. 그래서 서민들의 역술로 오랜 생명력을 이어 온 것일지도 모른다.

매년 7월 출생자	年月沖
매월 7일, 19일 출생자	月日沖
오시午時 출생자	日時沖
매월 1일, 13일, 25일 출생자	月日着

이 책에서 가장 빈번하게 다루는 재료는 충沖이다. 그것은 곧 별別과 고孤의 현상으로 나타나기 때문이다. 당사주는 띠에 해당하는 지지에서 태어난 月日時의 숫자대로 사주를 세워 나가기 때문에 굳이 사주를 보지 않아도 매년 7월 출생자라면 자연 年月이 충沖하는 글자 관계임을 알 수 있다. 이 같은 글자 관계는 곧 당사주의 간명비법看命秘法이 된다. 즉 다음에 해당하는 자는 자연 부부궁이 불길하다는 것이다.

사주에 충沖이 있으면 배우자와의 이별 암시가 강하다. 월주의 충은 초반에 헤어질 가능성이 높고, 일주의 충은 특히 여명女命에서 그 남편이 불운을 실감할 가능성이 높다고 해서 月日의 충을 특히 꺼렸다. 사주에 충이 있어도 부부가 이혼하지 않고 잘 사는 경우가 있는데 이 경우는 필시 재혼이거나 부부가 떨어져 지낼 때가 많다는 것이다. 충과 더불어 부부궁을 불미하게 만드는 요소는 동착同着으로 지지가 나란히 같은 글자로 성립될 때를 말한다. 이 대목은 놀라운 적중률을 보이는 몹시 간편한 법수로 기존의 당사주나 자평명리와 차별되는 특화된 기법이라 할 수 있다.

삼재팔난三災八難이 빠질 리 없다. 삼재살三災煞은 띠와 충沖이 드는 해부터 시작해서 내리 삼년간 나타나는 삼재팔난의 환란을 예고한다. 포태胞胎로는 병사묘病死墓에 드는 시기로 근거가 전혀 희박하지는 않다.

삼재살	들삼재	묵삼재	날삼재
범띠·말띠·개띠	申年	酉年	戌年
원숭이띠·쥐띠·용띠	寅年	卯年	辰年
뱀띠·닭띠·소띠	亥年	子年	丑年
돼지띠·토끼띠·양띠	巳年	午年	未年

삼재란 수재水災, 화재火災, 풍재風災로 대개 자연 재해와 관련되고, 팔난八難이란 본인과 육친의 신변에 대한 근심, 손재와 도적, 색난色難, 쟁투와 시비, 관재구설官災口舌의 각종 불편한 상황을 의미한다. 전통적으로 날삼재를 가장 불리하게 여겼는데 삼재를 볼 때를 보통 가주家主의 사주를 기준으로 파악한다. 책에서는 악삼재를 따로 구분해서 이것을 가장 꺼렸다. 악삼재란 寅生이 申年, 午生이 酉年, 戌生이 戌年과 같은 식으로 구분된다. 예를 들어 뱀띠라면 들삼재에 속하는 亥年이 악삼재란 얘기다.

그런데 실상에서 삼재나 날삼재, 악삼재라고 해서 항상 불운한 바를 실감한다는 법은 없다. 책에서는 형충刑沖의 교착 상태를 특히 비중 있게 다뤘다. 충沖은 이별과 분리, 사고와 낙직 등으로 고립되는 상황을 암시한다. 형은 대개 신변의 형액을 예고하는데 寅申巳는 금전적인 문제로 사기, 횡령, 배신 등과 연관되며 丑戌未는 수술이나 폭행 등 신상의 변고와 관련이 깊다. 이때 여성이라면 거의 대부분이 낙태, 유산 등을 경험하게 된다. 형刑을 당한다는 것은 자연히 발생하는 불가사의한 험조險阻를 포함해서 가벼운 경우로는 벽지에서 심한 고생을 한다거나 - 이를테면 군대 등에서 혹독한 훈련, 구타나 기합 등과 같은 - 무겁게는 감금, 납치, 폭행, 소송 등의 형액刑厄 일체를 말한다. 심하게는 사경死境에 이르는 사고나 질병, 상해가 발생하고 불치병, 수족불구, 장기복역, 사망에 이르는 결과에 이르기도 하는 것이다. 이외 辰辰이나 午午, 酉酉, 亥亥의 자형自刑은 정신적 괴리나 주체의식의 박약, 소극적 의타심 등의 신경성 질환이나 두통 등을 야기하고 사물에 대한 부정적인 관점이나 우울憂鬱, 염세주의적 성향을 예고하여 불화와 신액身厄의 원인 작용을 한다. 결론적으로 당사주에서 형충刑沖이 성립되면 행운行運에서 재차 형충刑沖이 들 때 반드시 흉화凶禍가 나타난다는 것이다. 즉 형충과 삼재의 교착 상황이라면 더 말할 나위가 없는 셈이다. 사주에 형충이 없어도 행년에서 형충되면 부정적인 변동사를 암시하지만, 그것이 교착되지 않는 한 크게 염려할 바가 아니다. 이때 육친궁六親宮을 적용해서 월주를 형충하면 부모와 형제의 신상에 근심이 서리고, 일주면 부부궁의 불리함을 암시하게 되고, 시주에 해당하면 자식의 가출이나 독립을 뜻하게 된다.

당사주를 볼 때는 사주를 이차원 평면이 아닌 삼차원 입체로 보는 점에 주안을 두어야 한다. 이를테면 뱀띠가 일주에서 亥을 볼 때 年日의 충沖도 적용된다는 점을 간과해선 안 된다. 육합六合이나 삼회三會는 형충의 부정적인 위력을 해소시키는 요소로 간단하게 설명하고 있다. 이 부분이 책에서 가장 아쉬운 점으로 남아 있는데 보강되어야 할 대목이라고 판단된다. 합合의 구체적인 기능과 더불어 공망空亡이나 역마驛馬 등의 보다 정교한 신살神煞 기법이 보충된다면 실로 요긴한 간명술看命術로 거듭나지 않을까 싶다.

저자는 이렇게 말했다. "신당사주新唐四柱의 간명법은 정확성, 간편성, 운로개척의 선명성을 추구하는 것이다"라고. 그가 제시한 불운을 감면하는 방법이 참으로 간단하고 명료하다.

첫째 결국 심상心相이 중요한 것이니 매사 바르게 생각하고 바르게 행하라.

둘째 신앙생활에 충실하면 스스로 흉명凶命의 의미를 달리 해석하게 되니 문제가 없다.

셋째 산간벽지나 한적한 시골에서 은거하면 일반적 고독의 형태로 흉운을 대체한다.

넷째 육체적 고통이 따르는 업에 종사하면 흉운을 면한다.

다섯째 육친 간에 서로 떨어져 살면 그것으로 이별을 대체한 것이다. 실로 간결한 해법 아닌가?

주가 등락 알 수 있다

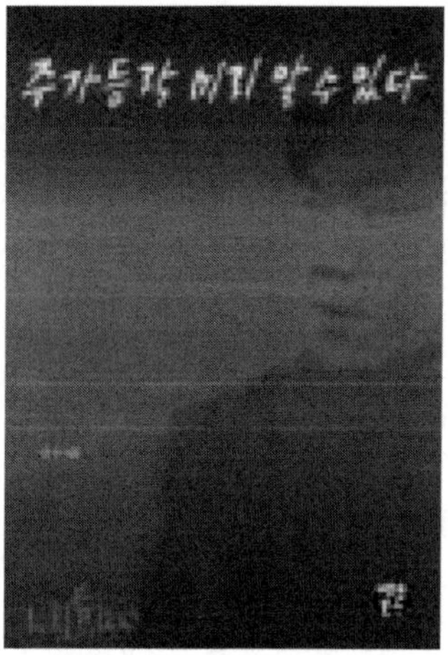

간단한 책 소개는 다음과 같다. 음양오행설을 바탕으로 하는 역술을 주가 예측에 적용한 독특한 책. 역술을 바탕으로 모든 대상의 경제지표 예측을 가능하게 하는 단서를 제공하고 있으며, 종합주가지수의 전일 대비 등락을 테마로 주가등락을 미리 예측하는 기술을 제공하고 있다. 저자는 "개인투자자들이 과욕만 삼간다면 책에 수록된 2001년 종합주가지수 예측치를 참조해 어느 정도 투자성과를 거둘 것"이라고 강조한다. 원래 이 책은 중앙 M&B에서 이수의 평전으로 기획되었던 것인데, 기획자가 '애퓨북스' 소속으로 이전하여 경영일반서로 콘셉트가 수정되었다. 책의 전반부에는 '나는 왜 이 책을 썼는가'라는 문패로 역학계 입문 배경과 저자의 비전이 열거되어 있는데 초기의 기획 의도가 스며들었기 때문이다. 당시에 이수는 한국경제TV에서 고승덕 변호사와 '국민주식고충처리반'이라는 간판 프로그램을 진행하고 있었고, 증시 사이트인 팍스넷www.paxnet.co.kr에서 전문분석가로도 활동했다. 따져 보면 명리학자로서의 선성기라 할 만한 이 시점에도 그의 본업은 역학계의 일반적 형태와는 거리감이 있었다. 지금의 수많은 명리서보다 먼저 나온 게 바로 이 책이다.

이 책의 하이라이트는 출간 이듬해인 2001년 한해의 매일자 주가 등락을 미리 예측해서 표기해 둔 부분인데 주가 등락 예측의 분석 툴은 바로 육십갑자였다. 이 같은 내용은 당해 중앙일보 '이코노미스트'를 통해서도 정기적으로 연재됐다. 그는 닷컴 CEO로, 특히 일반 대중에게는 증권애널리스트로 더욱 유명했다. 저자는 이미 한 개인의 빈부귀천을 조망하는 명리학 분야에서 탈피하여 거시 예측을 지향하는 예측비즈니스로 승부를 내려는 의지를 이때부터 굳히고 있었던 것 같다.

책의 발간을 전후로 '이코노미스트'와 '한국경제신문'에 '이수 선생의 사주테크'와 '명사들의 사주 산책'이라는 칼럼 등을 연재했는데 중앙 매체에 유명 인사들의 사주四柱와 미래사를 단정하는 추명推命 내용이 공개된 지면에 오르기는 이때가 처음이었다. 그는 이미 전해부터 한국경제TV를 통해 생방송으로 투자자들의 팔자로 투자 성패 운을 진단하는 '동양학으로 보는 증시 예단'이라는 프로그램을 맡아 진행했는데 이러한 현상은 역술 콘텐츠가 본격적으로 제도권에 진입하는 신호탄과 같았다. 관련 내용은 'Ⅱ부·활동연표'에서 따로 언급하겠다.

滴天髓 써머리

'적천수써머리'는 2001년 후반에 두어 달 간격 차이로 각기 다른 출판사에서 같은 내용으로 출간된 서책이다. 2000년 6월에 탄생한 애스크퓨처닷컴www.askfuture.com과 함께 역술계의 스타로 급부상한 이수 대표의 1인 시대를 확정지은 베스트셀러로 지금까지 각광받는 명리서다. 입문서나 일반 독자들의 읽기가 고려된 책이 아닌 전문서로 출판과 동시에 이 같은 관심을 불러 모은 사례는 일찍이 없었다. 이미 '애퓨'를 통해 충분히 예고된 상황이었는지도 모른다. 이수의 책은 이렇게 두 번에 걸쳐 출간된 경우가 더러 있다. 이 책은 '애퓨'의 계열사인 '애퓨북스'에서 먼저 양장본으로 출간되었다가 연내에 매진되자 주로 풍수지리서를 전문으로 출판하던 '동학사'에서 '왕초보사주학'의 낭월 스님 이후 이수 대표라는 인물을 전면에 내세워 본격적인 사주명리학의 부흥을 꾀하고자 기획 편집된 것이다.

필자뿐만 아니라 역학계의 많은 선학들이 이 신진 술사의 책을 통해 앞뒤가 맞지 않고 복잡하기만 했던 명리 이론들의 체계와 갈피를 세울 수 있었다. “역학을 공부한 지가 20여년. 일찍이 큰 뜻을 품고 학습에 정진하였지만 ‘적천수써머리’를 보고난 후에야 그 동안 풀리지 않던 문제들이 일시에 해소되었다”고 전 한국추명학회장이었던 정담 임혁 선생이 추천 평을 했다. ‘자미두수전서’의 저자로 한국 두수斗數의 일인자로 공인된 이두 김선호 선생은 이 책이 동해 서락오의 추명 관점을 제대로 밝혔으며 포여명과 종의명 등 현대 명학가들의 관점을 폭넓게 아우르고 국내에서 회자되는 난삽한 명리 이론을 명쾌한 논리로 일목요연하게 정리했다고 극찬하고 있다. 필자 역시 이 책을 읽고 나서 지난 기간의 학습 내용을 정돈되게 간추려 지역 일대에서 명성을 높였을 정도다. 한 마디로 이 책은 종래 가장 어렵게 여겨진 한 개인의 유년 성패成敗를 주저 없이 단안斷案할 수 있는 자평명리의 분명한 원칙을 제시했다는 점에서 한국 명리를 대표하는 걸작으로 손꼽을 수 있다.

이 책을 대한 독자들의 시각들도 다양했다. 단순히 저자를 서락오의 신봉자라고 판단하는 관점에서부터 종격론자 내지 십간론의 관점에 치우친 견해를 비평하는 이들도 적지 않았다. 근래에 이르기까지 이수님을 투파론透派論(장요문의 명징파明澄派)의 계승자로 보는 시각도 많았다. 이 두 견해는 실상 서로 상반된 관점이다. 책의 내용을 충분히 습득하고 정론의 관점에서 보면 ‘적천수써머리’는 심효첨의 ‘자평진전’과 서락오의 ‘적천수보주’를 융합하여 관점의 통합을 꾀한 체계를 갖추고 있음을 알 수 있다. 이미 원고의 초고는 인터넷 시대의 도래 직전 1999년 하이텔 통신망의 역학동호회를 통해 공개되었는데 당시에 이미 투파透派 계열과는 무관한 게 밝혀졌고, 관련된 논쟁이 이후로도 몹시 치열하게 이어졌다. 하룻강아지에 불과했던 이수님의 등장이 가져온 파란이 지금도 동호인들 간에 회자될 정도로 센세이션을 일으켰고 곧 다가올 이수신드롬을 예고했던 것이다.

‘적천수써머리’의 의의를 간단하게 요약하면 다음과 같다. 첫째는 도계 박재완의 ‘명리요강’ 이후 자평명리의 신사조가 선보였다는 점에서 찾을 수 있다. 둘째로 단순한 번역서가 아닌 저자 자신의 관점과 이론 체계를 굳혔다는 점에서 종래의 명리서와 확연히 구분되는 가치가 있다. 셋째는 고서 읽기의 부흥을 가져온 점이다. 이 책을 통해 강호의 명리학도들은 '적천수'나 '자평진전', '난강망' 등의 고전에서 느끼던 막연한 장벽을 거둬낼 수 있었다. 이것은 간결하고 세련된 번역이 고전을 한층 가깝게 대할 수 있는 가교 역할을 한다는 점과 일맥상통한다. 그리고 결론적으로 저자가 세운 신강약을 판정하는 원칙과 부억용신을 기준으로 한 명주命主의 성패 판단 테크닉은 현재 앞서 나가는 한국 명리의 현주소를 정하는데 결정적인 역할을 했다. 이 같은 배경은 이 책이 대만의 '무릉출판유한공사'에서 한국인 최초의 동양사상서로 현지에서 발간되는 역사를 이루는 계기가 됐다.

책의 구성은 원문TEXT, 해설COMMENTARY, 사례CASE STUDY, 요약SUMMERY, 귀띔TIP과 같은 순으로 이전에 볼 수 없었던 참신한 형태로 이루어져 있다. 마치 수능참고서와 같이 편집되어 동호인들에게는 무척 새로운 느낌으로 받아들여졌을 것이다. 팔자학을 공부하다보면 시간이 지날수록 신강약身强弱 판정이 난해하게 여겨질 때가 있다. 이로 인해 부억용신을 잘못 정할 때가 빈번하며 술객 마다 용신이 다른 기이한 현상을 보이기도 한다. 더러는 부억용신 자체의 의미를 부정하기도 하고, 아예 용신의 정의를 달리하기도 한다. 상황이 이러니 용신을 운용하는 계통 있는 관법이 없고, 원칙이 불분명하므로 이 계통의 학문적 지위를 의심받게 되는 지경에 이른 것이다. '적천수써머리'는 서두의 통근通根 편에서 미리 학습자들의 혼란을 경계하고 방지하는 명쾌한 원칙을 제시하고, 과거의 오류를 바로 잡고 있다.

통근(通根) - Back to the basic.1

今人不知命理 見夏水冬火 不問有無通根 便爲之弱 更有陽干逢庫 如壬逢辰丙坐戌之類 不以爲水火通根身庫 甚至求刑沖以開之 此種謬書謬論 必宜一切掃除也

심효첨(沈孝瞻)은 자평진전(子平眞詮)에서 통근(通根)에 관해 이르길, "요사이 사람들이 명리를 알지 못한다. 여름의 물과 겨울의 불을 보면 통근(通根) 유무를 묻지도 않고 쉽게 신약명으로 간주한다. 재차 양간(陽干)이 고(庫)를 만나면 예를 들어 壬이 辰을 보거나 丙이 戌 위에 앉아 있는 경우 水火가 몸의 고지(庫地)에 통근(通根)했다고 여기지 않고 심지어 형충(刑沖)을 구하여 그것을 열어야 한다고 하니 이러한 종류의 잘못된 책이나 잘못된 이론은 반드시 마땅히 모두 제거하여야 한다"고 하였다.

추명술(推命術: 운명을 추론하는 술법)의 첫 단추, 명식 신강약 구분의 요체는 명식에서 가장 강한 세력을 찾아 일간과의 관계를 살펴 정하는 데 있다. 그렇다면 어느 글자가 가장 강한가. 통근하여 투출한 천간의 세력이 가장 강하다. 이를 간략히 구분해 보면, 첫째로 지지에 뿌리를 둔 천간이 가장 강한 것이다. 뿌리를 많이 내릴수록 더 강하다. 둘째, 지지이다. 향후 설명되지만 월지(月支), 시지(時支), 일지(日支), 년지(年支) 순이다. 따라서 년지에 통근한 천간의 세력보다 시지에 통근한 글자의 세력이 더 강하다. 셋째는 뿌리가 없거나 충(沖) 등으로 인하여 상(傷)한 지지에 뿌리를 내린 천간이다. 이처럼 통근하지 못한 천간의 세력은 매우 미약하여 격(格)을 정하는 데 거의 영향을 미치지 못한다. 따라서 한 명조의 강약을 판정할 때 기준이 되는 요소는 '천간의 동태'에 달려 있다고 요약할 수가 있다. 그러므로 한 명식의 명리(名利)를 주관하는 용신(用神) 또한 명식에서 가장 중요한 간(干)이어야 마땅하다. 따라서 용신이 火니 木이니 하는 표현은 맞지 않으며 巳火나 子水 등의 표현 또한 巳중 丙火, 子중 癸水 등으로 구분되어야 한다. 이러한 맥락에서 아래 '사주정설(四柱精說)' 강약 편에서 서술하고 있는 세 가지 명식의 강약을 판별해 본다.

甲 甲 丙 甲
子 子 寅 寅

寅月은 일주인 甲木이 가장 왕성한 달이며 연주 및 시간에 동기(同氣)가 있고 일지 및 시지에 子水가 있어 오행 상생의 법에 의해 木을 생하는 반면 월간의 丙火 하나만이 일주의 기운을 누출시키므로 '신강'이라고 '사주정설'에는 설명되어 있다. 그러나 '천간의 동태'로 강약을 판정하자면 월지와 연지에 통근하여 투(透)한 甲木 세 글자의 세력을 능가하는 기운은 찾아 볼 수 없다. 다만 丙火의 세력을 단지 천간의 한 글자로 간주하여 미미한 세력으로 보면 곤란하다. 丙火 역시 월지와 연지에 통근하여 출(出)한 강한 힘을 가지는 글자로, 용신(用神) 식신(食神) 丙火는 건왕(健旺)하여 귀명(貴命)으로 간주할 수 있다.

※ '사주정설'에는 단순한 신강격으로 보아 식신을 용한다고 하지만, '써머리'에서는 강왕격에 준하여 비겁도 식신과 함께 취용取用하는 것이다.

丁 癸 丙 癸
巳 亥 辰 酉

'사주정설'에서 일주를 극해하는 네 개의 火, 土와 생조하는 세 개의 水, 金 및 辰酉 육합이 있어 생조하는 육신과 극해하는 육신의 세력이 비등하나 월령이 일주가 쇠약해지는 때라 '신약'이라고 설명되는 명조로 신약격이니 연간의 癸水를 용신으로 삼을 것이다. 이러한 설명법은 일본의 명리학자 아베(阿部泰山)의 저작이 국내에 대량 전파되면서 정립된 강약 판정법의 그것과 일치하며 도무지 干과 支의 기본적 개념조차 갖추지 못한 무지한 판정 방식이라 할 수 있다. 지지의 사해충(巳亥沖)으로 丙, 丁火는 이미 그 뿌리를 상(傷)하여 힘이 미약하기 짝이 없으니 월지에 통근하여 투출한 癸水의 세력이 태왕(太旺)한 종왕격(從旺格)의 명조로 癸水를 용(用)하는 것이다.

癸 壬 辛 辛
卯 寅 丑 巳

'사주정설'에 丑月 수왕지절(水旺之節)에 출생하고 천간이 전부 일주를 생조하는 육신뿐이나, 지지가 전부 일주를 극루(剋漏)하는 육신뿐이므로 신약이라고 설명한다. 그러므로 월간 辛金을 용(用)하리라 사료된다. '천간의 동태'를 살펴 강약을 판별하는 입장에서 살펴보면 일간과 시간, 壬水와 癸水는 월령을 득(得)하여 강하기 이를 데 없으며 월지와 년지에 통근하여 투출한 양 辛金 역시 매우 강하니 그 기세가 태왕하여 아예 종강격(從强格)의 명조로 金, 水를 기뻐하게 되는 것이다. '사주정설'의 견해로 종왕격으로 보지 못하는 이유는 지지 卯木, 寅木, 巳火의 세력을 중시하기 때문이다. 그러나 지지의 해당 오행의 기운이 천간에 투출하지 않은 한 그 세력은 미약하여 이미 출(出)한 金, 水의 세력에 비교할 바가 아니니다. 명확하게 金, 水 기운이 왕성한 사주체를 '신약'으로 판별하는 것은 잘못이며 위 명조의 주인공이 얼마나 강건한 기질을 갖는지를 능히 짐작할 수 있다.

'적천수써머리'로 인해 명리학의 토론 문화는 꽃을 피웠다. 특히 종격從格이나 화격化格 논쟁이 두드러졌는데 이 부분은 '적천수적요해설'의 평론에서 정리하겠다.

책의 후반부는 사주테크(Tech)와 십간론十干論으로 이루어져 있는데 십간론은 기존에 잘 알려져 있지 않던 분야로 한동안 이수명리를 표방하는 트렌드로 자리 잡기도 했다. 내용 중 십간十干 다자간의 조합 물형物形으로 팔자의 귀천길흉貴賤吉凶을 한눈에 읽어내는 기법 일면을 아래에 인용, 정리해 보았다.

십간물형十干物形

日干	십간 조합			한자 성어	팔자 유형
甲	甲	甲		三木爲森	활동과 경쟁에서 강한 명
甲	癸	己	丙	壤土培養樹木	완벽한 자연의 상으로 일생 행운
甲	乙	戊		藤蘿絆甲下固	타인의 원조와 천거로 출세
甲	丁	戊		有薪有火有爐	지식의 습득 능력과 발표력 탁월
乙	癸	己	丙	江陵壤土培化	학술·종교·서비스 업종에서 성공
乙	壬	水局		桃花逐水	경박하고 음탕 ※從旺은 貴
乙	庚	辛		利剪催花猖狂	조직생활이 맞지 않고 재앙 위급
丙	庚	無水		火長夏天金疊	큰 부자가 되고 관록은 없음
丙	壬	木		水輔艶陽麗花	상당한 지위에 오를 가능성이 큼
丁	丁	甲		兩火爲焰	속도로 기선을 제압하여 성공
戊	壬	丙		山明水秀	지능에 의해 대성공을 거둠
己	壬			陀泥帶水	이성, 직업 간 혼탁한 상을 이룸
庚	甲	丁		劈甲引丁	지식의 흡수와 두뇌가 뛰어남
庚	丁	戊		火煉眞金	재능을 충분히 발휘해서 출세
庚	壬	丁		得水淸得火銳	재기를 타인이 인정하여 성공
辛	壬			淘洗珠玉	총명하고 매사가 순조롭게 발전
壬	丙	木		江暉柳映	탁월한 교제 능력으로 업계 성공
壬	戊	火		江山秀麗	재관쌍미財官雙美로 부귀 겸전
癸	己			濕潤玉土	공직이나 대기업 근무가 적합

滴天髓摘要

역술인 이수씨, 대만에서 전문서 출간

대만의 역학전문 출판사인 무릉출판유한공사(武陵出版有限公司)에서 펴낸 국내 인터넷 운세 애스크퓨처닷컴(www.askfuture.com) 이 수(李 修·37) 대표의 사주명리전문서 「적천수적요(滴天隨摘要)」.

2003년 6월에 연합뉴스에는 다음과 같은 보도가 나왔다.

(서울=연합뉴스) 김은주 기자 = 한국 역술인이 대만에서 역술 전문서를 최초로 출간했다. 역학전문 출판사인 대만의 무릉출판유한공사(武陵出版有限公司)는 최근 국내 인터넷 운세 애스크퓨처닷컴(www.askfuture.com) 이 수(李修・37) 대표의 사주명리전문서를 펴냈다. 책의 제목은「적천수적요(滴天隨摘要)」. 중국 명나라 주원장의 군사로 알려진 유백온이 만든 것으로 전해지는「적천수」는 사주학의 보전이자 난해서로 꼽힌다. 지금까지 운명학술계의 거장들이「적천수」의 원문을 해설한 고전들을 펴냈다. 한국 학습자들

은 이런 중국인 저자의 책들을 번역해 사용했는데, 이번에 아예 대만에서 「적천수」 해설서를 한국 역학인이 저술해 낸 것이다. 이 대표는 "이제 시작에 불과할 뿐이다. 역술은 원래의 학습 고유 지식체계의 심화에도 노력해야 하지만 이제는 가시적 성과를 내는 분야에 더욱 주력해야 한다"고 말했다.... 중략 ..... 중국판 번역자는 동시통역사로 활동 중인 박유신 씨다.

'적천수적요'는 '적천수써머리'의 중국어판으로 대만의 '무릉출판사'를 통해 현지에서 출간된 책이다. '무릉출판사'는 이미 600여종의 역학 전문 서적을 출간한 세계 최대의 역서 전문 출판사로 알려져 있다. 저자는 모두 중국인이다. '적천수적요' 이전에는 외국인으로 유일하게 일본의 아부태산阿部泰山이 60년대 역학 본토에 역학서를 출간한 일이 있다. 다음이 바로 이수의 '적천수적요'다. 이로써 저자는 세계적인 지명도를 지닌 명리학자로 부상하는 발판을 다지게 된 셈이다. 이때부터 언론은 저자를 한국을 대표하는 저명한 명리학자로 지칭하기 시작했다. 이 책으로 인해 현재 대만 현지와 화교華僑 중에서 이수마니아들이 생겨났을 정도다. 중국의 명리토론구에는 심심치 않게 이수와 '적천수적요'의 제목이 등장한다. '적천수적요해설'에는 눈에 띄는 어느 역학도의 기고문이 등장하는데 시사하는 바가 적지 않은데 그 내용을 아래에 소개한다.

寄稿 · 1

최신명리조류(最新命理潮流)

중국 푸젠성의 한 명리가인 易道人이라는 사람이 쓴 최근의 新派命理라는 글을 보면 외국인으로는 유일하게 우리나라의 李修 선생과 일본의 佐藤六龍을 거론하고 있음을 알 수 있습니다. 그가 최근의 명리학 조류로 든 것은 十干用神으로 이것은 다소 편향된 시각이나 입장일 수도 있지만, 그의 짧은 글에는 이수님에 대한 평가나 인식이 국내의 역학계보다 더 잘 되어 있다는 생각이 들어 이렇게 메일로 내용을 전하게 되었습니다.

글 중에는 이수님의 저술인 滴天髓摘要에 대한 간단한 설명과 함께 애스크퓨처를 소개하는 글이 있습니다. 아마도 중국 본토에 그 이름이 회자되는 한국의 역술인이라면 이수 선생이 유일할 것입니다. 그가 전하는 한국의 李修風潮 전말은 이수라는 사람이 십간론을 한국에 전파했다는 것과 고래의 刑沖會合實技論을 세밀하게 다듬은 八字術必殺技로 新派의 주류를 형성했다는 내용입니다. 반면 일본의 佐藤氏는 透派로 불리는 五術名門의 当主를 추종하는 위인으로 일본 전역에 최신명리조류를 전파하였다고 전하고 있습니다. 흥미로운 점은 이수님의 사상적 배경에는 沈孝瞻이 자리하며 최근 사이트의 物象 이론도 그것에서 연유하여 출발한다고 지적하는 점을 보면 꽤 깊은 연구가 있었던 것으로 보입니다. 易道人은 이수님을 獨自的命理繼承者로 지칭하고 좌등육룡을 透派追從者라 구분하였고 투파론의 최신명리학은 劉伯温, 陳素庵, 徐楽吾를 승계하고 있다고 지적하였습니다.

주야로 명리서를 탐독하는 동호인의 한 사람으로 위의 지적이나 평가는 그런대로 점수를 줄 만하다는 생각이 들었습니다. 그것은 내용의 정확성이나 사실성 여부를 떠나 아직 우리가 잘 모르는 바를 일깨워 주는 점이 있기 때문입니다. 아직 우리나라에는 전문 연구 기관이 없기도 하지만, 관련 종사자나 학자들도 명리의 계보를 잘 모르고, 최근의 트렌드는 더욱 잘 알지 못하는 것 같습니다. 저는 아직 이수님을 잘 모르고, 책과 사이트를 통해서만 인지하는 입장이므로 잘은 모르지만, 서점에서 적천수써머리를 보고 대강을 이해하게 되었습니다. 아마도 많은 사람들은 당시에 예예원에서 출간된 鮑黎明의 "완전풀이 滴天髓"와 적지 않게 흡사함을 알았을 것입니다. 저는 이때 이수 선생에 대해 두 가지 생각을 갖게 되었습니다. 하나는 모방에 뛰어나다는 점이고, 또 하나는 모방해서 습득한 지식을 잘 가르쳐 줄 수 있는 사람이라는 생각을 하게 되었습니다. 실제로 '완전풀이 적천수'로 알려진 이 책은 일본의 香草社에서 '四柱推命術奧義'라는 제목으로 佐藤六龍이 張燿文의 가르침을 전수한 그대로를 펴낸 책입니다. 이 책은 70대 후반에 이미 발표되었으므로 국내에서 드물게 이 책을 본 학인들이 더러 있는 것으로 압니다.

이수님은 이미 포여명의 책을 읽었음을 밝힌 바 있는데, 그는 예예원 刊의 3종 책이 각각 다른 관법이나 내용을 말하고 있으므로 그것이 모두 한 사람의 필자에 의해 저술된 것이 아닐 것이라고 생각한다고 했습니다. 이 점이 이수님의 우수성이라 할 만하고, 그 다음으로는 '四柱推命術奧義(완전풀이 적천수)'보다 '적천수써머리'가 훨씬 더 쉽게 보인다는 점에서 재평가할 수 있습니다. 적천수써머리의 서론 부분이나 최근에 '자평진전리뷰'를 보면 이수님의 학통이 심효첨의 이론에 원류를 두고 있다는 점이 확실해 보이는데, 그것을 중국의 한 명리가가 읽어 낸다는 점도 흥미로운 사실입니다. 중국에서는 張耀文 개인은 쳐주지 않는 경향이 있으나 透派의 학문 계보는 절대적으로 인정해 주는 추세인데, 일본에서는 투파의 학통이 보다 다양한 저술 활동을 통해 전파되었습니다. 이미 70년대부터 80년대 초반에 붐을 일으킨 투파의 오술체계는 명리 분야에서도 신기원을 이루었는데, 초급 학습자용으로 발간된 책이 바로 佐藤六龍의 四柱推命活用秘儀입니다. 이 책은 우리나라에 90년대 후반에 이르러 조금씩 소개되다가, 2003년도에 '십간사주추명비법'이라는 제목으로 일반 독자들에게 선보이게 됩니다. 그런데 이때는 이미 2001년도에 적천수써머리가 출간되어 있었으므로 많은 동호인들이 투파의 지식을 습득하게 되었는데 이수님이 투파를 그대로 모방하지 않고, 자신이 학습하거나 경험한 고서의 이론들을 용해시켰으므로 나름대로 원류성을 갖게 된 차이가 있습니다. 당시만 해도 이수님을 別格이나 生時論 등에서 나름대로의 이론을 특화시키려고 노력한 흔적이 있는데, 어쨌든 이 책이 유일무이하게 대만의 무릉출판사에서 출간된 배경에는 이해하기 쉬운 내용이라는 특장점이 크게 작용하였을 것으로 예상됩니다. 저는 '써머리'가 적천수라는 난해서를 쉽게 가공하여 보급화한 유일한 책이라는 점에 한 표를 던지는 입장입니다.

佐藤六龍으로 대표되는 일본 透派의 대표적 저술은 '四柱推命十干秘解'

입니다. 이 책이 바로 포여명의 '완전풀이 십간론'으로 소개된 책인데, 정확하게 이 책의 내용은 陳素庵의 비급이라고 할 수 있습니다. 진소암의 命理約言은 대체로 오늘날의 최신 명리 조류를 거의 모두를 다루고 있습니다. 따라서 易道人의 지적은 매우 정확하다고 볼 수 있습니다. 이러한 점은 결국 十干用神 분야의 원류가 透派 고유의 것은 아니라는 것을 알게 합니다. 그러나 張燿文과 佐藤六龍의 합작 연구물에는 고유의 연구 성과나 비급도 보충되었으므로 굳이 그것을 평가절하 할 필요는 없습니다. 아마도 이수님은 2002년도 후반 무렵부터 최신의 명리 조류에 대한 정확한 정보를 입수하고 학습에 임했던 같습니다. 그가 언젠가 사이트에서 子平一得을 거론할 때가 있었기 때문인데, 후에 장요문은 서락오가 자평일득에서 보인 한계성을 신랄하게 비판했습니다. 당시 이수님의 입장이 재미있더군요. 심효첨을 텍스트로 삼는 입장은 항상 서락오를 경계하기 때문이고, 또 다른 이면에는 서락오를 유일한 大家로 인정하는 양면적인 태도를 보여 주고 있다는 것입니다. '자평진전리뷰'에서는 서락오가 전면적인 타켓이 되는데, 비판과 인정의 양면적 입장을 적나라하게 표출시키고 있습니다. 이것은 제 생각에 아마도 심효첨에게 더 점수를 주는 것 같지만, 동시에 서락오가 더 낫다고 하는 것 같은 느낌을 줍니다.

지금쯤이면 이수님이 四柱推命活用秘儀나 四柱推命十干秘解, 四柱推命術奥義, 子平一得 등의 책을 모두 독파하셨는지 잘 모르겠는데, 아마도 2003년 중순 경 이전에 그것을 다 해득했거나 아니면 안 읽었거나(일본어를 모르는 것으로 앎) 둘 중 하나일 것입니다. 저는 안 읽었다고 생각하는데, 왜냐하면 안 읽어도 아는 수준에 이르렀다고 보기 때문입니다. '八字術必殺技'를 보면 오히려 기존의 중국 古書 이론으로 더 파들어 간 흔적이 보이기 때문에 방향을 그렇게 잡지 않았나 싶습니다. 그런데 이 책에서는 종래에 볼 수 없었던 명리학의 新紀元을 보여 주고 있으므로 易道人같은 중국의 인사들이 어느 정도 근접했는지 잘 모르겠지만, 獨自的命理繼承者라는 영광스런 호칭을 부여하고 있는 것 같습니다. 외람되나마 이 지면을 빌어 이수님에게 앞으로 더욱 왕성한 저술 활동을 통해 한국 명리학의 우수성을 만방에 떨치기를 당부 드리고 싶습니다. 야부리와 같은 천재성을 다시 한 번 보여 주신다면 아마도 최신명리조류는 이수님 그 자체가 될 것을 믿어 의심치 않기 때문입니다. 또 한편으로는 이수님께서 이제까지 많은 덕을 베품과 동시에 책임도 질 의무가 발생했다는 점을 말씀드리고 싶습니다. 어떤 명서도 마찬가지만 팔자술필살기인 '데쓰블로'도 미완성의 작품이기에 이즈음에서 한번 마무리를 지어주셔야 하지 않을까 싶습니다. 看破世事(파이널블로)도 연내에는 볼 수 있도록 해 주시고, 적천수를 위시한 자평진전이나 난강망도 단순한 해석이나 편역 수준이 아닌 이수님만의 절묘한 해설서로 승화시켜 주신다면 한국이 나은 위대한 命理大家로 추앙받으실 게 자명한 일입니다. 부득불 분수에 지나친 글을 올려 심기가 상하지 않으셨을까 염려가 됩니다만 충정에서 올린 글이오니 이해해 주시기 바랍니다.

乙酉年, 驚蟄之節에 易學徒, 金尊案 삼가 올림

寄稿 · 2

사주학(四柱學)의 역사(歷史)와 대가(大家)들에 대해

이 글을 쓰는 필자 역시 사주명리학에 대한 조예가 아주 깊지 않지만, 천편일률적인 사주학의 역사나 인물에 대한 평가가 늘 마음에 걸렸으므로 부족한 글 솜씨나마 사주학의 인물들과 명서(命書)에 대한 견해를 피력해 보고자 한다. 사실 사주학을 조금만 안다 싶으면 아무나 고금의 명인들을 입에 올리기를 마다하지 않고, 마치 운명학의 역사에 통달한 것처럼 위장하는 데에 대해 별로 기분이 좋지 않기 때문이다. 그러나 이 글을 최종 목적은 시중에 싸구려처럼 나도는 '역술의 명인들' 같은 허접한 이야기들 대신 이 학문에 관심을 가지는 많은 사람들이 진정한 옥석(玉石)을 가릴 수 있도록 하는 데 도움을 주고자 하는 데 있다. 보통 대가(大家)란 학문이나 기예 등

전문분야에서 조예가 깊은 사람들을 일컫는 말이다. 그러므로 우리 주변에는 사주학이나 운명술의 대가들 또한 셀 수 없이 많을 것이고, 어쩌면 우리가 모르는 사람들이 더 많을 수도 있다. 학문의 창시나 깊이, 층으로 본다면 역시 사주학의 본산인 중국인들이 가장 많을 것이고, 일본이나 한국 등을 위시해서 동아시아 지역이 주가 될 것이다. 먼저 중국의 명인들과 연대별로 그들의 대표적인 명서들을 열거해 보면 대강 아래와 같이 정리된다.

中國의 名人

- B.C. 4세기 낙록자(珞祿子)의 소식부(消息賦)
- 8세기 唐代 이허중(李虛中)의 이허중명서(李虛中命書)
- 11세기 明代 서자평(徐子平)의 연해자평(淵海子平)

알려지기로는 李虛中이 日干을 기준하여 새로운 사주학설을 세운 시초로 보고, 袁天綱, 一行禪士, 李泌 등이 당시에 활약했던 인사들로 전해진다. 이를 바탕으로 정설을 문서화한 이가 徐居易, 일명 子平이고 서거역 사후에, 沖虛子가 道洪이란 道僧의 비전을 이어받았는데 徐大升에 의해 연해자평의 계열(淵海子平, 繼善篇, 通天賦)이 모두 완성되어 비전으로 내려왔다고 한다 (이수 선생의 '자평진전리뷰'에서 인용)

- 14세기 明代 유기(劉基)의 적천수(滴天髓)
- 17세기 靑代 진소암(陳素庵)의 명리약언(命理約言)
- 18세기 靑代 심효첨(沈孝瞻)의 자평진전(子平眞詮)

이외에도 만민영(萬民英)의 삼명통회(三命通會)나 장남(張楠)의 명리정종(命理正宗), 임철초(任鐵樵)의 적천수천미(滴天髓闡微), 원수산(袁樹珊)의 명리탐원(命理探原) 등이 명저로 분류되나 위에 적시한 보전(寶典)들과는 차원이 다르고 후대인들의 평가나 인지도에서 약간 떨어진다. 그러다가 근대 20세기에 서락오(徐樂吾)란 대가가 출현하는 쾌거가 있었다. 그는 명리학(命理學)의 보서들을 해설하기 시작했는데 그것을 한번에 그친 게 아니라 평생을 통해 가필하고 재차 해석하여 학자다운 면모를 유감없이 보였던 것이다. 진소암(陳素庵)의 적천수집요(滴天髓輯要)를 주석한 적천수징의(滴天髓徵義)를 필두로 구전되어 온 난강망(欄江網)을 궁통보감(窮通寶鑑)으로 생명력을 불어 넣었다. 후에 이것을 최종적으로 조화원약평주(造化元鑰評註)로 완성시켰으며, 그의 적천수보주(滴天髓補註)는 서락오 사주학의 집결판이 되었다. 그러므로 그를 중국 운명철학의 7대 명인에서 제외할 수 없다.

■ 20세기 民國 서락오(徐樂吾)의 자평수언(子平粹言)

명인을 구분하는 근거는 간단하고 명백하다. 그것은 모두 이 학문의 신기원(新紀元)을 연 천재적인 역할을 수행한 점에 있다.

1. 낙녹자

종래의 서문화된 사주이론을 년월(年月) 기준으로 사주를 보는 법을 창안.

역대신선통감(歷代神仙通鑑)과 사요취선(史要聚選)에 의하면, 기원전 8364년 지황씨(地皇氏)에 의해 간지법(干支法)이 창안되었고 이때부터 사주학이 시작된 것으로 볼 수 있다. 기원전 3512년경 복희씨(伏羲氏)가 팔괘(八卦)를 창안했으며, 2676년 황제(黃帝)때 하도낙서(河圖洛書)가 그 시대 처음으로 서문화(書文化)되었다. 은(殷)나라 때 36국이 난립하게 되자, 사회의 불안이 가중되는 틈을 타서 간지(干支)를 이용하여 점을 치기 시작했는데, 그것이 바로 갑골문자(甲骨文字)다. 기원전 1222년경 내사(內史) 벼슬을 한 천문학자(天文學者) 숙복(叔服) 선생이 처음으로 년(年)을 기준한 사주법을 이론화한 것으로 전해진다. 이후 기원전 221년경 천하를 통일한 진시황(秦始皇) 때 자신을 비방하는 유생(儒生) 464명을 구덩이에 파묻어 죽이고, 수만 권에 달하는 사서(史書)·천문(天文)·지리(地理), 비전(秘傳)으로 전해 내려오던 사주학 관련 책을 모두 불살라 태워버린 분서갱유(焚書坑儒)가 일어났다. 그때가 사주학의 1차 시련기라고 할 수 있다. 수(隋)나라 때에 이르러 각종 인쇄 매체가 발달하자, 일부 비전과 구전으로 흩어져 전해 내려오던 낡은 책들이 다시 빛을 보기에 이르렀다. 이 시대의 저서로는 명리비결(命理秘訣), 명리약언(命理約言), 취자고서(取自古書), 책번취간서(刪繁就簡書), 자해비전(自解秘傳) 등이 있다. 그러다가 AD. 367~249년경 동주(東周)의 낙록자(珞祿子)가 연월(年月)을 기준하여 사주보는 새로운 학설을 창안했다.

2. 이허중

귀곡자(鬼谷子)가 창시한 납음(納音)과 신살(神殺)을 위주로 한 명리학의 고법(古法) 체계를 세우고, 일간(日干)을 기준하여 새로운 사주학설을 세운 것이 오늘날까지 사주학의 기본이 되었다.

3. 서자평

이허중 선생이 연구한 일간(日干)을 기준으로 하는 학문적인 바탕 위에 정설(定說)을 완벽하게 문서화했다.

4. 유기(字伯溫)

체용을 위시한 사주학의 복잡한 이론을 정수의 문장으로 모두 완벽하게 담아냈다. 제갈공명과 함께 중국 역사의 2대 천재로 손꼽힌다. (아마도 이수 선생이 가장 영감을 많이 받은 고서로는 '적천수'가 제일이 아닐까 싶다)

5. 진소암

그의 적천수화해(滴天髓和解)와 명리약언의 이론은 가장 정연하고 놀랄 만한 업적으로 평가된다.

6. 심효첨

이허중이 명리학의 기학(氣學) 체계를 집대성했다면, 심효첨은 오행의 이법(理法) 체계를 가장 빈틈없이 설명했다. (이수 선생은 '자평진전리뷰'에서 이를 두고 종래의 가장 완벽한 텍스트로 높게 평가)

7. 서락오

후대 저서인 적천수보주와 조화원약평주를 보면 이론이 정교하고 치밀하기로는 당대 제일로 평가된다. 아마도 현대의 사주학자들은 70% 이상이 서락오 이론의 아류에 속하고 영향을 받았을 것이다.

日本의 名人

이제 일본의 운명학 군단을 살펴보겠다. 2002년 경 월간중앙에 애스크퓨처의 이수 대표가 쓴 명리학 칼럼을 보면 일본을 대표하는 사주학의 3대 명인으로 아베오야마(阿部泰山)와 다가기죠(高木乘), 그리고 사토료쿠류(佐藤六龍)를 들고 있다. 그러나 필자는 조금 견해를 달리 한다. 중국 명징파(明澄派)의 13대 장문인 장야오윈(張耀文)이 좌등육룡에게 전수한 다양한 지식은 비록 일본의 오술(五術) 체계를 확립하는데 지대한 공을 세웠지만 중국에서는 이것을 인정하지 않는다. 왜냐하면 그것의 오리지낼러티(원류성)이 없다는 것이다. 그리고 다가기죠 또한 일본 이학회의 시조로 일본 사주학계에 많은 영향을 끼쳤지만 보통의 대가 중 하나일 뿐 동아시아를 대표하는 대가로 꼽기엔 부적합하다. 그의 저서는 국내에도 몇 종 소개되었는데 특별한 업적으로 평가하기 어렵다. 그러나 아부태산(阿部泰山)은 전통의 사주학을 혁신시킨 학자로 평할 수 있다. 수천 년 동안 일간(日干)만을 사용해 왔으나, 그는 월지(月支)를 기준으로 한 이간법(二干法)을 정립했다. 이것은 대담하고 훌륭한 착상(着想)이므로 사주학 명예의 전당에 이름을 올릴 수 있다고 생각한다. 해방 이후 국내 역술계는 직간접적으로 이 사람의 영향을 받지 않은 학인들이 없다고 해도 과언이 아니다.

■ 20세기 日本 아부태산(阿部泰山)의 사주추명전집(四柱推命全集)

韓國의 名人

사주학이 한국과 일본에 전파된 시기는 중국의 宋代로 비슷한 시점이다. 그러나 해방을 전후해서는 일본이 더욱 기민하게 사주학의 최신 관법을 받아들이기 시작했고 아부태산을 정점으로 해서 꽃을 피웠다. 월간중앙에 연재되었던 이수 선생의 명리학 칼럼에 보면 다음과 같은 대목이 있다.

"아베 오야마의 등장으로 일본 사주학의 수준은 등급이 달라졌다. 메이지(明治)대학 출신으로 중일전쟁때 공군기사로 베이징(北京)에 주재하면서 사주학의 방대한 자료와 문헌 등을 입수하여 일본으로 가져가 종래의 학설에서 한 단계 진보된 지식체계를 선보이며 기존의 사주학계를 강타하였다. 이후 복(卜)의 분야인 육임신과에 관련한 저작을 무릉출판사에서 10여 권 가까이 선보이면서 명리뿐 아니라 육임에 관한 아베의 저작은 역의 본고장에서도 감히 그 경계를 범접하지 못할 정도로 확고한 입지를 구축하였다. 국내에서 사주학의 입문서로 가장 많이 본다는 '사주정설'(四柱精說)은 바로 아베 오야마의 이론의 요약본이라고 할 수 있다. 최영철(崔英哲·73) 변호사가 1962년에 백영관(白靈觀)이라는 필명(筆名)으로 펴낸 이 책은 현재까지 30판이 넘게 출판되었으며, 현재까지도 국내에서 나온 제대로 된 사주책으로 평가받고 있다. 사주정설의 서문에 보면 다음과 같은 대목이 있다. "중국에 비해 약 1,000년 정도의 운명학상의 후진에 봉착하고 있으며 이는 아마 연해자평 및 명리정종의 조잡한 설명 방식에 의해 사주추명학을 난삽(難澁)한 것으로 오해한 탓일 것이다. 하루속히 이 후진성에서 탈피하여야 할 것이다." 이에 대한 필자의 견해는 일단 유보한다. 어쨌든 이때 이미 한·중·일 3국 중에서 우리가 가장 뒤져있음을 자인한 셈이다. 다음으로 근래 한국 사주학계의 대가인 도계(陶溪) 박재완(朴在琓· 1903~92)의 '명리요강'(命理要綱)과 '명리사전'(命理事典)이 있다. 시중에 나온 사주학 교재 중 가장 앞서가는 명리 이론을 수록하고 있다. 그러나 이 두 권의 책은 모두 1980년대까지 활동했던 중국의 웨이치안리(韋千里)가 저술한 '명학강의'(命學講義)와 '팔자제요'(八字提要)의 번역본이다. 웨이치안리는 장제스(蔣介石)가 총애하여 대만 정부의 국사(國師)대접을 받은 세계적 술사로 후에 주로 홍콩에서 활동하였는데, 국내의 저명한 인사들도 직접 그를 찾아가 자문을 구하고는 하였다. 고 이석영 선생의 '사주첩경'(四柱捷徑)만이 순수 우리의 사주학 교재로 온전히 보존되고 있으나, 아쉽다면 이는 일종의 임상서(case study)이며 엄밀히 따져 학문적 원리를 규명한 책은 아니다. 한국의 명리 대가들인 이석영(李錫暎·1920~83)·박재완(朴在琓·1903~1992)·박제현(朴齊顯·1935~ 2000) 세 분 중 어느 누구도 자신만의 독창적인 이론체계를 구축하거나 우리의 학문을 세계시장에 전파하지 못한 점은 참으로 안타까운 일이다. 한 마디로 한국에는 세계적 술사가 없었다. 대만에서는 웨이치안리 이후, 우준민(吳俊民)의 '명리신론'(命理新論)·'화제관주'(花堤館主)의 '명학신의'(命學新義)와 허젠중(何建忠) 선생의 '팔자심리학'(八字心理學) 등의 양서들 외에도 엄청난 저작물들이 쏟아져 나왔으며, 이를 통하여 점진적으로 사주학의 재해석을 통한 진보된 양상을 보이고 있다. 일본은 어떠한가. 이미 아베 오야마이라는 걸출한 술사의 탄생 이래 또 한 명의 세계적 술사를 보유하게 되었다. 사토 료쿠류(佐藤六龍)이라는 일본이 자랑하는 사주학의 거두(巨頭)다. 사토 료쿠류은 중국의 명징파(明澄派)를 신봉하여 명징파 13대 장문인 장야오원(張耀文)의 제자가 되어 스승을 일본으로 모셔갔다. 장야오원은 명징파의 비법(秘法)을 강호에 널리 퍼뜨려 한때 중국 역학계로부터 사문(師門)의 비전(秘傳)을 함부로 팔아먹는 자라고 크게 비판받기도 하였다. 대만의 현저한 술사들이 대거 일본으로 건너가 귀화(歸化)하여 활동하는 점을 주목해 볼 필요가 있다. 장야오원과 사토 료쿠류이 공동으로 저술한 '자평일득'(子平一得)은 근래 대만 역술계의 대스승으로 추앙 받는 쉬러우(徐樂吾)의 이론체계를 정면으로 반박하면서 놀라운 경지를 구현하고 있다. 어쩌면 사주명리 분야에서는 일본이 가장 앞서 가고 있을지도 모른다. 아베 오야마와 사토 료쿠류이 역술계의 본토를 두 번 폭격한 셈이다. 이러한 지금의 판도에 너무나 둔감한 것이 또한 우리 역술계의 현실이다. 이 계통의 학습자들과 후학들은 더욱 분발하여 동양 예측술의 근간인 사주학의 입지를 크게 올려놓아야만 할 것이다. 그러나 아직 크게 실망할 일이 아니다. 필자는 감히 확신한다. 현장 술사의 실력을 현상과 미래의 추론 적중률로 평가한다면 우리가 크게 뒤지지 않을 것이라는 점, 그리고 학문적인 지식 기반에서도 2003년 현 시점에서 우리가 보유한 지식체계가 앞서 나가는 부분이 분명히 있다는 사실이다."

필자는 이 글을 영국에서 오는 비행기 안에서 우연히 접하게 되었는데 뛰는 가슴을 진정시킬 수가 없었다. 나는 그 전에 이수라는 명리학자를 본 적고 들어 본 적도 없었으므로 꽤나 충격적인 느낌을 갖게 됐다. 그런데 가만히 생각해 보니 1999년경에 그의 개인 홈페이지를 방문했던 기억이 났다. 당시에 꽤 참신한 느낌은 들었지만 그다지 높게 평가하진 못했던 것이고 곧

잇었다. 이것이 후에 애스크퓨처닷컴으로 탈바꿈되는 모체가 되었던 것 같은데 생활에 쫓기느라 그만 무관심하게 넘겼던 것이다. 아마도 명리학을 공부하거나 이에 관심이 있는 사람들이라면 이수라는 사람의 존재에 대해 특별한 감흥이 일 것이라고 생각한다. 몇 해 전 원광대 조용헌 교수의 사주명리학 이야기를 흥미롭게 읽은 적이 있는데 여기에 보면 중국의 위천리와 한국 사주학의 3대 명인으로 이석영(李錫暎·1920~83), 박재완(朴在琓 ·1903 ~ 92), 박제현(朴齊顯·1935~ 2000)을 들고 있다. 나는 이 중 두 분을 생전에 뵌 적이 있는데, 시간이 지날수록 호기심을 충족하지 못해 대만의 하건충(何建忠)이나 오준민(吳俊民)의 저서를 구해 읽어 보는 일을 마다하지 않았고, 그러다가 역학서 출판에서 가장 권위가 있다는 무릉출판유한공사(武陵出版有限公司)의 八字 계열 저자들 중 생존한 분들을 어렵게 탐문하여 직접 상담을 요청하기를 수회 경험했던 것이다. 그러나 십중팔구는 실망스러워 현직에서 은퇴한 후에는 그저 고인들의 양서를 때때로 탐독하며 소일했다. 그러던 중 이수 선생의 칼럼을 보게 되었는데, 특히 "한국의 명리 대가들인 이석영(李錫暎·1920~83), 박재완(朴在琓·1903~1992), 박제현(朴齊顯·1935~2000) 세 분 중 어느 누구도 자신만의 독창적인 이론체계를 구축하거나 우리의 학문을 세계시장에 전파하지 못한 점은 참으로 안타까운 일이다. 한 마디로 한국에는 세계적 술사가 없었다." 라는 문장은 시로 신선하게 여겨졌다. 이것은 내가 늘 안타깝게 생각해 온 바와 같은 내용이었기 때문이다. 그러나 "도대체 이 젊은 친구가 얼마나 자신이 있기에 이토록 건방을 떠는 건가" 라는 생각과 ""뭔가 있긴 있는 건가" 하는 두 가지 생각이 오래토록 가시지 않는 것이다. 인터넷을 탐색했더니 애퓨 사이트는 너무 복잡하고 무질서한 느낌만 들어 정감이 가지 않았다. 그래서 '죄신명리조류'라는 글로 운영자 앞으로 메일을 한통 보낸 적이 있는데 그 글이 애퓨 게시판에 오른 것을 보기도 했다. 필자 개인을 말하자면 그런대로 그간의 경험을 통해 명리학의 실체와 허구를 대강 안다고 생각하는 사람이다. 그렇지만 내가 시내의 서점에서 꺼내 본 이수 선생의 '팔자술필살기(八字術必殺技)'는 한 차원 다른 경계를 보여 주는 신서였다. 여느 때 같았으면 급히 서둘러 뵙기를 청했겠지만 곧 그것을 단념했다. 좀 더 그를 간접적으로 탐구해 보고 싶은 마음이 앞섰다. 최근에 '팔자술파이널블'로 특강에 직접 참가했는데 그곳에 이수 선생은 모습을 보이지 않고 제자 한분이 초고를 낭독하기만 해서 조금 아쉽기도 했다. 이후 활자화된 '팔자술파이널블로'를 보며 재차 감탄하지 않을 수 없었는데 필자가 가장 놀란 바는 '자평진전리뷰2권'이었다. 거기에는 팔자술 시리즈와 같은 특별한 내용이 있어서가 아니라 사주학의 핵심을 정확하게 꿰뚫어 용이하게 설명해 둔 서술 방식과 다들 어렵다는 고서를 이토록 쉽게 정리할 수 있는 절정의 마스터 면모가 고스란히 배여 있었던 것이다. 그러므로 21세기를 장식하는 명리 대가로 한 사람을 꼽는다면 한국의 명리가인 이수 선생을 들지 않을 수가 없다.

■ 21세기 韓國 이수(李修)의 팔자술파이널브로(八字術FINALBLOW)

아마도 명리학을 잘 모른다면 필자의 견해에 다소 부정할 여지가 있겠지만, 조금이나마 명리를 공부하게 된다면 자연스럽게 수긍이 갈 것이다. 현재의 역학계를 희망적으로 바라보는 이유는 아래에 기록해 둔 훌륭한 명리학의 대가 군 중에서 오직 이수 선생만이 현존하며 여전히 진화(進化)하고 있다는 점이다. 그래서 거는 기대가 너무나 크고 아직 서두르지 않아도 언젠가는 뵐 수 있을 것이라는 생각에 행복감이 인다. 다만 명리를 사랑하는 많은 사람들이 이제는 우리의 진정한 스타를 키워 줄 자양분을 보태 주기를 기원해본다. 그런데 파이널블로 서문에 보니 그는 역시 명리학가다운 면모를 보여주고 있었다. 자신의 팔자대로 간다고 했던가....

명리 필독서 추천

★ B.C. 4세기 낙록자(珞祿子)의 소식부(消息賦)
★ 8세기 唐代 이허중(李虛中) 이허중명서(李虛中命書)
★ 11세기 明代 서자평(徐子平) 연해자평(淵海子平)

★ 14세기 明代 유기(劉基) 적천수(滴天髓)

★ 17세기 青代 진소암(陳素庵) 명리약언(命理約言)

★ 18세기 青代 심효첨(沈孝瞻) 자평진전(子平眞詮)

★ 20세기 日本 아부태산(阿部泰山) 사주추명전집(四柱推命全集)

★ 21세기 韓國 이수(李修) 팔자술파이널블로(八字術FINALBLOW)

오늘날 명리학을 연구하는 사람들이라면 상기의 명서들을 놓치지 말고 읽어 보길 권한다. 이중 소식부와 이허중명서는 자료를 구하기가 수월치 않을 것 같아 미력하지만 필자의 힘이 닿는 대로 해석하는 수준에서 조금씩 글을 올려 볼 예정이다.

易學徒, 金尊案

저자가 '애퓨'의 탄생과 함께 닷컴 CEO로 혹은 언론계열사의 대표이사, 방송진행자, 칼럼니스트로 왕성한 활동을 했던 3년 동안 명리전문서로는 '적천수써머리'가 유일했던 것이다.

부자의 운명으로 갈아타라

밀레니엄 시대의 '부자 되기' 열풍에 편승하여 '매일경제신문사'에서 기획 출판한 이수님의 칼럼 모음집이다. 독자들의 읽기가 고려된 이러한 책은 일반대중과 호흡하는 측면에서는 긍정적일 수 있지만, 학자로서의 품격에는 걸맞지 않는 부정적인 결과를 초래할 수도 있다. 어쨌든 이 책은 단숨에 베스트셀러의 반열에 올라 저자의 지명도를 높이는데 기여했다. 현재까지도 대형서점의 추천서 목록에 올라있는 책이다. 책의 내용은 저자가 '이코노미스트'와 '스포츠조선'에 연재한 '이수 선생의 사주테크', 'CEO풍수학'과 'SC칼럼-재태크와 역술'을 그대로 옮겨 서책으로 꾸민 것이다. 이 책은 2004년 4월 30일에 나왔다. 저자는 '(주)애스크퓨처'의 설립과 함께 역학계에 데뷔한 시점부터 여러 매체에 고정 칼럼니스트로 활동했다. 그중 주식투자나 재테크와 관련된 칼럼을 발췌하여 데스크에서 편집한 것으로 보면 된다.

이 책의 목차를 보면 당시에 저자가 신문 매체에 연재하던 칼럼의 문패들 중 일부가 한눈에 들어온다.

부자가 되려면 결혼부터 하라
귀인을 알아보는 인연법의 세계
스스로 해몽하는 비결
사람을 가려 보는 관상안
운동은 최상의 개운법
팔자를 고치는 법
제 5장 역대 지도자와 한반도의 사주학적 운명
아이젠하워 - 한미방위조약 성립, 한미 동맹의 틀을 짜다
이승만 - 평생 공들인 명예의 비극적 파탄
린든 존슨 - 혈맹의 우대 과시, 자주국방의 기틀 제공
박정희 - 대운과 재앙의 기묘한 결합
제랄드 포드 - 박정희에게는 더할 나위 없는 귀인
김일성 - 극귀의 사주, 그러나 포드 대통령과는 무덕
카터 -박대통령과는 상극 중의 상극
레이건 - 한미 혈맹 결속 다진 인연법
전두환 - 매파인 레이건과 코드 일치하다
노태우 - 인덕은 두터운 편, 그러나 2005년이 위험
부시 - 노대통령과 상호 보완되는 균형 잡힌 인연
김영삼 - 영웅의 삶, 그러나 추락의 위험
클린턴 - YS와의 인연법 좋지 않아
김대중 - 클린턴과는 긴밀한 공조, 주는 게 더 많아
부시 - 노 대통령에게 힘을 실어줄 좋은 인연
노무현 -부시 대통령과 윈-윈 조합
김정일 - 부시 행정부는 주는 게 없다

'부자의 운명으로 갈아타라'는 출간을 전후로 각종 매체의 신간 서평에 소개되었다. 여기에 매일경제신문사의 전폭적인 광고 지원이 병행되면서 저자 인터뷰가 줄을 이었다. 이 같은 바람을 타고 결국은 전국 대형서점을 순환하는 저자 강연 투어가 진행되었는데 이 덕분에 지방의 역학동호인들이 이수를 직접 만나 볼 수 있는 유일한 기회를 맞이하게 됐다. 이때 재미있는 일화가 있다. 이 책이 나온 시점은 마침 '팔자술필살기'의 출간 시점과 맞물

렸다. 저자 강연장을 가득 메운 청중들 가운데 반은 대개 명리학도들이었다. 강연의 내용은 책에 대한 소개와 함께 일반 독자들의 주목을 끄는 양택 풍수 관련 팁이 주종을 이루었는데 강연을 마치고 저자와의 대화 시간에는 강연 주제와는 관련이 없는 명리의 형충회합에 대한 궁금증이 쏟아져 나왔다.

책의 내용은 전반적으로 호평을 받았다. 편안하게 읽을 수 있는 가운데 특별한 무언가가 느껴지기 때문이다. 이미 좋은 평가을 받았던 칼럼들로 채워졌으니 당연한 애기다. 그런데 편집에서 세심한 신경을 쓰지 않은 흔적이 군데군데 드러난다. 특히 3장의 CEO 풍수학은 책이 발간된 시점에도 연재가 계속되고 있었는데 '이코노미스트'를 읽을 때와는 느낌이 많이 달랐다. 주옥같은 내용에 비해 산만한 편집은 글쓴이의 면모를 잘 그리지 못한 셈이 됐다. 표지 날개에 저자 소개가 된 부분도 빈약하며 저자가 운영하는 사이트의 URL표기도 잘못되어 있으므로 교정 과정이 아예 생략된 급조된 느낌을 지울 수가 없다는 점이 아쉽다.

끝으로 비교적 근래에 들어 매일경제신문에 본명으로 기고한 저자의 원고를 한편 소개하겠다. 여기에는 이 책에서 말한 부자 되기의 간단한 비결이 고스란히 담겨 있기 때문이다.

매일경제 〉 사설/칼럼/기고 〉 세상사는 이야기

(세상사는 이야기) 아내가 행복해야 부자 된다

필자의 직업은 조금 독특하다. 역술가. 시쳇말로 '인생 컨설턴트'다. 간혹 잘나간다는(?) 소리도 듣는다. 웬만한 거물급 인사라면 이 칼럼의 '이수'라는 이름 두 글자를 보고 흐뭇한 웃음을 짓고 있을지도 모를 일이다. 상담은 실로 간단한 과정이다. 만세력을 통해 사주팔자를 뽑는 데 걸리는 시간은 1분. '명(命)'을 보고 대략 판단을 내리는 데 10초 정도다. 다음은 구체적인 상담. 알고 싶은 포인트를 물어보는 단계다. 여기가 재미있다. 십중팔구 그 핵심이 닮아 있기 때문이다.

천기누설이지만 매경 독자를 위해 잠깐 소개해 볼까. 남성들은 묘하게 대부분 여성과 재물에 대한 것을 묻는다. 옛말에 '부자는 호색(好色)'한다는 게 틀린 말은 아닐 것이다. 이와 일맥상통하는 또 하나의 말. 영웅호색이다. 이 말은 과거나 지금이나 차이가 없다. 할리우드의 톱스타, 스포츠 스타, 재력가에 이르기까지 끊임없이 흘러나오는 연애나 정사에 관한 루머가 이를 증명한다. 팔자술(八字術)로는 이 이치를 쉽게 풀 수 있다. 사주팔자에서 재물을 의미하는 글자인 재성(財星)은 곧 이성(異性)을 의미하기 때문이다.

전형적인 부자의 팔자는 '재기통문호(財氣通門戶)'라 해서 재물의 글자가 간지(干支)에 다 같이 유력하게 나타난 경우를 말한다. 한마디로 돈복이 있으면 자연 이성과의 연이 두텁게 된다는 얘기다. 재운이 오는 시기도 별반 다르지 않다. 늘 재물 뒤로 이성의 운이 함께 고개를 들게 마련인 것이다. 그런데 부자만 호색하는 게 아니다. 잠깐 부자였거나 부자가 될 뻔한 이들 모두 호색하기는 마찬가지다. 본래 참다운 부자의 팔자는 호색으로 끝나는 것이 아니다. 이성과의 인연이 좋게 작용하는 것으로 마무리된다.

소위 거부(巨富)의 팔자를 타고 나면 아무리 많은 재물을 취한들 별반 탈이 나지 않고 종종 스캔들에 휘말린다 해도 원만하게 해결되기 쉽다. 사업 기반을 다질 때는 이성의 든든한 후원이나 조력에 힘입는 때가 적지 않은 것도 흔히 볼 수 있다. 이런 팔자의 유형은 거의 예외 없이 성공하는데 특히 내조(內助) 힘이 크게 작용한다. 거부로 빼놓을 수 없는 또 하나의 유형이 처가 도움으로 사회적 성공을 거두는 것이다. 역시 사주를 보면 처덕(妻德)이 두텁게 작용하고 있다. 이것은 아마추어 술사도 능히 예견할 수 있는 기본적인 '추명'(追命) 단계다. 굳이 팔자타령을 하지 않더라도 부자이거나 혹은 부자가 될 가능성이 높은 사람을 알아보는 방법은 간단하다.

배우자에 대한 만족도로 부자 여부를 가늠할 수 있는 것이다. 지금부터 독자 스스로 '부자 가능성'을 타진해 보기 바란다. 만약 배우자와 불화가 이어지면 재물을 잃는 뚜렷한 징후로 판단하면 된다. 간혹 아내에 대한 불만을 토로하는 후배들을 종종 만난다. 이럴 때면 비단 부부간의 관계를 떠나 그 사람의 전반적인 안위가 걱정되는 것이다. 가급적 이른 시일 내에 형편이 수습되지 않아 상황이 호전되지 않으면 당장은 구설이요, 향후로는 터전의 상실까지 야기할 가능성을 배제할 수 없기 때문이다.

우리 주변을 둘러보면 부자가 될 의지와 자신감이 충만해 신속하게 성과를 거둔 이들이 적지 않다. 필자의 후배 중에는 K가 대표적인 경우다. 특유의 재기와 친화력을 바탕으로 비교적 짧은 기간에 적지 않은 부(富)를 일군 것이다. 그런 K가 어느 날 갑자기 이혼한 사실을 밝혀왔다. '워크홀릭'이자 '드림홀릭'인 자신에게 헤어진 아내는 걸림돌과 같았다는 것이다. 짐짓 홀가분한 처지를 자랑하는 듯한 그의 태도에서 일순 불안감이 일었다. 더 문제는 후배의 태도. 도무지 남편 입장을 이해하지 못했던 전처에게 대폭 책임을 전가하는 것이다.

최근에는 이혼이 별스러운 일도 아니므로 실은 크게 문제삼을만한 거리도 아니다. 어느 경우에는 이별이 상황을 호전시키는 계기가 될 수도 있다. 불화나 이혼보다 정작 문제가 되는 것은 새로운 이성의 출현이다. 이때 중요한 것이 있다. 자신이 이성의 도움을 받거나 서로 주고받는 것이 없는 평등한 관계라면 큰 문제를 일으킬 염려가 없지만 반대로 자신이 상대를 돌보거나 도움을 주는 경우라면 대단히 위험한 신호가 아닐 수 없다. 일방적으로 이성에게 베푸는 일이 잦은 사람은 설령 당장은 부자라고 해도 타고난 부자 팔자와는 거리가 멀다. 또 애초에 부명(富命)이라 해도 이러한 현상이 나타나면 운기(運氣)가 저조해지는 시그널로 보면 틀림없다. 시간이 지나면서 상대는 기쁨을 주는 존재에서 고통을 주는 존재로 변하게 마련이다. 뜻하지 않게 좋지 못한 소문이 퍼지면서 몰락을 자초하기도 한다. 이성 문제로 인한 추문이 사태를 돌이킬 수 없는 지경으로 몰아가는 것은 짐작 이상이다.

K가 그랬다.

일에 몰두하기 위해 이혼까지 마다하지 않은 친구가 어느새 나이 차가 많이 나는 애인을 만나 정을 쏟기 시작한 것이다. 결국 따끔한 충고 한마디를 던졌다. "K! 올해 입추(立秋)를 넘기기 어려울 것 같다." 말이 씨가 된 것 마냥 그해 입추를 지나자마자 K는 사소한 일이 계기가 되어 영어(囹圄)의 몸이 되는 지경에 이르렀다.

"부자가 되고 싶다"는 문객들에게 습관처럼 해 주는 말이 있다. 아내가 즐겁고 편안해야 재운(財運)이 살아난다는 것이다. 어느 순간 아내로 인해 몹시 행복감에 젖어들 무렵이면 이미 부자가 될 가능성이 높다. 그대 오늘도 주식하랴, 부동산 보러 다니랴 정신없이 돈을 좇고 있다고? 하지만 부자가 되는 운기는 멀리 있는 것이 아니다. 모처럼 퇴근길에 꽃가게에 들러 향긋한 장미 한 다발 사들고 아내에게 다가가 보자. 입이 귀에 걸린 아내의 행복한 표정과 함께 그렇게 좇아도 멀어지기만 했던 재운이 서서히 그대에게 다가가고 있을 것이다.

행복은 항상 가까이에 있다.

[이지승 명리학자] 〈 Copyright ⓒ 매일경제〉

2006.05.13 08:03:01 입력

八字術 必殺技(A Deathblow)

그 이름도 무시무시한 '팔자술필살기'다. 무언가 확 가슴에 꽂히는 느낌이 든다. 강호에서는 이 책을 '필살기' 혹은 '데쓰블로'로 약칭한다. 이수라는 인물이 강호에 등장하기 이전에는 역학서들의 제목이 천편일률을 벗어나지 못했다. '정설, 강해, 해설, 보주, 평주, 강독, 강술' 등과 같은 책 제목이 마치 공식과 같이 지켜졌다. 그러다가 '써머리'라는 수능 교재 같은 제목이 나왔을 때 많은 동호인들이 꽤나 참신한 느낌을 받았는데 이제부터는 '필살기'라니 저자가 드디어 본격적으로 學과 術에서 術에 더 무게를 주는 스탠스를 취하기 시작한 것이다.

이 책은 정말 대단했다. 기존의 개론서 내지 원론서 위주의 명서가 하나의 독특한 챕터로 꾸며지는 일대 혁신을 일으켰기 때문이다. 한 마디로 이전에는 듣지도 보지도 못했던 주옥같은 내용들로 채워진 학습서였다. 저자가 '애퓨'에 '야부리'라는 필명으로 '야부리 특강'을 매 꼭지 별로 연재할 때부터 강호 명리학도들의 반응은 폭발적이었다. 이 책은 형충회합刑沖會合

을 본격적으로 다룬 팔자술 실전서다. 한 마디로 팔자를 좀 볼 줄 안다는 인사라면 그동안 어느 누구도 명쾌하게 설명해 놓지 못한 분야가 형충회합의 해법이라는 점을 다 알고 있었다. 바로 그것을 독창적으로 누구나 고개가 끄덕여지게끔 체계 있게 설명해 놓은 책이 바로 '팔자술필살기'다. 이것으로 얘기는 끝났다. 어느 학문 분야를 막론하고 이제까지 늘 겪어오던 신사조의 유입이 아니라 신사조의 유출이 현실로 다가온 셈이다. 이전까지만 해도 이수를 역학계의 신성이나 반짝 스타 정도로 애써 폄하하던 인사들이 적지 않았다. 그러나 형충회합이라는 '새로운 장(뉴 챕터)'을 열자 그 누구도 인정하지 않을 수 없는 명리학계의 거성이자, 대세로 입지를 굳히는 계기가 됐다. 이미 전해에 '적천수적요'를 대만에 출간한 사건을 계기로 중앙언론 매체들은 이수를 한국 최고의 술사나 세계적 명리학자라는 타이틀로 소개하고 있었기 때문에 '팔자술필살기'의 등장은 사학계 내부에서도 이점을 확정짓는 계기가 된 것이다.

'팔자술필살기'는 이수명리의 1기로 구분되는 2000년부터 2004년까지의 5년 동안에 가장 정점을 이룬 시점에 출간된 책이다. 2005년부터 2007년까지의 3년간은 사학계에서 이수라는 존재가 이전처럼 가시적이지 못했다. 게다가 2005년 중반에 '애퓨'가 문을 닫으면서 지금은 '애퓨'의 존재 자체도 모르는 동호인들조차 생겨났을 정도다. 심하게는 형충회합의 첨단 스킬이 이수문파가 아닌 중국이나 다른 유파의 이론체계로 알고 있는 부류들도 더러 있다. 이것은 이수의 이론을 무단 복제하는데 그치지 않고, 그것을 마치 자신의 고유 이론으로 선전하며 후학들을 지도한 적지 않은 무리들에 의해 나타난 사례다. 이 같은 현상은 사학계가 아니면 꿈도 꾸기 어려운 일이다. 시중 서점에 가서 책만 구입해서 읽어도 진실이 금세 드러날 일인데 이미 천하에 공개된 이론이 조악한 프린트물의 비급으로 둔갑되어 전유물로 여기는 웃지 못 할 일들이 더러 있다. 아무튼 지금 강호에는 형충회합의 실기가 대세를 이뤘다. 그러면서는 일부는 그 원류가 어디인지도 모르고 있다. 게다가 최근 대만의 맹파盲派 명리나 덜 다듬어진 형충회합 이론을 이수명리와 비교하는 시각은 무지의 정도가 심한 것이다.

이수명리의 특징은 여러 가지가 있지만 두세 가지로 요약이 가능하다. 첫째는 예나 지금이나 저술의 근저로 또는 새 이론의 창술과 방출로 이어지는 모멘텀이 '온고지신'이라는 틀로 일관된다는 점이다. 혹자는 자기 식으로 온갖 이론을 창출한다고 비판하는 시각을 견지하기도 하는데 저술을 찬찬히 살피면 예외 없이 고서의 어느 대목을 인용해서 해석하고 이론을 전개하고 있음을 알 수 있다. 간단히 말해 갈피가 서지 않아 해독이 불가하거나, 답답하게만 여겨져 멀리 하게 되는 빛바랜 고서의 원문들을 먼지를 털어내고, 특유의 간결한 필치와 탁견으로 체계를 세워 세련된 새 옷을 입히는 사람이 바로 이수다. 둘째는 과거의 답습에만 머무는 것이 아니라 새로운 개념과 가치를 창출해서 특유의 신조어로 그 뜻을 담아내는 타고난 실력자로서의 면모를 유감없이 드러내는 데 있다. 그것이 마치의 언어의 마술사처럼 여겨질 정도다. 후학들이 따라가기 버거울 정도로 쏟아져 나오는 용어들로 인해 지금은 따로 '이수명리학 용어집'이 나와야 할 정도로 명리의 패러다임을 바꾸어 냈다. 셋째는 원리와 원칙의 확고함과 그것의 진화 과정에 있다. 다시 말해 명리학이 지닌 고질적인 문제, 원리원칙의 부재 현상을 탈바꿈시켜 온전한 학문의 위치로 끌어올리는데 결정적인 기여를 했다. 근자에 한층 세분화되고 특화된 학습 체계를 갖추는 것이 하나의 분명한 사례다. '팔자술필살기'는 이수명리의 특징이 응집된 책이다. 이 책에서 Fade-in, Fade-out, Hooking 등과 같은 현란한 용어들이 선보여졌다. 그리고 이후 '팔자술파이널블로', '형충회합', '형충회합정해'등의 관련 저술을 통해 끊임없이 이론이 보강되고, 진화되는 과정을 보였다.

흥미롭게도 이 책은 여타의 관계 저술과 달리 일정한 구성 형식을 갖추지 않고 있다. 그래서인지 이 책의 탄생 배경을 모르고 '필살기'를 접하게 되면 이것이 과연 책인가 싶을 정도의 느낌도 갖게 하는 것이다. 원래 '필살기'는 저자가 필명으로 '팽도인'과 '야부리'라는 캐릭터를 통해 '애퓨'의 게시판에 게재한 게시물을 모아 '집재출판사'를 통해 한정판으로 300부만 제작된 책이다. 책이 나오기 전에 선착순으로 신청을 받았다. 그런데 이 책의 가격이 300페이지 남짓의 단행본으로는 쉬 납득이 가지 않는 정가 십만 원의 고가였다. 그래도 팝업으로 공지가 뜬 당일에 신청이 마감됐다. 명리 실기의 꽃인 형충회합에 대한 강호 학인들의 갈증이 얼마나 심했는지는 반증하는 사례이자, 저자의 인기를 실감하게 하는 대목이다. 필자도 당시에 서둘러 이 책을 신청했고 지금도 소장하고 있다. 그리고 이 책을 신청했던 그 누구도 책의 정가에 대해 이견을 제시하지 않았다. 그만큼 소중했기 때문이고, 또 이수라는 인물의 퍼스낼러티가 책값을 수익으로 삼는 수준이 아님을 '애퓨'의 마니아들은 다 알고 있었던 까닭이다. 이수는 항상 두 가지 가격 체계를 유지했다. 이를테면 '애퓨'의 모든 학술 및 토론, 상담 자료들은 엄청난 가치를 보유하고 있음에도 무료로 무한정 방출됐다. 특히 저술의 초고와 원고 전체가 예외 없이 인터넷 상에도 공개되었기에 굳이 책을 구입하지 않아도 모니터 하나만 있으면 명리 공부에 애로가 없었다. 반면 프리미엄리포트(개인의 사주추명 서신)를 신청하는 비용이 일인당 일백만원의 최고가였다. 이것은 웹상에서 무형의 상품으로는 아마도 전무후무하게 가장 높은 비용이었을 것이다. 그는 이미 역학 마켓의 전체를 꿰뚫고 있었던 것이다. 명리의 예측 기능이 곧 리치마케팅으로 이어지는 고리를 알고 있었고 이미 그 자신이 사교계의 저명 인사였기 때문에 세상은 넓고 할 일은 많았을 것이다. 후에 그 자신이 프리미엄리포트를 작성할 시간을 내기 어려웠다고 실토했을 정도다. 그는 철저히 사주 추명이 상대를 보지 않고 오직 생년월일시 정보로만 과거, 현재, 미래사를 예단하는 형이상학적인 기법을 보유한 점을 통해 상相과는 차별되는 명命의 절대 우위를 자부했던 인사다. 그러면서도 사정이 어려운 학습자들과 회원들에게는 항상 관대하게 무료로 상담과 교육시간을 할애했다. '애퓨'의 초창기에는 저급한 상업주의 운운하며 이수 대표를 공격한 부류들이 적지 않았다. 이러한 비난은 하나도 빠짐없이 여과되지 않고 게시판에 그대로 공개되었다. 대단한 자신감의 반영이다. 그는 커뮤니티의 증폭으로 펀딩을 유치하는 전략을 통해 회원들에게는 무상의 혜택을 제공하는 시스템을 유지했다. 여기에는 이론이나 비난의 여지가 없었다. 결국 '애퓨'는 경기의 변동 상황과 함께 확정적인 수익모델을 구축하는데 실패했다. 이로 인해 '애퓨'의 최대 수혜자였던 강호의 명리학도들과 동호인들이 가장 큰 손해를 본 셈이 됐다.

필자가 이 책을 신청하고 받아 본 책의 표지가 주는 이미지는 몹시 강렬했다. 표지의 제목 아래에는 다음과 같은 글귀가 적혀 있었다.

四柱學 科學인가, 迷信인가

三千年 論爭을 拂拭시킬 推命的中技를 장착하라

절로 가슴이 뛰는 저자의 일성 아닌가? 그는 오직 적중률만이 명리를 과학으로 입증시키는 첩경임을 강조한 인사다. 아래는 '데쓰블로'의 서문을 인용한 대목인데 당시에 저자가 지닌 팔자술에 대한 시각이 잘 드러나 있다.

Foreword

친애하는 독자들,

오래 전부터 동양(東洋)의 술학(術學) 계는 연구파와 응용파로 나눠져 존재하여 왔다. 연구파는 주로 문인학사들로 구성되었고, 응용파는 시중에서 넓게 활동하며 그 명맥을 이어왔다. 사주학(四柱學)의 지식 체계는 요원(遼遠), 광대(廣大)하여 이를 일관되게 관통하는 지식체계를 완성하기 어렵다. 까닭에 강단학파나 강호학파, 모두 견강부회(牽强附會)하기는 마찬가지다. 비록 오거지서(五車之書)를 통독한들 실상에서의 적중률은 별반 볼 게 없으니, 이를 빌미삼아 응용파는 연구파를 조롱하였고, 연구파는 응용파의 이론적 허술함을 수월하게 간파하였다.

사주학의 미력한 지식이나마 갖춘 연후 소위 대가(大家)로 불리기를 희망하는 뭇 술사(術士)들을 찾아 나서 보라. 하나의 답을 구하게 된다. '팔자술은 믿을 바가 못 된다'다. 이와 같이 현장의 술사는 강단의 학자와 달리 오직 빈틈없는 '현상의 설명력'으로만 평가되는 엄한 환경에 놓여 있으므로 치열한 학습, 타인을 압도하는 카리스마, 급소를 찌르는 절제된 언문 등을 습득함에 게으름이 없어야 한다. 이른바 식자층에 이르기까지 대접 받는 술사가 되려면 내면에서 정교하게 다듬어 진 실력과 가감 없는 표출이 병행되어야 한다.

묵가(墨家)의 비명관(非命觀) 이래, 팔자술은 예나 지금이나 여전히 그 실체를 부정당하기 일쑤며 최근에는 혹세무민(惑世誣民)의 미신(迷信) 일종으로 전락하기까지 하였으니 안타까운 일이다. 이 학문도 채 완성하지 못한 어설픈 추리력으로 예측술(豫測術)의 과학성을 입증하려 들지 말라. 오직 갈고 다듬어 현상에서 적중(的中) 시키는 필살기(必殺技)를 다듬는 데 전력하라. 실전(實戰)에서 먹히지도 않는 원리(原理)만을 가지고 상대를 설득하려 하지 말라. 세인의 웃음거리만 될 뿐이니. 음양오행(陰陽五行)과 팔괘구성(八卦九星)을 가르치려 들지 말고 실감나게 만들라. 역술(易術)의 본질은 예측(豫測)에 있음이니, 이를 수렴하지 않고서야 심리 상담이나 조언의 활인(活人)을 입에 담아서야 되겠는가. 오직 실제 상황에 부합되고, 다가올 상황과 맞아 떨어질 예측의 세계에 초점을 맞추라. 간담을 서늘하게 하는 족집게 추론을 하라. 추론이 빗나가면 프로 술사의 타이틀은 버려야 마땅하니 지체 없이 책 보따리 싸 들고 학습자로 회귀하라.

작금의 세태에 필자는 마땅한 방법이나 길이 없어 '추명(推命)의 필살기(deathblow)'를 전수한다. 이 책으로 학습하는 자, 팔자술이 도달 가능한 무한의 영역을 실감하고 도전하게 될 것이다. 내용 전반은 기본과 고도의 기법을 아우르고 있다. '형충회합(刑沖會合)의 실기(實技)'는 그 누구도 명확하게 풀지 못한 '천기(天機)의 틀'인 셈이다. 이 이수(李修)가 실타래를 풀어 주겠다. 그간 기껏 어줍은 오행(五行)의 생극제화론(生剋制化論)과 격국(格局)의 순용(順用) 역용(逆用), 엉성한 난강망(欄江網)의 그물만 가지고 앞뒤를 다투거나, 경솔하게 학문의 한계를 논하지 말라. 일체의 이현령 비현령(耳懸鈴鼻懸鈴)식 추론은 삼가라. 그것은 참된 명리학가(命理學家)로서 견지할 바가 못 된다.

실상에서 명쾌하게 두들겨 맞추는 일관된 이론 체계를 장착하고 강호로 나서라. 그리하면 세인들이 자연 우러러 볼 것이다. 도(道)로 향하는 더 이상의 진전 단계는 이 책에서 언급하지 않겠다. 독자들, 예측학가(豫測學家)로서의 소임을 다한 연후 zen master로 상승하기를 진심으로 기원한다.

癸未 끝자락, 李修 쓰다.

‘데쓰블로’는 편집이라는 개념조차 무색한 마구재비 식으로 제작된 형태의 책이다. 참으로 독특한 현상이 아닐 수 없었다. 그런데 이 책은 한정판이라는 특수성으로 인해 약간의 부작용이 생겼다. 저자의 의견이 반영되어서인지 ‘집재출판사’는 더 이상 책을 유통하지 않고 복사해서 나누어 보는 것을 공식적으로 용인했다. 당연히 시중에는 책의 복사판이 난무했고, 복사로 제본된 책들이 반값에 유통되는 기현상을 낳았다. 그 정도가 지나치자 결국 이 책은 도서출판 ‘장서원’을 통해 새롭게 양장본으로 정식 출판됐다. ‘데쓰블로’의 등장 배경이나 히스토리를 모르는 사람들은 도대체 십만 원의 책과 삼만 원의 책이 어떻게 이토록 품질이 다른지 의아해하지 않을 수가 없을 것이다. 그만큼 ‘장서원’을 통해 출판된 책은 이전의 ‘데쓰블로’와는 비교할 수 없을 만큼 제대로 제작되었다.

오늘날 강호에는 이수명리를 접해 보지 않은 학습자들이 거의 없을 것이다. 얼마 전까지만 해도 ‘이수명리=팔자술필살기’의 공식이 성립됐다. ‘적천수써머리’와 더불어 ‘필살기’도 명학서로는 베스트셀러의 반열에 오를 만큼 수요가 많았지만, 이 책의 내용은 인터넷을 통해 폭발적으로 번져 나갔다. 앞에서 말했듯이 이수는 ‘필살기’를 통해 출중한 기재로서 인정받았다. 오늘날 이수를 잘 모르고, 혹 무작정 질시하거나 비난하는 부류들도 이수를 천재로 인정하는 데는 별로 인색하지 않다. 그것은 ‘필살기’의 책장을 여는 순간 확인할 수 있다. 이 책의 이론적 체계는 후에 ‘팔자술파이널블로’를 통해 보다 선명하게 정리되었다. 중요한 점 하나. ‘필살기’는 이수명리를 상징하는 중요한 저술의 하나지만 이수명리를 처음 접할 때 읽는 책으로는 부적합하다. 이에 대한 설명은 다른 저술의 평론에서 ‘이수명리학의 학습체계도’를 통해 따로 설명하겠다. 여기서는 이 책의 3장에 속하는 ‘Touching the core : ´ω` 야부리 刑沖會合 特講'에서 처음으로 언급된 새로운 명리 용어들을 일목요연하게 정리해 보았다.

팔자술필살기(A Deathblow) 용어 정리

훼이드인 fade-in	刑沖으로 인해 개고된 장간에 해당하는 육신들이 合生이나 合化로 得이 되는 현상.
훼이드아웃 fade-out	刑沖으로 인해 개고된 장간에 속하는 육신들이 合去·不化로 분리되어 失하는 현상.
어항 현상 fish globe phase	'데쓰블로'는 지지를 어항으로 장간을 어항 속의 물고기에 비유한다.
후킹 hooking	개고된 장간이 일간과 합하여 한정적으로 일간이 취하는 현상을 말한다.
놓친 고기	刑沖으로 훼이드아웃된 장간 육신.
익힌 고기	刑發된 지지의 육신.
냉각 현상 cooling effect	合으로 기반羈絆되거나 보호保護되는 상황을 말한다.
해동 효과 thawing effect	합반合絆된 지지 육신을 刑沖으로 합동合動시켜 得하는 현상을 말한다.
땜 효과 soldering effect	'솔더링이펙트'란 沖을 合으로 해소시킨 상황으로 팔자 정물靜物에서만 해당된다.
스폰지 효과 sponge effect	세월의 운지運支가 팔자와 어느 글자와 먼저 合이 되었다가 다시 沖이 되는 경우로 이때 合이 된 운지는 개고되지 않는다는 이론 ※ '데쓰블로'이론에서 최근 수정됨
범퍼 존 bumper zone	세월의 운지運支가 팔자의 合을 沖하면 合된 지지는 개고되지 않고, 沖한 지지만 개고된다는 설로 合으로 인한 충격완화효과.

看破命運

이 책은 시중에 출간되지 않았다. '간파명운'은 문파의 문하들 가운데도 극히 일부만이 이 교재로 사사師事한 것으로 알고 있다. 내용의 일부는 인터넷을 통해 공개되었는데 서론에 불과해서 전체를 짐작하기 어렵다. 책의 표지에 일장경一掌經과 달마대사의 그림이 있는 것으로 보아 이허중李虛中의 당사주唐四柱를 본격적으로 연구한 내용일 것 같다. 당사주 이론의 창시자는 북위北魏 효문제 시대에 서역에서 중국으로 건너와서 선종禪宗시대를 연 달마대사達磨大師로 보는 견해가 우세하다. 그가 포교를 위하여 운명을 봐주는 방법을 선택한 것이 현재 스님들이 신도들의 사주를 봐주는 풍속을 만들었다고 볼 수 있다. 그의 이론 체계는 당대唐代 일행선사一行禪師에 의해 문서화되어 전해졌는데 지금 중국에는 달마일장경達磨一掌金 혹은 간명일장경看命一掌經 등으로 기록이 남아 있다. 내용도 세간에 알려진 당사주보다 훨씬 풍부하고 체계가 잡혀있다. 일장경을 저자가 본격적으로 해부했다면 원문의 내용을 그대로 번역해서 옮기는 것만으로 그쳤을 리 만무하다. 이무튼 이 책은 얼마 가지 않아 일반 독자에게 공개될 것으로 본다.

최근에 '명리36금수'가 출판되었는데 하권下卷이 출간되고 나면 오자술五字術의 개변改變된 이표신기李豹神技라는 책이 선보일 것이란 소식을 듣기도 했다. 만약 '오자술'이라면 사자술四字術의 일장경과는 전혀 다른 책이 될지도 모른다. 필자도 이 부분에 대해서는 정확한 정보를 더 이상 얻지 못했으므로 시간을 두고 기다릴 도리밖에 없다.

'간파명운'이라는 문패를 달고 인터넷에 원고의 일부가 공개되었는데 그 내용이 책의 본문을 서술하기 이전에 기본적인 원론들에 불과해서 여기에서 특별히 언급할 필요가 없다고 사료된다. 그런데 음양오행은 물론 팔괘구성까지 언급하고 있는 것으로 보아 아마도 일반 독자들의 읽기와 학습자들의 학습서로 두 가지 기능을 다하는 획기적인 서책이 아닐까 싶다. 공개된 초고의 서두에는 캘린더효과와 타이밍캐처Timing Catcher라는 신조어가 소제목으로 붙여져 있는데, 스스로 운명을 헤아리는 기법 일면이 설명되어 있으므로 독자들에게 적지 않은 도움이 될 것 같다. 이에 인용한다.

■ **캘린더 효과**(calendar effect)

역사는 반복된다. 여기에는 일정한 주기가 존재한다. 주기는 수(數)로 표시한다. 까닭에 달력만 잘 살피면 우리는 미래의 상황을 예측해 낼 수 있다. 이 책은 달력을 가장 효과적으로 활용하는 방법의 일환부터 제시한다. 보통 '캘린더 효과(calendar effect)'란 미국 증시가 해마다 시기별로 일정한 궤도를 따라 도는 시장의 흐름을 보인데 유래한 것으로, 기본적인 투자 상식에 속한다. 이를테면 먼저 1월에는 보통 주가가 상승한다는 '1월 효과'로 연말에는 주가가 다소 주춤하지만 1월에 투자자들이 다시 증시로 돌아오면서 주가가 상승한다는 것이다. 연초에 재미를 본 투자자들은 그 다음으로 6, 7월경에 나타나는 '서머랠리(summer rally)'를 기대하고, 연말 크리스마스를 전후로 증시가 상승한다는 '산타 랠리(santa rally)'를 기대하기도 한다. 보통 이 같은 현상을 두고 세금이나 심리 등 납득할만한 요인으로 현상을 설명하는 게 주류의 견해다. 그러나 지금부터 말하는 캘린더 효과란 인간의 사유로는 쉽게 미칠 수 없는, 마치 이 세상천지가 무작위적이라는 배경 하에 예측의 논리가 되는 수(數)의 패턴과 이를 실제 활용하는 방식과 효용을 의미한다.

앞으로 독자들과 가장 익숙해질 재료는 십이지(十二支)다. 십이지는 육십갑자(六十甲子)의 아랫부분을 이루는 12개의 지지(地支)를 말하는데,

子(자), 丑(축), 寅(인), 卯(묘), 辰(진), 巳(사), 午(오), 未(미), 申(신), 酉(유), 戌(술), 亥(해)

의 열두 글자로 일단은 자연의 법칙을 푸는 기호로 이해하면 무방하다. 子부터 亥까지 12개의 글자가 모두 나열되면 다시 子부터 시작되는 십이진법의 순환주기와 같다고 인식하면 된다. 동양의 예측 논리는 수(數)에 담겨져 있고, 예측의 토대는 '수의 반복'에 있다. 흔히 우리는 미래의 일을 알 수 없다고 하지만, 미래사의 예측이 불가능한 게 아니다. 가령 춘하(春夏)절에는 따뜻하고 덥지만, 추동(秋冬)절에는 시원하고 추워짐을 과거의 경험을 통해 알 수 있다. 이러한 기후의 변화를 달력의 매월 숫자로 구분해 보면 더 정확하게 짐작해 나갈 수 있다. 즉 시간의 경과를 12달로 반복시켜 두었기 때문에 1월과 6월, 3월과 9월의 차이를 미리 알고 대비할 수 있다. 이 같은 1년 중의 기후 변화와는 달리, 보통 내년과 내후년 그리고 10년 후의 일은 종잡을 수 없다. 또 당장 내일과 몇 시간 후의 상황은 갈피를 잡을 수 없으므로 사람 일은 한치 앞을 알 수 없단 말을 종종 하곤 한다. 그러므로 예측이 가능하고, 불가능한 영역이 있음을 알 수 있다. 그렇다면 예측이 통하는 범위는 과연 어느 정도일지 궁금하지 않을 수 없다. 이는 철저히 예측술가들의 테크닉 정도에 관한 문제다. 따라서 만일 누군가가 어느 만큼의 예측만이 가능하다고 주장한다면, 단지 그 정도의 실력에 불과한 것으로 받아들이면 된다.

아무튼 보통 일반인들이 미리 짐작할 수 있는 계절의 변화는 1월부터 12월까지 매년마다 십이진법의 반복되는 수식체계에 연유함을 알게 되었다. 우리 조상들은 아라비아숫자를 쓰지 않고, 위의 십이진법으로 배 질기(節

氣)를 구분했다. 이를테면 봄소식을 알리는 입춘(立春)일부터 자월(子月)이 시작되고, 여름의 입하(立夏)는 사월(巳月), 가을의 입추(立秋)는 신월(申月), 겨울의 입동(立冬)은 해월(亥月)과 같은 식으로 12절기를 나눴다. 먼 옛날부터 지금까지 입추(立秋)일이 되면 더위의 기세가 한풀 꺾이고 입동(立冬)절에 임하면 어김없이 추위를 체감하게 된다. 이렇게 '12'라는 숫자는 변화의 패턴을 읽어내는 몹시 중요한 의미를 지니게 된다.

그러나 일상에서 숫자로 정해지는 '연월일시'중, '월'과 '시'을 제외한 년(年)과 일(日)은 동일한 순환주기로 반복되지 않는다. 이로 인해 우리는 앞으로 무슨 일이 일어날지 도통 알 수 없는 오리무중이 되기 십상이다. 가령 아라비아숫자로 표기되는 매년의 상황은 무한대로 증가하는 숫자 체계로 올해 2005년을 기점으로 과거 1993년과 향후 2017년 사이에는 어떤 상관관계도 존재하지 않는 것처럼 여겨지기 쉽다. 그러나 우리에게는 매 12년마다 같은 '띠'를 붙여, 공통점을 부여하는 관습이 남아있으므로 민속으로 보자면 다 같이 '닭띠 해'라는 차별성을 갖게 된다.

12라는 숫자 이외에도 예측과 관련한 주기로 '10'과 '60'의 숫자를 중시한다. 숫자는 한 문명 또는 어느 한 명의 천재에 의해 고안된 발명의 소산이 아니라, 기원전 이집트, 바빌로니아, 인도, 아라비아 등에서 다양한 형태로 나타났다. 기호를 나열해 수를 표시했던 이집트의 숫자나 바빌로니아의 '육십진법', 로마 숫자 등은 모두 고대 숫자의 형태고, 현재 우리가 사용하는 십진법의 수식체계는 인도에서 시작, 아라비아를 거쳐 유럽으로 전해진 것으로 알려져 있다. 중요한 사실은 이 같은 '십진법'이나 '십이진법', '육십진법' 모두가 간지(干支)의 체계로 한국인에게 오랫동안 지켜 내려와, 생활 속에서 습관화되어 사용되고 있는 점이다.

갑 을 병 정 무 기 경 신 임 계
甲, 乙, 丙, 丁, 戊, 己, 庚, 辛, 壬, 癸

이상의 글자는 10개의 천간(天干)으로 십간(十干)이라고 하는데, 십이지

(十二支)와 마찬가지로 계속 반복되는 십진법의 순환주기로 이루어진다. 서구의 경제학자들은 거시 경제지표의 예측이나 특정 상품의 마케팅전략 수립을 위한 연구로 과거 10년 단위의 역사적 규칙성을 점검하는 기법을 즐겨 구사한다. 가령 프랑스의 경제학자 '주글라'는 1862년에 "자본주의 경제에서는 고용, 소득, 생산량이 대폭적인 파상운동을 하고 그 파동의 모든 단계는 그 전단계로부터 차례로 발생한다"고 주장한 바 있다. 이것은 종래의 경제학자들이 공황만을 문제로 삼았던 데 비해, 공황은 순환의 한 국면에 불과하다는 점에서 특기할만한 발견으로 평가된다. 즉 공황은 단독의 국면이 아니라, 호황에서 정리(청산)로의 전환기이고 이 세 국면이 반복적으로 순환된다는 점을 발견한 것이다. 이로써 그는 은행대출액, 금리, 물가에서 파상운동을 검출하여 9년 내지 10년을 중심으로 하는 주기를 가진 파동을 명확히 설정한 바 있다.

이러한 틀에서 귀납적으로 접근해 보면 세계경제의 대강 순환이 대체로 10년마다 호황과 불황의 주기적인 국면으로 변동되는 점을 확인할 수 있다. 이러한 현상을 두고 '주글라파동', 내지 '주순환(major cycles)'이라고 하는데, 이 같은 파동 논리에 근거하면 미국 경기는 매 10년 마다 끝자리에 3이 기록되는 해에 최악의 실업률을 겪고, 이후 5년간은 실업률이 줄어드는 경기호전국면을 반복해서 시현했다는 점을 발견할 수 있다. 이를테면 1993년의 경우에 그러했듯이 2003년에도 최악의 실업률을 기록하게 되었는데, 이후 1998년까지 경기가 성장세를 보였듯이 2008년까지는 미국경제의 상승추세를 보일 것이라는 파동론 적 관점을 견지하는 이들이 적지 않다.

그렇다면 일종의 공명(共鳴) 현상으로 설명될 수 있는, 미국 증시와 직접적으로 연동되는 우리 증시의 경우에도 2003년에 주식을 사서 2008년까지 보유한 뒤에 파는 식의 거친 투자 전략만으로도 충분한 승산이 있다는 공식이 성립된다. 실제로 지난 우리 증시를 살펴보면, 1962년에 출발한 종합주가지수가 '1963년에서 1968년', '1973년에서 1978년', '1983년에서

1988년'에 가파른 상승세를 나타냄으로써 세계경기의 성장 사이클과 일치되면서 투자자들에게는 몇 차례의 절호의 기회를 안겨 주기도 했다. 이렇게 끝자리 4년부터 8년, 9년부터 3년과 같은 식으로 과거의 역사적 규칙성을 발견하지만, 대체 그것이 어디서 연유하는 지는 잘 모른다. 서구의 경제학자들은 이 같은 변동이 주로 기업의 설비투자에 의해 나타나는 것으로 이해하지만, 근거 요소가 발생하는 시점의 주기성에 대한 답은 명확치 못하다.

이러한 현상을 보다 간단하게 설명할 수 있는 방법이 동양의 숫자 패턴에는 존재한다. 미국 경기의 분기가 되는 끝자리 3년과 8년은 계년(癸年)과 무년(戊年)으로 이 글자들이 함유하는 오행(五行)의 속성과 관련이 있는 것이다. 까닭에 서구인들은 그 이유를 잘 모르고, 일단 끝자리 3과 8을 주목하라고 할 테지만 동양인들은 계수(癸水)와 무토(戊土)의 기운(用)이 미국 증시(體)에 작용하는 바를 연역해서 설명해 낼 수 있다. 우리 증시는 미국 증시에 연동되지만, 그것이 항상 일치할 수는 없는 법이다. 왜냐하면 미국 증시와 체(體)가 다르므로 매년 운의 용(用)이 똑같은 작용을 한다는 보장이 없기 때문이다. 가령 '1993년에서 1998년'에 미국 증시는 가파르게 상승했지만, 우리 증시는 폭락했다.

십이진법과 십진법을 보완하는 수식체계는 육십진법이다. 십간(十干)과 십이지(十二支)를 각각 음양(陰陽)별로 짝을 지으면 아래의 육십갑자(六十甲子)가 성립된다.

甲子 乙丑 丙寅 丁卯 戊辰 己巳 庚午 辛未 壬申 癸酉 甲戌 乙亥
丙子 丁丑 戊寅 己卯 庚辰 辛巳 壬午 癸未 甲申 乙酉 丙戌 丁亥
戊子 己丑 庚寅 辛卯 壬辰 癸巳 甲午 乙未 丙申 丁酉 戊戌 己亥
庚子 辛丑 壬寅 癸卯 甲辰 乙巳 丙午 丁未 戊申 己酉 庚戌 辛亥
壬子 癸丑 甲寅 乙卯 丙辰 丁巳 戊午 己未 庚申 辛酉 壬戌 癸亥

이상의 육십갑자는 십간십이지와 마찬가지로 계속 반복되는 순환주기를 보이므로, 맨 처음인 甲子는 61번째가 되면 다시 甲子로 나타난다. 이렇게 다시 나오는 것을 회갑(回甲) 또는 환갑(還甲)이라고 부르는데, 회갑(回甲)의 회(回)나 환갑(還甲)의 환(還)은 돌아온다는 뜻으로 출생한 해의 간지와 똑같은 간지를 가진 해가 돌아왔다는 뜻이다. 서구 세계는 10이나 100의 숫자 반복을 중시하여 이를 세기(century,100년)로 구분해서 100년의 주기를 맞이할 때마다 대단한 기념식을 갖지만, 동양은 60년(육십갑자:the sexagenary cycle)의 순환 개념을 특별히 여겼다. 올해 우리 정부의 광복 60주년 기념사업회가 기념행사의 슬로건을 '광복 60주년, 새로운 시작'으로 정한 것도 이러한 배경으로, 대한민국이 환갑을 맞았다는 경축행사의 뜻을 지닌다.

오래전부터 우리는 '예지력이 뛰어한 민족'으로 회자되어 왔는데, 이것은 생활 속에 육십갑자라는 10과 12의 최소공배수 개념을 일상에서 사용했기 때문이다. 결론적으로 우리 선학들은 육십갑자라는 툴을 연월일시에 공히 다 적용해 써왔기 때문에 비단 자연의 변화뿐 아니라, 인생사 전반의 정교한 예측 논리를 구축했다. 연월일시 네 기둥을 사주(四柱)라 하는데 각각의 자리에 간지(干支)를 배속시키면 여덟 글자의 팔자(八字)가 되고, 이로써 명운(命運)의 예측과 이치를 헤아리는 이론 체계를 심화시켜 왔던 것이다. 육십진법의 순환주기는 미래사의 추이를 예견하는 매우 간편한 도구로 활용된다.

이를테면 대원군에게 쫓겨 피신했던 명성황후가 재집권한 임오군란(壬午軍亂)의 사건을 돌이켜 보아 2002년 임오(壬午)년의 집권당 정권 재창출을 수월하게 예측해 볼 수 있었다. 또 과거 갑신정변(甲申政變)에 근거해서 2004년 갑신(甲申)년의 지난해 헌정 초유의 탄핵 사태를 짐짓 예견해 보는 일이 결코 우연발생적인 상황만은 아니라는 점을 시사한다. 이러한 역사적 주기성이나 사이클은 시공을 초월하여 변함이 없기에, 올해 을유(乙酉)년의 기상도 또한 과거 을유년의 제반 트렌드를 읽어내면 거시적인 예측 작업이 가능케 된다. 가령 올해 세계 경기는 먼저 1945년 을유년의 세계 경제 상황이 그 답을 제시하는 식이다.

▪ 타이밍캐처(Timing Catcher)

본시 명운(命運)은 궁극적으로 스스로 탐구하고 헤아리는 것이다. 자신의 명(命)을 알게 되면 이를 지명(知命)이라 하고, 이후 입명(立命)하는 단계로 전진하게 되는데 이는 곧 '나서고, 물러설 시점'을 알아 처신하는 지혜로운 지경을 뜻하는 말이다. '타이밍캐처'란 진퇴(進退)의 시기와 놓쳐서는 안 될 절호의 기회와 시점을 미리 짚어 보자는 뜻에서 필자가 만든 신조어다. 자신에게 맞는 타이밍을 잡기 위해서는 먼저 십간(十干)의 주기를 활용하는 방법이 기초가 된다.

甲(갑), 乙(을), 丙(병), 丁(정), 戊(무), 己(기), 庚(경), 辛(신), 壬(임), 癸(계) 로 순환되는 십간 주기의 개별적 활용은 매우 간단하다. 가령 과거에 좋은 결과를 보았거나, 실패가 따른 각 날짜의 기록을 찾아, 그 날의 십간(十干)을 파악하는 식이다. 기록이 없다면 지금부터라도 매일자의 상황을 간단하게 기록해 두는 게 좋다. 적어도 120일이나, 240일 정도의 자신의 일상을 성찰해 기록해 두면 스스로 일진(日辰)별 운기를 예측하는 훌륭한 근거가 된다.

이때 십간(十干)은 지지(地支)와 달리 물(物:tangible)이 아닌, 상(象:intangible)의 영역에 속하므로 구체적인 득실(得失) 상황과는 무관하다고 볼 수 있다. 그러나 구체적이지 않은 상(象)의 세계라 해도 의지와 분발심을 야기하는 직접요인이 되므로 의지한 바를 실천으로 옮길 수 있는 동기로 작용한다. 또한 무형의 성패를 좌우하는 인자(因子)가 되므로 자신에게 각 천간(天干)이 지니는 의미가 어떤지를 파악해 둘 필요가 있다.

가령 재물이 수중에 들어오는 상황을 십간(十干)으로 확신할 수는 없다. 다만 투자의 성과나 시험의 합격 여부, 희소식을 접하는 등의 희기(喜忌) 여부에는 직접 관여하는 글자로 작용하므로 현상과 각 천간의 상관관계를 면밀히 살펴 분류하면 꽤 유용한 자료가 된다. 이를 위해서는 먼저 매 일자가 간지(干支)로 기록된 달력을 구해야 한다. 이것은 마음만 먹으면 수월하게 입수할 수 있고, 인터넷 등을 통하면 특정 일자의 간지(干支)를 알 수 있는 방법이 무궁무진하다. 방법은 간단하다. 예를 들어,

2005년 8월

일자	15	16	17	18	19	20	21	22	23	24	25	26	27	28
간지	辛未	壬申	癸酉	甲戌	乙亥	丙子	丁丑	戊寅	己卯	庚辰	辛巳	壬午	癸未	甲申
비고				▲								△		▲

현재 시점을 8월 26일로 설정하고, 이틀 후인 8월 28일에 중요한 '프리젠테이션'이 예정되어 있다면, 이날의 간지(干支)가 갑신(甲申)일임을 확인하고 가깝게는 8월 18일 갑술(甲戌)일부터 역순으로 10일씩 그 이전의 매 갑일(甲日)에 어떤 상황이 나타났는지를 참고하면 도움이 된다. 공통적으로 갑일(甲日) 상황에 주변의 호평을 받았다거나, 기분 좋은 일이 많은 편으로 기록되어 있으면 28일 당일의 성과에 기대를 걸어 볼만하다. 그런데 대체적으로 갑일(甲日) 상황의 기억들이 좋았지만, 유독 60일 전의 갑신(甲申)일만은 부정적인 결과를 나타낼 기록이 있다면 일단 신중해질 필요가 있다. 이것은 자신의 명(命)과 간지(干支)가 복합적으로 만들어 낸 현상이므로, 미래사를 예측하는 중요한 척도가 된다.

간지(干支)의 차이는 상(象)과 물(物)로 대비된다고 했다. 가령 갑일(甲日)에 무형의 성과를 거둔 예가 많다고 치자. 이를테면 시험을 잘 보았다거나, 승진 소식을 접했다거나, 협상이 잘 진행되었다거나 하는 식이다. 만일 갑인(甲寅)일에 거래가 잘 이루어져 기대 이상의 수입(收入)이 있었다면, 거래의 원만한 성사는 갑(甲)에 근거하지만, 실제적 획득 상황인 재화(財貨)의 수입은 인(寅)에 연유를 둔다. 이런 식으로 따져 과거 신일(申日)에는 공통적으로 지출이나 손실을 보는 경우가 많았다면, 갑신(甲申)일에 기분 좋은 일은 있지만, 지출이나 대가는 치르는 일이 수반될 가능성이 높다.

이와 같이 십간(十干)과 십이지(十二支)의 각 글자별 특성을 무형과 유형의 상황으로 나누어 정리해 두면 좋다. 물론 이때 가급적이면 오랜 기간, 최소한 6개월에서 1년 정도, 빠짐없이 하루 일과의 성패 기운과 득실 여부를 잘 구분해 두면 미래의 상황을 예지하는 유용한 자료로 활용될 것이다. 만일 과거의 기억이나 기록이 애매한 상황에서 중요한 특정 일자의 운기(運氣)를 추정하는 방법으로,

2005년 9월

일자	11	12	13	14	15	16	17	18	19	20	21	22	23	24
간지	戊 戌	己 亥	庚 子	辛 丑	壬 寅	癸 卯	甲 辰	乙 巳	丙 午	丁 未	戊 申	己 酉	庚 戌	辛 亥
비고		▲		▲										▲

9월 24일 신해(辛亥)일의 상황을 추리해 본다면, 해당 일진(日辰)의 간지(干支)와 동일한 14일 신축(辛丑)일과 12일 기해(己亥)일의 상황을 근거로 삼는 식이다. 가령 24일 내기 골프에서 어떤 결과가 있을지를 미리 짐작할라치면, 수입과 지출 여부는 같은 지지(地支)의 글자에 해당하는 12일의 상황을 염두에 두는 게 기본이다. 12일 세금을 납부했거나, 물건을 구매해서 돈이 나간 일진이었다면, 24일에는 어떤 형태로든 지출이 발생하기 쉽다. 내기에서 질 수 있다는 얘기다. 그런데 14일 신축(辛丑)일이 자녀의 학업 성적이 올라 몹시 기뻤던 하루로 기억된다면, 24일 내기에서 진다고 해도 기분이 나쁘거나 이로 인해 크게 스트레스를 받을 일은 별로 없을 것이다. 혹은 '내기에서 이겨 좋은 기분에 크게 한턱내는 지출이 많은 상황'으로 나타날지도 모르겠다. 물론 이렇게 간단한 절차를 통해 특정 일자의 운기를 추리하기는 쉽지 않다. 적어도 과거 신일(辛日)과 해일(亥日), 그리고 신해(辛亥)일의 반복되는 순환 주기가 지니는 공통적인 특징을 포착해 낼 때에 이르러 미래사의 확신이 가는 바를 경험하게 된다. 혹 이 같은 접근방식을 일(日)에서 세월(歲月)로 확장해 나가면, 매월과 매년의 운기(運氣)도

정확히 읽어 낼 수 있을 것 같은 느낌이 들지도 모르겠다. 결론적으로 말해 한해의 운(運)을 파악하는 방법은 다르므로 이 같은 방식은 통하지 않는다. 따라서 '타이밍캐처'의 활용은 하루의 운기와 '타이밍'을 포착하는 도구로 활용하는데 초점을 맞추는 게 좋다.

필자의 지인 중 평범한 두 가지 사례를 예로 들겠다. A씨는 서울의 강남의 한 빌딩 지하 아케이드에서 이태리식당을 경영하는데, 그동안의 경험으로 매년 여름철이면 매상이 줄어드는 것을 알고 있다. 직장인 고객들의 휴가 기간이 여름철에 집중되기 때문이다. 이와 같이 일정하게 반복되는 매상의 고저 사이클과 달리 경쟁업소가 출현하거나 주방장이 스트라이커를 일으켜 매상이 저조해지는 경우에는 매상이 떨어지는 직접 원인은 알 수 있지만, 왜 이 같은 돌발사태가 특정 시점에 발생했는지는 알기 어렵다. 또 특별한 원인을 찾기 어려움에도 불구하고, 매일자의 수입이 일정치 않은 현상에 대해서는 의문을 갖고 있다. 정식적인 면담을 청했지만 그 사안이 본격적인 팔자술(八字術)을 동원할 필요는 없겠다는 생각이 들어, 단지 최근 3개월 정도의 매상과 지출 내역을 매 일자 별로 기록한 자료만 준비해 두라고 했다. 이후에 들릴 기회가 있어 살핀 결과, 비교적 매상이 높은 일자는 해일(亥日)과 자일(子日)로 나타났다. 이날 이외에도 매출액이 높은 일자가 나타났는데, 이때는 현금보다 카드 결제가 많았고, 신용카드로 결제된 비용이 실제 현금으로 입금되는 일자는 해일(亥日)과 자일(子日)에 집중되었다. 이런 식으로 분류해서, 좋은 손님이 들리거나 매출이 늘어나는 구체적인 일진(日辰)을 5일 정도 추출해 내었는데, 최근에는 다음날의 매상을 미리 짐작해, 종업원들에게 '바쁘고, 한가할지'를 미리 알려 주는 재미가 적지 않다고 한다.

B씨는 주식투자를 전업으로 하는 데이트레이더이자, 이름난 투자분석가로 몇 해 전 방송국에서 인연을 맺게 되었다. 당시의 증시 기상도는 꽤 우울했으므로 여름경에 그 역시 곤혹스런 지경에 처했다. 그러자 주가의 흐름보다 자신의 운세 추이에 더욱 관심을 갖게 되었는데, 하루는 몹시 비장한 표정

으로 자신의 명운(命運)에 대한 견해를 청했다. 부득이 비좁은 스튜디오 내부에서 "최근에 운기(運氣)가 바닥을 쳤고, 늦가을경 손실을 능히 만회할 수 있을 것이다"는 짤막한 신수(身數)를 평했는데, 과연 그해에 손실분을 복구하고 건재함을 과시하게 되었다. 이듬해 어느 봄날, 그는 즐거운 표정으로 자신은 신해(辛亥)일과 경자(庚子)일에 손실을 본 일이 없다며, 곧 다가올 경자(庚子)일에 승부수를 띄우겠다는 의지를 피력했다. 그런데 문제의 당일, 트리플위칭데이에 그의 예측은 완전히 빗나갔고, 돌이킬 수 없는 큰 손실을 보았다. 왜 하필이면 그 좋은 경자(庚子)일에 일이 틀어졌단 말인가. 그는 육십갑자(六十甲子)의 허구성을 절실히 깨닫게 되었다며, 내게 추궁하듯 의견을 구했다. 그 태도가 마음에 마뜩지 않았지만, 한 마디 하지 않을 수 없어 간단한 견해를 피력했다. "내가 추측하기에 과거 경자(庚子)일에 좋은 성과를 냈다면 보통 오전 11시경을 전후한 사시(巳時)대의 시각이 아니었을까 싶다. 아마 이번에는 오후 2시 경부터 마감시간대에 걸쳐 심대한 손실을 봤을 것으로 판단된다." 그는 한동안 아무 말 없이 궁리를 거듭하다가 수긍한 듯 조용히 돌아갔다.

전자의 경우처럼 매일 일정한 시간대에 걸친 영업과 수입이 발생하는 상황과 달리, 후자처럼 매시간 분초를 다투며 일희일비(一喜一悲)하는 식이라면 아무래도 시간대의 중요성을 간과할 수 없다고 생각한다. 운(運)을 살피는 경계로 연월일시, 즉 세월(歲月)과 일시(日時)의 네 영역이 있는데, 이중 세운(歲運: 한해의 운)은 대운(大運)이라는 체신(體神)의 틀과 연계되므로 적용기법에서 차별되는 점이 있다. 반면 일시(日時)는 팔자(八字), 명(命)에 직접 대입되는 용법에 준하므로 간지(干支)의 공통적 속성을 짚어 내기가 비교적 용이하다. B씨가 자신에게 유리한 일진(日辰)의 공통적인 십간(十干)이 경(庚)과 신(辛)으로 귀결되는 순환주기를 인식했다면, 특히 대사(大事)를 앞두고는 시간대 또한 마찬가지로 이 날의 경진(庚辰)시나, 신사(辛巳)시의 오전 시간대를 주목해서 치고 빠지는 전술이 유효했을 것이라는 생각에 미치는 것이다. 혹 이 대목에서 독자들은 일단의 의문을 제기할 수 있다. 실제적인 성과나 수입(收入)은 기물(器物)이 되는 지지(地支)의 순환주기와 관련이 깊다고 했는데 왜 천간(天干)의 순환주기를 사례로 드는지에 대한 문제다. B씨가 과거에 손실이 본 사례가 없다고 지적한 경신(庚辛)의 일진(日辰)은 엄밀히 따져, 그 날 투자에서 이익을 실현한 것으로 현금화한 것은 아니다. 수익 분을 현금화해서 수중에 넣는 것과는 의미를 달리 한다. 간단하게 십간(十干)는 무형의 성패, 십이지(十二支)는 유형의 득실과 관계가 깊다고 했다. 즉 투자의 성패에 십간(十干)의 주기율이 작용하는 바는 심대하다고 볼 수 있다. 이를테면 은행의 여신(與信:대출) 심사가 통과되어 현금 차용이 가능해진 시점과 실제 기표(記票)가 이루어져 현금이 통장으로 입금된 시점의 차이가 다르다는 얘기다. 전자는 상(象)을 표방하는 십간(十干), 후자는 물(物)의 지지(地支)의 순환주기에 무게를 두는 식이다.

하루의 시간대는 자시(子時)에서 해시(亥時)까지 12시간대로 구분되는데, 이중 자시(子時)는 23시 30분부터 새벽 1시 30분까지로 구분되어 하루를 경계로 둘로 쪼개진다. 밤12시 자정(子正)을 기준으로 하루가 구분되는데, 현재 우리나라의 표준시각은 일본 동경시에 맞춰져 있기 때문에 우리가 지금 보고 있는 시계 바늘은 실제 시간보다 약 30분이 빠르다. 따라서 지역차가 존재하지만, 대략 새벽 0시 30분을 기점으로 하루의 경계가 된다고 보면 적당하다. 따라서 자시는 '밤 11시 30분부터 새벽 0시 30분'까지의 야자시(夜子時)와 '새벽 0시 30분부터 새벽 1시 30분'까지의 조자시(朝子時) 두 개의 시각으로 존재한다.

子時자시 : 00시 30분 - 01시 30분
丑時축시 : 01시 30분 - 03시 30분
寅時인시 : 03시 30분 - 05시 30분
卯時묘시 : 05시 30분 - 07시 30분
辰時진시 : 07시 30분 - 09시 30분
巳時사시 : 09시 30분 - 11시 30분
午時오시 : 11시 30분 - 13시 30분
未時미시 : 13시 30분 - 15시 30분

申時신시 : 15시 30분 - 17시 30분
酉時유시 : 17시 30분 - 19시 30분
戌時술시 : 19시 30분 - 21시 30분
亥時해시 : 21시 30분 - 23시 30분
子時자시 : 23시 30분 - 00시 30분

이상과 같이 십이지(十二支)로 구분되는 하루의 시간대는 매 일진(日辰) 별로 각 천간(天干)이 배속되는데, 가령 경일(庚日)과 같은 경우라면 자시(子時)는 병자(丙子:00시 30분 - 01시 30분)시가 되고, 정축(丁丑), 무인(戊寅), 기묘(己卯), 경진(庚辰), 신사(辛巳), 임오(壬午), 계미(癸未), 갑신(甲申), 을유(乙酉), 병술(丙戌), 정해(丁亥), 무자(戊子:23시 30분 - 00시 30분)와 같은 순으로 시간이 진행된다. 따라서 과거의 기록을 바탕으로 일시(日時)의 운기(運氣) 고저(高低)와 길흉(吉凶) 대강을 분간한, '타이밍캐처(TC)'를 작성해 두면 생활에서 매우 요긴하게 활용할 수 있을 것이다.

자신만의 '타이밍캐처' 카드를 작성하는 방법은 다음과 같다. 먼저 아래와 같은 표를 준비한다.

* Timing Catcher

干支	甲	乙	丙	丁	戊	己	庚	辛	壬	癸	備考
子	甲	丙	戊	庚	壬	甲	丙	戊	庚	壬	
丑	乙	丁	己	辛	癸	乙	丁	己	辛	癸	
寅	丙	戊	庚	壬	甲	丙	戊	庚	壬	甲	
卯	丁	己	辛	癸	乙	丁	己	辛	癸	乙	
辰	戊	庚	壬	甲	丙	戊	庚	壬	甲	丙	
巳	己	辛	癸	乙	丁	己	辛	癸	乙	丁	
午	庚	壬	甲	丙	戊	庚	壬	甲	丙	戊	
未	辛	癸	乙	丁	己	辛	癸	乙	丁	己	
申	壬	甲	丙	戊	庚	壬	甲	丙	戊	庚	
酉	癸	乙	丁	己	辛	癸	乙	丁	己	辛	
戌	甲	丙	戊	庚	壬	甲	丙	戊	庚	壬	
亥	乙	丁	己	辛	癸	乙	丁	己	辛	癸	
子	丙	戊	庚	壬	甲	丙	戊	庚	壬	甲	

1. 먼저 경험과 기록을 통한 현상과 연동되는 십간(十干)의 순환주기 특

성을 살펴 '좋고, 나쁨'의 정도를 3단계 정도로 구별한다. 이때 십간(十干)의 길흉 여부는 해당 일진에 '기분이 좋았거나, 혹은 나빴거나' 하는 식의 무형의 성패에 초점을 맞춘다. 가령 상(賞)을 받거나 좋은 소식을 들은 날, 혹은 비난이나 다툰 날 등을 염두에 두면서 '○ 좋음(吉), △ 보통(平), X 나쁨(凶)'과 같은 식으로 구분해 둔다. 이러한 구분을 좀 더 세밀화하면 좋겠지만, 실은 십진법의 순환주기를 3단계 이상으로 구분하기가 곤란하다는 점을 바로 인식하게 된다. 아무튼 꽤 집중해서 운기(運氣)의 대강을 구분해야 하고, 적용 도중에 오차가 발생하면 즉각 수정하면 된다. 예를 들어 모씨(某氏)가 십간(十干)의 길흉 여부를 아래와 같이 구분했다고 치자.

干支	甲 △	乙 X	丙 △	丁 X	戊 X	己 X	庚 ○	辛 ○	壬 ○	癸 ○

2. 다음으로 십이지(十二支) 별 길흉 여부를 가린다. 이때는 대체로 득실(得失) 여부에 무게를 두고 판단하는 게 가하다. 가령 무자(戊子)일에 구설이나 비난을 자초했지만, 실리적으로 얻은 게 많았다면 '戊는 X 지만, 子는 ○가' 되는 식이다. 이 같은 과정을 통해 십이지(十二支)의 길흉 구분은 대략 다음과 같이 구분되었다고 보자.

干支
子 ○
丑 ○
寅 X
卯 X
辰 X
巳 X
午 X
未 △
申 ○
酉 ○
戌 △
亥 ○
子 ○

3. '1, 2'의 과정을 통해 모씨(某氏)는 이미 매 일진(日辰)별 운기의 대강을 살필 수 있게 되었다. 가령 2006년 1월의 일진(日辰) 추이를 미리 짐작해 볼 수 있다.

2006년 1월

일자	11	12	13	14	15	16	17	18	19	20	21	22	23	24
간지	庚 子	辛 丑	壬 寅	癸 卯	甲 辰	乙 巳	丙 午	丁 未	戊 申	己 酉	庚 戌	辛 亥	壬 子	癸 丑
비고	● ○	● ○	● X	● X	▲ X	X X	X X	X X	X ○	X ○	● △	● ○	● ○	● ○

역(易)의 수리(數理)를 통한 예측의 세계는 범위에 제한받지 않는 시공합일(時空合一)의 개념이 존재한다. 즉 2006년의 특정 일자 뿐 아니라, 10년 후, 100년 후라 해도 같은 간지(干支:반복수)에 해당되면 공통적인 속성을 함유하게 된다. 아무튼 위 경우 2006년 1월에 11일과 12일, 22일과 23일, 24일은 좋은 일진(日辰)임을 분간할 수 있다. 반면 13일이나 14일과 같이 천간(天干)은 좋지만, 지지(地支)가 나쁜 경우에는 외화내빈(外華內貧) 상황으로 규정된다. 당일 상황은 무탈하지만, 지출이나 손실은 발생하는 일진이다. 16일 이후 연속 3일간은 운기가 정체되고, 19일과 20일은 실속은 챙기겠지만 컨디션은 여전히 저조한 일진이라 할 수 있다.

4. '1,2,3'의 과정을 통해 하루의 운기를 파악하는 방법은 완성되었다. 그렇다면 이제 당일의 매 시간대 길흉을 판별할 차례다. 이것은 비록 운기가 저조한 일진이라 해도 무작정 피해갈 수 없는 현실 상황에서 매우 유용한 지침으로 활용될 수 있다. 가령 주식투자자나 환 딜러 등과 같이 투기적인 매매 거래를 통하여 차익을 취득하는 업무를 수행하는 자라면, 시간대의 운기(運氣)가 얼마나 중요한지 실감할 법하다. 이러한 부류 이외에도 많은 현대인들은 시간 다툼을 하며 살아간다. 예측술에는 두 가지 방식이 존재하는데, 하나는 주가나 환율, 유가 등의 거시 경제지표 흐름을 읽어 내는 분

야가 있고, 또 하나는 행위의 주체가 되는 인물의 운기(運氣)를 바탕으로 한 용인술(用人術)의 영역이 있다. '타이밍캐처'의 작성 방법은 전자와 같은 코드에서 진행되고, 후자의 입장에서 활용된다고 볼 수 있다. 본론으로 돌아가서 시간대 별 운기를 파악하는 방식은 위의 '타이밍캐처' 기본 양식에서 이미 힌트를 얻을 수 있다. 완성된 '타이밍캐처'는 다음과 같다.

干支	甲△	乙X	丙△	丁X	戊X	己X	庚○	辛○	壬○	癸○	시간대
子○	甲子	丙子	戊子	庚子	壬子	甲子	丙子	戊子	庚子	壬子	- 01시 30분
丑○	乙丑	丁丑	己丑	辛丑	癸丑	乙丑	丁丑	己丑	辛丑	癸丑	- 03시 30분
寅X	丙寅	戊寅	庚寅	壬寅	甲寅	丙寅	戊寅	庚寅	壬寅	甲寅	- 05시 30분
卯X	丁卯	己卯	辛卯	癸卯	乙卯	丁卯	己卯	辛卯	癸卯	乙卯	- 07시 30분
辰X	戊辰	庚辰	壬辰	甲辰	丙辰	戊辰	庚辰	壬辰	甲辰	丙辰	- 09시 30분
巳X	己巳	辛巳	癸巳	乙巳	丁巳	己巳	辛巳	癸巳	乙巳	丁巳	- 11시 30분
午X	庚午	壬午	甲午	丙午	戊午	庚午	壬午	甲午	丙午	戊午	- 13시 30분
未△	辛未	癸未	乙未	丁未	己未	辛未	癸未	乙未	丁未	己未	- 15시 30분
申○	壬申	甲申	丙申	戊申	庚申	壬申	甲申	丙申	戊申	庚申	- 17시 30분
酉○	癸酉	乙酉	丁酉	己酉	辛酉	癸酉	乙酉	丁酉	己酉	辛酉	- 19시 30분
戌△	甲戌	丙戌	戊戌	庚戌	壬戌	甲戌	丙戌	戊戌	庚戌	壬戌	- 21시 30분
亥○	乙亥	丁亥	己亥	辛亥	癸亥	乙亥	丁亥	己亥	辛亥	癸亥	- 23시 30분
子○	丙子	戊子	庚子	壬子	甲子	丙子	戊子	庚子	壬子	甲子	- 00시 30분

5. 완성된 '타이밍캐처'로 일시(日時)의 운기를 파악하는 방법은 수월하다. 이를테면 모씨(某氏)가 특정 일자의 운기를 살피려면 해당일의 일진(日辰)만 알면 되는 것이다. 가령 2006년 1월 24일 중요한 협상이 예정되어 있다면, 이날의 일진(日辰)은 계축(癸丑)일로, '癸○, 丑○'의 길한 조합인 바, 일단은 청신호(青信號)라 할 만하므로 협상의 원만한 진행과 타결, 실익을 챙기는 것을 기대할 수 있다. 그런데 이날의 협상이 진행되는 시간대

또한 간과할 수 없는 요소로 보다 정밀한 '타이밍'을 재기 위해서는 반드시 이 카드로 시간대 길흉을 구분해 대비해야 한다.

干支	甲▲	乙X	丙▲	丁X	戊X	己X	庚●	辛●	壬●	癸●	시간대
子○										壬子 ●○	- 01시 30분
丑○										癸丑 ●○	- 03시 30분
寅X										甲寅 ▲X	- 05시 30분
卯X										乙卯 XX	- 07시 30분
辰X										丙辰 ▲X	- 09시 30분
巳X										丁巳 XX	- 11시 30분
午X										戊午 XX	- 13시 30분
未△										己未 X△	- 15시 30분
申○										庚申 ●○	- 17시 30분
酉○										辛酉 ●○	- 19시 30분
戌△										壬戌 ●△	- 21시 30분
亥○										癸亥 ●○	- 23시 30분
子○										甲子 ▲△	- 00시 30분

24일 계축(癸丑)일은 간지(干支) 공히 길한 조합으로 좋은 일진임에는 틀림없지만, 오전부터 오후 3시 30분까지의 시간대 흐름은 좋지 않음을 확인할 수 있다. 이럴 때는 가급적 약속 시간을 경신(庚申)시나 신유(辛酉)시의 오후 3시 30분 이후 시간대로 정하는 게 좋다. 약속시간을 변경할 수 없다면, 오후 3시 30분을 넘겨 협상의 결과를 도출할 수 있는 전략을 세워 두거나 부득이한 경우 재차 협상 일정을 정하는 게 좋다. 만일 이날 오전 미팅으로 끝난다면 협상에서 실패하기 쉽다.

6. 이제 핵심은 간지(干支)의 길흉 구분을 얼마나 정확히 설정해 두느냐의 문제다. 이러한 초기 구분의 정확도를 기하려면 자신의 팔자(八字)를 세워, 이 계통의 진정한 마스터의 자문을 구하는 게 첩경이 될 수 있을 것이다. 그런데 필자 단언한다. 그러한 마스터와 인연이 되기란 쉽지 않다. 주변

에 팔자명리(八字命理)를 업으로 삼는 이들이 지천에 널렸지만, 믿을 바가 못 된다. 이름 난 대가(大家)를 찾아본들, 시간 낭비다. 대개 이들은 자신의 명운(命運)도 정확하게 파악하지 못하고 있다. 혹 실정을 모르는 이들이 이 '이수'를 신랄히 비난할지라도 그게 사실이다. 내가 이미 팔자술(八字術)의 첨단에 이르러 본 연후, 이 글을 쓰고 있고 동아시아의 저명한 명리학가들의 수준이 어느 정도인지를 파악했기 때문이다. 독자들의 명운(命運) 간파에 해법을 제시할 마스터는 없다. 혹 어느 대가(大家)로부터 지대한 도움을 받았다고 자부한다 해도 그건 독자의 수준에서 착각하거나, 자족함에 불과한 사항이다. 지금 팔자명리(八字命理)를 부정하는 게 아니라, 팔자술의 절정에 이른 초고수가 부재(不在)함을 말하는 것이다. 필자가 줄 수 있는 도움도 자구(自救)의 방도를 알려 주는 데 국한될 뿐이고, 이것이 최선이라 할 수 있다.

결론은 믿을 게 결국 '자신'밖에 없다는 점을 한시도 잊어선 안 된다. 서두에 명운(命運)을 궁구하는 주체는 본인 자신이라고 했다. 까닭에 과거사를 돌이켜 집중해서 생각하고 기록해야 한다. 그리고 향후 매일(每日), 매시(每時)의 경과 추이를 오랜 기간 꼼꼼히 따져 분석하고 사유하는 힘과 노력이 축적되어야 비로소 미래사를 예지하는 정확한 툴과 파워를 갖추게 되는 것이다. 가령 과거에 갑(甲)을 운기(運氣)가 호전되는 글자로 인식했다 할지라도, 계속 의심하면서 재차 검증해 보아야 한다. 이러한 와중에 일종의 주화입마(走火入魔)에 드는 수가 있다. 간지(干支)와 육갑(六甲)의 정체가 모호해지고, 분간이 가지 않는 혼돈 지경인 일종의 카오스 상태에 빠지게 된다. 이때는 머리를 식히고 더욱 분발해서 경계를 넘어서야 한다. 간두(竿頭)에 서서 진일보(進一步)하지 못한다면 하늘이 인간에게 무슨 답을 주겠는가. 어느 순간 스스로 눈이 떠짐을 실감하고, '지피지기백전불태(知彼知己百戰不殆)'의 경지에 이른다면 그 기쁨이 물밀 듯이 밀려올 것이다. 아무튼 독자들, 먼 훗날은 생각지 말고, 현실을 직시하며 명운(命運)의 세계에 도전해 보기 바란다.

Timing Catcher

H\D	甲	乙	丙	丁	戊	己	庚	辛	壬	癸	Timing Remark
子	甲	丙	戊	庚	壬	甲	丙	戊	庚	壬	
丑	乙	丁	己	辛	癸	乙	丁	己	辛	癸	
寅	丙	戊	庚	壬	甲	丙	戊	庚	壬	甲	
卯	丁	己	辛	癸	乙	丁	己	辛	癸	乙	
辰	戊	庚	壬	甲	丙	戊	庚	壬	甲	丙	
巳	己	辛	癸	乙	丁	己	辛	癸	乙	丁	
午	庚	壬	甲	丙	戊	庚	壬	甲	丙	戊	
未	辛	癸	乙	丁	己	辛	癸	乙	丁	己	
申	壬	甲	丙	戊	庚	壬	甲	丙	戊	庚	
酉	癸	乙	丁	己	辛	癸	乙	丁	己	辛	
戌	甲	丙	戊	庚	壬	甲	丙	戊	庚	壬	
亥	乙	丁	己	辛	癸	乙	丁	己	辛	癸	

▲ '타이밍캐처' 카드 견본이다. 각 글자별 '○△X'의 구분 표식과 달리 각 글자의 길흉을 색으로 구분해 볼 수도 있다. 우측의 'Timing Remarks'는 팔자(八字) 원국에 따라 간지(干支)의 규칙적인 순환주기상의 예외적인 경우를 표식해 둔 내용이다. 이와 같이 예외적 상황을 인식하고 구분해 두기 위해서는 고도의 팔자술(八字術) 스킬이 요구되는데, 특별히 괘념할 필요는 없다.

펑수이 큐어(FengShui Cure)

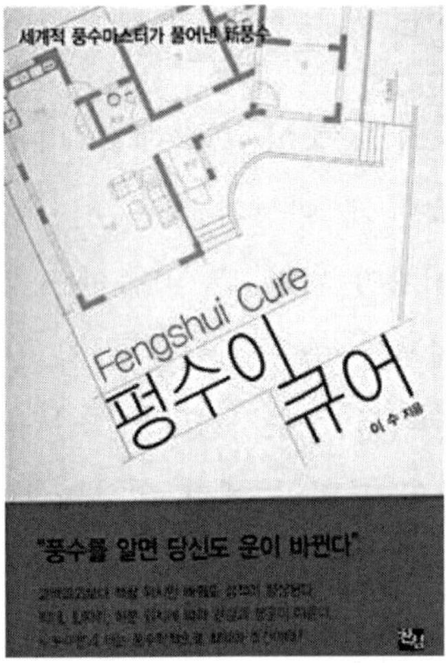

펑수이큐어(Fengshui Cure)는 양택陽宅 풍수에서 쓰는 풍수교정을 뜻하는 말이다. 이 책은 '찬섬출판사'에서 나왔다. 이 책이 나오기 바로 전에 출판사는 D그룹 회장의 전 부인이자 인기 여성그룹 펄 시스터즈의 멤버였던 배인순 씨의 자서전인 '30년 만에 부르는 커피 한 잔'으로 대박을 터뜨렸다. '매경'에서 나온 '부자의 운명으로 갈아타라'가 히트를 치자, 서구에서 역수입되는 새로운 풍수 트렌드를 저자의 유명세를 통해 확산하고자 기획된 책이다. 이 책은 단기간 내 풍수서의 베스트셀러로 자리 잡았다. 명리학자로서의 일인자에 만족하지 못해서였을까? 필자가 보기에 저자가 풍수계로 자리 이전을 하는 것은 그다지 바람직하지 않아 보였다. 그러나 이해가 가지 않는 것은 아니었다. 왜냐하면 이수는 이전부터 서구에서 열풍이 부는 풍수 비즈니스에 지대한 관심을 나타내고 있었기 때문이다. 정명론定命論에 입각한 팔자명리보다 개천명改天命의 혁신적인 풍수사상은 일반 대중에게 훨씬 전파력이 큰 것이다. 이 책은 '조선일보'의 긍정적인 서평과 함께 각종 매체에 동시다발적으로 소개가 됐다. 급기야 한국경제TV에서 '건강충전-풍수테크'라는 전문 방송이 생겨났을 정도로 대중의 관심을 증폭시켰다. 당시에 보도된 책의 소개는 대략 다음과 같다.

전 세계에는 지금 '펑수이 큐어' 바람이 불고 있다.

'야후 프랑스(www.fr.yahoo.com)'에서 풍수의 중국어 발음에서 따온 '펑수이(Fengshui)'를 검색어로 치면 무려 2만7천 개 이상의 관련 사이트가 뜬다. 프랑스는 인구의 80% 이상이 가톨릭 신자인 나라. 독일만 해도 2천명이 넘는 풍수컨설턴트가 활동 중이고, 미국에서도 풍수 관련 서적이 장기 베스트셀러에 올라 있다. 빌 클린턴 미국 대통령이 풍수지리학자 조언을 받아 백악관 사무실을 개조하고, 토니 블레어 총리 부인인 셰리 여사는 다우닝 가 10번지 총리 관저를 꾸밀 때 풍수 전문가들을 초빙, 이들의 조언을 최대한 받아들여 화제가 됐던 일은 서구에 불고 있는 풍수 열풍을 대변한다. 홍콩인들에 의해 서구에 전파된 풍수가 지금은 미국에서 포장되어 오히려 역수입되는 이때, 2003년 국내 역술계 최초로 대만에서 역술서 <적천수적요>(滴天髓摘要, 무릉출판사)를 출간하여 세계적 풍수마스터로 떠오른 이수(李修)가 풀어 낸 新풍수 <펑수이 큐어>를 도서출판 찬섬에서 출간했다.

펑수이 큐어란 무엇인가

풍수에서는 보이지 않는 기(氣)의 세계를 바람(風)과 물(水)로 설명한다. 좋은 기운은 물이 있는 곳에 모이고, 바람으로 인해 흩어진다는 것이다. 장풍취수(藏風聚水), 즉 바람을 감추고 물을 얻는다는 의미가 바로 '풍수'이다. 사람이 세찬 바람을 맞으면 건강을 해치므로 바람을 산으로 막거나 바람이 잔잔하게 부는 지역에 거주해야 건강을 보장받게 된다는 논리. 물은 곧 재물을 의미한다. 물을 본다는 것은 곧 재화를 얻을 기회가 많아진다는 뜻과 일맥상통한다. 이 같은 요건을 충족시키면 길지(吉地). 과거에는 후손의 발복을 염원하는 의지에서 유체(遺體)를 매장하는 풍수의 '음택(陰宅)' 분야에 치중한 반면 살아 있는 사람들의 행복을 추구하는 분야가 양택(陽宅)풍수. 좋은 풍수는 새로운 활력을 주고 신체를 건강하게 만들며 행운을 가져다준다. 기분이 아주 시원하고 거뜬해지는 장소를 찾아다니고, 그러한 분위기를 조성하며, 자신이 거주하는 공간에도 항상 좋은 기분이 들도록 꾸미기에 힘쓰는 것이 바로 풍수교정, 즉 펑수이 큐어(Fungshui cure)이다.

펑수이 큐어의 매력

펑수이 큐어란 택지와 건물, 집의 에너지를 긍정적으로 바꾸어 거주인의 건강과 재운을 향상시키는 요법이며, 이를 통해 자신의 삶을 원하는 방향으로 변화시키는 것이다. 펑수이 큐어로 가장 효과적이고 확실한 방법은 거주지를 이전하거나 새 집을 짓는 일이지만, 이것은 최후의 선택이다.

리모델링이나 조경공사를 하지 않고도 기의 흐름을 원활하게 조정함으로써 풍수적인 결함을 해결할 수 있다. 이 책에서 제시하는 방법, 즉 주변의 환경을 개선하고, 소품 등을 활용한 부가적인 교정법으로 생활 자체의 변화를 야기할 수 있는데 비용은 적게 드는 데 비해 빠른 효과를 내는 특징이 있다.

가령 파경에 이른 부부나 결혼을 갈망하는 독신에게 흔히 조언할 수 있는 이성적인 방법이 얼마나 효과적인가. "서로 사랑하고 이해하며 좀 더 참아보라" 혹은 "자신을 좀 더 가꾸고 상대에게 사랑받을 수 있도록 최선을 다해보라"고 조언해서 과연 성과가 있었는가. 몰라서 실천하지 못하는 게 아닌 이상 그것에 관한 조언은 별 효과를 거두지 못한다. 이 같은 갈등과 고민에 처한 이들에게 펑수이 큐어는 너무나 간단한 처방을 제시한다. 침실에 조명을 밝히고, 침대를 옮기거나 책상의 위치만 조금 변경해도 효과를 본다는 것. 비록 비이성적이라 해도 일단 실천에 옮기면 이성에 의한 방법을 훨씬 능가하는 효과를 볼 수 있다는 데 펑수이 큐어의 매력이 있다.

이즈음에 '애퓨'는 풍수 콘텐츠를 대거 보강하는 대개편을 마무리 지었다. 그리고 'Move'라는 풍수컴퍼니를 설립할 움직임을 보였다. 이수는 2002년 중순경에 스포츠조선의 계열사인 스포츠조선퓨처미디어(SCFM)의 대표이사로 취임했다. 이때 그는 중앙일보의 '오늘의 운세'를 연재했고 '월간중앙'과 '이코노미스트'의 칼럼니스트로 활동하고 있었다. 다시 말해 양대 언론사와 밀접한 인적 관계를 구축하고 있었으므로 이전에 '매일경제신문사'에서 나온 '부자의 운명으로 갈아타라'와는 달리 '평수이큐어'가 출간되었을 때는 주요 방송과 신문에 걸친 언론계 인프라를 최대한 가용하는듯한 인상을 주었다. '조선일보'를 위시한 각종 경제지, 여성잡지, 심지어 지방신문에 이르기까지 숱한 인터뷰 기사가 터져 나왔다. 지금도 검색 사이트에 '평수이 큐어'를 입력하면 관련 자료들이 무수히 뜬다. 그러나 실제의 상황은 달랐다. 이 책이 나온 시점에 저자는 언론 계열사 SCFM의 법인이 청산되는 사업의 첫 실패를 맛본 것이다. 그러니 어찌 보면 '애퓨'의 활로로 풍수 콘텐츠를 주목했을지도 모를 일이다. 또 대중들의 자연스러운 관심이 반영되었던 현상이었다고 보는 게 옳을 듯싶다.

CEO풍수학

'CEO풍수학'은 2005년에 저자가 '월간중앙'과 '이코노미스트'에 연재했던 '이수의 명리학 강의 - 세기적 인물의 사주학적 운명'과 'CEO풍수학'을 모아 편집한 책이다. 이 책은 기존의 '매경'이나 '찬섬' 출판사에서 기획했던 상업주의적 의도와 달리 저자의 기록을 있는 그대로 보존하는 측면에서 출판사의 배려가 깔린 책으로 짐작된다. 이 해에 저자는 풍수 관련 비즈니스를 접고, 모 기업의 이사진으로 취업하여 인사와 관련된 역술 자문을 하고 있는 한편 Askfuture USA 현지 법인을 설립하고 본격적인 예측 비즈니스에 승부를 걸었던 시점이다.

2003년 '월간중앙'에 연재된 칼럼에는 2004년 노무현 대통령의 탄핵이나 아놀드슈왈츠제네거의 주지사 당선, 부시 대통령의 재선 등 실제적인 미래 사항에 대한 공개적인 예측이 분명하게 언급되어 이후 주목을 끌기도 했다. 'CEO풍수학'은 여러 출판사가 기획 출판을 의뢰했을 정도로 인기가 높았던 칼럼이었다. 주요 포털 사이트를 통해 CEO풍수학을 검색하면 어지간한 자료는 모두 찾아 읽어볼 수 있다.

최근에 동아일보 경제섹션을 통해 저자의 풍수 칼럼을 오랜만에 접할 수 있게 됐다. 아래의 글은 동아비즈니스리뷰(DBR) 14호의 스페셜리포트 '사무공간 혁명'에서 발췌한 저자의 글로 'CEO풍수학'에서 익숙해 진 내용이다.

Fengshui in the office

사무실 풍수의 ABC - 리더는 산만한 문가에 앉지 말라

글·이수 명리학자

풍수(風水)는 크게 이기(理氣)와 형기(形氣)로 나뉜다. 근자에는 대만과 홍콩에서 부활한 현공(玄空: XuanKong) 풍수가 각광받아 대세로 떠올랐다. 지금 본토의 현공 풍수 대가로는 단연 종의명(鐘義明)의 명성이 높다. 이 사람은 원래 사주명리학자(命理學者)였다. 명리든 풍수든 예외 없이 동양 교학은 음양(陰陽), 오행(五行), 팔괘(八卦), 구성(九星)을 원리로 세워졌다. 독자들, 별스러운 얘기는 이것으로 끝이다. 알 만한 인사들은 알겠지만 필자는 명리를 학습해 온 사람이다. 명리에 비하면 풍수는 얼마든지 쉽게 말할 수 있다. 풍수는 어렵지도 까다롭지도 않다. '진리는 쉽다'는 말이 바로 여기에 통한다.

풍수는 글자 그대로 '바람과 물'이다. "세차 바람은 건강을 악화시키니 감추고, 돈을 부르는 물은 모은다"는 장풍취수(藏風聚水)의 줄임말이 곧 풍수다. 건물이나 주택을 지을 때 뒤에는 바람을 막는 산이나 언덕이 있고, 앞에는 강이나 개울 등 물이 있어야 함을 일컫는 배산임수(背山臨水)가 장풍취수의 전형이다. 풍수의 언어는 기(氣)다. 당장 기를 복잡하게 정의할 필요는 없다. 서구인들이 보편적으로 받아들이는 그대로 생명의 근원(vital force) 정도로 이해해도 무방하다. 기는 바람과 같이 손에 잡히지도 않고 눈에 보이지도 않으며 무게도 지니고 있지 않다. 그런데도 기는 알게 모르게 우리 생활 속에 있고 생과 사에 직간접적으로 깊이 관여한다. 예컨대 "기를 살리자 혹은 기가 죽었다"는 말은 누구나 자연스럽게 표현한다. 사기(士氣), 분위기(雰圍氣), 생기(生氣), 활기(活氣), 사기(死氣), 양기(陽氣), 음기(陰氣), 공기(空氣), 향기(香氣) 등 보통 사람들도 얼마든지 체감할 수 있는 게 기다. 그렇다면 좋은 풍수란 무엇일까? 한 마디로 기분(氣分)이 좋아지는 환경이다. 자연 빼어난 경관은 좋은 풍수일 때가 많다. 무엇보다 기분이 절로 좋아지기 때문이다. 풍수의 시각으로 보면 비위를 맞추며 기분을 좋게 하는 부하 직원이 일단은 최고다. 직언을 서슴지 않는 상대는 보통 기분을 상하게 하고, 건강을 해치는 독이 되기 쉽다. 건강만 해치는 게 아니다. 나아가 금전운도 악화시킨다는 게 풍수의 원론적 사유다. CEO풍수학에서는 CEO의 기분이 사운(社運)을 좌우한다는 게 알맹이다. 부자 되는 비결도 간단하다. 배우자의 기분이 좋으면 절로 재복이 찾아온다. 아침에 화가 잔뜩 난 아내의 얼굴을 보고 출근길에 나섰다면 그날 하루의 일진(日辰)은 종친 셈이다.

최근에는 사원들을 깜짝 감동시키는 경영이 기업체마다 큰 호응을 얻고 있다. 몇 해 전 H은행의 업무혁신팀은 지점의 직원들이 퇴근한 객장에 몰래 들어가 밤새도록 벽면 도배와 바닥 청소, 형광등 교체, 간판 청소 등을 해 놓는 깜짝쇼를 벌였다. 다음날 출근한 지점의 직원들은 감동했고 이는 곧 능률과 애사심의 수직 상승으로 이어지기 마련이다. 이것이 곧 풍수다. 풍수의 시작은 청소와 수리부터 출발한다. 쾌적한 환경이 기분과 직결되기 때문이다. 현관 입구가 지저분한 집은 예외 없이 재정적인 애로를 겪기 일쑤다. 풍수가들이 한 집안의 가계를 판단할 때는 먼저 우편함의 상태부터 살핀다. 이곳이 저저분하면 집안에 들어가서 확인하기 전에 미리 곤란한 재정 상태를 염두에 둔다. 배산임수와 같은 길지(吉地) 이전의 문제다.

사무실이 다를 게 없다. 전반적으로 쾌적하고 깨끗한 환경이 우선이다.

다음으로 CEO와 책임자의 위치가 중요하다. 필자는 2005년에 현재는 한국에서 철수한 프랑스 유통회사의 본점을 강남에서 독산동으로 옮길 때 풍수로 개입했다. 그런데 공교롭게도 유통회사가 이전하기 전의 동일 장소에 입주하는 기업의 풍수 자문을 연거푸 의뢰받게 됐다. 같은 지점의 풍수는 위치와 구조의 변경으로 개선된다. 이때는 CEO의 집무실과 재정부서의 위치가 관건이다. 기본적으로 책임자의 집무실은 현관에서 가장 멀리 떨어져 건물의 뒤쪽으로 위치할수록 권위가 서기 마련이다. 기의 흐름은 벽을 타고 흐르다가 건물의 모퉁이에서 응집되어 고양되는 까닭이다. 집무실이 정해지면 책상의 위치 또한 입구에서 멀리 배치하고, 시선을 입구로 두는 게 정석 배치다. 이때 에너지와 안정성이 강화된 느낌이 든다면 그보다 좋을 수 없다. 그런데 일반 직원들은 자기 마음대로 사무 공간을 정할 수 없다. 그럴 때는 조그만 거울을 이용하여 공간 코너에 부착한 다음 거울이 자신의 책상을 비추게 하는 풍수 교정을 시도하면 좋다. 현대 풍수의 패러다임은 바뀌었다. 없으면 구하는 것이다. 풍수의 절대적인 요소, 물이 없으면 수조나 어항이라도 가져다 놓는 것이다. 시간이 나면 인근의 백화점이나 호텔 등에 들려 살펴보라. 그곳에 얼마나 많은 물이 있는지, 실내 분수와 수조, 워터스크린(waterscreen) 등에 이르기까지 사람과 돈을 끌어 모으겠다는 치밀한 풍수 방책을 곳곳에서 새삼 발견하게 된다. 혹 자신의 책상 주변으로 돌출된 코너나 기둥이 가로막고 있다면 무슨 수를 써서라도 책상의 위치를 바꿔야 한다. 코너의 뾰족한 면에 응집된 기는 마치 독화살과 같아 부지불식간 주야로 살기(殺氣)를 뿜어낸다. 천정에 매달린 바늘 하나가 자신의 머리를 향하고 있다고 생각해 보라. 돌출된 코너의 정면으로 노출되면 그것과 하등 다를 바 없다. 칸막이 사무실에서 머리 위 수납장도 좋지 않다. 이때는 수납공간을 따라 크리스탈 구(crystall ball)를 걸어 두는 게 좋다. 수정구는 산만한 기를 정화시킨다는 의미를 담고 있다.

풍수는 히스토리를 중시한다. 전임자가 승진했거나, 더 나은 직장으로 이직했거나, 성공적인 경력을 쌓은 경우에는 책상을 바꾸지 않는 게 옳다. 반대로 해고나 좌천당했다면 당장 본인의 비용을 들여서라도 책상을 교체하는 게 정답이다. 의자도 마찬가지. 책상과 의자의 형태도 살필 필요가 있다. 책상은 가급적 앞면과 측면의 패널 판이 바닥 아래까지 내려와 막힌 게 좋다. 일부만 막히거나 평평한 판 아래 네 다리만 있는 책상은 사방에서 공격당하는 느낌을 주게 되고, 시간이 흐르면 그것이 현실이 되기도 한다. 의자의 등받이는 자리와의 사이에 빈틈이 없어야 한다. 의자 뒷면에 틈이 클수록 출세에는 지장을 주는 요인이 된다. '뒤는 막히고, 앞은 트여야'하는 게 풍수의 기본이다. 입구를 가장 멀리서 바라보는 위치, 의자의 막힌 등받이 이것이 곧 사무실 공간의 풍수 골자다. 그렇다면 등 뒤로 창이 있다면 좋은 풍수일리 만무다. 견고한 벽을 등지는 게 정석이다.

위치와 방향이 정해지면 사무실의 생기(生氣)를 도모하는 풍수 교정(Fengshui Cure)을 시도해 본다. 이것도 별반 어렵지 않다. 동양에서는 만물 계를 이루는 요소를 오행(五行)이라고 하는데 木·火·土·金·水 다섯 가지를 말한다. 이를테면 화분이나 싱싱한 식물은 목기(木氣)의 교정 도구로 생명력을 품어 성장과 번영을 암시한다. 그런데 아무 데나 두는 게 아니다. 木의 방향인 동쪽 벽면이나 木을 생(生)하는 북쪽 영역에 두는 것이 옳다. 만일 木을 극(克)하는 金의 영역인 서쪽 벽면에 화분을 두면 차라리 없는 것만 못하다. 이때 방위는 사무실의 중심이 되는 지점에 서서 동서남북 사방을 설정하면 무방하다. 스탠드나 양초, 붉은 색의 물건은 火의 소품이다. 화기(火氣)는 활동력을 높인다. 이러한 교정물은 火의 영역인 남쪽이나 동쪽에 두는 것이 바람직하다. 도자기나 그릇 등은 모두 토기(土氣)의 소품이다. 이것은 공간의 중앙이나 남쪽 측면에 두는 것이 좋다. 안정과 평화를 가져온다. 금속류나 원형의 소품, 흰색의 그림 등은 다 금기(金氣)의 소품인데 서쪽 벽면에 둔다. 창조와 규칙, 해결을 돕는 에너지다. 수조와 분수 등의 수기(水氣)를 상징하는 소품은 북쪽과 서쪽에 두는 게 좋다. 이때는 가급적 의자에 앉아 바라보는 방향으로 두는 게 최선의 배치다. 물은 돈과 사람을 부르는 중요한 교정물이기 때문이다. 수조나 분수, 어항 등이 마땅치 않다면 고요한 호수나 강의 그림, 사진이라도 구해서 걸어 두면 같은 효과를 기대할 수 있다. 매난국죽(梅蘭菊竹)의 사군자 그림도 각광받는 풍수 소품이다. 이들은 각각 춘하추동(春夏秋冬)을 대표하는 식물로 아무 벽면에나 걸어두는 게 아니다. 겨울의 매화도는 북쪽에, 여름의 대나무 그림은 남쪽과 같은 식으로 배치하는 위치가 각기 다르다. 풍수에서 식물의 왕은 단연 대나무다. 난(蘭)을 선물하는 것도 좋지만, 더 값싸고 관리하기 좋은 대나무 화분을 전해보라. 조그만 대나무 화분에 붉은 리본이라도 하나 장식해서 전하면 이보다 길한 뜻인 담긴 선물도 찾기 힘들다. 재물운도 넘치고, 특히 심장병에 좋다. 아! 그리고 반드시 나침반을 들고 가서 남쪽 벽면에 적당한 지점을 찾아 놓아줄 정도의 배려라면 상대는 틀림없이 감동한다.

이상과 같은 간단한 수칙 토막들이 우스운 게 아니다. 이미 서구인들은 열광했다. 지금 풍수비즈니스는 빅비즈니스가 됐다. 고타분하게만 여겨지던 동양의 술학이 달러 박스가 됐다는 얘기다. 풍수의 메가트렌드는 당장 인터넷을 통해 펑쉐이(Fengshui)라는 글자 하나만 검색해 봐도 어렵지 않게 짐작해 볼 수 있다. 무려 50만개 이상의 관련 사이트 자료가 검출된다. 야후 프랑스(www.fr.yahoo.com)에서만도 풍수 관련 사이트가 2만 7000여 개 이상임을 발견할 수 있다. 프랑크푸르트도서전(Frankfurt Book Fair)에 가면 우리 기자들이 놀랄 정도로 엄청난 종류의 풍수 서적들이 선을 보인다. 독일, 프랑스, 영국, 오스트리아, 이태리 등의 유럽 각국에서 활동하는 풍수 전문 컨설턴트들의 숫자가 상상을 뛰어 넘는다. 비교적 풍수 유행이 덜한 독일에서만도 2천명이 넘는 풍수가가 활동 중이다. 이곳의 '파크하얏트 함부르크호텔' 등 상당수 업체들이 풍수지리설을 기업 활동에 이용하고 있다. 조립건축업체인 '베베르하우스'와 '매시브하우스'는 건축물의 방위를 풍수를 고려해 정하는데 공을 들였다. 그 결과 양사의 영업이익은 크게 향상됐다고 한다. 파크하얏트 호텔은 조화를 중시하는 풍수를 근거로 내부를 개선한 결과 근래 들어 70% 가량으로 평균 객실 사용률을 높였다는 것이다. 슈퍼마켓 체인인 '애트가'도 풍수를 제품판매에 적용해 내부구조를 전혀 색다르게 꾸민 것이 적중해 좋은 성과를 거두었다고 한다. 영국 기업들은 풍수가 친근하다. 홍콩과 맺었던 밀접한 관계에서 연유한다. '브리티시 에어웨이', '버진 애틀랜틱', 컨설팅회사인 '아더 앤더슨', 이동통신업체인 '오렌지', 백화점체인 '막스 앤드 스펜서', '리츠 호텔' 등 많은 유수의 기업들이 풍수에 입각한 사무실 배치 등을 통해 직원들의 능률 향상을 꾀한 것으로 전해진다. 오렌지사는 풍수지리설에 근거, 자동차 번호판을 포함한 회사 물품에 불운을 암시하는 숫자인 4를 피하고 중국인들이 행운의 숫자로 여기는 8을 사용토록 권장하고 있다. 버진 애틀랜타는 길일(吉日)을 택해 새로운 항공노선의 취항 날짜를 결정하고 있으며, 리츠 호텔은 사무실 위치 및 홀의 좌석 배치를 런던의 땅 기운과 조화시키기 위해 풍수를 응용했다고 밝혔다. 토니 블레어 총리 부인인 셰리 여사도 다우닝 가 10번지 총리 관저를 꾸밀 때 풍수 전문가들을 초빙, 이들의 조언을 최대한 받아들여 화제가 된 적이 있다. 호주도 마찬가지. 여기서는 풍수 컨벤션이나 세미나로 인파가 들끓는다. 홍콩의 풍수 강좌는 높은 비용에도 수강생들로 넘쳐난다.

유럽에 비해 늦게 전파되었지만 미국도 예외는 아니다. 미국의 유명대학과 몇몇 연구소는 정식으로 풍수학을 연구하고 있다. 몇 해 전 워싱턴 포스트 보도에 따르면 워싱턴의 주택개발 회사인 'NV홈스'사가 아시아계 고객을 겨냥, 풍수 전문가를 정식 직원으로 채용하는 일이 잦아졌다는 것이다. 백악관 풍수 탓인지, 워싱턴 인근지역에는 이제 풍수를 모르면 부동산업을 할 수 없다는 말이 나돌 정도다. 도널드 트럼프는 뉴욕 맨해튼 리버사이드 지역 개발 때 풍수 전문가에게 자문을 구했고, 미국 부동산업자협회(NAR)는 매년 풍수지리설에 대한 특별 세미나를 열고 있다. 실리콘밸리 일대 기업들 사이에서 일어났던 풍수 신드롬은 여러 매체를 통해 수차 보도됐다. LA도 마찬가지. 할리우드 스타들의 문화로 풍수가 부상하면서 유행이 되었다. 마돈나와 오프라 윈프리는 풍수의 신봉자를 자처할 정도다. 고객 감동의 대명사로 널리 알려진 LA지역의 '노스트롬(Nordstrom)' 백화점도 기와 복을 얻을 수 있다며 명당 터를 선전하는 풍수마케팅에 돌입했다. 미국의 유수한 언론 매체에서는 심심치 않게 풍수 칼럼이 등장한다. 홍콩의 디즈니랜드가 풍수로 무장했다는 사실은 누구나 다 아는 사실이다. 일본에는 한때 '비누풍수'라는 것이 유행했다. 방위로 서쪽은 음(陰)의 영역으로 재물의 기운이 넘치는 곳인데 서쪽의 기운이 깃든 프랑스제 비누를 사용하면 금전운이 상승한다는 내용이다. 일본의 주부들은 이 말을 신봉하고 따라한다. 매양 웃고 넘길 일만은 아니다. 여기에는 돈이 흐르기 때문이다. 풍수는 우리의 콘텐츠지만, 미국 풍수와 일본 풍수에 이미 자리를 내준지 오래다.

혹 독자들 중에 풍수학도나 풍수전문가에게는 필자의 글이 풍수를 너무 가볍게 다뤘다는 인상을 줄지도 모르겠다. 그러나 서구에서 유행하는 풍수 사조를 싸구려로 매도할 필요는 없다. 이론적 논박이나 사상의 깊이를 내세운다면 자연발생적인 감각과 욕구의 분출을 억압하고 경멸하기 위한 그들만의 프로퍼갠더에 지나지 않는다. 수요가 본질에 앞서는 경우는 얼마든지 있다. 그리고 이 글을 쓴 사람이 보통의 명리가(命理家)가 아니란 점을 상기한다면 아무리 복잡다단한 이기풍수론을 내세운들 턱없다는 점을 견식 있는 풍수가가 모를 리 없다. 풍수는 생활이고, 즐기고 체험하면 그만이다. 일반적인 상식 하에 원칙이 적용되어도 능히 훌륭하고 만족스러운 게 풍수고 강점이다.

1965년 釜山 生의 저자는 2003년 국내 최초로 중국 본토에 전문 역학서인 '적천수적요(滴天髓摘要)' 출간하며 사계(斯界) 최고의 술사(術士)로 부상한 이래, 세계적인 명리학가(命理學家)로서의 행보를 가속화하고 있다. 2005년 현재, AskFuture USA 법인을 설립하고, 상수역(象數易)에 근거하여 미국 다우 지수를 위시한 제 거시경제지표의 예측 분석 툴을 개발하는데 주력하고 있는 한편 국내 사계의 최대 문파인 '李修門派'를 이끌고 있다. 2006년 매일경제신문이 선정한 '한국을 대표하는 창조적 인사 20인"에 선정된 바 있다. 현재는 세계불교법왕청평화재단 법왕청 불교 신문사 및 영문 외교저널 총괄 회장으로 재직 중이다.

子平眞詮 리뷰 I·II

'공망비약'에는 다음과 같은 글이 있다. "영감으로 가는 유일한 통로는 고독이라 했다. 누가? 괴테다." '자평진전리뷰 I II'가 출간된 시점은 2005년 4월이다. 이때는 저자가 사업적 성과를 내지 못하고, '애퓨'의 경영마저 힘들어진 저조했던 시기다. 이때 이수라는 이름의 진가를 드러내는 고서의 주해서들이 쏟아져 나왔다. 이것은 '적천수써머리'가 1999년도에 탄생되었던 배경과 유사하다. 하늘 높을 줄 모르고 승천하던 한 마리 용이 다시 지상으로 내려와 다시 개천 바닥부터 쓸어내기로 작심한 듯 저자는 그렇게 자평子平의 3대 텍스트들을 해설해 나가기 시작했다. 단순한 번역이 아니다. '자평진전'부터 '난강망', '적천수'에 이르기까지 처음부터 끝까지 저자 특유의 관법을 용해시켜 주해했다. 이는 서락오徐樂吾 이후 처음 있는 일이다. 그것도 2005년 한 해 동안에 말이다.

경향신문의 노응근 부국장은 사학계의 동호인으로 육효 관련 저술을 내기도 한 사람이다. 노 기자는 저자의 3대 고서 주해서가 모두 발간된 시점에 전면 인터뷰 기사를 실었다.

〔사람 속으로〕 독창적 해석으로 주목받는 명리학자 이수씨

입력: 2005년 12월 18일 18:01:51

우리는 누구나 자신의 미래를 알고 싶어 한다. 일이 잘 풀리지 않을 때, 고통스러울 때 더욱 그렇다. 역술, 특히 사주명리(四柱命理)는 우리의 이런 갈증을 풀어주는 좋은 도구다. 4세기께 중국에서 시작된 사주명리가 오늘날까지 생명을 유지해 온 이유도 뛰어난 예측 기능에서 찾을 수 있다. 물론 국내에서는 '미신'으로 치부하는 이도 없지 않다. 그러나 최근 들어 사주명리를 학문의 차원으로 끌어올리려는 시도가 활발하게 이뤄지고 있다. 학문적 원칙을 확립하는 작업이다. 사주명리의 학문성은 이론적, 논리적 지식체계와 함께 예측의 적중률로 확인될 수밖에 없다. 이런 흐름의 중심에 이수(41)라는 젊은 사주명리학자가 있다. 현재 그는 운세 역학 포털사이트인 애스크퓨처닷컴(askfuture.com) 대표이사다.

이대표는 올 한 해 사주명리학의 '3대 텍스트'로 불리는 자평진전(子平眞詮), 적천수(滴天髓), 난강망(欄江網)의 주석서를 펴냈다. '자평진전 리뷰 Ⅰ,Ⅱ', '적천수적요 해설', '난강망 마스터리'(도서출판 장서원 발간)이다. 이들 저서는 단순한 해설서가 아니라, 독창적인 해석으로 3대 텍스트를 한 줄로 꿰고 있다는 평가를 받고 있다. 특히 이대표의 학문적 독창성은 지난해와 올해 펴낸 '팔자술 필살기'(데쓰블로)와 '팔자술 파이널블로'에서 확연히 드러난다. 그는 "이들 저서를 통해 현존하는 명리 이론체계를 뛰어넘는 선진이론과 기법을 선보였다"고 자신한다. 사주명리의 본토인 중국에도 앞선다는 것이다. 한자권에서도 그의 실력을 인정할 정도다. 대만의 권위 있는 역술서적 전문출판사인 '무릉출판유한공사'는 그의 첫 저서인 '적천수 써머리'를 중국어로 펴낸 데 이어 다른 저서도 발간키로 약속했다. 대만에는 마니아까지 생겼다. 우리나라 명리학자로서는 처음 있는 일이다. 이대표가 역학계에 입문한 것이 1999년이고 보면 놀랄만한 일이 아닐 수 없다.

"중국의 명리학사를 보면 2~3세기마다 걸출한 인재가 나와 혁신이론을 제시하면서 비약적인 발전을 했습니다. 그러나 청(淸)나라 서낙오 선사 이후는 별다른 진전 없이 3세대에서 머물고 있습니다. 중국은 물론 일본, 한국을 통틀어 아직 4세대는 나오지 않고 있습니다."

이대표는 사주명리학의 본질은 개인의 그릇(命)과 운(運)을 보고 '때'를 알아 진퇴(進退) 시기를 분별하는 데 있다고 설명했다. 명과 운은 필연적이고 초월적인 힘을 뜻한다. 운이란 변한다는 의미를 갖고 있지만, 변하는 이치도 이미 정해진 궤도를 따르는 필연적인 과정일 뿐이다. 따라서 그는 '사주명리가 피흉취길(避凶取吉)의 방법을 제시한다'거나 '개운(改運) 비법이 있다'는 세간의 얘기는 경계해야 한다고 강조했다.

"사주팔자로 봐서 비가 온다면 막거나 피할 방법은 없습니다. 다만 비를 맞더라도 '언제' 그칠지를 알 수는 있습니다. 또 비가 그칠 때를 안다면 이리저리 비를 피해 다니며 경망되게 옷을 적시는 일은 없을 것이고, 때로는 즐길 수도 있을 겁니다. '때'를 안다는 것은 희망의 등대 같은 역할을 하는 거지요. 이런 점에서 명리학의 운명론적 사고는 인간의 의지를 부정하지만, 인간을 무력하게 하는 것은 아닙니다."

그러나 문제는 사주 해석을 통해 내리는 예측의 적중률에 있다. 국내에서 사주명리가 미신으로 인식되곤 하는 것은 역술인에 따라 예측이 다르고, 적중률도 떨어지기 때문이다. 더 근원적으로는 역술의 체계적인 학습과정이나 학문적 원칙이 확고하지 못한 데 있다.

"한국에는 외국에서 인정하는 세계적인 술사(術士)가 없습니다. 일본만 해도 60년대에 이미 중국 본토를 강타한 걸출한 술사를 배출했습니다. 역술이나 사주명리가 학문인가 아닌가는 오직 예측과 적중률로 판가름돼야 할 것입니다."

이대표는 그동안 인터넷 사이트나 언론 등을 통해 유명 인사의 선거당락 등을 공개적으로 예측, 화제를 뿌려왔다. 자신의 독특한 관법(觀法)으로 사주를 푼 것이었다. 술사(術士)로서의 기질을 엿볼 수 있는 대목이다. 조지 부시 미 대통령과 노무현 대통령 당선, 천수이벤 대만 총통 당선, 블라디미르 푸틴 러시아 대통령의 재선, 이명박 서울시장 당선, 블룸버그 뉴욕시장 당선이 대표적인 사례다. 최근 환자맞춤형 줄기세포의 진위 여부로 구설수에 시달리고 있는 황우석 교수의 사주도 지난 5월 풀어 사이트에 공개했다. 이런 '소동'이 벌어질 것이라고는 꿈에도 생각하지 못했을 때였다. 핵심은 "내년에는 모든 것을 잃을 수 있다. 적을 만들지 말라"는 것이었다. 섬뜩한 예측이 아닐 수 없다.

이대표는 역술(상수역·象數易)의 뛰어난 예측 기능을 바탕으로 '예측시장'을 개척하는 데도 나서고 있다. 특히 주식시장에 관심이 많다. 2001년 '주가 등락 알 수 있다'라는 책을 낸 데 이어 최근에는 미국 다우지수 등락을 예측하는 비즈니스 모델을 개발, 미국에 현지 법인(AskFuture USA)을 세웠다.

"역술을 예측산업으로 키울 필요가 있습니다. 이미 예언을 팔고 사는 큰 시장은 형성돼 있습니다. 21세기 역술은 단순한 오락이나 심리적 위안거리에 머물지 않고 사회에 실질적으로 기여하는 슈퍼콘텐츠로 바뀌어야 합니다."

이대표는 평범한 중산층 집안 출신으로 별 어려움 없이 자랐다. 대학에서는 경제학을 전공했다. 학군장교(ROTC)로 군복무를 마치고 6년가량 은행에서 국제금융 분야의 일을 했다. 그러다가 96년 대형 금융사고로 직장을 그만두고 수년간 '백수'로 살아야 했다. 그 과정에서 우연히 역학을 접하게 됐고, 짧은 기간 집중적으로 파고들었다.

"저의 사주팔자에 담긴 필연적인 성패의 시점을 해독하는 순간 '아!' 하고 탄성을 질렀습니다. 지난 실패에 대한 자책감에서 해방되는 위안도 얻었습니다. 그리고 미래에 일어날 현상을 자신할 수 있게 됐습니다. 예상대로 99년 입추를 기점으로 일간지에 '오늘의 운세'를 연재하면서 역학계에 본격 데뷔했습니다."

이어 그는 2000년 애스크퓨처닷컴을 런칭하면서 많은 돈도 벌고 이름도 날리기 시작했다. (애스크퓨처닷컴은 지난 10월 대대적인 개편 작업에 들어갔다. 내년 1월 중순쯤 새로운 콘텐츠로 서비스를 재개할 예정이다. 그때까지는 그의 제자들이 운영하는 블로그(http://blog.naver.com/finalblow)가 사이트를 대신한다.)

"그동안 역술인으로서 경험해 볼 만한 일은 거의 다 해 본 것 같습니다. 상담, 저술, 문하생 배출, 기업·선거 자문까지 흥미로운 작업을 많이 했습니다. 언론·방송계는 물론 정계나 재계, 법조계의 인사와도 다양하게 교류했습니다."

4세대 선두주자로 세계적인 명리학자 대열에 오른 이 대표에게 내년 병술(丙戌)년의 국운을 물어봤다.

"2001~2004년은 간지(干支) 상극의 해로 갈등과 대립이 심할 수밖에 없었습니다. 을유(乙酉)년인 올해는 대립이 종식되고, 내년은 화합의 시대가 열릴 것입니다. 본격적인 국운 융성을 실감하는 해가 될 겁니다. 주가도 오르고 경제상황도 좋아집니다. 이렇게 됐을 때 가장 큰 반사효과를 보는 사람은 노무현 대통령입니다."

〈인터뷰/노응근 부국장〉

'자평진전리뷰'는 심효첨과 서락오의 상반된 이론 체계를 융합시키는 체용體用의 분화 과정을 탁월한 견해로 정리했다. 저자가 이 책에서 세운 명리 관법의 프레임은 필자와 같은 학도들이 볼 때 속이 탁 트일 정도로 명쾌하고 타당한 논법으로 다가왔다. 현재에도 사학계에서는 적지 않은 인사들이 이 책을 저자의 최고 수작을 꼽을 정도다. 왜냐하면 여기에는 체용 분할의 명리학사에서 가장 앞선 견해를 보였기 때문이다. 하지만 필자의 견해로는 지금 이수명리가 체용體用을 넘어 변變의 단계를 수렴하고 있으므로 대표작으로 보기에는 무리가 있다고 판단된다.

저자는 이 책의 머리말에서 "이제 시작일 뿐이다. Now or never! '이수'를 신뢰하고 따르라. 그러면 비교할 수 없는 단기간 내에 '베이식'과 '실전테크닉' 두 마리 토끼를 다 잡는 기대 이상의 성과를 거두게 될 것이다. 행운을 빈다"고 일성했다. 예나 지금이나 대단한 자신감이 아닐 수 없다. 그는 이미 이때 자평의 3대 고서를 모두 주해할 계획을 세웠던 같다. 그래서인지 책의 서두에는 사주학의 3대 텍스트에 대한 분석부터 시작하고 있다.

★ 사주학 3대 텍스트, "자평진전· 난강망· 적천수 "

근세 서락오(徐樂吾) 대사(大師)는 사주학의 3대 보서(寶書)를 모두 해설(解說)하는 위업(偉業)을 세웠다. 3대 텍스트를 관통하는 일관적인 이론체계를 구사하기 위해서는 체용(體用)의 명확한 분별이 선결요건이 된다. 서락오는 '적천수보주(滴天髓補註)'의 체용론, "道有體用. 不可以一端論也. 要在扶之抑之得其宜"라는 조목에서 이르기를 "요즈음 인사들이 체용 두 글자를 항상 혼동하는 일이 많은 데 아직도 종래의 명서 중에 제대로 판별을 가한 일이 없다"고 일갈(一喝)한 바 있다.

'적천수보주(滴天髓補柱)' 권삼(劵三)에 서락오 이르길, "무릇 용(用)에는 빈주(賓主)가 있다. 체(體)에도 마찬가지로 빈주가 있으므로, 일주는 體의 體, 월령은 體의 用, 용신은 用의 體, 희신은 用의 用이다"라고 했다. 바로 이것이 서락오의 진면목이고, 그 스스로도 고서(古書)에 명백치 않았던 이론을 확실히 판별했다고 자부한 중요 대목이다.

내가 최근에 3대 텍스트를 모두 정리해 보는 계기를 갖게 되었는데, 락오선생의 빈주론(賓主論)에서 보다 진전된 체용(體用)의 판별법이 시급하다는 점을 깨닫게 되었다. 임철초(任鐵樵)의 '적천수천미(滴天髓闡微)' 이후 '적천수보주(滴天髓補註)', 그리고 현대에 이르기 까지 부억(扶抑)이 중심 되는 이론체계는 빈주론(賓主論)으로 무리 없이 완성된다.

그러나 심효첨(沈孝瞻)의 '자평진전(子平眞詮)'은 빈주론(賓主論)에서 구분한 “일주는 體의 體, 월령은 體의 用”의 차원이 아닌, “월령이 體의 體, 상신(相神)은 體의 用”이 되는 관법을 기술하고 있다. 그런데 서락오가 평주(評註)에서 “用의 用이 되는 희신(喜神)”과 “體의 用이 되는 상신(相神)”을 동일시하는 혼동을 수차 범했으므로, 이를 그대로 무분별하게 수용한 후학들은 온전한 ‘자평진전’의 학습이 어렵게 되었다.

격국(格局)이 체(體:중심)가 되는 ‘자평진전’의 관법은 일단 용신(格局)과 용신의 변화, 상신(相神)과의 관계로 사주체의 성패(成敗:성격과 파격)와 고저(高低)가 정해진다. 이것이 바로 명식(命式)을 판단하는 첫 번째 과정이다. 다음으로 조후(調喉)를 살피는 데, 난강망(欄江網)의 이론 체계는 조후용신을 “體의 用과 用의 體"로 운용하는 범주를 수렴한다. 體의 用이란 명식 원국에서 조후의 성격을 논하는 것이고, 用의 體란 대운(大運) 상에서 조후의 성격을 논하는 것으로 구분된다.

이와 같이 ‘자평진전’의 격국(格局)이 명식 원국 자체에 국한되는 틀(體의 體用:frame)의 개념이라면, ‘난강망’의 조후(調喉)는 때(體의 用과 用의 體:time)의 개념으로 시간의 변수가 개입된다. 자평학(子平學)의 완성에 이르는 단계는 ‘적천수’로 이것은 칸(用의 體, 用의 用 :space)의 단계까지 포괄하는 것이다. ‘적천수’는 사물의 변화(變化) 이치를 기본적으로 부억(扶抑) 체계에 근거해서 설명하고 있다.

이상에서 팔자(八字)를 판독하는 일종의 간명(看命) 순서는 ‘자평진전’, ‘난강망’, ‘적천수’ 순으로 전개됨을 알 수 있다. 이는 곧 ‘명식’, ‘명식과 대운’, ‘명식과 대운, 세운’을 ‘격국’, ‘조후’, ‘부억’ 순으로 해독해 내는 과정을 의미한다. 이를 모르고 하나의 이론에 얽매이면 평생의 학습이 무위로 끝나기 십상이므로, 무수한 명리가(命理家)들이 재기(才氣)와 시절(時節)을 한탄하였다.

고서(古書)에서 특별한 지위를 부여한다면 ‘적천수’를 들 수 있다. 이것은 體와 用을 모두 포괄하는 광의의 오의(奧義)를 내포하기 때문이다. 서락오가 '적천수징의(滴天髓徵義)'에서 '적천수보주(滴天髓補註)'로 거듭 숙고한 바는 '적천수' 자체의 내용만으로도 체용(體用)의 분별이 가했기 때문이다. 따라서 그가 '자평진전'을 읽고 '적천수'를 학습하라고 한 바는 매우 적절한 교훈이다.

다만 그가 '조화원약(造化元鑰)' 평주를 집필하기까지 '난강망'의 정체성과 위치를 분명히 해 두지 못한 점, 그리고 '자평진전' 평주를 "用의 體와 用의 用"의 영역인 부억(扶抑) 체계로 확장시켜 전개한 것은 후학들의 혼동을 야기한 아쉬움이 있는 대목이다. 아마도 '자평진전'이나 '난강망'이 다루는 음양(陰陽)의 극성(極性:polarity) 부문이 단순한 오행(五行) 생극제화(生剋制化)의 차원을 넘는 범주임을 인식했으므로 후에 상호보완적인 수평적 지위로 놓았을 가능성이 있다.

가령 丙火가 甲木을 생(生)하는 십간론(十干論) 기초의 영역이나, 자월(子月)의 한기(寒氣)는 오히려 목(木)을 상(傷)하게 하는 한난조습(寒暖燥濕)의 논리로 학습이 진전되면 이 같은 영역을 일종의 수평적 각론(各論)으로 두기 쉽다는 것이다. 그러나 이 모두를 체용(體用)의 면밀한 분별 선상에서 핸들링하게 되면 수직적인 학습 단계로 구분할 수 있다. 바로 이것이 팔자명리(八字命理)의 학문적 원칙 기반이 되는 것이다.

서락오의 '적천수보주(滴天髓補註)'는 필연적으로 이른바 '운(運)의 희기(喜忌)'를 살피는 행운법(行運法)의 영역에서 괄목할만한 발전을 가져왔다. 그러나 정밀하지는 못하다. 명식을 읽고, 대운을 읽고, 세운(歲運)을 읽는 방식을 모두 부억(扶抑) 체계로 표준화했으므로 그 자신도 조후용신의 바른 적용 원칙을 정하지 못했다. 까닭에 많은 인사들이 '난강망'을 부정해버리거나, 혹은 부억용신으로 운용해야 할 매년의 성패를 조후용신으로 혼용하는 우(愚)를 대수롭지 않게 범하는 실정에 이르렀다.

필자가 아직도 이러한 학문적 원칙이나 경계를 분명하게 설정하는 명리학가(命理學家)를 보지 못했다. 한중일(韓中日), 삼국을 통틀어도 이를 명쾌하게 논단한 저술을 찾아보지 못했는데 이제야말로 구태(舊態)를 답습하는 수준을 넘어서서 명리학(命理學)의 새로운 시대를 열어야 할 시점인 것이다. 적어도 명리학 만큼은 학문적 사대주의(事大主義)의 틀을 벗어나, 한국이 선진 명리를 이끄는 시대로 돌입하고 있다.

명리(命理)의 세계는 고서(古書)의 완벽한 이해뿐만 아니라, 이에 더하여 고급 지식과 스킬 등을 겸해야만 팔자술(八字術) 실전에서 통하는 바가 있으므로 사학(斯學)의 난해함은 재삼 거론할 바가 아니니다. 후학들은 더욱 분발해서 자평(子平)의 신기원을 열어야 하고, 한국 명리의 우월성을 과시할 수 있도록 원류(源流)와 차별성을 확보해 나가기 바란다.

바로 이어지는 '論十干十二支, 십간십이지를 논함'에서 그는 물상物象 결합의 개념으로 내용을 정리했다.

· 論十干十二支, 십간십이지를 논함

☞ '자평진전'은 처음부터 심효첨의 메가톤급 이론으로 전개된다. 이를 간과하면 '베이식'은 물론 팔자술 실전에 이르기까지 매우 중대한 시행착오를 겪게 되므로 긴장할 일이다.

✈ 원시 직역, TEXT & Transliterate

有是五行, 何以又有十干十二支乎? 有是甲乙, 而木之陰陽具矣。
유시오행 하이우 유십간십이 지호 유시갑을 이목 지음양 구의
木之在天成象而在地成形者也。
목지재 천성상이재 지성형자야
甲祿於寅, 乙祿於卯, 如府官之在郡, 縣官之在邑, 而各司一月之令也.
갑록어인 을록어묘 여부관지재군 현관지재읍 이각사일월지령야

오행이 있는데, 왜 또 십간십이지가 있는가? 갑을이 있어 음양을 갖추게 된다.

목의 천간은 '상'을 이루고 지지는 '형'을 이룬다.

갑의 록은 인에 있고 을의 록은 묘에 있으니 이는 마치 관리가 부임하는 임지와 같다.

✈ 리뷰, LeeSoo's Review

심효첨은 십간십이지의 의미를 간단하게 설명한다. 간지(干支)는 곧 오행을 음양과 기질(氣質)로 나누기 위함이다. 기질과 관련해서는 甲은 乙의 氣요, 乙은 甲의 質로 원시는 설명하고 있다. 이보다 핵심은 일단 음양의 구분에 있다.

그렇다면 木의 음양이나 기질의 구분은 천간의 甲乙로 족할 텐데, 왜 寅과 卯의 지지가 필요할까. 木의 오행은 하늘에서는 상(象)을 이루고 땅에서는 형(形)을 이루기 때문이다.

요약하자면 오행을 음양(陰陽)과 형상(形象)으로 구분하는 역할을 십간십이지가 수행하는 것이다.

원시의 하이라이트는 관리의 부임으로 간지의 결합을 설명하는 대목이다. 한 마디로 甲乙이라는 관리는 寅卯의 록(祿)보아야만 부임지를 얻어 관리의 역할을 하게 되는 것으로, 실질적인 역할이 가하다는 의미다.

祿이란 곧 '자아의 실현'을 의미한다. 이를테면 甲의 관리가 寅을 보지 못하면 부임지를 얻지 못한 것이므로 관리의 역할을 수행할 수 없다는 것이다. ★ 이것이 바로 팔자술 실전의 '베이식'이 되는 "유형(텐저블:tangible)과 무형(인텐저블:intangible)"의 개념이다.

바로 동일한 오행의 천간(intangible)과 지지(tangible)가 결합되어야만 비로소 가시적인 성취나 물상(物象)의 유입을 실감하는 것이 요체다. 가령 甲木 관성(官星) 하나의 글자만 가지고는 관리로 출사함을 논하기가 어렵지만, 寅의 祿과 결합되면 공직에 임용되는 실상을 확인하게 된다.

심효첨은 분명히 원시에서 甲과 乙, 그리고 寅과 卯만을 거론하며 '간지론'의 서두를 열고 있다. 그런데 서락오는 寅卯에다 亥, 未, 辰 까지 보태어 모두 甲乙木의 뿌리가 된다는 통근 개념까지 확장하여 보충 설명하고 있다. 즉 천간이 월령에 뿌리를 내려 통근(당령:當令)하면 용(用)을 얻어 공과가 혁혁해진다는 것이다. 반대로 당령하지 못하면 관리가 부임지를 얻지 못한 상황으로 묘사하며 관계되는 몇 가지 명식을 사례로 하여 의견을 개진한다.

심효첨은 이 대목에서 象과 形의 개념을 다루고 있는데, 이것은 엄밀히 통근의 개념과는 의미가 다른 것이다. 그런데 서락오는 통근의 개념으로 수렴하여 이를 설명하고 있다. 심효청은 세력의 강약(强弱)을 다루는 '간지론'의 후편에 이르러 '통근'을 논하고 있다.

그렇다면 왜 서락오는 이 대목에서 통근의 개념까지 전진해서 해설하였을까. 서락오는 원시에서 形이라는 글자를 '세력(strength)'의 의미로 받아들였기 때문이다. 그러므로 甲과 寅의 관계를 득시(得時), 득지(得地)로 이해하였다. 까닭에 甲이 亥에 뿌리를 내려 세력을 얻는 것과 동일시한 관점을 피력한 것이다.

그러나 심효첨이 서술한 形은 '형상(形狀:shape)'의 의미에 가까운 것이다. 따라서 이것은 무형과 유형을 가르는 잣대로 설명하면 한층 이해하기 용이해진다. 즉 현상에서 실감나는 상황과 인지하지 못하는 상황으로 가르는 개념이라 할 수 있다. 甲과 寅은 "木의 intangible과 木의 tangible의 결합"이므로 木의 物로 실현되는 것이다. 한편 甲과 亥는 "木의 intangible과 水의 tangible의 결합"이므로 木의 物로 구체화되지 않는다.

바로 이 점을 서락오는 간과하였고, 후학들은 이를 그대로 답습하였다. 이렇게 되면 실전에서 적중률은 비참한 결과로 나타난다. 寅과 亥는 甲의 통근이라는 면에서는 동질성이 있지만 甲木의 자아실현 면에서는 전혀 다른 결과로 나타난다. 寅은 甲을 완성시키지만, 亥는 완성시키지 못한다.

위와 같은 이론은 물상론(物象論)의 범수를 여는 초석이 된다. '자평진전'은 甲과 寅을 象과 形으로 구분했지만, 물상론은 甲을 象, 寅을 物로 구분한다. 즉 象은 物과 결합되어야만 진정한 현실 상황으로 귀결된다는 점을 암시하는 것이다.

따라서 이 대목의 서락오 평주는 간지론의 다른 장, '통근' 편에서 설명될 내용이었다. 그리고 서락오는 심효첨의 비유법을 오해한 것이다. 심효첨이 비유한 '관리의 부임'은 단순히 "재능의 실현" 여부 문제 차원이 아니라 실제 "관리로 등용되느냐, 높은 관직에 오르느냐"의 문제였던 것이다. 서락오는 첫 단추부터 잘못 꿰고 있었던 것이다.

→ 요점, Give a gist!

독자들은 이제 '간지론'의 첫 대목부터 서락오의 평주를 그대로 수용하면 매우 중대한 진의를 간과하게 됨을 인지하였을 것이다. 가령 본문에서 다루지는 않지만, '간지론'을 '물상론'의 실전 상황으로 전개시킬 경우 아래의 상황을 분명하게 정리해 둘 필요가 있다.

가령 庚일간의 명식에서 甲, 재운(財運)이 도래한다고 치자. 일단 이것은 재(財)의 상(象)이 맺힌 상황이므로 사주체는 일단 재탐(財貪:재물을 구하려는 욕구)이 강하게 일 것이다. 그러나 실제 수중으로 재물이 들어오는지의 여부는 甲의 글자 하나만 가지고는 충분치 않다.

이것은 또한 재성의 부억(扶抑)법 상, 희기(喜忌)와도 차원이 다른 문제다. 대개의 명리가들은 아직 득실(得失)과 희기(喜忌)의 문제를 분별하지 못한다. 일단은 수중에 재물이 들어오는가의 여부만 판별하는 데 집중해서 학습하기로 하고, 희기 문제는 후술하기로 한다.

甲의 재물이 확실하게 수중에 들어오려면 명식 원국에 祿이 되는 寅의 글자가 있느냐가 관건이 된다. 祿의 글자가 건전한 이상, 甲木의 象이 寅木의 形과 결합되면 분명한 재(財)의 유입을 실감하게 된다. 그러나 甲木이 뿌리는 내릴 수 있는 글자인 亥, 未, 辰 등만 있다면 분명한 재(財)의 유입을 장담할 수 없다는 것이다. 이것은 각 오행의 글자가 물상(物象)으로 결합되지 않는 한, 현실 상황으로 보증되지 않음을 뜻한다.

이상의 내용은 GAP 특강 -1 '물상(物象)'편에서 좀 더 깊이 다루도록 하겠다.

이로써 저자는 간지干支의 결합이 곧 물상物象의 결합과 같아 팔자술 실전에서 실제 득得하는 현상에 대한 보다 구체적인 술術의 배경을 제시한 셈이 됐다. 이것이 최근에는 합생合生과 비출飛出의 이론으로 진화됐다. 이를테면 庚子日 戊寅時生이 甲運을 맞이하면 종래에는 甲木 재財가 록祿의 寅을 보아 곧 재물의 확실한 유입을 결정하는 요인으로 파악했다. 그러나 실제로는 협자夾字, 丑中己土를 비출하여 甲木이 합작合作하므로 명백하게 득재得財한다는 사실을 밝혀냈다. 바로 이러한 점이 이수명리의 특징이자, 비교를 불허하는 수월성秀越性이라 할 것이다. 그는 전통 이론을 답습하는 데 그치지 않고 독자적인 영역을 구축하며 전체적인 이론의 발전을 이끌었다. 구비전지具備傳之가 아닌 구비득지具備得之한 것이다. 그렇다고 해서 자평진전子平眞詮의 본모습을 훼손하는 바는 전혀 없었다. 아마도 여러 주해서 가운데 가장 원문의 뜻에 충실한 책이 아닐까 싶다. 이 책의 논용신論用神 편에서 정리한 '리뷰' 편은 압권이다. 명리학을 공부하는 학도라면 반드시 일독해 볼 만한 중요한 서술이라고 생각한다. 이즈음에서 저자가 ★리뷰 GAP 특강 -2 '체용(體用)과 명리학사(命理學史)'에서 언급한 대목을 살펴보겠다.

최근까지 팔자명리학은 대개 고법(古法)과 신법(新法), 현대(現代) 관법으로 대략 3종으로 구분되어 왔다. 이를 편의상 중국 연대(年代)로 나누어 보면 고법은 당대(唐代)와 그 이전, 신법은 송대(宋代)와 원대(元代), 명대(明代)의 시기로 설정되고, 청대(淸代) 이후부터는 현대의 명리로 구분된다.

독자들의 경우 해당 시대에 선보여진 고서(古書)로 분류하면 더욱 일목요연해진다. 다만 핵심은 시대의 구분이나 책 제목과 같은 겉껍질이 아니라 실제의 내용이므로 무릇 팔자술을 익히는 자라면 팔자술의 종류에 대한 기본적인 이해와 인식을 제고해야만 마땅하다. 그래야만 학문적인 원칙이 서고 바른 공부를 할 수 있다는 점에서 매우 중요한 의미를 지닌다.

일단 중국인들이 분류하는 팔자명리의 3종에 대한 설명을 간략하게 나열해보면 대개 아래와 같은 식인데 한번 살펴보자.

古法： 唐朝以前看法，在論命方式以年柱論斷命理依據，以干為祿，向背定富貴；以支為命，逆順用以循環。並注重納音五行及十二長生運用。書本參考以李虛中命書、三命消息賦、五行精紀為主。

新法： 宋朝以後看法，在論命方式以日柱論斷命理依據，造化先須詳日主，坐官坐印衰旺取，年時月令號提綱，元有元無旺重舉，大抵官星要純粹，正偏雜亂反無情。注重日主與格局兩者之間，求其中和為用神. 書本參考以淵海子平評註，滴天隨，子平真詮，三命通會為主.

現代： 清朝以後看法，在論命方式以日柱論斷命理依據，但是選擇用神取用法計算各不同。現代用神選用可分：

扶抑用神：以命中五行衰旺，過旺者加以抑制，衰弱者則加以扶持，最主要針對日主與月份來加以扶抑。

病藥用神：何以為之病？原為所害之神。何以為之藥？如八字原有所害之字，而得一字以去之。此是張神峰所悟出道理，如用神為財，見比肩為病，喜官殺為藥。其著書為命理正宗。

調候用神：以日主與十二月份，氣候冷熱來調整用神。以十日主與十二月份關係，選出用神。此方法是出自欄江網經徐樂吾潤筆為窮通寶鑑，後來再加上自己論命掌故，成為造化元鑰。

通關用神：針對二神成象格用神之探討，在兩行相剋，才使用。

專旺用神：命式中的某五行之一，當強度極大時，才使用。

以上為一般用神取法。(이상, 일반용신법)

律數用神：以地球與太陽公轉、自轉之週轉原理，分由十天干及十二地支分持三百六十度，再配合各月令之「旺相休囚」秤權比率而得精確真實律數，分析日干之強弱及喜忌神。此是陳品宏所創立律數法訣，著書預言命學真解、預言命學正解.....。

五行自然性：一柱論命法則以日干支一柱為主軸，推演其間六親之演變，更以五行氣化理論，配合六甲空亡學說，貫穿十神六親之縱橫交涉關係，很注重十二長生之運用。此為鍾一鳴所創立五行自然心法，著書八字真學一柱論命法。

奇門九宮：相傳於諸葛亮所傳，它除了運用干、支以外，還加上九宮，稱為三元柱推命，干代表天、支代表地、九宮代表人，由九宮與內外格推出人的「器」的大小、從性格開始，到戀愛機及婚姻運、相配性、性的態、適合的職業、財運、健康....甚至死期及死因。

十干用神：透派張耀文高級八字論斷，以十干論命法為原則，整理出一套八字「洩天機」，其口訣：「」。

以上為特殊用神取法。(이상, 특수용신법)

이상은 대체로 무난하게 요약된 설명인데, 온전히 옳다고는 볼 수 없다. 이를 좀 더 압축해서 잘 분간해 보면 결국 체용(體用)의 개념을 잘 파악하면 더욱 쉽고 정확하게 이해할 수 있게 된다. 이제 지겹다는 생각이 미칠 정도로 체용(體用)의 분별을 가했으므로 이하의 내용을 리뷰하면서 완전한 지식으로 머릿속에 굳히도록 하라.

1. 고법 : 고법은 체신(體神) 그 자체에 비중을 두는 관법이라 할 수 있다. 연주(年柱)를 중심으로 천간은 록(祿), 지지는 명(命)으로 한 보편적인 관념에서 출발하여, 천간과 지지의 유기적인 상관관계를 파악하는 식으로 부귀의 향배를 정하는 식이다. 천간에 상응하는 지지의 록귀(祿貴)나 생궁(生宮) 등에다 납음오행의 12운성 향배로 변화의 묘를 운용한다.

2. 신법 : 신법의 경우에는 체신(體身)을 체용(體用)으로 분간하여 먼저 일간(日干:體)과 격국(格局:用) 양자 간의 관계로 명식을 규정하고, 이같이 격국(格局: 體의 體)이 정해지면 후차적으로 용(用)을 할 수 있는 글자(體의 用)을 살펴 양자간의 상황과 동태를 기준으로 해서 명식의 고저를 세분화해 나가는 식이다. 체(體)의 용(用)이 되는 글자를 자평진전(子平眞詮)에서는 상신(相神)으로, 적천수(滴天髓)는 주로 희신(喜神)이라는 표현을 사

용하고 있으며 종종 용(用)이라는 글자 의미 그대로를 쓰기도 한다.

3. 현대 : 현대 이론은 한 마디로 서락오로 집대성된 이론체계로 볼 수 있다. 이것은 이전의 간법이 체신(體神)에 무게 중심을 두었다면, 서락오 이후 본격적으로 용신(用神)에 힘이 실리는 상황을 의미한다. 까닭에 운(運)의 희기(喜忌)를 분별하는 실기(實技) 면에서 한층 발전된 이론체계를 선보이고 있다. 이때부터 용신의 의미는 용(用)의 체용(體用)이므로, 명식에 존재하지 않는 글자도 얼마든지 희신(喜神)이 될 수 있고, 통관용신(通關用神)과 같은 성분도 용신법의 대등한 정론으로 자리매김하는 것이다.

☞ 위 내용을 살피면 중급의 학습자들에는 듣기에도 생소한 특수한 용신의 취용법들이 위에 열거되어 있는데, 이러한 글자들의 공통적으로 대개 체신(體身)과 용신(用神)의 구분이나 구애를 받지 않고 거의 대등한 비중으로 운용된다. 가령 위에 투파(透派) 장요문(張耀文)의 고급팔자논단(高級八字論斷)으로 적시된 십간용신(十干用神) 같은 것은 일간(日干)을 체(體)로 좋은 십간(十干) 관계의 글자는 체(體)의 용(用)으로, 용(用)의 체(體)로 경계를 넘나들며 쓰이는 것이다. 바로 이러한 점이 투파(透派) 이론의 특징이고, 가장 진전되거나 혹은 색다른 스킬로 구분된다.

이상으로 대강 명리학의 이론을 3종으로 개략적인 구분을 시도해 보았는데, 이제 보다 심도 깊게 체용(體用)에 대하여 탐구(探究)해보자.

1. '적천수' 체용론의 "道有體用 不可以一端論也 要在扶之抑之得其宜" 구절에서 要在扶之抑之得其宜(요재부지억지득기의)는 글자 그대로 "부조하고 억제하여 마땅함을 얻는 것이 중요하다"는 뜻인데, 이 말은 명조가 기뻐하는 오행 글자는 부조하고 기피하는 오행 글자는 억제함이 바람직하다는 의미로 받아들이면 무난해진다. 이때 명조가 기뻐하는 글자는 일종의 중화(中和)적인 관점에서 명식의 균형을 잡는 이미 명식에 존재하는 글자를 의미하는 것이지, 서락오 식으로 정해진 부억용신이나 희신을 의미하는 게 아니다.

2. 이를테면 서락오 식의 가령 정격의 신약명은 부억법상 인비(印比)이 글자 오행을 기뻐하므로, 인성의 글자가 명식 내에 존재하지 않더라도 희신(喜神)의 명칭으로 세운(歲運)에서 인수의 조력을 기대해 볼 수는 있지만, 자평진전이나 적천수 공히 정관격의 신약한 명식 그 자체에 유기한 인수의 글자가 없는 이상은 인수운의 의미 자체가 퇴색되는 것이다. 까닭에 같은 인수의 글자라고 해서 서락오가 말한 희신과 자평진전의 상신이나, 적천수가 언급한 희신을 동일한 개념으로 인식하게 되면 팔자술 실전에서 오류를 범하기 쉽다. 또한 양자가 언급하는 희신의 글자 자체가 다른 경우도 얼마든지 있으므로 서락오의 평주나 보주는 체용의 분별을 정확히 가하지 못한 것으로 보아야 한다.

3. 이로 인해 서락오가 저술한 적천수보주(適天隨補註), 자평진전평주(子平眞詮評註), 조화원약(造化元鑰)의 각각은 모두 체신(體神)과 용신(用神)의 정밀한 구분이 없는 상태에서 당시에 자신이 이전에 견지한 학문적 원칙의 기조를 유지하면서 저술하였으므로 고서 원문의 의미가 퇴색되고, 이론의 전개가 다소 난삽(難澁)해진 경향이 있다. 이를테면 '적천수보주'에서는 그런대로 심도 깊게 체용 편을 다루고 있지만, '자평진전평주'에서는 원문의 의도와 달리 용(用)에 무게를 두고, '조화원약'은 체용(體用)의 분별이 확실치 않은 한계 상황을 노출시켰다는 점이다.

4. 생각해 보라. 오늘날 체계화 된 부억용신법의 지식 체계상으로는 명식에 존재하지도 않는 글자를 얼마든지 용신을 생조하는 희신으로 운용할 수 있지만, 고서의 원시(原詩)에 언급된 희용(喜用)의 글자는 명식에 존재하지 않는 글자를 포괄한 법이 없었다. 이를 두고, 최근에 장요문(張燿文)이 근대의 관법을 추종하는 이들을 겨냥해 "최근의 자평가들 가운데 용신을 즉 희신이라고 생각하는 답답한 자들이 있는데, 만일 용신이 희신과 같다면 구태여 두 종류의 용어를 사용할 필요가 있는가"라고 지적한 바 있다.

5. 위에서 장요문이 언급한 용신은 체신(體神)이고, 희신은 부억용신(用神)을 의미하므로 둘은 엄연히 성격 자체가 다름을 뜻하는 것이다. 그런데

서락오도 '滴天髓補柱'의 체용론, "道有體用. 不可以一端論也. 要在扶之抑之得其宜"라는 조목에서 이르기를 "요즈음 인사들이 체용 두 글자를 항상 혼동하는 일이 많은 데 아직도 종래의 명서 중에 제대로 판별을 가한 일이 없다"고 일갈(一喝)한 바 있다.

6. 이를 보면 서락오가 체용(體用)이라는 화두(話頭)를 놓고 얼마나 고뇌하고 치열하게 이론을 전개 하려 애를 썼는지 이해하고도 남음이 있다. 또한 그는 '滴天髓補柱 券三'에서 "무릇 용(用)에는 빈주(賓主)가 있다. 체(體)에도 마찬가지로 빈주가 있으므로, 일주는 體의 體, 월령은 體의 用, 용신은 用의 體, 희신은 用의 用이다"라고 말한다. 바로 이것이 서락오의 진면목이고, 그 스스로도 고서에 명백치 않았던 이론을 확실히 판별했다고 자부한 중요 대목이다.

7. 내가 사계(斯界)에 입문한 이래, 처음으로 저술한 책이 '적천수 써머리'다. 이를 두고 보는 시각이 다양하여 혹자는 투파의 이론을 가차했다고도 하고, 혹자는 심효첨의 관법에 충실한 것으로 보인다고도 했지만, 스스로는 밝히기로는 서락오를 스승으로 삼고 '적천수보주'의 관법에 충실한 것이라 했다. 물론 각자의 시각은 모두 일리가 있다. 가령 십간의 희기를 정리한 대목은 투파의 이론을 흡수한 것이고, 격국을 정하는 모델은 자평진전의 용신론과 대동소이하기 때문이다. 아무튼 이 즈음에 와서 내가 첫 작품을 '적천수보주'로 모델을 삼은 이유를 전 항의 설명을 통해 짐작할 수 있으리라 생각된다. 당시로는 체용을 분간하는 가장 선진적인 이론체계를 구사한 이가 바로 서락오였기 때문이다.

8. 이제부터 핵심이다. 서락오의 빈주론(賓主論)은 분명 이전에 비해 한 단계 상승한 대목이다. 바로 이 점으로 인해 명리학의 3기를 대표하는 대스승으로 추앙받아 마땅하다. 그런데 전술한 대목에서 격국(格局)을 체(體)의 용(用)으로 본 것은 틀림이 없지만, 이 격국은 그 자체로 체(體)가 되기도 한다. 가령 자평진전의 상신(相神)은 격국이라는 체(體)에 상응하는 체(體)의 용(用)이 된다. 즉 체용의 개념을 한 번 더 분해시키는 단계로 돌입하지

못한 데서 일말의 오류를 범한 것이다. 서락오는 상신(相神)을 용(用)의 용(用)인 희신(喜神)으로 동일시하는 실책을 낳았다.

9. '자평진전'의 이론 체계는 이미 체신(體神)의 범주 내에서 체용(體用)의 변수를 모두 확장시켜 놓고 있다. 이 점을 서락오는 간과했고, 당대에 주빈론으로 용신(用神)의 변수를 확장시키는 성과를 낳았다. 이상의 지식 체계 모두를 완전하게 흡수하고, 결합시키면 명리학의 신기원을 여는 첫 단추를 채우게 된다. 그러나 이것만 가지고 명리학 4기를 거론하기에는 부족하다.

10. 보태어 조후용신의 체용(體用) 운용법을 정확하게 인식하고 습득하면 행운법(行運法: 運을 추론하는 기법)의 초석을 놓게 된다. 자평진전을 통해 체신(體神)의 관법을 정립하고, 난강망을 통해 용신(用神)법으로 전개하는 틀을 닦은 연후, 서락오의 용신(用神) 기법을 장착하게 되면 명리학 3기의 학문 원칙이 완성되는 것이다. 아직 3대 텍스트가 각기 상이한 이론을 전개하므로 융합이 되지 않는다거나, 혹은 일부 내용들만 적절히 간취해 정립된 이론이 무난하다는 식의 지경에만 머문다면 도무지 자신이 틀린 것을 볼 줄 모르므로 더 이상의 학문 발전은 요원한 일이 된다.

☞ 한편 투파의 장요문이 전개하는 혹은 문파의 비급이라는 십간용신법은 이미 전술한 대로 운용법상 체용(體用)의 경계를 구분치 않고 넘나드는 용이한 간법이다. 이는 팔자술 실전에서 경쟁력의 우위를 점유하는 데, 분명 도움이 되는 점이 적지 않다. 그러나 실제 경험상 매우 정교하거나, 현상을 확실하게 적중시키는 세기(細技) 면에서는 새롭게 포장되어야 할 틈이 더러 발견된다. 또한 십간의 운용 기법은 용(用)의 영역을 커버하기에는 분명한 한계가 있는 것이다. 이는 '난강망'을 새롭게 조망할 필요와 맥락을 같이 한다. 참고할만한 책으로는 일본의 좌등육룡이 운영하는 향초사(香草社)에서 출시된 四柱推命活用秘儀, 四柱推命十干秘解, 四柱推命術奧義, 四柱推命術極秘伝, 四柱推命術密儀 등을 일독하면 투파의 이론 전체가 파악이 된다. 혹은 전자의 2종으로 족하다. 흥미로운 바는 이들이 서락오 이론의 충실한

계승자인 동시에 비판하는 양면적인 입장을 보이고 있는데, 子平一得을 보면 그러하다. 아마도 장요문이 명리학 3기의 마지막 주자가 아닌가 싶다.

독자들.

이제 우리는 명리학의 신기원을 열 4기로 돌입하는 시점에 이르렀다. 여기에는 반드시 서락오가 자부한 빈주론(賓主論) 이상의 확장된 체용(體用) 간법이 바탕이 되어야 하고, 원산(原産)이라고 할만한 창의적인 이론 체계로 대륙(本土)을 감흥 시켜야만 한다. 그리고 가장 중요한 팔자술 실전에서 절대 우위를 점유할 정치(精緻)한 필살기법을 장착하고 나서야만 한다. 오늘날 적중률의 문제는 과거와 달리 더욱 엄중한 시험대에 오를 게 자명한 일이므로 사주학 자체의 명운을 걸고 나서지 않는 이상, 명술(命術)의 의미는 답보 상태를 면치 못하거나, 퇴색하게 된다.

복습하고 정리하는 차원에서 아래 주요 명학서와 명리학가들을 열거하면서 명리학사를 구분해보자. 이번에는 팔자명리의 3종이 아니라, “고법, 신법, 근대, 현대” 식으로 4종으로 구분하여 표기해 두겠다.

古法

■ 祿命論

■ 三命消息賦

■ 三命指迷賦

珞祿子 (B.C. 367～249)

東周

■ 李虛中命書

李虛中 (762-813)

唐代易學家，宮到殿中侍御史，據傳他總結了自西漢以來巫蠱、擇日、禁忌、符應、雜祀等以物興象借象應氣卜筮方法，以陰陽五行及天干地支為依據。配合人的出生年月日時，來推測人的吉凶貴賤奠定了命理學的基礎。

■ 五行精紀

新法

■ 淵海子平

徐子平

五代宋初人，在唐代李虛中推命術的基礎上，系統地完善了推命術的理論，發明了“四柱”預測術。即“子平術”。由於其中蘊含著豐富的哲學人生觀以及樸素的辯證真理。浸透了華夏文化的基因，因此而世代相傳長盛不衰。

☞ 알려지기로는 李虛中이 日干을 기준하여 새로운 사주학설을 세운 시초로 보고, 袁天綱, 一行禪士, 李泌 등이 당시에 활약했던 인사들로 전해진다. 이를 바탕으로 정설을 문서화한 이가 徐居易, 일명 子平이고 서거역 사후에, 沖虛子가 道洪이란 道僧의 비전을 이어받았는데 徐大升에 의해 연해자평의 계열(淵海子平, 繼善篇, 通天賦)이 모두 완성되어 비전으로 내려왔다고 한다.

■ 滴天髓

劉基 (1311-1375)

字伯溫。浙江青田人。元至順年間舉進士，為江西高安縣丞，後任江浙儒學副提舉。至正六年 (1346年) 任浙江元師府都事，因反對招安方國珍，棄宜歸鄕。至正二十年 (1360) 三月，應朱元璋的邀聘，赴應天府 (今江蘇南京) 為謀士。用易學數術為朱元璋出謀劃策，滅掉元朝，建立明朝。乃一代實用易學大師。

■ 三命通會

■ 星學大成

萬民英

字育吾，明大寧都司人，嘉靖進士，歷官河南道御史，出為福建布政司古參議。除著有《三命通會》外還有《星學大成》等命理著作。被收入"四庫全書"。

■ 神峰通考命理正宗

張楠

號曰神峰子。命號著作《神峰通考》命理正宗。研命立論推崇"蓋頭說"、"病藥說"、"雕枯旺弱生長"、"五害正謬說"、"子平諸格正謬說"、"動靜"、"六親"等八法，其命學理論對後人頗有影響。

■ 命理約言

陳素庵

清代 1666年 卒.

■ 子平眞詮

沈孝瞻

清乾隆年間進士，精研命學。命理著作有《窮通寶鑒》和《子平眞詮，1710年 頃》流傳於世。並被後來研習命學者視為經典。

近代

■ 滴天髓闡微

任鐵樵

清代乾隆年間著名的命理學家，精研五行生剋文理《五行大義》一書。對《滴天髓》一書的增註闡微，分篇詮釋，深富哲理，堪稱中華命理學的大成之作。

■ 滴天髓徵義

☞ 陳素庵의 滴天髓輯要를 徐樂吾가 1935년에 註釋한 것.

■ 欄江網（窮通寶鑑）

■ 滴天髓補註

■ 子平真詮評註

■ 子平粹言

徐樂吾

生於1836年，近代著名的命理學家。著作頗豐其代表力作《子平真詮評註》頗享盛名。與任鐵樵評註《滴天髓》稱姊妹篇而交相輝映。（又名徐東海，兩江派之一）。

■ 命理探原，

袁樹珊（命普，適天隨闡微 纂輯）

※ 기타 臺灣 및 張耀文 透派 系列 日本 書籍 一覽

■ 命學講義 韋千里

■ 推命全集 阿附泰山

■ 命理新論 吳俊民

■ 命學新議 花堤館主

■ 八字心理推命學 何建忠

■ 四柱推命十干秘解 佐藤六龍

現代

이미 전술한대로 명리학의 4기라 할 최신 관법은 공란으로 비워두겠다. 바라건대 국내의 저작으로 대표되는 현대 관법의 서책이 등록되길 기대한다. 이 이수도 노력하겠지만, 독자들도 몹시 분발해야 한다. 그 실마리를 찾는 데에 '팔자술 데쓰블로'와 저술 일부가 기여할 것이라고 생각한다.

이와 같이 '자평진전리뷰Ⅰ'에서 저자는 체용體用의 분화 과정에 대한 상세한 해설로 학습자들이 혼동해 온 체용體用의 확실한 이해를 도모했다. 여기에서 그치지 않고 '자평진전리뷰Ⅱ'에서는 체용體用의 범주를 설정하는 독창적인 관법을 제시했다. 이로써 자평진전의 상신相神 개념과 후대 서락오徐樂吾가 확정한 부억용신과의 갭을 확실히 메웠다. 서락오가 상신과 용신을 혼동한 점은 익히 알려진 바다.

· 論相神緊要, 상신의 긴요성을 논함

→ 원시 직역, TEXT & Transliterate

1. 월령에 이미 용신이 있으면 필시 다른 곳에 상신이 있다. 마치 군왕이 재상을 얻어 보필을 받는 경우와 같다.

월령기득용신 칙별위역필유상 약군지유상 보자시야
月令既得用神, 則別位亦必有相, 若君之有相, 輔者是也

2. 가령 관봉재생이면 정관은 용신이고, 재성은 상신이 된다. 재왕생관이면 재성은 용신이고 정관은 상신이 된다. 칠살에 식신이 있어 칠살을 제어하면 칠살은 용신이고 식신은 상신이다. 그러나 이 같은 정법이 늘 통하는 게 아니다. 요는 통변의 묘를 살려야 한다.

月令既得用神, 則別位亦必有相, 若君之有相, 輔者是也。如官逢財生, 則官為用, 財為相；財

旺生官, 則財為用, 官為相；煞逢食制, 則煞為用, 食為相。然此乃一定之法, 非通變之妙。

3. 사주의 전체 격국은 어느 한 글자에 의해 성격이 되는데 이 한 글자를 바로 상신이라 이른다.

범전국지격 뢰차일자이성자 균위지상야
凡全局之格, 賴此一字而成者, 均謂之相也

→ 리뷰, LeeSoo's Review

'서락오'는 상신을 일컬어 곧 부억희신군의 희신과 동일시하였는데 누차 설명한 바대로 그것은 같은 의미가 아니다. 상신은 '체의 용'이고, 희신은 '용의 용'이므로 체신과 용신으로 구분을 달리 한다. 상(相)은 곧 재상(宰相)의 의미다.

→ 요점, Give a gist!

相神 : 凡全局之格, 賴此一字而成者, 均謂之相也

상신 : 팔자를 성격시키는 최종 글자

✈ 원시 직역, TEXT & Transliterate

1. 용신이 심하게 상하면 몸을 다치고, 상신이 심하게 상하면 용신을 상하게 된다.

상용신심어상신, 상상심어상용
傷用神甚於傷身, 傷相甚於傷用

2. 가령 甲木 일간이 酉 정관을 용신으로 삼는데 상관인 丁이 투하고 다시 壬이 투하면 丁壬合이 되니 상관이 합거 되어 정관이 보호되므로 정관격이 능히 성격된다. 이 경우 오로지 壬이 보필하는 데 의지하게 되니 壬이 상신이다. 戊土 일간이 子水 재격인데 칠살 甲과 겁재 己가 양투하면 겁재가 칠살을 합거하고 재성이 살아남게 되어 정재격이 성격된다. 己가 상신으로 이를 전적으로 신뢰하게 된다. 乙木 일간이 酉金 칠살을 만난 경우에 년간에 식신 丁이 투하고 월간에 癸가 투하면 식신이 파괴되어 파격이 되는데 이때 시간에 戊가 투하여 戊癸合을 이루면 癸가 丁을 극할 수 없게 되어 칠살격이 성격된다. 이때에는 격국의 성격이 오직 戊에 의존하므로 戊가 상신이 된다.

如甲用酉官, 透丁逢壬, 則合傷存官以成格者, 全賴壬之相；戊用子財, 透甲並己, 則合煞存財以成格者, 全賴己之相；乙用酉煞, 年丁月癸, 時上逢戊, 則合去癸印以使丁得制煞者, 全賴戊之相。

✈ 리뷰, LeeSoo's Review

격국을 성격시키는 기본 포맷에서 용(用)하는 글자를 상신이라고 할 수 있다. 그러나 상신은 이와 같이 격국의 유형 별로 고정된 것은 아니다. 격국의 성패와 구응에서 이미 거론한 바 있듯이 구응의 글자가 상신이 되기도 한다. 보통 격국을 해치는 글자를 합거하거나 제복하는 천간의 글자가 상신이 되는 경우가 많다. 그러나 화(化)하여 격국을 성격시키기도 하므로 팔자 전체 구조를 잘 살피는 게 중요하다. 천간의 작용이 아닌 지지의 글자가 상신으로 작용하는 바는 거의 회국(會局)이 될 때를 말한다. 다만 정관이 형충되어 파격이 될 때 이를 해소하는 합(合)의 글자도 '상신'이 되는 경우가 있다.

✈ 원시 직역, TEXT & Transliterate

癸水가 亥月생으로 천간에 정재 丙이 투하면 재성은 겁재의 극을 당해 작용하지 못한다. 이때 지지에 亥卯未 목국을 이루어 亥水가 木으로 변하면 겁재가 식상으로 변하여 결국은 재성 丙을 생하게 된다. 이 경우에는 전적으로 卯未의 상신에 힘입어 격국이 성격된 것이다. 庚金 일간이 申月생으로 癸가 투하면 설기하는 작용력은 있으나 申은 癸의 사궁(死宮)으로 金기운이 영통하지 못하게 된다. 이때 子辰 회국을 이루어 金이 水로 변하면 금수상함을 이루어 성격된다. 이때는 오로지 子와 辰의 상신에 힘입은 셈이다. 이 같은 유형은 모두 상신의 긴요함을 설명하는 것이다.

癸生亥月，透丙為財，財逢月劫，而卯未來會，則化水為木而轉劫以生財者，全賴於卯未之相。

庚生申月，透癸泄氣，不通月令而金氣不甚靈，子辰會局，則化金為水而成金水相涵者，全賴於

子辰之相。如此之類，皆相神之緊要也。

✈ 리뷰, LeeSoo's Review

이 대목에서는 위와 달리 상신 천간의 역할이 아닌 지지의 역할에 대해 논하고 있다. 원시에서는 癸가 申에 불통(不通)한다는 표현을 쓰고 있는데 이것은 엄밀히 통근하지 못한다는 뜻은 아니라 힘을 쓰기 어려움을 의미한다. 신왕명에 상관의 세력이 약하면 상경신왕(傷輕身旺)의 파격 요인이 된다. 申子 회국이 이루어지면 상관이 강해지므로 금수상함(金水相涵)의 격국이 성격된다. 따라서 상신은 격국을 성격시키는 글자로 정의하면 무리가 없다.

✈ 요점, Give a gist!

원시에서 사례로 든 두 가지 명식 유형은 ① 재경비중(財輕比重)과 ② 상경신왕(傷輕身旺)의 두 가지 파격(破格)이다. 이때 재성과 상관은 무력, 무정한 글자로 상신이 될 수 없다. 이 같은 명식은 재성을 왕성하게 하거나, 상관을 생하는 글자를 상신으로 삼아 격국을 성격시킬 수 있다.

★ 寅申巳亥 네 글자에서 투한 乙, 辛, 丁, 癸를 통근하지 않은 것으로 보는 격국론자들이 있는데 이것은 편의주의적인 발상에 기인한다. 이 문제는 경중(輕重)을 가려 무정, 무력함으로 인해 격국의 성패, 고저에 영향을 미치는 대상은 되지만, 무근(無根)한 글자로 보는 것은 옳지 않다.

✈ 원시 직역, TEXT & Transliterate

1. 상신이 파괴되지 않았다면 이미 귀격이 된 것이고 상신이 상했다면 이미 격국은 파격된 것이다.

상신무파 귀격이성 상신상상 입패기격
相神無破, 貴格已成; 相神相傷 立敗其格

2. 甲木 일간이 酉 정관을 쓰는데 천간에 상관 丁과 인수 癸가 있다면 인수가 상관을 파괴하여 정관을 보호하게 된다. 그런데 이때 戊가 투하여 인수가 합거되면 상신인 癸가 丁을 제합하지 못하니 상신이 파괴된 것이다. 丁火 일간이 酉月에 나서 편재격인데 천간에 癸水 칠살이 있으면 파격이 된다. 이때 천간에 己 식신이 있어 칠살을 제압하면 성격이 된다. 그런데 甲이 다시 투하여 甲己합이 되면 상신 己土가 파괴된 것이다. 이러한 바는 모두 유정(有情)이 변해 무용(無用)이 된 격국이다.

甲用酉官, 透丁逢癸印, 制傷以護官矣, 而又逢戊, 癸合戊而不制丁, 癸水之相傷矣 ; 丁用酉財, 透癸逢己, 食制煞以生財矣, 而又透甲, 己合甲

而不制癸，己土之相傷矣．是皆有情而化無情，有用而成無用之格也．

✈ 리뷰, LeeSoo's Review

이상의 내용은 유정, 유력한 글자에 의해 성격된 명이 파격으로 변하는 상황을 묘사하는 것이다. 따라서 상신의 건전성(유정, 유력)을 유지하게 되면 성격되고, 상신이 파괴되면 격국이 파괴되는 것이다.

리뷰 GAP 특강 -3 '용신(用神)과 희신(喜神), 상신(相神)에 대한 바른 이해'

오늘날 명리학의 지식 체계가 난삽하게 된 주요 원인은 여러 가지가 있지만 그 첫째로 용신(用神)에 대한 정의와 인식의 부재에 기인한다고 볼 수 있다.

■ 체신(體神)과 용신(用神) 분별

체신(體神:八字와 大運)		용신(用神:歲運)	
體의 體	體의 用	用의 體	用의 用
격국 (格局:用神)	희신 (喜神:相神)	용신 (扶抑用神	희신 (부억용신生助)

위 그림을 살피면 '용신'의 의미가 ① 체신에서 격국을 의미하기도 하고, ② 체신에서 '체의 용(用)'이 되는 희신(상신)을 뜻하기도 하며, ③ 오른편 용신의 영역에 속하는 부억용신이나 '용의 용'이 되는 희신을 일컫는 말이 되기도 한다. 모두가 용신을 입에 담지만 각자가 생각하고 지칭하는 용신의 글자가 다르다. 이것이 보통 문젠가.

다행히 '서락오'는 격국용신과 부억용신은 대강의 체용(體用)을 구분하였지만, '체의 용'이 되는 상신(희신)과 부억희신군은 구별해 두지 못했다. 팔자(八字)에 따라 상신의 글자와 부억용신, 혹은 희신이 동일한 경우가 있는데 이러한 명례(命例)에 대한 '서락오'의 해석은 명쾌하기 이를 데 없지만,

그렇지 않은 경우에는 '서락오'의 평주는 다소 번잡해진다.

가령 亥月생 丁일간으로 壬水가 투(透)한 정관(正官)격을 甲木 인수(印綬)로 순용(順用)하게 되면 정관패인(正官佩印)으로 성격(成格)된다. 이렇게 격국을 성격시킨 甲의 글자는 상신(相神)인 동시에 '서락오'가 칭하는 '부억용신'의 글자로 일치한다. 반면 寅月생의 丁일간으로 순용(順用)의 격국인 인격(印格)이라면 庚金 재(財)의 글자를 보아 인수용재(印綬用財)로 성격(成格)되기 쉽다. 그런데 이때 칠살 癸水가 투하면 명식이 다시 파격(破格)이 되므로 격국을 상하게 한다. 이같은 명식은 대개 신왕(身旺)하므로 일반 부억론자는 보통 庚金과 癸水를 모두 희신군으로 삼아 명식의 배합이 적합해지는 중요한 글자로 삼겠지만, '자평진전'은 격국을 파괴하는 癸水의 출현을 극도로 꺼린다. 이와 같이 癸水 하나의 글자를 두고 희기(喜忌)의 시각차가 상이한 입장에 대하여 '서락오'는 매끄러운 설명을 하지 못했다.

따라서 후대에 '자평진전평주'의 충실한 학습자들은 일반적인 부억용신론자들과는 구분이 되는 이론 체계를 갖추었지만, '상신=희신'이라는 혼동의 범위를 벗어나지 못했다. 더욱이 정통 격국론자로 분류되는 유파들이 '서락오'의 논리를 직접적으로 비난하는 사태를 낳기도 했다. 최근에 격국론자들은 격국의 순용지신이나 역용지신이 되는 희신, 상신(相神)의 글자에 포커스를 맞추어 매년의 성패를 논단하는 관점을 취용하는 경우가 많은데 이것은 모두 잘못된 것이다. 체신의 글자인 상신을 용신의 영역인 세운의 희기를 가리는 근거로 삼는 것은 아직 체용의 분별이 확고하지 못하는 바에 연유한다. 부억용신을 중심으로 희신군에 속하는 희신의 글자와 체신, 격국의 용의 되는 상신의 글자를 동일시하는 혼동에서 비롯된 현상으로 볼 수 있다.

마찬가지로 부억용신의 글자로 격국의 성패와 대운의 희기를 판단하는 일반적인 부억론자들이 최근 주종을 이루는데 이는 '아부태산'식의 설익은 논법에 불과하다. 보통 체용(體用)의 오의(奧義)에 접근하지 못한 채 '적천수'를 단편적으로 학습하면 이와 같은 어설픈 술객이 되기 십상이다. 실제 현상에 대한 예측의 적중률이 십중팔구 빗나가기 일쑤다.

■ 희신(喜神), 상신(相神)과 부억용신(用神) 분별

상신	日		용신
庚	丁	甲	癸
子	卯	寅	酉

1. 격국용신은 월지 寅木으로 인수격(印綬格), '체신의 영역'에서 일컫는 용신은 곧 격국을 의미함

2. 인수용재(印綬用財)로 재성 庚金이 상신(相神), '체신의 영역'에서 일컫는 희(용)신은 상신을 의미함

3. 투출한 칠살 癸水는 파격의 요인이 되어 기신(忌神), '체신의 영역'에서 일컫는 기신은 격국을 파괴하는 글자임.

4. 신왕명으로 칠살 癸水 용신(用神), '용신의 영역'에서 일컫는 용신은 부억용신을 의미함

차명(此命)의 경우 일단 인수용재(印綬用財)로 성격(成格)되는 명이다. '상신'의 정의는 격국을 성격(成格)시키는 글자를 말하므로 庚金이 상신이다. 이렇게 성격된 명식에 다시 칠살이 투하여 파격(破格)으로 변한다. 재성으로 인성을 극해야 하는 사주에서는 같은 인수격이라도 칠살을 꺼리게 된다. 이것은 성격이 파격된 사례라 할 수 있다.

그렇다면 癸水를 합거(合去)하는 戊土 운(運)을 만나면 어떨까. 바로 이 같은 경우를 가리켜 운에 의해 재차 성격(成格)되었다고 말한다. 그런데 癸水는 부억용신이 아닌가. 용신을 합거하는 운을 보통 최기운(最忌運)이라 해서 당해의 패업(敗業)을 예측하기 마련인데 바로 이 대목이 혼란의 분기가 된다.

결론을 말하겠다. 자평진전의 원시가 말하는 희용신은 모두 체신의 영역, 즉 '명식 원국과 대운'에서 운용되는 글자로 한정되어 사용된다. 반면 부억

법의 이론 체계에 기반한 부억용신의 글자는 매년의 성패를 조망하는 용신의 영역, 즉 세운(歲運)의 영역에서 주체로 활용되는 것이다. 즉 대운(大運)에서 戊土 운은 격국을 성격시키는 최선의 운인 반면, 세운(歲運)에서 戊土 년은 관록이 붕괴되는 최악의 운이 된다. 바로 이 차이가 체용(體用)을 분별하는 명리(命理) 학습의 원칙이 된다.

★ 대운은 격국의 성패를 판단하는 틀로 운용하고, 세운은 대개 부억법의 코드에 의해 당해의 성패를 조망하는 것이다.

그러므로 세운에서도 戊土 운이 격국을 성격시켜 좋다고 판단하는 격국론자나 대운에서도 戊土 운이 좋지 않다고 판단하는 일반적인 용신론자는 모두 체용의 구분이 없는 잘못된 학습의 틀을 벗어나지 못한 셈이다. '서락오'가 '적천수보주'에서 당대에 가장 체계화된 체용의 분류를 기했으나 유감스럽게도 이 같은 차이를 명백하게 구분하지 못했다. '장요문'이 최근의 인사들을 두고 "용신을 희신이라고 생각하는 답답한 자들이 있다"고 질타한 대목은 다분히 '서락오'와 그 추종자들을 겨냥한 것으로 볼 수 있다. 그러나 그 역시 애매모호한 발언에 그쳤으므로 '포여명'과 같은 평이한 학인의 반론에 '좌등육룡'과 같은 제자 군의 명확한 해명이 따르지 못했다. 내가 대략 투파(透派)의 최근 저술 모두를 살핀 결과 해당 문파의 학문 경계나 실전 용법에서 아직 체용(體用)의 명백한 구분을 해 두지 못했다고 생각한다.

■ 용신(用神)과 희신(喜神) 구분

체(體)		용(用)	
용신	희신	용신	희신
격국	상신	부억용신	부억희신

마지막으로 정리하는 차원에서 '자평일득(子平一得)'의 '논부명(論富命)'에 '서락오'가 자신의 명식에 대해 언급해 둔 바와 각 유파의 견해를 간략

히 비교해보겠다.

丙 丙 壬 丙
申 申 辰 戌

申辰會局而透壬水爲用也, 用煞必須食制, 或用印化, 無如日元不旺, 忌食傷洩氣, 是制之不能也, 辰中乙木, 餘氣微弱, 是化之無力也, 力不能制德, 不能化. 若見財星, 卽破印洩食, 黨煞功身, 前行申運, 已見一班.

"申辰 회국에 壬水가 투했으니 壬을 용신으로 삼는다. 살격으로 마땅히 식신으로 제하던지, 혹은 인수로 화살해야 하지만 일원이 왕하지 않으므로 식상의 설기를 기피하고 억제가 불가능하다. 辰중에 乙木이 여기로서 미약한데 화살하기에는 무력하다. 칠살을 제어하는 덕도 없고, 화살도 불가능하다. 만약 재성을 보게 되면 인수를 파괴하고 식신을 설기하니 칠살의 무리가 더욱 공세를 취하게 되니 申운 전반에 이미 그러한 상황이 나타났다"

사주학의 대가(大家), '서락오'는 이같이 자신의 명에 대해 냉정하고 확고한 시각을 견지하고 있다. '자평일득'에서 언급한 내용은 '격국론자'의 입장을 그대로 대변하는 식이다.

근자에 내가 국내의 어느 학인이 '자평일득'을 강론한 교재를 우연히 입수하여 보게 되었는데, 그 첫대목부터 '申辰會局而透壬水爲用也'의 구절을 두고 무언가 잘못되었다는 해당 저자의 견해를 덧붙인 것을 발견하게 되었다. 대강의 취지가 '壬水가 투간해서 용신으로 정한다는 것'이 논리가 정연하지 못하다는 것이다. 무릇 용신이란 격(格)을 정하고 난 뒤에 후차적으로 정해야하는데 용신부터 정하니 순서가 맞지 않는다는 내용을 서술하고 있다. 대다수의 명리학가들이 이런 식의 내용으로 후학을 지도한다면 문제가 적지 않다. 壬水가 용신이자 격국으로 정해지는 바는 전술(前述)한 '체신의 용신'을 일컫는 것인데, '용신의 용신'을 가지고 왈가왈부하는 바는 재고의 대상조차 되지 못한다.

다음으로 "참 용신 - 아마도 진신(眞神)을 뜻하는 듯함 - 이 암장된 사주의 주인공으로 씁쓸함을 느꼈을 법하다"는 감정이입까지 덧붙여 '식상은 멀고 편재는 가까우니' 이로 인해 스스로의 작품보다는 평주를 내는 게 더 많았던 모양이라는 논평을 접하기도 했는데 그 같은 평이 더욱 씁쓸하게 느껴지는 것이다. 편재로 재편집을 하고, 편관으로 남의 편의를 위해 정리한 것 같다는 논리적 비약이나 '서락오'의 설명이 조리 정연하지 못하고 해설의 논리성이 다소 떨어지는 것 같다는 식의 미숙한 견해는 마치 소주잔으로 포도주잔을 덮어 평가하려는 객쩍은 시도에 지나지 않는다. 육신(六神)의 배열을 가지고 심리적인 단편을 묘사하는 내용은 아직 별도로 검증되지도 않았을 뿐더러 예측의 주가 되는 팔자술의 본류와는 거리가 있는 잡설에 불과하다. 사학계에는 선학의 학문적 업적에 제대로 된 비판을 가하는 학자의 예봉, 보다 발전적인 시각의 피력 등이 필요하다. 아무튼 화자는 辰중 乙木을 용신으로 판단하고, '서락오' 자신도 그렇게 생각하여 우울한 심정이 되었을 것이라고 전한다.

그러나 명백한 사실은 '자평일득'에서 '서락오'가 자신의 명식을 두고 용신을 뚜렷이 정해 둔 바가 없다는 점이다. 다만 식신의 제어도 불가하고, 인수의 화살도 여의치 않다는 관점을 밝힌 것에 불과하다. 즉 당살공신(黨煞功身)의 흉의만 정의했을 뿐, 하나의 용신을 정하지는 않고 있다. 간단하게 말해서 체신의 범주에서 살격을 성격시키려면 ① 살용식제殺用食制 ② 살격용인殺格用印 ③ 살격봉인殺格逢刃의 세 가지 용법이 있는데 어느 것 하나 용이하지 않다. 따라서 '서락오'는 팔자 원국에서 용신(후대의 학자들이 마음대로 규정한 부억용신과는 개념이 다른 체신의 용)을 정하지 못하고 대운의 의해 격국이 변하는 '행운성격변격(行運成格變格)'의 '자평진전' 시각에 충실하여 자신의 명을 관조해보았을 것이다.

한편 '조화원약평주'에서는 스스로의 명을 두고 평하기를 壬水는 투했지만 甲木이 없는 것(壬甲兩透, 科甲定宜)으로 격을 낮추었다. 지지에 辰戌토국(土局)이 있는데 申궁의 庚金이 土를 설하여 壬水를 생조하니 재(財)가 당살(黨殺)하여 극신(剋身)하므로 흉하다는 정의를 내리고 있다. 또한

辰月 丙火가 지지에 수국(水局)을 이루면 壬水를 취하지 않으며 이때는 반드시 戊土로 용신을 삼고, 부귀(富貴)을 기대할 수 있다고 했다. 그런데 이때 戊土로 壬水를 제하려면 반드시 신왕(身旺)해야 함을 강조하였다. 따라서 그는 戊戌 대운 또한 쓸 수 없으며 이 대운 중에 수명이 멈출 것임을 추리했는데, 그 원인으로 戊土의 조열함을 거론한 대목은 다소 의외라 할 수 있다.

정리해보자. 먼저 이법(理法)적인 측면에서 '서락오'는 자신의 명식을 두고 '자평진전'의 관법에 충실한 접근으로 단번에 격국용신을 정했지만 취할 수가 없었고, 부억용신은 언급하지 않았다. 따라서 격국의 성패를 규정하는 상신(相神)에 대해서는 확실히 해 두지 않았다. 살격은 역용(逆用)의 격국으로 마땅히 식신 戊土를 상신으로 정해야 하지만, 그는 신약(身弱)명에 식신을 쓸 수 없다는 관점을 취한 것이다(無如日元不旺, 忌食傷洩氣). 따라서 그는 식상의 설기를 기피하므로 '戊土는 기신(忌神)'이라는 점을 분명히 하고 있다. 그러나 엄밀하게 따져 체신의 입장에서 기신은 격국과 상신을 파괴하는 글자를 말한다. 戊土는 용신의 영역에서 기신이 될 수는 있지만 체신의 입장에서는 상신으로 보는 게 마땅하다. 엄밀히 따지면 투한 천간이나 지지의 회국을 이루지 못한 이상 상신을 거론할 수도 없는 실정이다. '서락오'는 부억용신의 범주를 용(用)의 영역에 한정시키지 않고, 체(體)의 영역까지 포괄하는 입장을 취했기 때문에 戊土를 상신(체신의 희신)으로 삼지 못했다. 申金 재(財)는 불리하지만 불행 중 다행으로 투(透)하지는 않았다. 젊은 시절인 甲乙 운에도 壬甲의 부귀(富貴)를 크게 실감하거나 현달하지 못했고 지방의 한직에 머문 바는 辰중 乙木 인수가 무력함에 기인하는 것이 아니라 戊土 상신을 파괴하는 운이기 때문이다.

대개 辰중 乙木을 용신으로 보는 인사들이 많은데 이렇게 인수(印綬)를 용하여 학문에 정진하고 후세에 전파하였다거나, 또는 용신이 무력해서 당대에 꽃을 피우지 못했다는 식의 이현령비현령식의 견해는 합당치 않다. 객관적으로 '서락오'는 자타가 공인하는 명리학의 대가이자, 실제 업적 면에서 비교 대상을 불허한다. 중국의 사상 철학계에서 근대의 가장 저명한 명리학자로 공인된 대가를 두고 암장된 인수를 용신으로 삼는 것은 팔자의 고저(高低)를 가리는 명리학의 베이식(Basic) 부재를 뜻한다.

이러한 바는 아마도 '서락오'가 '자평진전평주'의 '잡기취용법' 편에서 스스로의 명을 두고 辰중 乙木을 화살(化殺)하는 용신으로 정했기 때문이다. 그런데 이때 乙木을 취한 논거를 비록 辰月이지만 청명(淸明) 절입 이후 1일이 지났으므로 乙木 사령(司令)이라는 '월령의 분일용사(分日用事)'에 둔 것이다. 이러한 논법은 '적천수보주'에 여실히 투영되어있는데, 그는 乙木을 용신으로 정하면서 壬水가 戌중 戊土와는 무정하고, 辰중 乙木과는 유정한 관계라고 본 것이다. 그러나 종래에는 갈피를 잡지 못했다. '서락오'의 저술을 연대별로 분석하고 그가 매 저술마다 자신의 명를 조망한 각론을 살피면 그것을 자연스럽게 알 수 있다. 따라서 결국에는 '자평일득'에서 언급한 당살(黨殺)의 흉의만 강조했을 뿐, 乙木에 무게를 두는 입장을 취하지 않았다.

★ 궁극적으로 '서락오'식으로 정해진 용신은 변함이 없다. 그러나 '자평진전'이 말하는 용신의 유정, 무정 관계는 운(運)에서 변화가 무쌍하다. '적천수'가 말하는 격국은 고정되지만, '자평진전'의 격국은 성격에서 변격으로 변동될 여지가 충분하다. 이 차이를 명백하게 구분하면 한층 성숙한 지명(知命)의 단계에 돌입한다.

결론적으로 '서락오' 이론의 아쉬운 한계는 체용(體用)의 분별과 이기(理氣)법의 혼용, 그리고 형충회합(刑沖會合)의 미완성을 들 수 있다. 만약 그가 단순히 戊 대운의 불리함을 논했다면 신약명의 식상 설기를 기피하는 기본적인 관법 틀을 유지했다고 판단할 수 있다. 그런데 수명을 논하면서 그는 戊土의 조열(燥熱)함이 문제라고 했다. 수국(水局)을 이룬 명식에 戊土의 조열함이 문제될 리 만무하다. 戊土에 뿌리를 내리는 戊土 운의 기세를 두고 왕신(旺神)을 극하는 위험을 논할 수는 없다. '자평진전평주'에서 설명하였듯이 명리의 변화는 간지의 회합형충을 벗어나지 못하므로 戊戌 운 중의 변화를 예감하였을 것이다. 결국 그는 자신이 견지하는 지식 체계의 틀에 모두 부합되는 '당살극신(當殺剋身)'으로 규정하고, 서방 금운(金運)의 흉의를 체감하였다.

'장요문'은 차명(此命)을 두고 '적천수', '논천간(論天干)'의 구절을 인용하여 수창현절(水猖顯節)의 명으로 논했다. 辰戌 충(沖: '투파(透派)'는 반합국을 채용하지 않으며 충을 우선시함)으로 인해 일간 丙火의 뿌리는 상실되므로 신경살왕(身輕殺旺)의 명식으로 일주를 생부(生扶)하는 甲乙과 壬水를 억제하는 戊를 희신으로 삼는다. '유백온'의 본류를 자부하는 '명징파'가 일반 여타의 관법에 비해 비교적 우세를 보이는 바는 '운의 희기' 이전에 '격국의 고저'를 판별해 내는 견고한 틀을 유지하는 점에 근거한다. '서락오'가 명리 대가로 부상한 바를 두고 하등 미약한 인수(印綬) 乙木으로 논단하는 이법(理法)에 국한된 이론의 한계를 노출시키지 않고, 기론(氣論)적 차원의 십간(十干) 체계로 수월하게 풀이해 낸다. 한마디로 丙火는 壬水의 극을 두려워하지 않으며 "수창(水滄)해도 절(節)을 현(顯)한다"는 '적천수'의 丙火 편을 그대로 적용한다. 명리학에 대한 식지 않은 절개와 '서락오'의 일관되고 치열한 학풍과 학문적 업적은 결국 壬水가 암시한 것이었다. 그러나 '명징파'의 '십간론(十干論)'은 대운과 세운의 구분을 두지 않으므로 이것은 엄밀히 체용(體用)의 구분이 없는 것임을 뜻한다. 본래 십간론(十干論)이나 십간용신은 체신의 영역에서 활용되는 게 정법이므로 '명징파(透派)'가 견지하는 십간론은 단편적이고 획일적인 한계를 극복하지는 못했다.

저자는 여기서 그치지 않고 '리뷰 GAP 특강 -4 '체용(體用) 써머리'를 통해 그의 이론 체계를 한 번 더 확정시키고 있다.

자평(子平)의 3대 텍스트를 정확하게 이해하고, 그 지식을 운용하기 위해서는 수차 강조했듯이 체용(體用)의 바른 분별이 요구된다. 선학들과 오늘날 많은 인사들이 고전을 답습하고 재해석하여 이론 체계를 세웠지만 이 점을 분명하게 구분하지 못했으므로 명리학의 학문적 원칙과 후학들의 학습 방향이 제대로 설정되지 않았다고 볼 수 있다. 흔들리지 않는 체용(體用)의 개념을 견지하려면 용신(用神)에 대한 정의를 분명히 하면 된다.

용(用)의 정의

1. 용신은 일간, 신(身)에 대응하는 팔자의 정체성을 뜻한다. 즉 팔자의 월령(月令)이 용신이다. 이러한 바는 '서락오'가 도해한 1차적 체용 구분과 일치한다.

體	用
日干	月支
體의 體	體의 用

2. 용신은 팔자, 격국에 대응하는 희신을 의미한다. 즉 격국을 성격시키는 상신(相神)이 용신이다. '서락오'는 격국 체신에 대응하는 용신으로 부억용신을 희신으로 간주하였다.

體	用
格局	相神
體의 體	體의 用

3. 용신은 명식, 체신에 대응하는 부억용신을 의미한다. '서락오'는 상신과 부억용신을 동일시하는 혼동을 범했다.

體	用
명식	부억용신
體의 體	用의 體

이상에서 용신은 격국(월지)과 상신을 의미하기도 하며, 부억용신을 뜻하

기도 하는 글자로 유연하게 쓰임을 알 수 있다. 이 둘 중 어느 하나라도 동일시해서 해석하는 혼동을 범하면 심각한 학습 혼란을 초래하기도 하는 것이다. 보통 '體의 體'인 격국과 '用의 體'인 부억용신은 분별이 용이하나, '體의 用'인 상신과 '用의 體'인 부억용신은 선학들도 용이하게 구분하지 못했다.

이 같은 내용을 체신과 용신의 영역으로 구분하면 다음과 같다.

<table>
<tr><td colspan="2">體神</td><td colspan="2">用神</td></tr>
<tr><td>體의 體</td><td>體의 用</td><td>用의 體</td><td>用의 用</td></tr>
<tr><td>격국</td><td>상신</td><td>부억용신</td><td>희신</td></tr>
</table>

이렇게 체신의 영역과 용신의 영역은 별개의 사안이므로 체의 용인 상신과 부억용신이 혼용되어서는 곤란하다. 다만 두 글자가 일치하는 수가 있다. '서락오'의 경우 부억용신의 글자 또한 팔자 내에서 구하므로 그것이 다르지 않다고 생각한 것이다. 그러나 부억용신으로 대표되는 최근 관법이 표방하는 용신 류는 엄밀히 따져 명식 내에 존재하지 않는 글자를 쓸 때도 있고, 보통 오행(五行)군으로 표방하지만 상신의 경우 글자로 정해지며 격국이 존재하는 한 명식 내에 존재하지 않을 수가 없다.

참고로 서락오가 '적천수보주'에서 체용을 도해한 바를 살피면 다음과 같다.

<table>
<tr><td>體의 體</td><td>體의 用</td><td>用의 體</td><td>用의 用</td></tr>
<tr><td>일간</td><td>격국</td><td>부억용신</td><td>희신</td></tr>
<tr><td colspan="2">體</td><td colspan="2">用</td></tr>
<tr><td colspan="2">격국</td><td colspan="2">운로</td></tr>
</table>

4. 체는 명(命), 용은 운(運)으로 구분된다. 무엇이 격국인가. 사주의 격국은 일차적으로 팔자로 이루어지지만, 이차적으로는 팔자에 대운이 배합되어 격국이 이루어진다(命之格局, 成於八字, 然配之以運, 亦有成格變格之權). 이렇게 보면 대운 역시 체(體)의 영역에 속한다. 즉 체신(體神)은 '팔자 명식과 대운'으로 구성된다. 그렇다면 운로는 매년과 시운으로 정해진다. 바로 세월(歲月)을 뜻한다.

體	用
八字와 大運	歲年과 月日時

반면 '서락오'는 대운을 용(用)의 영역으로 간주하였다. 바로 이점이 상신과 부억용신을 엄격하게 가리지 못한 단서로 삼을 수 있다. 기본적으로 격국을 성격시키는 상신의 글자는 명식의 강약보다 격국의 순역에 좌우된다. 그러나 부억용신은 명식의 신강약이 절대 기준이 된다. 아마도 '서락오'는 '자평진전'의 격국 별 취운(聚運)법에서 강약을 수시로 거론한 부분에서 '희신=상신=부억용신'의 개념을 확정지은 듯하다. 그러나 그 역시 '論行運成格變格, 행운의 성격과 변격을 논함' 편에서 "운을 원국과 배합하는 것은 원국에 운의 간지가 원래부터 있는 것처럼 생각하고 배합하면 된다"고 했다. 이러한 바는 대운의 정체성을 두고 체용을 분명히 가려두지 못했음을 반증하는 것으로 판단된다.

體	用
八字와 大運	부억용신

결론적으로 용(用)이 체(體)를 규정할 수는 없으므로 부억용신이 격국의 성패를 좌우할 수 있는 요소가 될 수는 없다. 그러나 대운은 격국의 성패를 좌우하는 것이다. 따라서 대운은 우선적으로 체신(體神)의 범주에 속한다.

그런데 대운은 용(用)의 범주에서 완전히 자유로운 것은 아니다. 그것은 명식에 대응하는 대운의 작용력과 관계가 있다. 격국의 성패를 좌우하는 용법의 견지에서 보면 대운은 체신에 속하지만, 명식의 강약에 따라 부억 용법으로 쓰일 때는 용신의 영역에 속하는 것이다. 그러나 우선은 전자에 그 의미를 두어야 마땅하다. 따라서 운을 추론하는 행운법(行運法)에서는 대운과 세운을 동일시해서는 안 되며, 필시 구분을 두어야 마땅하다. 대운과 달리 세운의 희기는 오직 부억용신을 기준으로 성패와 득실을 계량하게 된다.

體	用
팔자, 대운	세운
命, 運	歲, 月

'서락오' 뿐만 아니라 '심효첨' 또한 체용의 구분이 명확했던 것은 아니다. 이른바 잡격(雜格)을 다루면서 고래의 이론을 쉬 부정했다. 보통 고가(古歌)에 나타나는 운의 희기는 용(用)의 영역인 세월(歲月)의 희기를 말한 것이다. '심효첨'은 그것을 대운의 희기와 동일시했으므로 부당한 입장을 취했다. '자평진전'이나 '난강망' 같은 고서들은 모두 체신의 용법을 다루고 있다. 따라서 세월의 희기를 논하는 예전의 설을 채용하기 어려웠을 것이다. '적천수'에 비해 외격이나 잡격의 이론이 허술한 바는 모두 체용의 분별이 엄격하지 못한 것에 기인한다. 이러한 점에서 후대의 '서락오'가 확고한 학문적 원칙을 세우지 못한 점은 아쉬운 대목이다.

용신(用神) 사례

아래는 '논인수(論印綬)' 편에 거론된 장참정(張參政)의 팔자다.

戊 辛 戊 丙
子 酉 戌 寅

1. 용신은 戌土, 따라서 인수격이다. 이렇게 월지(격국)을 곧 용신으로 거론하는 것은 일반적이다.

2. 인수격은 순용의 격국으로 정관 丙火를 보아 성격된 귀명이다. 이러한 명식을 인수용관(印綬用官)이라고 한다. 이때 丙火는 상신이다. 상신 丙火를 두고 인수격에서 용관(用官)했다 하여 용(用)이라는 표현을 한다.

따라서 같은 용신의 글자를 두고 월지 戌土를 가리키기도 하며, 丙火 상신을 가리키기도 한다.

3. '서락오'는 장참정의 명을 두고 다음과 같이 설명했다. "이것은 용신이

정관에 있지도 않고, 인수에 있지도 않으며 식신 子水에 있다. 그러므로 동북방의 金水木 대운에 발달했다" 대운을 일단 체신의 영역으로 간주해서 격국의 성패를 판단하는 식이 아니라 세운과 같이 부억 체계에 의해 판독하는 '서락오'의 간명법(看命法)에 대한 필자의 견해는 생략한다. 아무튼 이상과 같이 같은 용신을 거론하지만, 모두가 다른 용신을 염두에 두는 다양한 의미에 대해 보다 유연하고, 확고한 입장이 서야 팔자술의 베이식을 다질 수 있다.

이상으로 저자는 '자평진전리뷰 I II'를 통해 체용體用을 구분하는 한결 진전된 뼈대를 세웠다. 이 과정은 곧 저술을 계획했던 '난강망마스터리'에서 예상되는 학습자들의 혼란을 미연에 방지하고자 한 의도에서 비롯되었을 것이다. 한편 자평진전은 '論用神配氣候得失, 용신과 기후 관계의 득실을 논함' 편에서 부억扶抑과 조후調喉 관계의 상관성을 간략하게 논하고 있다. 이를 요약한 '리뷰'의 내용은 팔자술 실전에서 매우 긴요한 것으로 여기에 옮겨 둔다.

· 論用神配氣候得失, 용신과 기후 관계의 득실을 논함

→ 원시 직역, TEXT & Transliterate

1. 명을 추리할 때는 월령의 용신을 위주로 논하되, 반드시 기후와의 관계를 살펴 논단해야 한다. 비유하자면 영웅호걸이 때를 만나면 절반의 노력으로 곱절이 능력을 발휘하겠지만, 때를 잘못 만나면 아무리 기이한 재능이 있어도 성공하기 힘든 것과 마찬가지다.

논 명 유 이 월 령 용 신 위 주 연 역 수 배 기 후 이 호 참 지
論命惟以月令用神爲主, 然亦須配氣候而互參之

2. 인수격에 정관이 있으면 관인쌍전으로 귀하지 않음이 없다. 그러나 겨울철에 난 甲乙木이 인수 水의 월령을 받고, 庚辛金의 정관이 투출했다고 해도 꼭 귀한 것만은 아니다. 무릇 金은 차가워 물을 더욱 얼어붙게 만드니 동수(凍水)가 어찌 나무를 생할 수 있겠는가. 이때는 식신이 투하면 귀하게 된

다. 대부분의 인수격이 그렇지만 동목(冬木)은 특히 수기(秀氣)가 빼어나니, 이는 동목이 불을 만나 설기할 뿐만 아니라 기후를 적합해지기 때문이다.

凍水不能生木, 逢火, 不惟可以泄身, 而卽可以調候也

3. 상관견관이면 위화백단이라 한다. 그러나 금수상관은 도리어 정관이 있어야 기세가 수려해진다. 이것은 조후가 시급하기 때문에 쓰는 것이다.

傷官見官, 爲禍百端, 而金水見之, 反爲秀氣, 非官之不畏夫傷,

而調候爲急, 權而用之也

4. 상관대살은 수시로 쓰는데 겨울철의 金은 그 수기가 백배에 이른다. 상관패인도 수시로 가용하는데 여름철의 木은 그 수기가 백배에 달하니 이것은 모두 수화기제를 이뤘기 때문이다.

傷官帶殺, 隨時可用, 而用之冬金, 其秀百倍,

傷官佩印, 隨時可用, 而用之夏木, 其秀百倍, 火濟水, 水濟火也

5. 상관용재의 격은 본래가 귀격이다. 그러나 겨울철의 얼어붙은 물이 상관에 해당되면 소부(小富)는 될지라고 귀하게 되기는 어렵다. 동수(凍水)는 나무를 제대로 생할 수 없는 까닭이다.

6. 상관용재격은 수기가 빼어나다. 그러나 여름철의 나무는 그리 귀하지 못하다. 말라붙은 흙이므로 크게 수려한 작용을 하지 못하는 까닭이다.

7. 봄의 木 일간이 火를 보면 목화통명(木火通明)이 된다. 그러나 여름철의 木을 그렇게 판단하면 안된다. 가을철의 金 일간이 水를 만나면 금수상함(金水相涵)이 된다. 그러나 겨울철의 金을 그렇게 보면 안된다. 기에는 쇠왕의 구별이 있으니, 용신을 취함에 있어서도 같지 않음이 있게 마련이다. 목화통명은 관성을 꺼리지만 금수상함은 관성이 있어도 해롭지 않다.

木火通明, 不利見官, 金水相涵, 見官無碍

8. 庚金 일간이 申月에 나고 지지에 子나 辰을 보아 있으면 수국(水局)

을 이룬다. 이때 천간에 丁火가 투했다면 재차 壬癸水가 투하지 않는 이상 귀격을 이룬다.

9. 식신이 편인이 아닌 정인을 만나도 역시 탈식(奪食)의 작용을 받게 된다. 그러나 여름철의 木이 불길이 치열할 와중에 손쉽게 水, 인성을 쓰면 귀격이 된다.

→ 리뷰, LeeSoo's Review

용신을 위주로 한 생극제화의 조율이 주리론(主理論)적 입장이라면 기후의 관계를 살피는 바는 주기론(主氣論)적 입장이라 할 수 있다. 무릇 팔자술은 이기불상리(理氣不相離)적 차원에서 이 둘을 따로 떼어 놓고 생각할 수가 없다. 사주학의 텍스트 중 전자의 입장에 충실한 서책이 바로 '자평진전'이고, 후자를 대변하는 서책은 '난강망'이라 할 수 있다. 요는 이 두 가지 견해를 어떻게 융합하느냐에 있다. 이에 대해서는 따로 '리뷰 GAP 특강-4, 이기(理氣)와 체용(體用)' 편에 정리해 두고 있으므로 이를 참고하기 바란다. 일단 원문의 주요 골자는 용신과 기후과 배치(排置)될 경우, 조후의 시급성을 들어 후자를 우선적으로 적용하는 사례에 대해 언급한 부분이다. 이것은 매우 중요한 점을 시사하는데 팔자술의 정법은 일단 용신을 위주로 하고, 후차적으로 동일한 '체신의 영역'에서 조후를 살피게 된다. 그러나 조후를 앞에 세워야 하는 경우에 대해서는 '난강망'을 통해 보다 심화적인 학습이 따라야 한다. 이러한 문제는 근본적으로 선후의 상황이 아니므로 이를 적절히 조율하는 지식 체계는 '적천수'가 다루는데 체계적인 '십간론'의 학습을 통해 정리해 둘 필요가 있다.

원문에서 언급하는 사례는 간단하게 압축해서 "① '겨울철의 나무'는 火가 시급하다 ② '여름철의 나무'는 水가 필요하다 ③ '겨울철의 쇠'는 火를 기뻐한다"는 점을 각 격국의 유형 별로 설명하고 있을 뿐이다. 이러한 사항들은 팔자술의 입문 단계에서부터 반복되어 학습된 내용이므로 실상 특별히 언급할만한 내용이 못된다. 다만 후학들은 곧잘 베이식을 간과하므로 쉬운 내용일수록 몇 차례 다져 실수하는 일이 없도록 주의를 기울여야 한다.

✈ 요점, Give a gist!

■ 자평진전 '조후위급(調喉爲急)' 요약

冬木	▪寒木向陽	ⓐ '인수봉관'으로 성격된 명이 火 식상을 보아도 파격되지 않고 오히려 귀하게 된다
夏木	▪木火傷官喜見水	ⓐ 목화식상은 좀체 水의 탈식(奪食)을 논하는 법이 없다 ⓑ '상관패인'의 격국 중에서도 특히 '목화상관'이 인수 水氣를 보는 것을 최상의 격국으로 꼽는다 ⓒ '상관용재'로 성격된 명이라도 '목화상관'은 귀격이 되지 못한다(燥土不甚靈秀)
冬金	▪金水傷官喜見官	ⓐ 금수식상은 火를 보아도' 상관견관'으로 파격되지 않는다 ⓑ '상관대살'의 격국 가운데 특히 '금수상관'이 칠살 火氣를 보는 것을 최상의 격국으로 꼽는다 ⓒ '상관용재'로 성격된 명이라도 '금수상관'은 귀격이 되지 못한다(凍水不能生木)

목화통명(木火通明)이나 금수상함(金水相涵)의 영특함은 춘목(春木)과 추금(秋金)의 '록인격'일 경우에만 한정되는 수식이다. 따라서 하목(夏木)이나 추금(秋金)에는 해당사항이 없다. 춘목(春木)은 火를 보아 능히 '목화통명(木火通明)'이 되지만, 하목(夏木)은 '목분화열(木焚火熱)'이 된다. 추금(秋金)은 水를 보아 능히 '금수상함(金水相涵)'이 되지만, 동금(冬金)은 '금침수탕(金沈水蕩)'이 되어 해롭다. 이들은 '상관용재'로 성격되어도 쓸모가 없다. 무릇 '여름철의 나무'는 水를 보아 '상관패인'이 되어야만 그 유용함이 극에 달하고, '겨울철의 쇠'는 火를 보아 '상관대살'로 성격되어야만 격국이 더욱 높아진다.

八字術 파이널블로(Finalblow)

제목 그대로 '마지막 일격'이다. 그래서인지 이수명리를 상징하는 체용과 격국, 기후에 대한 제 관점이 망라되어 있다. 눈에 띄는 부분은 '팔자술필살기'가 업그레이드된 대목이다. 이 책은 발간 직전에 성균관대학교의 특강으로 강호 독자들의 요청에 부응했다. 아쉽게도 저자가 직접 강연한 게 아니라 제자 중의 한 사람이 강술하는 형태로 이뤄졌다. 과거 '팔자술필살기'의 충남대학교 특강을 기대했던 동호인들은 다소 실망감을 감출 수 없었지만 이날을 기해 이수라는 인물은 하나의 전설로 회자되기 시작했다. 2005년도에 완성된 초고에서 그는 5년간의 활동을 자평하며 사학계를 떠날 의중을 내비쳤다. 당시에 저자가 구체적으로 추구했던 것이 무엇인지는 잘 나타나 있지 않지만, 아무튼 그가 이 시점을 기해 새로운 세계로 나아가려 했음은 능히 짐작할 수 있다. 이 책은 한 마디로 팔자술의 다양한 영역을 선보였는데 Ⅰ.Intro, Ⅱ.Basic, Ⅲ. Progressive, Ⅳ.Advanced, Ⅴ.Deathblow, Ⅵ. Finalblow 순으로 전체 6개의 챕터로 구성되어 있다. 종래에는 생각이 미치거나 볼 수 없었던 특별한 범주였다. 이 책의 목차는 다음과 같다.

- Foreword
- Introductory remarks

Ⅰ Intro

- 명운(命運) 사유(思惟)
- 현상(現狀) 전이(轉移)

Ⅱ Basic

- 이기론(理氣論)
- 체용론(體用論)

Ⅲ Progressive

- 격국(格局)
- 십간(十干)
- 외격(外格)

Ⅳ Advanced

- 취산(聚散)
- 동정(動靜)
- 화현(化現)

Ⅴ Deathblow *Review

- 필살기(必殺技)
- 잡기(雜技)

Ⅵ Finalblow

- 형(刑) 스킬
- 충(沖) 스킬
- 회(會) 스킬
- 합(合) 스킬
- 오운(五運) 실기(實技)
- 육기(六氣) 실기(實技)
- 물상(物象) 실기(實技)
- 허자(虛字) 실기(實技)

'인트로' 편의 명운사유命運思惟와 현상전이現狀轉移에서는 저자가 평소에 견지한 명운命運과 개운開運 일반에 대한 사상을 수필의 형태로 기술했는데 많은 독자들의 공감을 샀다. 이 같은 류의 글은 과거 '애퓨'의 '이수서신'을 통해 심심치 않게 볼 수 있던 내용인데 이 책의 발간 시점에 들어

‘애퓨’의 환경이 바뀌고 사업을 청산할 시점에 이르렀다. 이로 인해 인터넷을 통해 공개되지 못한 단상斷想 몇 편을 책의 전반부에 옮겨둔 것 같다.

1. 四柱不如心相(사주불여심상)

명리학가(命理學家)가 명운(命運)을 정의하지 못한다면 말이 안 된다. 그러나 命과 運 이 두 글자를 간단하게 설명하기가 쉽지 않다. 빈부귀천과 길흉화복은 각 개체의 입장에 따라 의미를 달리하며 이를 비교하는 일정한 표준이 애매하기 때문이다. 보통 사람들은 병에 신음하고 있을 때는 건강이 幸이고 福임을 뼈저리게 깨닫지만, 무병하고 건강한 사람은 그것이 복인지 모른다. 신앙심(信仰心)이 충만한 이는 가족이나 재산이 없어도, 자신이 은총(恩寵)으로 인해 늘 배부른 부자라고 생각할 수 있다. 믿음으로 마음의 평안을 얻거나, 속진(俗塵)을 등지고 홀로 산중에 은거해도 자신의 삶에 만족한다면 별반 탈이 될 게 없다. 이렇게 보면 사람의 일은 다 마음먹기에 달린 것으로 볼 수 있다.

그러다보니 세간에는 팔자(八字)는 관상만 못하고, 관상은 심상(心相)만 못하다는 말이 있을 정도다. 그러나 팔자술(八字術)은 세인(世人)의 공통적인 견해나 상식(常識)에 준(準)해 세사(世事)의 가치를 규명하는 초기 수순을 밟게 되므로 빈부귀천에 대한 명확한 구분을 가능케 한다. 명리(命理)는 존재하는 어떠한 사유나 인식 체계를 부정하는 법이 없지만, 세속의 성패(成敗)와 가치의 고저(高低)는 일도양단(一刀兩斷) 해내는 것이다. 까닭에 ‘사주불여심상’이란 글자 그대로 세상에 존재하는 길흉화복에 대한 다른 시각과 입장 차이에 불과한 얘기다. 스스로 만족하고 부자라고 생각해도, 팔자술이 하격빈명(下格貧命)으로 규정하면 객관적으로 그는 세속의 부귀와는 인연이 없는 명인 것이다. 혹여 상(相)의 술법이 명(命)을 앞선다거나, 술수(術數)는 의미가 없고 오직 심상(心相) 만이 요체라는 발상은 소박하다는 느낌이 들 정도다. 세사(世事)의 이치를 간파(看破)하지 못한 채, 상위의 가치를 논하는 인사들의 용맹 무지는 곤란.

2. 富貴定於命, 窮通繫於運

부귀정어명 궁통계어운

명호불여운호(命好不如運好)란 말이 있다. 命보다 運이 더 중요하다는 뜻이다. 일각에서는 이를 두고 '명(命)은 자동차의 등급, 운(運)은 도로 상태'로 곧잘 비유하곤 한다. 일반 식자나 동호인도 아니고, 스승의 지위에 머문 자가 이런 견해를 밝힌다면 팔자의 '八'자도 모른다고 밖에 볼 수 없다. 비약해서 명운을 숙명과 운명의 개념으로 받아들여 명(命)은 선천운(先天運)의 영역이고, 운(運)은 후천운(後天運)으로 얼마든지 사람의 노력으로 개선이 가능한 가변적인 범주에 포함시키기도 하는데 이는 엄연히 틀린 소리다.

命高運低, 如松柏之値歲寒, 雖不得志於時, 但松柏終是松柏, 不能變爲蒲柳 명고운저, 여송백지치세한, 수불득지어시, 단송백종시송백, 불능변위포류

命底運佳, 如小草之値春風, 非不欣欣向榮, 但逢蒿終是逢蒿, 不能變位芝蘭 명저운가, 여소초지치춘풍, 비불흔흔향영, 단봉호종시봉호, 불능변위지란

고가(古歌)에 명격(命格)이 높으면 운(運)이 배반해도, 변함없는 송백(松柏)이라 했다. 命이 우선이고 運은 다음이다. 원대한 포부를 지닌 자는 사소한 공명이나 부귀에 만족하지 않으나, 범인에게는 그것이 가문의 영광이 되기도 한다. 부자에게는 하룻밤 화대에 지나지 않는 비용이 빈자(貧者)에게는 목숨과도 같은 큰 재산(財産)이기도 한 것이다. 또 세간에 '부자 되기' 열풍이 일어도 아예 재탐(財貪)의 성향을 지니지 않는 팔자를 타고 난 이들도 적지 않다. 부자가 되고 안 되고는 이미 부자가 되려는 의지를 타고 난 사람들에게만 해당되는 얘기다. 팔자에는 이미 현상으로 나타날 결과와 그에 대한 의지 유무까지 코드화되어 있는 것이다.

결론적으로 체용(體用)을 분별하지 못하므로 命과 運을 가리지 못한다. 명운(命運)은 공히 선천운(先天運)의 범주에 속하므로 體와 用으로 구분한다면 모두 체신(體神)에 속하는 것이다. 이렇게 다 같은 체신의 영역에서

체용(體用)으로 분화된 것이 命과 運이다. 따라서 명운에는 사람의 후천적인 노력이 개입할 여지가 거의 없다. 팔자술에서 보통 격국(格局)의 고저(高低)를 구분하는 근간은 命(八字)이 되고, 運(대운)에서 격국이 성격(成格)되거나 변격(變格)되는 작용이 나타난다. 얼핏 보기에 運이 빈부귀천과 성패를 가르는 요소가 되는 것으로 착각하기 쉽지만, 이 둘은 엄격히 격국이라는 體를 중심으로 모두 설명되는 범위다.

정리하자면, 命과 運은 모두 선천운에 속하고 다 같은 體의 범주에 귀속된다. 후천적인 노력이나 지혜가 개입될 범위는 用의 범주로 명리는 이것을 엄밀히 運으로 표현하지 않는다. 근본적으로 명리(命理) 그 자체가 모두 선천운의 영역으로, 하늘이 이미 명운을 정했다는 정명(定命)의 관념에 기반을 둔다. 다만 명리에도 用의 기능이 전면 부정되지는 않으므로 후술될 현상전이(現狀轉移)의 상황을 언급하기도 한다. 그러나 현상전이도 명운의 영역에서는 어림도 없고, 다만 세월(歲月)에서 환경(環境)과 연관을 지어 설명할 뿐이다.

命과 運은 이미 정해진다. 팔자와 대운은 바꿀 수 있는 게 아니다. 命에 이미 빈부귀천이 결정되고, 運에서 현상으로 나타나는 것이다. 命의 격이 낮으면 향유할 수 있는 부귀의 정도가 이미 정해진 것이고, 運이 조화될 때 예정된 만큼의 복록을 구가하게 된다. 우리가 흔히 한해의 운수(運數), 이른바 신수(身數)를 궁금히 여기기도 하는데 이는 명운의 運이 아니고 세(歲)로 구분된다. 따라서 세월(歲月)의 운로(運路)를 命運의 運으로 혼동하면 體와 用을 근본적으로 분간하지 못하는 우(愚)를 범하게 된다. 이렇게 되면 命運의 진정한 의미에 다가서는 일이 요원하게 될 것이다.

3. 奪神工(탈신공), 改天命(개천명)

민간 격언에 사람의 운명을 좌우하는 다섯 가지 요소가 있다고 했다. '일명(一命), 이운(二運), 삼풍수(三風水), 사적음덕(四積陰德), 오독서(五讀書)'가 그것이다. 이는 이치에 맞는 말이다. 이 중 하위 단계인 독서와 적선은 출세와 풍요로운 삶을 기약하는 최선의 행동이라 할 수 있다. 상위 단계의 명운은 이미 선천운의 영역으로 인간의 의지나 향상심이 개입될 여지가 없음을 이미 밝힌 바 있다. 가운데 풍수는 한마디로 환경(環境)과 운명의 관계에서 비롯된다. 이것은 좋은 씨앗(命)이라 할지라도, 냉동실에 보관되면 싹조차 틔울 수 없음을 뜻하는 얘기다.

풍수는 비옥한 대지(明堂)을 찾는 사람의 의지와 행동을 강조하지만, 명리는 꽃을 피는 춘하(春夏)의 계절(運)을 기다리라고 한다. 풍수는 선천운과 후천운의 경계에서 하위 단계의 노력에 비해 더 막강한 위력을 발휘하므로 중국인들이나 서구인들이 열광하게 되었다. 그러나 명리는 환경의 변화와 이를 가능케 하는 의지와 행동 또한 시운(時運)에 달렸다고 보는 것이다. 인간의 의지와 행동으로 능히 운명을 바꿀 수 있다는 '탈신공, 개천명'의 풍수 사상의 옳고 그름은 일단 독자들의 몫으로 유보하겠다. 다만 명리를 모르는 풍수 마스터는 애당초 존재할 수 없는 법이다. 누구나 다 명리를 흉내 내고 안다고 말하지만, 팔자술의 진정한 마스터는 전 세계를 통틀어도 손을 꼽는 현실이다. 간혹 명리 자체를 부정하는 풍수가나 풍수의 우위를 설파하는 위인들을 보기도 하는데 이건 대단한 원맨쇼다.

장서(葬書)라고 불리는 금낭경(錦囊經)이 역설한 개천명(改天命)의 사상은 명리가 추구하는 순천명(順天命)의 틀에서 보면 대담한 거짓으로 볼 수 있다. 그러나 풍수를 전적으로 부정해서도 곤란하다. 천지 만물과 인간 사이의 관계를 어느 한 면에 치중해서 결론내리는 것은 음양(陰陽)의 양면을 원천적으로 수용해야 할 술사(術家)의 자세로 맞지 않기 때문이다. 이에 대해 구양수(歐陽修)는 다음과 같은 생각을 밝혔다. "춘추(春秋)에서 공자(孔子)는 재이(災異)에 관해 논했지만, 그것을 인사(人事)와 결부시키지는 않았다. 오직 천도(天道)속에서 상궤(常軌)를 벗어난 것이 발견될 때 군자(君子)는 하늘이 꾸짖는 것이 무엇인지 깨달아 경외감을 갖고, 오직 자신의 영혼 상태만을 주의하면 된다고 했다. 그러나 세상사는 어떤 것은 이치에 부합되지만, 어떤 것은 결부되지 않는다는 사실을 발견하게 된다. 이때 군자는 이를 우연한 일로 치부하겠지만, 이로써 그들에 대한 경외심을 상실하게 될 것이다."

명리나 풍수는 공히 어느 한편으로 치우칠 때 똑같은 위험을 갖게 된다. 이 세상천지가 무작위적이라는 불경스러운 사고에 이르면 선덕(先德)을 쌓기 위한 사람의 노력을 부정해 버릴 수도 있기 때문이다. 마찬가지로 프로메테우스적이고 혁명적인 실험주의에 길을 터주면 더욱 위태로운 결과를 가져올 수 있다. 따라서 풍수를 대하는 가장 이상적인 태도에 대해 생각해 볼 필요가 있다. 그것은 인위적으로 풍수를 교모하게 조작하거나, 경멸하지 않고 있는 그대로 경건하게 받아들이는 자세라 할 수 있다. 천도가 풍수를 통해 그 의지를 나타낸다고 생각하면 된다. 명당(明堂)은 발견하기도 어렵지만, 진정 숙련된 풍수가를 만나기는 거의 불가할 정도다. 풍수에 감응(感應)이 있고, 그것을 수용하더라도 군자는 풍수를 쫓지 않고 애써서 얻어질 수 있는 일이 아니라는 점을 알아야 한다. 하늘이 짜놓은 만상의 기밀을 억지로 조작하려 들어 될 일은 없다.

나는 종교인이 아니므로 종교를 통한 일체의 구원을 납득시키고, 인도하는 방도나 길에 대해서는 더 이상 언급하지 않겠다. 또한 교육자의 입장도 아니므로 현실의 어려운 처지를 개선하기 위해 끝없이 분투하고, 노력하라는 독려가 주체가 된 조언을 하고 싶은 마음이 없다. 다만 한 가지, 현실의 고난이 신심(信心)이나, 굳건한 의지나 노력만으로 거의 개선될 수 있다는 지나친 확신을 주는 언행만은 몹시 곤란하다는 점은 미리 짚어둔다. 왜냐하면 인간의 운명 틀은 시간적인 요소에 얽매이기 때문이다. 따라서 시운(時運)이 조화되지 않으면 일체의 노력과 신심이 허사가 되는 경우가 허다하다.

사람이 신앙을 통해 스스로 위로를 구하고, 심신의 안정을 얻는 것만으로도 구원의 의미는 충분하다. 더 이상을 구하려 든다면 그건 죄악이 될 수도 있다. 따라서 교회나 절을 열심히 다닌 덕택에 부자가 되었다거나, 신앙심이 결여되어 천재지변을 면치 못했다거나, 혹은 성심을 다해 공을 들여 자녀가 시험에 합격했다는 식의 선전이나 간증은 곤란하다. 더욱이 불치병의 치유까지 그 원인을 엉뚱한 곳으로 돌려 자신한다면 도리는 없겠지만 우스운 일임에는 틀림없다. 마찬가지로 공부만 열심히 하면 출세가 보장된다거나 하는 말은 더 이상 들리지 않는 사회가 건전하다. 분명 타인을 위한 적선이나 독서는 현상을 개선시키는 작용력이 있다. 그러나 이 같은 요소가 이미 하늘이 부여한 선천적인 명운(命運)의 틀을 변화시키는 법은 없다.

내가 바라는 것은 단지 모든 사람들이 기분 좋게 살기를 희망할 뿐이다. 결국 행복한 삶의 핵심은 "기분이 좋아야 한다"는 것이고 좋은 기분이 오래도록 유지되는 것이라 할 수 있다.

인간의 자의적인 노력은 스스로 어떤 마음을 먹느냐에 한정된다. 그 마음이 보다 긍정적인 행동을 수반하게 될 것이다. 마음이 편하면 자연 육체가 건강해지고, 기분이 좋아진다. 생기(生氣)로 충만 된 삶이야말로 사람의 노력과 의지로 가능한 영역이라 할 수 있다. 그러나 아무리 주변 환경이 안정되고, 풍요로울지라도 인위적으로 막을 수 없는 재앙이나 육친의 변고 등으로 인해 신음하는 일은 피할 수 없으므로 받아들일 도리밖에 없다. 이를 거역하면 기분 좋은 삶 자체는 불가해진다.

4. 謙遜(겸손)(The Humble Approach)

팔자명리(八字命理)의 세계를 궁구하다보면 어느새 세사(世事)의 이치를 꿰뚫어 여간한 일에는 마음이 흔들리지 않는 경지를 실감하게 된다. 비록 세간에서 가볍게 다루어지는 팔자술(八字術)이라 할지라도, 거기에는 만물의 인과(因果)과 변화 이치를 깨달아 안심입명(安心立命)하는 소도(小道)가 담겨 있음을 알게 된다. 실은 명(命)과 운(運)이 지배하는 선천운(先天運)의 영역은 인간의 사유로는 미치기 어려운 진리(眞理)를 담고 있으므로 개천명(改天命)의 한줌의 호기(浩氣)로 극복될만한 세계가 아니다.

참다운 명리(命理)는 하늘의 이치를 받아들여 자신을 탓하거나, 타인을 원망치 않고 마음의 평안을 구하는 마음 자세에서 비롯되는 것이다. 명리

(命理)는 색(色)이 곧 공(空)이라 해서 무위(無爲)를 추구하는 게 아니다. 공(空) 또한 색(色)이므로 천태만상(千態萬象) 모두를 있는 그대로 수용하고 덮어 감싸는 원천적인 도량을 지니게 만든다. 까닭에 술(術)에는 도(道)가 없다는 어설픈 무리들이 명리(命理)에 도달하기란 요원한 일이다. 진정한 명리학가(命理學家)라면 자신과 가족, 이웃, 나아가 사회와 국가에 이르는 주변 환경의 구성을 도외시하고 먼 허상만 쫓는 태도를 보이는 일이 없을 것이다.

어느 한 가지 방식만을 고수하거나 집착하는 것 또한 세상을 살아가는 바른 답이 될 수는 없는 법이지만, 세사(世事)에는 바른 법칙과 옳은 길이 있다. 도(道)로 나아가는 정법은 세사를 간파(看破)하는 명(命)에서 비롯된다. 거듭 격물치지(格物致知)하다 보면 별천지(別天地)에 이르러서도 종국에는 명(命)으로 수렴되는 근본 뜻을 헤아리게 된다. 나는 이상향을 추구하는 어떤 과정이나 행위도 부정하거나 그 의미를 삭감할 의지가 없지만, 세간의 풍속이나 성패 의미를 일탈한 구도(求道)의 길을 굳이 쫓을 필요는 없다는 점을 분명히 알고 있다.

한편으로는 세간의 술수(術數)가 자행하는 오류와 남용을 경계할 필요가 있다. 이른바 '비가 올지 미리 알아 우산을 준비하는 지혜'로 동양의 예측술을 포장한다면 그 또한 심각한 위험이 내포하게 된다. 단언컨대 흉함을 피하고, 길함을 쫓는 술수를 힘주어 주장하는 이들은 정작 그 자신들이 지혜롭지 못하다. 이런 부류들에게서 지혜를 구할 생각은 아예 접는 것이 낫지만, 그래도 마음 한편으로 위안을 구했음에 만족한다면 더 이상 간섭할 필요는 없다고 생각한다.

그러나 명리(命理)에 정통하다면 비를 막거나 피할 방도를 강구하는 일이 없다는 사실은 밝혀야겠다. 혹 내가 누군가에게 운(運)이 바닥을 치기 직전이라고 알려주었다 치자. 저조한 운을 피할 마땅한 방법은 존재하지 않는다. 생의 여정에서 비가 오면 일단은 맞는 게 자연스럽다는 얘기다. 실상 그 비를 피해 본들 어김없이 여타의 동급 상황이 초래된다. 이 같은 상황을 현상전이(現狀轉移)라 하는데 이를 응용해서 개운(開運)의 묘책 일종으로 제시하는 경우도 있다. 그러나 궁극에 이르면 일체의 조언이나 충고 또한 부질없음을 깨닫게 된다. 상보(相補)의 법칙은 더하고 덜함이 없기 때문이다.

따라서 명리를 통해 구할 수 있는 안심입명의 차원이란 비를 맞더라도 그 비가 언제 그칠 지를 알고 맞는지의 여부라 할 수 있다. 비가 그칠 때를 안다면 이리저리 비를 피해 다니며 경망되게 옷을 적시는 일은 없을 것이고, 때로는 즐길 수도 있을 것이다. 비록 어두운 터널 속에 갇힌 신세라 할지라고 터널의 끝이 어딘지 알게 된다면 덜 낙심하고, 역경을 헤쳐 나갈 수도 있을 것이다. 결국 '때'를 안다는 것은 희망의 등대와 같은 역할을 수반하기도 한다. 극소수의 경우를 제외하고 인생의 질곡을 끝도 없이 겪는 법은 없다. 수렁에서 언제 헤어 나올지를 정확하게 안다면, 그 전에 힘을 완전히 소진해 버리는 우(愚)를 범하지는 않게 된다. 이와 같이 "명(命)이 하늘에 달렸다"는 정명론(定命論)의 관념은 한 개인의 의지는 무참히 부정해 버리지만 그렇다 해서 인간을 무력하게만 만드는 역기능만 초래한 것은 아니다.

인류 역사를 통틀어 불세출의 위인들은 '골수운명론자'들이 적지 않았다. 이들은 여하한 장애에도 굴복하지 않고, 그것을 초월하는 비범한 성취의 주인공이 될 것이라는 믿음을 버리지 않았다. "불가능은 없다", "노병은 죽지 않는다"는 발상은 자신의 명운에 대한 확고한 자신감의 발로라 할 수 있다. 이러한 근기(根氣)는 이미 명(命)에 달린 것이고, 운(運)은 결과로 나타난다. "죽기를 각오하면 반드시 산다"는 믿음을 견지한 성웅(聖雄) 이순신 장군 휘하의 조선 수군이나, "총탄도 굽어 지나간다"고 생각했던 무슬림의 전사들은 모두 용맹함을 떨치고 무수한 승전의 위업을 세웠다.

그러나 팔자술(八字術)의 예측 기능은 이렇게 부활의 터닝 포인트만 짚어 내는 게 아니라 빈틈이 없는 마침표의 상황을 예단(豫斷)하기도 한다. 성패(成敗)와 생사(生死)의 갈림길이 한 개인의 의식과는 무관하게 작동했고, 어느 순간에 이르면 누구든 예외 없이 종지부를 맞이하게 되는 것이다. 엄연히 불가능은 존재하고, 영원히 잊혀지지 않을 것 같았던 노병도 망각되는 최후의 시점을 맞이하게 된다. 그러나 어찌 명리(命理) 앞에서 겸손하며 삼가는 태도를 보이지 않을 수 있으랴. 평안(平安)한 처세의 기본은 겸손에 달린 것이다. 가진 것은 겸허한 처세로 지키고, 잃게 되면 자신과 남을 탓하지 않는 자세만이 오직 중요하다. 성공하기 위해서는 영혼(靈魂)이 겸손해야 한다.

미국에 빌 게이츠만한 재원이 어디 한 둘 이겠는가. 수도 없이 널려있거니와 이에 필적하거나 혹은 능가할 무수한 인재들이 존재하겠지만 그 모두가 그와 같은 성취를 볼 수 있는 확률에 제로에 가깝다. 이것이 엄연한 명운의 이치다. 빌 게이츠의 발상이 아무리 훌륭했다 할지언정 10년 전의 세상이었다면 그 또한 타고난 재능을 꽃피우지 못한 불운아의 한 부류로 사라졌을 것이다. 시운(時運), 즉 '때'가 세사(世事)의 성패를 좌우하는 절대 요소임을 잊지 말라. 개인의 의지와 향상심의 발로(發露) 또한 '때'가 주관하며 시운이 거역하는 한 용두사미(龍頭蛇尾)에 그칠 것이다. 그러니 명리를 인식한 자의 가장 중요한 덕목은 겸손(謙遜)이라 할 수 있다. 겸손을 망각하면 때를 감지하는 혜안을 하늘이 앗아간다.

5. 知彼知己百戰不殆(지피지기백전불태)

고대부터 인간은 자연현상으로 일어나는 재앙이나 괴변을 두려워하였다. 아직도 홍수와 가뭄, 화재로 인한 재난을 일컫는 삼재(三災)라는 말이 우리 생활 속에 녹아들어 있을 정도다. 분명치 않은 미래에 대한 원초적인 불안을 인류는 경험을 통해 축적된 지혜와 지식, 과학(科學)의 발전으로 그것을 극복하여 왔다. 생존과 번영을 위한 노력의 소산으로 지금은 자연재해를 크게 염려하는 이들이 많지 않다. 그러나 여전히 지구촌 곳곳에는 자연의 대재앙이 멈추지 않고 있으며, 그것을 극복할 수 없는 영역으로 받아들이는 많은 사람들이 있다. 또한 과거에는 상상이나 경험할 수조차 없었던 가공할 온갖 위험에 노출되어 있다.

속속들이 깊이 연구하지 않더라도, 차분하게 사색해보면 자연계를 지배하고 있는 이법(理法)이 그런 것이다. 사물을 있는 그대로 원천적인 수용의 입장에서 살피면, 과거보다 현재가 행복하다는 법이 없고, 또한 현재가 과거만 못할 리가 없다. 하나를 개선하면 또 하나의 장애가 나타나기 마련이고 그것이 곧 삶에도 여지없이 투영되는 법이다. 역경을 극복하지 못하면 그것이 바로 한계상황으로 규정되지만, 고난을 이겨낸 이들은 더 거대한 벽을 볼 수 있게 된다. 따라서 시간적 변수만 배제한다면, 인간의 노력과 의지는 무엇이든 해낼 수 있고, 순차적으로 새로운 문제에 봉착하는 현상을 필연적으로 겪게 되므로 결국 인류의 역사는 도전의 반복으로 귀결된다.

그러니 삶은 곧 고행의 연속인 셈이다. 어떤 부류는 치열한 삶의 현장에서 부대끼는 일이 부질없다 하여 속(俗)을 등지기도 하고, 세상이나 인생에 한없이 실망하는 염세관(厭世觀)에 빠져 스스로 목숨을 끊기도 한다. 한편 선천적으로 낙천적인 체질의 소유자는 무료한 일상에도 행복에 겨워하며, 혹은 새로운 과제나 임무를 부여받거나, 도전하는 일 그 자체가 흥겨운 이들도 적지 않다. 이것은 무엇이 옳고, 그른지로 가릴 일은 아니다. 인간은 존재 그 자체로 의미가 부여되는 모두 소중한 존재다. 어떠한 삶의 형태도 섭리적인 측면에서 보면 각각의 유기적 기능을 하기 때문이다. 동시에 인간은 모두 보잘 것 없는 존재다.

인생은 누구나 괴롭다. 어려움은 자신만이 겪는 일이므로 자기 이외에는 그 아픔을 아는 이가 드문 법이다. 병으로 신음하는 것도, 궁핍한 생활도, 또는 구차한 처지를 극복하기 위해 모진 처세를 하는 일도, 겉은 멀쩡하지만 실제는 빚쟁이가 되어 겪는 고통에 이르기까지 애당초 누가 알아주기를 기대하지 않는 게 좋다. 세상이 자신을 알아주지 않는다며 비애를 통감하는 이들이 있는 반면, 널리 인정을 받고 높은 인기를 구가하면서도 정작 내면은 우울한 증세로 심각한 지경에 처한 이들 또한 그 숫자가 예상 밖에 이를 것이다. 부자라고 해서 절대 행복한 법이 없다.

한편 사랑하는 사람과의 이별만큼 슬픈 일이 있을까. 자식을 먼저 보낸 부모의 마음처럼 애석한 일이 또 어디에 있겠는가. 그러나 카드사의 빗발치는 연체 독촉이나 목숨을 담보한 채무인생의 고통도 앞의 상황에 못지않다고 보아야 한다. 재앙이 겹치거나, 어려운 일이 연거푸 일어나면 더욱 견디기 힘들 것이다. 타인의 고통을 자신만의 잣대로 경중을 가리거나, 판단해서 무책임한 조언이나 충고를 하는 일은 가급적 삼가는 게 옳다. 그것은 모두 당사자만이 겪는 아픔의 무게고, 비록 같은 경험을 한 적이 있다 해도 각자의 내면이 받아들이는 무게는 다르다는 점을 인지해 둘 필요가 있다.

사람은 누구나 본능적으로 자신의 운명을 알고 싶어 한다. 그러나 그 방법이 애매하고 난해하다. 선천 명운의 천기(天機)를 푸는 단서를 잡기가 쉽지 않을 터. 많은 이들이 이 계통의 대가(大家)들을 찾아 나서 보기도 하고, 틈틈이 운명에 대한 조언을 구해 보려는 노력을 하지만 시간과 열정을 투자할수록 오리무중이 되기 십상이다. 한 개인의 과거, 현재, 미래 상황을 정확하게 꿰뚫는 초일류의 술사(術士)를 만나기란 운명적인 인연이라 해도 과언이 아니다. 까닭에 운명을 의뢰하는 카운슬링에 더한 시간적, 물질적 낭비를 하지 않는 게 좋다.

운명의 코드를 한 치 오차 없이 정교하게 판독할 명리학가(命理學家)는 국내뿐만 아니라 동북아 삼국을 통틀어도 채 열 손가락을 꼽기 어려운 상황이고, 이는 학문적인 특수성에 연유한다. 이를 부정하는 술가(術家)가 있다면 이 '이수'의 이름을 대거나, 직접 대면을 요청해보라. 혹 상대가 나를 신랄하게 부정하거나, 무시한다면 두어 차례 정도 다른 곳을 찾아 탐문해보면 느끼는 바가 있을 것이다. 학문이 아닌 술법(術法)의 계통은 어설픈 지식체계가 차라리 무지함보다 더욱 위태로운 법이다.

본시 명운(命運)은 스스로 궁구(窮究)하는 것이다. 오직 당사자만이 자신의 상황과 고통의 무게를 알 수 있다. 모든 문제는 자신만의 힘으로 극복할 의지를 굳히는 게 마땅하다. 그러나 삶의 행로에는 한 개인의 힘으로는 도저히 예방할 수 없는 재앙이나 육친의 불행 등을 겪게 되기도 한다. 이때는 자신의 기분을 정화하는 인위적인 노력이 힘을 쓰지 못하는 경우가 대부분이다. 그래도 당장 죽는 법은 드물다. 또한 인간 사회는 자신만이 아닌 유기적인 관계를 통해 변화하므로, 성공의 요인에는 반드시 운의 요소가 작용한다. 이때는 어떤 형태로든 귀인(貴人)의 조력이 수반된다.

따라서 우리는 먼저 자신부터 알고, 변화의 코드를 읽어 내는 일종의 수리법칙(數理法則)을 분별하는 최소한의 지식을 갖출 필요가 있다. 이른바 '때'를 알아 진퇴(進退)의 시기를 분별하는 예측의 기본 테크닉을 팔자술(八字術)이 담고 있다. 우선은 제대로 된 기본적인 지식을 갖출 필요가 있다. 근간이 튼실하면 굳이 고도의 학습 과정을 거치지 않아도, 자신의 과거 경험 추이와 주기에 대해 줄거리를 세워 깊이 궁리할 수 있게 된다. 이러한 과정을 통해 누구나 향후 미래사 대강의 향방을 추측해 낼 수 있다.

공자는 논어 위정편(爲政篇)에서 일생을 회고하며 학문 수양의 과정을 두고 나이 40에 사물의 이치를 터득해 세상일에 흔들리지 않았다고 했다(不惑). 공자와 버금가기 어렵다는 생각은 접고, 먼저 스스로 어떻게 살아왔고 어떤 수준에 있는지 한번 살았던 날들을 돌이켜 치밀하게 살펴보라. 이후 용맹심을 일으켜 명리의 이치에 도달하려는 치열한 학습에 정진해도 나쁘지 않고, 지나치게 몰입하기보다 취미 수준에서 관련 양서(良書)들을 탐독하는 일도 좋다. 나를 알고 상대를 아는 최선의 방법이 육십갑자(六十甲子)의 수식체계에 녹아들어 있다. 동양의 선지자들이 남긴 위대한 유산과 후학들의 팔자명리 역작(力作)에 한층 더 다가설수록 소양(素養)이 더욱 밝아질 테고, 어느 순간에 이르면 '지피지기백전불태'의 경지에 오를 것이다.

6. 看破世事 (간파세사)

친애하는 명리학도들.

팔자술(八字術) 일차의 목표는 정교한 예측에 달렸다. 언제 비가 오고, 그치는지를 정확히 판별하는 실력을 갖추는 게 급선무다. 또한 폭우와 가랑비를 가리는 법수에 달하려면 보다 치열한 학습과 격치(格致)가 바탕 되어야 한다. 이것이 진정 도(道)로 향하는 첫걸음이자, 탄탄한 베이식이라 할 수 있다. 세사의 이치를 간파하는 이 명리(命理) 공부(工夫)야말로 분투하기를 마다할 수 없다. 편하게 할 요량이라면 아예 다른 배움의 길로 눈을 돌리는 게 좋겠다.

그러니 속진(俗塵)으로 마음이 시달려서 괴로울수록 제대로 된 명리 학습이 가하다. 마음의 안정을 구하고 조용한 산사라도 찾아 공부하게 된다면 학(學)은 가능하되, 술(術)의 빛나는 수준으로 승화되기엔 불가하다. 세상을 온몸으로 느끼고 부대끼며 나아가야 명리를 알게 된다. 가족의 핀잔을 피하지도 맞서지도 말며 그냥 묵묵히 정진하는 지금의 현상 또한 필연성이 개입되어 있음을 간과하지 말라. 온전하게 세사의 인과(因果)룰을 거의 깨칠 순간까지 전진.

7. 塞翁之馬(새옹지마)

명운(命運)은 선천운의 영역이자 체신(體神)의 범주에 속한다고 했다. 격국(格局)의 고저(高低)와 지위(地位)의 상하(上下)는 이미 命에 달렸고, 실현 여부와 정도는 運의 순역(順逆)이 주관한다. 인생의 돌발적인 사태는 명운(命運:體)이 아니라 세월(歲月:用)에 달린 것이다. 가다가 말(馬)를 얻었으니 이것이 화(禍)가 아니란 것을 누가 알겠으며, 말을 잃고 나니 이것이 어찌 복(福)이 아니라고 한 것을 알 수 있으랴. 즉 역운(逆運)이 계속 되는 가운데도 의외로 큰 수입(收入)을 얻을 때가 있고, 순조로운 와중에도 치명적인 실패와 좌절을 겪게 되는 것이다.

※ 이미 運과 歲의 차이를 언급한 바 있는데, 이 대목에 대한 바른 내용은 'Ⅱ.Basic' 편을 통해 충분히 이해할 수 있을 것이다. 격국의 성격과 변격을 가늠하는 대운을 보는 방식과 세월의 희기, 성패를 측정하는 방법은 본질적으로 그 내용을 달리 한다. 더하여 세월의 돌발적 상황과 득실(得失) 계량은 현존 사주학 이론의 체계를 뛰어넘는 첨단 기법의 운용으로만 풀 수 있다. 따라서 세월의 운로는 단순한 희신, 기신, 강약 등의 생극제화(生剋制化)법에 의해서만 풀리는 게 아니다. 성패와 득실, 복록의 정도와 실현 시기를 포착해 내는 것이 팔자술 자체의 진가라 할 수 있다.

일생에 아무 것도 이루지 못하고, 그러한 의지조차 무력한 이들도 적지 않은데 이것은 命運 자체가 성격되지 못했기 때문이다. 평범한 팔자는 여러 곳에서 흔히 발견되는데 이 같은 명식(八字)을 두고 비운(悲運)의 재벌(財閥)만 못하다고 볼 수도 없는 일이다. 또 비록 드러내고 자랑할만한 일은 없으나, 선대의 유덕(遺德)에 힘입어 평생의 호사를 누리는 이들이 있는데 이 또한 일단은 命運이 건전하기 때문이다. 그러나 일단 실재(失財) 등 실패가 연속되면 순식간에 쓰러지기도 하는데 이는 세월(歲月)의 운로가 배반했기 때문이지, 대운(大運)에서 돌발적 상황과 시점을 정해진 게 아니다. 세상은 이들 파산자(破産者)들이 어리석다 하겠지만, 이들이 그리 황당무계(荒唐無稽)하고 무식한 바보라고 말할 수는 없다.

처음 승부에서 조그마한 승리를 거두면 갑자기 자신감이 생겨 교만(驕慢)해지는데 일단 실패를 경험하면 깊이 상심하여 돌이킬 수 없는 화(禍)를 부르는 경우가 있다. 가령 카지노에서 처음부터 돈을 일게 되면 적은 실패가 큰 후회를 가져오므로 이런 바가 오히여 오히려 복(福)을 유지하는 바탕이 되기도 한다. 인생의 전반기 승리는 실지로 종래 실패의 씨앗이 되는 경우가 적지 않다. 부모가 자식을 과잉보호(過剩保護)하면 성장한 자녀의 처세가 나쁘지만, 엄격하게 훈육하면 장차 사회의 재목(材木)이 된다. 그러나 이 같은 이치 지성인에게만 통하지, 무지한 일반이라면 타일러도 모르는 일이 많을 것이다. 또 말이 통한다 해서 실천된다는 법이 없다. 運이 변하면 가치관(價值觀)도 달라지는 경우가 많으므로 운명을 논하기란 역시 어려운 문제라 할 수 있다. 그러므로 인생사 전반이 팔자에 달렸다는 말이 사그라지지 않고 전해져 온 것이다.

8. 相補(상보)

장자(壯子)가 말하기를 하늘이 생물을 만들 때 이빨이 있으면 뿔을 주지 않고, 날개가 있으면 다리를 두 개만 갖게 하였다고 했다. 명리에서 하늘의 뜻이 공평함을 역설하기 위해 내 놓은 근거가 상보(相補)의 법칙이다. 이는 현상전이(現狀轉移)를 설명하는 물상(物像)의 대체(代替)와도 비슷한 개념이라 할 수 있다. 가령 지위가 높으면 자식이 없고, 자식이 많으면 지위가 낮다는 식의 발상이다. 또는 배가 부르면 수명이 단축되고, 검약하면 수명이 길어진다는 견해와 같다. 여기에는 자기 분수에 맞게 사는 것이 옳다는 수분수의(守分隨義)의 교훈이 담겨 있다고 볼 수 있다.

청대 기효람(紀曉嵐)이 지은 열미초당필기(閱微草堂筆記)에는 무수한 실화들이 담겨 있는데 주로 동일한 사주를 타고 난 이들의 삶을 두고 비교한 예들이 많다. 동일한 시간에 태어난 주인집의 자손과 하인의 자손은 성장기에 같은 복록을 누리지 못해 하나는 일찍 죽고, 하나는 오래도록 목숨을 부지했다는 사례를 들어 상보의 법을 논한다. 또 같은 사주로 높은 지위를 누린 경우에는 말년이 처참하기도 하고, 비교적 낮은 복록을 구가한 이는 말년이 평안했다는 식의 이야기로 전해진다.

※ 따져보면 오늘날 한국의 재벌가도 비운(悲運)의 역사를 지니지 않은 경우가 드물다. 가령 현대가의 비극은 고 정주영 명예회장이 "형제들 중 가장 명석하다"며 애지중지하던 넷째 신영 씨가 동아일보 기자로 재직 중이던 지난 1962년 독일 함부르크에서 교통사고로 사망하면서부터다. 지난 1982년 4월에는 정 명예회장의 장남인 몽필 씨가 동서산업과 인천제철사장 재임 중이던 지난 1982년 4월 교통사고로 세상을 등졌다. 지난 1990년 4월에는 정신질환을 앓고 있던 넷째 아들 몽우(전 현대알루미늄 회장) 씨가 강남의 모 호텔에서 음독자살했고, 2003년 8월에는 정몽헌 현대그룹 회장이 계동 현대사옥에서 투신자살했다. 그러자 현대그룹의 풍수가 도마위에 올랐다. 최근에는 신격호 롯데회장의 동생인 신준호 롯데햄우유 부회장의 장남이 17일 태국 방콕의 한 콘도에서 추락해 숨진 것으로 확인됐다. 이 뿐만이 아니다. 화려한 재벌가의 이면에는 거의 예외 없이 보이지 않는 깊은 상처가 있다. 최근 귀국한 김우중 전 대우그룹 회장의 장남이 미국 보스턴대학 유학시절 교통사고로 갑작스레 세상을 떠났다. LG그룹 구본무 회장은 하나밖에 없는 외아들은 지난 90년대 중반 고등학생이었던 그는 불의의 사고로 유명을 달리했다. 그런가 하면 SK가문에선 고 최윤원 SK 케미

칼 회장이 비운의 황태자로 꼽힌다. SK그룹의 창업자이자의 장남인 그는 지난 2000년 미국 시애틀병원에서 지병으로 인해 50세의 나이로 생을 마감했다.

그러나 세사(世事)를 살피자면 이 같은 상보의 법칙이 아주 공평하게 진행되고 있는가에 대한 회의적인 시각을 갖게 된다. 세상에는 온갖 복록을 장구히 누리는 이들이 있는가 하면, 끊임없이 상처입고 시험에 드는 자가 존재한다. 실은 천도(天道)가 사람의 사유 세계로부터 너무 멀리 떨어져있으므로 어떤 경우에나 구체적인 교훈을 내려주는 법은 없다. 다만 명리는 하늘의 뜻이 공평하다는 점을 포기한 바 없을 뿐이다. 현생의 인과(因果)뿐 아니라, 전생(前生)에 이르는 영역으로 확장되면 논리적으로는 설명할 수 없는 한계를 지니게 된다. 명리는 가장 현실적이고 분명하게 간파세사(看破世事)하는 이치를 가르쳤지만, 결코 하늘의 뜻을 거역하는 법은 없었다. 까닭에 현존하는 명리로 우주 만물의 이치에 모두 도달할 수 있다는 발상은 옳지 않다. 그러나 깨우침을 향한 끝없는 노력과 발전이 따를 것 또한 분명한 사실이다. 오직 경계할 대상이라면 미욱한 실력으로 현상을 규명하고 정의하는 태도라 할 것이다.

9. 運命轉移(운명전이)

命運은 바꿀 수 없는 영역이라고 했다. 바뀐다면 마음이 변할 뿐이고, 이 또한 運의 작용에 힘입는다고 했다. 그러나 命運을 모두 八字에 담을 수는 없는 것이다. 따라서 동일한 팔자로는 극복이 되지 않는 상이한 현상들을 명리(命理)는 운명의 전이로 설명했다. 우리는 봄과 가을의 온도가 비슷하지만, 춘기(春氣)와 추기(秋氣)는 엄연히 다른 것을 체험을 통해 알고 있다. 만물이 소생하는 계절과 거둬들이는 계절의 차이는 생(生)과 사(死)의 전혀 반대되는 현상을 수반하는 것이다.

그런데 복숭아나 배의 꽃은 봄에 피지만, 만약 기후와 온도를 잘 조절하면 추동(秋冬)절에도 온실(溫室)에서 꽃을 피운다. 사람도 환경(環境)에 따라 모든 것이 달라진다는 것인데 그 환경을 주관하는 이는 조물주의 뜻이라는 게 명리의 입장이다. 이를테면 팔자 구조에 자식을 두기 어렵다면 무자(無子)의 명이 되어 도리가 없는 수가 있다. 그럼에도 어렵게 자식(子息)을 두는 수가 있다. 가령 관(官)을 생(生)하는 재(財)는 충만하기 이를 데 없고, 관(官)은 보이지 않는다면 많은 재산을 소모(消耗)하여 자식을 두기도 하는 것이다.

그러나 이 또한 엄밀히 따진다면 運에서 작용했기 때문이다. 만일 이러한 작용을 읽어낼 고도의 실력에 미치지 못하면 그냥 단순히 술가의 조언에 힘입어 의지적으로 재물을 소모한 결과로 자식을 두었다고도 생각할 수 있다. 運은 현상과 의지 두 가지 요소를 모두 주관한다고 했다. 자식을 두기를 열망하는 마음 자체도 관(官)이 출현하지 않는 한, 생성되지 않는다. 그런데 자식을 둘 마음이 없는데도 자녀를 두기도 한다. 속담(俗談)에 가난한 거지와 식사를 같이 할 처지가 되었다면 반드시 다음 달에 태기(胎氣)가 있다고 했다. 이것은 보이지 않는 글자(虛字)의 작용력이다. 따라서 환경의 변화는 자의(自意)와 무관하게 변하는 경우가 대부분이며, 혹여 자의의 소산이라 믿더라도 착각에 지나지 않을 때가 많다.

결론적으로 운명전이는 거의 모두가 타의(他意)에 의해 전개되는 것이다. 그렇다면 비록 투기(投機)나 낭비(浪費) 등으로 파산에 이르렀을 때, 자신을 반성할 필요조차 없는 것일까. 그리고 자신이 한 일을 돌이켜보고 깊이 생각하여 새롭게 의지를 다진다고 해서 잘 된다는 보장도 없지 않은가. 그렇다면 인간에게 외부에서 나타나는 불가항력의 타격이란 전혀 손 쓸 도리가 없단 말인가. 명리는 일단 '그렇다'고 대답한다. 그러나 불시의 환경 변화가 파멸(破滅)만을 뜻하는 게 아니다. 인간과 환경의 함수 관계야 말로 명리가 끝없이 도전할 대상이자 영역이 된다.

10. 知命(지명), 立命(입명)

세월의 운에는 기본적인 속성이 있다. 운이 하강하면 바닥을 치기 전에 상승하는 법이 없다는 것이다. 운명의 전이(轉移)란 기실 환경 자체가 완전히 역전(逆轉)될 때에만 나타나는 현상을 말한다. 가령 조그만 애로나 위기에 부닥쳐 이를 극복하고 회생하는 것을 두고 전이라는 표현을 하지 않는다. 예를 들어 호화주택에 거주하던 이가 거주할 공간 자체를 잃거나, 차비가 없어 걸어다닐 처지로 몰락한 경우에 이르러야만 운명의 전이 현상이 일어나게 된다.

간단히 설명하자면 현실을 수용할 수 있는, 형수(享受)의 파워가 생겨야만 환골탈태를 기대할 수 있다는 것이다. 추락하는 새에게 새로운 날개를 붙일 수는 없다. 일단 떨어져 찢기고 상처 입은 날개를 온전히 치유할 수 있느냐, 아니면 영원히 날 수 없느냐의 문제로 귀착될 뿐이다. 그러므로 파산이 되고 목숨을 끊을 정도로 큰 결단(決斷)의 힘이 있어야만 입명(立命)이 가한 것이다.

스스로 명을 세울 수 있는 경지에 도달하려면 먼저 지명(知命)이 선행되어야 한다. 비단 명리의 학습을 통해서가 아니라 누구나 타고난 명에 따라 참담한 현실을 수용할 수 있는 경지에 이르면 지명의 단계에 돌입한 것이고, 이후 하늘(乾)을 뒤집어 땅(坤)을 만드는 역량으로 운명을 역전시킬 수 있다. 운명을 바꾼다는 것은 이에 국한 되는 말이다. 인간사에 보통의 거동(擧動)으로는 인과관계(因果關係)가 잘 성립되지 않으므로, 환경을 바꾸고 나쁜 운을 면회(免回)하고 싶다면 잔재주나 사술(邪術)로는 그것을 얻을 수 없는 법이다. 따라서 운명을 역전시키기 위해서는 부자든 가난한 자든, 크고 적든 간에 자기 욕심의 이해관계(利害關係)를 모두 버리지 않으면 불가능한 이야기다.

종교(宗敎)는 적선(積善)의 음덕과 인과(因果)에 대한 적절하고 자세한 설명을 하고 있다. 가난한 이의 한 끼 식사는 생명에 관계된 큰 것으로 이를 양보할 수 있다면, 큰 복분(福分)을 받게 되고 구원(救援)에 이른다는 것이다. 반대로 부자는 천금(千金)을 시주(施主)해도 그 정성이 미미하니 실로 부자가 천국으로 가기란 낙타가 바늘구멍을 통과하는 것보다 어렵다는 얘기다. 내세 못지않게 당대를 중시하는 명리(命理) 또한 입명(立命)의 도(道)를 논하기는 마찬가지다. 그러나 명리는 종교보다 엄격한 입장을 취했다. 목숨을 끊을 결단을 수반하지 않는 한 천명을 바꿀 수는 없다고 했다. 이 또한 命 자체가 건전하거나, 運에서 성격(成格)되어야 가능한 것이라 못을 박았다. 그러니 어찌 어설픈 개운술(開運術)을 입에 담을 수 있겠는가.

'인트로' 다음의 '베이식' 편에서는 이기론理氣論과 체용론體用論을 다루고 있다. 이중 체용론은 '자평진전리뷰' 전체를 관통하는 하나의 테제였고, 이기론은 앞으로 출간될 '난강망마스터리'의 서술 관점을 아우르는 골자가 된다. 이 부분은 '난강망마스터리'에서 재차 다룰 내용이므로 여기서는 생략한다. 아무튼 이때 저자는 자평의 3대 고서를 읽는 순서로 자평진전子平眞詮, 난강망欄江網, 적천수滴天髓의 차례를 확정했다. 그리고 이상을 팔자 판독의 1, 2, 3선으로 확정하고 4선으로 '데쓰블로'의 위치를 정했다.

▪ 자평(子平) 3대 텍스트 이기 분할

理氣 分割	이기불상잡 理氣不相雜	중간 단계 理氣統合1次	이기불상리 理氣不相離
텍스트 (읽는 순서)	자평진전	난강망	적천수

'프로그레시브' 편에서는 자평진전의 격국론 전체를 100항으로 요약해 두고 있어 학습에 매우 용이한 자료로 역학 네티즌들이 예외 없이 수집해 두고 있는 자료다. 이것은 '팔자술파이널블로'가 과거 '팔자술필살기'와는 달리 기본부터 고급에 이르기까지 온전한 하나의 텍스트 형태를 갖추었다는 점에서 차별되는 점이기도 하다.

격국용신론 100항

1. 팔자의 용신은 오직 월령에서 구한다.

八字用神, 專求月令

※ 용신(用神)은 곧 월지(月支)고 격국(格局)이 된다.

2. 월지가 재관인식(財官印食:재성, 정관, 정인, 식신)이면 길한 용신이니 이를 순용(順用:상생)하고, 월지가 살상겁인(殺傷劫刃:칠살, 상관, 겁재, 양인)이면 좋지 않은 용신이니 이를 역용(逆用:극설)하여야 한다.

財官印食, 此用神之善而順用之者也; 煞傷劫印 用神之不善而逆用之者也

순용(順用)

3. 좋은 것을 순용한다는 것은 가령 재성이 식신의 상생을 기뻐하는 것, 정관이 재성을 보호하는 것, 재성이 투출하여 정관을 생해 주는 것, 인성을 생하여 정관을 보호하는 것, 인성이 관살의 상생을 기뻐하는 것, 겁재가 인성을 보호하는 것, 신왕하여 식신이 설기하는 것, 재성으로 식신이 보호되는 것을 의미한다.

是以善而順用之, 則財喜食神以相生, 生官以護財; 官喜透財以相生, 生印以護官; 印喜官煞以相生, 劫財以護印; 食喜身旺以相生, 生財以護食

역용(逆用)

4. 좋지 않은 것을 역용한다는 것은 칠살을 식신으로 제압하는 것으로 이

때 재성이나 인성이 있어 칠살을 생하거나 보호하는 구조를 기피한다. 상관을 인수로 제복하는 것, 상관이 재를 생하여 상관의 기가 재로 화하는 것, 양인을 관살이 제복하는 것으로 이때는 관살이 없으면 좋지 않다. 월겁을 정관이 투출하여 제복하는 것, 재성을 쓸 때 식신이 투출하여 겁재의 기운을 화하는 것 등을 의미한다.

불선이역용지 칙칠살희식신이제복 기재인이자부
不善而逆用之, 則七煞喜食神以制伏, 忌財印以資扶;

상관희패인이제복 생재이화상 양인희관살이제복 기관살지구무
傷官喜佩印以制伏, 生財以化傷; 陽刃喜官殺以制伏, 忌官煞之俱無;

월겁희투관이제복 이용재이투식이화겁
月劫喜透官以制伏, 利用財而透食以化劫

5. 오늘날 인사들이 제강(提綱)만이 주체가 되고, 연후에 사주 간지의 팔자를 모조리 월령에 귀속시켜 희기를 가려야 한다는 원칙을 모른다. 하물며 '정관패인(正官佩印)'과 '인수용관(印綬用官)'의 차이를 모르고 무턱대고 '관인쌍전(官印雙全)'이라 한다. 또 '재투식신(財透食神)'과 식신생재'(食神生財)'의 차이를 모르고 무턱대고 식신생재라고 한다. 또 '편인투식(偏印透食)'이면 설신(洩身)의 수(秀)가 되어 좋은 것인데, 이것을 '식신봉효(食神逢梟)'와 동일시하니, '효신탈식(梟神奪食)'으로 재성으로 편인을 극해야 한다고 주장한다. 식신이 칠살을 제압하는데 인성이 투출하면 '거식호살(去食護殺)'이 되어 식신이 극을 당하여 나쁜 것인데, 이를 '살인상생(殺印相生)'이라고 부르면서 '인수봉살(印綬逢殺)'과 동일하게 보는 오류를 범한다. 더욱 가소로운 것은 '살격봉인(殺格逢刃)'이면 양인이 일간을 도와 칠살에 대항하는 이로운 것인데도, '양인로살(陽刃露殺)'과 동일하게 취급한다. 이상의 오류는 모두 월령을 무시하고 망령되이 용신을 취한 까닭에 생긴 것이다.

※ 가령 '편인투식'은 편인격에 식신을 용하는 것으로 격국이 성격된 것이고, '식신봉효'는 식신격을 편인(효신)이 상하게 하는 것으로 격국이 파격된 것이니 월령이 주체가 되어 격국의 성패를 판단하는 것을 강조하는 내용

6. 월령에 용신이 없는 경우가 있다. 가령 甲乙 일간이 寅卯월에 생하여

일간과 월령이 동일한 오행이라면 일간과 같은 오행을 용신(격국)으로 삼지 않으므로, 사주에 재성, 관살, 식상 등이 천간에 투출하였거나, 지지에서 회국(會局)을 이루었다면 그것으로 용신으로 취한다. 아무튼 월령을 위주로 용신을 찾고, 월령에 용신이 없으면 비로소 다른 곳에서 용신을 찾아야 하는 것이다. 즉, 건록격과 월겁격은 용신이 아닌 것으로 용신을 삼는다.

日與月同, 本身不可爲用, 必看四柱有無財官煞食透干會支, 別取用神, 建祿月劫之格, 非用而卽用神也

성격(成格)

7.정관이 재와 인수를 보면서 형충파해가 없으면 정관격이 성격되었다고 한다.

官逢財印, 又無刑衝破害, 官格成也

8. 월령이 재성인데, 재왕생관이 되거나, 혹은 식신이 재를 생하면서 신강하고 비견이 있거나, 혹은 인수가 투출하여 그 위치가 적절하여 재와 인수가 서로 극하지 않으면 재격이 성격이 된다.

財生官旺, 或財逢食生而身强帶比, 或財格透印而位置妥貼, 兩不相剋, 財格成也

9. 월령이 인수일 때, 인수가 경(輕)한데 칠살이 있어서 약한 인수를 생조하거나, 혹은 관인쌍전(官印雙全)하거나, 혹은 신인양왕(身印兩旺)한데 식상을 써서 설기하거나, 혹은 인수가 많은데 재가 천간에 투출하고 재의 뿌리가 약한 것 등은 모두 인격이 성격이 된 것이다.

印輕逢煞, 或官印雙全, 或身印兩旺而用食傷泄氣, 或印多逢財而財透根輕, 印格成也

10. 월령이 식신인데, 식신생재가 되거나, 혹은 식신과 칠살이 있고 재가 없거나 식신을 버리고 칠살을 취해야 할 경우에 인수가 투출한 것 등은 모두 식신격이 성격이 된 것이다.

식신생재, 혹식대살이무재, 기식취살이투인, 식격성야
食神生財, 或食帶煞而無財, 棄食就煞而透印, 食格成也

11. 월령이 칠살인데 식신이 칠살을 제복하면 살격이 성격이 된 것이다.

신강칠살봉제, 살격성야
身强七煞逢制, 煞格成也

12. 월령이 상관인데 재가 있거나, 혹은 상관이 왕성한데 상관패인이 되면서 인수가 지지에 통근한 것, 혹은 상관이 왕하고 신약한데 칠살과 인수가 동시에 투출한 것, 혹은 상관격에 칠살만 있고 재가 없는 것은 상관격이 성격이 된 것이다.

상관생재, 혹상관패인이상관왕, 인유근, 혹상관왕신주약이투살인, 혹상관대살이무재, 상관격성야
傷官生財, 或傷官佩印而傷官旺, 印有根, 或傷官旺身主弱而透煞印, 或傷官帶煞而無財, 傷官格成也

13. 양인격(陽刃格)에 관살이 투출하고 재와 인수가 드러나 있으면서 상관이 없으면 양인격이 성격이 된 것이다.

양인투관살이노재인, 불견상관, 양인격성야
陽刃透官煞而露財印, 不見傷官, 陽刃格成也

14. 건록, 월겁격은 관성이 투출하고 재와 인수가 있는 것, 재가 투출하고 식상이 있는 것, 칠살이 투출하고 제복된 것 등은 모두 건록격(建祿格)과 월겁격(月劫格)이 성격이 된 것이다.

건록월겁, 투관이봉재인, 투재이봉식상, 투살이우제복, 건록월겁지격성야
建祿月劫, 透官而逢財印, 透財而逢食傷, 透煞而遇制伏, 建祿月劫之格成也

■ 격국의 성격 포맷

격국	유형	주안점
財格	·재왕생관財旺生官 ·재봉식상財逢食傷 ·재격투인財格透印	'재격투인'의 경우 인수가 투출하여 재와 인수가 서로 극하지 않도록 그 위치가 적절해야 재인쌍청財印雙淸으로 더욱 성격된다.
官格	·관봉재인官逢財印 ·정관용재正官用財 ·정관패인正官佩印	관격은 특히 형충刑沖되지 말아야 하며, 형충으로 인해 개고된 글자가 타간他干을 합거하여 화한 오행의 계절을 득하는 경우에는 재再성격됨을 유의해야 한다.
印格	·인봉관살印逢官殺 ·인용식상印用食傷 ·인다용재印多用財	특히 칠살을 기뻐하는 경우는 인수가 경輕할 때이고, 인수격은 식상이 동시에 투출한 것을 꺼리지 않으며 정편인이 교집交集한 경우에는 재를 쓰는 것이 가장 좋다.
食格	·식신생재食神生財 ·식신대살食神帶殺 ·기식취살棄食就殺	'식신대살'은 재가 없어야 하고, '기식취살'은 인수가 투透해야 성격된다.
殺格	·살용식제殺用食制 ·살격용인殺格用印 ·살격봉인殺格逢刃	'살격봉인'은 양인이 일지나 시지에 있어야 그것을 유용하게 쓸 수 있다.
傷官格	·상관생재傷官生財 ·상관패인傷官佩印 ·상관대살傷官帶殺	상관격에 인수를 쓰는 경우에는 인수의 뿌리가 깊어야 하고, '상관대살'은 재가 없어야 성격되며 재와 인수를 모두 기뻐하는 특징이 있다.
陽刃格	·양인로살陽刃露殺 ·양인용관陽刃用官	재와 인수의 보좌를 받으면 격국이 크게 되고 재와 인수가 서로 극하지 않도록 그 위치가 적절해야 좋으며 양인격은 특히 상관을 기피한다.
祿劫格	·록겁용관祿劫用官 ·록겁용살祿劫用殺 ·록겁용재祿劫用財	칠살을 쓸 때는 필시 제복制伏하는 성분이 있어야 하고, 재를 쓰는 경우에는 반드시 식상으로 통관通關해야 하며 관은 재와 인수가 상수相隨해야 좋다.

※ 격국의 성격 요인을 조율할 때 기본적으로 견지해야 할 사항들에 대해 재차 설명해보겠다. 일간 신(身)의 입장에서 스스로 지나치게 왕성해지거나, 위협적인 공세에 직면하는 것을 매우 꺼린다. 전자를 대표하는 격국

은 양인격으로 이럴 때는 우선 칠살로 제복함이 마땅하다. 후자의 경우는 칠살격을 들 수 있는데 이때는 식신으로 제복하거나 인수로 화살하는 용법을 구사한다. 보통 일간이 왕성하면 관살로 제복하거나 식상으로 설기하는 법을 떠올릴 수 있다. 이때 몇 가지 묘한 이치가 있는데 이러한 사항을 모두 염두에 두지 않으면 자칫 실수를 범할 우려가 있으므로 다음의 몇 가지 사항을 간추린다.

ⓐ 양인격은 칠살의 제복을 기뻐하지만, 록겁격은 칠살을 기피하므로 칠살을 용(用)할 때는 반드시 식신으로 제복해야 한다.

ⓑ 양인격은 관살이 모두 투출해도 무난하나 록겁격은 관살이 모두 투출하면 반드시 거류해서 사주를 맑게 해야 마땅하다.

ⓒ 양인격이나 록겁격은 식상의 설기로는 비록 수기(秀氣)라 해도 양에 차지 않는다. 특히 양인격은 상관을 매우 기피하여 그 흉조를 면키 어려우며 록겁격에 식상을 쓰는 경우도 봄의 木 일주와 가을의 金 일주만 귀하게 여긴다(木火通明, 金水相涵).

ⓓ 양인격에 재를 쓰는 격국은 좋지 않다. 다만 재의 뿌리가 깊고 식상을 쓴다면 록겁격보다는 못하지만 부귀는 누릴 수 있다. 식상이 없다면 양인이나 록겁은 재와 서로 싸우므로 격국을 이루지 못한다.

ⓔ 무릇 칠살의 공신(功身)은 매우 두려운 것이므로 재가 칠살을 생하는 구조는 특히 문제가 된다. 다만 양인격의 경우에 한해서만 칠살을 재로 보좌하는 것을 기뻐한다. 한편 식상격이 칠살과 대립하는 구조는 격국을 이룰 수 있다. 이때는 오히려 재가 있으면 격국이 파괴된다.

ⓕ 칠살은 두렵기 그지없지만 식신이 있거나 혹은 인수가 있는 한 문제가 없다. 그러나 양인격에 칠살이 태왕(太旺)하지 않은 한, 그것을 제복하는 식신은 격국을 해친다. 또한 인수격이라고 인수가 중(重)한 경우는 칠살을 보면 파격이 된다.

ⓖ 정관은 재와 인수의 보좌를 받는 것을 매우 기뻐한다. 재와 인이 상수(相隨)해야 좋고 보필이 없는 외로운 정관인 고관무보(孤官無輔)됨을 꺼린

다. 록겁격에 재, 관, 인 삼자가 투출하면 신강치삼기(身强値三奇)라 해서 매우 귀하게 여긴다. 이때 재와 인수가 서로 다투지 않도록 자리 잡아야 그 격국이 더욱 크게 된다. 상관격의 경우에도 재와 인 모두를 기뻐하는 공통점이 있다.

ⓗ 관살을 쓰면서 재와 인의 보필을 기뻐하는 경우에 양인격이나 록인격에서 인수로 인해 일원(日元)이 더욱 왕성해지는 불합리에 대해 생각해 볼 여지가 있다. 엄밀히 록겁격은 격국을 이루지 못하므로 노출된 관살을 격국으로 삼아 재와 인을 쓴다고 보면 이해하는데 별다른 무리가 없다.

ⓘ 육신이 혼잡되면 보통 이것을 제복하거나 거류하는 글자를 용(用)하는 것이 합당하다. 그러나 이 같은 경우가 아니라 해도 무방하거나 오히려 반길 때가 있다. 인수격이 식상을 같이 보거나 양인격이 관살을 모두 보는 경우가 대표적이다.

파격(破格)

15. 정관이 상관으로부터 극을 당하거나 형충을 당하면 정관격이 파격이 된다.

관봉상극형충, 관격패야
官逢傷剋刑沖, 官格敗也

16. 재가 경미하고 비겁이 많거나, 재가 투출하고 칠살이 있는 것은 모두 재격의 파격이다.

재경비중, 재투칠살, 재격패야
財輕比重, 財透七煞, 財格敗也

17. 인수가 경한데 재를 보거나, 신강하고 인수가 중한데 칠살이 투하면 인격이 파격이 된다.

인경봉재, 혹신강인중이투살, 인격패야
印輕逢財, 或身强印重而透煞, 印格敗也

18. 식신이 효신(편인)을 만나거나 또는 재와 칠살이 모두 있으면 식신격이 파격이 된다.

식신봉효, 혹생재노살, 식신격패야
食神逢梟, 或生財露煞, 食神格敗也

19. 칠살이 재를 보고 식신의 제복이 없으면 칠살격이 파격이 된다.

칠살봉재무제, 칠살격패야
七煞逢財無制, 七煞格敗也

20. 금수상관을 제외하고 정관이 있는 상관격과, 상관생재가 되면서 칠살이 있는 것과, 상관은 미약한데 신강하고 인수가 있는 것은 모두 상관격이 파격이 된 것이다.

상관비금수이견관, 혹생재이대살, 혹패인이상경신왕, 상관격패야
傷官非金水而見官, 或生財而帶煞, 或佩印而傷輕身旺, 傷官格敗也

21. 양인에 관살이 없으면 양인격이 파격이 된다.

양인무관살, 양인격패야
陽刃無官煞, 陽刃格敗也

22. 건록, 월겁인데 재관이 사주에 없거나, 칠살과 인수가 투출한 것은 건록월겁격이 파격이 된 것이다.

건록월겁, 무재관, 투살인, 건록월겁지격패야
建祿月劫, 無財官, 透殺印, 建祿月劫之格敗也

■ **격국의 파격 포맷**

格	破格
財格	재경비중, 재투칠살 財輕比重, 財透七煞
官格	관봉상극형충 官逢傷剋刑沖
印格	인경봉재, 신강인중이투살 印輕逢財, 身强印重而透煞
食格	식신봉효, 생재노살 食神逢梟, 生財露煞,
七殺格	칠살봉재무제 七煞逢財無制
傷官格	상관비금수이견관, 생재이대살, 패인이상경신왕 傷官非金水而見官, 生財而帶煞, 佩印而傷輕身旺
陽刃格	양인무관살 陽刃無官煞
祿劫格	무재관, 투살인 無財官, 透殺印

■ 기타 파격 일람

七殺全影格	八字에 殺傷劫梟의 四凶神이 있고, 一點의 制化가 없으면 貧夭命이 된다.
身旺無依格	日元이 지나치게 旺하고, 用神은 太弱한 命으로 貧賤下格이다. 强旺格과 혼동하기 쉬운데 月支의 財官格으로 比劫이 太多할 때 이에 해당된다.
正官太過格	正官이 많으면 마치 殺과 같으므로 印綬나 傷官으로 制伏되어야 하는데, 求神이 없으면 종래 貧賤해진다.
官輕無財格	正官格의 破格으로 下格이다.
官弱印重格	正官格의 破格으로 下格이다.
官逢傷剋刑沖	正官格의 破格으로 刑沖이 겹치면 더욱 불리하다. 처음에 富해도 후반에는 貧하게 된다.
食神遭梟格	食神이 明朗하면 長壽하나, 倒食이 오면 貧하거나 短命한다.
食傷太多無財	食神一位有氣하면 財官보다 낫다는 說이 있다. 그러나 지나치면 財로 食傷을 泄해야 한다. 財가 없으면 福祿이 가볍고 건강이 염려된다.
殺重身輕格	身强殺强의 身殺兩停과 달리 身과 用神의 세력이 均等치 않으면 勞多功小의 命이 된다.
殺多制無格	身强殺强의 身殺兩停과 달리 身과 用神의 세력이 均等치 않으면 勞多功小의 命이 된다.
殺輕制重格	殺과 制가 균형을 이루지 못해도 用神은 身을 돌보지 않으므로 발달하기 어려워진다.
官殺混雜格	官殺이 섞이면 格局이 不純해진다. 財가 惡殺을 도우면 貧賤下格이 된다.
印輕逢財格	印綬格의 破格으로 比劫의 幇身이 없거나, 傷官이 財를 도우면 종래 반드시 貧한다. 財印이 用神이 아닌한 財印이 交集되어도 크게 해롭지 않다.

財輕比重格	正財를 傷하는 것이 없으면 반드시 富者가 된다. 그러나 劫財의 忌神이 있고 求神이 없으면 貧命이 된다.
財星逢沖剋	財가 沖을 당하거나, 劫財의 忌神이 있으면 貧命이다.
財多身弱格	奮鬪心이 없고 衣食에 奔走하기만 하다.
從非眞格	日干이 一點이라도 강하면 權神에 따르지 않으므로 貧命 혹은 短命이 된다.
化格破格	水氣 一方의 權神을 破剋하는 요인이 있으면 貧命 혹은 短命이 된다.
一行得氣受剋格	水氣 一方의 權神을 破剋하는 요인이 있으면 貧命 혹은 短命이 된다.
旺神破剋格	水氣 一方의 權神을 破剋하는 요인이 있으면 貧命 혹은 短命이 된다.
羊刃重疊格	羊人은 武器와 같은 것으로 沖剋하면 災禍를 일으킨다.
建祿逢沖格	建祿은 福祿神으로 沖剋하면 福을 激減한다.
刑沖破剋	吉星을 刑沖하면 吉이 減하고, 凶格을 刑沖하면 凶을 더한다.
五行偏傾格	五行의 太多, 不及은 모두 좋지 않고, 成敗의 부침을 면치 못한다.
木生火烈格	五行偏枯格으로 中和 配合을 잃어 開運發達이 없는 命이다.
火生土燥格	五行偏枯格으로 中和 配合을 잃어 開運發達이 없는 命이다.
水多木浮格	五行偏枯格으로 中和 配合을 잃어 開運發達이 없는 命이다.
金助水寒格	五行偏枯格으로 中和 配合을 잃어 開運發達이 없는 命이다.
火旺金鎔格	五行偏枯格으로 中和 配合을 잃어 開運發達이 없는 命이다.

성중유패(成中有敗), 대기(帶忌)

23. 성중유패(成中有敗:성격이 파격으로 귀결됨)는 필시 꺼리는 성분이 곁에 있기 때문이고, 패중유성(敗中有成:파격이 성격으로 구제됨)은 구응

(救應)이 있기 때문이다. 꺼리는 것이란 무엇인가. 정관격이 재를 만나 정관격이 성격이 되었다고 해도 사주에 상관이 있거나 또는 투출한 정관이 합을 당한 경우다.

정관봉재이우봉상; 투관이우봉합
正官逢財而又逢傷; 透官而又逢合

24. 재격이 정관을 생하는데 상관이 있어 정관을 파괴하거나 정관이 합거되는 경우다.

재왕생관이우봉상봉합
財旺生官而又逢傷逢合

25. 인격에 식신이 투출하여 설기하는 용신으로 삼는데 다시 재가 노출되었거나 또는 칠살이 투출하여 인수를 생하고 있는데 다시 재가 투출하여 인수가 파괴되고 칠살만 남는 경우다.

인투식이설기 이우우재노; 투살이생인 이우투재 이거인존살
印透食而泄氣, 而又遇財露; 透煞以生印, 而又透財, 以去印存煞

26. 식신격에 칠살과 인수가 있는데 또다시 재가 있는 경우다.

식신대살인이우봉재
食神帶煞印而又逢財

27. 칠살격이 식신의 제복을 받고 있는데 다시 인수가 있는 경우다.

칠살봉식제이우봉인
七煞逢食制而又逢印

28. 상관격으로 재를 생하는데 재가 합거되거나, 인수가 용신인데 그 인수가 파괴된 경우다.

상관생재이재우봉합; 패인이인우조상
傷官生財而財又逢合; 佩印而印又遭傷

29. 양인격에 투출한 정관이 파괴되었거나, 칠살이 투출했으나 칠살이 합거된 경우다.

양인투관이우피상; 투살이우피합
陽刃透官而又被傷; 透煞而又被合

30. 건록, 월겁격에 투출한 정관이 상관을 보거나, 재가 투하고 다시 칠살이 투출한 경우다.

건록월겁투관이봉상; 투재이봉살
建祿月劫透官而逢傷; 透財而逢煞

■ **성중유패 포맷**

財格	재 왕 생 관 이 우 봉 상 봉 합 財旺生官而又逢傷逢合
官格	정 관 봉 재 이 우 봉 상 투 관 이 우 봉 합 正官逢財而又逢傷; 透官而又逢合
印格	인 투 식 이 설 기 이 우 우 재 노 투 살 이 생 인 이 우 투 재 印透食而泄氣, 而又遇財露; 透煞以生印, 而又透財, 이 거 인 존 살 以去印存煞
食格	식 신 대 살 인 이 우 봉 재 食神帶煞印而又逢財
七殺格	칠 살 봉 식 제 이 우 봉 인 七煞逢食制而又逢印
傷官格	상 관 생 재 이 재 우 봉 합 패 인 이 인 우 조 상 傷官生財而財又逢合; 佩印而印又遭傷
陽刃格	양 인 투 관 이 우 피 상 투 살 이 우 피 합 陽刃透官而又被傷; 透煞而又被合
祿劫格	건 록 월 겁 투 관 이 봉 상 투 재 이 봉 살 建祿月劫透官而逢傷; 透財而逢煞

패중유성(敗中有成), 구응(救應)

31. 정관이 상관을 만났는데 인수가 있어 상관을 제압하는 것, 관살이 섞였는데 합살하여 사주가 맑아지는 것, 형충이 있어도 회합으로 해소하는 경우다.

관 봉 상 이 투 인 이 해 지 잡 살 이 합 살 이 청 지 형 충 이 회 합 이 해 지
官逢傷而透印以解之, 雜煞而合煞而淸之, 刑衝而會合而解之

32. 재가 겁재를 만났는데 식신이 투출하여 겁재를 화(化)하거나 정관이 있어 겁재를 제압하는 것, 칠살을 만났을 때 식신이 제살하거나 칠살을 합거하여 재가 살아남는 경우다.

재 봉 겁 이 투 식 이 화 지 생 관 이 제 지 봉 살 이 식 신 제 살 이 생 재 혹 존 재 이 합 살
財逢劫而透食以化之, 生官而制之, 逢煞而食神制煞以生財, 或存財而合煞

33. 인수가 재에 의해서 파괴되었는데 겁재가 있어서 이를 해소하거나 재를 합거하여 인수가 남는 경우다.

인 봉 재 이 겁 재 이 해 지 혹 합 재 이 존 인
印逢財而劫財以解之, 或合財而存印

34. 식신이 편인을 만났는데 칠살이 있어서 기식취살로 성격되거나 식신이 편인을 만났는데 재가 편인을 파괴하여 식신을 보호하는 경우다.

食逢梟而就煞以成格，或生財以護食

35. 칠살을 식신이 제복할 경우 인수가 있으면 재로써 인수를 제거하여 식신을 남기는 경우다.

煞逢食制，印來護殺，而逢財以去印存食

36. 상관이 재를 생하는데 칠살이 투출하면 칠살을 합거하는 경우다.

傷官生財透煞而煞逢合

37. 양인이 관살을 용하는데 식상이 관살을 극하여 좋지 않을 때 인수가 식상을 극하여 관살을 보호하는 경우다.

陽刃用官煞帶傷食，而重印以護之

38. 건록, 월겁이 정관을 용신으로 삼는데 상관을 만나 파격이 되었으나 상관이 합거되는 경우, 재를 용신으로 삼는데 칠살이 보이면 칠살을 합거하는 경우다.

建祿月劫用官，遇傷而傷被合，用財帶煞而煞被合

■ 패중유성 포맷

財格	財逢而透食以化之，生官而制之，逢煞而食神制煞以生財，或存財而合煞
官格	官逢傷而透印以解之，雜煞而合煞而淸之，刑衝而會合而解之
印格	印逢財而劫財以解之，或合財而存印
食格	食逢梟而就煞以成格，或生財以護食
七殺格	煞逢食制，印來護殺，而逢財以去印存食
傷官格	傷官生財透煞而煞逢合
陽刃格	陽刃用官煞帶傷食，而重印以護之
祿劫格	建祿月劫用官，遇傷而傷被合，用財帶煞而煞被合

용신 변화

39. 丁火 일간이 亥月에 생했다면 본래는 정관격이다. 그런데 지지에 卯未가 있으면 木局이 되어 정관인 亥水가 木의 인성으로 변화한다. 己土 일간이 申月에 생하면 본래 상관격인데 申의 지장간 戊, 壬, 庚 가운데 본기인 庚金은 투출하지 않고 壬水가 투출했다면 상관격이 정재격으로 변화한다. 이 같은 류가 모두 '용신의 변화'라 할 수 있다.

정생해월 본위정관 지전묘미 칙화위인
丁生亥月, 本爲正官, 支全卯未, 則化爲印

기생신월 본속상관 장경투임 칙화위재
己生申月, 本屬傷官, 藏庚透壬, 則化爲財

40. 변화해도 본래의 격국을 잃지 않는 것이 있다. 가령 辛金이 寅月에 생하고 丙火의 정관이 투출하면서 동시에 甲木도 투출했다면 격국은 여전히 정재격이다. 다만 정재격인데 정관격을 겸한 것에 불과하다. 乙木이 申月에 생하고 천간에 인수 壬水가 투출하여 인수격으로 변했는데 또 다시 천간에 정재인 戊土가 투출하면 정재가 인수를 극하여 인수가 파괴되며, 인수가 비록 월지에 통근했다고 해도 정관격이 된다. 丙火가 寅月에 생하고 지지에서 寅午戌 화국을 이루면 편인이 겁재로 변하는데, 천간에 칠살 壬水가 투출하여 겁재를 제압하거나, 월지의 본기인 甲木이 투출하면 다시 편인격을 회복한다. 丙火가 申月에 생하고 천간에 칠살 壬水가 투출하면 편재격이 칠살격으로 변하는데 식신 戊土가 투출하면 식신은 능히 칠살을 제압하니 격국은 다시 편재격으로 되돌아가므로 부귀를 잃지 않는다. 이런 경우는 매우 많은데 이상은 모두 변화해도 본래의 격국을 상실하지 않는 것이다.

如辛生寅月, 透丙化官, 而又透甲, 格成正財, 正官乃其兼格也.

乙生申月, 透壬化印, 而又透戊, 則財能生官, 印逢財而退位, 雖通月令, 格成正官.

丙生寅月, 午戌會劫, 而又或透甲, 或透壬, 則仍為印而格不破。

丙生申月, 逢壬化煞, 而又透戊, 則食神能制煞生財, 仍為財格, 不失富貴.

如此之類甚多，是皆變而不失本格者也。

※ “본래의 격국을 잃지 않는다”의 의미는 ‘격국의 회귀성’ 개념으로 포괄하면 무난해진다. ‘서락오’의 표현대로 용신을 정하는 보편적인 원칙에 따라 격국을 정하면 무방하다.

ⓐ 월지의 정기가 투간하면 그것을 기준으로 격국을 정한다.

ⓑ 정기가 투간되지 않았으면, 월령에서 득기한 글자로 격국을 정한다.

ⓒ ‘b’의 경우 득기한 글자를 상극하는 글자가 투하면 다시 월지 격국으로 회귀한다.

ⓓ 지지가 회국을 이루면 격국이 변화하지만 이때도 월지의 정기가 투간하면 그것을 기준으로 격국을 정한다. 또한 천간에 회국을 극하는 글자가 투해도 원래의 격국을 회복한다.

41. 무엇을 순(純)이라 하는가. 상호간에 작용하여 두 가지가 서로 득이 됨을 말한다. 가령 辛金 일간이 寅月에 출생했는데 정재 甲木과 정관 丙火가 모두 천간에 투출하면 정재와 정관이 서로 상생하여 서로 득이 된다. 戊土 일간이 申月에 생했는데 식신 庚金과 편재 壬水가 둘 다 천간에 투출하면 편재와 식신이 서로 상생하여 상득(相得)이 되는 것이다. 癸水 일간이 未月에 생했는데 식신 乙木과 칠살 己土가 둘 다 천간에 투출하면 칠살과 식신이 상극(相剋)하는데 칠살을 식신이 제살하는 것이 마땅하므로 이것 역시 상득이 된다. 이런 모든 경우를 가리켜 용신이 순하다고 한다.

42. 무엇을 잡(雜)이라 하는가. 상호 작용하여 두 가지가 서로 불상모(不相謀:서로 도모하지 않음)가 되는 것이다. 예컨대 壬水 일간이 未月에 생하여 정관 己土와 상관 乙木이 둘 다 천간에 투출하면, 상관과 정관이 상극하여 두 가지가 불상모하여 나쁜 것이다. 甲木 일간이 辰月에 생하였는데 편재 戊土와 편인 壬水가 둘 다 천간에 투출하면 편인과 편재가 상극하여 역시 불상모가 된다. 이런 경우는 모두 용신이 잡한 것이다.

※ 순(純)이란 다 같이 월령에 뿌리를 둔 글자가 상득(相得)함이 있어 격

국이 성격되는 기본 포맷을 의미한다. 잡(雜)은 직접적인 파격의 유형을 말한다. 따라서 깔끔하게 격국이 성격되면 그것은 곧 용신이 순하다는 뜻이다. 구응(救應)으로 인해 격국이 성격되면 순(純)이라는 표현을 하지 않는다. 반면 대기(帶忌)로 인해 격국이 파격된다면 이때는 용신이 잡(雜)하다고 말한다.

43. 팔자에 용신이 있으면 필시 격국이 있고, 격국이 있으면 응당 고저가 있다. '재,관,인,식,살,상,겁,인' 어느 격이든 귀격이 될 수 있고, 어느 격이든 천격이 될 수 있다. 극귀에서 극천에 이르기까지 천차만별의 상태니 어찌 다 말로 전할 수 있겠는가. 다만 대강의 이치는 알 수 있으니, 크게 유정 그리고 유력무력의 차이로 분별하는 것이다.

팔자기유용신 필유격국 유격국필유고저
八字旣有用神, 必有格局, 有格局必有高低

기리지대강 역재유정 유력무력지간이이
其理之大綱, 亦在有情、有力無力之間而已

44. 가령 정관패인격(정관격에 인수가 있는 경우)은 재성이 투출한 것만 못하다. 그러나 사주에 상관이 있다면 패인이 더욱 좋다. 예로 酉月 甲木 일간의 경우, 辛金이 투출하고 또한 상관 丁火가 투출했다면 壬水가 정화를 합하여 관을 온전히 보존해야 귀격에 이른다. 이렇게 '합상존관'이 되는 경우를 일컬어 '유정'이라 한다.

45. 재격은 비겁을 꺼리는데 비겁이 칠살을 합하게 되면 이때는 오히려 겁재를 쓰는 것이다. 가령 甲木이 辰月에 생하여 戊土가 투간하여 재격으로 성격된 경우, 乙木이 庚金을 합하는 구조라면 두 글자의 기신이 모두 합하여 둘 다를 이용하므로 귀격을 성격하기에 이르는데 이 또한 '유정'함에 연유한다.

※ '유정'이란 명식의 용신(격국)을 파괴하는 성분을 합하거나 제복하여 무력하게 만드는 상황을 의미한다.

46. 신강한데 칠살이 투출하고 식신도 또한 왕할 경우, 가령 乙木이 酉

月에 생하여 辛金이 투출하고 丁火도 강한 세력을 지닌 상태에서 일간의 기세도 강하다면 삼자를 모두 구비했으니 지극히 귀한 단계에 오른다. 이는 '유력'하기 때문이다. 정관이 강하고 재성이 투출했는데, 일간도 지지에서 록인을 만난 경우, 이를테면 丙火 일간이 子月에 출생하고 정관인 癸水와 편재 庚金이 투출한 경우에 지지에 寅午가 있다면 삼자를 공히 갖춘 대귀함에 이르고 이 또한 '유력'함에 연유한다.

※ '유력'이란 삼자개비(三者皆備), 삼자개균(三者皆均)로 설명된다. 이것은 곧 일간 신(身)과 용신(격국), 상신(희신)의 삼자가 모두 균등하게 강한 세력을 지니는 상황을 의미한다. 보통 격국을 성격시키는 상신의 글자가 통근해서 힘을 갖추면 유력하다는 표현이 가하다. 한편 '록인격'에 천간에 유력한 재, 관, 인 삼자를 모두 갖추고 그것을 용하게 되면 이를 두고 삼기(三奇)를 구비했다고 표현한다.

47. 유정한데 유력을 겸한 사주도 있고, 유력한데 유정을 겸한 사주도 있다. 가령 甲木 일간이 酉月생으로 정관격일 경우, 천간에 상관 丁火와 편인 壬水가 있으면 壬丁 합으로 '정관'이 되니 '유정'이요, 게다가 임수의 뿌리가 깊다면 유정한데 유력을 겸한 것이다.

48. 乙木이 酉月생으로 칠살격인데 칠살 辛金이 투출하고 丁火 식신이 칠살을 제어하면 辛金의 록지인 酉金은 곧 丁火의 장생궁이 되므로 월지에 뿌리를 내린 것과 다름이 없다. 이를 두고 유력한데 유정을 겸한 것이라고 보고, 최고의 격국으로 본다.

※ '유정'이나 '유력'의 개념은 그다지 어렵지 않게 정리된다. '유정'의 격국을 성격시키는 글자가 존재한다는 뜻이고, 유력은 그것이 힘을 갖추었다는 말이다. 한번 짚고 넘어갈 대목은 유정으로 이미 십간이 합을 하면 격국을 성격시키는 데 방해되는 글자의 성분이 소멸되는 데, 굳이 뿌리를 내리는 게 무슨 의미가 있는가에 있다. 이것은 비록 천간의 속성은 소멸되었다 할지라도 지장간에 유정한 성분이 암장되어 있으면, 운에서 형충(刑沖)으로

개고(開庫)되거나 암합(暗合)과 같은 역할로 보이지 않는 '유정'의 역할을 수반할 때가 적지 않으므로 길하다는 것이다. 물론 '심효첨'은 그러한 작용력까지는 디테일하게 다듬어 놓지 못한 입장이다. 다만 그와 같은 구조가 좋다는 설명은 경험이나 사례를 통해 수용하고 있었을 가능성은 농후하다.

49. 甲木이 酉月에 생하여 정관격이 되었는데, 천간에 상관 丁火가 투출하고 다시 인수 癸水가 투출하여 상관을 극하는 것은 편인 임수가 정화를 합하는 것보다 못하니 이는 유정한 가운데 비정함으로 흐르는 것이다.

50. 乙木이 酉月에 생하여 칠살격인데 천간에 식신 丁火가 투출하여 칠살 辛金을 제어할 때, 칠살은 강하고 식신이 약한 경우와, 칠살은 약한데 식신이 강한 경우가 있고, 혹은 칠살과 식신 둘 다 강한데 일간은 뿌리를 깊이 내리지 못하여 약한 경우도 있다. 이럴 때는 유력한 듯해도 실은 무력하여 격이 떨어지게 된다.

※ '자평진전'의 원문은 '유정'의 의미를 각인시키고 있다. 가령 정관격을 파괴하는 상관의 글자가 있다면 합상존관(合傷存官)하여 격국을 깔끔하게 성격시킬 때만 진정한 유정을 논한다. 그러나 비정하다고 해서 유정함이 사라지는 것은 아니다. 어느 경우든 격국을 성격시키는 상신의 글자가 존재하는 한 유정은 유정인 것이다. 이와 달리 상관을 제복하는 인수의 글자가 있어 격국을 성격시킨다고 해도 상관의 흉력을 완전하게 해소되는 게 아니므로 이 같은 때는 유정한 가운데 비정함이 있다는 식으로 표현했다. '무력'은 '유력'에 해당하는 요건에 하나라도 결격되는 것으로 격국이 많이 떨어진다.

51. 인격에 칠살을 쓰는 사주는 본래 귀격이다. 그러나 신강하고 인성이 왕한데 칠살이 투출하면 고빈하다. 대개 일간이 왕성하면 인성의 조력을 애써 필요치 않고, 인수가 왕성하면 어찌 칠살의 도움을 달가워하겠는가? 이렇게 되면 한쪽으로 치우치고 치우쳐 '무정'하게 되는 것이다. 상관패인은 본래 총명하고 귀한 것이다. 그러나 일간이 매우 강하고 상관이 미약하면서 인성이 지나치게 많다면 귀하지도 총명하지도 않게 된다. 이렇게 되면 신강

한 것을 더욱 신강하게 만들고 상관을 더욱 미약하게 만들 게 된다. 어찌 중한 인성을 쓰겠는가? 이 또한 '무정'한 것이다.

※ '무정' 편에서 열거한 두 가지 사항은 몹시 중요하다. 얼핏 격국이 성격되는 유정함을 논하기 쉬운 구조이므로 잘 살펴 가려야 한다. 印格逢殺이나 傷官佩印은 성격이나 이때는 그 경중을 가려 판단해야 한다. 이미 '격국의 성패' 편에서 요약하였듯이 印重逢殺이나 傷輕身旺은 파격이 된다. 따라서 '무정'이란 얼핏 성격되는 구조지만 경중(輕重)에 따라 파격이 되는 상황을 뜻한다. 한편 財輕比重이나 印輕逢財의 경우에도 순용의 격국을 파괴하는 성분이 강하여 파격이 되는 것인데 이때에 용신(격국)이 튼실하고 파괴하는 성분이 적절한 힘을 가졌다면 오히려 성격되므로 유연한 사고를 요한다. 이와 같이 용신이나 상신의 어느 글자가 무력하여 격국이 파괴되는 상황은 '무력'으로 볼 수 있다.

■ **有情, 無情, 有力, 無力**

형태	정의	구조
유정	격국을 성격시키는 유형	성격의 기본적 포맷
무정	격국이 성격되는 구조지만 경중으로 파격되는 유형	印重逢殺, 傷輕身旺
유력	일간과 격국, 상신의 글자가 적절한 힘을 갖춘 유형	三者皆備, 三者皆均
무력	일간과 격국, 상신중 어느 글자가 무력한 유형	財輕比重, 印輕逢財, 制殺太過

성득패의(成得敗矣)

52. 팔자의 변화는 하나가 아니다. 성격과 파격으로 나눠지나 성격과 파격의 변화를 헤아리기 어렵다. 이와 같이 성격이 파격으로 변화고 파격이 성격으로 변하는 기묘함이 있다.

상관이 재성으로 변하면 성격이 된다. 가령 辛金 일간이 亥月에 나서 지지에 卯未가 있다면 재격이 성격된다. 그러나 천간에 다시 칠살 丁火가 투했다면 재성이 칠살을 생하여 재차 파격이 된다. 이것이 성격되었다가 다시 파격으로 변한 예다.

53. 癸水 일간이 申月에 나고 사주에 인성인 金이 중중(重重)하면 재성으로 인성을 극해야 하는데 이때 칠살이 있으면 파격으로 변한다. 재성으로 인성을 극해야 하는 사주에서는 인수격이라도 칠살을 꺼리게 된다. 이렇게 되면 성격이 파격으로 변한 것이다. 이러한 유형은 부지기수다. 이상은 모두 성격이 파격으로 변한 예를 든 것이다.

봉살칙살인기재
逢煞則煞印忌財

패득성의(敗得成矣)

54. 辛金 일주가 戊戌월에 나서 년간에 정관 丙火가 있고 시간에 壬水가 있다면 壬水 상관이 월간 戊에 의해 극을 당하므로 멀리 이격되어 있는 丙火를 극할 수 없게 된다. 오히려 상관 壬水는 일간의 왕성한 기운을 설기하는 좋은 작용을 하게 된다. 이렇게 되면 파격이 다시 성격으로 변한 예가된다.

55. 양인격인데 칠살과 식신이 모두 있으면 본래는 파격이 된다. 그러나 庚金 일주가 丁酉月에 나서 년간에 丙火가 있고 시간에 壬水가 있으면 식신이 정관과 합하여 칠살만 남으니 합관류살(合官留殺)되어 살인격이 맑아졌다. 이러한 경우는 매우 많고 이상은 모두 파격이 성격으로 변하는 예를 든 것이다.

※ 천간의 글자가 합(合)으로 격국의 성패를 좌우하는 경우에는 해당 위치의 구애를 받지 않고, 특별히 유역할 필요가 없는 특징이 있다. 반면 극(剋)으로 성패를 좌우하는 경우에는 자리와 경중을 잘 살필 필요가 있다. '1'항과 같이 생생불식(生生不熄)으로 유통되는 구조의 명식은 합(合)의 해당사항이 없을 경우 자체의 글자 배열로 파격을 면하는 경우가 더러 있다.

용신과 기후 관계

56. 명을 추리할 때는 월령의 용신을 위주로 논하되, 반드시 기후와의 관계를 살펴 논단해야 한다. 비유하자면 영웅호걸이 때를 만나면 절반의 노력으로 곱절이 능력을 발휘하겠지만, 때를 잘못 만나면 아무리 기이한 재능이 있어도 성공하기 힘든 것과 마찬가지다.

논명유이월령용신위주 연역수배기후이호참지
論命惟以月令用神爲主, 然亦須配氣候而互參之

57. 인수격에 정관이 있으면 관인쌍전으로 귀하지 않음이 없다. 그러나 겨울철에 난 甲乙木이 인수 水의 월령을 받고, 庚辛金의 정관이 투출했다고 해도 꼭 귀한 것만은 아니다. 무릇 金은 차가워 물을 더욱 얼어붙게 만드니 동수(凍水)가 어찌 나무를 생할 수 있겠는가. 이때는 식신이 투하면 귀하게 된다. 대부분의 인수격이 그렇지만 동목(冬木)은 특히 수기(秀氣)가 빼어나니, 이는 동목이 불을 만나 설기할 뿐만 아니라 기후를 적합해지기 때문이다.

동수불능생목 봉화 부유가이설신 이즉가이조후야
凍水不能生木, 逢火, 不惟可以泄身, 而卽可以調候也

58. 상관견관이면 위화백단이라 한다. 그러나 금수상관은 도리어 정관이 있어야 기세가 수려해진다. 이것은 조후가 시급하기 때문에 쓰는 것이다.

상관견관 위화백단 이금수견지 반위수기 비관지불외부상
傷官見官, 爲禍百端, 而金水見之, 反爲秀氣, 非官之不畏夫傷,

이조후위급 권이용지야
而調候爲急, 權而用之也

59. 상관대살은 수시로 쓰는데 겨울철의 金은 그 수기가 백배에 이른다. 상관패인도 수시로 가용하는데 여름철의 木은 그 수기가 백배에 달하니 이것은 모두 수화기제를 이뤘기 때문이다.

상관대살 수시가용 이용지동금 기수백배
傷官帶殺, 隨時可用, 而用之冬金, 其秀百倍,

상관패인 수시가용 이용지하목 기수백배 화제수 수제화야
傷官佩印, 隨時可用, 而用之夏木, 其秀百倍, 火濟水, 水濟火也

60. 상관용재의 격은 본래가 귀격이다. 그러나 겨울철의 얼어붙은 물이

상관에 해당되면 소부(小富)는 될지라도 귀하게 되기는 어렵다. 동수(凍水)는 나무를 제대로 생할 수 없는 까닭이다.

61. 상관용재격은 수기가 빼어나다. 그러나 여름철의 나무는 그리 귀하지 못하다. 말라붙은 흙이므로 크게 수려한 작용을 하지 못하는 까닭이다.

62. 봄의 木 일간이 火를 보면 목화통명(木火通明)이 된다. 그러나 여름철의 木을 그렇게 판단하면 안된다. 가을철의 金 일간이 水를 만나면 금수상함(金水相涵)이 된다. 그러나 겨울철의 金을 그렇게 보면 안된다. 기에는 쇠왕의 구별이 있으니, 용신을 취함에 있어서도 같지 않음이 있게 마련이다. 목화통명은 관성을 꺼리지만 금수상함은 관성이 있어도 해롭지 않다.

목화통명 불리견관 금수상함 견관무애
木火通明, 不利見官, 金水相涵, 見官無碍

63. 庚金 일간이 申月에 나고 지지에 子나 辰을 보아 있으면 수국(水局)을 이룬다. 이때 천간에 丁火가 투했다면 재차 壬癸水가 투하지 않는 이상 귀격을 이룬다.

64. 식신이 편인이 아닌 정인을 만나도 역시 탈식(奪食)의 작용을 받게 된다. 그러나 여름철의 木이 불길이 치열할 와중에 손쉽게 水, 인성을 쓰면 귀격이 된다.

※ 내용의 주요 골자는 용신과 기후과 배치(排置)될 경우, 조후의 시급성을 들어 후자를 우선적으로 적용하는 사례에 대해 언급한 것이다. 이 대목의 내용을 압축하면 “① 겨울철의 나무는 火가 시급하다 ② 여름철의 나무는 水가 필요하다 ③ 겨울철의 쇠는 火를 기뻐한다”는 점을 각 격국의 유형 별로 설명하고 있다. 이와 같이 ‘자평진전’의 관법은 용신을 위주로 하고, 예외적인 경우에 한해 조후를 앞세워 판단하는 식이다. 그러나 용신론과 조후론은 근본적으로 선후(先後)의 상황이 아니므로 십간(十干)과 계절의 특성을 고려한 각각의 선후를 가리는 테크닉이 필요하다. 이러한 내용은 ‘난강망마스터리’를 통해 ‘십간’과 ‘조후’의 보완 학습이 필요한 점을 시사하는 것이다.

※ 목화통명(木火通明)이나 금수상함(金水相涵)의 영특함은 춘목(春木)과 추금(秋金)의 ‘록인격’일 경우에만 한정되는 수식이다. 따라서 하목(夏木)

이나 동금(冬金)에는 해당 사항이 없다. 춘목(春木)은 火를 보아 능히 '목화통명(木火通明)'이 되지만, 하목(夏木)은 '목분화열(木焚火熱)'이 된다. 추금(秋金)은 水를 보아 능히 '금수상함(金水相涵)'이 되지만, 동금(冬金)은 '금침수탕(金沈水蕩)'이 되어 해롭다. 이들은 '상관용재'로 성격되어도 쓸모가 없다. 무릇 '여름철의 나무'는 水를 보아 '상관패인'이 되어야만 그 유용함이 극에 달하고, '겨울철의 쇠'는 火를 보아 '상관대살'로 성격되어야만 격국이 더욱 높아진다.

상신(相神)

65. 월령에 이미 용신이 있으면 필시 다른 곳에 상신이 있다. 마치 군왕이 재상을 얻어 보필을 받는 경우와 같다.

월령기득용신 칙별위역필유상 약군지유상 보자시야
月令既得用神, 則別位亦必有相, 若君之有相, 輔者是也

66. 가령 관봉재생이면 정관은 용신이고, 재성은 상신이 된다. 재왕생관이면 재성은 용신이고 정관은 상신이 된다. 칠살에 식신이 있어 칠살을 제어하면 칠살은 용신이고 식신은 상신이다. 그러나 이 같은 정법이 늘 통하는 게 아니다. 요는 통변의 묘를 살려야 한다.

67. 사주의 전체 격국은 어느 한 글자에 의해 성격이 되는데 이 한 글자를 바로 상신이라 이른다.

범전국지격 뢰차일자이성자 균위지상야
凡全局之格, 賴此一字而成者, 均謂之相也

※ 격국의 성패를 정할 때 고려하는 글자는 한마디로 '동(動)하는 글자'라 할 수 있다. 보통 간동지정(干動支靜)으로 천간의 글자가 격국의 성패를 좌우하는 요소가 되지만, 지지도 동(動)할 때가 있다. 이렇게 지지가 동하면 그것이 격국의 성패를 좌우하는 글자가 되기도 한다. 따라서 동(動)하는 글자의 대표적인 사례는 ① 천간(天干) ② 지회(支會) ③ 지충(支沖)을 들 수 있다. 엄격하게 따지면 지지는 형충회합(刑沖會合)의 작용에 의해 동(動)한다. '자평진전'의 원문 사례는 육합(六合)의 경우 지충(支沖)으로 인해 파격된 명식을 구응하는 데 적용되고, 형(刑)은 정관격의 파격요인으로만 설명되는 데 그치고 있다.

68. 용신이 심하게 상하면 몸을 다치고, 상신이 심하게 상하면 용신을 상하게 된다.

상용신심어상신, 상상심어상용
傷用神甚於傷身, 傷相甚於傷用

69. 가령 甲木 일간이 酉 정관을 용신으로 삼는데 상관인 丁이 투하고 다시 壬이 투하면 丁壬合이 되니 상관이 합거 되어 정관이 보호되므로 정관격이 능히 성격된다. 이 경우 오로지 壬이 보필하는 데 의지하게 되니 壬이 상신이다. 戊土 일간이 子水 재격인데 칠살 甲과 겁재 己가 양투하면 겁재가 칠살을 합거하고 재성이 살아남게 되어 정재격이 성격된다. 己가 상신으로 이를 전적으로 신뢰하게 된다. 乙木 일간이 酉金 칠살을 만난 경우에 년간에 식신 丁이 투하고 월간에 癸가 투하면 식신이 파괴되어 파격이 되는데 이때 시간에 戊가 투하여 戊癸合을 이루면 癸가 丁을 극할 수 없게 되어 칠살격이 성격된다. 이때에는 격국의 성격이 오직 戊에 의존하므로 戊가 상신이 된다.

※ 격국을 성격시키는 기본 포맷에서 용(用)하는 글자를 상신이라고 할 수 있다. 그러나 상신은 이와 같이 격국의 유형 별로 고정된 것은 아니다. 격국의 성패와 구응에서 이미 거론한 바 있듯이 구응의 글자가 상신이 되기도 한다. 보통 격국을 해치는 글자가 합거(合去)되거나, 이를 제복하는 천간의 글자가 상신이 되는 경우가 많다. 그러나 화(化)하여 격국을 성격시키기도 하므로 팔자 전체 구조를 잘 살피는 게 중요하다. 천간의 작용이 아닌 지지의 글자가 상신으로 작용하는 바는 거의 회국(會局)이 될 때를 말한다. 다만 정관이 형충되어 파격이 될 때 이를 해소하는 합(合)의 글자도 '상신'이 되는 경우가 있다.

70. 癸水가 亥月생으로 천간에 정재 丙이 투하면 재성은 겁재의 극을 당해 작용하지 못한다. 이때 지지에 亥卯未 목국을 이루어 亥水가 木으로 변하면 겁재가 식상으로 변하여 결국은 재성 丙을 생하게 된다. 이 경우에는 전적으로 卯未의 상신에 힘입어 격국이 성격된 것이다. 庚金 일간이 申月 생으로 癸가 투하면 설기하는 작용력은 있으나 申은 癸의 사궁(死宮)으

로 金기운이 영통하지 못하게 된다. 이때 子辰 회국을 이루어 金이 水로 변하면 금수상함을 이루어 성격된다. 이때는 오로지 子와 辰의 상신에 힘입은 셈이다. 이 같은 유형은 모두 상신의 긴요함을 설명하는 것이다.

※ 상신은 천간이 아닌 지지로 성립될 수 있다는 것이다. 한편 '자평진전'의 원시에서는 癸가 申에 불통(不通)한다는 표현을 쓰고 있는데 이것은 엄밀히 통근하지 못한다는 뜻은 아니라 힘을 쓰기 어려움을 의미한다.

★ 寅申巳亥 네 글자에서 투한 乙, 辛, 丁, 癸를 통근하지 않은 것으로 보는 격국론자들이 있는데 이것은 편의주의적인 발상에 기인한다. 이 문제는 경중(輕重)을 가려 무정, 무력함으로 인해 격국의 성패, 고저에 영향을 미치는 대상은 되지만, 무근(無根)한 글자로 보는 것은 옳지 않다. 보통 경(輕)하다는 의미는 지지에 통근하지 못하거나, 뿌리를 내린 지지가 상하거나 해당 글자를 제복하는 글자의 세력이 강한 경우를 말한다. 일반적으로 제복하여 용(用)하는 글자는 뿌리가 건전해야 하고, 설기하는 글자는 뿌리가 미약해도 용(用)할 수 있다.

71. 상신이 파괴되지 않았다면 이미 귀격이 된 것이고 상신이 상했다면 이미 격국은 파격된 것이다.

상신무파 귀격이성 상신상상 입패기격
相神無破, 貴格已成; 相神相傷 立敗其格

72. 甲木 일간이 酉 정관을 쓰는데 천간에 상관 丁과 인수 癸가 있다면 인수가 상관을 파괴하여 정관을 보호하게 된다. 그런데 이때 戊가 투하여 인수가 합거되면 상신인 癸가 丁을 제합하지 못하니 상신이 파괴된 것이다. 丁火 일간이 酉月에 나서 편재격인데 천간에 癸水 칠살이 있으면 파격이 된다. 이때 천간에 己 식신이 있어 칠살을 제압하면 성격이 된다. 그런데 甲이 다시 투하여 甲己합이 되면 상신 己土가 파괴된 것이다. 이러한 바는 모두 유정(有情)이 변해 무용(無用)이 된 격국이다.

잡기(雜氣) 취용

73. 사묘(四墓)는 충기(衝氣)다. 그 장간이 잡다하므로 잡기(雜氣)라 한다. 잡기를 취용하는 방법은 간단하다. 천간에 투출한 것이 있거나 지지에 회국됨이 있으면 맑고 깨끗한 것을 골라 용신으로 삼으면 된다. 이렇게 되면 잡이부잡(雜而不雜)이 된다.

어잡기하취용 투간회지 취기청자용지 잡이부잡야
於雜氣何取用, 透干會支, 取其淸者用之, 雜而不雜也

74. 무엇을 유정이라고 하는가. 순(順)하고 상성(相成)하는 것이다. 가령 甲木 辰月 생이 천간에 癸水가 투출했거나 또는 지지에서 子 혹은 申을 만나 국을 이루면 인수격이 성격된 것이다. 이런 경우를 청하고 잡되지 않으며 투간하고 회지하여 배합되었으니 유정하다고 한다. 또 丙火 辰月 생으로 癸와 乙이 투하면 정관과 인수가 상생하게 되고 인수가 辰土 중의 戊土를 극하여 정관을 보호하여 맑게 하므로 유정하게 된다. 甲木 丑月 생이 辛金이 투하거나 혹은 금국(金局)을 이루는데 천간에 己土 재성이 추출하여 정관을 생하면 두 개의 상생하는 천간이 투출하고 지지에서 회합하여 격국이 성격되었으므로 유정한 것이다.

하위유정 순이상성자시야
何謂有情, 順而相成者是也

75. 무엇을 무정하다고 하는가. 역(逆)하고 상배(相背)하는 것이다. 가령 壬水 未月 생의 천간에 己土가 투출하면 정관이다. 지지에 목국(木局)을 이루어 정관 未土가 상관으로 변질되면 천간의 정관과 지지의 상관이 서로 거슬러 무정하게 된다. 또 甲木 辰月 생이 천간에 戊土를 보면 편재격이 된다. 그런데 다시 壬癸水가 투하면 인수격도 된다. 그러나 정인 癸는 戊와 합하여 재와 인성이 모두 쓸모를 잃고 만다. 壬도 戊에 의해 극을 당하므로 재와 인이 다 쓸모를 잃으므로 탐재괴인이 되어 흉하다. 따라서 비록 두 개의 천간이 투출해도 배합이 무정하게 된 것이다. 甲木이 戌月에 나서 정관 辛金이 투하면 정관격인데 다시 상관인 丁火까지 투출하거나 월지가 寅午로 화국(火局)을 이루면 상관국을 이룬 것으로 무성하게 된 사례다.

何謂無情, 逆而相背者是也

76. 유정한 것이 돌연 무정하게 변하는 경우가 있다. 어떤 경우인가? 예컨대 甲木이 辰月에 나서 편인 壬水를 만났는데 다시 丙火 식신을 만났다면, 편인투식(偏印透食)이 되어 얼핏 성격된 것처럼 보인다. 하지만 丙火는 辰중의 戊土를 생하니 인격이 청하지 못하게 된다. 이렇게 되면 필히 천간에 壬水가 있고 지지에서 申子辰 水局을 이루어야 丙火가 장애를 초래하지 못할 것이다. 또 甲木이 辰月에 나서 壬水가 투출하였을 경우에 천간에 丙火가 없을지라도 지지에 戊土가 있어서 진술충(辰戌沖)이 되면 붕충(朋沖)이 되어 土가 동요하니, 천간의 壬水가 비록 월지 辰에 통근했다 해도 인격(印格)을 이룰 수 없는 것이다. 이 모두 유정하면서 무정한 것이므로 부자는 될 수 있어도 귀할 수는 없다.

有情而卒無情, 富而不貴者也

77. 무정하지만 결국에는 유정하게 되는 것이 있다. 가령 癸水 일간이 辰月에 나고 戊土 정관이 천간에 투출하면서 지지에서 申子辰 水局을 이루면 투간과 회지가 상극(相剋)하므로 무정해 보인다. 하지만 극을 받는 것은 겁재이니 극을 받아야 오히려 더욱 좋은 것이다. 이는 월지가 겁재이면 겁재를 극하는 정관이 사주에 있어야 좋은 것과 같다. 또 예를 들면 丙火 일간이 辰月에 나고 戊土 식신이 천간에 투출했는데 壬水 칠살도 천간에 투출한 경우를 들 수 있다. 두 개가 천간에 투출하여 상극(相剋)하니 무정한 듯이 보인다. 그러나 극을 받는 것이 칠살이니 무슨 상관이 있겠는가? 이는 식신격에 칠살이 있는 것과 같고 또는 칠살격에 식신으로 칠살을 제압하는 것과 같으니 이상의 두 가지 모두 좋은 격국이며 국(局)을 볼 때 더욱 귀격(貴格)이 된 것이다. 이 모두는 무정한 것이 끝내는 유정하게 된 경우이다.

묘고형충지설(墓庫刑沖之說)

78. 진술축미(辰戌丑未)는 형충이 되는 것이 가장 좋고, 재관(財官)이

입고(入庫)하면 충을 만나지 않으면 발달하지 못한다는 학설이 속된 책들에서 많이 거론되고 있다. 그러나 자평(子平) 선생이 명리를 조망하면서 그런 말을 한 일이 없다. 잡기가 천간에 투출하거나 지지에서 회국하면 몹시 좋은 것이다. 그런데 왜 형충되기를 기다려 좋다고 하는가. 가령 甲木 일주가 辰月에 나고 戊土가 천간에 투출했다면 편재가 되고, 지지에서 申子辰 水局을 이루었다면 정히 인수가 된다. 만약 戊土가 천간에 투출하지 않고 지지에서 辰戌충이 되었다면 재격이 청수하지 못한 것이다. 壬水가 천간에 투출했다면 인성이 투출한 것이므로 辰戌충이 되었다면 인성이 손상을 입게 되거늘, 오히려 소위 인고(印庫)를 충으로 열어야 가하다고 주장한다.

79. 충을 당하여 발달하는 경우가 있다. 정관이 비록 충을 꺼리지만, 가령 癸水 일주가 辰月에 나고 천간에 戊土가 투출하면 비록 지지에서 辰戌충이 된다고 해도 파격이 되지는 않는다. 四庫가 충이 되어 좋다는 것은 이런 경우에 국한될 뿐이다. 충 가운데서도 子午卯酉의 충은 2개가 서로 원수처럼 격렬하게 극을 하게 된다. 사고의 충은 土끼리 충을 하므로 동(動)할 뿐이지 극을 하는 충은 되지 못한다. 그러므로 土가 정관일 경우에는 충이 되어도 하등의 해로움이 없는 것이다. 그러므로 사묘(四墓)의 지지가 형충을 꺼리지 않는 경우는 있을 수 있겠으나 형충이 되어야 비로소 성격(成格)이 되는 것은 결코 아니다.

자오묘유지류, 이자상구, 내충극지충;
子午卯酉之類, 二者相仇, 乃沖剋之沖;

사묘토자위충, 내충동지충, 비충극지충야
四墓土自爲沖, 乃沖動之沖, 非沖剋之沖也

※ 원문이 신랄하게 비판하는 "재관이 입고하면 충을 만나야 발달한다(財官入庫, 不沖不發)"에 관한 설은 실은 아무런 이유 없이 존속된 내용이 아니다. 이것은 분명 팔자를 동(動)하는 위력을 실감케 하는 요인이 되므로 보다 정밀한 연구가 따라야 한다. 격국용신의 성패를 논단하는 '체신(體身)의 영역'에서는 '형충의 개고설'이 통하지 않지만, 세운(歲運)의 득실(得失)을 계량하는 '용신(用神)의 영역'에서는 실로 막중한 요소라 할 수 있다. '심효첨'은 세운의 희기를 분별하는 형충회합의 실전 기

법에 무지했고, '서락오'는 체용(體用)의 분별이 명료하지 못했으므로 형충회합의 묘법을 풀어내지 못했다. 최근의 자평서들 또한 이 대목을 극복하지 못하고 있는데 '팔자술 필살기(데쓰블로)'와 '팔자술 파이널블로'를 통해 형충의 제 실전 운용기를 습득하면 된다.

사길신의 파격

80. 재관인식(財官印食)은 4길신이다. 그러나 그 쓰임이 부당하면 파격이 될 수 있다. 예컨대 식신대살에서는 재성이 투출하면 해로우며 재성 때문에 파격이 된다.

식신대살 재투위해
食神帶煞, 財透爲害

81. 봄철의 木 일간이 왕성한 火가 있다면 정관이 있는 것을 꺼린다. 즉, 정관이 있어도 파격이 되는 것이다.

춘목화왕 견관칙기
春木火旺, 見官則忌

82. 식신을 써서 칠살을 제압하는 사주에 인수가 투출하면 아무 공로도 없게 되므로 인수 때문에 파격이 될 수 있다.

살봉식제 투인무공
煞逢食制, 透印無功

83. 재왕생관에서는 식신이 투출하면 사주가 순수하지 못하고 잡하게 변하므로 식신 때문에 파격이 된다.

재왕생관 로식칙잡
財旺生官, 露食則雜

84. 그러므로 정관을 용신으로 쓸 때 식신이 있으면 파격이 되고, 인수를 쓸 때 재가 있으면 파격이 된다.

관용식파 인용재파
官用食破, 印用財破

사흉신의 성격

85. 살상효인(殺傷梟刃)은 4흉신이다. 그러나 배합이 적당하기만 하면 능히 성격의 요소가 된다. 가령 인수가 뿌리가 약한데 칠살이 투출하여 인수를 돕는다면 칠살 때문에 성격된다.

인수근경 투살위조
印綬根輕, 透煞爲助

86. 재성이 비겁을 만났는데 상관이 있어서 화해시키면 상관으로 인해 성격된다.

재봉비겁 상관가해
財逢比劫, 傷官可解

87. 식신대살(食神帶殺)인데 편인이 쓸모가 있으면 편인 때문에 성격이 될 수 있다.

식신대살 영효득용
食神帶煞, 靈梟得用

88. 재가 칠살을 만났을 때 양인이 있으면 재앙을 해소시키므로 양인 때문에 성격이 될 수가 있다.

재봉칠살 인가해액
財逢七煞, 刃可解厄

89. 그러므로 재성이 상관을 꺼리지 않고, 정관이 편인을 꺼리지 않으며, 칠살이 양인을 꺼리지 않는다.

재불기상 관불기효 살불기인
財不忌傷, 官不忌梟, 煞不忌印

※ 전항의 '용신성패구응' 편을 대조하여 격국의 성패를 스스로 정리해 두고 각 꼴을 암기해야 팔자술 실전에서 즉간(卽看)할 수 있다. 예컨대 '인중봉살(印重逢殺)'과 '인경용살(印輕用殺)'의 차이를 분명히 알아야만 실수하지 않는다. 또한 '식봉효이취살이성격(食逢梟而就殺以成格)'이나 '식신대살인이우봉재패격(食神帶殺印而又逢財敗格)' 등의 이치와 구문은 가지고 놀 정도가 되어야 팔자술 실전에서 통할 최소한의 지식을 확보했다고 볼 수 있다.

선후길흉

90. 월령의 용신을 사주에 배합하고 나면, 팔자(八字) 각각의 생극(生剋)하는 관계에 따라 길흉이 나뉘어진다. 같은 생극하는 관계일지라도 선후가 다름에 따라 길흉이 또 다시 변하니 이것이 명리의 오의(奧義)중 하나다.

91. 가령 정관격인데 사주 천간에 재와 상관이 둘 다 투출했다고 할 때 그 앞뒤의 위치에 따라 차이가 발생한다. 가령 甲木 일주가 酉月에 생하여 정관격인데 상관 丁火는 앞에 있고 戊土 재성이 뒤에 있다면 초년에는 귀할 수 없으나 만년에는 발달할 것이다. 만약 戊土가 앞에 있고 丁火가 뒤에 있다면 정관이 재성의 도움을 받아 초년에는 좋지만 만년에는 상관의 작용에 의하여 정관이 다치니 좋지 못하고 후사를 잇기 어려울 것이다.

92. 인수격인데 식신과 재성이 둘 다 투출하여 인수를 파괴하는 경우에도 선후의 차이에 따라 그 결과가 달라진다. 甲木 일주가 子水 인수를 쓰는데 己土가 앞에 있고 癸水가 뒤에 있다면 비록 부유하지는 못해도 그런대로 유복할 것이다. 만약 癸水가 앞에 있고 己土가 시(時)에 있다면 만년이 처량할 것이다.

93. 식신격에 효신과 재가 둘 다 투출한 경우에도 어느 것이 앞에 있고 어느 것이 뒤에 있는가에 따라 길흉이 달라질 것이다. 가령 壬水 일주가 甲木 식신을 쓰는데 편인 庚金이 앞에 있고 편재 丙火가 뒤에 있다면 만년이 반드시 형통할 것이다. 부유할 수 있고 더 나아가 귀하게 될 수도 있을 것이다. 그러나 만약 편재 丙火가 앞에 있고 편인 庚金이 뒤에 있다면 만년이 반드시 처량할 것임은 물론이려니와 부유하지도 귀하지도 못할 것이다.

94. 칠살격인데 재와 식신이 둘 다 투출하면 이 역시 선후에 따라 길흉이 달라진다. 가령 己土 일주가 卯月에 출생했는데 癸水 편재가 앞에 있고 辛金 식신이 뒤에 있다면 비록 재성이 칠살을 돕는 결함은 있지만 뒤에 있는 식신이 칠살을 제압하므로 대귀할 수 있다. 만약 식신 辛金이 앞에 있고 癸水 재성이 시에 있다면 비록 식신이 칠살을 제압한다고 하지만 재성이 식신의 기운을 흡수하여 결국에는 칠살을 돕게 되므로 귀할 수는 있어도 끝

내는 만년이 처량하고 수명도 길지 않을 것이다. 기타의 경우도 이런 원리로 유추하면 길흉을 가히 알 수 있을 것이다.

※ 선후 구별의 원리는 시(時)가 귀숙(歸宿)하는 것에 연유한다. 희신이 시에서 생왕하면 만년이 유복하고, 기신이 시에서 생왕하면 만년이 처량할 것이다. 그러나 모든 사주가 이렇게 간단치는 않으므로 그 배합을 잘 살펴야 한다. 또한 대운에 의해 격국이 변하므로 그 이치를 살펴 해당 기간의 성패를 논하는 게 마땅하다. 그러나 이미 성격된 명, 파격되었다가 성격된 명, 원국에서 파격된 명이 시사하는 부귀의 정도는 이미 정의되어 있다는 점을 간과해서는 안 된다.

외격(外格)

95. 팔자의 용신은 오로지 월령에서 구한다. 그런데 어찌해서 또 외격(外格)이 있는가. 무릇 외격이란 월령에 용신이 없을 때 다른 것으로 분별해서 용신을 삼는 것이니 따라서 외격이라고 한다.

八字用神, 專主月令

外格者, 蓋因月令無用, 權而用之, 故曰外格也

96. 예컨대 봄의 木 일주, 겨울의 水 일주, 사계(四季)의 土 일주는 일주와 월령이 같은 오행이므로 월령에서 용신을 찾기가 힘들다. 봄의 木 일주나 겨울의 水 일주인데 사주 천간에 재, 관, 칠살이 있을 경우에 그것들을 버리고 외격을 찾는다는 것은 크나큰 잘못일 것이다. 고서에 "월령을 중시하여 용신을 찾고, 정관이 있으면 다른 외격(外格)을 찾으려 하지 말라"고 했는데 실로 옳은 말이다. 월령무용(月令無用)이라는 말은 본래는 월령에 용신이 없다는 뜻인데, 오늘날의 사람들은 이 사실을 모르고 왕왕 재성이 겁재를 만나고 정관이 상관을 만난 경우처럼 알고, 용신이 이미 파괴되었으니 월령을 버리고 외격을 찾아야 한다고 잘못된 주장을 펼친다.

春木冬水土生四季之類, 日與月同, 難以作用

※ 이상의 내용은 분명 춘목(春木), 동수(冬水), 辰戌丑未 月의 土만을 거론하고 있다. 즉 '록인격'에 한해서만 '외격'의 성립 가능성을 시사한다. 이때에도 팔자에 관살이 있으면 그것을 바로 격으로 채용해서 격국의 성패를 가리는 게 마땅하다는 점을 강조하고 있다. 그런데 '서락오'는 '八字用神, 專主月令'의 의미를 "월령을 근거로 해서 용신을 찾는다"고 이해했다. 따라서 용신을 정하는 관건이 월령에 있을 뿐이지, 월령이 곧 용신이어야 한다는 법은 없다고 본 것이다. 그러나 '자평진전'이 말하는 용신은 격국으로 곧 월령인 것이다. '서락오'가 이해하고 정한 용신의 글자는 억부희신의 글자를 말함인데, 이것은 격국을 성격시키는 희신, 상신의 글자와도 의미가 다른 것이다. 수차에 걸쳐 설명한대로 그간 체(體)와 용(用)의 구분이 엄격하지 못했으므로 야기된 결과라 할 수 있다.

용신과 육친

97. 사람에게는 육친(六親)이 있는데, 이것도 팔자에 정해진 것이다.

인유육친 배지팔자 역존어명
人有六親, 配之八字, 亦存於命

98. 보통 인수의 희기로 부모의 상황을 살피거나, 재의 희기로 처궁을 살피지만 그것이 반드시 모친과 처를 뜻하지 않을 때도 있다. 인수를 기뻐하지만 그것을 재로 파극했다면 조업(祖業)이 패했을 것이고, 인수 기신을 재로 제복했다면 오히려 가업(家業)을 일으킬 수도 있다. 재가 희신인데 비겁이 재를 분탈하면 극처(剋妻)할 것이고, 반면 재가 중(重)한데 이를 파극하는 비겁이 없다 해도 마찬가지로 극처하게 된다.

99. ① 연월일시의 어디에 재, 관, 상(傷), 인(刃) 등의 육신이 자리 잡고 있는지를 살핀 후, ② 육친을 용신에 배정하고, ③ 사주에서 희기를 가려서 참조하면 육친사의 대강을 일목요연하게 알 수 있을 것이다.

100. 특별히 재관상인이 어느 궁에 있는지를 살피고, 그 다음 용신에 배정해서 희기를 가리라고 했다. 즉 격국이 기뻐하는 글자인가가 중요하다. 가령 일지에 재관이 있으면 처가 현숙하고 고귀한 경우가 많지만 인수격이면 오히려 불미해진다. 마찬가지로 일지 상관이라고 재격이라면 처의 내조를

기대할만하다.

이상의 내용과 같이 이수의 책은 같은 내용이 반복될 때가 더러 있음을 알 수 있다. 그런데 그것이 항상 같지 않고 보다 압축되어 간결하게 요약된다. 이런 특징은 결국 그의 책을 다 구매하지 않고는 배길 수 없는 마니아층을 양산했다. 이를테면 필자의 판단으로 이수명리를 알기 위해서는 '적천수써머리'와 '자평진전리뷰'는 반드시 보아야 할 필독서다. 그런데 '팔자술필살기'를 빼놓을 수 없다. '팔자술파이널블로'는 더더욱 빠질 수 없다. 대강 이런 식이다. 결론적으로 이수명리서총서는 무엇으로 시작하던지 간에 팔자학의 시종을 아우르고자 하는 욕구가 발생하는 순간 자연 다음 책을 기다리게 하는 마력이 있다. 이렇게 일련의 책을 읽다보면 대체로 발간 시점이 늦은 책에서 앞서 출간된 책들의 주요 이론이 한 번 더 갈무리되어 있는 식인데 반복을 통한 자연스러운 학습 성과를 염두에 둔 것이다. 적어도 2006년 이전에 선보인 책들은 대개 그러했다.

이 책에는 또 하나의 특징이 있다. '데쓰블로' 이전에는 전혀 볼 수 없었던 서구의 유명 인사들 명례命例가 예시되어 있다. 특별히 사주四柱 주인공들의 사진과 함께 구성되어 별다른 느낌을 주었다. '팔자술파이널블로'의 백미는 응당 마지막 챕터에서 다룬 형충회합刑沖會合의 각 스킬과 오운五運, 육기六氣, 물상物象, 허자虛字의 실기를 꼽을 수 있다. 그런데 이 부분은 2008년 들어 최신작인 '팔자입문八字入門' 시리즈로 한층 보강, 정선된 내용으로 독자들을 찾아왔다. 까닭에 여기서는 관련 내용의 소개를 뒤로 미룬다. 그런데 '파이널블로'에는 보다 특별한 내용이 하나의 챕터를 이루고 있다. 바로 4장 Advanced에서 다룬 취산聚散, 동정動靜, 화현化現의 개념이다. 비단 필자의 견해를 많은 명리학도들이 저자의 독창성으로 높이 평가하는데 주저함이 없었던 부분이다. 여기에는 이수명리의 반짝이는 신사조와 이를 대변하는 새로운 용어들로 넘쳐난다. 내용을 살피면 다음과 같다.

■ **취산(聚散, gathering)**

Auguries of Innocence 무구의 전조

Blake, William

To see a World in a Grain of Sand
한 알의 모래 속에서 세상을
And a Heaven in a Wild Flower,
한 송이 들꽃에서 천국을 보기 위해,
Hold Infinity in the palm of your hand
손바닥 안에 무한을
And Eternity in an hour.
한 시간 속에 영원을 쥐어라.

色卽是空空卽是生. 氣를 설명하기가 쉽지 않다. 氣는 모여서 形體를 이루지만, 흩어지면 無用之物이 된다. 그러나 보이지 않는 세계를 단지 無用으로만 여긴다면 命理에 가까워질 수 없다. 형체를 띈 對象은 모두 空에서 비롯되었으며 온전한 대상도 해체의 과정을 밟게 되고 다시 空으로 돌아간다. 命理는 色에 집착하는 바를 '옳고, 그르고'의 차원에서 評하지 않는다. 色과 空을 모두 있는 그대로 바라보고, 그 과정을 탐구하며 얻은 각자의 교훈을 존중할 뿐이다.

氣의 세계를 단순 도해하는 것은 부자연스럽지만 학습 효과를 위해 힘의 작용력에 따라 크게 3단계로 구분하면 '氣와 象, 그리고 物'로 나눠진다.

powerless ◀	◀ Energy ▶	▶ powerful
氣	象	物
invisible	sensible	visible
intangble	intangible	tangible

한 개인에게 무의미하게 느껴지는 허공의 기운은 일단 자신과는 무관하므로 정체가 불명한 氣로 정의한다. 이것은 느껴지지도 않고 별반 의미도 없는 '무감각한 (insensible;인센서블)'한 영역이다. 여기에 어떠한 동기 因子가 개입되면 그것은 차츰 느껴지기 시작한다. 이 단계를 象으로 논한다. 象은 막연하기도 하고, 어느 경우에는 현저하게 느껴지기도 하는 중간 단계라 할 수 있다. 이는 마치 '보이지만(비저블:visible), 실제로는 쥐어지지 않는(인비저블:invisible)' 특별한 현상으로 설명된다. 가령 甲木과 같은 것이다. 글자는 보이지만 이것만으로는 구체적인 형태를 설명할 수 없다.

이제 世事에 대입하여 象을 논해보자. 원인 없는 결과가 있을까. 범인들은 나타난 현상을 두고 여러 가지 근거나 이유로 그것을 설명하지만, 정작 필연적인 因果는 간과하기 십상이다. 실은 인간의 思惟로는 헤아리기 요원한 세계가 있으므로 命理는 그것을 살피고자 했다. 甲이라는 象은 이 세상을 구성하는 모든 주체에게 각각의 의미로 다가온다. 이것을 일차적으로 분화시킨 것이 바로 六神이다. 甲는 財도, 官도 되며 혹자에게는 印이나 食일 것이다.

우선 財에만 포커스를 맞추자. 歲月에서 甲을 보면 혹자는 財를 취하고, 혹자는 財를 잃는다. 이때 財의 得失은 모두 우연하게 이뤄진 게 아니다. 예외 없이 財를 탐(貪)하거나 구(求)하는 의지가 바탕이 된 것이다. 혹 일부는 그렇지 않은 경우도 있다고 강변할지 모르겠다. 그것은 몰라서 하는 소리다. 내가 지금 속된 貪慾을 논하는 게 아니다. 凡人은 스스로 富를 쫓았다고 하겠지만 그것도 틀린 소리다. 運에서 甲木 財神이 도래했기에 자연 財貪(蓄財에 대한 의지)하게 된 것이다. 이것은 '옳고 그르고, 맞고 틀리고'의 얘기가 아니다.

富者가 되었다고 하자. 거기엔 분명 원인과 교훈이 있다. 보통은 부자가 되기 위한 노력과 지혜가 개입된다. 그러나 富를 스스로 쌓았다고 생각하면 곤란하다. 運이 만들어 준 것이기 때문이다. 스스로 노력했다고 반문한다면 입을 다물고 싶다. 財神이 도래하지 않으면 아예 財를 향한 의지조차 나타나지 않기 마련이다. 마찬가지로 총명한 수험생도 運이 배반하면 이전과 달리 부진해진다. 運이 오면 鈍才도 곰과 같이 공부하고 底力을 보이게 된다. 반대로 破産했다 치자. 이럴 때면 스스로 분개하며 분수를 잃었다고 심히 자책하기 십상이다. 그러나 평정심을 잃은 것은 運이 배반했기 때문이다. 財神이 도래하지 않았다면 財貨를 貪하지 않았을 것이다. 이것이 命理의 시초다. 눈부신 성공을 거두어도 겸손을 잃지 않는 게 마땅하다. 바닥을 쳐도 스스로를 책망하는 일은 금물이다.

그런데 특별히 재화를 탐하지 않고, 욕구조차 없었음에도 불구하고 부자가 되고 거지가 되는 수가 있다. 부자가 되려는 의지가 강렬하지도 않았고, 크게 욕심을 부린 일도 없는데 興하거나 亡했다. 이것은 寅木 財神으로 향했기 때문이다. 寅木은 한 개인의 의지와 향상심 등과는 무관한 요소다. 甲과 寅은 그렇게 다른 것이다. 甲도 木이요, 寅도 木인데 다 같은 것 아니냐고 반문한다면 당신은 너무 심하게 아래 수준이다. 피드백이 요구된다.

甲은 象이요, 寅은 物이다. 재차 甲을 정리해 보자. 이것은 보통 '감지는 되지만(센서블:sensible)', 확연하게 현상으로 나타나는 것과는 별개의 문제다. 감지된 象이 구체적인 物로 화현(化現)된다는 보장은 없는 것이다. 따라서 '실감되고 보이는(비저블:visible)' 것은 物로 정의된다. 그렇다면 甲만 보고도 財를 得한 경우는 어떤 상황일까. 이것은 八字 중에 이미 寅木의 物을 갖추고 있었기 때문이다. 즉 象이 物을 보아 이 둘이 조합된 것을 두고 바로 '物象의 결합'이라 한다. 한편 '甲+寅'이 아닌 寅 만으로 부자가 된 것은 어떤 연유인가. 이는 글자 그대로 物의 유입이 있었기 때문이다.

그러나 이때에도 八字 원국에 甲의 象이 존재한다면 재정적인 성취는 한결 명료해진다.

天干은 象이요, 地支는 物이다. 干支가 결합되면 物象을 이루므로 그것은 곧 현실이 된다. 또 地支의 物 그 자체만으로도 현상으로 나타남을 논했다. 이렇게 物이나 物象으로 기물(器物)을 이루면 실감나는 得의 국면이 된다. 氣가 증폭되어 구체화된 이 같은 영역을 '유형(탠저블:tangible)'의 범주로 분류한다. 이때 '체감도(actual feeling)'가 가장 높은 것은 物象이 결합된 시점이자, 상황이다. 따라서 어떤 대상을 구하고, 그것이 언제 손에 쥐어질지를 가늠하는 확실한 척도로 삼을 때는 먼저 '物象이 결합되는 시점'이 근거로 한다.

象만 나타나고 物이 나타나지 않으면 현상을 단지 見했을 뿐 得하지 못한다. 지금 우리는 너무나도 단순한 기초 중의 기초를 다루고 있다. 그런데 숱한 術客들조차 이를 모르고 자신의 머리를 깎지 못하는 사태를 보아왔다. 단지 財의 象만 비치는데, 財神이 도래한다고 해서 상황이 호전될 것이란 착각을 한다. 이는 욕심에 지나지 않는 결과로 귀착된다. 또 단순한 物象의 결합 이외에 化現되는 運氣의 조합이 있는데, 이것들을 정확히 구분하지 못하면 언제나 헛짚을 수밖에 없는 것이다.

世事는 뜻한다고 해서 모두 구해지는 게 아니다. 象이 物과 결합되는 시점에 이르러서야 비로소 뜻하는 바가 실현된다. 또 어떤 대상을 바라고 구하지 않아도 物 그 자체의 運으로만 유입되는 경우가 있다. 그러나 得이 곧 福을 의미하지는 않는다. 物象의 결합이 지나치면 오히려 덧없는 결과를 보게 된다. 어디 이 뿐인가. 命理의 기틀은 매우 복잡하게 구성되어 있는데 이는 각론에서 후술한다. 그러니 五行 生剋制化의 단순한 툴(tool)만 가지고 世事를 읽어낼 심산이라면 그 용기는 가상하지만 또한 가소롭기 짝이 없는 일이다. 實體와 虛像을 분간하지 못하는데 무슨 의미가 있을까.

정리해 보자. 氣는 미진하고 무의미한 단계에서 증폭되고 化現된 物象에 이르기까지 광의적인 개념으로 쓰이지만 '파이널블로'가 언급하는 氣는 物

象으로 실체화되기 이전 협의의 의미로만 쓰게 된다. 따라서 '보이지도 않고(인비저블:invisible)', '형체로 인식되지 않는(인탠저블:intangible)'의 영역에 속하는 범위에 국한해 氣로 일컫는다.

invisible	visible		
氣	象	物	物象
木	甲	寅	甲寅
intangible		tangible	

이제 실상에서 得失을 논한다면 'tangible 군'에 속하는 寅木, 物이나 甲寅, 物象을 보아야만 得으로 실감될 수 있음을 알았다. 따라서 보이지 않게 형성된 木氣나 甲木의 象 만으로는 得의 요건이 되지 않는다. 그렇다면 象에 속하는 甲은 物인 寅을 보지 않는 한, 無用에 불과하단 말인가. 혹은 甲에 비해 寅이 훨씬 값어치가 있다는 뜻일까. 또 八字에 존재하는 글자의 의미와 歲月에서 다가오는 글자의 의미는 어떤 것일까.

■ 동정(動靜, movement)

꽃

김춘수

내가 그의 이름을 불러 주기 전에는

그는 다만
하나의 몸짓에 지나지 않았다.
내가 그의 이름을 불러 주었을 때
그는 나에게로 와서
꽃이 되었다.

動靜의 자물쇠를 풀게 되면 命理의 큰 진전을 볼 수 있다. 動이란 靜의 상태에 일종의 에너지가 개입된 상황을 말한다. 靜은 서로 모여 動하게 되고, 動은 靜을 만나 요동(搖動:動的 상황의 증폭)하게 된다. 干은 動이고 支는 靜이다. 體는 靜이고 用은 動이다. 干은 支를 보아야 物象으로 화현(化現)되고, 支인 物은 干의 象을 볼 때 그 의미가 더욱 명료해진다. 즉 動靜이 결합되어야만 뚜렷한 현상으로 체감되는 바가 있을 것이다.

動靜	體用	干支
靜物	體神	地支 六氣
動物	用神	天干 五運

靜이 서로 모여 動하게 됨은 무슨 말인가? 그것은 회지(會支: '파이널블로'에서는 같은 글자가 모인다는 뜻으로 쓰임)를 의미한다. 地支의 같은 글자가 모이거나, 회국(會局)을 이루면 그 자체로 요동(搖動)한다. 도충(倒沖), 비천(飛天), 암합(暗合) 등의 원리는 다 이 같은 논리에 근거한다. 가령 八字 원국의 동일한 地支가 겹치면 반대의 기운을 끌어오게 된다. 이때 虛空에서 당겨진 氣運은 보통의 氣가 아니다. 氣도 象도 아닌 에너지가 충만한 物象과 진배없는 것이다. 허신(虛神)이 단지 象에 불과하거나, 物로만 인식된다면 그것으로 格을 이룰 수는 없는 것이다. 地支 靜物이 動하는 요인으로는 비단 會支와 會局에 국한되지 않는다. 가령 刑과 같은 요인이 있는데 이것은 '刑 스킬' 편에서 본격적으로 다루겠다.

歲月에서 倒沖 일단을 읽어내는 스킬은 다음과 같다. 가령 金 일주가 八字에 財가 없는 命이라면 地支 比劫의 동일한 글자가 겹치는 시점에 財神

의 유입을 실감하게 된다. 마찬가지로 土 일주가 官이 없으면 地支 食傷의 동일한 글자가 겹치는 시점에 官의 유입을 실감하게 된다. 마찬가지로 運에서 三合 會局을 이루면 반대되는 기운의 虛神을 불러오는데 이것의 위력은 物象과 다를 바 없다. 아래 예시로 그 점을 쉽게 확인해 볼 수 있다.

坤,
庚 己 己 己
午 亥 巳 酉
壬申 大運 중 壬申年에 연분을 만났다. 食神 酉金이 겹치는 癸酉年에 결혼했다.

坤,
壬 戊 丙 戊
戌 申 辰 申

食神 申金이 겹치는 壬申年에 연분을 만났다. 申酉戌 食傷局을 이루는 癸酉年에 결혼했다.

動이 靜을 만나 搖動함은 무슨 뜻인가. 첫째로 干支의 物象 결합을 들 수 있다. 干은 支를 보아야만 온전한 쓰임을 논하게 된다. 또 干이 합래(合來)하는 오운(五運)의 象도 地支의 靜物을 보거나, 地支 六氣의 象과 결합되면 쓰임이 있다. 가령 '전식합록격(專食合祿格)'의 이치와 같다. 戊 일간이 庚申時를 보면 庚이 乙을 합래(合來)하여 戊의 官으로 用하는 설이다. 이때 乙은 象에 불과하므로 乙만으로는 格을 이룰 수 있다. 그러므로 申이 沖해 오는 寅과 더불어 마치 八字 원국에 존재하는 官과 마찬가지의 의미를 지니게 된다. 요합(遙合)원리도 흡사하다. 가령 辛丑이 巳火를 합래(合來)하여 丙火를 官으로 삼는데, 이때 辛이 은밀히 丙을 유인하기에 더욱 힘을 발하게 된다는 것이다. 이와 같이 虛神도 干支 공히 集中시키면 物象의 위력에 진배없으니 능히 取할 수 있다는 것이다.

虛神은 모두 象에 불과하지만 象도 干支 공히 작동하면 物象의 위력에 미친다. 따라서 地支 六氣의 象도 八字 원국에 동일 五行의 글자가 있거나, 天干이 合來하는 虛神과 같은 五行의 짝을 이룰 때 묘용(妙用)이 있다. 八字 원국에 보이지 않게 존재하는 挾된 글자도 마찬가지다. 가령 '공귀공록격(拱貴拱祿格)'을 예로 들 수 있다.

乙　乙
酉申未
　☝
天乙貴人

병립된 乙이 庚을 合來하므로 능히 虛神 申을 쓰는 것이다.

丁　丁
未午巳
　☝
建祿

午의 正氣 丁이 병립되어 능히 虛神 午를 쓰는 것이다.

氣가 動하면 象이 되고, 象이 動하면 物이 된다. 다소 어려운 이야기지만 氣 자체도 재차 搖動되면 物로 化現하게 된다. 일단 氣와 象의 영역은 '無用(유스리스:useless)'한 것이고, 物로 化해야만 '有用(유스펄:useful)'하다고 했다. 이제 독자들은 氣와 象에 動的 요소가 작동하면 物로 化現된다는 점을 알게 되었다. 한편 物도 지나치게 動搖하면 氣로 化하여 일체가 허무해지는 현상이 나타난다. 이를테면 財多身弱한 命에 歲月에서 財局을 짜거나 혹은 食傷局을 이루면서 食傷의 글자가 干透하게 되면 財神은 지나치게 되어 오히려 붕괴되는 결과를 낳게 된다.

총론하면 動은 그 자체로는 의미가 불투명하나, 靜을 만나면 有用해진다. 動과 靜은 서로 결합되어야만 의미가 살아난다. 八字術의 運氣 핵심은 바로 이것이다. 이름을 부르기(動) 전에는 대상의 의미가 없고, 대상(靜)이 없으면 이름을 불러도 소용이 없다. 寅은 甲을, 甲은 寅을 보아야만 꽃이 된다.

■ **화현(化現, realization)**

What though life conspire to cheat you 삶이 그대를 속일지라도

Aleksandr Pushkin

What though life conspire to cheat you,
삶이 그대를 속일지라도
Do not sorrow or complain.
슬퍼하거나 노하지 말라.
Lie still on the day of pain,
마음 아픈 날엔 가만히 누워 견디면,
And the day of joy will greet you.
즐거운 날이 그대를 반길 테니.
Hearts live in the coming day.
마음은 미래에 산다.
There's an end to passing sorrow.
지나가는 슬픔은 끝은 보기 마련.
Suddenly all flies away,

모든 것은 별안간 사라지고,
And delight returns tomorrow.
내일은 기쁨으로 돌아올지니.

Если жизнь тебя обманет, Не печалься, не сердись! В день уныния смирись: День веселья, верь, настанет. Сердце в будущем живет; Настоящее уныло: Все мгновенно, все прой дет; Что прой дет, то будет мило.

動靜의 진정한 조합은 그것이 靜物로써 혹은 動物로써 干支가 결합되는 게 아니라 動靜 각각의 글자로 결합될 때 더욱 의미가 있다. 八字의 寅은 歲月에서 甲을, 八字의 甲은 歲月에서 寅을 보아야만 비로소 꽃을 피운다는 뜻이다. 가령 八字에 甲과 寅이 없는 상황에서 맞이하는 甲寅運과 八字에 甲이 있고 寅運을 보는 것은 적지 않은 차이가 있다. 動物로써 작동하는 甲寅과 動靜이 결합된 甲寅은 같은 財神이지만 그 규모와 실감 면에서 차별화된다. 運氣의 특징 대강은 이런 것이다. 각론에서는 이를 五運과 六氣로 나누어 보다 정교한 사항을 다루게 된다.

象은 그 자체로는 별다른 쓰임이 없지만 物과 결합되면 비로소 器物이 된다고 했다. 또한 象과 象만의 결합으로도 效用을 지닐 수 있는데, 그것은 干支, 體用으로 모두 動靜이 다 같이 작동할 때의 상황을 의미한다. 가령 申 하나의 글자가 불러 오는 寅木의 象은 별다른 느낌으로 다가오지 않는다. 그러나 八字 원국에 甲이 있으면 실감하는 바가 있다. 또 八字 原局에 寅이 있어도 체감된다. 이 모두는 動靜이 결합된 상황이기 때문이다. 이와 같이 虛神은 모두 象에 불과하지만 象도 干支 공히, 動靜으로 작동하면 物象의 위력에 미친다는 것이다. 요약하자면, 實體는 物象 그 자체로 완성되는 게 아니라, 반드시 動的 요소가 가미될 때 현상으로 나타난다는 데 있다.

氣가 活氣를 띄게 되면 여기에 同氣가 가세하는 순간 그 자체로 物象에 미치기도 한다. 活況의 氣는 어떤 것인가. 먼저 계절의 氣를 들 수 있다. 다음으로 大運의 地支다. 大運의 運支는 月支에서 근거되어 向方이 되어

動的인 요소가 강하므로 힘이 있다. 마지막으로 會局을 이룬 경우다. 이 세 가지 국면은 八字術 실기에서 몹시 중요하게 고려한다. 이와 같이 活氣를 띤 상황이 조성되면 化神이 의미를 띄게 된다. 즉 合化 五行이 제 구실을 하는 조건이 된다.

이제 刑沖 등으로 인한 得失 국면을 제외한, 物象과 動靜의 결합으로 化現되는 전반적인 상황에 대해 살펴보도록 하자. 財神에 포커스를 두고 나열한다. 내용 중 각 상황 별로 visible, invisible, tangible, intangible의 상황이 어떻게 각각 조합되는지를 잘 살려 이해한다면 '파이널블로'의 핵심을 관통할 수 있게 된다.

1. 天干 財星運 [visible & intangible]

ⓐ 八字에서 地支 財星을 보면 物象과 動靜의 결합으로 得財하게 된다. 가령 甲運에 原局 寅이나 卯를 보는 때다. 두 경우 모두 마찬가지지만, 양자는 배합의 순도 면에서 차이가 있다. 전자는 특별한 오차가 없이 得의 국면이 전개되고, 후자는 다양한 양상으로 나타난다. 후자의 경우 會局을 이루면 財氣가 더욱 충만해진다. 이때 八字에 甲乙이 이미 존재할 경우에는 財神이 지나치게 搖動하여 禍厄이 될 수도 있다.

이건희

乙 壬 辛 辛

巳 戌 丑 巳

삼성그룹 이 회장은 '홍라희' 여사와 1966년 丙午年에 결혼했다. 丙이 原局의 巳를 보았고, 午戌 會局을 이루어 財氣가 충만해진 시점이다.
[visible & intangible + tangible]

ⓑ 八字에 地支 財星이 없어도 倒沖氣를 띠면 得財할 수 있다. 가령 甲이 寅卯를 보지 못해도, 申이나 酉가 竝立되어 있으면 得財할 수 있다는 것이다. 이때 申과 酉는 원국에서 他支와 合되거나 沖이 되어서는 불가하다. 이때는 倒沖氣인 木氣를 형성하고 있으므로 象에 動的인 象이 더해져 物로 化現하는 것이다. 다만 이때는 塡實運에 해당되는 경우가 있으므로 財神으로 인해 불리해질 수도 있다. 같은 맥락으로 地支 金局을 이룬 경우에도 得財가 가하다.

해머(M.C. Hammer)

丙 丁 癸 壬
午 卯 卯 寅

1990년 庚午年, 흑인의 전유물로만 여겨졌던 랩과 힙합을 누구나 즐길 수 있는 음악으로 변화시킨 장본인. 초유의 인기를 구가했던 그는 당해에 'Please Hammer, Don't Hurt 'Em' 앨범을 1,000 만장 이상 팔아치웠다. 수록 곡 'U Can't Touch This' 그리고 랩 발라드인 'Have You Seen Her?' 역시 빼놓을 수 없는 수작이다. 庚金 財神은 卯卯가 暗沖한 酉 金氣로 증폭

된 셈이다.[visible & intangible + invisible & tangible]

ⓒ 財神 甲運에 地支에서 亥나 未, 또는 辰을 만나면 藏干이 透하여 비로소 쓰임을 논할 수 있을 것 같지만 실상에서는 得財 상황과 무관하다. 이것은 'visible & intangible'의 상황에 불과하기 때문이다. 비록 動靜의 결합 유형이지만, 干支 物象의 결합이 아니므로 'tangible'의 상태로 나타나지 않는다. 따라서 甲木의 출현으로 財의 貪心은 발로되었지만 기대에 미치지 못하는 결과로 나타난다.

2. 地支 財星運 [visible & tangible]

가령 木이 財神이라면, 寅은 甲과 달리 靜物이지만, 運에서 출현하는 寅木은 動的 요소를 띠므로 그 자체로 動靜이 수반된 상황이다. 따라서 능히 得財를 논할 수 있다. 그러나 甲運과는 달리 命主의 財貪하는 속성이나 의지로 인한 得財 상황은 아니다. 이때 八字에 寅이 있으면 財神이 더욱 活氣를 띠므로 財物의 유입에 속도가 붙는다. 마찬가지로 八字에 甲乙이 있으면 物象과 動靜의 결합으로 확실한 財物의 유입을 기대할 수 있다. 만약 地支에 木局이 이미 형성된 경우라면, 財氣는 더욱 活氣를 띠어 財神이 충만해질 것이다.

타이거 우즈(Tiger Woods)

丁 庚 戊 乙
亥 戌 子 卯

그의 천재성은 팬들과 관계자들의 눈높이를 한층 높였다. 지난 1998년 戊寅年, 노쇠한 절대 권력자 '그렉 노먼'을 권좌에서 내몰고 정상에 등극했다. 이후 1999년 己卯年부터 5년 3개월 동안 권좌를 지켰다. 年支 卯를 沖하는 乙酉運 중 乙酉年인 올해는 전성기 때의 '우즈'가 사라졌다는 평이 돌 정도로 고전하는 추세다.[visible & tangible + visible & tangible]

3. 天干 合來運 [invisible & intangible]

ⓐ 木이 財神일 때, 己運이 甲木을 合해 오는 것을 말한다. 己가 合來하는 五運 甲은 己와 동등한 象으로 八字에서 地支 寅을 보면 物象과 動靜의 결합으로 得財하게 된다. 地支 卯를 보아도 마찬가지다. 甲과 다른 점은 己 印綬가 개입되므로 주로 문서를 수반하는 財의 유입을 뜻한다. 이때 원국에 이미 甲이 존재하면 己는 먼저 原局의 甲과 合을 이루므로 財神이 나타나지 않는다.

마사 스튜어트(Martha Stewart)

己 癸 乙 辛
未 未 未 巳

가난한 폴란드계 이민자의 둘째 딸로 태어난 '마사 스튜어트'는 가정살림에 관한 지혜와 노하우를 집대성한 가정생활잡지 '마사 스튜어트 리빙'을 만들어 아메리칸 드림을 이뤘다. 억만장자의 대열에 오른 여성기업인인 그녀의 사업 수완은 1972년 壬子年부터 발하기 시작했다. '코네티컷'주 '웨스트포트'로 이주한 후 주문 요리 사업을 시작해 뛰어난 재능을 보여주었다. 고객을 매료시킨 그녀의 환상적인 테이블 세팅과 조리법은 1982년 壬戌年 발간된 그녀의 첫 번째 요리책 '엔터테이닝(Entertaining)'의 토대가 됐다. 壬은 丁을 合來하여 財氣가 왕성해졌다. [invisible & intangible + visible & tangible]

ⓑ 'ⓐ'의 상황과 달리 八字에 地支 寅卯가 없어도 申이나 酉가 竝立되어 있으면 得財할 수 있다. 이때 申과 酉는 원국에서 他支와 合되거나 沖이 되어서는 불가하다. 이미 八字에 倒沖氣(invisible & tangible)인 木氣를 형성하고 있으므로 이와 같이 강렬한 象에 動的인 象이 더해져 物로 化現하는 특별한 경우다. 이때는 塡實運의 리스크가 없고, 보이지 않던 글자의 기운이 化現되므로 運이 강하게 느껴진다.[invisible & intangible + invisible & tangible]

4. 地支 合來運 [invisible & intangible]

가령 木이 財神일 때 申이나 酉運이 오는 것을 말한다. 申의 六氣인 寅은 寅運과 달리 象에 불과하지만 動的 요소가 개입되어 그런대로 힘이 있는 象이다. 原局에서 卯의 物을 보면 得財할 수 있다. 또는 八字에 甲乙이 있어도 得財를 기대할 수 있다. 다만 전자에 비해 후자의 세력은 약한 편이다. 申은 金 日主의 比劫으로 申이 동기 因子가 되는바, 이때에는 조력자나 동업자의 출현이 財를 수반하는 형국이라 할 수 있다. 마찬가지로 八字에 이미 木局을 이룬 상황이라면 財氣는 活氣를 띠어 더욱 財神이 충만해진다.[invisible & intangible + visible & tangible]

프랭크 시나트라(Frank Sinatra)

辛 丁 戊 乙
丑 丑 子 卯

1962년 壬寅年에는 자신과 함께 영화 "캉캉"에서 공연한 여배우 '줄리엣 프라우즈'와 약혼을 했다. 하지만 이 약혼은 한 달 만에 깨어지고 말았다. 八字에 辛金 財와 寅의 六氣 申이 결합된 국면이다. 그러나 두 글자 모두 象에 불과하므로 결실을 맺지 못한 셈이다.[invisible & intangible + visible & intangible]

그러나 1951년 辛卯年에는 卯의 글자가 겹쳐 酉金 財를 倒沖하니 여배우 '에바 가드너'와 결혼했다. 첫 부인 '낸시 바바라'와 결혼한 해는 1939년 己卯年이다.[倒沖氣, invisible & tangible]

5. 合化 財氣運 [invisible & intangible]

ⓐ 木이 財神일 때, 八字의 他干이 合되는 국면으로 合化 五行이 木이라면, 이것을 財로 取할 수 있는 경우의 수는 제한된다. '化木 財神은 八字의 月令이 春月이거나', '大運의 地支가 寅卯에 해당되거나', 혹은 '八

字 地支에 이미 木局을 이룬 경우'에만 에 得財가 가하다. 가령 原局의 丁을 壬이 合한 경우, 이때는 動物 壬水 食傷이 동기 因子가 되므로 새로운 일을 벌이면서 財貨를 수반하는 격이다. 반면 合去된 靜物 丁火는 羈絆되므로 官은 유실된다. 작문하자면, 창업을 위해 퇴직을 불사하고 퇴직금을 수령하는 상황과 흡사한 국면으로 전개된다. 이와 달리 原局의 壬을 丁이 合한 경우에는 動物 丁火 官이 동기 因子가 되므로 직책을 부여받으며 財貨를 수반하는 격이다. 반면 合去된 靜物 壬水는 羈絆되므로 食傷은 유실된다. 작문하자면, 종래에 하던 일을 접고 새로운 직업을 구하면서 財貨가 유입되는 상황과 흡사한 국면으로 전개된다.

엘비스 프레슬리(Elvis Presley)

丙 甲 丁 甲
寅 申 丑 戌

1959년 己亥年 독일에 파견 군복무 중, '프리실라(Priscilla Ann)'를 만나 8년간 사랑을 나눠왔다. 이들은 1967년 5월 1일 미국 라스베가스 '알라딘' 호텔에서 결혼했다.[invisible & intangible + visible & tangible]

ⓑ 干合과 달리 八字 原局의 地支를 合하여 合化 五行이 財氣를 형성할 때도 마찬가지로 財를 취하는 국면은 제한된다. 六合 五行 財神은 가령

木이 財神일 경우, '八字의 月令이 春月이거나', '大運의 地支가 寅卯에 해당되거나', 혹은 '八字 地支에 이미 木局을 이룬 경우'에만 得財가 가하다는 것이다. 이를테면 原局의 寅을 亥運이 도래해서 寅을 合한 때로 이때 寅木은 먼저 羈絆되었다가, 化神 財를 보게 되므로 곡절을 겪은 연후 得財하기 쉽다.

6. 會局運 [visible & tangible]

ⓐ 動的인 요소가 가미되어 財局을 이루므로 財神이 活氣를 띠고 得財할 가능성이 높아진다.

이안 소프(Ian Thorpe)

己 己 庚 壬
巳 巳 戌 戌

'인간 어뢰'라는 별명을 지닌 오스트레일리아의 수영선수. 壬子 大運 중 會支 水局을 이루는 2000년 庚辰年에 시드니올림픽 금메달 3관왕, 2004년 甲申年 아테네올림픽 2관왕에 올랐다. 此命은 原局의 壬을 보아 物象과 動靜이 결합된 국세를 이루었다. [visible & tangible]

ⓑ 八字에 財氣通門戶로 財가 干透되어 있으면, 地支가 財局을 짜는 시기에 財氣가 촉발된다.

빌 게이츠 (Gates, Bill)

庚 壬 丙 乙
戌 戌 戌 未

하버드 법학과를 다니다가 중퇴하고, '폴 앨런'과 함께 동업하여 마이크로소프트를 설립한 '빌 게이츠'는 개인용 컴퓨터(pc) 성장을 예측하고 첫해 컴퓨터 언어 프로그램인 'basic'을 개발하였고 후속 프로그램을 출시하였다. 1978년 戊午年 午戌 火局을 이루는 해에 매출액이 처음으로 100만 달러를 넘기며 세계 제일의 갑부가 되는 계기를 맞았다. 그는 부자가 된 비결 중 첫 요인으로 "運이 좋았다"고 말했다. [visible & tangible]

7. 無財 八字

ⓐ 八字에 財神이 없다면 干支 공히 財星運이 도래할 때 得財를 논한다.

노무현

丙 戊 丙 丙
辰 寅 申 戌

부인 권양숙 여사와 1974년 1월 壬子年에 결혼했다. 壬水와 子辰 水局이 합세하는 국면이다. [visible & tangible]

토니 블레어(Tony Blair)

癸 丁 丁 癸
卯 巳 巳 巳

최근 결혼 25년을 기념하는 은혼식을 한 '토니 블레어' 영국 총리의 부인 '셰리' 여사와 1980년 庚申年에 결혼했다. [visible & tangible]

ⓑ 八字에 財神이 없어도 倒沖氣(invisible & tangible)로 得財한다. '도충기'란 地支의 같은 글자가 竝立되거나 三合局을 이루어 반대의 기운을 불어오는 것을 말한다.

도널드 트럼프(Donald Trump)

己 己 甲 丙
巳 未 午 戌

1998년 戊寅年 火局은 水氣를 유인한다. 이 해에 부동산 대부호인 그는 슬로베니아 출신 모델 '멜라니아 크나우스(Melania Knauss)'를 만났고 이로 인해 전 부인과 이혼하게 된다. [invisible & tangible]

'팔자술파이널블로'는 '데쓰블로' 이후 보다 진화한 이수명리의 위용을 드러냈다. 그런데 이수명리는 지신知新으로만 치닫지 않는다. 온고溫故를 절묘하게 배합하는 것이다. 이러한 면모는 후속으로 출간된 '난강망마스터리'에서 자연 확인할 수 있다. '파이널블로'는 근래에 들어 '팔자입문' 시리즈로 또 한 차례 업그레이드 됐다. '파이널블로'에는 놓쳐서는 안 될 또 하나의 특별한 내용이 있다. 5장 필살기 리뷰의 말미에 다룬 잡기雜技 편이다. 별스럽게도 이 대목에는 팔자로 선산先山의 묘지墓地를 추리하는 비결을 담고 있다.

■ 잡기(雜技)

선산(先山)의 묘지(墓地), 산세(山勢) 추리

가족 중에 치료가 불가한 병이나 고질병, 난치병, 원인모를 중병, 불구자 발생, 기형아나 정신박약아 출산, 정신이상, 눈병, 목병 등으로 심히 고생을 하는 경우에는 가주(家主)의 팔자와 탈이 난 본인의 팔자로 선영 묘지의 산세 길흉을 일차적으로 파악해 볼 필요가 있다. 방법은 매우 간단하면서도 거의 틀림이 없는데, 명리학가(命理學家)가 선산의 묘지가 흉하다거나, 이장(移葬)을 권유하기에는 껄끄러운 부분이 있으므로 이 문제는 각자가 심사숙고해서 입장을 정리할 필요가 있다. 또한 음택(陰宅) 풍수 전반은 심화된 학습이 축적되어야 함을 전제로 하는 바, 궁극적인 해법을 제시하기란 어려운 일이다. 불행히도 아직 나는 믿을만한 풍수가를 알지도 못하고, 추천할 마음도 없으며 학습자들 또한 인연을 맺기가 쉽지 않을 것이다. 다만 술수와 현상이 일치하는 과정을 지속적으로 체감하면서 스스로 답을 찾는 게 정답일 것이다. 교만하거나 자만함은 금물이지만, 술법의 세계에서 스스로를 자부하지 못하면 아무런 의미가 없다는 점을 명심해야 한다.

* Basic

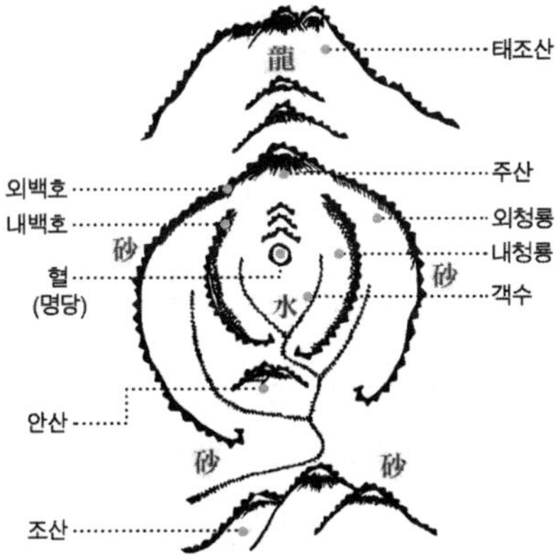

▲ 明堂圖

1. 龍

풍수에서는 산(山)을 용(龍)이라 한다. '태조산'에서 '혈(穴)자리'까지 이어지는 산줄기를 용이라 한다.

2. 脈

몸속에 기혈(氣血)이 흐르듯 용 가운데 음양의 생기가 흐르는 것을 말한다.

3. 穴

용맥(龍脈)이 흐르다 뭉친 곳으로 생기(生氣)가 최대한 응집된 곳이다.

4. 明堂

혈(穴)을 포함한 주변의 평평한 땅으로 생기(生氣)가 감도는 공간을 말한다.

5. 砂

혈(穴)을 에워싼 주변의 산봉우리를 말한다. 일명 사신사(四神砂)로 현무(玄武), 주작(朱雀), 청룡(靑龍), 백호(白虎)를 말한다.

玄武	주산을 말하며 거북이처럼 원만한 산세로 혈을 향해 예를 표하듯 고개를 숙인 것을 제일로 친다.
朱雀	혈의 앞쪽에 있는 안산이나 조산으로 공작이 날개를 펴고 춤을 추듯 감돌아 아름다우며 모나지 않고 다정하게 혈을 안아 주는 듯한 형상이 되어야 좋다.
左靑龍	혈의 왼쪽으로 둘러싸여 있는 산세를 말하며 몇 겹씩 꿈틀꿈틀 굽어 감돌아 혈을 굽어 안아 주듯 강한 것이 좋다. 굴곡이 없고 죽은 듯 곧장 뻗어 내려가거나 또는 뻗어 내려간 끝이 혈의 바깥으로 달아나면 후손은 힘이 없고 질병에 허덕이며 가산이 흩어지기 쉽다.
右白虎	혈의 오른쪽으로 솟구쳐 감돈 산으로 산세가 험하지 않고 굴절 없이 순순히 엎드려 혈을 호위하는 형국이 좋다. 우백호가 난폭하게 생겼거나 달아나는 형국으로 밖으로 뻗으면 그 마을은 여자들이 음란하고 기가 센 경향이 짙으므로 순한 것이 좋다.

6. 得水

혈이나 명당 혹은 용의 안쪽에서 시작하여 흐르는 물의 발원지 또는 혈 앞에 흐르는 물이 처음 보이는 곳을 일컫는 말이다.

7. 水口

득수가 흘러 나가는 곳으로 수구는 좁을수록 좋다고 했다.

** Bazi(八字) Skill

年柱의 干支 구성이 선영(先塋)의 묘지 길흉을 분별하는 잣대가 된다.

1. 생년 간지가 사길신(四吉神)에 해당하고, 성격(成格)되는 명은 조상의 무덤을 잘 쓴 덕에 자손이 훌륭하게 되는 것이다. 선영의 묘지는 사세(四勢)가 뚜렷한 명당임에 틀림없다.

2. 생년 천간이 상신(相神)이고, 지지가 합(合)되면 산세(山勢)가 수려한 명당 터에 선영의 묘지가 자리잡은 것이다.

3. 생년 간지가 사흉신(四凶神)으로 지지가 형충(刑沖)되면 산세가 형국을 이루지 못하고, 묘지에 잔디가 살지 못하며 봉분이나 축대가 무너져 있다.

4. 생년 천간 木이 흉신이고, 지지의 木이 상(傷)하면 '풍렴'으로 후손의 중풍 및 정신질환의 우려가 크다.

5. 생년 천간이 흉신이고 생년 지지가 沖되면 '충렴'의 현상으로 각종 우환과 파재, 알콜 중독으로 패가망신하는 후손이 나타나기 쉽다.

6. 생년 간지에 백호(白虎), 공망(空亡)이 형충(刑沖)을 당하면 선영의 묘지는 주인 없는 무덤이 되기 쉽다. 후손이 흩어지고 가산이 탕진되어 선산을 돌볼 겨를이 없어진다. 깊은 산중 험한 골짜기에 선영이 누워있거나, 천재지변으로 봉분이 유실되는 경우가 많다.

▸ Case Study

時 日 月 年

■ 癸 ■ 甲

■ ■ 申 寅

☞ 甲木 상관이 寅申沖에 해당하면 묘지 주위나 봉분에 아카시아 나무나 땅가시 나무 또는 왕띠 풀이 있을 것이다.

■ 癸 ■ 甲

■ ■ 辰 戌

☞ 甲木 상관이 辰戌沖에 해당하면 묘지 가까이에 큰 나무 뿌리가 묘지까지 접근한 경우가 많다.

■ 乙 ■ 辛

■ ■ 戌 未

☞ 辛金 칠살이 戌未刑에 해당하면 묘지가 내려앉거나 봉분이 갈라져 있는 수가 많다.

■ 甲 ■ 庚

■ ■ 巳 申

☞ 庚金 칠살이 巳申刑에 해당하면 묘지 주위에 습지가 많고 물이 고이는 경우가 많다. 주로 '수렴'의 피해로 당뇨병이나 암, 불치병 등에 시달릴 우려가 크다.

■ 己 ■ 乙

■ ■ 酉 卯

☞ 卯酉沖은 '목렴'과 관계가 깊으며 후손의 관절계통 질환, 신경통, 정신질환, 파산 등의 사례로 나타나기 쉽다.

■ 丁 ■ 癸

■ ■ 未 丑

☞ 월간(月干)이 木의 글자가 아닌 한, 년간 칠살은 선영의 묘지에 탈이 있으므로 이장(移葬)하는 대부분의 경우는 이러한 구조의 명식이다. 癸丑 백호의 沖은 선영의 묘지가 유실될 가능성이 짙고, 절손(絶孫)의 우려가 크다.

■ 丁 ■ 戊

■ ■ 子 午

☞ 년간 戊土는 선영의 묘지가 능선에 외로이 홀로 자리 잡고 있는 경우가 많고, 후손은 허영과 사치 과시욕에 가산탕진의 우려가 크다.

■ 丁 ■ 己

■ ■ 亥 巳

☞ 년간 己土는 대개 묘 터가 야산의 양지에 자리 잡고 있어 무난하지만, 지지의 형충을 만나면 전답 가까이에 논두렁이나 물구덩이에 위치하여

이장을 권유받을 때가 많다. 후손의 중병이 끊이지 않으면 이장을 고려할 필요가 있다.

■ 壬 ■ 乙

■ ■ 亥 巳

☞ 대개 생년 천간이 木의 글자면 산세가 수려하고 청룡백호가 뚜렷하나 년간이 흉신이고 지지 형충을 만나면 나무뿌리가 묘지 속으로 파고들어 유골을 감고 있는 경우가 많다. 두통이나 정신계통의 질환이 우려되고, 후손 중에 수액(水厄)을 당하는 화난이 있다.

■ 乙 ■ 丙

■ ■ 辰 戌

☞ 생년 천간의 火의 글자면 선영의 묘지는 야산 중턱의 남향으로 양지바른 곳에 자리 잡아 길지로 무난한 경우가 많다. 다만 이때 천간이 사흉신에 해당하거나 백호, 괴강으로 지지 형충을 만나면 선영의 묘지가 화재가 발생할 가능성이 짙다. 뱀이나 땅 짐승들이 판을 치는 경우가 많으므로 축대가 무너지거나, 습기가 없고 봉분의 흙이 항상 흘러내리면 이장을 고려할 필요가 있다.

風水 인테리어

풍수비즈니스에 대한 미련을 접지 못한 것일까? 저자의 명리학 고서 주해서들이 쏟아져 나올 무렵 엉뚱하게 풍수인테리어 책이 나왔다. 제목도 '아는 만큼 돈이 되는 풍수인테리어'로 약간 속된 맛이 느껴진다. 이 책은 양택풍수를 실외와 실내로 나누어 거의 모두 포괄하고 있다. 특히 실내 편에서는 마치 풍수매뉴얼을 보는 느낌이다. '디지털북스'에서 출간된 이 책은 편집에 상당히 신경을 썼다. 저자의 책으로는 드물게 올 컬러로 제작됐다. 필자는 이 책을 통해 저자가 풍수비즈니스에 대한 꿈을 접지 않고 있다는 느낌을 강렬하게 받았다. 언제 그것이 시작될지는 모를 일이다. 다만 한 가지 분명한 것은 저자가 호락한 이론체계로 풍수계로 나설 일은 없을 거란 느낌이다. 최근의 대세인 현공풍수玄空風水라 해봤자 현란하게 여겨질 정도의 이수명리 이론 체계로 보면 그야말로 '세발의 피'다. 대학원에서 풍수를 전공한 필자의 입장에서 볼 때 저자가 풍수학의 신경지를 여는 것도 시간문제다. 다만 책상 공부가 아닌 발 공부로 여겨지는 형기形氣 풍수가 문제일지도 모르겠다.

欄江網 마스터리 Ⅰ·Ⅱ·Ⅲ

이 책은 전체 3권으로 구성되어 있다. 원래 난강망欄江網은 '적천수써머리'가 출간된 2001년에 다음 작으로 '난강망노트'라는 부제로 출간이 예고되었던 책이다. 이 책이 예고와 달리 2006년에야 빛을 보게 된 이유는 저자가 그 전에 자평진전子平眞詮을 주해하지 않고는 발표가 용이하지 않다는 판단을 내렸기 때문으로 추측된다. 그는 '적천수써머리'에서 나름대로 심효첨과 서락오 이론체계의 통일을 기했다고 생각했다. 그러나 한정된 분량으로 그것이 부족하다고 여겼을 것이다. 이 책은 '팔자술파이널블로'보다 다소 늦게 출간됐다. 2005년 9월에 출간된 '팔자술파이널블로'의 서문에서 저자는 "이 책은 우리나라의 명리학도들을 배려하는 마지막 명리서다."라고 자서自書했기 때문에 어쩌면 시중에 출간되지 않을 수도 있었다. 그런데 이 책의 초고는 이미 2005년부터 인터넷을 통해 공개되었으므로 아마도 '자평진전리뷰'와 함께 을유년乙酉年에 준비되어 있었던 듯하다. 한 마디로 이 책을 보지 않고 이수명리를 안다고 해선 안 된다. 독자의 입장에서 볼 때

이 책이 세 권으로 분철된 것은 다소 아쉽다. 비록 두꺼운 제본이라도 단행본으로 나왔더라면 보다 많은 독자들이 이수명리의 진가를 알아보았을 것이라 생각된다. 어차피 명리학을 학습하는 학도라면 '자평진전리뷰'와 '난강망마스터리', 그리고 '적천수스펙트럼'에 이르기까지 3대 고서의 주해서를 모두 읽어야 마땅하다. 이런 점에서 당시에 이 책을 구매하기에는 비용의 부담을 느낀 독자들이 적지 않았을 것이다.

'난강망마스터리'의 표지에는 '格局'과 '調候', '十干論'을 완벽하게 조율하는 先進 韓國 命理學의 결정판'이라는 부제가 달렸다. 이것은 이 책에 자평의 3대 고서를 모두 아우르겠다는 저자의 의지를 나타내는 표현이다. 그래서인지 Ⅰ권의 '1. 인트로Intro' 편에서는 체용과 격국, 십간, 조후에 이르는 명리의 골자들을 전체적으로 정리해 두고 있다. 또한 이 책에는 그가 이전과 달리 학자學者보다는 술가術家로서의 포지션을 다지는듯한 인상을 주면서 기본기의 배양을 한층 강조하고 있다. 서문의 일부를 인용하면 다음과 같은 글이 있다.

근자에 대중적인 인기를 구가하는 종합격투기의 긍정적 요소로 그동안 무술(武術)계를 지배해 온 신비주의(神秘主義)의 혁파(革罷)를 꼽을 수 있다. 산속 수련을 하며 하늘을 날아다니고, 사람들의 눈에는 보이지 않을 정도의 발차기 능력을 지녔다거나, 손에서 장풍(掌風)이 나오는 고수(高手)들을 신봉(信奉)했던 이들에게 종합격투기는 무술에 대한 개념 자체를 뒤흔드는 일대 충격이었다. 종합격투기는 무술의 본질이 원초적인 싸움 기술이고, 격투 자체에 일차적 존재가치가 있음을 확연히 알려 준 셈이다. 그곳에서는 유도나 레슬링의 금메달리스트 등 평생을 운동에 바친 기량이 출중한 엘리트 체육인들마저도 단 1승이 어려웠다. 격투기의 세계에서는 무엇보다 실전 기량이 중요하다. 지금은 어떤 신비주의 파이터가 출연한들 검증되지 않은 선수는 패배할 것으로 바라보게 된다. 결과적으로 무도(武道)만을 부르짖는 한편, 자신의 기예(技藝)야말로 실전최강이라는 믿음을 지녔던 부류들의 모순은 자연스럽게 폭로되었다.

"내가 몇 해 동안 복학(卜學)나 상학(相學)의 대가(大家)로 이름난 이들을 견문(見聞)하고 헤아려 보았는데 이들은 한결같이 팔자명리(八字命理)를 아는 듯 처세하지만, 실은 몹시 서툴렀다. 육임(六壬)이나 기문(奇門), 육효(六爻) 또는 풍수(風水)와 의(醫), 선(仙)의 단계에 이르기까지 다양한 학술과 도학을 선택하고 정진하는 문제는 다 개인의 취향과 자유다. 다만, 어떤 형태로든 명리(命理)에 정통하지 않은 한, 간략한 점술(占術)이나 허세(虛勢)에 지나지 않는다고 볼 수 있다. 명(命)은 오술(五術)의 근간이자, 세사(世事) 일반을 벗어난 도(道)는 의미가 없기 때문이다. 가령 팔자(八字)를 모르고 유체(遺體)를 매장하는 음택법(陰宅法) 자체가 성립되지 않는데도 명리를 도외시한 풍수가 판을 친다. 개체적인 자아(自我)를 실체의 것으로 믿고 집착해 자기중심의 한정된 이론 체계를 벗어나지 못하는 부류들과는 도통 말이 통하지 않지만, 정히 불민(不敏)한 자세를 보이는 이들에겐 언제든 이 '이수'가 팔자술(八字術)의 진가를 쾌도난마(快刀亂麻)식으로 각인시킬 뜻이 있다. 부디 허구를 진실로 믿지 말고, 한 번쯤 돌이켜 명학(命學)의 기본부터 제대로 복기하기 바란다."

한 마디로 검증되지 않은 술(術)과 도(道)는 의미가 없다. 세사(世事)를 간파(看破)하는........중략..........

"고래(古來)로 대부분의 인사들은 팔자명리(八字命理)를 잘 알지 못했다. 자평(子平)의 동호인(同好人)이나 평범한 학인(學人)으로 머문다면 모르되, 이른바 현장 술가(術家)라면 마땅히 팔자(八字)의 오의(奧義)에 통해야 한다. 그런데 강호(江湖)와 강단(講壇)을 묶어, 대개 사학(斯學)을 연구하는 학자들은 명리(命理)를 단지 '오행(五行) 생극제화(生剋制化)'의 이법(理法)적 틀에 국한된 시각을 견지하거나 이해하기 일쑤다. 이토록 명리(命理)를 인식하는 수준이 낮으므로 명술(命術)의 다양한 기법을 수렴하기란 거의 불가능한 얘기가 된다. 기초적인 자평술(子平術)이나 두수(斗數) 또 이를 병용하는 성평합참(成平合參), 그리고 명학(命學)의 최고봉으로 치는 철판신수(鐵板神數)나 복(卜)의 태을(太乙)에 이르기까지 나름대로 일가견을 피력한들, 명리(命理)에 정통하지 않다면 양두구육(羊頭狗肉)이 그럴듯한 바에 지나지 않는다. 오랫동안 동양술학계에는 수많은 문파(門派)와 유파(流派)들이 존재해 왔지만, 아직껏 성숙한 환경을 구축하지 못했다. 한 마디로 학문적 위상에 걸맞는 대접을 받지 못한다. 원인은 자못 간단하다. 학문적인 원칙이 불분명하고, 지식이 온전치 않기 때문이다. 까닭에 지금껏 '명학의 학습 과정'이나 '술(術)의 실전 간명(看命) 순서'조차 바르게 설명되지 못하는 현실이다. '체용(體用)을 분간하는 용법(用法)'부터 정리가 되지 못했으므로 한 마디로 '펀더멘털'의 부재 상황이라 할만하다. 이를테면 '자평진전(子平眞詮)'과 '난강망(欄江網)'은 체신(體神)의 영역에 집중된 이론을 전개하는 고서(古書)임에도 불구하고, 이를 통해 세월(歲月)의 희용(喜用)을 구하려는 우(愚)를 범한다. '적천수(滴天髓)'를 더한 사주학(四柱學)의 3대 텍스트 각각을 바르게 회득(會得)하지 못하므로 팔자명리의 근간을 일관되게 관통하는 지식체계를 견지하지 못한다. 무릇 팔자학을 학습하는 이라면 '이기(理氣)와 체용(體用), 기질(氣質)' 등의 기본 개념을 확고히 다진 연후, 제 것을 만들어야 비로소 천박하지 않은 진정한 팔자술(八字術)을 구사할 수 있는 것이다. 그러므로 명리(命理)의 '이법(理法)과 기학(氣學)'을 온전하게 이해하지 못하면 더한 학문이 사상누각(砂上樓閣)에 그치고 만다. 자평(子平)의 고법(古法)과 신법(新法)은 대부분 체(體)를 축으로 한 이론 체계로 구성되어 있다. 반면 근자의 선진 명학(命學)은 용(用)의 영역인 '오운육기(五運六氣)의 물상법(物象法)'과 '형충회합(刑沖會合)의 실기(實技)' 분야로 확장해 가는 추세를 보이고 있다. 혹자는 자평(子平)은 실성(實星)이요, 두수(斗數)는 허신(虛神)으로 대립 보완적인 관계를 논하기도 하는데, 이 또한 몰라서 하는 얘기다. 명리(命理)의 고급 기법은 허(虛)와 실(實)을 다 같이 포괄하고 수렴한다. 고전(古典)으로 기초(基礎)를 다지고, 이후 명술(命術)의 각론, 선진 기법을 익혀 이를 자유자재로 운용하는 묘법(妙法)을 체득해야만 비로소 '팔자술'의 마스터로 부상하게 되는 것이다."

학습자들은 항상 아집(我執)과 견강부회(牽强附會)를 경계해야 한다. 아울러 명학(命學)에 뜻을 둔 이상, 확고한 지식체계와 원칙을 세우는 노력을 게을리 해선 안 된다. 적당히 타협하거나 포기할 근기(根氣)라면 실은 지체 없이 진로를 바꾸는 게 좋다. 모르면서 안다고 착각하지 말고, 늘 겸손하며 삼가는 태도로 학습에 정진한다면 머지않아 명리(命理)를 온전히 깨칠 것이다. 스스로 혼들리지 않는 지경에 이르러 강호(江湖)로 나서라. 그러면 세인(世人)들의 존경을 한 몸에 받게 된다. 술법(術法)의 시대인 21세기는 필시 동양의 예측술(豫測術)이 대중의 기대와 주목, 찬사를 받게 될 것이다. 그러니 즐겁게 배우고 익혀 나가길 바란다.

'난강망마스터리'의 서문은 위와 같이 종합격투기 얘기로 시작해서 대중들과 호흡하는 동양의 예측술로 마무리를 짓고 있다. 저자는 난강망欄江網을 저술하면서 격국론과 조후론이 상충이 야기할 독자들의 혼란에 대해 꽤나 걱정을 한 듯 싶다. 그래서 그는 '인트로' 편에서 외격 일체를 포함한 격국 전체에 대한 리뷰를 피력하고 있다. I 권에서는 거의 이 부분에 지면의 할애가 이뤄졌다. 격국에 관한 내용은 직전에 출간된 '적천수적요해설'에서 다뤄진 내용이다. 이것이 굳이 '난강망마스터리'에서 한 번 더 반복될 이유가 있었을까? 아마도 저자는 '난강망마스터리'를 온전한 하나의 텍스트로 세울 의도를 지녔던 것 같다. 마치 '자평진전리뷰'에서 그토록 강조했던 체용 분할을 한 번 더 요약해 둔 것과 취지가 같다. 이제 '마스터리'에서 요약해 둔 격국의 내용을 한번 살펴보겠다. 다만 여기에서 다룬 암충암합暗沖暗合을 포함한 잡격雜格 편은 후에 '팔자허자론'을 통해 보다 심층 깊게 다루고 있으므로 이 부분은 생략한다.

■ 격국(格局)

팔자학(八字學)의 중급 단계에 들어서면 일반 내격(內格)뿐만 아니라 외격(外格)의 용법(用法)에도 익숙해져야 한다. 많은 학인들이 아직 격국(格局)의 구분과 진가(眞假)를 가리는 법에 서툴다. 이렇게 외형을 구분하는 기준조차 모호하면 팔자술(八字術) 실전의 적중률을 기대하기 어렵고, 진정한 명리(命理)를 논할 수 없다. 오늘날 격(格)을 정하는 원칙으로 비교적 '오소독스'한 논리로 받아들여지는 내용은 '진소암'의 설(說)로 대강의 요지는 다음과 같다.

“격(格)이 참된 것은 월지(月支)의 장간(藏干)이 천간(天干)에 투출(透出)한 것이다. 천간(天干)에 있는 것이 월지(月支)에 뿌리를 내리지 않았다면 격(格)을 이루었다고 할 수 없다. ‘정관(正官), 편관(偏官), 정재(正財), 편재(偏財), 식신(食神), 상관(傷官), 인수(印綬), 편인(偏印)’의 정격(正格) 팔격(八格) 이외에, 월지(月支)가 건록(建祿)이나 양인(陽刃)이면 정격(正格)이 아니다. 곡직격(曲直格), 종혁격(從革格), 염상격(炎上格), 가색격(稼穡格), 윤하격(潤下格) 등의 다섯 가지 격(格)은 방국(方局)과 기상(氣象)으로 정한 것이니 정격(正格)이 아니다. 그 밖의 비천록마격(飛天祿馬格)이나 합록격(合祿格)과 같은 잡격(雜格)이 있는데, 암충암합(暗沖暗合) 등으로 정해지는 격(格)의 유형은 격국(格局)이라고 하기에 무리가 있다. 사시(四時)에 태어난 경우는 잡기재관격(雜氣財官)으로 논하지 말고 土를 취하여 일간(日干)과의 관계를 살펴 격(格)으로 삼으면 그만이다. 이때도 마찬가지로 장간(藏干)의 투출(透出) 여부를 가려 격(格)을 정하면 되므로 굳이 잡기(雜氣)라는 이름을 붙일 필요는 없다. 월지(月支)가 비견(比肩)이나 겁재(劫財)면 월지(月支)의 장간(藏干)이 천간(天干)에 투출(透出)하면 그것의 육신(六神)으로 격(格)을 잡는다. 무릇 용신(用神)을 정할 때는 팔자의 대세(大勢)을 따져 판단해야지, 격(格)에 집착해서는 안 될 것이다.”

‘진소암’의 견해는 ‘자평진전’과 ‘적천수’의 격국론(格局論)을 융합, 통일시킨 것으로 ‘서락오’에 이르기까지 대세로 굳어졌다. 특히 용신(用神)을 언급한 대목에서는 팔자의 강약(强弱), 즉 대세(大勢)를 가려 취하는 부억(扶抑)을 위주로 논했으므로 ‘서락오’에게 끼친 영향이 적지 않음을 살필 수 있다. 잡격(雜格) 일체를 부정하는 관점 또한 최근에 이르기까지 정통적인 이론으로 받아들여졌다. 그러나 명쾌하고, 시원스럽다 해서 곧 정론(正論)을 뜻하지는 않는다. 격국(格局)을 구분할 때도 체용(體用) 분할의 연장선상에서 그것이 이루어진다. ‘진소암’은 이점을 간과했고, 바로 지난해까지만 해도 개선되지 않은 셈이다. 예컨대 종격(從格)에는 진종(眞從)과 가종(假從)이 있다. ‘진소암’은 방국(方局)과 기상(氣象)의 요건을 충족하는 진종

(眞從)만을 거론하고 있는데, 방국(方局)의 요건이 결여된 가종(假從)도 종격(從格) 일반과 희기(喜忌)를 같이하는 '필드'가 있고, 또한 다른 점이 있다. 종아(從兒)를 예로 들어 간단하게 설명해보겠다.

구분	八字 유형	大運喜忌 용법	歲月 喜忌 용법
眞從	甲癸乙□ □卯亥□	木火 東南運을 기뻐하고, 金水 西北向을 꺼린다	木火 - 喜 土金水 - 忌
假從	甲癸乙□ □□亥□	일반 內格과 마찬가지로 用 法을 취한다	木火 - 喜 土金水 - 忌

이와 같이 진종(眞從)과 가종(假從)은 같은 점이 있고, 다른 점이 있다. 진정한 종아격(從兒格)이란 팔자(八字)의 식상(食傷)이 기세(氣勢)를 득(得)하고 지지(地支)의 회국(會局)을 이룬 것을 말한다. 진종(眞從)이 구성되면 대운(大運)에 의해 격국(格局)이 변격(變格)되는 법이 없고, 대운(大運)과 세월(歲月)을 막론하고 종신(從神)에 따라 희기(喜忌)를 취하는 법이 같은 것이다. 반면 방국(方局)을 얻지 못하고, 기세(氣勢)만 얻은 경우에도 일단 종격(從格)으로 구분하게 되는데 이때가 바로 가종(假從)이다. 가종격(假從格)은 대운(大運)에서 일반 내격(內格)과 마찬가지로 성격(成格)되기도 하고, 변격(變格)되기도 하면서 격국(格局)의 성패(成敗)가 좌우된다. 반면 세월(歲月)의 희기(喜忌) 용법은 진종(眞從)과 마찬가지로 종신(從神)을 따르는 것이다. 한마디로 '진소암'은 체(體: 대운)와 용(用: 세월)의 구분에 따라 같고, 달라지는 격국(格局)의 이치를 몰랐다. '서락오'도 '적천수보주'로 완성된 체용론(體用論)에서 이점을 간과했다. 이후 체용(體用) 용법의 분할에 따라 격국(格局)을 세분하는 이론은 더 이상 진전되지 못하고, 오히려 고법(古法) 시대보다 퇴보된 결과로 이어졌다. '서락오'의 이론체계에 가장 부정된 관점을 피력하는 투파(透派) 역시 체용론(體用論)을 진보시키지 못하고 각론(各論)의 오류만 지적하는 현상만 보였을 뿐이

다. 체용(體用)을 간과하고 격국(格局)을 구분하는 원칙은 바로 세워지지 않으므로 오늘날 종화(從化)의 외격(外格) 자체를 부정하는 부류마저 탄생시켰다. 이는 명리(命理)를 너무 몰라서 나타나는 현상이다.

잡격(雜格) 일체를 부정한 대목도 체용(體用)을 이해하지 못한 결과다. 가령 암충암합격(暗沖暗合格)은 대운(大運) 체신(體神)의 영역에서는 일반 내격(內格)과 같은 이치로 적용된다. 팔자(八字)에 재관(財官)이 없다가 대운(大運)에서 재관(財官)을 보게 되면 일반 내격(內格)과 같이 재관(財官)을 용(用)하여 성격(成格)되기도 하는 것이다. 이런 현상을 두고 "전실(塡實)되었는데 왜 흉(凶)하지 않는가"라고 주장한다면 잡격(雜格)이 왜 잡격(雜格)인지도 몰라서 하는 얘기다. 잡격(雜格)이 전실(專實)로 인해 불리해지는 현상은 세월(歲月) 용(用)의 영역에서만 한정되는 얘기다. '진소암'이 암충암합(暗沖暗合)의 무용론(無用論)을 펼치며 실례로 든 팔자(八字)의 설명도 대운(大運)과 세월(歲月)의 체용(體用) 용법의 차이를 구분하지 못하는 무지(無知)를 여실히 드러낸 바에 지나지 않는다. '심효첨'도 그러했고, 당시의 대가(大家)들은 체용(體用) 분할 지식의 한계를 보였다. 근세(近世) '서락오'에 이르러 체용론(體用論) 일반은 진전되었지만, 혁신(革新)은 이뤄지지 않았고 이제야말로 3세기 동안의 정체를 벗어나는 선진 이론 체계를 구축하는 때에 이른 것이다. 팔자학(八字學)의 변혁(變革) 역사는 과거에도 그러했다. 결론적으로 대운(大運)과 세월(歲月)의 체용(體用) 구분이 적확하지 않으면 팔자(八字)의 격국(格局)은 내격(內格)과 제한된 외격(外格)으로 밖에 구분될 수 없다. 그러나 대운(大運)과 세월(歲月)의 용법(用法)을 구분하면 외격(外格)은 진가(眞假)와 잡격(雜格)으로 한층 더 세분화되기 마련이다. 외격(外格)은 희기(喜忌)의 용법이 특수하므로 반드시 가려 취함이 마땅하다.

격국(格局) 구분의 기준

격국(格局)를 구분하는 기준과 명칭에 대해 확실히 해둘 필요가 있다. 선학(先學)들의 설명에서 약간 미진한 부분이나 견해의 차이가 나타나기 때문이다. 격(格)을 정하는 것은 추명술(推命術)의 첫 관문과 같으므로 대강 넘어갈 대목이 아니다. '팔자술 파이널블로'를 통해 최종적으로 수립된 격국(格局) 구분의 내용을 살펴보겠다.

1. 격(格)을 대략 양분하면 내격(內格)과 외격(外格)으로 구분된다.

內格	月支에 근거해서 정해지는 格局
外格	月支 이외의 요소가 작용해서 정해지는 格局

내외(內外)란 격(格)을 "월지(月支) 안(內)에서 구하느냐, 아니면 밖(外)에서 구하느냐"로 구분되는 개념이다. 엄격하게는 월지(月支) 이외의 요소가 작용해서 정해지는 격(格)이 외격(外格)이 된다.

2. 부억(扶抑)의 일반적 법칙의 적용 여부에 따라 정격(正格)과 변격(變格), 별격(別格)으로 구분된다.

正格	强하면 剋洩하고, 弱하면 扶助하는 格局	內格
變格	한쪽의 氣勢로 從하는 格局	從格
別格	일반적 扶抑 喜忌 관계의 틀을 벗어나는 格局	化格, 祿刃格, 兩神成象, 一行得氣 등

보통 팔자(八字)는 강약(强弱)에 따라 인비(印比)를 기뻐하거나 식재관(食財官)을 기뻐하거나 둘 중 하나의 현상으로 귀착된다. 이와 같이 양분되는 희기군(喜忌群)의 경계를 넘어서면 별격(別格)으로 분류하게 된다. 가령 상생(相生)의 양신성상격(兩神成相格)은 비식(比食)을 기뻐한다. 비겁(比劫)과 식상(食傷)을 공히 기뻐하는 현상은 '인비(印比) 대 식재관(食財官)'으로 구분되는 일반적 틀을 넘어선 것으로 별격(別格)에 속하는 것이다. 한편 '자평진전'은 대운(大運)에 의해 격국(格局)의 성패(成敗)가 달라지는

현상을 두고 변격(變格)으로 표현하는데, 위의 변격(變格)과 의미를 혼동해선 곤란하다.

구분	유형	體用 용법
外格	眞從, 眞化, 一行得氣, 從氣, 兩神成相, 三象	大運과 歲月의 喜忌가 같음
	假從, 假化	大運의 喜忌 취용은 內格과 동일, 歲月의 喜忌는 從神과 化神 위주
雜格	暗沖暗合 ☝ 八字에 없는 財官을 허공에서 불러 쓰는 격	大運의 喜忌 취용은 內格과 동일, 歲月의 喜忌는 塡實과 刑沖 기피
	祿貴刃虛 ☝ 地支의 어느 특정한 글자가 傷害되는 것을 기피하는 격	大運의 喜忌 취용은 內格과 동일, 歲月은 특정 地支의 글자 刑沖 기피

3. 외격(外格)은 팔자(八字) 원국(元局)에서 정해지는 격(格)과 세월(歲月)의 용법(用法)으로 구분되는 격(格)이 있다. 전자는 기세(氣勢)와 방국(方局)으로 논하고, 후자는 팔자(八字)의 구성과 허자(虛字)로 논한다. 편의상 전자는 외격(外格), 후자는 잡격(雜格)으로 구분한다.

'자평진전'은 외격(外格) 전체를 잡격(雜格)으로 취하고, 여타의 서책은 일반적 외격(外格)의 형태를 벗어난 경우에 잡격(雜格)을 쓴다. 명리(命理)의 3대 텍스트는 '난강망'과 '자평진전'이 일부 내용을 수용한 반면, '적천수' 잡격(雜格)을 취하지 않았다. 한편 하나의 격국(格局)이 어느 한 가지 형태의 격(格)으로 분류되지 않는 경우도 있다. 가령 양인격(陽刃格) 같은 경우에 팔자(八字)의 관살(官殺)을 용(用)하면 내격(內格)으로 분류되고,

관살(官殺)이 없으면 별격(別格)으로 분류된다. 이때 지지(地支)의 인(刃)은 글자 자체가 화난비수(禍難悲愁)의 작용과 관련이 깊으므로 유독 이 글자가 형충(刑沖)됨을 기피하기에 잡격(雜格)으로 분류하기도 한다. 재차 강조하건대, 지지(地支) 형충(刑沖)의 불리한 작용력은 체신(體神)의 '필드'인 대운(大運)에서는 거론하지 않고, 동적(動的)인 용(用)의 '필드'인 세월(歲月)에서만 논하는 것이다. 따라서 잡격(雜格) 일체는 모두 세월(歲月)의 범주에서 희기(喜忌)를 조율하는 것이다.

외격(外格) 체용(體用) 논법

전항에서 이미 진종(眞從)과 가종(假從)의 차이를 설명한 바 있는데, 이번에는 화격(化格)을 예로 체용(體用)의 용법을 달리하는 바에 대해 살펴보겠다. 먼저 화격(化格)의 두 가지 유형을 예시한다.

구분	八字(팔자) 유형
眞化(진화)	□丁壬□ □卯寅辰
假化(가화)	□壬丁□ □□卯□

이상은 모두 화격(化格)으로 화신(化神) 木에 순응(順應)하는 水木火의 운(運)을 기뻐한다. 丁日 생(生)은 방국(方局) 목국(木局)을 얻어 진화(眞化)로 대운(大運)과 세월(歲月)을 막론하고 희신(喜神)이 같다. 반면 기세(氣勢)만 얻은 壬日 생(生)은 가화격(假化格)으로 세월(歲月), 용(用)의 영역에서만 水木火 운(運)을 기뻐할 뿐 대운(大運)에서는 운(運)의 간지(干支) 작용에 따라 격(格)이 변한다. 그러므로 丁日 생(生)은 팔자(八字) 원국(元局) 차체로 귀(貴)를 논할 수 있지만, 壬日 생(生)은 팔자(八字) 자체로는 귀(貴)를 논할 수 없고, 대운(大運)에 따라 귀천(貴賤)이 갈리는 것이다. 만일 대운(大運)의 亥를 만나면 목국(木局)이 되어 진화(眞化)로 변

모하므로 성운(盛運)을 맞이하기 쉽다. 다른 경우로 가령 壬申日에 대운(大運)에서 경운(庚運)을 맞이했다고 치면,

□ 壬-丁 □ ← 庚
□ 申 卯 □

일반 내격(內格)과 같이 희기(喜忌)를 취하므로 상관패인(傷官佩印)으로 변격(變格)되는 것이다. 이때 용신(用神) 庚金 인수(印綬)는 丁火에 의해 상(傷)하므로 성중유패(成中有敗)의 불리한 상황을 시사한다.

종격(從格)이나 일행득기(一行得氣)도 보는 법이 마찬가지다. 진가(眞假)를 가려 대운(大運)과 세월(歲月)을 보는 법을 달리 적용하면 실상에서 어긋남이 없을 것이다.

'자평진전' 격국론(格局論)

추명술(推命術)은 대개 먼저 팔자(八字) 오행(五行)의 세력(勢力)을 살펴 성격(成格) 유무로 격국(格局)의 귀천(貴賤)을 가리고, 다음으로 기후(氣候)를 본다. 이러한 순서에 구애됨이 없이 팔자(八字)의 기세(氣勢)를 동시에 살펴 격(格)의 고저(高低)를 분별하게 되면 어느 정도 팔자(八字)를 보는 수준에 오른 것이다. 이상으로 팔자(八字) 원국(元局)의 귀천(貴賤)를 가린 다음, 부억(扶抑)을 위주로 세월(歲月)의 성패(成敗)와 희기(喜忌)를 가늠하고, 형충회합(刑沖會合)과 물상(物象) 전반의 실전 테크닉으로 성패(成敗)의 변이(變移)와 득실(得失) 유무를 정확하게 추리해 나간다. 팔자술(八字術)의 '마스터'란 세사(世事)의 이치(理致)에 통(通)한 인사를 이르는 말인데, 이는 궁극적으로 학문(學文)과 수반된 경험(經驗)으로 도달할 수 있는 경계다. 한 마디로 팔자(八字)의 연구(硏究) 과정에는 신공(神工)이 전제되지 않는다. 그러므로 먼저 오행(五行)의 생극제화(生剋制化)를 근간으로 하는 이법(理法) 체계에 따른 '자평진전'의 '격국(格局) 성패(成敗)'부

터 가릴 줄 알아야 한다. 또 성격(成格)과 파격(破格)의 기본 유형으로 귀천(貴賤) 일반을 파악한 연후에는 재차 성격(成格)이 파격(破格)되고, 파격(破格)이 성격(成格)으로 귀결(歸結)되는 상황을 분별해야 한다. 성중유패(成中有敗)는 대기(帶忌)라 해서, 필시 꺼리는 성분이 곁에 있기 때문이고 패중유성(敗中有星)은 구응(救應)이 있는 것인데, 팔자(八字) 원국(元局)에서뿐만 아니라, 대운(大運)의 간지(干支) 작용에 의해서도 변격(變格)되므로 잘 살펴야 한다. 이상의 과정이 팔자(八字), 체신(體神)의 성패(成敗)를 가리는 첫 단계다.

그런데 팔자(八字)의 변화는 하나가 아니다. 애초에 성격(成格)과 파격(破格)으로 나눠지나 그 변화를 헤아리기는 수월치 않다. 성격(成格)이 파격(破格)으로 변화고 파격(破格)이 성격(成格)으로 변하는 기묘함이 있기 때문이다. 예컨대 상관(傷官)이 재성(財星)으로 변하면 성격(成格)이 된다. 이를테면 辛金 일간(日干)이 亥月에 나서 지지(地支)에 卯未가 있다면 재격(財格)으로 성격(成格)된다. 그러나 천간(天干)에 다시 칠살(七殺) 丁火가 투(透)했다면 재(財)가 살(殺)을 생(生)하여 다시 파격(破格)이 된다. 이런 경우를 성득패의(成得敗矣)라 한다. 반대로 파격(破格)이 다시 성격(成格)으로 변하는 패득성의(敗得成矣)의 유형도 적지 않다. 이를테면 辛金 일간(日干)이 戊戌月에 나서 年干에 정관(正官) 丙火가 있고 시간(時干)에 壬水가 있다면 壬水 상관(傷官)이 월간(月干) 戊土에 의해 제극(制剋)당하므로 멀리 이격되어 있는 丙火를 극(剋)할 수 없게 된다. 이때 상관(傷官) 壬水는 오히려 일주(日柱)의 왕성한 기운을 설기(洩氣)하는 좋은 작용을 한다. 또 양인격(陽刃格)에 칠살(七殺)과 식신(食神)이 모두 있으면 본래는 파격(破格)이다. 그런데 庚金 일간(日干)이 丁酉月에 나서 년간(年干)에 丙火가 있고 시간(時干)에 壬水가 있다면, 합관류살(合官留殺)되어 살인격(殺刃格)이 맑아진 셈으로 패득성의(敗得成矣)가 된다. 아무튼 팔자(八字)의 성격(成格)과 파격(破格)을 가리고 변화를 살피는 과정은 명리(命理) 학습의 기초가 되므로 '자평진전'의 초기 학습이 필요한 것이다.

▪ 팔자(八字)의 성격(成格)과 대기(帶忌)

정관격(正官格)이 재(財)와 인수(印綬)를 보면서 형충파해(刑沖破害)가 없으면 정관격(正官格)이 성격(成格)된 것이다. 재격(財格)이 정관(正官)을 보아 재왕생관(財旺生官)이 되거나, 혹은 식신(食神)이 재(財)를 생(生)하면서 신강(身强)하고 비견(比肩)이 있거나, 혹은 인수(印綬)가 투출(透出)하고 그 위치가 적절하여 재인(財印)이 서로 극(剋)하지 않으면 재격(財格)이 성격(成格)된 것이다. 인수격(印綬格)에 인수(印綬)가 경(輕)한데, 칠살(七殺)이 있어서 약한 인수(印綬)를 생(生)하거나, 혹은 관인쌍전(官印雙全)하거나, 혹은 신인양왕(身印兩旺)한데 식상(食傷)을 써서 설기(洩氣)하거나, 또은 인수(印綬)가 많은데 재(財)가 천간(天干)에 투출하고 재(財)의 뿌리가 약한 것 등은 모두 인수격(印綬格)이 성격(成格)된 것이다. 식신격(食神格)이 식신생재(食神生財)가 되거나, 혹은 식신(食神)과 칠살(七殺)이 있고 재(財)가 없거나, 식신(食神)을 버리고 칠살(七殺)을 취해야 할 경우에 인수(印綬)가 투출(透出)하게 되면 식신격(食神格)이 성격(成格)된다. 칠살격(七殺格)은 식신(食神)으로 제복(制伏)하거나, 상관(傷官)으로 화살(化殺)해야 성격(成格)된다. 상관격(傷官格)은 재(財)가 있거나, 혹은 상관(傷官)이 왕성(旺盛)한데 상관패인(傷官佩印)이 되면서 인수(印綬)가 지지(地支)에 통근(通根)한 것, 또는 상관(傷官)이 왕(旺)하고 신약(身弱)한데 칠살(七殺)과 인수(印綬)가 동시에 투(透)한 것, 그리고 칠살(七殺)만 있고 재(財)가 없을때 상관격(傷官格)이 성격(成格)된다. 양인격(陽刃格)에 관살(官殺)이 투출(透出)하고 재(財)와 인수(印綬)가 드러나 있으면서 상관(傷官)이 없으면 양인격(陽刃格)이 성격(成格)된 것이다. 건록격(建祿格)과 월겁격(月劫格)은 관(官)이 투(透)하고 재(財)와 인수(印綬)가 있는 것, 재(財)가 투(透)하고 식상(食傷)이 있는 것, 칠살(七殺)이 투(透)하고 제복(制伏)된 경우에 록겁격(祿劫格)의 성격(成格)을 논한다.

성격(成格)이 다시 파격(破格)으로 귀결되는 유형은 필시 꺼리는 성분의 글자가 곁에 있기 때문이다. 이를 대기(帶忌), 즉 성중유패(成中有敗)라 하고 다음의 형태로 요약할 수 있다. 정관격(正官格)이 재(財)를 만나 성격(成格)되었다고 해도 팔자(八字)에 상관(傷官)이 있거나 또는 투(透)한 관(官)이 합(合)된 경우다. 재격(財格)이 정관(正官)을 생(生)하는데 상관(傷官)이 있어 정관(正官)을 파괴하거나, 정관(正官)이 합거(合去)되는 경우다. 인수격(印綬格)에 식신(食神)이 투(透)하여 설기(洩氣)하는 용신(用神)을 삼을 때 재(財)가 노출(露出)되었거나, 또는 칠살(七殺)이 투(透)하여 인수(印綬)를 생(生)하고 있는데 다시 재(財)가 투(透)하여 인수(印綬)가 파괴되고 칠살(七殺)만 남는 경우다. 식신격(食神格)에 칠살(七殺)과 인수(印綬)가 있는데 또다시 재(財)가 있는 경우다. 칠살격(七殺格)이 식신(食神)의 제복(制伏)을 받는데 다시 인수(印綬)가 있는 경우다. 상관격(傷官格)으로 재(財)를 생(生)하는데 재(財)가 합거(合去)되거나, 인수(印綬)가 용신(用神)인데 인수(印綬)가 파괴된 경우다. 양인격(陽刃格)에 투(透)한 정관(正官)이 파괴되거나, 칠살(七殺)이 투(透)했으나 칠살(七殺)이 합(合)된 경우다. 록겁격(祿劫格)에 투(透)한 정관(正官)이 상관(傷官)을 보거나, 재(財)가 투(透)하고 다시 칠살(七殺)이 투(透)한 경우다.

★ 성격(成格) '포맷'과 성중유패(成中有敗)

格(격)	成格(성격)	構成 要件(구성 요건)	成中有敗(성중유패)
財格(재격)	財旺生官(재왕생관)	身强(신강)	財旺生官而又逢傷(재왕생관이우봉상), 官逢合(관봉합)
	財格透印(재격투인)	財印兩不相剋(재인양불상극)	
	財逢食傷(재봉식상)	身强帶比(신강대비)	
正官格(정관격)	正官用財(정관용재)	身强而無刑衝破害(신강이무형충파해)	正官逢財而又逢傷(정관봉재이우봉상)
	正官佩印(정관패인)	無刑衝破害(무형충파해)	
	官逢財印(관봉재인)	無刑衝破害(무형충파해), 財印兩不相剋(재인양불상극)	透官而又逢合(투관이우봉합)

印綬格(인수격)	印逢官殺(인봉관살)	印輕逢煞(인경봉살), 官印雙全(관인쌍전)	透財去印存煞(투재거인존살)
	印多用財(인다용재)	財透根輕(재투근경)	
	印用食傷(인용식상)	身印兩旺(신인양왕)	遇財露(우재노)
	偏印透食(편인투식)	身印兩旺(신인양왕)	遇財露(우재노)
食神格(식신격)	食神生財(식신생재)	身强(신강)	
	食神帶殺(식신대살)	無財(무재), 三子皆備(삼자개비)	逢財(봉재)
	棄食就殺(기식취살)	印透(인투)	逢財(봉재)
	食多用印(식다용인)	身弱食旺(신약식왕)	逢財(봉재)
七殺格(칠살격)	殺用食制(살용식제)	身强(신강)	逢印(봉인)
	殺格用印(살격용인)	身弱(신약)	
	身殺均停(신살균정)	身强(신강)	
	殺格逢刃(살격봉인)	日時支刃(일시지인)	
傷官格(상관격)	傷官佩印(상관패인)	傷官旺(상관왕), 印有根(인유근)	印遭傷(인조상)
	傷官生財(상관생재)	身强(신강)	財逢合(재봉합)
	傷官殺印(상관살인)	身弱而透煞印(신약이투살인)	
	傷官駕殺(상관가살)	無財(무재)	
祿劫格(록겁격)	祿劫用官(록겁용관)	逢財印(봉재인)	官逢傷(관봉상)
	祿劫用殺(록겁용살)	遇制伏(우제복)	
	祿劫用財(록겁용재)	逢食傷(봉식상)	財逢煞(재봉살)
	祿劫食傷(록겁식상)	唯春木之木火通明而秋(유춘목지목화통명이추) 金之金水相涵(금지금수상함)	
陽刃格(양인격)	陽刃露殺(양인로살)	無食傷(무식상)	殺被合(살피합)
	陽刃用官(양인용관)	露財印(노재인)	官被傷(관피상)

▪ 팔자(八字)의 파격(破格)과 구응(救應)

정관격(正官格)이 상관(傷官)으로부터 극(剋)을 당하거나, 월지(月支)가 형충(刑沖)이면 파격(破格)이다. 재격(財格)에 재(財)가 경미하고 비겁(比劫)이 많거나, 재(財)가 투(透)하고 칠살(七殺)이 있으면 파격(破格)된다. 인수격(印綬格)에 인수(印綬)가 경(輕)한데 재(財)를 보거나, 신강(身强)하고 인수(印綬)가 중(重)한데 칠살(七殺)이 투(透)하면 파격(破格)이다. 식신격(食神格)에 식신(食神)이 효신(梟神)을 만나거나, 재(財)와 살(殺)이 모두 있으면 파격(破格)이다. 칠살격(七殺格)에 칠살(七殺)이 재(財)를 보고 식신(食神)의 제복(制伏)이 없으면 파격(破格)이다. 금수상관(金水傷官)을 제외하고 정관(正官)이 있는 상관격(傷官格)과, 상관생재(傷官生財)가 되면서 칠살(七殺)이 있는 것, 그리고 상관(傷官)은 미약한데 신왕(身旺)하고 인수(印綬)가 있는 것은 모두 상관격(傷官格)이 파격(破格)된 것이다. 양인격(陽刃格)에 관살(官殺)이 없으면 파격(破格)이다. 록겁격(祿劫格)에 재관(財官)이 없거나, 살인(殺印)이 같이 투(透)한 것은 파격(破格)이다.

파격(破格)이 다시 성격(成格)으로 정의되는 유형은 필시 구응(救應)이 있기 때문이다. 패중유성(敗中有成)은 다음의 형태로 요약할 수 있다. 정관격(正官格)에 정관(正官)이 상관(傷官)을 보았지만, 인수(印綬)가 있어 상관(傷官)을 제(制)하는 것, 관살(官殺)이 섞였는데 합살(合殺)하여 사주(四柱)가 맑아지는 것, 형충(刑沖)이 있어도 회합(會合)으로 이를 해소하는 경우다. 재격(財格)에 재(財)가 겁재(劫財)를 만났는데 식신(食神)이 투(透)하여 겁재(劫財)를 화(化)하거나, 정관(正官)이 있어 겁재(劫財)를 제(制)하는 것, 칠살(七殺)을 만났을 때 식신(食神)이 제살(制殺)하거나 합살(合殺)하여 재(財)가 살아남는 경우다. 인수격(印綬格)에 인수(印綬)가 재(財)에 의해 파괴되었는데 겁재(劫財)가 있어 이를 해소하거나, 재합(財合)하여 인수(印綬)가 남는 경우다. 식신격(食神格)에 식신(食神)이 편인(偏印)을 만났는데 칠살(七殺)이 있어 기식취살(棄食就殺)로 성격(成格)되거나, 식신(食神)이 편인(偏印)을 만났는데 재(財)가 편인(偏印)을 파괴하여 식신(食

神)을 보호하는 경우다. 칠살격(七殺格)에 칠살(七殺)을 식신(食神)이 제복(制伏)할 경우, 인수(印綬)가 있으면 재(財)로써 인수(印綬)를 제거하여 식신(食神)을 남기는 경우다. 상관격(傷官格)에 상관(傷官)이 재(財)를 생(生)하는데 칠살(七殺)이 투(透)하면 칠살(七殺)이 합거(合去)되는 경우다. 양인(陽刃)이 관살(官殺)을 용(用)하는데 식상(食傷)이 관살(官殺)을 극(剋)하여 좋지 않을 때는 인수(印綬)가 식상(食傷)을 제(制)하여 관살(官殺)을 보호하는 경우다. 록겁격(祿劫格)에 정관(正官)을 용(用)하는데 상관(傷官)을 보아 파격(破格)되면 이때 상관(傷官)이 합거(合去)되거나, 재(財)를 용(用)하는데 칠살(七殺)이 투(投)하면 칠살(七殺)이 합거(合去)되는 경우다.

★ 파격(破格) '포맷'과 패중유성(敗中有成)

격 格	파격 破格	패중유성 敗中有成
재격 財格	재경비중 財輕比重	재봉겁이투식이화지, 생관이제지 財逢劫而透食以化之, 生官而制之
	재투칠살 財透七煞	봉살이식신제살이생재, 존재이합살 逢殺而食神制殺以生財, 存財而合殺
정관격 正官格	관봉상극 官逢傷剋	관봉상이투인이해지 官逢傷而透印以解之
	형충 刑沖	형충이회합이해지 刑衝而會合而解之
	관살혼잡 官殺混雜	잡살이합살이청지 雜煞而合煞而淸之
인수격 印綬格	인경봉재 印輕逢財	인봉재이겁재이해지, 합재이존인 印逢財而劫財以解之, 合財而存印
	신강인중이투살 身强印重而透煞	

식신격 食神格	식신봉효 食神逢梟	식봉효이취살이성격, 재이호식 食逢梟而就煞以成格, 財以護食
	생재노살 生財露煞	
칠살격 七殺格	칠살봉재 七煞逢財	
	칠살무제 七煞無制	
	식제인래호살 食制印來護殺	봉재이거인존식 逢財以去印存食
상관격 傷官格	상관비금수이견관 傷官非金水而見官	
	생재이대살 生財而帶煞	살봉합 煞逢合
	패인이상경신왕 佩印而傷輕身旺	
록겁격 祿劫格	록겁무재관 祿劫無財官	
	록겁투살인 祿劫透殺印	
	록겁용관우상 祿劫用官遇傷	상피합 傷被合
	록겁용재대살 祿劫用財帶煞	살피합 殺被合
양인격 陽刃格	양인무관살 陽刃無官煞	
	양인용관살대상식 陽刃用官殺帶傷食	인이호관살 印以護官殺

'인트로' 편에서 체용體用과 격국格局에 대한 요약은 앞에서 밝혔듯이 '자평진전리뷰'와 '적천수적요해설'에서 설명한 내용의 반복이라 할 수 있다. 다음으로 이어지는 십간十干과 조후調候에서 저자는 본격적으로 궁통보감窮通寶鑑을 해독하는 프레임워크를 제시한다. 이학理學과 기학氣學의 본질적인 문제부터 팔자를 종합적으로 판독하는 틀에 이르기까지를 수렴하는 것이다. 결론적으로 '인트로' 편을 통해 독자들이 '난강망마스터리'를 이해하는 안목과 자평명리 전체의 틀을 인식하는 보다 완전한 수준으로 끌어올린 것이다. 즉 이를 통해 책의 반은 읽었다고 볼 수 있도록 정리했다.

■ 십간(十干)

십간론(十干論)의 연원(淵源)은 '난강망'에 있다. 진정한 용신(用神)이란 세력(勢力)만 얻었다고 해서 족하지 않다. 득기(得氣)의 요건을 갖추어야 최상(最上)의 부귀(富貴)를 논할 수 있다. 이를테면 申月 甲木이 용신(用神)으로 삼은 庚金은 기세(氣勢)를 동시에 얻어 존신(尊神)이 되는 동시에 살인상생국(殺印相生局)을 지어 금수운(金水運)으로 향할 때 부귀(富貴)에 극(極)에 달한다는 것이다. 한 마디로 庚金은 팔자(八字)의 품격(品格)을 높이는 지표가 된다. 그렇다면 甲木과 庚金은 일단 좋은 관계의 십간(十干) 조합이라 할 수 있다. 이렇게 '난강망'이 거론하는 조후용신(調喉用神)은 거개 팔자(八字)의 강약(强弱)은 도외시하고 있다. 또 다른 예로 甲木과 丙火의 관계를 살펴보자. 이때는 일반적 오행(五行) 법칙이 통하지 않는다. 丙火는 甲木의 힘을 앗아가는 게 아니라, 오히려 생(生)하는 작용을 한다. 마찬가지로 甲木과 丙火도 좋은 관계의 십간(十干) 조합이 된다.

기(氣)후적 관점	丙火는 甲木을 生한다
이(理)법적 관점	甲木은 丙火를 生한다

'난강망'의 관점에서 보면 "甲木에 庚金이 좋은지, 丙火가 좋은지"의 여부는 전적으로 팔자(八字)의 기후(氣候)에 달린 것이다. 따라서 생월(生月)이 십간(十干)의 희기(喜忌)를 결정하는 관건이 된다. 그런데 팔자(八字)가 일간(日干)과 월지(月支), 조후용신(調喉用神) 삼자의 관계만으로 귀천(貴賤)이 가려질 수는 없는 법이다. 응당 팔자(八字) 전체의 세력(勢力)을 살피는 과정이 선행돼야 한다. 이 둘은 따로 떨어져 대립되는 개념이 아니라, 조화되어야만 마땅하다. 명리(命理)의 이법(理法)과 기학(氣學)은 결코 따로 분리하여 생각할 수 없는 문제다. 여타의 술수(術數)와 차별되는 명리(命理)의 특장(特長)은 한 마디로 이법(理法) 체계의 완성도에 있다고 말할 수 있는 것이다. '진소암'이 '적천수집요'를 통해 조율한 십간론(十干論)은

바로 이 같은 사유(思惟)를 통해 정립된 것이다. 甲木의 용법(用法)을 '난강망'과 '적천수'로 대별하여 살피면 다음과 같다.

구분	용신	조건
'난강망'	庚金	金水로 진기(進氣)하는 여름부터 가을철
	丙火	한기(寒氣)가 지배하는 겨울과 이른 봄철
'적천수'	庚金	신강(身强)하고, 팔자에 火가 있을 때
	丙火	신강(身强)하고, 팔자에 水가 있을 때

'난강망'에는 팔자(八字)의 강약(强弱)을 가리는 부억(扶抑) 개념이 흡수되어 있지 않지만, '적천수'는 체용(體用) 일반에서 부억(扶抑)의 잣대를 견지했다. 이로써 명리(命理)의 완성된 텍스트로 '적천수'를 꼽는 이들이 적지 않다. 庚金과 丙火는 '난강망'의 시각으로만 보면 조후용신(調候用神)이 되지만, '적천수'의 시각에서 보면 십간용신(十干用神)이 되는 것이다. 보통 이기(理氣) 한쪽만을 다룬 명서(命書)는 찾아볼 수 없다. 다만 전체적인 논리가 어느 한편으로 치우쳐 전개되고 있다는 얘기다. 따라서 균형적인 관점이나 완성도 면에서는 '적천수'의 가치가 빛난다고 볼 수 있다. 내용의 이기(理氣)별로 자평(子平)의 3대 텍스트를 구분하면 다음과 같다.

理法(이법)	氣候(기후)	理氣(이기)
子平眞詮(자평진전)	欄江網(난강망)	滴天髓(적천수)

예로부터 동양(東洋)에서는 기(氣)라는 광의의 개념을 사용하여 우주 만물의 존재와 운동을 설명했는데, 이것을 음양(陰陽)과 오행(五行)으로 구분해서 좀 더 구체적인 개념으로 발전시켰다. 명리학(命理學)의 전성기라 할 만한 송대(宋代)와 명대(明代)의 학자들에 의하여 성립된 학설인 성리학(性理學)은 자연, 인간, 사회의 존재와 운동을 이(理)와 기(氣)의 개념으로 설명했다. 기(氣)가 모이고, 흩어지는 것에 의해 우주만물이 생성, 소멸하는 관점에서 보면 기(氣)는 만물을 구성하는 요소라 할 수 있다. 반면 이(理)

는 만물 생성의 근원이 되는 정신적 실재로서 기(氣)의 존재 근거이며, 동시에 만물에 내재하는 원리로서의 기(氣)의 운동법칙이 되기도 한다. 성리학(性理學)에서는 "이와 기는 서로 떠날 수 없으나(理氣不相離: 이기불상리), 서로 섞이지도 않는다(理氣不相雜: 이기불상잡)"는 표현으로 이와 기의 상호관계를 설명한다. 우리나라에서는 고려 말 주자학의 영향으로 이기론(理氣論)이 등장한 이후 조선시대에 서경덕(徐敬德)의 태허설, 이언적(李彦迪)의 태극설을 거쳐 이황(李滉), 이이(李珥) 등에 의해 보편적 사회사상으로 대두되었다. '이황'은 특히 이(理)를 중시하여 이(理)와 기(氣)를 차별하는 관점을 취했는데, 즉 이기불상잡(理氣不相雜)을 강조하는 주리론(主理論)을 편데 반해, '이이'는 이와 기의 통일성, 즉 이기불상리(理氣不相離)를 강조하는 주기론(主氣論)을 전개하여, 이후 성리학(性理學)의 커다란 두 흐름으로 계승되었다.

결론을 내리겠다. '이황'과 '이이'를 통해 표출된 두 이견의 갈등은 이 또한 체용(體用)을 구분하여 적용하는 방법을 확정시키지 못한 바에 연유한다. 사물(事物)의 본체(本體: 體)는 이기불상리(理氣不相離)가 적용되고, 그 운동(運動: 用)은 이기불상잡(理氣不相雜)으로 나타난다. 이를 그대로 명리(命理)에 적용하면 다음과 같다.

체 體	용 用
이 기 불 상 리 理氣不相離	이 기 불 상 잡 理氣不相雜
팔 자 대 운 八字, 大運	세 월 일 시 歲月日時
격 국 성 패 길 흉 格局 成敗 吉凶	세 시 성 패 희 기 歲時 成敗 喜忌
기 후 세 력 氣候와 勢力 동시 고찰	세 력 부 억 勢力에 따른 扶抑이 관건

따라서 '자평진전'과 '난강망'은 세월(歲月)의 성패(成敗)를 가리는 용(用)의

영역이 아닌 팔자(八字) 격국(格局)의 성패(成敗)와 대운(大運)의 성격(成格)과 변격(變格)으로 길흉(吉凶)를 구분하는 체신(體神)에 한해 이론을 정립하고 있는 것이다. 즉 향후사의 대략을 논할 뿐 세월일시(歲月日時)의 세세한 희기(喜忌), 득실(得失)을 가리는 본격 추명술(推命術)은 기본 학습의 이후 단계라 할 수 있다. 즉 체신(體神)과 '체(體)의 용(用)'을 논하는 '베이식'란 얘기다. 현존하는 십간론(十干論)은 체용(體用)를 구분하여 보다 세밀하게 정리될 필요가 있다. 십간용신(十干用神)은 세월(歲月)의 희기(喜忌)를 분간하는 용(用)의 영역에서는 효용성이 떨어진다. 또한 형충회합(刑沖會合)과 오운육기(五運六氣), 물상(物象) 전반의 세세한 '테크닉'이 개입되면 의미 자체가 부실해지기 쉽다.

★ 팔자(八字) 체신(體神) 판독 3단계

區分(구분)	理論(이론)	用(용)	內容(내용)	'텍스트'
一線(일선)	五行論(오행론)	相神(상신)	格局(격국) 成敗(성패) - 貴賤(귀천) 유형을 가림	子平眞詮(자평진전)
二線(이선)	調候論(조후론)	調候用神(조후용신)	格局(격국) 高低(고저) - 富貴(부귀) 정도를 논함	欄江網(난강망)
三線(삼선)	十干論(십간론)	十干用神(십간용신)	格局(격국) 吉凶(길흉) - 氣勢(기세) 전체를 살펴 종합 판단	滴天髓(적천수)

체신(體神)을 판독한 연후, 미래사를 조망하는 팔자술(八字術) 전 영역을 단계별로 정리하면 다음과 같다.

★ 팔자술(八字術) 판독 단계

段階(단계)	理氣(이기)	體用(체용)	用(용)	判讀(판독) 內容(내용)	'텍스트'
1	理法(이법)	體(체)	相神(상신)	格局(격국) 成敗(성패)	子平眞詮(자평진전)
2	氣候(기후)	體(체)	調候用神(조후용신)	格局(격국) 高低(고저)	欄江網(난강망)
3	理氣(이기)	體(체)	十干用神(십간용신)	格局(격국) 吉凶(길흉)	滴天髓(적천수)

4	理氣(이기)	體(체)	相神(상신), 調候用神(조후용신)	格局(격국) 變移(변이) 吉凶(길흉)	子平眞詮(자평진전), 欄江網(난강망)
5	理法(이법)	用(용)	扶抑用神(부억용신)	歲月(세월) 成敗(성패) 喜忌(희기)	滴天髓(적천수)
6	*物象(물상)	用(용)	刑沖會合(형충회합)	得失(득실) 先後(선후) 計量(계량)	八字術(팔자술) 파이널블로

용신(用神)에 대한 정의와 용법 일반은 이미 '체용(體用) 분간(分揀)' 편에서 충분히 설명했는데, 체(體)의 용(用)이 되는 '난강망'의 조후용신(調候用神)과 '자평진전'이 논한 기후용신(氣候用神)를 중심으로 고서(古書)의 용(用)에 대한 의미를 좀더 면밀히 살펴볼 필요가 있다.

'난강망' 용신(用神) 정의

'난강망'의 원시(原詩)에 주로 쓰이는 용(用)의 의미는 '격국(格局)을 일컫는 용(用)과 효용(效用)의 용(用)' 두 가지 개념으로 유연하게 쓰인다. 다만 이 두 가지 의미 모두 '체(體)의 용(用)'으로 부억용신(扶抑用神)과 같은 '용(用)의 체(體)' 개념은 아니다. 따라서 효용(效用)의 용(用)은 '자평진전'이 구사하는 상신(相神)과 비슷한 용도의 개념이라 할 수 있다. 가령 다음과 같은 원문(原文)의 한 대목을 살펴보자.

凡三春甲木(범삼춘갑목), 用庚者(용경자), 土爲妻(토위처), 金爲子(금위자), 用丁者(용정자), 木爲妻(목위처), 火爲子(화위자)

이상의 원시를 직역하자면 "봄철의 甲木이 庚을 용(用)하면 土가 아내요 金이 자식이며, 丁을 용(用)하면 木이 아내요 火가 자식이 된다"는 내용이다. 이를테면 卯月 甲木이 庚金을 보면 양인가살(陽刃駕殺)로 귀격(貴格)을 이루고, 이에 재(財) 土가 가세해서 자살(資殺)하면 '살인양정(殺刃兩停)'을 이루어 격국(格局)이 높게 되므로 만인을 누르는 영웅(英雄)의 상(象)이 된다. 이렇게 춘월(春月) 甲木은 庚金으로 기물(器物)을 이루거나,

아니면 丁火로 목화통명(木火通明)을 지어 상격(上格)을 구성하게 된다. 이때의 庚金과 丁火는 '자평진전'에서 격국(格局)을 성격(成格)시키는 유정(有情)한 글자로 상신(相神)의 개념과 별반 차이가 없다. 이렇게 '난강망'의 용(用)은 먼저 효용(效用)의 의미를 지닌다. 이외는 거의 예외 없이 격국(용신) 자체를 의미하는 용도로 쓰이는 것이다. 예컨대 申月 甲木의 경우 "申에 庚의 록이 있으니 '살인상생'되어 金水 운으로 향하면 필연적으로 현달하고 庚을 용(用)하는 자는 금수운(金水運)에 대귀(대귀)한다"는 내용을 발견할 수 있다.

경록거신 살인상생 운행금수 필연현달 용경자 금수운대귀
庚祿居申, 煞印相生, 運行金水, 必然顯達, 用庚者, 金水運大貴

申月 甲木은 칠살격(七殺格)이지만 만일 壬申月 甲日이라면 칠살격(七殺格)이 인수격(印綬格)으로 변하게 된다. 이때 庚金이 다시 투(透)하면 격국(格局)이 원래의 칠살격(七殺格)으로 회귀하는데, 위 구절에서 언급하고 있는 용경자(用庚者)의 용(用)은 곧 격(格)을 의미하는 것이다. 이와 마찬가지로 寅月 甲木에 丁火가 투(透)했다면 그 자체로 상관격(傷官格)의 수기(秀氣)를 논하게 된다.

흥미로운 점은 용(用)이 되는 글자의 오행(五行)은 자(子)로, 그것을 보좌하는 글자의 오행은 처(妻)로 육친(六親)에 비유해서 설명하는 점이다. 이를 두고 일부의 논자들은 '난강망'의 용신(用神)은 아들이고, 희신(喜神)은 아내로 육친(六親)의 실제 상황으로 이해하고, 설명하는 경우가 있다. 그렇다면 해당 용신(用神)이나 희신(喜神)이 없을 경우, 처자(妻子) 중 하나가 없거나, 그것이 곧 육친궁(六親宮)의 불미(不美)한 상황으로 해석된단 말인가. 이는 조후(調候)의 용법(用法)을 일반을 부억법(扶抑法)에 준해 해석하려는 시도에서 파생된 오류에 지나지 않는다. 기(氣)와 세(勢)를 구분하지 못하는 관법은 '일부는 맞고, 일부는 틀리다가' 종내는 자가당착(自家撞着)하기 십상이다. '난강망'은 단지 팔자(八字)의 희용(喜用)을 처자(妻子)의 육친(六親) 관계에 비유해서 중요성을 논했을 뿐이지, 그것으로 육친

(六親)의 덕(德) 유무를 논한 설명이 없다. 후에 '조화원약평주'에서 육친궁(六親宮)의 희기(喜忌)와 연관해서 설명하려 애를 쓴 흔적이 곳곳에 나타나지만, 면밀히 살피면 타당성이 결여되었음을 확인할 수 있다.

다음으로 전용(專用)과 보좌(輔佐)의 관계를 잘 이해해야 한다. 간혹 팔자(八字)의 두 가지 용신(用神)이 투(透)하여 일반적 격국(格局)의 겉모습을 훼손할 때가 있다. 이를테면 록겁용재(祿劫用財)로 성격(成格)된 명(命)이 칠살(七殺)을 보면 록겁용재대살(祿劫用財帶殺)로 파격(破格)되기 일쑤인데, '난강망'의 경우 양일간(陽日干)의 록겁격(祿劫格)이 재(財)와 살(殺)이 동시에 투(透)해도 상격(上格)을 이루는 예는 수도 없이 많다. 오행(五行)의 이법(理法)과 기론(氣論)이 충돌하게 되면, 우선 순위를 어디에 두고 팔자(八字)의 귀천(貴賤)을 가릴지가 문제가 된다. 일각에서는 '격국(格局)의 겉모습'보다 조후(調候) 관계를 우선한다는 설(說)이 있다. 십간론(十干論)에 "십간(十干) 상호간의 좋은 관계가 형성되면 비록 그것이 기신(忌神)이라 할지라도 크게 해롭지 않다"는 내용이 있는데 기후(氣候)를 우선하는 관점을 반영한 것이다. 결론적으로 이기(理氣) 양면은 동시에 고찰되어야 하고, 우선 순위를 논할 대상은 아니다. 보통 일선(一線)의 조후용신(調候用神)과 이선(二線)의 보좌용신(輔佐用神)이 모두 투(透)하면 비록 오행(五行)의 생극제화(生剋制化) 이법(理法)에 따른 격국(格局)의 겉모습이 손상되어도 귀격(貴格)을 이루기 쉽다. 그러나 가장 이상적인 귀격(貴格)은 먼저 격국(格局)이 성격(成格)되고 팔자(八字)에 조후용신(調候用神)을 갖춘 경우다. 조후용신(調候用神)과 보좌용신(輔佐用神)을 모두 겸하는 게 좋고, 이들의 글자는 천간(天干)과 장간(藏干)의 포지션에 구애됨이 없이 구비(具備) 여부가 관건이 되는 것이다.

'자평진전' 기후론(氣候論)

'자평진전' 또한 용신(用神)과 기후(氣候)와의 관계를 간과하진 않았다. 한 마디로 조후(調喉)가 위급한 상황에는 조후용신(調候用神)이 비록 격국

(格局)의 겉모습을 훼손시켜도 귀격(貴格)으로 성격(成格)된다고 한 것이다. 비록 십간(十干)별로 세밀하게 설명하지는 못했지만, 중요한 내용은 빠트리지 않고 적시(摘示)했으므로 의미가 있다. 아래 해당 원문(原文)과 함께 전체 내용을 살펴보기로 한다.

論命惟以月令用神爲主, 然亦須配氣候而互參之

명(命)을 추리할 때는 월령(月令)의 용신(用神)을 위주로 논하되, 반드시 기후(氣候)와의 관계를 살펴 논단해야 한다. 비유하자면 영웅호걸이 때를 만나면 절반의 노력으로 곱절이 능력을 발휘하겠지만, 때를 잘못 만나면 아무리 기이한 재능이 있어도 성공하기 힘든 것과 마찬가지다.

凍水不能生木, 逢火, 不惟可以泄身, 而卽可以調候也

인수격(印綬格)에 정관(正官)이 있으면 관인쌍전(官印雙全)으로 귀(貴)하지 않음이 없다. 그러나 겨울철에 난 甲乙木이 인수(印綬) 水의 월령(月令)을 얻고, 庚辛金의 정관(正官)이 투(透)했다고 해도 꼭 귀한 것만은 아니다. 무릇 金은 차가워 물을 더욱 얼어붙게 만드니 동수(凍水)가 어찌 나무를 생(生)할 수 있겠는가. 이때는 식신(食神)이 투하면 귀하게 된다. 대부분의 인수격(印綬格)이 그렇지만 동목(冬木)은 특히 수기(秀氣)가 빼어나니, 이는 동목(冬木)이 불을 만나 설기(洩氣)할 뿐만 아니라 기후(氣候)가 적합해지기 때문이다.

傷官見官, 爲禍百端, 而金水見之, 反爲秀氣, 非官之不畏夫傷, 而調候爲急, 權而用之也

상관견관(傷官見官)이면 위화백단(爲禍百端)이라 한다. 그러나 금수상관(金水傷官)은 도리어 정관(正官)이 있어야 기세가 수려해진다. 이것은 조후(調候)가 시급하기 때문에 쓰는 것이다.

傷官帶殺, 隨時可用, 而用之冬金, 其秀百倍

傷官佩印, 隨時可用, 而用之夏木, 其秀百倍, 火濟水, 水濟火也

상관대살(傷官帶殺)은 수시로 가용(可用)하는데 겨울철의 金은 그 수기(秀氣)가 백배에 이른다. 상관패인(傷官佩印)도 수시로 가용(可用)하는데 여름철의 木은 그 수기(秀氣)가 백배에 달하니 이것은 모두 수화기제(水火旣濟)를 이뤘기 때문이다.

傷官用財, 本爲貴格, 而用之冬水, 卽使小富, 亦多不貴, 凍水不能生木也

傷官用財, 卽爲秀氣, 而用之夏木, 貴而不心秀, 燥土不甚靈秀也

상관용재(傷官用財)는 본래가 귀격(貴格)이다. 그러나 겨울철의 얼어붙은 물이 상관(傷官)에 해당되면 소부(小富)는 될지라도 귀(貴)하기는 어렵다. 동수(凍水)는 나무를 제대로 생(生)할 수 없는 까닭이다. 상관용재(傷官用財)는 수기(秀氣)가 빼어나다. 그러나 여름철의 나무는 그리 귀하지 못하다. 말라붙은 흙이므로 크게 수려한 작용을 하지 못하는 까닭이다.

木火通明, 不利見官, 金水相涵, 見官無碍

봄의 木 일간이 火를 보면 목화통명(木火通明)이 된다. 그러나 여름철의 木을 그렇게 판단하면 안 된다. 가을철의 金 일간이 水를 만나면 금수상함(金水相涵)이 된다. 그러나 겨울철의 金을 그렇게 보면 안 된다. 기(氣)에는 쇠왕(衰旺)의 구별이 있으니, 용신(用神)을 취함에 있어서도 같지 않음이 있게 마련이다. 목화통명(木火通明)은 관성(官星)을 꺼리지만 금수상함(金水相涵)은 관성(官星)이 있어도 해롭지 않다. 목화통명(木火通明)이나 금수상함(金水相涵)의 영특함은 춘목(春木)과 추금(秋金)의 록인격(祿刃格)일 경우에만 한정되는 수식이다. 따라서 하목(夏木)이나 동금(冬金)에는 해당 사항이 없다. 춘목(春木)은 火를 보아 능히 목화통명(木火通明)이 되지만, 하목(夏木)은 목분화열(木焚火熱)이 된다. 추금(秋金)은 水를 보아 능히 금수상함(金水相涵)이 되지만, 동금(冬金)은 금침수탕(金沈水蕩)이 되어 해롭다. 이들은 상관용재(傷官用財)로 성격(成格)되어도 쓸모가 없다.

하목(夏木)은 水를 보아 상관패인(傷官佩印)이 되어야만 그 유용함이 극(極)에 달하고, 동금(冬金)은 火를 보아 상관대살(傷官帶殺)로 성격(成格)되어야만 격국(格局)이 높아진다.

★ 조후위급(調喉爲急) 요약

<table>
<tr><td rowspan="2">춘
春</td><td>목
木</td><td>목화통
木火通</td><td>불리견관
不利見官</td></tr>
<tr><td>금
金</td><td></td><td></td></tr>
<tr><td rowspan="2">하
夏</td><td>목
木</td><td>상관패인
傷官佩印</td><td>목화상관희견수 상관용재불귀조토불심령수
木火傷官喜見水, 傷官用財不貴燥土不甚靈秀</td></tr>
<tr><td>금
金</td><td></td><td></td></tr>
<tr><td rowspan="2">추
秋</td><td>목
木</td><td></td><td></td></tr>
<tr><td>금
金</td><td>금수상
金水相</td><td>견관무애
見官無碍</td></tr>
<tr><td rowspan="2">동
冬</td><td>목
木</td><td>한목향양
寒木向陽</td><td>인수용관 상관 화 견 파격
印綬用官이 傷官, 火를 見해도 破格되지 않음</td></tr>
<tr><td>금
金</td><td>상관대살
傷官帶殺</td><td>금수상관희견관 상관용재소부불귀동수불능생목
金水傷官喜見官, 傷官用財小富不貴凍水不能生木</td></tr>
</table>

십간(十干) 희기(喜忌) 조합

십간론(十干論)이란 결론적으로 팔자(八字)의 기세(氣勢) 양면을 모두 고려해서 정해진 십간용신(十干用神)의 글자를 일간(日干)과 대비해서 격국(格局)의 성패(成敗)와 길흉(吉凶)을 종합적으로 판단하는 단계를 뜻한다. 또한 용신(用神)과 타간(他干)과의 관계를 살펴 전체적인 판단을 실행하기도 한다. 이렇게 팔자(八字)의 체신(體神)을 판독하고 나면 희신(喜神)과 기신(忌神)을 구분하여 운간(運干)과의 관계로 희기(喜忌)를 조율하는 용법(用法)으로 마무리된다. 십간(十干)별 희기(喜忌) 관계의 조합은 '난강망'의 조후(調候) 용법과 유사점이 많지만, 성격이나 '스킬' 면에서는 다소 의미를 달리하고 '적천수'의 이론과 거의 부합된다. '진소암'이 '적천수집요'에서 이를 더욱 구체화했고, 근자에 투파(透派)가 비전(秘傳)으로 계승했다고 하나 대체 무엇이 독창적인 이론체계고 비전(秘傳)인지는 잘 모르겠다.

십간(十干)별 희기(喜忌) 관계 일반

팔자(八字)의 희기신(喜忌神)을 고려하지 않고, 단순히 십간(十干)별 관계 희기(喜忌)를 설정하는 과정은 별반 의미가 없을 듯하지만, 꼭 그렇지만은 않다. 가령 丙火와 壬水의 관계는 희기신(喜忌神) 여부를 떠나 대개 긍정적인 관계가 형성된다. 실제 壬水는 거의 대부분의 계절에 조후용신(調喉用神)으로 작용하므로 수보양광(水輔陽光)이 되어 丙火를 극(剋)하지 않고, 천화지윤(天和地潤)이 되어 기제(旣濟)의 공(功)을 이룬다. 만일 壬水가 부억(扶抑)상 기신(忌神)이라 해도 격국(格局)이 성격(成格)되기만 하면 병(病)이 아닌 약(藥)이 된다. 이와 같이 희신(喜神)일 경우, 길한 의미를 더하고 기신(忌神)일 경우 흉한 의미가 축소되는 일반적 십간(十干) 희기(喜忌) 관계는 미리 염두에 둘 필요가 있다는 것이다. 壬水와 달리 癸水는 丙火에 대개 불리한 작용을 한다. 마치 구름과 안개가 태양을 가린 것 같아 불청불우(不淸不雨)의 상(象)을 짓기 때문이다. 따라서 丙火가 壬水를 보면 귀격(貴格)을 이루나 癸水를 만나면 귀격(貴格)을 이루지 못한다. 그러나 丙火의 기세가 태왕(太旺)하면 癸水를 용신(用神)으로 삼아야 부억(扶抑)의 효율적인 처리법이 된다. 이와 같이 십간(十干) 관계의 희기(喜忌)를 정의하기란 쉽지 않다. 다만 확률적인 면에서는 관계의 희기(喜忌)가 구분된다는 애기다.

甲	喜	甲		丙	丁		己	庚			癸
	忌		乙			戊			辛		
乙	喜	甲		丙		戊	己	庚		壬	癸
	忌				丁				辛		
丙	喜	甲				戊	己			壬	
	忌			丙	丁						癸
丁	喜	甲				戊		庚		壬	
	忌		乙				己		辛		癸

戊	喜		乙	丙				庚		壬	癸
	忌	甲							辛		
庚	喜	甲			丁	戊				壬	
	忌			丙					辛		癸
辛	喜			丙		戊				壬	
	忌	甲	乙		丁		己		辛		
壬	喜		乙	丙		戊		庚			癸
	忌						己			壬	
癸	喜	甲		丙			己	庚	辛	壬	
	忌		乙		丁						癸

효율적 십간(十干) 부억(扶抑) 관계

음양간(陰陽干)의 강유(剛柔), 일반적인 속성에 따른 강약(强弱)의 효율적인 처리법은 다음과 같다.

구분	身强(신강)	身弱(신약)
陽干(양간)	七殺(칠살)	印綬(인수)
陰干(음간)	傷官(상관)	劫財(겁재)

그러나 일반적 육신(六神) 처리법을 각 십간(十干)에 대입하면 반드시 일치하는 결과를 보진 못한다. 또 음양간(陰陽干)의 일반적 속성과 전혀 다른 경우도 있다. 먼저 양간(陽干)이 강한 경우, 칠살(七殺)과의 관계를 중심으로 희기(喜忌)를 살펴보겠다.

구분	좋은 관계	나쁜 관계	주안점
甲(갑)	庚(경)	辛(신)	
丙(병)	壬(임)	癸(계)	
戊(무)	乙(을)	甲(갑)	正官(정관) 乙木(을목)을 기뻐하고, 七殺(칠살) 甲木(갑목)과의 관계는 좋지 않다
庚(경)	丁(정)		正官(정관) 丁火(정화)를 기뻐하고, 七殺(칠살) 丙火(병화)와의 관계는 보통이다
壬(임)	戊(무)	己(기)	

다음으로 양간(陽干)이 약한 경우, 인수(印綬)와의 관계는 모두 무난하다.

구분	좋은 관계
甲(갑)	壬(임), 癸(계)
丙(병)	甲(갑), 乙(을)
戊(무)	丙(병), 丁(정)
庚(경)	戊(무), 己(기)
壬(임)	庚(경), 辛(신)

음간(陰干)이 강할 경우, 상관(傷官)과의 관계는 모두 좋다.

구분	좋은 관계
乙(을)	丙(병)
丁(정)	戊(무)
己(기)	庚(경)
辛(신)	壬(임)
癸(계)	甲(갑)

음간(陰干)이 약하면 대개 겁재(劫財)의 방조(傍助)를 기뻐하지만, 인수(印綬)와 더 좋은 관계를 이룰 때도 있다.

구분	劫財	印綬
乙	甲	
丁		甲
己		丙
辛	庚	
癸	壬	

총론해서 기후(氣候) 일면을 고려한 부억(扶抑)의 효과적인 십간(十干) 관계를 정리하면 다음과 같다.

甲	身强	丙	八字에 水가 있으면
		庚	八字에 水가 없으면
	身弱	甲	八字에 水가 있으면
		癸	八字에 水가 없으면
乙	身强	丙	
	身弱	甲	八字에 水가 있으면
		癸	八字에 水가 없으면
丙	身强	壬	癸水는 殺의 작용으로 기피하지만, 太旺한 경우에는 쓴다
	身弱	甲	印綬보다는 寅巳에 通根하거나 火局을 얻는 것이 효율적
丁	身强	戊	
	身弱	甲	

戊	身强	乙	甲木은 殺의 작용으로 기피하지만, 太旺한 경우에는 쓴다
	身弱	丁	
己	身强	癸	
	身弱	丙	
庚	身强	丁	八字에 火가 있으면
		丙	八字에 火가 없으면
	身弱	庚	八字에 火가 있으면
		戊	八字에 火가 없으면
辛	身强	壬	八字에 火가 있으면
		丙	八字에 火가 없으면
	身弱	庚	八字에 火가 있으면
		戊	八字에 火가 없으면
壬	身强	戊	
	身弱	癸	
癸	身强	戊	己土는 殺의 작용으로 기피하지만, 太旺한 경우에는 쓴다
	身弱	壬	

십간(十干) 일반적 부억(扶抑) 희기(喜忌)

일반적 부억(扶抑) 관계의 십간(十干) 조합 희기(喜忌)를 강약(强弱)으로 구분해서 분류해 볼 수 있다. 먼저 신강(身强)할 경우, 희신(喜神)으로 취하는 식재관(食財官)의 육신(六神) 구분에 따른 십간(十干)의 희기(喜忌) 관계를 살펴보겠다.

日干(일간)		甲	乙	丙	丁	戊	己	庚	辛	壬	癸
좋은 관계	食(식)	丙(병), 丁(정)	丙(병), 丁(정)	己(기)	戊(무)	庚(경), 辛(신)	庚(경), 辛(신)	壬(임)	壬(임)		甲(갑)
	財(재)		戊(무)				癸(계)			丙(병)	丙(병)
	官(관)	庚(경)		壬(임)		乙(을)	乙(을)	丁(정)		戊(무)	己(기)
나쁜 관계	食(식)							癸(계)			乙(을)
	財(재)						壬(임)				
	官(관)	辛(신)	辛(신)	癸(계)	癸(계)				丁(정)	己(기)	

신약(身弱)으로 인비(印比)를 쓸 때, 십간(十干)의 희기(喜忌) 관계는 다음과 같다.

日干(일간)		甲	乙	丙	丁	戊	己	庚	辛	壬	癸
좋은 관계	印(인)	壬(임), 癸(계)	壬(임)	甲(갑), 乙(을)	甲(갑)	丙(병), 丁(정)	丙(병)	戊(무), 己(기)	戊(무)	庚(경), 辛(신)	辛(신)
	比(비)	甲(갑)	甲(갑)		丁(정)	戊(무)	戊(무)	庚(경)	庚(경)	癸(계)	壬(임)
나쁜 관계	印(인)								己(기)		庚(경)
	比(비)	乙(을)						辛(신)	辛(신)		癸(계)

십간(十干)별 육신(六神) 관계 희기(喜忌)

십간(十干)별 육신(六神) 관계 희기(喜忌)는 '난강망'의 조후(調喉) 용법(用法)을 요약한 틀로 간주하면 크게 어긋함이 없다. 이를테면 십간론(十干論)에서는 일간(日干)과 관살(官殺)과의 십간(十干) 관계가 좋으면 '관(官)'이라 칭하고, 관계가 나쁘면 '살(殺)'로 구분하므로 일반적 육신(六神) 정의와 의미를 달리한다. 마찬가지로 일간(日干)과 관계가 좋은 인수(印綬)

의 글자는 '인(印)', 관계가 나쁘면 '효(梟)'로 구분한다. 이로써 '자평진전'의 일반적 격국(格局) 성패(成敗)의 유형을 벗어나는 '난강망' 이론 체계를 한결 수월하게 이해할 수 있다. '관(官), 살(殺), 인(印), 효(梟)'를 구분하면 다음과 같다.

日干(일간)		甲	乙	丙	丁	戊	己	庚	辛	壬	癸
좋은 관계	官(관)	庚(경)	庚(경)	壬(임)	壬(임)	乙(을)	甲(갑)	丁(정)	丙(병)	戊(무)	戊(무)
나쁜 관계	殺(살)	辛(신)	辛(신)	癸(계)	癸(계)				丁(정)	己(기)	
좋은 관계	印(인)	壬(임), 癸(계)	壬(임)	甲(갑), 乙(을)	甲(갑)	丙(병), 丁(정)	丙(병)	戊(무), 己(기)	戊(무)	庚(경), 辛(신)	辛(신)
나쁜 관계	梟(효)		癸(계)						己(기)		庚(경)

이중 살(殺)의 관계는 다른 육신(六神)과의 관계에서도 유용하게 응용할 수 있다. 이를테면 인수(印綬)가 식상(食傷)에 해(害)를 주는 경우에도 특히 꺼려지는 십간(十干) 관계를 어렵지 않게 설정할 수 있다는 뜻이다.

日干(일간)	甲	乙	丙	丁	戊	己	庚	辛	壬	癸
殺(살)	辛(신)	辛(신)	癸(계)	癸(계)				丁(정)	己(기)	
食傷(식상)	丙(병)	丙(병)			辛(신)	辛(신)	壬(임)	壬(임)	乙(을)	乙(을)
印綬(인수)	癸(계)	癸(계)			丁(정)	丁(정)	己(기)	己(기)	辛(신)	辛(신)

★ 육신(六神)별 이상적인 십간(十干) 관계

日干	甲	乙	丙	丁	戊	己	庚	辛	壬	癸
比劫	甲	甲				戊			癸	
食傷	丙	丙	己	戊	庚	庚	壬	壬	乙	甲
財星	己		庚	庚	壬	癸	甲		丙	丙
官殺	庚	庚	壬	壬	乙	甲	丁	丙	戊	戊
印綬	癸	癸		甲	丁	丙	戊	戊	庚	

★ 십간(十干) 최기(最忌) 관계

甲	乙	丁	己	庚	辛	壬	癸
辛	辛	癸	壬	癸	丁	己	乙

■ 조후(調候)

팔자(八字)를 볼 때는 먼저 격국(格局)의 성패(成敗)를 가리고, 동시에 기후(氣候)와 제강(提綱)의 희신(喜神) 경중(輕重)을 가려 귀천(貴賤)의 정도를 논하는 것이다. 이때 격국(格局) 성패(成敗)의 일반적 모델을 결정짓는 상신(相神)은 천간(天干)과 지지(地支)의 회지(會支)로 존재 의미를 갖게 되지만, 조후용신(調喉用神)은 천간(天干)과 지지(地支)의 장간(藏干)에 분포 여부가 관건이 되므로 귀천(貴賤) 판단법이 같지 않다.

★ 팔자(八字) 귀천(貴賤) 판독 2단계

區分	焦點	內用	主眼
1段階	格局 成敗	格이 ▪ 成格되면 貴, ▪ 破格되면 賤	貴格이 大運에서 變格되면 貴가 훼손되고 破格이 大運에서 成格되면 일시적인 富貴를 누림
2段階	提綱의 相神 輕重	格을 成格시키는 글자가 ▪月令을 得하고 透하면 大貴, ▪勢가 輕해질수록 貴가 낮아짐	相神의 글자는 透한 天干이나 會支만 해당되며 藏干은 해당 사항이 없음. 相神을 엄격하게 구분하지 않고 用神이나 喜神으로 거론하는 경우가 잦음
	提綱의 調候用神 輕重	調候用神과 輔佐用神이 ▪月令을 得하면 透하면 大貴, ▪勢가 輕해질수록 貴가 낮아짐	氣候에 따라 八字의 貴를 결정 짓는 十干用神으로 藏干까지 취하며 글자의 氣勢 輕重으로 貴의 정도를 가늠

★ 귀격(貴格) 분할

區分	基準		備考
一格	極品	相神이 月令을 得한 眞神인 동시에 調候用神 또한 眞神일 경우	身分이 尊貴한 八字
	一品	相神이 月令을 得한 眞神인 동시에 調候用神이 透한 경우	功名을 떨치고 富貴를 누리는 八字
上格	調候用神이 月令을 得한 眞神이고 格局이 成格된 경우 調候用神과 輔佐用神이 모두 透하고 明朗한 경우		地位가 높은 命으로 品格을 누리는 八字
貴格	格局이 成格되고 調候用神을 갖춘 경우		福祿을 구가하는 八字
富格	格局은 成格되었지만 調候用神이 결여된 경우		제한된 일시적 富貴로 平凡 내지 不幸해질 우려가 있음
	格局이 帶忌로 成中有敗지만, 調候用神을 갖춘 경우		

★ 종화(從化)의 귀천(貴賤) 구분

區分	類型	備考
大貴	眞從, 眞化	從神과 化神이 氣勢를 得하고 淸하여 最上格에 견주고 名振四海하지만, 行運의 리스크 적 측면에서 不利한 편으로 曲折을 겪기도 함

貴格		假從, 假化가 行運에서 眞從, 眞化로 成格되면 富貴를 얻음
平格	假從, 假化	八字 元局으로 貴格을 論할 수 없고 大運의 向方으로 貴 결정
賤格		從格이나 化格의 형태를 갖추었으나 濁하면 下格에 準함

'궁통보감' 조후용신(調喉用神) 일람

- 甲木

生月	一線	二線	喜用 提要
寅月	丙	癸	調和氣候爲要. 丙火爲主. 癸水爲佐
卯月	庚	丙丁 戊己	陽刃架殺, 專用庚金, 以戊己滋殺爲佐. 無庚用丙丁洩秀. 不取制殺
辰月	庚	丁壬	用庚金必須丁火制之. 爲傷官制殺. 無庚用壬
巳月	癸	丁庚	調和氣候. 癸水爲主. 原局氣潤. 庚丁爲用
午月	癸	丁庚	本性虛焦. 癸爲主要. 無癸用丁. 亦宜運行北地. 木盛先庚. 庚盛先丁
未月	癸	庚丁	上半月同五月用癸. 下半月用庚丁
申月	庚	丁壬	傷官制殺. 無丁用壬. 富而不實
酉月	庚	丁丙	用丁制殺. 用丙調候. 丁丙竝用爲佐
戌月	庚	甲丁 壬癸	土旺者用甲木. 木

亥月	庚	丁丙戊	用庚金(용경금). 取丁火制之(취정화제지). 丙火調候(병화조후). 水旺用戊(수왕용무)
子月	丁	庚丙	木性生寒(목성생한). 丁先後庚(정선후경). 丙火爲佐(병화위좌). 必須支見寅巳(필수지견인사). 方爲貴格(방위귀격)
丑月	丁	庚丙	丁火必不可少(정화필불가소). 通根寅巳(통근인사). 甲木爲助(갑목위조). 用庚劈甲引丁(용경벽갑인정)

■ 乙木

生月	一線	二線	喜用 提要
寅月	丙	癸	取丙火解冬(취병화해동). 略取癸水滋潤(약취계수자윤). 不宜因丙(불의인병). 火多用癸(화다용계)
卯月	丙	癸	以癸滋木(이계자목). 以丙洩秀(이병설수). 不宜見金(불의견금)
辰月	癸	丙戊	若支成水局(약지성수국). 取戊爲佐(취무위좌)
巳月	癸		月令丙火得祿(월령병화득록). 專用癸水(전용계수). 調候爲急(조후위급)
午月	癸	丙	上半月專用癸水(상반월전용계수). 下半月丙癸竝用(하반월병계병용)
未月	癸	丙	潤土滋木(윤토자목). 喜用癸水(희용계수). 柱多金水(주다금수), 先用丙火(선용병화). 夏月壬癸(하월임계). 切忌戊己雜亂(절기무기잡란)
申月	丙		月垣庚金司令(월원경금사령). 取丙火制之(취병화제지). 或癸水化之(혹계수화지). 不論用丙用癸(불론용병용계). 皆己土爲佐(개기토위좌)
酉月	丙	癸己	上半月癸先後丙(상반월계선후병). 下半月丙先癸後(하반월병선계후). 無癸用壬(무계용임). 支成金局(지성금국). 又宜用丁(우의용정)
戌月	癸	丙丁	以癸辛金發水之源(이계신금발수지원). 見甲、名藤蘿繫甲(견갑、명등라계갑)
亥月	丙	戊	乙木向陽(을목향양). 專取丙火(전취병화). 水多以戊爲佐(수다이무위좌)
子月	丙	戊	寒木向陽(한목향양). 專用丙火(전용병화). 忌見癸水(기견계수)
丑月	丙		寒谷回春(한곡회춘). 專用丙火(전용병화)

■ 丙火

生月	一線	二線	喜用 提要
寅月	壬	庚	壬水爲用. 庚金發水之源爲佐
卯月	壬	己	專用壬水. 水多用戊制之. 身弱用印化之. 無壬用己
辰月	壬	甲	專用壬水. 土重以甲爲佐
巳月	壬	庚癸	以庚爲佐. 忌戊制壬. 無壬用癸
午月	壬	庚	壬庚以通根申宮爲妙
未月	壬	庚	以庚爲佐
申月	壬	戊	壬水通根申宮. 壬多必取戊制
酉月	壬	癸	四柱多丙. 一壬高秀爲奇. 無壬用癸
戌月	甲	壬	忌土晦光. 先取甲疏土. 次用壬水
亥月	甲	戊庚壬	月垣壬水秉令. 水旺用甲. 身殺兩旺. 用戊制之. 火旺用壬. 木旺宜庚
子月	壬	戊己	氣進二陽. 丙火弱中腹強. 用壬水. 取戊制之. 無戊用己
丑月	壬	甲	喜壬爲用. 土多不可少甲

■ 丁火

生月	一線	二線	喜用 提要
寅月	甲	庚	用庚金劈甲引丁
卯月	庚	甲	以庚去乙. 以甲引丁
辰月	甲	庚	用甲木引丁制土. 次看庚金. 木盛用庚. 水盛用戊
巳月	甲	庚	取甲引丁. 甲多又取庚爲先

午月	壬	庚癸	화다이경임양투위귀 무임용계 위독살당권 火多以庚壬兩透爲貴. 無壬用癸. 爲獨殺當權
未月	甲	壬	이갑목화임인정위용 용갑불능무경 취경위좌 以甲木化壬引丁爲用. 用甲不能無庚. 取庚爲佐
申月	甲	庚丙戊	경취벽갑 무갑용을 용병난금쇄갑 견병위고초인등 수왕용무 庚取劈甲. 無甲用乙. 用丙暖金灑甲. 見丙爲枯草引燈. 水旺用戊
酉月	甲	庚丙戊	경취벽갑 무갑용을 용병난금쇄갑 견병위고초인등 수왕용무 庚取劈甲. 無甲用乙. 用丙暖金灑甲. 見丙爲枯草引燈. 水旺用戊
戌月	甲	庚戊	일파무토무갑 위상관상진 一派戊土無甲. 爲傷官傷盡
亥月	甲	庚	경금벽갑인정 갑목위존 경금위좌 무계권의작용 庚金劈甲引丁. 甲木爲尊. 庚金爲佐. 戊癸權宜酌用
子月	甲	庚	경금벽갑인정 갑목위존 경금위좌 무계권의작용 庚金劈甲引丁. 甲木爲尊. 庚金爲佐. 戊癸權宜酌用
丑月	甲	庚	경금벽갑인정 갑목위존 경금위좌 무계권의작용 庚金劈甲引丁. 甲木爲尊. 庚金爲佐. 戊癸權宜酌用

▪ 戊土

生月	一線	二線	喜用 提要
寅月	丙	甲癸	무병조난 무토불생 무갑소벽 무토불영 무계자윤 만물부장 無丙照暖. 戊土不生. 戊甲疏劈. 戊土不靈. 無癸滋潤. 萬物不長
卯月	丙	甲癸	무병조난 무토불생 무갑소벽 무토불영 무계자윤 만물부장 無丙照暖. 戊土不生. 戊甲疏劈. 戊土不靈. 無癸滋潤. 萬物不長
辰月	甲	丙癸	무토사령 선용갑소 차병 차계 戊土司令. 先用甲疏. 次丙、次癸
巳月	甲	丙癸	무토건록 선용갑소벽 차취병계 戊土建祿. 先用甲疏劈. 次取丙癸
午月	壬	甲丙	조후위급 선용임수 차취갑목 병화배용 調候爲急. 先用壬水. 次取甲木. 丙火配用
未月	癸	丙甲	조후위급 계불가결 병화배용 토중불능무갑 調候爲急. 癸不可缺. 丙火配用. 土重不能無甲
申月	丙	癸甲	한기점증 선용병화 수다 용갑설지 寒氣漸增. 先用丙火. 水多、用甲洩之
酉月	丙	癸	뢰병조난 희수자윤 賴丙照暖. 喜水滋潤

戊月	甲	丙癸	무토당권 선용갑목 차취병화 견금 선용계수 후취병화 戊土當權. 先用甲木. 次取丙火. 見金、先用癸水. 後取丙火
亥月	甲	丙	비갑불영 비병불난 非甲不靈. 非丙不暖
子月	丙	甲	병화위상 갑목위좌 丙火爲尙. 甲木爲佐
丑月	丙	甲	병화위상 갑목위좌 丙火爲尙. 甲木爲佐

- 己土

生月	一線	二線	喜用 提要
寅月	丙	庚甲	취병해한 기견임수 여수다 수이무토위좌 토다 용갑 갑다용경 取丙解寒. 忌見壬水. 如水多. 須以戊土爲佐. 土多用甲. 甲多用庚
卯月	甲	癸丙	용갑기여기토합화 차용계수윤지 用甲忌與己土合化. 次用癸水潤之
辰月	丙	癸甲	선병후계 토난이윤 수용갑소 先丙後癸. 土暖而潤. 隨用甲疏
巳月	癸	丙	조후불능무계 토윤불능무병 調候不能無癸. 土潤不能無丙
午月	癸	丙	조후불능무계 토윤불능무병 調候不能無癸. 土潤不能無丙
未月	癸	丙	조후불능무계 토윤불능무병 調候不能無癸. 土潤不能無丙
申月	丙	癸	병화온토 계수윤토 칠월경금사권 병능제금 계 이설금 丙火溫土. 癸水潤土. 七月庚金司權. 丙能制金. 癸以洩金
酉月	丙	癸	취신보계 取辛輔癸
戌月	甲	丙癸	구월토성 의갑목소지 차용병계 九月土盛. 宜甲木疏之. 次用丙癸
亥月	丙	甲戊	삼동기토 비병난불생 초동임왕 취무토제지 토 다 취갑목소지 三冬己土. 非丙暖不生. 初冬壬旺. 取戊土制之. 土多、取甲木疏之
子月	丙	甲戊	삼동기토 비병난불생 초동임왕 취무토제지 토 다 취갑목소지 三冬己土. 非丙暖不生. 初冬壬旺. 取戊土制之. 土多、取甲木疏之
丑月	丙	甲戊	삼동기토 비병난불생 초동임왕 취무토제지 토 다 취갑목소지 三冬己土. 非丙暖不生. 初冬壬旺. 取戊土制之. 土多、取甲木疏之

■ 庚金

生月	一線	二線	喜用 提要
寅月	戊	甲壬丙丁	用癸暖庚性. 盧土厚埋金. 須甲疏洩. 火多用土. 支成火局用壬
卯月	丁	甲庚丙	庚金暗强. 專用丁火. 借甲引丁. 用庚劈甲. 無丁用丙
辰月	甲	丁壬癸	頑金宜丁. 旺土用甲. 不用庚劈. 支火宜癸. 干火宜壬
巳月	壬	戊丙丁	丙不鎔金. 惟喜壬制. 次取戊土. 丙火爲佐. 支性金局. 須用丁火
午月	壬	癸	專用壬水. 癸次之. 須支見庚辛爲助. 無壬癸. 用戊己洩火之氣
未月	丁	甲	若支會土局. 甲先丁後
申月	丁	甲	專用丁火. 甲木引丁
酉月	丁	甲丙	用丁甲鍊金. 兼用丙火調候
戌月	甲	壬	土厚先用甲疏. 次用壬洗. 忌見己土濁壬
亥月	丁	丙	水冷金寒愛丙丁. 甲木輔丁
子月	丁	甲丙	仍取丁甲. 次取丙火照暖. 丙丁須臨寅巳午未戌支. 方爲有力
丑月	丙	丁甲	仍取丁甲. 次取丙火照暖. 丙丁須臨寅巳午未戌支. 方爲有力

■ 辛金

生月	一線	二線	喜用 提要
寅月	己	壬庚	辛金失令. 取己土爲生身之本. 欲得辛金發用. 全賴壬水之功. 壬己竝用
卯月	壬	甲	壬水爲尊. 見戊己爲病. 得甲制伏
辰月	壬	甲	若見丙火合辛. 須有癸制丙, 支見亥子申、爲貴
巳月	壬	甲癸	壬水淘洗. 兼有調候之用. 更有甲木制戊. 一淸澈底
午月	壬	己癸	己無壬不濕. 辛無己不生. 故壬己竝用. 無壬用癸
未月	壬	庚甲	先用壬水. 取庚爲佐. 忌戊出. 得甲制之. 方吉
申月	壬	甲戊	壬水爲尊. 甲戊酌用. 不可用癸水
酉月	壬	甲	壬水淘洗. 如見戊己. 須甲制土. 支成金局. 無壬. 須用丁火
戌月	壬	甲	九月辛金. 火土爲病. 水木爲藥
亥月	壬	丙	先用後丙. 名金白水淸. 餘皆酌用
子月	丙	戊壬甲	冬月辛金. 不能缺丙火溫暖. 餘皆酌用
丑月	丙	壬戊己	同上. 丙先壬後. 戊己次之. 總之丙火不可少也

■ 壬水

生月	一線	二線	喜用 提要
寅月	庚	丙戊	無比劫者. 不必用戊. 專用庚金. 以丙爲佐. 如比劫多. 戊宜制之
卯月	戊	辛庚	三春壬水絶地. 取庚辛發水之源. 水多用無
辰月	甲	庚	甲疏季土. 次取庚金發水源. 金多須丙制之. 爲妙
巳月	壬	辛庚癸	壬水弱極. 取庚辛爲源. 壬癸比助
午月	癸	庚辛	取庚爲源. 取癸爲佐. 無庚用辛
未月	辛	甲	以辛金發水源. 甲木疏土
申月	戊	丁	取丁火佐戊制庚. 戊土通根辰戌. 丁火通根午戌. 方可爲用
酉月	甲	庚	無甲、用金發水之源. 名濁水犯庚辛. 體全之義
戌月	甲	丙	以甲制戌中戊土. 丙火爲佐
亥月	戊	丙庚	和甲出制戊. 須以庚金爲救
子月	戊	丙	水旺宜戊. 調候宜丙. 丙戊必須兼用
丑月	丙	丁甲	上半月專用丙火. 下半月用丙. 甲木爲佐

■ 癸水

生月	一線	二線	喜用 提要
寅月	辛	丙	용신생수위원 무신용경 병불가소 用辛生水爲源. 無辛用庚. 丙不可少
卯月	庚	辛	을목사령 전용경금 신금차지 乙木司令. 專用庚金. 辛金次之
辰月	丙	辛甲	상반월전용병화 하반월수용병화 신갑위좌 上半月專用丙火. 下半月雖用丙火. 辛甲爲佐
巳月	辛		무신용금 無辛用金
午月	庚	辛壬癸	경신위생신지본 단정화사권 금난적화 의겸 용비겁 방득경신지용 庚辛爲生身之本. 但丁火司權. 金難敵火. 宜兼用比劫. 方得庚辛之用
未月	庚	辛壬癸	상반월금신쇠약 화기염열 의비겁방신 동오월 하반월무비겁역가 上半月金神衰弱. 火氣炎熱. 宜比劫幇身. 同五月. 下半月無比劫亦可
申月	丁		경금득록 필정화제금위용 정화이통근오술미위묘 庚金得祿. 必丁火制金爲用. 丁火以通根午戌未爲妙
酉月	辛	丙	신금위용 병화좌지 명수난금온 辛金爲用. 丙火佐之. 名水暖金溫
戌月	辛	甲壬癸	전용신금 기무토 요비겁자갑 제무 위묘 專用辛金. 忌戊土. 要比劫滋甲、制戊、爲妙
亥月	庚	辛戊丁	해중갑목장생 설산원신 의용경신 수다용무 금다용정 亥中甲木長生. 洩散元神. 宜用庚辛. 水多用戊. 金多用丁
子月	丙	辛	병화해동 신금자부 丙火解凍. 辛金滋扶
丑月	丙	丁	병화해동 계기회당 년투정화 명설후등광 야생자귀 丙火解凍. 癸己會黨. 年透丁火. 名雪後燈光. 夜生者貴

격국성패(格局成敗) 종합

▪看法 - 1

丁 甲 丁 甲
卯 寅 卯 午

卯月 甲木	庚	丙丁 戊己	陽刃架殺, 專用庚金, 以戊己滋殺爲佐. 無庚用丙丁洩秀. 不取制殺

此命은 '無庚用丙丁洩秀'한다. 月時에 丁이 있고, 寅午中에 丙丁이 있다. 庚金의 一線 用神으로 調侯하지는 못했으므로 貴는 약간 削減되지만, 富格으로는 차고 넘친다. 戊辰, 己巳運에 大發한다.

▪看法 - 2

丙 甲 癸 丙
寅 子 巳 午

巳月 甲木	癸	丁庚	調和氣候. 癸水爲主. 原局氣潤. 庚丁爲用

格局의 겉모습은 食多用印으로 成格되었다. 調侯用神 癸水가 透하고,

巳中 庚金과 午中 丁火를 모두 갖추어 貴格의 全形이다.

▪看法 – 3

壬 庚 丙 戊
午 午 辰 子

辰月 庚金	甲	丁壬癸	頑金宜丁. 旺土用甲. 不用庚劈. 支火宜癸. 干火宜壬

辰月 庚金은 甲丁 二字中一을 缺하면 참된 富貴를 論할 수 없다. 八字는 丁壬癸를 갖추었으나 甲이 없어 貴格을 論하기 어렵다. 生剋制化의 理法으로 판단하자면 印用食傷이 身印兩旺의 조건을 갖추지 못해 成業하지 못했다.

▪看法 – 4

癸 丙 癸 丁
巳 辰 卯 巳

卯月	壬	己	專用壬水. 水多用戊制之. 身弱用印化之. 無壬用己

官印雙全으로 成格된 八字다. 造化元鑰評註에 極品으로 예시된 韓國 鈞命이다. 아마도 '서락오'가 거의 유일하게 거론한 韓國人의 八字가 아닌

가 싶다. 丙火는 壬水를 用神으로 삼아 貴格을 이루는 반면 癸水를 보면 不晴不雨가 되어 貴格을 이루기 어렵다. 그러나 十干의 특성에 따른 扶抑 측면에서 살피면, 丙火가 强할 때는 癸水를 用하는 것이 효율적이다. 此命은 水火가 均停하여 旣濟를 이룬 命이다.

이상으로 '난강망마스터리'의 '인트로' 편을 대강 살펴보았다. 자평의 3대 텍스트를 융합하기 위해 세운 프레임워크는 저자의 천재성을 드러내는 동시에 산만한 지식체계를 간추리는 특별한 기재를 보였다. 끝부분의 '격국성패(格局成敗) 종합'이 이를 여실히 입증하고 있는데 이토록 간단한 판독 체계가 일찍이 존재하지 않았다.

Ⅱ권과 Ⅲ권의 본문은 [원시TEXT], [일람Scanning], [숙달Mastery]의 순으로 해설을 기하고 있다. '일람'에서는 종래에 잘못되었던 '원시'의 해석에 초점을 맞추고, '숙달'에서는 이기理氣가 통합된 저자 특유의 해설을 덧붙이는 식이다. 본문의 내용은 비교적 풍부하다. 이것은 따로 간추려 설명하기 어렵다. 직접 독자들이 확인해 볼 도리밖에 없다. Ⅲ권의 말미에는 '십간론(十干論) 스펙트럼'이라는 챕터를 통해 '십간론'의 완벽한 정리를 기하고 있다. 여기서는 말미에 '조화원약造化元鑰의 월별 십간 희기'도 십간 별로 모두 서술하고 있는데 이 부분을 제외한 앞에서 저자 특유의 관점으로 써머리한 '십간론'을 다음에 인용해 둔다. 이수의 책은 공통된 특징이 나타난다. 그것은 독자들이 책을 읽는 동안 수차 반복학습이 가능토록 절묘한 배합의 묘용을 살린다는 점에 있다. 단순한 반복이 아니다. 조화원약평주造化元鑰評註의 완벽한 십간 도해다.

■ 십간론(十干論) 스펙트럼

□ 氣候論과 十干論

欄江網의 調候用神과 輔佐用神 체계는 일부 氣候의 調和를 위주로 할 때가 있고, 나머지는 五行 生剋制化의 理法에 충실하므로 欄江網이 거론하는 모든 一線의 十干用神을 調候用神으로 구분하는 것은 한편으로 바람직해 보지 않는 것이다. 그러나 기본적으로 用神을 정하는 방법이 月別, 즉 季節의 상황이 主가 되므로 調候라는 말로 통합시킨 것이다. 한 마디로 調候用神은 곧 氣候論이라 할 수 있고, 이것은 勢力을 위주로 논하는 十干論과는 개념 및 처리하는 방법에 있어 다소간의 차이가 있다. 다시 말해 氣候論에서 언급하는 調候用神은 八字의 富貴를 결정짓는 十干으로 日元의 衰旺, 즉 月別로 喜忌가 구분되며 藏干에서도 取用한다는 특징이 있다. 반면 十干論은 주로 陰陽의 屬性과 配像에 따른 十干別 喜忌로 구분하며 日元의 扶抑을 위주로 喜忌로 정하는 것으로, 藏干에서 取하는 用法에 대한 내용은 자연 부실할 수밖에 없다. 干支의 구분 경계가 없는 寒暖燥濕의 처리법에 대해서는 단연 氣候論이 앞서는 것이다. 滴天髓의 天干論은 氣勢 양면을 모두 고려하여 十干 전체를 훌륭하게 설명해 내고 있으나 내용이 몹시 含蓄되어 있어 온전하게 이해하기가 쉽지 않다. 결론적으로 十干論은 종래의 動靜說에 입각한 喜忌 구분의 논리 체계에서 벗어나 氣學的

측면이 더욱 보강되어야 하고 衰旺에 따른 干支 상호간의 작용력 및 虛字論에 이르기까지 보다 進化할 시점에 이른 것이다.

❒ 用神槪論

1. 扶抑用神

日元의 强弱을 기준으로 身强하면 日元을 剋洩하는 六神의 글자를 취하고, 身弱하면 日元을 生扶하는 六神의 글자를 취하여 扶抑用神으로 정의하는 것으로 徐樂吾에 의해 體用 전체를 포괄하는 用神으로 정리되었다. 張耀文은 月令에서 透한 글자를 扶抑用神으로 정의하고 그것을 制剋하는 五行의 글자를 喜神, 나머지는 忌神群으로 구분했다. 즉 徐樂吾의 扶抑用神과 張耀文의 扶抑用神은 개념 자체가 다른 것으로 徐樂吾의 扶抑用神은 張耀文의 喜神과 유사하다. 張耀文은 佐藤六龍이 발행하는 五術 지를 통해 "최근의 子平家들 가운데 用神을 喜神이라고 생각하는 답답한 자들이 있는데, 만일 用神과 喜神이 같다면 구태여 두 종류의 용어를 사용할 필요가 있는가"라고 一喝했는데 그 같은 주장의 배경으로는 먼저 위와 같이 用神의 정의가 다른 이유를 들 수 있다. 전통적으로 月令을 用神으로 삼는 張耀文의 견해가 응당 정통한 견해로 비춰지지만, 徐樂吾의 이론체계가 그리 허술한 게 아니므로 엄밀히 따지면 張耀文이 비난의 대상으로 삼을만한 인물이 아니다. 徐樂吾는 滴天髓補註에서 月支를 '體의 用'으로 구분한 다음에 扶抑用神을 '用의 體'로 근세에 가장 선진적인 體用 도해를 확립했으므로 이 부분에서는 이미 透派를 앞선 것이다. 아무튼 누구나 존재를 인정하는 扶抑之神은 최근까지만 해도 五行이나 六神으로 구분되어 왔는데, 이것을 透派는 十干으로 확정시키는 功을 세웠다. 張耀文이 표방하는 十干用神은 扶抑之神과 상당한 융합을 시도했지만, 근본적으로 그것이 일치될 수는 없는 것이므로 현재의 十干論은 體用 분간의 새로운 구도가 필요한 시점에 이르렀고, 새롭게 進化될 단계에 이른 것이다. 애초에 扶抑之神을 喜神 五行으로만 구분한 것은 두 가지 문제점을 노출시키고 있다. 첫째 月令의 扶抑用神을 生扶하는 喜神群은 존재하기 어렵다는 점이고, 둘째 十干用神을 扶抑에 준하여 처리하는 한계 상황을 상세하게 명시하지 못한 점이다. 한 마디로 徐樂吾의 扶抑用神은 그것이 곧 八字의 喜神이지만, 張耀文의 扶抑用神은 喜神과 별개로 體用의 관계로 성립되는 것이다. 이러한 차이는 子平眞詮의 相神 개념이 유실된 데서 비롯된다고 볼 수도 있다. 다만 相神은 六神 체계에 의해서 작동되므로 十干用神의 틀에 符合되지 않을 때가 많고, 八字의 格局을 成格시키는 相神을 喜神으로 간주하게 되면 扶抑用神을 剋制하는 五行을 喜神으로 구분하는 透派의 이론과도 배치되므로 張耀文 또한 相神의 존재를 수용하지 않았다. 사실 이것은

體用의 분할에 따른 학습 단계별로 구분해 놓으면 크게 문제가 되지 않는 요소인데, 이를 극복하지 못한 선학들의 體用法은 꽤 아쉬운 면이 아닐 수 없다. 근자에 내가 수립한 體用의 새로운 분할은 體의 영역에서 相神을 부활시키는 것을 필두로 用의 영역에서 扶抑用神을 특화하는 것으로 정리된 것이다. 결론적으로 張耀文이 언급한 喜忌神의 五行 구분은 歲月의 用 영역에서 成敗喜忌의 절대적인 기준 요소가 된다. 그러나 八字 原局의 體 영역에서는 格局의 成敗를 좌우하는 十干用神이 勢力 위주의 扶抑의 법칙에 위배되는 경우가 非一非再하므로 體神과 用神의 영역을 가려 喜忌神을 구분하는 보다 세분화된 十干用神 체계가 필요한 것이다. 이를테면 현재의 十干論에서 말하는 "좋은 十干의 관계는 그것이 扶抑의 틀에서 忌神五行에 속해도 그다지 해로운 작용을 하지 않는다"는 식의 다소 애매한 견해로는 推命 현장에서 그다지 有用한 지침을 제공하지 못한다. 근자에 국내에 전파되기 시작한 透派의 이론은 기존의 관법에만 국한되어 학습해 온 이들에게는 몹시 참신하게 여겨질 법하지만, 현재까지 선보인 十干論의 전반적인 지식체계는 淸代 陳素庵 이후 별반 진전된 내용이 없고, 오히려 欄江網의 이론 체계에도 미치지 못하는 게 있다. 가령 透派 계통의 子平家가 해설한 欄江網은 전혀 새롭지도 않을 뿐더러 오히려 眞意를 왜곡시키는 부분마저 노출되므로 十干用神 체계 전반의 보수와 진전이 필요한 때에 이르렀다고 생각한다. 八字와 歲月 사이에는 大運의 영역이 존재하는데 이것은 運路의 喜忌 측면에서 보면 다분히 用神의 범주에 속하는 속성을 지니지만, 格局의 成敗와 調候가 개입되는 측면에서는 體神의 성격이 더욱 짙다. 따라서 體用 전체의 영역을 扶抑用神으로 수렴하여 八字의 吉兇을 추리하려 의도했던 徐樂吾의 발상은 꽤 무리가 따르는 것이고, 張耀文 또한 徐樂吾의 體用 분간에도 미치지 못했으므로 八字와 大運의 體神 영역을 고찰하는 '베이식'부터 재차 확고히 다져 둘 필요가 있는 것이다. 十干用神 또한 體神의 범주에 국한되어 운용되는 것으로 막연히 歲月의 用法에 이르기까지 적용을 시도하는 愚를 범해서는 곤란하다. 歲月의 成敗喜忌는 扶抑의 이치로만 논하는 것이니 더 이상의 用神은 필요치 않다. 여기에 더하여 刑沖會合의 첨단 實技法을 익혀야만 成敗吉凶, 그리고 成敗의 반전과 得失에 이르기까지 보다 정확하고 '디테일'한 推命이 가능해지는 것이다.

大運의 體用 구분

구분	扶抑	調候	格局成敗 (相神)	格局 喜忌
體		大運	大運	
用	大運			大運

결론적으로 大運은 體와 用의 경계 영역에 존재하는데, 먼저 格局의 成敗와 貴賤高底를 판별하는 것이 중요하고, 또한 歲月과 같은 動的 상황이 발생하는 것이 아니므로 體神의 범주와 측면에서 吉凶을 고찰하는 것이 적

합하다.

2. 專旺用神

專旺用神은 한 마디로 旺神의 氣勢를 따라 정해지는 用神을 의미한다. 대개 四主가 어느 한 가지 五行으로 수렴되면 極旺한 대세를 감히 건드릴 수 없어 旺神의 세력을 따라 그대로 用神을 정하는 경우를 말한다. 이때는 五行이나 六神으로 用神이 결정되므로 十干用神의 범주를 벗어나기도 한다. 다만 調候用神이나 一線의 十干用神이 확고하게 구분되는 경우를 벗어날 때는 그 다지 많지 않으므로 앞의 경우는 예외적인 상황에 불과하다. 滴天髓, 順逆論에서는 從格이나 一行得氣와 같은 獨象의 喜忌를 논하고 있다. 從格의 喜神은 從神과 化神으로 정해진다. 化란 外格의 用神과 相生하는 五行으로 兩神成象의 通關, 一行得氣의 吐秀 등을 들 수 있다.

獨象의 六神 喜忌

區分	喜神	化地	忌神
一行得氣	印比	食傷	財官
從旺	比劫	印綬	食財官
從强	印綬	比劫	食財官
從兒	食傷	財星	官印比
從財	財星	官殺	印比
從殺	官殺	財星	印比食

무릇 外格은 氣勢의 純粹함으로 貴를 논하므로 四支의 方局이 완전하

고 이를 거스르는 氣運이 없어야 眞格을 이룬다. 이때 眞從과 假從, 眞化와 假化의 喜忌를 구분함에 있어 大運의 體 영역과 歲月 用의 '필드'에서 각각 다른 점이 나타난다.

從格 行運 喜忌

眞假	八字 유형	大運	歲月
眞從	甲 癸 乙 □ □ 卯 亥 □	木火 東南運을 기뻐하고, 金水 西北向을 꺼린다	木火 - 喜 土金水 - 忌
假從	甲 癸 乙 □ □ □ 亥 □	일반 內格과 마찬가지로 用法을 취한다	木火 - 喜 土金水 - 忌

從化 貴賤, 運法

眞假	貴賤	行運法
眞從	貴格	大運과 歲月 모두 從神에 順하는 運을 기뻐함
假從	大運이 주관	歲月에서만 從神에 順하는 運을 기뻐하고, 大運에서는 局運으로 眞從이 되거나, 內格으로 成格되는 運을 기뻐함
眞化	貴格	大運과 歲月 모두 化神에 順하는 運을 기뻐함
假化	大運이 주관	歲月에서만 化神에 順하는 運을 기뻐하고, 大運에서는 局運으로 眞化가 되거나, 內格으로 成格되는 運을 기뻐함

一行得氣格에도 純雜이 있으니 純하면 食傷地가 길하고, 雜되면 印比運이 길하다. 外格은 方局과 氣勢의 純粹로 논하는데 方과 局에 따라 大運을 보는 방법의 차이가 있다. 方은 方合을 뜻하고, 局은 三合을 말한다.

보통 八字에 方과 局이 섞이지 않아야 더욱 淸氣가 빛나는데 方과 局이 섞여도 한쪽으로 會局이 이루어지면 純한 것이다. 欄江網에 이르길, 金備申酉戌之地하면 富貴無疑라고 했는데 이것은 酉月 庚金의 從革格이 方合으로 성립된 경우와 三合으로 성립된 경우와의 차이를 시사한다. 金聲玉振賦에 從革格이 三奇를 만나면 千秋에 名聲을 날린다고 했는데 여기에서 말하는 三奇란 乙丙丁을 말한다. 酉月 庚金의 從革格이 乙丙丁을 보면 반드시 出將入相하는 命이 된다고 했는데, 어째서 旺한 金神을 거스르는 三奇의 글자가 있는데 從赫格으로 貴格을 이룬다는 것인가. 이것이 바로 方局으로 이루어진 外格과 合局으로 이루어진 外格의 극명한 차이라 할 수 있다. 滴天髓摘要에 方合은 三合과 달리 각 글자의 根氣로서의 작용력이 크다고 했다. 즉 氣勢의 純粹함은 양자가 같으나 酉月 庚金이 方合을 이룬 從革格이면 八字 原局에 丙火가 있음을 몹시 기뻐하고, 巳酉丑의 三合 金局으로 從赫格을 이루면 八字 原局에 丙丁이 없어야 성립되는 것이다. 이것은 體神의 범주에 속하는 大運도 마찬가지다. 申酉戌 方局을 이룬 從赫格에 丙火가 透하면 殺刃格과 마찬가지로 南方運에 金神이 火鄕에 들어 富貴를 이루고, 西北運에는 氣勢가 純粹하여 發顯한다. 그러나 巳酉丑 會局을 이룬 從赫格이면 응당 西北運을 기뻐하여 富貴해지고, 南方 火運에 들면 旺神을 침범하니 禍根이 되는 것이다. 이때 丙火는 협의로는 調候用神이 되고, 광의로는 十干用神이 된다. 이것은 扶抑用神과는 별개의 차원으로 오직 體神의 범주에서 效用이 나타나는 十干用神이 되는 것이다. 즉 申酉戌 方局을 이룬 從赫格이라 해도 勢月에서 火運을 기뻐하는 법은 좀체 없다.

3. 通關用神

八字에 두 가지 神이 균등한 勢力을 유지하며 서로 대치할 경우에는 和解를 시켜야 하니 이것은 別格에 속하는 兩神成象相剋에 通關之神을 쓰는 것이다. 相剋의 兩神成象은 比劫과 官殺, 比劫과 財의 짝을 들 수 있다. 이때 通關用神이 되는 印綬와 食傷을 用神으로 삼으려면 상반되는 五行의 勢力이 균형을 이루어야만 하는 것이다. 그런데 通關用神은 보통 六神이나 五行으로 결정되므로 十干用神과는 무관하다. 또한 八字에 보이지 않는 글자인 虛神으로 用神을 삼을 수 있다는 특징이 있다. 따라서 通關之神은 十干論 일반에서 가장 벗어나는 운용 체계라 할 수 있는데 엄밀히는 현재의 十干論이 虛字論을 수렴하지 못한 것으로 보는 게 옳다. 虛神은 주로 暗沖暗合格과 같은 外格 체계에서 用神의 역할을 수반하는데 이때의 虛神은 十干의 喜忌 관계와 전혀 무관치 않다. 가령 壬水가 강하면 丙戊의 財官을 떠날 수 없는데 八字에 財官이 전혀 없으면 子宮 癸水가 戊土의 虛神을 合해 오고 또 戊癸의 合으로 暗火의 氣를 발생시켜 마치 丙戊

의 實體가 있는 것과 같은 역할을 한다. 이를테면 壬子月, 壬子日에 丙戊의 財官이 없어도 恩榮이 나타나는 현상을 예로 들 수 있다. 欄江網은 이 같은 경우를 두고 用神得地라 일컫고 用子中癸水爲官으로 설명했다. 古人들은 子中 癸水가 丙戊를 合해 오는 상황을 두고 倒沖과는 다른 子巳特合으로 따로 분류하기도 했다. 丑搖巳 또한 마찬가지의 이치다.

4. 調候用神

調候란 계절의 관계를 고려해서 정해지는 用神 체계로 水와 火의 글자로 구분된다. 즉 壬癸水와 丙丁火가 관건이 되고, 衰旺에 따라 調候用神을 輔佐하는 用神群을 포괄하게 되면 十干用神의 기본 틀이 나타난다. 調候는 급할 때가 있고, 필요하지 않을 때가 있다. 調候가 시급할 때는 일반 生剋制化의 이치를 벗어나는 경우가 종종 나타나고, 이 외에는 일반 十干의 喜忌 관계로 格局의 高底를 분별할 수 있다.

陰陽 調候危急

陰陽	區分		調候	備考
陰氣盛	冬金	安頓	金水傷官喜見官	傷官用財不貴燥土不甚靈秀
陽氣昌	夏木	光亨	木火傷官喜見水	傷官用財小富不貴涷水不能生木

欄江網의 이론체계는 일차적으로 月別 日元에 따른 각 十干의 喜用을 적시하여 구분하는 구조로 이루어져 있다. 이때 調候用神은 氣候의 調節이 특히 時急한 경우에 한해 先用되는 것으로 總論이 아닌 各論의 상황으로 볼 수 있다. 나머지는 모두 生剋制化의 理法에 충실한 十干別 喜忌 관계를 다루고 있다. 그럼에도 불구하고 내용 전체가 調候用神과 輔佐用神으로 대표되는 까닭은 기본적으로 氣候, 즉 季節의 관계를 고려해서 格局을 정하는 일관된 관법을 견지했기 때문이다. 季節의 관계를 모른다면 格局도 일반 內格이나 從格 외에 化格이나 一行得氣, 奇格 등은 전혀 취할 수 없고 調候와 病藥은 전혀 알 수 없게 된다. 欄江網의 이론체계는 十干別 喜忌 관계를 조율하는 측면에서 十干論과 맥락을 같이 하고, 寒暖燥濕의 처리법과 病藥用神을 정하는 實技 면에서 매우 정교하다. 근자에 透派가 표방하는 十干用神의 운용체계는 기존의 欄江網 이론을 별반 능가하지 못하고, 調候의 '매커니즘'과 扶抑, 그리고 十干 配像의 적절한 버무림에 지나지 않은 인상을 주므로 후한 점수를 주기 어렵다. 子平學은 크게 生剋制化의 理法과 衰旺의 氣論으로 양대 축을 이루며 전파되어 왔다. 이를 간략하게 구분해 보면 다음과 같다. 먼저 五行 生剋制化의 理法 체계는 動靜說의 일반 원칙을 벗어나지 않는다. 즉 '干대 干, 支대 支'의 작용 경계를 넘지 못한다는 얘기다.

透干 →	透干
藏干 →	藏干

반면 季節에 따른 寒暖燥濕의 처리법은 干支의 경계에 구애되지 않고 調節이 가능하다는 특징이 있다.

干	寒氣	干暖과 支操를 調한다
	暖氣	干寒과 支濕을 調한다
支	操氣	干寒과 支濕를 調한다
	濕氣	干暖과 支操를 調한다

즉 '干대 干, 支대 支'의 작용 경계를 자유자재로 넘나들며 상호 작용한다. 한 마디로 調候用神은 透干하지 않아도 效用이 있다는 얘기다. 또한 이를 輔佐하는 十干用神이나 病藥用神도 支地에 生祿을 얻어 得所하면 作用力이 나타난다. 이러한 현상을 가장 잘 설명하고 있는 '텍스트'가 바로 欄江網이고, 十干論은 이러한 면에서 정교함이 덜하다. 이때 壬水와 癸水, 丙火와 丁火는 調候 면에서 力量과 效用의 차이가 있다. 이를테면 仲夏의 炎燥함을 解渴하기에 癸水는 부족하고 壬水가 합당하다든지, 또는 冬月에 丁火는 解凍하는 힘을 갖지 못하여 오직 丙火를 尊神으로 삼는 경우다. 그러나 癸水가 申亥를 얻고 丁火가 寅巳를 얻는다면 능히 解渴하고 解凍하는 力量을 갖춘다. 이는 단지 通根되어서가 아니라 壬水와 丙火가 得所했기 때문으로 干支의 경계를 넘어 寒暖燥濕의 작용력을 행사한 것이다.

이를테면 子水와 午火는 壬水나 丙火로 간주하지 않고 癸丁으로 논하는 미세한 차이에 대해서도 밝아야 推命 實戰에서 실수를 범하지 않는다. 반면 自然적인 救濟나 煆煉의 功에서는 癸水나 丁火가 우월하므로 이 또한 잘 살펴 取해야 한다.

透干 →	透干
透干 →	藏干
藏干 →	透干
藏干 →	藏干

調候用神과 輔佐用神은 透干의 상황뿐만 아니라 得地, 得所하여 力量을 갖추어야 하는 점이 매우 중요하다. 季節에 따라 八字의 富貴를 결정짓는 十干用神이 出干하지 않고 地支에만 暗藏되어도 效用이 나타나는데 이 경우를 得所로 설명한다. 十干별 온전한 得所의 요건은 대체로 다음과 같다.

甲	寅, 亥
乙	卯
丙	寅, 巳
丁	午
戊	寅, 巳, 戌, 辰
己	午, 丑, 未
庚	申
辛	酉
壬	申, 亥
癸	子

또한 得地, 得所되지 않고 단순히 地支에 暗藏되어 根氣만으로도 八字

의 貴賤에 作用하거나 有用할 때가 있다. 이때는 주로 燥濕의 配合과 관련이 깊다. 이를테면 丑土는 潤濕하여 生金하는 效用이 있으므로 丑宮 癸水는 得所로 논할 수 없지만 有用하기는 마찬가지다. 한편 地支의 子午卯酉 네 글자는 각각 癸丁乙辛과 견주는 力量과 作用力을 미친다. 이를테면 月令의 丑에 癸水가 出干하면 얼어붙은 연못의 象을 짓는데, 子丑이 相合해도 마찬가지다. 더욱 중요한 점은 子午卯酉는 마치 干과 같은 속성을 함유하여 干支가 上下로 合을 이루려는 作用을 한다는 데 있다. 암암리에 化氣를 발생시켜 八字의 吉凶에 직접 관여하기도 하고, 이러한 성질로 인해 季節별로 十干用神을 달리 運用해야 될 때가 있다. 예를 들어 戊土가 子水를 보면 戊癸 化合하여 火氣를 내포한다. 특히 戊癸, 丁壬, 乙庚의 合에 주목하는데 이것은 각 十干의 특성에 따라 合하려는 속성의 차이가 나타나기 때문이다. 이것은 寅申巳亥의 丙壬庚甲과 같이 地支에서 生을 얻은 干이 八字에 透한 天干과 合하려는 속성과도 흡사하다. 가령 巳月 壬水는 庚辛金을 用하여 貴格을 이루는데 巳中 丙火는 辛金과 合하려는 속성이 있어 암암리에 水氣를 내포한다. 까닭에 이 경우는 庚壬의 조합보다 辛壬의 조합이 더욱 潤濕하므로 높은 格局으로 간주하는 식이다. 이와 달리 暗神이 忌神으로 작용하는 경우라면 마땅히 合을 이루지 않는 十干用神으로 한결 안전한 格局을 이루는 게 좋다.

5. 病藥用神

病藥은 八字의 中和와 관계가 깊다. 보통 日元을 扶助하는 것이 좋은데 이를 傷하게 하는 것이나, 日元을 抑制하는 것이 좋은데 이를 傷하게 하는 것을 病이라 하고 이를 除去하는 것이 藥이다. 그러나 이것은 陳素庵이 日干의 扶抑의 측면에서 간추려 정의한 病藥用神이고, 病藥用神을 강조한 張楠의 神峰通考에는 거의 원칙이 없을 정도로 病藥法이 강조되고 있다. 이것은 후대 徐樂五의 비판을 산 대목이기도 하나 원래 藥을 구하는 법에는 正法이 따로 없다. 病藥은 氣의 衰旺, 즉 調候와도 몹시 밀접한 관계를 이루므로 欄江網의 各論은 거의 예외 없이 病藥을 다루고 있다. 이때 病은 한 마디로 八字의 균형을 깨뜨려 格局에 損傷을 주는 것이니 이를 治癒하는 十干의 글자가 藥神이 된다. 欄江網에서 보통 病이 되는 요인은 一派 내지 一片, 혹은 太多 및 重重한 글자로 八字의 균형을 깨는 상황이고, 이는 또한 五行의 陽性을 내포하므로 이를 효율적으로 制伏하는 十干은 보통 陽干으로 정해지는 것이다. 다만 金旺, 金多가 病이 될 때는 丁火 陰干을 用神으로 삼는다. 따라서 病藥用神은 十干用神의 범주에 속하고 十干論에 부합되는 특징이 있다.

十干別 病藥用神

病	藥	備考
一派 木	庚	
一派 火	壬	丙火가 透하면 辛金과 癸水를 用하는 것도 효과적
一派 土	甲	
一派 金	丁	秋冬에는 丙丁火를 竝用
一派 水	戊	冬月에는 丙火의 調候가 時急

❐ 十干 扶抑 喜忌

1. 五陽干이 強하면 七殺의 剋을 기뻐한다.

日干	喜	忌	備考
甲	庚	辛	
丙	壬	癸	
戊	甲		乙木은 戊土를 疏土하는 역량이 없으나 나쁜 관계는 아님
庚	丁		丙火도 능히 庚金을 煆煉하지만 丁火의 效用에 미치지 못함
壬	戊	己	

十干論에서는 正偏으로 官殺을 구분하지 않고 좋은 관계는 官, 나쁜 관계는 殺로 구분한다. 이를테면 甲木에 庚金이 官이요, 辛金은 殺이 되는 식이다. 보통 五陽干은 五陽干의 剋을 기뻐하여 貴格을 이룬다. 甲木은 庚金을 기뻐하고, 丙火는 壬水를, 戊土는 甲木을, 壬水는 戊土를 기뻐한

다. 그러나 庚金만은 丙火로 制하지 못하고, 丁火로 鍛鍊됨을 기뻐한다.

陽干의 制伏		內容
甲◀庚	斫木爲材	직업에 충실하고 매우 굳건한 능력의 소유자로 회자된다.
丙◀壬	江暉相映	충성심과 복종심이 두터워 상당한 지위에까지 오른다.
戊◀甲	有薪有爐	※ 戊土를 壬水로 분할하는 것만은 못하나 영특함이 있다.
庚◀丁	火煉眞金	기물을 이루어 관청이나 직장 근무에서 좋은 운을 만난다.
壬◀戊	山明水秀	조직 생활에 잘 적응하고, 리더십을 갖추어 출세한다.

2. 陽日干에 財官이 있다는 것은 正財, 正官이 아니라 偏財, 偏官을 말한다.

日干	財	官	備考
甲	戊	庚	
丙	庚	壬	
戊	壬	甲	
庚	甲	丁	庚金이 甲丙을 用하는 것도 可하나 甲丁에 미치지는 않음
壬	丙	戊	

3. 五陰干이 強하면 傷官과의 관계는 모두 좋다.

日干	喜
乙	丙
丁	戊
己	庚
辛	壬
癸	甲

4. 陰日干이 傷官生財로 格을 이루는 경우는 제한적이다.

日干	傷官	財	備考
乙	丙	己	乙木이 戊土 正財를 직접 取하려면 甲木이 貼해야 함
丁	戊	庚	丁火는 陰干으로 財를 取하는 역량이 가장 뛰어남
己	庚	癸	己土는 庚金 傷官보다 癸水 財를 더욱 기뻐함
辛	壬	甲	辛金은 壬水로 貴를 이루며 甲木은 壬水를 조절함
癸	甲	丙	癸水는 甲木으로 丙火가 강해지면 有用해 짐

6. 五陽干이 弱하면 印綬의 生助를 기뻐한다.

日干	喜	
甲	壬	癸
丙	甲	乙
戊	丙	丁
庚	戊	己
壬	庚	辛

대개 陽干은 陽干 印綬로 生해야 자연스러운 功을 이루지만 甲과 癸는 예외로 볼 수 있다.

7. 陽日干이 比劫을 기뻐하는 경우는 제한적이다.

日干	喜		忌	備考
甲	甲		乙	乙木은 甲木에 도움이 되는 경우가 없음
丙			丙	丙火는 他干과의 관계보다 寅巳의 得地를 要함
戊			戊	丙火로 生意가 나타나며 比劫의 幇身을 특별히 구하지 않음
庚			庚	夏月에는 壬癸水의 洩로 反生함
壬	壬	癸		夏月에는 壬癸水의 幇身을 要함

8. 五陰干이 弱하면 먼저 劫財의 幇助를 기뻐한다.

日干	喜	備考
乙	甲	乙木은 繫甲을 특히 기뻐함
丁	丙	丁火는 丙奪을 꺼리지만 秋冬에는 丙火를 取함
己	戊	
辛	庚	地支 木局이 病이 되는 경우에 한해 庚金을 用함
癸	壬	

陰干은 財官을 取하는 법이 없으나 陽干 劫財를 보면 財官을 감당할 수 있으므로 財官을 用하여 貴格을 이룬다. 陰干은 보통 劫財의 幇身을 기뻐하나 丙奪丁光과 같이 劫財가 해로운 작용을 하는 경우가 있으므로 이때는 오히려 比肩이 나을 때가 있다.

陰干의 幇身		內容
乙◀甲	藤蘿絆甲	윗사람이나 귀인, 관청 등의 천거로 원조를 입어 발전한다.
丁◀丁	兩火爲炎	매사 속전속결로 속도에서 기선을 제압하여 성공하게 된다.
己◀戊	硬軟相配	성품이나 대인 관계가 원만하여 사회적으로 성공을 거둔다.
辛◀庚	一淸澈底	※ 庚壬으로 인보상관(刃輔傷官)을 이루면 한판에 도약한다.
癸◀壬	天津地洋	모든 경쟁에 강하며 일이 순조롭게 이루어져 성공하게 된다.

9. 陰日干은 본성이 衰渴하여 印綬와의 관계가 특별하다.

日干	喜	備考
乙	癸	乙木은 退氣하니 癸水의 生扶를 要함
丁	甲	丁火는 겉은 밝아도 속은 衰竭하여 甲木이 반드시 있어야 함
己	丙	丙火로 溫土하면 萬物을 生함
辛	己	辛金이 衰弱하면 濕泥로 보호해야 하므로 己土로 生扶함
癸	辛	癸水는 柔弱하여 辛金의 生을 기뻐함

陰干은 扶抑의 차원을 넘어 본성상 근본적으로 印綬의 生扶를 要한다. 따라서 體神의 原局에서는 比劫의 幇身보다 더욱 유용하고 貴格을 이루는 필수 요건이 된다. 보통 陰干은 陰干이 生해야 더욱 자연스러운 功이 나타나지만 陽干의 生도 불가하지 않다. 陰干이 특히 弱할 때는 病을 제거하는 陽干이 더욱 유용할 때가 있다. 다만 丁火는 濕乙이 引火하지 못하므로 陰干의 짝이 무용하다.

10. 十干은 특별히 꺼리는 관계가 있다.

十干	最忌	成語
乙	辛	利剪摧花
己	壬	陀泥帶水
辛	丁	火燒珠玉
壬	己	己土濁壬

十干 最忌한 관계는 忌神을 제거할 때 유용하다. 이를테면 乙木 忌神을 辛金으로 制하거나, 辛金을 丁火로 制伏하는 경우다. 한편 己土와 壬水가 혼합하면 肥沃한 땅이 되어 木의 뿌리를 培養하기도 하므로 잘 가려 취할 필요가 있다.

❒ 十干 相互 喜忌

■ 甲木

1. 甲 - 甲

甲木이 둘이면 雙木爲林, 셋이면 三木爲森으로 경쟁에 강한 命이 되어 貴를 이룬다.

2. 甲 - 乙

乙木은 助身하지 않고 奪印의 작용을 하여 도움이 되지 않는다. 乙木의 病은 庚金으로 처리하는 것이 가장 양호하다.

3. 甲 - 丙

春木은 陽火의 氣가 필요하고 生木이 火를 만나면 木火通明으로 秀麗해진다. 丙火의 調候를 要하는 시기는 寅酉亥子丑月이고, 春月에는 不晴不雨로 培花하니 丙癸는 水火旣濟를 이루어 調和된다. 冬月에는 寒木向陽하니 자연 丙火를 기뻐하고 富格을 이룬다. 또한 丙火는 浮木을 救濟한다. 丙火가 透하고 火局을 이루면 甲木이 焚滅되므로 몹시 위태해진다.

4. 甲 - 丁

甲木의 뿌리가 潤澤하면 丁火로 秀氣를 洩하므로 夏月에는 壬癸水의 滋扶가 중요하다. 庚金을 丁火로 制하면 吉한 것은 中和되기 때문이다. 劈甲引丁이 되면 有薪有火로 이 또한 木火通明의 象이 된다. 甲木은 庚丁癸의 三者로 富貴格을 이룬다. 특히 酉月은 丁火의 生宮으로 用神이 有力有情하여 大吉하다. 未月에 丁火를 보면, 火運에 木化成灰로 죽음에 이른다.

5. 甲 - 戊

喜神 丁火가 있을 때 戊土가 있으면 有薪有火有爐로 傷官生財하여 매우 우수한 命이 된다. 冬月에 壬癸水가 많아 浮木이나 腐木의 우려가 있으면 戊土로 制하여 富格을 이룬다. 卯月 樹木이 戊土를 보고 庚金을 보면 뿌리가 건전해지며, 財旺生官으로 富貴格을 짓는다.

6. 甲 - 己

卯月에 己土로 庚金을 滋殺하면 殺刃兩停의 貴格을 이루고, 子月 壬癸水가 많아 己土로 制하면 壤土育木의 富格을 이룬다.

7. 甲 - 庚

甲木은 庚金으로 器物을 이루니 斫木爲財하 한다. 甲木은 庚丁癸의 三者로 富貴格을 짓는데 庚金이 위주다. 劈甲引丁格은 春木의 木火通明과

달리 死木이 庚金을 필수 요건으로 삼는 경우를 말한다. 寅月 萌芽의 계절에는 庚金을 不容하고, 이때 庚金이 透하면 丁을 藥으로 取한다. 卯月에 庚金 하나로 假殺僞權이 되면 丁火의 制伏이 不利하고 身旺運으로 흘러야 權威가 나타난다. 특히 申月에는 殺印同宮하여 丁火가 있고 金水運을 向하면 用神이 得地하여 필시 大貴한다.

8. 甲 - 辛

辛金은 木棍碎片으로 대개 부정적인 작용을 하나 실상 甲木에 크게 해로운 작용은 하지 못한다.

9. 甲 - 壬

暮春에는 壬水의 滋扶로 꽃잎이 무성해지니 辰月에는 庚金을 用하고 壬水로 洩氣하여 甲木을 潤澤하게 하여 貴格을 이룬다. 壬水가 많으면 浮木되어 몹시 凶하다. 戌月에 甲木이 假傷官으로 得地逢生하면 甲乙秋生貴元武로 壬水를 기뻐한다. 이것은 火局을 이룬 傷官佩印格을 말한다.

10. 甲 - 癸

甲木이 燥하면 癸水를 매우 기뻐하므로 寅巳午未戌月에 癸水의 滋扶를 要한다. 庚丁癸의 三者로 八字가 中和되면 자연 富貴格을 이룬다. 日元이 當旺하면 印綬의 生이 오히려 病이 되므로 癸水가 太多하면 腐木되어 좋지 않다. 夏月 甲木의 眞神은 癸水로 雨露는 자연적인 富貴를 암시하지만, 壬水 江湖는 調和의 쓰임에 불과하니 貴는 없다. 戌月에 甲木이

假傷官으로 得地逢生하면 甲乙秋生貴元武로 癸水를 기뻐한다. 이것은 火局을 이룬 傷官佩印格을 말한다.

■ 乙木

1. 乙 - 甲

藤蘿 乙木이 繫甲하면 甲木은 側支의 작용을 하여 可春可秋라, 계절에 구애됨이 없이 뿌리가 뽑히는 일이 없으니 일생을 통해 두려운 바가 별로 없다. 土旺하면 甲木이 藥이 되므로 戌月에 태어나거나 戊土를 보면 貴人이나 관청 등의 천거로 원조를 입어 大富格을 이룰 가능성이 높다.

2. 乙 - 乙

乙木은 弱해도 比肩 乙木은 전혀 도움이 되지 않고, 甲木에 의지한다.

3. 乙 - 丙

乙木은 芝蘭이나 花草의 象으로 卉木向陽하니 四時를 막론하고 丙火를 기뻐한다. 乙木은 대개 丙癸로 자연 茂盛해지니 富貴格을 이룬다. 金神이 司令해도 丙火로 制殺하면 문제가 없다. 冬月에는 寒木向陽으로 丙火만 있으면 富貴가 비상해진다. 또한 丙火는 腐木을 救濟한다. 그러나 火가 지나쳐 木焚火熱이 되면 몹시 凶하므로 필시 水氣를 함유해야 마땅하다.

4. 乙 - 丁

乙木은 늘 金에 의해 傷할 염려가 있는데 丙丁火로 制殺하면 길하다. 丁火는 金局의 病을 除去하는 藥으로 效用이 있다. 이외는 丁火는 火燒草原의 象을 이루어 표현 능력이 떨어지고, 재능이 있어도 인정받지 못하는 懷才不遇가 되기 쉽다.

5. 乙 - 戊

冬木에 水가 많으면 戊土로 制하여 富格을 이루고 이때 丙火가 配合되면 富貴格이다. 이 외는 甲木이 있어야 戊財를 감당한다. 이때는 鮮花名瓶의 象을 이루어 理財의 수완이 있고 물질적으로 성공한다.

6. 乙 - 己

乙木은 己土를 制하는 힘이 있어 壤土培花로 理財的 수완이 뛰어나다. 申月 乙木은 己土가 가장 妙하다. 己土와 壬水가 혼합하면 肥沃한 땅이 되어 乙木의 뿌리를 培養하니 壤土培花의 象을 짓는다. 또한 己土는 汚金하여 庚金의 예리함을 꺾으므로 이때는 丙癸가 없어도 己土가 있으면 富貴를 잃지 않고, 丙癸가 兩透하면 大富大貴格을 이룬다. 이외는 甲木이 있어야 己土를 用하며 이로써 理財營商의 재능이 나타난다.

7. 乙 - 庚

乙木은 柔하여 庚金을 用하지 않는다. 특히 秋月 乙木이 庚金을 만나면 가난하거나 夭折을 면키 어렵다. 이때는 丙丁火로 制殺하거나 癸水로

化殺하면 吉하다.

8. 乙 - 辛

乙木이 辛金을 보면 利剪摧花로 가위가 꽃을 꺾는 격이니 出世를 기대하기 어렵고, 火로 制殺하거나 水로 化殺하지 않으면 夭折하거나 貧賤해진다.

9. 乙 - 壬

夏木의 木火傷官은 壬水를 기뻐하여 出水芙蓉으로 名利를 얻게 되지만, 壬水가 太多하여 陰濕해지면 桃花에 水氣를 더해 逐水桃花의 폐해가 나타난다. 남자는 輕薄하고 여자는 淫蕩해져 사람으로 인한 고통이 끊이지 않는다.

10. 乙 - 癸

甲木은 進氣하지만, 乙木은 退氣하니 癸水의 生扶를 要한다. 乙木에 癸水가 나란히 있으면 淸草朝露라 하여 貴人의 조력으로 성공한다. 乙木은 대개 丙癸로 名利通達하는 것이다. 그러나 乙木은 濕을 두려워하므로 丙火가 없으면 陰濃濕重하여 뿌리가 손상되고 잎이 시들어 버리므로 매우 凶하다. 戌月에는 癸水가 尊神으로 財格透印을 이루면 최상이다.

■ 丙火

1. 丙 - 甲

丙火가 매우 弱하면 甲木의 生을 반긴다. 亥月에는 丙火가 失令하여 가장 弱한 때로 壬水를 用하지 않고 甲木을 取한다. 子月 丙火가 一派 壬水를 보면 戊土로 制해도 實速이 없는데 이는 戊土가 晦光하기 때문이다. 이때는 甲이 藥이다. 丙火가 透하고 地支에서 火局을 보면 甲木은 焚滅되므로 위태롭다.

2. 丙 - 乙

丙火가 弱하면 己土의 晦光을 꺼리는데 이때는 乙木으로 그 害를 막을 수 있다. 乙木이 丙火와 나란히 하면 艷陽麗花가 되어 사물이나 지식에 대한 흡수력이 뛰어나 學業이 우수하고, 윗사람의 뜻에 잘 부합한다.

3. 丙 - 丙

丙火가 두 개 겹치면 陽光이 지나쳐 오히려 混濁해지므로 다소 부정적인 의미를 띠게 되지만, 一派 庚辛金이 있어 身財가 모두 강하고 水가 없으면 長火天金疊疊이라 하여 鉅富가 된다. 酉月에 丙火가 많고 하나의 壬水가 高透하면 財旺生殺로 富貴가 無窮하다. 子丑月의 嚴凍에는 調候가 時急하여 丙火가 두 개 出해야 진정한 富貴를 논할 수 있을 때가 있다. 가령 子丑月의 戊土나 仲冬 丙火에 比肩이 필요한 경우다.

4. 丙 - 丁

丁火는 丙火와 같은 火性의 五行이지만, 丙火를 강하게 하는 작용이 전혀 없으므로 無用하다.

5. 丙 - 戊

丙火가 弱하면 戊土의 晦光을 꺼린다. 水氣가 없는 火土傷官은 平凡한 命에 불과하다. 壬水가 太多하여 戊土로 食神制殺하면 貴格을 이룬다. 壬水가 없어 戊土를 用하는 食神生財는 금전은 모이지만 인기나 榮譽는 약한 사람이다.

6. 丙 - 己

丙火는 빛이 己土에 흡수되어 晦火無光됨을 꺼린다. 傷官 己土가 있으면 印綬 甲乙木이 있어야 吉하다. 그렇지 않으면 孤刑이 있어 이룸이 작다. 傷官佩印을 이루면 大地普照로 표현능력이 우수하고, 技藝 방면에서 두각을 드러낸다.

7. 丙 - 庚

三夏에는 壬水를 用神으로 삼지만, 이때는 반드시 庚金이 있어야 根源이 있는 水가 된다. 夏月 丙火에 庚壬이 같이 透하면 富貴가 가볍지 않고 특히 巳月에는 文明之象을 이루어 科甲은 물론 地位가 높다. 水가 없고 身財가 강하면 長火天金疊疊이라 하여 鉅富가 된다.

8. 丙 - 辛

丙火는 능히 庚金을 煆煉하지면 辛金은 반대로 怯을 낸다. 가령 夏月에 庚金은 壬水를 도와 有用하지만, 辛金은 丙火를 相合하여 病으로 작용하기 쉽다. 한편 亥月에 辰을 보아 化格을 이루면 大貴하다.

9. 丙 - 壬

丙火는 壬水의 剋을 두려워하지 않으며, 太陽이 江湖 壬水를 비추면 水晶같이 빛나니 壬水가 없으면 貴를 취할 수 없다. 壬水로 用神을 삼으면 水輔陽光, 天和地潤이 되어 旣濟의 功을 이룬다. 다만 亥月에 한해 壬水가 司權하고 丙火가 가장 弱하므로 壬水를 取하지 않고 甲木을 用한다.

10. 丙 - 癸

丙火가 癸水를 보면 不晴不雨가 되어 대개 貴格을 이루지 못한다. 그러나 夏月이나 寅月에 丙火가 강하면 不晴不雨가 나쁘지 않고 富中取貴한다. 丙火가 弱하면 黑雲遮日의 象으로 매우 불리한 命이 된다.

■ 丁火

1. 丁 - 甲

丁火는 燈燭으로 겉은 밝아도 속은 衰竭하여 母星 甲木이 반드시 있어야 한다. 甲木은 丁火의 땔감으로 어머니인 甲木이 있으면 두뇌가 명석하고 경쟁력이 강하며 秋冬月에도 衰絶할 근심이 없다. 다만 午月에는 火旺하여 丁火가 令을 잡았으므로 함부로 甲木을 取하면 안 된다. 午月 丁火는 壬庚이 透하지 않은 이상, 甲木을 用하여 貴格을 이루지 못한다. 未月에 甲木이 透하고 亥卯가 있으면 암암리에 水의 뿌리가 있어 文明氣象이 된다. 그러나 水氣가 없으면 焚木의 우려가 있어 이때는 抱薪救火로 매우 위태한 命이 된다.

2. 丁 - 乙

乙木은 卉木과 같아 불에 잘 타지 않으므로 濕乙傷丁이라 한다. 乙木은 引丁도 못하고, 戊土를 破하지도 못하므로 많이 있어도 이롭지 않다. 申月과 酉月에 甲木이 없으면 乙木을 取하는데, 이때는 丙火로 말려야 枯草引燈格을 이룬다. 즉 甲은 반드시 庚이 있어야 하고, 乙은 丙이 있어야 한다. 夏月에 水氣가 없으면 乾柴烈火로 불리한 命이 된다.

3. 丁 - 丙

乙木은 繫甲을 기뻐하나, 丁火는 丙奪을 꺼린다. 乙이 甲을 보면 甲木으로 논하고, 丁이 丙을 보면 丙火로 논한다. 이것은 氣가 生旺을 따르는 이치다. 巳月에 丙火을 만나면 炎上이 되나 炎上格은 甲木이 있어야 長明한 형상을 이루어 吉하다. 冬月에 丙火는 調候와 무관하고, 丙火가 불꽃을 도우면 金水 財官을 기뻐하는 것이다. 秋月 丁火는 丙奪丁光을 두려워하지 않는데 丙火로 乙木을 말려 枯草引燈하기 때문이다.

4. 丁 - 丁

丁火가 나란히 있으면 兩火爲炎으로 두 불길이 타오르는 격이니 속전속결 형으로 속도로 기선을 제압하여 성공할 가능성이 높다. 이때는 甲木과 조합되거나 혹은 戊土가 있어야 온전한 貴格을 이룬다.

5. 丁 - 戊

丁火와 戊土는 火土傷官으로 재능은 나타나지만 甲木이나 庚金을 보지 않으면 秀才로 그치기 쉽다. 甲木을 보면 有薪有火有爐로 지식의 흡수가 뛰어나고 재능을 충분히 발휘하며 庚金을 보면 傷官生財로 火煉眞金의 貴格을 이룬다. 戌月 丁火에 一破 戊土가 있고 壬水와 甲木이 없으면 傷官傷盡으로 富貴가 비범하다. 戌宮에 戊丁辛이 暗藏되어 火土傷官이 生財하니 體用이 同宮에 있어 奇格을 이루기 때문이다.

6. 丁 - 己

戊土는 丁火의 熱을 보호하고 강하게 해주나, 己土는 熱을 흡수하므로 甲木이 없으면 불가하다. 심하게 害를 미치는 일은 없으나 富貴와는 무관한 조합이다.

7. 丁 - 庚

甲木은 庚金의 劈甲으로 引火하므로 대개 丁火의 富貴는 甲庚의 짝으로 완성된다. 午月 丁火는 壬庚이 透하지 않은 이상, 甲木을 用하여 貴格을 이루지 못한다. 丁火는 昭融하여 夏月에 身强財旺하면 長火天金疊疊格으로 높은 格局으로 본다.

8. 丁 - 辛

丁火는 旺해도 강렬하지 않고 衰해도 窮하지는 않다. 身强하면 辛金 財

를 用하여 富格을 이루기도 한다. 다만 貴와는 전연 무관하다.

9. 丁 - 壬

夏月에 丙奪丁光이 심하면 壬水로 制해야 顯達한다. 午月은 水의 絶地로 火局을 이루면 滴水가 핍박받아 반드시 庚金이 壬水를 發原해야 한다. 辰月 水局에 壬水가 透하여 殺重身輕이 되면 夭折이 따른다.

10. 丁 - 癸

夏月의 丙奪丁光은 癸水로 制하면 富貴가 極品에 이른다. 午月은 水의 絶地이나 壬水대신 癸水가 있으면 枯渴될 염려가 없으므로 獨當一面하니 恩封을 잃지 않는다. 冬月에 丙火가 太多하면 癸水로 破해야 吉하고 異途로 발달한다. 巳月 丁火는 癸水를 꺼린다. 庚金을 洩하고 甲木을 濕하게 만들어 불꽃을 피우지 못하기 때문이다.

■ 戊土

1. 戊 - 甲

戊土는 甲木이 疏土하지 않으면 不靈하므로 酉月을 제외한 전 계절에 用한다. 戊土는 대개 丙甲癸 세 글자의 조화로 富貴를 확정한다. 丙火의 暖이 없으면 不生하고, 癸水로 滋潤하지 않으면 萬物이 不長한다. 특히 三春 戊土는 丙甲癸 三字가 모두 透하면 富貴가 極品에 이른다. 이때 丙癸는 不晴不雨의 象으로 대개 좋지 않은 十干 調合이 되지만, 봄철에는

丙火가 得令하여 旺하므로 不晴不雨로 오히려 佳命을 이룬다. 酉月에는 秋土生金하여 土가 매우 弱하므로 甲木을 用하지 않는다. 戊土의 用法에서 不必木疏는 酉月이 유일하다.

2. 戊 - 乙

戊土는 乙木이 腐木되는 것을 救濟하여 生하지만, 乙木은 戊土에 대한 작용력이 없다.

3. 戊 - 丙

戊土의 富貴는 無丙不生, 無甲不靈, 無癸不長으로 丙甲癸 三者의 調和가 關鍵이다. 土는 專旺地로 들어가도 火로 生해야 한다. 火가 죽으면 土旺해도 뜻을 이룰 수 없다. 戊土는 冬月을 제외하고는 丙癸의 짝인 不晴不雨로 佳命을 이룰 때가 많다. 巳月 戊土 또한 外實內虛로 寒氣가 내재되어 火炎을 꺼리지 않는다. 子丑月의 嚴凍에는 調候가 時急하여 火盛해야 財官을 감당할 수 있다. 까닭에 火重이 凶하지 않다. 이때는 丙이 두 개 出해야 진정한 富貴를 논할 수 있고, 丙이 없으면 食財官 모두 쓸모가 없다. 午月 火局을 이루면 火炎土燥로 孤貧함을 면키 어렵다.

4. 戊 - 丁

戊土에 丁火가 나란히 있으면 有火有爐로 좋은 관계를 나타내지만, 酉月의 傷官佩印과 亥月에 庚金을 丁火로 制하는 效用에 한정된다. 이때는 刀筆로 權威가 나타난다.

5. 戊 - 戊

水旺으로 戊土가 매우 약해져 허물어질 염려가 있으면 比肩 戊土를 쓰는데, 亥月에 壬水가 透하면 戊土로 制하여 富格을 이룬다.

6. 戊 - 己

己土는 田園으로 대개 他干에 利로운 역할을 하지만, 壬水와는 害로운 관계고 戊土에 대해서는 그다지 利益을 주지 않는다.

7. 戊 - 庚

春土에 甲木이 旺하고 庚金이 이를 制하면 殺用食制의 貴格을 이룬다. 巳月에 金局을 이루고 癸水가 出하면 土潤生金의 奇格으로 貴가 나타난다. 水가 없으면 忌神으로 작용하기 수운데 助紂爲虐으로 사나운 성질을 띠며 언행으로 인해 敵을 만든다.

8. 戊 - 辛

未月에 辛金이 癸水를 生하면 傷官生財의 富格을 이룬다. 水가 없으면 反吟洩氣로 참견이나 간섭이 심해 손해를 보기 쉽다.

9. 戊 - 壬

戊土는 水의 財를 만나면 吉하나 水勢가 太旺하면 侵蝕될 염려가 있다. 三冬에 壬水가 旺하면 가난하거나 夭折할 우려가 있다. 壬癸가 兩透하면 氾濫하여 制할 수 없으므로 매우 인색하다. 三夏 戊土는 火炎土燥를 두려워하므로 반드시 金水, 食財가 있어야 한다. 午月에는 癸水로 解炎하기 微弱하여 壬水를 先用한다. 午月 戊土는 壬水가 適水로 癸水는 用神으로 微弱하다.

10. 戊 - 癸

雨露 癸水의 滋潤으로 生意가 充滿해진다. 그러나 壬水가 같이 透하면 制할 수 없으므로 財를 감당하기 어렵다. 戊土의 富貴는 無丙不生, 無甲不靈, 無癸不長으로 丙甲癸 三者의 調和가 關鍵이다. 午月에는 癸水가 微弱하여 壬水를 先用한다. 亥子丑月에는 水旺하니 癸水를 取하지 않는다.

■ 己土

1. 己 - 甲

己土는 甲木에 이롭지만, 己土가 甲木을 감당하기는 쉽지 않다. 丙癸가 配合되면 富貴格을 이루나, 丙戊가 없으면 木强土山으로 一生 困苦하고 胃를 傷하기 쉽다. 三春에는 甲丙癸가 모두 透하면 富貴格을 짓지만, 어느 것 하나라도 없으면 佳命이 되지 못한다.

2. 己 - 乙

己土 陰干이 殺을 用하는 법은 거의 없다. 野草亂生으로 평생 幸運을 기대하기 어렵다.

3. 己 - 丙

己土 田園은 丙火로 따뜻하게 하면 萬物을 生하는 大地普照의 象을 이룬다. 丙火로 溫土하고, 癸水로 潤土하면 己土의 精神을 補하여 富貴를 이룬다. 夏月의 뜨거운 계절에도 丙火를 用하는 것은 禾稼가 뜨거울수록 더 성장하기 때문이다. 그러나 一點 水氣도 없으면 洪光千里로 나쁜 생각을 품기 쉽고 貧寒하다.

4. 己 - 丁

秋冬의 土金傷官은 印綬가 있으면 富貴格을 이룬다. 三冬에 一派 庚金이 있고 丁火가 透했는데 丙火가 暗藏되면 富貴가 雙全한다. 이외는 특별한 效用이 없다.

5. 己 - 戊

己土를 旺盛하게 하여 生意를 發하려면 돕고 막아야 한다. 돕는 것은 丙火고 막는 것은 戊土다. 戊土는 매우 有用하니 硬軟相配로 힘을 얻어 성공하고 대인 관계가 원만하다.

6. 己 - 己

己土는 弱해도 比肩으로 특별히 힘을 얻지는 못하나 生意는 증가한다. 己土 比肩을 보고 癸水와 조합되면 飛天祿馬로 시험에 강하고 월등한 성적으로 合格한다.

7. 己 - 庚

己土는 金多金明으로 庚金이 많으면 빛을 낸다. 즉 己土는 火와 金이 많을수록 좋으며 傷官佩印 혹은 印用食傷으로 貴格을 이룰 때가 많다.

8. 己 - 辛

夏月에 辛金이 癸水를 發하면 富貴가 極品에 이른다. 다만 壬水로 混入되면 辛金에 害를 미친다.

9. 己 - 壬

壬水가 泛濫하면 播種이 不可하므로 己土와 壬水의 관계는 陀泥帶水의 象으로 불리하여 財運이 나쁘고 色情 문제를 일으키기 쉽다. 그러나 夏月에는 癸水가 없으면 壬水를 用한다. 이때 大發은 아니나 작은 富貴는 있다.

10. 己 - 癸

己土는 癸水를 기뻐하여 玉土爲生의 象을 이룬다. 다만 亥子丑月에는 濕泥가 寒冬하므로 癸水를 用하지 않는다. 己土는 本性이 寒濕하여 寅月에는 癸水가 없어도 格을 이룬다.

■ 庚金

1. 庚 - 甲

剛金은 丁火로 鍛鍊하면 銳利해지고, 丁火는 甲木에 依支하므로 三者의 조합은 대개 富貴格을 이룬다. 戌月에는 戊土가 司令하여 丁甲이 아닌

甲壬을 取한다. 亥月에 丙甲이 透하면 金溫水暖으로 富貴格을 이룬다.

2. 庚 - 乙

庚金은 甲木은 剋하지만, 乙木은 剋하지 않고 合하므로 貪合忘剋이라 한다.

3. 庚 - 丙

三冬 庚金는 金寒水冷하여 丁火로 煅煉하고 丙火로 調候한다. 酉月은 陽刃으로 丁丙의 官殺混雜으로 格局을 이룬다. 秋金의 水火는 局을 이루면 福壽가 두텁다.

4. 庚 - 丁

得火而銳로 剛金은 丁火로 鍛鍊하면 銳利해진다. 秋金은 銳利해야 가장 妙하다. 丁火로 煅煉하면 鍾鼎의 器物을 이룬다. 이때 剛金을 水가 洩하면 銳鋒이 꺾여 吉할 것 같지만, 이는 庚金의 성질을 모르기 때문이다. 따라서 寅月 甲木은 洩이 吉하고, 剋이 凶하나, 申月 庚金은 剋이 吉하고 洩이 凶하다. 火가 지나쳐 金을 녹이면 火烈金熔이 되어 凶하다.

5. 庚 - 戊

己土는 金光을 돕지만, 乾土 戊土는 金埋할 우려가 있다. 土乾則脆로 戊土가 많아 金이 埋沒되어 下賤해진다. 水가 培合되면 吉한 작용을 한다. 仲冬 庚金이 水局을 보면 格局이 潤下로 변한다. 이는 午月 甲木이 火局을 보아 炎上이 되는 것과 마찬가지다. 따라서 戊土는 官이 되고, 丙

丁火는 財가 되어 財旺生官하여 貴를 이룬다.

6. 庚 - 己

庚金은 土潤則生으로 土가 潤澤하면 生을 얻는다. 寅月은 煉金하면 좋지 않으므로 이때는 印綬로 火해야 하는데, 戊土 偏印을 取하기는 어렵다. 死金은 흙에 덮이는 것을 싫어하기 때문이다. 그러나 己土, 辰丑의 濕土는 이롭다.

7. 庚 - 庚

庚金은 殺氣를 띠는데 庚金이 하나 더 있으면 兩金相殺이 되어 크게 한번 다칠 우려가 있다.

8. 庚 - 辛

庚金과 마찬가지로 辛金이 庚金과 貼하면 鐵鎚碎玉으로 무서운 성격을 드러내고 큰 사고를 당할 염려가 있다. 酉月 庚金이 申酉戌 方局으로 從革格을 이루면 富貴를 의심할 필요가 없다.

9. 庚 - 壬

庚金은 壬水를 얻으면 淸해지므로 金水雙淸이라 한다. 夏月 群金은 元武가 있어야 妙하므로 壬癸水가 있어야 하고, 秋金은 銳利하면 가장 妙하니 丁火를 用한다. 水가 많으면 沈金을 두려워하니 丙戊로 救制되지 않으면 金寒水冷으로 貧孤하다.

10. 庚 - 癸

夏月 群金은 元武가 있어야 妙하므로 壬癸水가 있어야 한다. 秋冬에 癸水가 忌神의 작용을 하면 寶刀已老로 하여 일을 많이 꾸미나 실패가 잦고, 鐵銹의 象으로 나쁜 일을 당할 염려가 있다.

■ 辛金

1. 辛 - 甲

甲木은 病을 제거하는 藥으로 쓴다. 辰月과 巳月은 戊土가 當旺한 때라 土重하여 埋金될 염려가 있으므로 甲木을 用한다. 이외의 甲木은 대개 財運이 좋지 않고 齒痛을 앓기 쉽다.

2. 辛 - 乙

辛金은 乙木을 剋害하나, 乙木은 辛金에 대해 별다른 영향을 미치지 못한다.

3. 辛 - 丙

冬令의 金水傷官은 丙火가 있어야 金白水淸이 된다. 三冬 辛金은 丙火로 調候해야 壬水로 淘洗하는 效用이 제고되는 것이다. 辛金이 一派壬水를 보면 氣勢가 盡洩되어 壬水로 논하므로 이때 丙火가 透하면 壬丙, 光輝의 貴를 이루는 것이다. 이것은 三冬 辛金의 金水傷官 變格과 마찬가지다.

4. 辛 - 丁

辛金은 寒則喜丁이라 했다. 金水傷官은 火를 기뻐하므로 丁火의 傷官帶殺은 貴格이다. 이외 辛金이 太强하면 丁火를 기피하므로 火燒珠玉과 같은 것이다.

5. 辛 - 戊

辛壬의 金水는 聰明한데 戊土가 있으면 어리석고 나약해진다. 그러나 一派 壬水가 重하면 戊土로 막아야 한다. 申月 辛金이 水局을 보면 壬水를 體로 삼아 戊土가 있어야 貴格을 이룬다. 즉 壬水가 汪洋하면 財官을 用하는 것이다. 子月 辛金이 水局으로 水旺金沈하면 辛金으로 논하지 않고, 壬水로 보아 丙戊를 취하니 이 또한 變格이다.

6. 辛 - 己

辛金이 弱하면 濕泥로 보호해야 하므로 己土로 生扶한다. 熱則喜母라, 夏月 辛金에 火가 많으면 己土를 얻어 火氣를 흡수하고, 生金하는 게 좋다. 그러나 水가 많아 辛金이 弱하면 己土는 泥沙로 좋지 않다. 이를 두고 滋扶不愛濕泥生이라 한다.

7. 辛 - 庚

夏月에 庚金은 壬水의 根源이 되어 중요한 역할을 한다. 未月에는 庚壬을 用하여 刃輔傷官의 유형을 이룬다. 이외에는 보통 凶한 관계로 자기 중심적이고 驕慢해지기 쉽다.

8. 辛 - 辛

일반적으로 傲氣를 부리거나, 무서운 속성을 내포하는 나쁜 관계다.

9. 辛 - 壬

辛金 珠玉은 四時를 막론하고 壬水를 用하여 淸高함을 나타내며 淘洗珠玉으로 聰明하고 才能을 충분히 발휘한다. 水淺金多하면 體全之象을 이루어 富中取貴한다.

10. 辛 - 癸

巳月에 壬癸水가 모두 透하면 傷官扶主格을 이루어 吉하다. 午月에 庚金이 癸水를 輔하면 食祿이 매우 두텁다. 申月에는 壬水가 적게 있어야 貴를 이루는데, 壬癸가 짝을 이루면 洩氣가 太過해져 癸水를 보면 절대 불리하다.

■ 壬水

1. 壬 - 甲

壬水는 대개 甲木, 丙火, 戊土, 庚金의 陽干과 좋은 짝을 이루어 富貴를 나타낸다. 甲丙으로 食神生財나 甲戊의 殺用食制로 貴格을 짓는 게 보통이다. 특히 酉月은 敗地로 壬水가 旺하지도 弱하지 않아 金水가 相生하여 金白水淸이므로 戊己土가 있으면 病이 된다. 따라서 甲木을 用神으로 삼는다.

2. 壬 - 乙

乙木 喜神은 出水紅蓮과 같아 秀才로 인정받지만, 己土와 짝을 이루어 傷官見官으로 破格되면 항상 말썽의 소지가 된다. 水泛木浮의 象을 이루면 逐水桃花로 凶하니 이는 亥月 乙木에 壬水가 太多하여 水汎陰濕해지면 桃花에 水氣를 보태는 것과 같은 현상이다.

3. 壬 - 丙

壬水와 丙火는 江暉相映의 좋은 관계로 보통 丙戊 財官을 用하여 富貴格을 이룬다. 金寒水冷은 특히 丙丁火를 기뻐한다. 甲木이나 乙木과 함께 食傷生財格을 이루면 飛鳥跌穴이라 해서 일확천금의 福德을 기대할 수 있다.

4. 壬 - 丁

金寒水冷하면 丁火를 기뻐한다. 申月에는 庚金을 制하기 위해 丁火를 取하니 戊丁을 用한다. 戌月에는 甲丁을 用하고 子月에는 丁己로 官印相生을 이루면 貴格이다.

5. 壬 - 戊

汪洋한 壬水를 戊土로 制防하면 福壽가 완전해진다. 山明水秀하니 丙火와 짝이 되면 貴格의 전형이다. 壬水는 丙戊를 떠나 생각하기 어렵다.

6. 壬 - 己

壬己가 混合되면 木을 配養하는 效用이 있으나 대개 己土濁壬은 좋지 않다. 子月에 丁火가 透하여 己土를 보호하면 權位가 높아진다.

7. 壬 - 庚

庚發水源이 적합하면 많은 원고를 받아 大成한다. 春月에는 庚辛金으로 水原을 發하지 못하면 枯渴될 염려가 있다. 冬月에 火氣가 없고 金局을 이루면 金水沈寒寒到低가 되어 一世가 孤貧하다.

8. 壬 - 辛

辛金은 주로 春夏에 水源을 發하는 效用이 나타난다. 가령 卯月에는 물이 湛深하므로 먼저 戊土로 막은 다음에 辛金을 쓴다. 丑月에는 丙辛이 透하면 科甲에 이른다.

9. 壬 - 壬

夏月 壬水는 壬癸水의 比劫으로 幫身한 다음, 金으로 水原을 發한다. 巳月에는 巳中 戊土가 癸水를 合해 오는 것을 경계하여 壬水를 先用한다. 壬水가 旺兩大海의 象을 이루는데 戊土로 制하지 못하면 지나침이 있어 일을 그르치기 쉽다.

10. 壬 - 癸

夏月 壬水는 壬癸水의 比劫으로 幫身함을 要한다. 이때는 天津地洋으로 항상 貴人의 도움이 따르며 일이 순로롭게 이루어진다. 특히 午月에는 癸水를 先用한다. 이것은 午中 丁火가 壬水를 合해 오는 것을 경계하기 때문이다. 다만 化合이 완전하지 않은 한 壬癸水 모두를 取할 수 있다. 冬月에 癸水가 透하거나 水局을 짓고 癸水를 보면 沖天奔地하여 戊土로 制

할 수가 없다. 저돌 맹진이 禍가 되어 생명이나 재산에 큰 타격을 입는 不行이 따른다.

■ 癸水

1. 癸 - 甲

甲木은 癸水를 洩하지 않으며, 戌月이나 土局을 이룬 경우에 藥으로서의 效用이 있고 이때는 辛金으로 癸水를 生한다. 申月에는 印綬가 生하지 않아도 무방하므로 丁火를 用하고 甲木으로 佐한다.

2. 癸 - 乙

乙木은 癸水를 洩하며 己土 七殺을 制하는 效用이 있다.

3. 癸 - 丙

三冬에는 陽和의 氣를 만나야 萬物을 潤澤하게 한다. 癸水는 從財를 꺼리므로 火局을 지으면 中和를 要한다. 仲秋는 물이 맑고 金이 旺할 때니 丙火를 用하여 金溫水暖의 貴格을 이룬다. 이외 兩者간의 관계는 그다지 좋지 않다.

4. 癸 - 丁

癸水는 丁火를 剋하는 힘이 있다. 申月에는 得祿한 庚金을 制하는 丁火를 用하고 甲木으로 佐한다. 이때 만일 癸水가 甲木을 돕고, 甲木이 丁火를, 丁火가 戊土를 도우면 戊土는 申宮에 寄生하여 官이 되므로 生生

不熄의 大貴格을 이룬다.

5. 癸 - 戊

癸水가 高燥한 戊土를 만나면 剋되어 本性을 잃는다. 이때는 甲木으로 制하는 게 좋다. 癸水는 不畏火土라 했는데 土旺하면 從土하여 담는 기물에 따라 형태가 달라지기 때문이다.

6. 癸 - 己

癸水는 己土를 生하며 調和하여 潤澤한 功을 이룬다. 午月에 己土가 透하여 從殺格을 이루면 富貴가 가볍지 않다. 己土는 癸水를 剋하니 忌神으로 작용하면 그다지 出世하지 못한다.

7. 癸 - 庚

癸水는 庚金의 扶助로 强해지는 법이 없다. 夏月에 庚金은 壬水와 짝을 이뤄 富貴格을 이룬다. 巳月 癸水가 庚壬을 보면 弱變强이 되어 巳宮 丙戊를 取하는데 劫印化晉格으로 이것은 꺼리는 것이 吉하게 되니 奇格이다.

8. 癸 - 辛

辛金은 癸水의 發源하므로 癸水의 어머니가 된다. 巳月에는 辛金을 먼저 取하고 다음으로 庚金을 取하는데 이것은 丙辛 合化의 水氣가 有用하기 때문이다. 夏月에 辛金은 壬水와 짝을 이뤄 富貴格을 이룬다. 卯月에 庚辛金을 함께 用하는 것은 乙庚이 相合하기 때문이다.

9. 癸 - 壬

癸水는 壬水나 亥子水에 의해 旺盛해진다. 특히 壬水가 出干하여 潤下格을 이루면 大富大貴한다. 壬水를 만나면 壬水와 작용이 같다. 가령 丑月에 丙火가 得祿하고, 壬水가 出하면 水輔陽光으로 富貴가 極品에 이른다.

10. 癸 - 癸

癸水가 甲乙木에 의해 弱해지면 癸水의 도움을 기뻐한다. 癸水가 지나치게 약하면 金 印綬를 用할 수 없다.

❐ 十干 成敗

1. 身殺兩停, 威權이 萬里에 미친다.

日元	殺	刃	備考
甲	庚	乙	陰干에 陽干이 透하면, 陽干이 財官을 取하는 것과 같은 用法을 따른다. 陽干에 刃은 合殺하여 威權을 높인다. 庚金은 丁火가 有用하나 丙火도 좋은 관계로 地支 火局을 이룰 때 더욱 妙하다. 특히 乙甲, 己戊, 壬癸의 관계는 刃奥라 하여 万將의 權威를 지배할 정도에 이른다.
乙	庚	甲	
丙	壬	丁	
丁	壬	丙	
戊	甲	己	
己	甲	戊	
庚	丁	辛	
辛	丁	庚	
壬	戊	癸	
癸	戊	壬	

2. 官殺佩印, 三台六卿에 오른다.

日元	印	官殺	備考
甲	癸	庚	陽干은 보통 正偏印을 막론하고 印綬의 生扶를 기뻐하고 陰干은 屬性과 配象에 따라 喜己를 구분한다. 正官佩印이나 殺格用印은 印綬가 主가 되므로 官殺의 喜忌 관계에 크게 구애받을 필요는 없다. 日干과 官印의 十干 관계가 좋으면 二德俱全으로 科甲之星이니 印綬가 月干에 透하면 일찍 出世하고, 官印의 위치에 관계없이 온전한 貴格을 이루면 정부나 단체의 요직에 오른다.
乙	壬	庚	
丙	甲	壬	
丁	甲	壬	
戊	丁	甲	
己	丙	甲	
庚	己	丁	
辛	己	丙	
壬	庚	戊	
癸	辛	己	

3. 官逢財印, 名振四海한다.

日元	印	財	官	備考
甲	癸	己	庚	日干과 財의 관계가 좋으면 財星正立으로 富가 크고, 班馬로 財格透印格이 되면 侯에 封한다. 十干의 좋은 관계로 財旺生官이나 正官用財格을 이루면 催官之曜로 攀龍附鳳이라 했다. 財를 用하고 比劫이 없으면 廉介로 汚職함이 없다.
乙	壬	己	庚	
丁	甲	庚	壬	
戊	丙	壬	甲	
己	丙	癸	甲	
庚	己	甲	丁	
壬	庚	丙	戊	

4. 傷官駕殺帶刃, 將相의 材木이다.

日元	傷官	殺	刃	備考
甲	丁	庚	乙	刃은 日元을 幇身하고 傷官을 生하며 合殺하여 有用하다.
丙	己	壬	丁	
戊	辛	甲	己	
庚	癸	丁	辛	
壬	乙	戊	癸	

5. 殺用食制, 肅殺의 權이 있다.

日元	食神	殺	備考
甲	丁	庚	肅殺之權은 대개 刑權, 즉 司法權을 의미한다. 殺用食制格이 印綬를 보면 成中有敗가 되므로 잘 살펴야 한다. 甲木에 丙火도 庚金을 制하는 힘이 있으나 丁火에 미치지는 못한다.
乙	丁	辛	
丙	戊	壬	
丁	己	癸	
戊	庚	甲	
己	辛	乙	
庚	壬	丙	
辛	癸	丁	
壬	甲	戊	
癸	乙	己	

6. 食神帶殺, 万人을 壓한다.

日元	殺	食神	備考
戊	甲	庚	食神帶殺 중에 특히 七殺이 日元에 위협적이고, 食神이 日干과 좋은 관계면 英雄의 命으로 논한다.
癸	己	乙	

7. 印刃相隨, 官位가 極品에 이른다.

日元	刃	印	備考
乙	甲	癸	日干, 印綬, 劫財 三者간의 좋은 十干 관계로 從旺格을 이루면 官居極品을 논한다.
己	戊	丙	
壬	癸	辛	

8. 祿印相扶, 職位가 台鼎에 오른다.

日元	印	備考
甲	癸	從旺格으로 比肩이 劫財보다 강하고, 十干의 관계가 좋으면서 印의 生扶가 있으면 필시 高官이 된다.
丁	甲	
戊	丁	

9. 印綬月逢, 秀才로 翰苑에 든다.

日元	甲	乙	丙	丁	戊	己	庚	辛	壬
正印	癸月	壬月	乙月	甲月	丁月	丙月	己月	戊月	辛月

10. 時上偏財, 鉅富를 蓄財한다.

日元	偏財	備考
乙	己時	時干에 日干과 좋은 十干 관계의 偏財가 透하면 富가 가볍지 않다.
戊	壬時	
己	癸時	
庚	甲時	
壬	丙時	

11. 祿高, 君王을 輔佐한다.

日元	比肩	備考
甲	甲	日干과 좋은 관계의 比肩이 高透하고 格을 이루면 1인자의 친구가 된다. 壬이나 癸의 경우도 예로 들 수 있다.
丁	丁	

12. 食傷生財(식상생재), 世人(세인)을 救制(구제)한다.

日元(일원)	比劫(비겁)	食傷(식상)	財(재)	備考(비고)
甲(갑)	甲(갑)	丙(병)	己(기)	日干(일간)과 比食財(비식재)의 干(간) 관계가 모두 좋으면 三奇均正(삼기균정)이라 해서 濟世安邦(제세안방)한다.
乙(을)	甲(갑)	丙(병)	己(기)	
乙(을)	甲(갑)	丙(병)	戊(무)	
丁(정)	丁(정)	戊(무)	庚(경)	

13. 食傷生財(식상생재), 世人(세인)을 救制(구제)한다.

日元(일원)	比劫(비겁)	食傷(식상)	財(재)	備考(비고)
甲(갑)	甲(갑)	丙(병)	己(기)	日干(일간)과 比食財(비식재)의 干(간) 관계가 모두 좋으면 三奇均正(삼기균정)이라 해서 濟世安邦(제세안방)한다.
乙(을)	甲(갑)	丙(병)	己(기)	
乙(을)	甲(갑)	丙(병)	戊(무)	
丁(정)	丁(정)	戊(무)	庚(경)	

14. 用食絶梟(용식절효), 位(위)에 있어 用人術(용인술)이 뛰어나다.

日元(일원)	食神(식신)	備考(비고)
甲(갑)	丙(병)	癸水(계수)가 貼(첩)하지 않아야 한다.
庚(경)	壬(임)	己土(기토)가 貼(첩)하지 않아야 한다.

15. 兩干不雜(양간부잡), 公益(공익)을 우선한다.

日元(일원)	甲(갑)	乙(을)	丁(정)	己(기)	壬(임)	備考(비고)
比劫(비겁)	甲(갑)	甲(갑)	丁(정)	戊(무)	癸(계)	身弱(신약)한 경우에만 해당된다.

16. 先財後印, 官에 있어 一歲에 一陞한다.

日元	財	印	備考
甲	己月	癸時	日干과 財, 印의 十干 관계가 좋고 月財時印의 조합을 이루면 官運이 좋아 관직에서 매년 승진하는 경사가 따른다. 月印時財의 先印而後財의 조합은 시험에 강하여 항상 좋은 성적과 성과를 내므로 試에서 百發百中함이 있다고 했다.
乙	戊月	壬時	
乙	戊月	癸時	
丁	庚月	甲時	
戊	壬月	丙時	
己	癸月	丙時	
壬	丙月	辛時	

17. 二德配官, 首相에 준하는 高位職에 오른다.

日元	要件	備考
己	乙亥月 甲年	地支에 戊土가 得所하고 丙火가 透해야 吉하다.
庚	丁酉月 丙時	官殺竝用의 대표적 상황이다.
庚	丙申月 丁時	秋金은 丙丁火를 기뻐한다.
庚	丙戌月 丁時	
癸	己未月 戊時	癸水는 不畏火土로 從殺, 從化格을 이룬다.

18. 刃輔傷官, 風雲의 때를 만나 大成한다.

日元	月干	年干	備考
甲	丁	乙	木多火熄의 상황에서 乙木이 助甲引丁한다.
丁	戊	丙	冬月에 水旺하면 戊土를 用하고 丙火로 調候한다.
辛	壬	庚	未月에 壬水를 用하고 庚金으로 佐한다.

19. 合祿, 祿俸이 厚하다.

日元	要件	備考
甲	丁年 壬寅月	月干이 干合으로 化해 比肩이 되는 경우로 壬日의 丙子月은 辛年에 속하지 않으므로 성립되지 않는다. 合祿格과는 전연 무관하다.
戊	己年 甲戌月	
辛	庚年 乙酉月	
丙	癸年 戊午月	

20. 飛天祿馬, 冠場으로 試驗에 강하다.

日元	比肩	財	備考
甲	甲	戊	日干과 比肩, 財의 三者가 좋은 관계로 배합되면 秀才로 시험에 일등으로 合格하는 경우가 많다. 飛天祿馬格과는 전혀 무관하다.
丁	丁	庚	
戊	戊	壬	
己	己	癸	
壬	壬	丙	

궁통보감窮通寶鑑은 다독多讀을 통해 익숙해지는 게 좋다. 최근에는 동락東樂 선생의 '궁통보감일독'이라는 책이 나왔다. 이로써 궁통보감을 수차물 흐르듯 읽어나가면 기대 이상의 학습 성과를 얻을 수 있다. 물론 정밀한 학습은 '난강망마스터리 I II III'를 통해 가능하다. 이 책에는 저자가 명리계에 데뷔한 이후 5년 동안 축적된 저자의 식견이 거의 모두 망라되어 담겼다는 점에서 의미가 크다.

滴天髓摘要 해설

밀레니엄 시대의 서막과 함께 '적천수써머리'로 역학계를 강타하며 신성으로 떠올랐던 저자가 다시 '적천수'로 돌아왔다. 이 책은 '적천수적요'의 해설서다. 그것도 원저자 자신이 해설했으니 특별하다. 이 같은 형태는 서락오徐樂吾에게서 찾아볼 수 있다. '조화원약'과 '조화원약평주'와 같은 예다. 결론적으로 이 책의 탄생 배경은 그가 곧 출간될 '적천수스펙트럼'을 앞두고 으레 그렇듯 이론 체계의 한층 선명한 요약을 기한 것이다. 책은 492쪽으로 여타의 서책에 비해 두껍다. '적천수적요'의 원문이 그대로 삽입된 까닭이다. 이 책은 단순한 '적천수써머리'의 해석이 아니라 변모한 이수명리의 집대성과 같다. 그래서 이수명리를 공부하는 학도라면 초기 과정에 반드시 학습해야 할 필독서가 바로 이 책이다. '자평진전리뷰'의 체용 분할과 함께 '적천수써머리'의 종화從化 외격外格 체계도 보다 상세한 설명이 필요해졌다. 또 팔자 신강약身强弱의 구분에서도 한결 명백한 해설이 펼쳐져 있다. 관련 내용을 발췌해서 인용해 보겠다. 앞서 이 책에서는 어느 명리학도의 '적천수적요'에 대한 추천사가 이목을 끌고 있다. 이상의 내용을 차례대로 살펴보겠다.

推薦辭 '적천수적요(滴天髓摘要)'에 대하여

적천수적요(滴天髓摘要)는 명대(明代) 유기(劉基: 字伯溫, 1311 - 1375)가 저술한 것으로 알려진 사주학(四柱學)의 보서(寶書), '적천수(滴天髓)'를 현대에 간추려 요약한 이수(李修) 선생의 '적천수(滴天髓)써머리' 중국어(中國語) 판이다. 국내의 명리학자가 '적천수'라는 타이틀을 걸고 명리학(命理學)의 종주국인 중국 시장에서 출간할 수 있었다는 사실은 저자의 지식적 우위에 별다른 이론을 제기할 여지가 없음을 뜻한다. 이것은 우리나라의 명리학사(命理學史) 전체를 통하여 최초의 사건이고, 외국인으로서는 일본(日本)의 아부태산(阿附泰山) 이후 두 번째로 대만(臺灣)의 무릉출판유한공사(武陵出版有限公司)에 저자의 이름을 올린 일대 쾌거(快擧)라 할 수 있다. 이로써 이수(李修) 선생은 동아시아 일대의 두터운 독자층과 화교(華僑)들에게 널리 명성이 알려진 세계적인 술사(術士)로서의 입지를 다지는 계기를 마련했다. 당시 이 책에 대한 중국인들의 평가는 대개 다음과 같았다. "韓國籍八字研究者李修老師的文章, 其滴天髓摘要十分值得一看"

이 책은 격국론(格局論)에서 종래 월령(月令)의 분일용사법(分日用事法)을 과감히 배제하고, 심효첨(沈孝瞻)의 격국론(格局論)을 기본 틀로 정하며, 체용(體用) 편에서는 서락오(徐樂吾)의 이론을 계승하여 매우 일관된 논리로 적천수(滴天髓)를 요약하고 있다. 이러한 서술 방식으로 인해 기존의 난삽(難澁)했던 명리(命理) 이론 체계를 더없이 선명하고 깔끔하게 정리했으므로 세계 시장에서 경쟁력을 갖춘 작품으로 인정받게 된 것이다. 특히 십이운성론(十二運星論)에서 비롯되는 음양간(陰陽干)의 기질(氣質) 차이를 선명하게 구분해서 명주(命主)의 신강약(身强弱)을 판별하는 기법과 내격과 외격, 별격(別格) 체계에 이르기까지 거침없는 필치로 다듬어 놓은 격국용신론은 현대 명리학(命理學)의 주류(主流)가 되었다. 이를 기화(奇貨)로 한국 명리학(命理學)은 최근까지의 학문적 사대(事大)를 벗어났고, 이후 일련의 저술(著述)을 통해 끊임없는 진화(進化)를 거치며 현재는 가장 앞서

가는 이론 체계를 구축한 집단으로 성장한 것이다.

필자의 사견(私見)으로 적천수적요(滴天髓摘要)가 적시하는 내용은 결과적으로 '적천수(滴天髓)'의 최초 해설판인 진소암(陳素庵)의 적천수집요(滴天髓輯要)에 가장 근접한 것으로 보인다. 진소암(陳素庵)의 학통(學統)은 현재 일본에서 활동 중인 장요문(張燿文)과 그의 제자인 좌등육룡(佐藤六龍)이 충실하게 이어 왔는데, 70년대 후반 향초사(香草社)에서 펴낸 '사주추명술오의(四柱推命術奧義)'의 내용이 이를 반증한다. 이 책은 우리나라에 포여명(鮑黎明)의 '완전풀이 적천수'로 90년대에 소개되었는데 엉뚱하게도 저자명(著者名)이 바뀌었다. 포여명(鮑黎明)은 좌등육룡(佐藤六龍)이 펼치는 오술(五術) 이론에 가장 대립각을 세우는 서락오(徐樂吾) 이론의 추종자 한 개인에 불과한 평범한 술인(術人)이다. 그래서인지 일각에서는 이수 선생의 이론 체계가 명징파(明澄派)의 논리를 추종하는 게 아닌가 하는 의문이 제기되기도 했다. 2001년 당시 '적천수 써머리'는 '사주추명술오의'과 흡사 맥락을 같이 하는 내용이 적지 않았다. 그러나 전자는 이해가 무척 용이했지만, 후자의 책은 해득(解得)하기 난해했다. 이것은 서술 방식에서 '심효첨(沈孝瞻)'과 '서락오(徐樂吾)'의 상치되지 않는 이론 체계를 관통시킨 독특한 형식을 취했기 때문이라고 생각된다. 아무튼 지금 강호(江湖)에서 '이수 명리학'에 대한 높은 평판은 대다수가 인정하는 추세다.

이후 선생은 기존에 존재하던 명리학(命理學)의 경계를 넘어선 독창적인 선진(先進) 기법(技法)을 무수히 선보였고, 학습 영역을 무한대로 확장시켜 놓았다. 몇 해 전에 팔자술(八字術)의 실기(實技) 기법(技法)을 주로 다룬 '팔자술필살기(八字術必殺技: Deathblow)'를 발표, 종래에 전혀 볼 수 없었던 형충회합(刑沖會合)의 응용법과 물상(物象), 오운육기(五運六氣) 전반에 이르기까지 정치(精緻)하고 참신(斬新)한 이론 체계로 독보적인 경지를 보여주기에 이르렀다. 그 반향은 실로 대단한 것이었고, 동호인들과 학습자들이 주도하는 최근의 학문 발전 추세는 과거와는 판이하게 다른 형태로 가속되고 있다. 그리고 을유년(乙酉年)인 올해 한 해 동안에 명리(命理)의 3대 텍스트인 '자평진전(子平眞詮)'과 '난강망(欄江網)', '적천수(滴天髓)' 모두를 새로운 시각에서 완벽하게 주해(註解)하고, 더욱이 명리(命理) 학습의 결정판인 '팔자술 파이널블로'를 공개하면서 선생의 천재적 면모와 진정한 마스터의 경지가 무엇인지를 다시 한 번 유감없이 펼쳐보였다. 동해(東海) 서락오(徐樂吾)가 근세에 명백하게 수립한 체용법(體用法)을 완성하는 단계로 진일보시켰고, 또한 용(用)의 분야에서는 희기(喜忌), 득실(得失), 성패(成敗)로 판독해 나가는 새로운 경지를 개척한 것이다. '팔자술 데쓰블로'와 '팔자술 파이널블로'는 우리의 명학(命學)을 대표하는 불후(不朽)으 명서(命書)로 남아 생명력을 과시할 것이다.

이미 널리 알려진 선생의 학문 공개 정신과 실천은 원리학문(原理學文)와 실용술수(實用術數)서의 양대 축 사이에서 분투하는 강호(江湖)의 수많은 학습자들에게 단비와 같은 가교(架橋)적인 역할을 해왔다. 책 말미에 정리되어 있는 이수 선생의 사학계(斯學界) 활동 연표(年表)를 보면 4년 남짓한 기간 내에 얼마나 왕성한 활동과, 학문적 진화 과정을 거쳐 왔는지 짐작이 가고도 남는다. 선생이 세계 명리학사(命理學史)에 남긴 족적(足跡)과 기여(寄與)는 천년 이상의 빛을 발하기에 부족함이 없을 것이다.

(미·MIT) 재료공학박사

金善昱 謹識

通根(통근)

[원문]

「今人不知命理, 見夏水冬火, 不問有無通根, 便爲之弱。
更有陽干逢庫, 如壬逢辰丙坐戌之類,
不以爲水火通根身庫, 甚至求刑沖以開之
此種謬書謬論, 必宜一切掃除也。」

出自先賢沈孝瞻之<子平眞詮>, 關於「通根」之敍述。

推命術之第一階段, 爲判別命造之身强身弱。 其重點在, 找出命造裏最强旺之勢力, 而與日干比較而定强弱。 那麼何字爲最强旺? 通根而透之天干的力量爲最大。

簡易之, 則一, 通根於地支之天干爲最强, 其根越多越有力。 二, 有關地支, 以力量最大的次序排列之, 則, 月支、時支、日支、年支之次序。故通根於年支的天干, 不如通根於時支的天干强。在此書後部分, 我將再詳解釋之。 第三, 無根或其根被沖而受損的天干。 如此, 未能通根的天干力量非常弱, 而幾乎不能影響於格局之成格。 由此可知, 判斷一個命造之强弱時, 最主要之判斷根據爲天干之動態。

一個命造裏, 用神主管其名利, 是原局裏最爲重要的天干, 故論用神時, 如以火爲用神, 或以木爲用神等之論法爲錯, 並對於用神爲「巳火」或「子水」之論法, 也應當改正爲「巳中丙火」或「子中癸水」之論法。

依此觀點, 我將對於以下, 出自<四柱精說>(韓國「明文堂」出版)「强弱篇」之三個名例, 判別其身强身弱。

甲 甲 丙 甲
子 子 寅 寅

<四柱精說>云:「寅月, 乃是甲木日干最旺之月令, 年柱與時干有同氣, 日支與時支有子水, 依五行相生之理, 子水生扶木, 只有月干丙火泄露日主之氣, 乃爲身强命。」

但以天干之動態判斷之, 則三甲木通根於月支, 年支, 並無超過此勢力之氣. 但丙火, 因天干只有一字, 容易看成微弱, 如此看, 則頗有問題. 丙火也通根於月支與年支, 有强旺之力量, 故可以看成, 用神食神丙火健旺之貴命.

丁 癸 丙 癸
巳 亥 辰 酉

<四柱精說>云:「有剋害日主之四火土, 有生扶日主之三水, 有金與辰酉之六合. 生扶日主之六神, 與剋害日主之六神, 勢均力適. 但月令爲日主衰弱之期, 故爲身弱.」 因看成身弱格, 就以癸水爲用. 此種看法爲, 日本命理學者「阿部泰山」之著作, 大批傳入韓國之後, 在國內定立的强弱判斷法. 可曰, 根本對於干支的基本觀念無知而造成的判斷法. 因地支之巳亥冲, 丙丁火傷到其根, 已變成微弱, 由月支透出的癸水太旺, 故爲從旺格, 以癸水爲用.

癸 壬 辛 辛
卯 寅 丑 巳

<四柱精說>云:「出生於丑月水汪之節, 雖天干全爲生扶日主之字, 地支全爲剋泄日主之六神, 故成爲身弱。」 而認爲以月干辛金爲用。 以天干之動態, 判斷强弱之觀點來看, 日干與時干, 壬水與癸水得到月令而甚强無比, 並通根於月支與年支而透的兩辛金也甚强, 其氣勢太旺, 甚至可判斷爲從强格之命。 故喜金水。

對於此命, <四柱精說>不能判斷爲從强格之原因, 是因重視地支卯木、寅木、巳火之勢力。 但地支的五行之氣, 若無透出天干, 其勢力微弱, 而不可與已透出的金水之力相比。

對於金水之氣如此旺盛之命造, 判斷爲身弱, 的確是錯誤。 並可知, 此造本人之氣質多麼剛健。

[써머리]

'심효첨'이 '자평진전(子平眞詮)'에서 통근(通根)에 관해 이르길, "요사이 사람들이 명리를 알지 못한다. 여름의 물과 겨울의 불을 보면 통근(通根) 유무를 묻지도 않고 쉽게 신약명(身弱命)으로 간주한다. 재차 양간(陽干)이 고(庫)를 만나면 예를 들어 壬이 辰을 보거나 丙이 戌 위에 앉아있는 경우 水火가 몸의 고지(庫地)에 통근(通根)했다고 여지기 않고 심지어 형충(刑

沖)을 구하여 그것을 열어야 한다고 하니 이러한 종류의 잘못된 책이나 잘못된 이론은 반드시 마땅히 모두 제거돼야 한다"고 했다.

추명술(推命術)의 첫 단추, 명조(命造)의 신강약(身强弱) 구분 핵심은 팔자에서 가장 강한 세력을 찾아 일간과의 관계를 살펴 정하는데 있다. 그렇다면 어느 글자가 가장 강한가. 통근(通根)하여 투출한 천간의 세력이 가장 강한 것이다. 간략히 구분해보면, 첫째로 지지(地支)에 뿌리를 내린 천간(天干)이 가장 강한 것이다. 뿌리를 많이 내릴수록 더욱 강한 것이다. 둘째는 지지(地支)다. 지지(地支)는 '월지(月支), 시지(時支), 일지(日支), 년지(年支)'의 순으로 힘의 세기가 정해진다. 따라서 년지(年支)에 통근한 천간(天干)의 세력보다 시지(時支)에 통근한 글자의 세력이 더 강한 것이다. 셋째는 뿌리가 없거나, 충(沖)으로 인해 상(傷)한 지지(地支)에 뿌리를 내린 천간(天干)이다. 결론적으로 통근(通根)하지 못한 천간(天干)의 세력은 매우 미약(微弱)하여 격(格)의 신강(身强), 신약(身弱)을 구분하는 데 별반 영향을 미치지 못한다. 따라서 한 명조의 강약(强弱)을 판정할 때 기준이 되는 요소는 '천간(天干)의 동태'에 달려있다고 요약 할 수 있다.

또한 팔자의 명리(名利)를 주관하는 용신(用神)은 명식(命式)에서 가장 중요한 천간(天干)이 되어야 마땅하다. 용신(用神)이란 정신(精神)을 뜻하므로 한 개인의 지향(志向), 가치를 표방하기 때문이다. 따라서 용신(用神)을 오행(五行)으로 구분해서 火니 木이니 하는 표현은 맞지 않으며, 巳火나 子水 등으로 지지(地支) 용신(用神)을 정하는 것도 옳지 않다. 반드시 巳중 丙火, 子중 癸水 등으로 구분되어야 한다.

이상의 설명을 염두에 두고, 다음 '사주정설(四柱精說)'의 강약(强弱) 편에서 예시하는 세 가지 팔자의 강약(强弱)을 살펴보겠다.

時 日 月 年
甲 甲 丙 甲
子 子 寅 寅

인월(寅月)은 일간(日干) 甲木이 가장 왕성한 달이며, 년주(年住) 및 시간(時干)에 동기(同氣)가 있고, 일지(日支) 및 시지(時支)에 子水가 있어 오행 상생의 법에 의해 木을 생하는 반면, 월간(月干)의 丙火 하나만이 일간(日干)의 기운을 누출시키므로 신강(身强)한 명이라고 '사주정설'은 설명한다. 이를 '천간의 동태'만으로 살펴 강약(强弱)을 판정하자면 월지(月支)와 년지(年支)에 통근(通根)하여 투(透)한 甲木 세 글자의 세력을 능가하는 기운은 어디에서도 찾아 볼 수 없다. 다만 丙火의 세력을 단지 천간의 한글자로 간주하여 미미한 세력으로 보면 곤란하다. 丙火 역시 월지와 년지에 통근하여 출(出)한 강한 힘을 가지는 글자로 용신(用神)인 식신(食神) 丙火는 진신(眞神)으로 건왕(健旺)한 바 귀명(貴命)으로 간주되는 것이다. 원래 춘목(春木)은 강약(强弱)을 떠나 丙火 하나만 보아도 준수(俊秀)해진다. 실상 이 경우는 천간이 비식(比食)으로만 구성되고 재(財)가 없으므로 양신성상(兩神成象)의 별격(別格)해도 무방하다. 차명(此命)은 木火를 기뻐하므로 천간(天干)의 글자는 모두 희신군(喜神群)으로 구성된 것이다. 까닭에 청명(淸命), 귀격(貴格)으로 손색이 없다. 따라서 신강약(身强弱)을 분간하는 정격(正格)의 사례로 적합한 유형은 아니다. 종래의 관법으로 보자면 甲木 신강격(身旺格)이 세월(歲月)에서 목운(木運)을 기뻐할 리 만무하지만, 이러한 팔자는 갑년(甲年)에 귀인(貴人)의 출현과 재정적 성취를 보기 쉬운 것이다. 상생(相生)의 양신성상격(兩神成象格)이기 때문이다.

丁 癸 丙 癸
巳 亥 辰 酉

'사주정설'에서 일주를 극해(剋害)하는 네 개의 火, 土와 일주를 생조(生助)하는 세 개의 水, 金 및 辰酉 육합(六合)이 있어 생(生)하는 육신(六神)과 극(剋)하는 육신(六神)의 세력이 비등하나, 월령(月令)이 일주가 쇠약해지는 때라 신약격(身弱格)으로 설명된 팔자다. 신약(身弱)하니 년간(年干)의 癸水를 용신으로 삼는다고 했다. 팔자의 강약(强弱) 판정에서 이렇게 모호한 설명은 원칙이 서지 않았음을 반증하는 일례라 할 수 있다. 간지(干支)의 속성조차 구분하지 못하고, 합(合) 오행(五行)마저 채용한 것은 기본 지식이 결여된 것이다. 한마디로 기(氣)와 세(勢)를 구분하지 못한다는 얘기다. 이른바 부억(扶抑) 용(用)을 구하기 위한 세력(勢力)의 판정에서 기(氣) 오행(五行)은 살필 필요조차 없는 것이다. 차명(此命)은 지지(地支)의 巳亥 충(沖)으로 丙丁火는 이미 그 뿌리를 손상당하여 힘이 미약하므로 팔자의 강약(强弱)을 구분하는데 고려할만한 요소가 아니다. 따라서 월지(月支)에 통근(通根)하여 투간(透干)한 癸水의 세력만이 오직 왕(旺)한 상태다. 팔자는 강왕격(强旺格)이다. 이때는 전왕용신(專旺用神)인 癸水를 기뻐한다. 신약(身弱)해서 비견(比肩)을 쓰는 게 아니다.

癸 壬 辛 辛
卯 寅 丑 巳

'사주정설'에 丑月 수왕지절(水旺之節)에 출생하고 천간(天干)은 전부 일주(日主)를 생조(生助)하는 육신(六神)뿐이나, 지지(地支)가 전부 극루(剋漏)하는 육신(六神)으로 신약격(身弱格)으로 설명한 팔자다. 따라서 월간(月干) 辛金을 부억용신(扶抑用神)으로 보게 된다. 위에서 팔자의 강약(强弱)은 '천간의 동태'에 달렸다고 했다. 그렇다면 지지(地支)에서 극루(剋漏)하는 세력이 신약(身弱)을 규정하는 요인이 될 경우는 드물다고 볼 수 있다. 차명(此命)의 천간(天干)은 모두 인비(印比)로 구성되어 있다. 약하기는커녕 오히려 태왕(太旺)하여 강왕격(强旺格)에 속한다. 강왕격(强旺格)으로 전왕용신(專旺用神)인 辛金을 용(用)하는 것이지, 신약(身弱)해서 金水를 기뻐하는 게 아니다. '사주정설'은 卯木, 寅木, 巳火의 글자 개수나 세력을 중시했으므로 내격(內格)의 신약(身弱)을 거론했는데, 60년대 이후 한국 사주학은 일본의 '아부태산' 관법을 벗어나지 못했다. 팔자의 주인공이 누군지 알 길은 없지만, 보지 않아도 그가 얼마나 강건하고 기질의 소유자인지 능히 짐작할 수 있는 것이다.

[해설]

'심효첨'의 통근(通根)으로 '써머리'의 서두를 전개한 것은 종래의 잘못된 지식 하나를 지적하여 팔자의 강약(强弱)을 판정하는 추명술(推命術)의 첫 단추부터 잘못 채우는 오류를 경계한 것이다. 또한 대다수의 학습자들이 골머리를 앓는 팔자의 신강약(身强弱) 판정법에 대한 분명한 지침을 제공하여 학습 과정상의 신속한 발전을 꾀하는데 중점을 둔 것이다. 천간(天干)의 통근(通根) 상황으로 팔자의 강약(强弱)을 판정하는 방식은 명리(命理)의 원론에 부합될뿐더러 기존과는 비교되지 않을 정도로 신속하고 별반 착오가 없이 명식(命式)의 격용(格用)을 도출해내므로 현대 팔자학(八字學)의 대세가 되었다. 즉 '이수문파'의 즉간법(卽看法)은 5초 이내에 이루어지는 팔자의 강약(强弱) 판정으로 시작되는 것이다. 원래 자평(子平)이 말하는 팔자의 강약(强弱)은 기후(氣候)적인 측면과 이법(理法)의 양면을 다 같이 고찰해야 마땅하다. 그런데 '써머리'가 오행(五行)의 이법(理法)에만 치중해 글머리를 연 것은 먼저 부억법(扶抑法)의 원칙을 다지기 위한 포석으로 받아들이면 무난하다. 용신(用神)의 정의와 개념, 적용 범위는 여러 면으로 분할되지만, '써머리'에서 언급하는 용신(用神)은 일단 '서락오'의 '부억용신(扶抑用神)을 뜻한다. 간지(干支)의 속성 구분이나 용신(用神)에 대한 자세한 설명은 '자평진전리뷰' 등의 저서와 인터넷에 퍼져 있는 수많은 자료를 통해 어렵지 않게 볼 수 있다. 결론적으로 '써머리'는 세월(歲月)의 성패(成敗)를 가리는 상(象)의 천간(天干) 글자를 중시했다. '써머리'의 주종을 이루는 관법은 얼핏 80년대 일본에서 주로 선보인 투파(透派)의 관점과 유사해 보이지만, 실은 근간을 달리 한다. 이것은 마치 '심효첨'과 '진소암'의 이론이 동일한 가운데 상이한 점과 같은 것이다.

★ 팔자(八字)의 강약(强弱) 판정법

1. 천간의 글자가 지지에 뿌리를 내리는지부터 살펴 힘의 세기를 가늠한다.

2. 월지에 통근한 글자가 가장 강하고, 다음으로 '시, 일, 년'의 순으로 힘의 세기가 정해진다.

3. 일간을 기준으로 인성과 비겁의 글자 힘의 세기가 나머지를 더한 것보다 강하면 신강격이 되고, 약하면 신약격이 된다.

4. 일간에서 양간(陽干)은 통근 여부를 살펴 강약의 셈에 넣지만, 음간(陰干)의 일간은 셈에서 제외한다.

아래 네 사람의 중국 명인 명례(命例)를 통하여 팔자의 신강약(身强弱)을 판별하는 연습을 해 보자.

1. 마오쩌둥(毛澤東), 1892년 12월 26일 3시 5분 출생

壬 壬 壬 壬
寅 辰 子 辰

오직 壬水만이 지지의 수국(水局)에 통근하여 투출했으므로 재론의 여지 없이 신왕(身旺)하다. 한 눈에 水의 일행득기(一行得氣), 윤하(潤下)임을 알 수 있다. 이와 같이 '천간의 동태'를 살펴 팔자의 격용(格用)을 파악하는 데 드는 시간은 불과 수초 이내라 할 수 있다.

2. 덩샤오핑(鄧小平), 1904년 8월 22일 子시생

壬 戊 壬 甲
子 子 申 辰

일간 戊土는 얼핏 년지 辰土에 통근한 것 같으나, 지지 수국(水局)을 지어 뿌리를 잃게 된다. 따라서 壬水 재성만 오직 유근(有根)하므로 신약(身弱)의 종재격(從財格)이다. 투파(透派)의 경우 삼합국(三合局)을 이루어도 해당 글자의 통근(通根)을 인정하므로 '써머리'의 견해와 차별된다.

3. 저우언라이 (周恩來), 1898년 3월 5일 12시 출생

丙 丁 甲 戊
午 卯 寅 戌

먼저 '이수문파'의 문하들이 즐겨 쓰는 신강약 판정 도해부터 살펴보겠다.

印	木甲	월지, 일지 통근
比	火丁(丙)	월지, 시지, 년지 통근
食	土戊	년지, 시지 통근 *월지에서도 득기한 것으로 봄
財	金	
官	水	

한눈에 보기에도 인비(印比)의 세력이 나머지 식재관(食財官)에 비해 강하다. 그러므로 신강격(身强格)이다. 위에서 火에는 丙과 丁이 있으나 강약 판정의 셈에는 丙火만 취한다. 일간이 음간(陰干)일 경우에는 셈에 넣지 않음을 이미 위에 기술하였다. 이유는 음양간(陰陽干)의 속성 차이에 근거하는 것으로 독창적인 관법 일종에 속한다. 신강(身强)하므로 용신(用神)은 식재관(食財官)에서 어느 한 글자를 구할 테고 이중 가장 현저한 戊土를 쓰는 것은 당연한 일이다.

4. 장제스(蔣介石), 1887년 10월 31일 12시 출생

庚 己 庚 丁
午 巳 戌 亥

丁	월지, 시지, 일지 통근
己	*음일간으로 통근 여부를 살피지 않음
庚②	월지, 일지 통근
水	
木	

丁火와 庚金 중 어느 세력이 강한지로 강약이 정해진다. 얼핏 월지와 시

지, 일지에 통근한 丁火가 강해 보이지만 庚金은 두 글자가 통근했으므로 빠짐없이 살펴보면, "丁(월지)+丁(시지)+丁(일지) 대 庚(월지)+庚(월지)+庚(일지)+庚(일지)의 상황"이다. 후자가 강하므로 약간 신약(弱格)한 팔자가 되었다.

★ 寅申巳亥의 戊己土 통근(通根) 여부

"寅申巳亥의 네 글자에 천간 土의 글자가 통근할 수 있는가"는 중요한 문제다. 기존의 '써머리'에서는 통근을 인정하지 않았지만, 이후 '자평진전리뷰'에서는 寅과 巳에서 통근하는 것으로 인정하는 입장으로 수정되었다. 투파(透派)는 통근을 인정하지 않는다. 이것은 火土 동법(同法)으로 장생(長生)궁에 해당하기 때문인데, 따라서 戊己土는 寅과 巳에 기생(寄生)하고 생록궁(生祿宮)에 임(臨)하므로 득기(得氣)한 것으로 판단해서 통근과 마찬가지의 세력으로 인정한 것이다. 같은 맥락에서 申과 亥에서는 휴수(休囚)되므로 실관(實觀)에서 근기(根氣)로 취하지 않는다.

★ 투파(透派)의 강약 판정법

투파(透派)는 한마디로 십간(十干)을 중시하는 유파로 '진소암'의 학통을 이어 받았다. '장요문'이 1965년부터 일본의 '좌등육룡'을 통해 오술(五術) 체계를 전파하면서 팔자술(八字術)의 심오한 관법은 '십간에 의한 추명술(推命術)'로 선언한 것이다. 따라서 통근을 중시하는 '써머리'의 강약 판정법은 투파(透派)의 그것과 꽤 유사한 점이 있다. 그러나 지지의 통근 여부를 판단하는 방법에서 분명한 차이가 있다. 먼저 눈여겨볼 대목은 지지의 육합(六合)이나 충(沖)과 연관된 통근(通根)의 가부 상황이 다르다는 점이다. 이를테면 투파는 "지합(支合)하는 십이지(十二支)는 둘 다 작용력이 없다(秘傳十干命學解義, 香草社 1984)"는 점을 확고하게 견지하므로 지지가 합된 경우, 천간이 뿌리를 내리지 못하는 것으로 판단한다. 반면 '써머리'의 경우 지지 육합으로 인해 글자 고유의 속성이 소멸되지 않으므로 뿌리로서의 작용력을 잃지 않는다고 본다. 회합(會合)의 경우에도 입장차가 분명하다. 위에서 설명한 寅申巳亥의 네 글자에 대한 통근 여부도 인식의 차이가 나타나고, 나아가 월령론(月令論)이나 종화(從化)에 대한 인식 기준도 다르므로 동일 갈래로 보기 어렵다. 가장 유사한 대목인 강약(强弱) 판정의 근원도 '써머리'는 '자평진전'에 직결되므로 투파의 이론과 직접적인 융합이나 결별이 이루어진 것은 아니다. 최근에는 지지의 충(沖)일 경우에도 투파는 예외 없이 근기(根氣)로 취하지 않는 반면, '이수문파'는 팔자(八字)의 타간(他干) 구성에 따라 취용 여부를 판단하는 향상된 기법을 선보인다(자평진전평주, 2005). 나아가 체용법(體用法) 전반에 대한 세기(細技)와 형충회합(刑沖會合) 및 물상(物象), 허자(虛字)에 이르는 첨단 실기법(實技法)에 이르기까지 지금의 이론 체계 수준은 십간론으로 수렴되는 투파의 현재 상황과 상당한 격차를 보인다고 할 수 있다.

第二節 從化論(종화론)

*論從格、化格、假從、假化之定意與特性

原文(原詩) 「TEXT」

從得眞者只論從 從神又有吉和凶
化得眞者只論化 化神還有機般說
眞從之象有幾人 假從亦可發其身
假化之人亦可貴 孤兒異性能出類
종득진자지론종 종신우유길화흉
화득진자지론화 화신환유기반설
진종지상유기인 가종역가발기신
가화지인역가귀 고아이성능출유

解釋

從格只論從，從之五行也有吉，也有凶。

化格只論化之五行，行運回來化神之五行時，將有多少(幾)之說

眞從之命也稍微有，假從命也可成爲貴命

假化命也有貴命，也有異姓孤兒之類的命。

종격(從格)은 다만 종(從)을 논하고, 종신(從神)에는 또한 길흉(吉凶)이 있다. 화격(化格)은 다만 화(化)를 논하고 화신(化神)에 근거해서 설명한다. 진종(眞從)의 상(象)은 얼마 없지만, 가종(假從)이라 해도 발신(發身)이 가능하다. 가화(假化)의 명(命)조 역시 귀함이 있으며 고아이성(孤兒異姓)도 능히 출세하는 부류가 있다.

★ 종화론(從化論), 기세(氣勢)와 진가(眞假)

가령 다음과 같은 팔자의 유형이 있다고 치자.

火 水 火 火
金 火 未 火

이것은 水가 火에 종(從)한 것이다. 정확히는 火의 세(勢)에 종(從)한 것이다. 종재(從財)지만, 진종(眞從)은 아니다. 따라서 가종(假從)이다. 그런데 午月이라면,

火 水 火 火
金 火 午 火

비록 월령(月令)을 득(得)했지만, 진종(眞從)의 귀격(貴格)을 확정짓기에는 모자람이 있다. 무릇 진종(眞從)을 논하려면 사지(四支)의 온전한 국(局), 즉 화국(火局)을 요(要)한다.

火 水 火 火
金 火 午 戌

午月에 지지(地支) 화국(火局)을 지으면 비로소 水가 火의 기세(氣勢)에 종(從)한 것이다. 진종(眞從)과 가종(假從)이 같고, 다른 점이 있다. 같은 점은 둘 다 종신(從神) 火를 기뻐하는 종격(從格)이란 것이다. 다만 이는 세월(歲月)의 용(用)에만 한정되는 얘기다. 진종(眞從)은 火의 대운(大運)과 세운(歲運)을 모두 기뻐하지만, 가종(假從)은 火의 세운(歲運) 만을 기뻐하고, 火 대운(大運)의 향방은 미지수다. 원시(原詩)의 '從得眞者只論從(종득진자지론종)'은 바로 이점을 뜻한다. 화격(化格)도 마찬가지다.

癸 戊 火 火
丑 火 未 火

戊癸 합화(合火)는 火의 세(勢)에 종(從)하므로 화격(化格)이 성립된다. 그러나 진화(眞化)는 아니다.

癸 戊 火 火
丑 午 未 巳

이렇게 지지(地支) 화국(火局)을 이루면 火의 기세(氣勢)에 종(從)한 것이다. 진화(眞化)다. 세월(歲月)에서는 진화(眞化)와 가화(假化)를 막론하고, 火를 기뻐하지만 대운(大運)의 화운(火運)는 진화(眞化)만이 기뻐한다. 원시(原詩)의 '화득진자지론화(化得眞者只論化)'는 바로 이 말이다. 이렇게 진종(眞從)과 가종(假從), 진화(眞化)와 가화(假化)는 일견 유사해도 다른 점이 분명하다.

구분	귀천	행운
진종(眞從)	대개 귀격(貴格)	대운과 세월 모두 종신(從神)에 순(順)하는 것을 기뻐함
가종(假從)	대운(大運)이 주관	세월에 한해서만 종신(從神)에 순(順)하는 것을 기뻐하고 대운(大運)은 팔자에 따라 다름
진화(眞化)	대개 귀격(貴格)	대운과 세월 모두 화신(化神)에 순(順)하는 것을 기뻐함
가화(假化)	대운(大運)이 주관	세월에 한해서만 화신(化神)에 순(順)하는 것을 기뻐하고 대운(大運)은 팔자에 따라 다름

후학들이 종화론(從化論)을 어렵게 생각하는 현상은 결국 체용(體用)의 명확한 분별을 기하지 못한 현상에 연유한다. 이것은 격국(格局)을 구분하는 기준의 모호성과 행운법(行運法) 전반의 난해함을 야기했다. 종화격(從化格)에 대해 고서(古書)가 분류한 외격(外格)의 정의를 살피면 이해가 용이하다.

구분	내격	외격
적천수		진종(眞從), 가종(假從) 진화(眞化), 가화(假化)
자평진전	가종(假從), 가화(假化)	진종(眞從), 진화(眞化)
난강망	가종(假從), 가화(假化)	진종(眞從), 진화(眞化)

'자평진전'과 '난강망'이 정하는 외격(外格)은 기(氣)와 세(勢)를 모두 고려하여 구분한 것으로 그 자체로 귀격(貴格)을 이룰 가능성이 높다. 한편 '적천수'는 세(勢)를 위주로 내격과 외격을 분할했다. 이 대목이 말하는 바

는 몹시 중요하다. 행운론(行運論)을 체(體)와 용(用)으로 구분하면 대운(大運-體)은 기세(氣勢)를 모두 따져 희기(喜忌)를 분간하고, 세월(歲月)의 희기(喜忌) 용법은 오직 세(勢)의 부억(扶抑) 논리가 가르는 것이다.

體用	體	用
行運	大運	歲月
用神	조후용신, 상신(相神)	부억용신

'자평진전 리뷰'에서 언급하기를, '자평진전'과 '난강망'은 체신의 영역을 위주로 서술된 명서(命書)인 점을 밝힌 바 있다. 따라서 세월(歲月) 용법 전반에 대한 설명은 극히 미약하여 구할 게 별반 없다. 근세에 이르러 '서락오'는 체용(體用)의 전 영역을 관통하는 일반적인 원칙이 세(勢)에 있다고 본 것이다. '적천수보주'에서 완성된 부억(扶抑)의 이론체계는 '위천리'를 위시한 대개의 명가(命家)들이 거의 모두 수용한 셈이다. 지금 강호(江湖)에는 대운과 세월의 전 영역을 부억용신 하나만 가지고 성패(成敗)를 진단하는 오류를 범하는 인사들로 넘쳐난다. 더욱이 체신의 본래 영역인 격국의 고저(高低) 조차 부억(扶抑)의 잣대를 들이대는 무리한 관법이 양산되고 있다. 애석하게도 '서락오'의 모순을 간파한 후대의 학인들조차 같은 실수를 범했다. 이들은 오직 세(勢)로만 살펴 희기(喜忌)를 분간해야 할 세월(歲月)의 용법조차 기세(氣勢)를 다 같이 고려하는 우(愚)를 범했다. 혼돈이 더 가중된 셈이고, 팔자학(八字學)의 여러 유파들이 대립하는 현상이 바로 이점에 연유한다. '적천수 써머리'는 우선 세월(歲月)의 용법을 하나의 원칙으로 통합하기 위한 의도에서 저술된 책이다. 따라서 당연 세(勢)를 위주로 한 부억법(扶抑法)에 주안하고, '서락오'의 이론체계를 고수한 것이다. 따라서 '진종(眞從)과 가종(假從), 진화(眞化)와 가화(假化)'는 세월(歲月)의

희기(喜忌)가 같다. 또한 종(從), 부종(不從), 화(化), 불화(不化)를 판정하는 논리가 기세(氣勢)를 다 같이 고려하는 게 아니라, 세(勢)를 위주로 하는 것이다. 다시 말해 고서(古書) 일반이 견지하는 기세(氣勢)를 다 같이 고려해서 종화(從化)를 판정하는 시각에서 벗어난 점은 진가(眞假)를 막론하고 '세월(歲月) 용법의 동질성'에 있는 것이다. 결과적으로 선학(先學)들이 체용(體用)을 분간해서 격국(格局)을 분류하거나, 행운(行運) 영역의 차별 운용을 상세하게 설명해 주지 못한 바는 정교한 체용(體用) 분할의 한계에서 비롯되었다고 볼 수 있다.

解說 「COMMENTARY」

1. 對於一個命造規定爲從格時, 不管其身强身弱或中和與否, 只按照從之氣, 論吉凶。
2. 化格也是, 如順從化之五行, 則吉, 違逆於此, 則凶。
3. 眞從之例也多少有, 但假從格較多, 假從命也可隨着行運, 可以享貴.
4. 假化格也如此可以享貴, 但一般在幼年時期, 較困苦或父母不全。

1. 팔자를 종격(從格)으로 규정하게 되면 일간(日干)의 강약(强弱) 여부 및 균형(均衡)의 논리를 떠나 대개 종(從)한 기운을 따라 길흉(吉凶)을 논하게 된다.

☞ 종격(從格)은 신강(身强)의 강왕격(强旺格)과 신약(身弱)의 종아(從兒), 종재(從財), 종살(從殺)로 나눌 수 있다. 강왕격(强旺格)은 종강격(從强格)과 종왕격(從旺格)으로 구분되는데, 인수(印綬)와 비겁(比劫) 중 "어느 육신(六神)이 월령(月令)을 득(得)했는가"로 구분한다. 신약(身弱)의 종격(從格) 또한 식재관(食財官) 중 해당 육신(六神)의 득령(得令)으로 종아(從兒), 종재(從財), 종살(從殺)을 정한다. 월령(月令)을 득(得)한 육신(六神)이 건전하고 이를 거스르는 세력이 없으면 진종(眞從)을 이루지만, 그것만으로 길흉(吉凶)을 단정할 수는 없다. 가령 午月 壬水가 지지(地支)에

화국(火局)을 이루고 金水가 전무(全無)하면 재다신약(財多身弱)으로 부옥빈인(富屋貧人)의 팔자(八字)가 되기도 한다.

2. 화격(化格) 역시 화(化)한 기운을 따라 길흉(吉凶)을 논한다.

☞ 진화(眞化)란 화신(化神)이 월령(月令)을 득(得)하고 해당 오행(五行)의 회국(會局)이 성립된 것을 말한다. 즉 계절의 기운을 얻고 화신(化神)을 거스르는 세력이 없어야 진화(眞化) 귀격(貴格)이 성립되는 것이다. 반면 지지(地支)의 회국(會局)으로만 화격(化格)이 성립되면 순도(純度)가 전자에 미치지 못한다.

3. 진종(眞從)의 경우도 더러 있으나, 가종격(假從格)이 더욱 많으며 이 역시 운(運)의 추이에 따라 귀(貴)함을 누릴 수 있다.

☞ 진종(眞從)과 가종(假從)의 차이는 다 같이 종상(從象)을 이루되, 사지(四支)의 국(局)이 완전한가의 여부로 구분하는 것이다. 종신(從神)의 회국(會局)을 본다면 기명종격(棄命從格)의 귀격(貴格)이 될 가능성이 높다. 반면 종재격(從財格)의 팔자에 뿌리 없이 미약한 인수(印綬)가 투(透)했거나 지지(地支) 인수(印綬)의 글자를 보게 되면 가종격(假從格)이 된다. 만일 통근(通根)해서 출간(出干)한 인수(印綬)의 글자가 있다면 종격(從格) 자체가 성립되지 않는다.

4. 가화격(假化格)을 이루면 초년에 곤고(困苦)함이 있기 쉬운데, 가종(假從)과 마찬가지로 성장해서 역시 귀(貴)한 신분이 될 수 있다.

☞ 진화(眞化)과 가화(假化)의 차이는 다 같이 화상(化象)을 이루되, 사지(四支)의 국(局)이 완전한가의 여부로 구분하는 것이다. 만일 통근(通根)해서 출간(出干)한 글자가 세력을 거스른다면 화격(化格) 자체가 성립되지 않으므로 일반 내격(內格)의 희기(喜忌)를 취한다.

★ 종상(從象)

종상(從象)에는 '종왕, 종강, 종기, 종세'가 있다.

종왕(從旺)	팔자가 모두 비겁(比劫)이면서 관살(官殺)의 제복(制伏)이 미약하고, 인수(印綬)의 생조(生助)만이 현저하여 왕극(旺極)에 이른 것으로 왕신(旺神)을 따라야 하는 것을 말한다. 따라서 인비(印比)를 기뻐하고 관살(官殺)에 봉(逢)하면 왕신(旺神)을 범하여 흉화(凶禍)가 있다. 재(財)를 보면 군겁상쟁(群劫相爭)하여 구사일생(九死一生)을 면키 어렵다.
종강(從强)	팔자에 인수(印綬)가 득령(得令)하고 비겁(比劫)이 중(重)하며 재관(財官)이 미약할 때 이인동심(二人同心)이라 하여 강함이 극(極)에 이른 것으로 순(順)은 아름다우나 역(逆)은 불리하다. 인비(印比)를 기뻐하고, 재운(財運)을 가장 기피한다.
종기(從氣)	종기(從氣)란 신강(身强), 신약(身弱)을 막론하고 기세(氣勢)가 金水에 있으면 금수운(金水運)에 발전하고, 木火에 있으면 목화운(木火運)에 발전하는 것을 말한다.
종세(從勢)	팔자에 식재관(食財官)이 모두 왕(旺)하고, 일주(日主)를 생부(生扶)하는 겁인(劫印)이 없으면 하나의 오행(五行)에 종(從)하기 어려우므로 화해(和解)가 좋은 것이다. 인비(印比)는 응당 기피하며, 재운(財運)을 가장 기뻐하고, 다음으로 관살(官殺), 식상(食傷)의 순이다.

★ 화격(化格)의 순도(純度)와 가화(假化), 불화(不化)

1. 화기(化氣)가 월령(月令)을 얻고 회국(會局)을 지으면 진화(眞化)로 귀격(貴格)이 성립될 가능성이 매우 높다. 대운(大運)과 세월(歲月)을 막론하고 수운(水運)에 순응(順應)해야 좋다.

辛 丙 □ □
□ 申 子 辰

2. 화기(化氣)가 계절을 얻지 못하고, 회국(會局)으로만 득령(得令)해도 진화(眞化)로 귀격(貴格)이 성립되기 쉽지만, 순도(純度)은 약간 떨어진다. 대운(大運)과 세월(歲月)을 막론하고 수운(水運)에 순응(順應)해야 좋다.

辛 丙 □ □
□ 子 辰 □

3. 화기(化氣)가 월령(月令)만 득(得)했다면 화격(化格)은 성립되지만 그 자체로 귀격(貴格)을 단언할 수 없다. 즉 지지(地支)의 회국(會局)이 성립되지 않는 한 진화(眞化)는 아니다. 대운(大運)에서는 격국(格局)의 변화를 살펴 희기(喜忌)를 가리고, 세월(歲月)에서는 수운(水運)에 순응(順應)해야 좋다.

辛 丙 □ □
□ □ 子 □

☞ 반복해서 설명하자면, '1'과 '3'은 같은 子月 丙火지만 '1'은 고서(古書)가 말하는 외격(外格)에 속하는 반면, '3'은 외격(外格)으로 성립시키지 않는 차이점이 있다. 물론 '적천수'는 내격(內格)과 외격(外格)의 양분법을 견지하므로 화상(化象)만 이루어도 외격(外格)에 속한다. 반면 '자평진전'이나 '난강망'이 거론하는 화격(化格)의 성립은 보다 엄격하다. 즉 화출(化出)한 것이 반드시 득시(得時), 병령(秉令)해야 하고 사지(四支)의 국(局)이 완전해야만 한다. 가령 丁壬합화목(合化木)이 지지(地支)에서 亥卯未나 寅卯辰을 온전하게 갖추고 봄에 출생해야만 외격(外格)으로 구분하고 대부귀(大富貴)의 높은 가능성을 논한다. 이것은 종격(從格)이나 일행득기(一行得氣)와 같은 독상(獨象)의 경우도 마찬가지다. 사지(四支)의 국(局)이 완전해야만 외격(外格)으로 분류한다. 가령 종재격(從財格)도 지지(地支)의

재국(財局)을 보아야만 기명종재(棄命從財)를 논하는 식이다. 이 대목은 행운법(行運法)과 관련하여 무척 중요한 점을 시사한다. 위에 언급한 '1', '2', '3'의 세 가지 팔자 유형은 모두 화수격(化水格)이 성립되는 이상, 대개 金水木의 인비식운(印比食運)을 기뻐할 것이다. 그런데 이점은 세월(歲月)의 성패와 관련된 것이지, 대운법(大運法)에서는 전혀 다른 차원에서 운용되는 점을 알아야 한다. 이 또한 체용(體用)의 명확한 분할과 관련된 논법(論法)으로 종래의 학습서들이 바른 설명을 기하지 못했으므로 팔자술(八字術) 실전에서 후학들의 혼란을 막지 못했다. 결론적으로 고서(古書) 일반이 규정한 외격(外格)이 성립되면 대운(大運)과 세월(歲月)을 막론하고 기세(氣勢)에 순종해야지, 거스르는 운(運)은 흉(凶)하다. 원시(原詩)의 '지론종(只論從), 지론화(只論化)'는 바로 이점을 말한 것이다. 그러나 '3'의 유형과 같이 외격(外格) 체계로 확실히 구분되지 못하는 유형은 대운(大運)에 의해 격국(格局)이 변격(變格)되어 성패(成敗)의 변화를 겪게 되므로 세월(歲月)의 용법에 한해서만 기세(氣勢)에 순응하는 운(運)을 기뻐한다고 볼 수 있다. 다시 말해 '적천수'가 구분한 외격(外格)과 종래 일반의 외격(外格)은 정의가 다르다. 따라서 '써머리'에 언급된 종격(從格)이나 화격(化格)을 모두 고서(古書)의 외격(外格) 일반으로 이해하면 곤란하다. 다만, 세월(歲月)의 성패(成敗)를 분간하는 이법(理法) 측면에서 '1', '2', '3'의 유형이 모두 일치하므로 '써머리'는 고서(古書)의 외격론(外格論)에서 확장된 종화론(從化論)을 견지한 것이다. '서락오' 이후 '워천리'에 이르기까지 근세의 술가(術家)들이 선명한 종화론(從化論)을 제시하지 못한 연유는 모두 체용(體用)의 분간이 미흡했기 때문이다. 최근의 '팔자술 파이널블로', 외격(外格) 편에는 격국(格局) 전반을 분류하는 새로운 표준을 제시하고 있으므로 이를 참조하면 이전보다 선명하게 격국(格局) 체계를 이해할 수 있을 것이다. 이 책에서는 다만 '적천수'의 격국(格局) 분류에 충실한 해설로 그친다.

4. 화기(化氣)를 거스르는 글자가 나타나면 가화(假化)가 된다. 가화(假

化) 역시 화격(化格)에 속하므로 세월(歲月)의 희기(喜忌) 용법이 동일하다. 대운(大運)에서는 격국(格局)의 변화를 살펴 희기(喜忌)를 가리고, 세월(歲月)에서는 수운(水運)에 순응(順應)해야 좋다.

辛 丙 戊 □
□ □ 子 □

5. 화기(化氣)를 거스르는 글자가 통근(通根)해서 출간(出干)하여 현저한 세력을 지니면 화격(化格) 자체가 성립되지 않으므로 내격(內格) 일반의 희기(喜忌)를 취한다.

辛 丙 戊 □
□ □ 子 戊

☞ 투파(透派)는 화기(化氣)가 일단 계절을 얻은 이상, 가화격(假化格)으로 규정하고, 丙火 일간(日干)을 壬水로 전환한 후에 내격(內格) 일반의 희기(喜忌)를 취하는 독특한 방식을 선보이고 있다.

6. 한편 월령(月令)을 득(得)하지 못해도 가화격(假化格)을 논하는 사례가 있다. 팔자의 전체 글자가 화기(火氣) 오행(五行)을 거스르지 않으면 화격(化格)으로 간주하는 관법 일종이다. 가령 다음과 같은 예다. 대운(大運)에서는 격국(格局)의 변화를 살펴 희기(喜忌)를 가리고, 세월(歲月)에서는 수운(水運)에 순응(順應)해야 좋다.

辛 丙 辛 丙
卯 子 卯 子

☞ '명리요강'에서 화격(化格)의 사례로 예시된 팔자. 이와 같이 화(化) 오행(五行)이 반드시 월령(月令)을 득(得)하지 않아도 화기(化氣)를 거스르는 기운이 없는 한, 화격(化格)이 성립된다는 것이다. 이것은 기세(氣勢) 양면을 고려하지 않고, 오직 세(歲)에만 충실한 관점인데, '서락오' 이후 '위

천리'에 이르기까지 명리(命理)의 기학(氣學)이 도외시되고 이법(理法)적 측면만 강조된 현상에 연유한다. 따라서 卯月 丙火의 팔자는 화격(化格)의 일반적 정의에 벗어난다. 그러나 '써머리'는 이 같은 유형의 팔자를 화격(化格)에 준하여 희기(喜忌)를 취한다. 왜냐, 세월(歲月) 용(用)의 희기(喜忌)에서는 세(勢)의 부억(扶抑) 논리로만 통하기 때문이다. 한마디로 종세(從勢)한다는 얘기다. 단 기세(氣勢)를 다 같이 고려했을 때 진화(眞化)에는 턱없이 미치지 못하므로 귀격(貴格)과는 거리가 멀다. 결과적으로 화격(化格)의 귀천(貴賤)을 가릴 수 있고, 대운(大運)과 세월(歲月)의 희기(喜忌)를 차별하여 운용할 수 있다면 체용(體用)을 이해한 것으로 볼 수 있다.

★ 화격(化格) 성정 일반

化土格	부부가 화합하고 타협을 잘 하는 성품, 온유유덕하며 지조가 있는 군자형
化金格	용감하고 시비가 분명하며 배우자에게 다정다감한 편. 선행으로 존경 받음.
化水格	위엄이 있고, 이기적인 성향으로 남에게 받는 것을 좋아함. 강인한 성정에 주색을 즐기는 경우가 많고 대인의 상으로 시류에 따른 영웅호걸.
化木格	청수하고, 민감하며 자존심이 강함. 총명, 고상하여 남을 잘 돕는 성향이 있어 사회에 필요한 인물.
化火格	냉혹한 면이 있고, 아름다운 것을 좋아하며 애정이 다소 결핍된 경우가 많음. 외교수완이 특출하나, 혼사에는 장애가 따르는 편.

案例 「CASE STUDIES」

以下各案之命例, 其重點在分辨, 眞從(外格)或不從(內格), 眞從或假從, 眞化或假化。

命造1至8, 引自先賢張耀文之<滴天髓奧義>。

이하 명례(命例) 별로 진종(眞從: 외격)이냐 부종(不從: 내격)이냐, 또는 진종(眞從)이냐 가종(假從)이냐, 진화(眞化)냐 가화(假化)냐를 파별하는데 중점을 두고 설명한다. 사례 '1'에서 '8'까지는 '장요문'의 '적천수오의'에서 인용했다.

1. 不從 內格

戊 庚 丙 丁
寅 午 午 卯

丙丁火之氣勢太旺, 日干庚金無根, 故似爲從殺格, 但是內格之偏官格.
如此, 陽干有天干印星(戊土)出, 則幾乎不能成爲從格.
丙丁火의 기세(氣勢)가 태왕하고 일간(日干) 庚金의 뿌리가 없으니 종살격(從殺格)이 될 법하나 戊土 인수(印綬)가 투(透)하여 내격(內格), 편관격(偏官格)이다.

2. 不從 內格

辛 乙 辛 癸
巳 丑 酉 酉

如上述之例, 乙木日干, 因透出印星癸水, 而不從。
但陰日主之天干印星, 必須通根於地支, 才可不從。
인수(印綬) 癸水가 투(透)하여 종격(從格)이 성립되지 않는다. 살격용인(殺格用印)으로 성격(成格)된 팔자다.

3. 眞從 外格

丙 壬 甲 戊
午 戌 寅 辰

巨富之命, 從財格。 形成寅午戌三合局而透丙, 很難違逆其勢。
對此可以懷疑, 壬水陽日干通根於辰土, 如何成爲從命?
雖爲陽干日主, 若不得月令, 天干無印星, 則可從。故判斷身弱命之從格與否時，印星爲主要判斷根據。

지지(地支) 화국(火局)에 火를 거스르는 세력이 없어 진종(眞從), 부호(富豪)의 팔자.

4. 不從 內格

甲 辛 乙 戊
午 亥 卯 寅

雖印星戊土透干，被孤立，不能圓滿生扶辛日干(陰干)，故形成無情之關係。如此，印星與日干離隔時，較容易從，但旣然戊土印星通根而透，必須驗證過去之事。

亥卯 목국(木局)으로 기세(氣勢)가 재(財)로 종(從)했지만, 戊土 인수(印綬)로 인해 종격(從格)이 성립되기 어렵다. 재격투인(財格透印)의 내격(內格)으로 간주하는 것이 일반적이다.

5. 假從

丁 庚 丁 甲
亥 寅 卯 戌

從殺格之命. 「透派」對此造之觀點是，地支寅亥合，卯戌合，天干木火之根失去作用，則假從. 但筆者認爲，地支合，不失去其成分，故稱之爲眞從，也無妨.

有關「支合」，我與透派之觀點較有所歧異. 地支六合使地支固有成分稍微冲淡，而使通根於此地支的天干稍微無力，但不似「六冲」其力量大受損傷.

투파(透派)의 관점에서는 지지(地支) 육합(六合)이 가종(假從)을 상정하는 요인이 되지만, 지지(地支) 회국(會局)을 이루지 못하고 오직 세(勢)에 종(從)했으므로 가종(假從)이다. 종재격(從財格)이다.

6. 眞從 外格

乙 己 丁 壬
亥 卯 未 寅

因丁壬合，成爲從殺命，假從。

有關天干合，不應採用其化之五行，因天干合之二字完全失去其作用之故。例如，對於甲己合，以甲與己之作用完全消失之觀點，論命爲妥當。取格局或論行運時也同樣，此一觀點是非常重要。

以天干合之化神，取用神之方法，爲絶不可有之事。

並日干合，除了化格成格之時以外，絶不合化。

인수(印綬) 丁火로 인해 가종(假從)으로 분류할 수도 있지만, 壬丁 합(合)으로 기반(羈絆)되고, 지지(地支) 목국(木局)을 보아 능히 종살격(從殺格)을 이룬다. 이만하면 진종(眞從) 외격(外格)으로 분류하는 게 타당하다.

7. 眞化

甲 壬 丁 甲
辰 辰 卯 戌

壬丁合，卯月出生，天干無違逆木五行之字，因天干無財官土金。故能化格成格。

*此時，有關地支之辰與戌，要如何解釋?

無透在天干之地支，其力微弱，不能成爲取格局時所考慮之對像。雖然微弱，反正有違逆化神(木)之勢，故列爲假化命。

卯月 생(生)으로 壬丁 합화(合化) 목기(木氣)는 월령(月令)을 득(得)했다. 또한 辰土를 얻어 화신(化神)의 원신(元神)이 나타나므로 진화(眞化)로 볼 수 있다.

8. 不化 內格

辛 丙 戊 庚
卯 寅 子 戌

丙辛合水，子月出生，因有違逆水勢之官星戊土，通根而透，不能成爲化格。若官星戊土無根，就可成爲假化格。

對於此造，先賢張耀文規定爲假化，與筆者有所歧異．並指出，將此造可以改換爲，庚戌年，戊子月，壬寅日，癸卯時之八字．但筆者認爲，較難接受之．

對於從格與化格，論六親之助力，較不容易．此時，先要考慮「根苗花實論」，則依各柱之喜忌，而判斷六親之喜忌．但從旺格，雖比劫爲喜神，但有時其兄弟貧賤又無助力． 對此， 要以論十干互相關係之「十干推論法」，予以解釋．有關六親之諸多論法，我將在「六親論篇」，再加以解釋．

수기(水氣)를 제복(制伏) 戊土의 출간(出干)으로 불화(不化)의 팔자다. 투파(透派)의 견해는 월령(月令)을 득(得)한 이상, 가화(假化)로 규정하여 차명(此命)을 '庚戌年 戊子月 壬寅日 癸卯時'로 보면 타당하다고 설명한다.

以下命例9至12，出自先賢任鐵樵之「滴天髓闡微」。有關取格局之方法，與本書略有所不同。

이하 '9'에서 '12'까지의 명례(命例)는 '임철초'의 '적천수천미'에서 발췌했다.

9. 眞從 外格

丙 庚 壬 丁
戌 午 寅 卯

<滴天髓闡微>之眞從之例。因壬丁合成爲從格，嚴密說來，要以假從論之，但以眞從論，也無大碍。

지지(地支) 화국(火局)으로 관살(官殺)의 기세(氣勢)에 종(從)하는 진종

(眞從), 종살격(從殺格)이다.

10. 眞從 外格

乙 乙 辛 辛
酉 酉 丑 巳

乙木無根, 木勢太弱, 而不能違逆金勢之從殺格。

지지(地支) 금국(金局)으로 관살(官殺)의 기세(氣勢)에 종(從)하는 진종(眞從), 종살격(從殺格)이다.

11. 假從

甲 癸 壬 丙
寅 巳 辰 戌

辰戌冲, 傷到壬癸水之根, 而成爲從財格。先賢任鐵樵論此命爲從殺, 但與辰土、戌土之官殺相比, 通根於日支、時支的丙火(財星), 其勢力更强, 故論爲從財格, 爲合理。

假從之條件爲, 因干合或支冲成爲從格, 或有違逆「從之五行」之微弱天干或地支(無透在天干)。

辰月 癸水가 인수(印綬)의 생부(生扶)를 잃고, 식재관(食財官)의 세(勢)에 종(從)했다. 가종(假從)으로 세월(歲月)에서는 재운(財運)을 기뻐하지만, 대운(大運)의 희기(喜忌) 잘 가려 취해야 한다. 진정한 외격(外格)으로는 성립되지 않으므로 귀격(貴格)을 단언할 수 없다.

12. 假化

己 甲 甲 己
巳 子 戌 卯

地支子水與年支卯木無透干, 其勢力微弱, 不可違逆化神土。月干甲木也與年干己土合，失去其作用，故成爲假化格。

如此，地支正氣不透，或浮干(無根)，其力量太弱，對命造之强弱或取格，無甚作用．雖爲月支也與此相同，分辨內格之身强身弱是，其作用無所不同．

甲己 합토(合土)가 戊土를 보아 가화격(假化格)이다. 지지(地支)에 토국(土局)을 이루었다면 가색(稼穡)의 귀격(貴格)이 성립되었을 것이다.

13. 不化 內格

己 甲 乙 己
巳 子 亥 卯

出自近賢徐樂吾之<滴天髓補註>，論之爲假化命。但，違逆化神土之乙木通根於年支，月支，故不能成爲化格．

'적천수보주'에 가화(假化)로 설명된 팔자지만, 지지(地支) 목국(木局)으로 화격(化格)이 성립되지 않는다. 가화(假化)를 화격(化格)이 아닌 것으로 정의한다면 모르되, 일반적인 가화격(假化格)의 범주에서 벗어난다.

14. 眞化 外格

戊 癸 甲 甲
午 巳 寅 戌

出自<三命通會>，化像之例，明顯是化格。

'삼명통회'에서 화상(化像)의 예로 든 화격(化格)의 팔자다. 진화(眞化)의 귀격(貴格)으로 보자면, 지지(地支)의 화국(火局) 여부가 관건인데, 천간(天干)에 丙丁火가 투(透)하거나, 화기(火氣)가 형성되면 寅戌도 화국(火局)으로 보는 견해가 우세하다. '천간(天干)의 유인력' 일종으로 볼 수 있다. 한편 '삼명통회'는 이격된 글자의 삼합(三合)도 취하므로 확연한 화격(化格)으로 간주한다.

15. 假從

丁 癸 丙 癸
巳 亥 辰 酉

出自<四柱精說>(韓國「明文堂」出版), 論之爲內格身弱命, 用年干癸水. 但丙丁火失去其根而力量微弱, 而成爲水之從旺格, 用癸水。但, 嚴密說來, 此造成爲只透出癸水之「一行得氣格」, 故喜食傷之氣。乃與從旺格有所分別.

'사주정설'에 내격(內格)의 신약(身弱)으로 癸水를 용(用)하는 팔자로 설명된다. 그러나 팔자는 癸水만이 오직 통근(通根)하여 세력이 왕(旺)하므로 강왕격(强旺格)에 속한다. 팔자는 인비(印比)를 기뻐하는 일종의 가종(假從)이다. 만일 지지(地支)에 수국(水局)을 지으면 윤하격(潤下格)의 屬象(속상)으로 귀격(貴格)이 확정되기 쉽다.

16. 眞從 外格

癸 壬 辛 辛
卯 寅 丑 巳

也是出自<四柱精說>(韓國「明文堂」出版), 論之爲內格身弱命, 用辛金. 如前所述, 地支丑土與寅木不透, 其力甚弱, 故成爲金水從格, 喜金水之命.

'사주정설'에 또한 신약(身弱)의 내격(內格)으로 설명된 팔자인데, 어이가 없는 설명이다. 신약격(身弱格)이어서 辛金을 용신(用神)으로 정하는 게 아니라, 金水로 세력이 종(從)한 종강격(從强格)이다.

17. 假化

辛 丙 辛 丙
卯 子 卯 子

出自<命理要綱>(韓國出版), 化格之例, 年月丙辛合, 而成爲假化格。

如此, 化神之五行, 雖無得令, 只無違逆化神之氣, 就可成爲化格。

'명리요강'에서 화격(化格)의 사례로 예시된 팔자. 이것은 오직 세(勢)로만 논한 것으로 엄밀히 따지면 화(化)를 거론하기 어렵다. 그러나 세월(歲月)의 희기(喜忌) 용법은 기(氣)가 아닌 세(勢)로 판단하므로 수운(水運)이 유리하다. 기세(氣勢)에 따른 것이 아니므로 진화(眞化)의 귀격(貴格)은 될 수 없고, '위천리'나 역자의 안목이 이점을 고려하고 있는지는 의문이다.

摘要 「SUMMARY」

1. 從格或化格一但成格, 意指此八字之全盤勢力集中於一個五行. 故若有違逆此從或化之五行之字, 就不能成格. 但, 此違逆字之力量太弱--如浮干(無根)或地支(無透出天干)--就可成爲假從, 假化, 而列入外格之內.

2. 四柱有鬪合或爭合時, 能否成爲化格之問題, 要看個別案例. 例如, 乙日干兩旁有庚, 一般都可以化, 但庚日主兩旁有乙, 則難化。要點爲, 月日干合之後, 其餘之另外一干(時干), 是否違逆其化神.

3. 從<滴天髓>與諸多古書裏, 可以看到有關身弱之從格(從兒, 從財, 從殺)之解釋. 但現代四柱學裏, 爲了方便, 身强之從格(從旺, 從强)也編入從格之內.

須注意一點, 身强之從格, 並無假從之理, 假使無根之財官虛浮於天干, 也不論之爲「假從」.

4. 身弱之從格成格之首要條件爲, 日干之根必須微弱. 則完全無根, 或合成三合, 三會, 或地支全形成財, 殺, 食傷局, 而幾乎失去以日干之根的作用.

5. 身弱之從格命, 特別要注意觀察十干之間的組合。例如, 壬日干的從殺命, 己土勢力甚旺, 雖可有一時之榮華, 但其前途, 較不是很光明.

6. 從旺格與化格之最大分別爲, 在五行的喜忌方面, 化格喜食傷, 類似於別格. 並與從格不同, 從實際論命得知, 化格特別與「調候」有關。故雖然化格成格，若爲「火炎土燥」或「金寒水冷」，則代表中年以後較會發生急遽不幸。

以上，<滴天髓>所分類之格局，大體上，可分爲「內格八格」、屬於外格之「從格」與「化格」.

現代命學，也無所不同。通常分類格局，爲如下:

「內格」

1. 神格 2. 官格 3. 財格 4. 財格 5. 官格 6. 官格 7. 綬格 8. 印格

「外格」

1. 格
2. 格 - 身强之從格: 從旺，從强
   - 身弱之從格: 從兒，從財，從殺

「別格」

1. 刃格
2. 神成象格

「SUMMARY」

1. 종(從)이나 화(化)가 성립된다는 것은 이미 사주팔자의 전체 세력이 하나의 기운으로 집결되는 형세를 의미하는 것이다. 따라서 이같이 종(從)하거나 화(化)하는 기운을 거스르는 오행(五行)의 글자가 있는 한 종화(從化)가 성립되지 않는다. 다만, 거스르는 기운의 세력이 미약하면, 이를테면 뿌리가 없는 천간(天干)이나 지지(地支)의 글자만으로 존재하는 경우엔 가종(假從) 내지 가화(假化)로 종화(從化)의 원칙을 따른다.

☞ 엄밀히 따져 진가(眞假)의 구분은 기세(氣勢) 공히 종(從)하느냐, 단지 오행(五行)의 세력(勢力)에 종(從)하느냐로 구분되며 진종(眞從)이나 진

화(眞化)는 귀격(貴格)이기 쉽다. 일부는 부종(不從), 불화(不化)를 가종(假從)이나 가화(假化)로 보기도 한다.

2. 쟁합(爭合)은 합화(合化)를 방해하므로 원칙적으로 화격(化格)을 이루지 못한다. '써머리'는 乙木 일간(日干)이 좌우의 庚金을 본 경우에는 화(化)가 가능하다고 설명하는데, 이 부분은 아직 가설에 불과하고, 실제 징험(徵驗)해 본 바가 없어 잘 모르겠다.

3. 강왕격(强旺格)의 경우, 즉 신강(身强)의 종격(從格)에는 가종(假從)이라는 표현을 하지 않지만, 기세(氣勢)가 공히 종(從)하지 않은 이상은 원론상 가종격(假從格)으로 구분함이 옳다고 생각한다.

4. 종신우유길화흉(從神又有吉和凶), 즉 종격(從格)에도 길화흉(吉和凶)이 있다는 말은 대개 팔자의 조후(調喉)로 귀천(貴賤)을 재차 가리는 것으로 이해하기 쉽다. 그러나 조후(調喉)를 완전히 상실한 경우에도 진종(眞從)은 귀격(貴格)을 짜는 경우가 비일비재하므로, 이것은 진종(眞從)과 가종(假從)의 분별로 헤아리는 것이 옳다. 한편 투파(透派)는 십간론(十干論)에 의거하여 십간(十干)의 상호관계 조합으로 길흉(吉凶)을 가리는데, '난강망'의 이론 체계를 벗어난 부분은 특별한 의미가 없는 각론(各論)에 불과하다. 화격(化格) 또한 조후(調喉)에서 자유로울 수 없는데 화염토조(火炎土燥)나 금한수냉(金寒水冷)으로 편벽(偏僻)된 팔자는 빈천(貧賤)해질 우려가 있다. 가화(假化)의 경우 더욱 그러하다.

5. 종격(從格)은 인비(印比)와 식재관(食財官)으로 양분해서 희기(喜氣)가 구분되므로 용신(用神)을 기준으로 혹부혹억(或扶或抑)하는 내격(內格)의 부억법(扶抑法)과 개념이 일치한다. 즉 전왕용신(專旺用神)이나 부억용신(扶抑用神)이나 다 마찬가지로 인비(印比)와 식재관(食財官)의 경계로 희기군(喜氣群)이 동일하다는 얘기다. 반면 화격(化格)은 일행득기(一行得氣)와 같은 독상(獨象)의 일종으로 인비(印比) 뿐만 아니라 희기군(喜氣群)의 경계를 넘어 식상(食傷) 또한 기뻐한다. 이렇게 부억(扶抑) 일반 원칙을 벗어나면 별격(別格)으로 분류하는 게 타당하다.

★ '적천수' 격(格) 구분

'적천수'가 분할하는 격(格)의 종류는 세월(歲月)의 희기(喜忌) 용법에 따라 크게 내격(內格) 팔격(八格)과 외격(外格)인 종격(從格), 화격(化格)으로 구분하고 있음을 알 수 있다.

內格	正財格, 偏財格, 正官格, 偏官格, 正印格, 偏印格, 食神格, 傷官格
外格	진종(眞從), 가종(假從), 진화(眞化), 가화(假化)

이러한 격(格) 구분은 한마디로 '세(勢)와 용(用)'의 관점에 국한해서 분할된 것으로 기세(氣勢) 양면을 모두 구분하면 진종(眞從)과 진화(眞化)만이 순수한 외격(外格)에 속함을 이미 설명했다. 또한 인비(印比)와 식재관(食財官)으로 양분해서 희기(喜氣)가 구분되는 원칙에서 벗어나는 화격(化格)이나 일행득기격(一行得氣格) 또는 양신성상격(兩神成象格)을 따로 구분하면 내격(內格)과 외격(外格), 별격(別格)으로의 구분이 적당하다. 록인격(祿刃格)은 일행득기격(一行得氣格)이나 양신성상격(兩神成象格)이 되는 경우가 있고 또 재관(財官)을 용(用)할 경우 그것을 그대로 격(格)을 취했으므로 내격(內格)의 범주에 넣지 않는다.

內格	正財格, 偏財格, 正官格, 偏官格, 正印格, 偏印格, 食神格, 傷官格
外格	從强格, 從旺格, 從兒格, 從財格, 從殺格
別格	祿刃格, 化格, 一行得氣格, 兩神成象格, 三象格

★ '팔자술 파이널블로' 격국(格局) 구분

팔자학(八字學)의 이기(理氣) 양면과 각종 격국(格局)의 특이성을 감안한 최종적인 분류법을 살펴보자. 먼저 격국(格局)의 명칭과 그것을 구분하는 기준부터 명확히 해 둘 필요가 있다. 선학(先學)들의 설명에서 약간 미진한 부분이나 착오도 있고, 각기 상이하고 모호한 시각차 등 제반 원칙이 불분명하다보니 오늘날 후학들도 여전히 이를 잘 모르게 되었다.

1. 격을 양분하면 내격(內格)과 외격(外格)으로 구분된다.

內格	월령에 근거해서 격국의 명칭이 정해지는 제반 격
外格	월령에서 용신을 구하지 않는 제반 격

내외(內外)란 격국을 월지 안(內)에서 구하거나, 아니면 밖(外)에서 구하는 것으로 구분된다. 즉 월지의 안에서 격국을 즉 월지를 용신으로 삼아 격국을 정하거나, 격국이 성립되는 기준이 월령이면 모두 내격의 범주에 속한다. 일반 격국들이 그러하고, 종격이나 화격도 마찬가지로 월령의 동태가 종화(從化)를 성립시키는 기준 근거가 되므로, 격(格)의 구분이 월지가 기준이 된다는 점에서는 내격으로 포함시킬 수도 있다.

2. 내격은 두 가지 틀로 나누어 먼저 정격(正格)과 변격(變格)으로 구분된다.

정격은 '적천수'의 내격 팔격(八格)이나 또는 '자평진전'의 팔격으로 분류되는 것이 일반적이다. 즉 월지를 기준으로 특별한 연산 과정 없이 일차적으로 정해진 격국을 의미한다. 반면 변격은 종화(從化)나 일행득기(一行得氣) 등 팔자의 기세(氣勢)를 살펴 정해진 격국으로 이차적인 격국이라 할 수 있다. 이렇게 정격(正格)과 변격(變格)으로 구분하는 방식이 '적천수' 식 양분법이다. 한편 '자평진전'에서는 행운(行運)에 의해 격국이 바뀌는 사항을 두고 변격(變格)되었다는 표현을 쓰기도 하므로 이를 혼동해선 곤란하다.

3. 내격은 부억(扶抑) 용법의 틀에서 평격(平格)과 별격(別格)으로 구분된다.

平格	일반 격국과 從格
別格	化格, 一行得氣格, 兩神成象格, 三象格. 從氣格

이 대목은 중요하다. 중화(中和) 배합(配合)의 측면에서 보통의 격국은 '인비(印比)' 아니면 '식재관(食財官)'을 가용(可用)하게 된다. 이를테면 신약(身弱)한 명은 인비(印比)의 조력이나 방신(幇身)을 응당 기뻐할 테고, 신강명(身强命) 식재(食財)로 설기(洩氣)하거나 재관(財官)의 제복(制伏)을 희구한다. 의미는 다르지만 강왕격(强旺格)이나 기명격(棄命格)의 종격(從格)은 모두 인비(印比) 아니면 식재관(食財官)을 기뻐하는 이치가 같으므로 다 같이 평격(平格)의 범주에 속한다. 반면 화격(化格)이나 일행득기격(一行得氣格), 삼상격(三象格)은 인비(印比)는 물론 식상(食傷)마저도 기뻐하므로 '인비(印比)와 식재관(食財官)'으로 양분된 경계를 넘나드는 특징이 있다. 가령 양신성상격(兩神成象格)은 비식(比食) 또는 드물게 관인(官印)을 기뻐한다. '적천수'는 '록인격(祿刃格)'을 정격(正格)에 포함시키지 않는다. 이것은 록겁격(祿劫格)이나 양인격(陽刃格)이 '일행득기'나 '양신성상'의 별격(別格)으로 분류될 가능성을 염두에 두었기 때문이다. 반면 '자평진전'은 또한 록겁격(祿劫格)과 양인격(陽刃格)을 따로 논하지 않았다. 재관(財官)을 용(用)하는 이상 그것으로 일반 격국을 취하면 되고, 재관(財官)이 없으면 외격(外格)으로 분류되기 때문이다.

4. 외격은 일반 외격과 특수 외격으로 구분된다.

일반 외격	팔자에 없는 재관(財官)을 허공에서 불러다 쓰는 격
특수 외격	팔자 중 특별한 글자가 상해되는 것을 기피하는 격

'자평진전'은 외격(外格) 전체를 잡격(雜格)으로 논하고, 여타의 서책은 특수한 외격(外格)에 한정해서 잡격(雜格)으로 분류한다. 이렇게 격(格)을 구분하는 관점에 따라 하나의 격국이 하나의 범주에 속하지 않을 때가 있다. 가령 양인격(陽刃格) 같은 경우에는 보통 관살(官殺)을 용(用)하여 성격(成格)시키므로 일반 격국에 포함시키지만, 양인(羊刃)이라는 글자 자체가 화난비수(禍難悲愁)의 작용과 관련이 깊으므로 유독 이 글자가 형충(刑沖)됨을 기피하기에 잡격(雜格)으로 분류되기도 한다. 이때 형충(刑沖)의

작용력은 체신(體神)의 범주인 대운(大運)에서 거론하지 않고, 세월(歲月)의 영역에서만 거론하는 식이다. 따라서 특수한 외격(外格)은 세월(歲月)에서만 해당 지지(地支)의 특정한 글자 운(運)에 주목하면 된다.

★ 격국(格局) 구분 지침

正格	일반적인 격국의 범주로 '자평진전'과 '적천수' 여타 고서 등에서 견해차가 있음
變格	'적천수'의 정격 팔격 이외 잡격을 제외한 모든 격국
別格	육신의 희기가 '인비'나 '식재관'의 경계로 구분되지 않는 격국
外格	팔자에 '재관'이 없는데 이를 '암충암합' 등으로 불러와 격국을 이루는 격
雜格	팔자 지지의 '록,인,살,허귀' 등 특별한 글자의 충격을 기피하는 제반 격국

이 외에도 '적천수적요해설'에는 지나칠 수 없는 중요한 내용이 너무 많지만, 지면 관계상 종화론從化論의 리뷰로만 그친다. '적천수써머리'와 차례는 같지만 내용은 두 배 이상으로 보강된 셈이다.

滴天髓 스펙트럼 I·II

결국 이수가 주해한 자평 3대 고서의 대미는 '적천수스펙트럼'이 장식했다. 이 책의 내용은 어느 하나 뺄 것이 없다. 최근에 출간된 '팔자허자론'이나 '형충회합정해' 등이 다루는 변變의 영역 이전의 체용體用 이론이 총 망라된 게 이 책이다. 교과서 중의 교과서이므로 필자의 미흡한 판단이나마 적천수滴天髓 전체 챕터의 내용에서 가장 중요한 부분만 간추려 요약해 보았다. 명리학을 학습하는 자라면 다른 것은 몰라도 온고溫故의 차원에서 '자평진진리뷰'와 '적천수적요해설', '적천수스팩트럼' 만큼은 치밀하게 읽고 또 읽어야 할 책이다. 이 책은 진소암陳素庵의 적천수집요滴天髓輯要를 원문으로 삼았으므로 전체 42개의 챕터로 구성되어 있다. 옥의 티라면 '천간론'에서 저자 특유의 명료한 설명이 일부 결여되었다는 점이다. 그래서인지 최근 '이수명리학회총서'의 목록에는 '이수십간론대돌파'라는 신서가 하나 더 추가됐다. 이 책은 아직 필자가 독서하지 못했으므로 다음 기회로 서평을 넘긴다.

通天論(통천론) / 天干論(천간론) / 地支論(지지론) / 干支論(간지론) / 形象論(형상론) / 方局論(방국론) / 格局論(격국론) / 從化論(종화론) / 歲運論(세운론) / 體用論(체용론) / 精神論(정신론) / 衰旺論(쇠왕론) / 中和論(중화론) / 剛柔論(강유론) / 順逆論(순역론) / 寒暖論(한난론) / 月令論(월령론) / 生時論(생시론) / 源流論(원류론) / 通隔論(통격론) / 淸濁論(청탁론) / 眞假論(진가론)/ 隱顯論(은현론) / 衆寡論(중과론) / 奮鬱論(분울론) / 恩怨論(은원론) / 順反論(순반론) / 戰合論(전합론) / 震兌論(진태론) / 坎離論(감리론) / 君臣論(군신론) / 母子論(모자론) / 才德論(재덕론) / 性情論(성정론) / 疾病論(질병론) / 閒神論(한신론) / 絆神論(반신론) / 六親론(육친론) / 出身論(출신론) / 地位論(지위론) / 貴賤貧富吉凶壽夭論(귀천빈부길흉수요론) / 貞元論(정원론)

이 책의 초고草稿는 2006년 초반에 완성됐다. 예외 없이 저자 특유의 비장한 자서自書로 시작된다. 이수명리의 동호인들은 책의 본문 내용은 차치하고 서문에만 매료된 이들이 적지 않다. 대단한 글 솜씨다.

序에 대신하여

세간(世間)에는 스스로 공부(工夫)하여 통(通)하기를 마다하고, 물심(物心) 양면으로 천박한 술수(術數)를 쫒아 세월(歲月)을 허비하는 부류가 많다. 알고 나면 지천(地天)에 널린 지식의 편린(片鱗)들을 비법(秘法)으로 알고, 이를 쓸어 담는데 열중하는 헛짓은 속히 멈추는 게 좋다. 진리(眞理)란 엄연히 일반(一般)으로 존재하는데, 다만 사람들은 그것을 알아보지 못한다. 따라서 실체가 분명한 비기(秘機)의 보고(寶庫)를 찾아 치열한 학습으로 자신만의 선명한 지식체계를 갖추도록 노력하는 것만이 곧 학문(學文)의 정법(正法)이자, 왕도(王道)라 할 수 있다.

친애하는 명리학도들.

A4 용지 한 장에 불과한 '적천수' 원시(原詩)를 분명히 이해하게 되면 비로소 명리(命理)가 보이게 된다. 자평(子平)의 3대 고서(古書)는 말은 달라도 원리는 같다. 무릇 명학(命學)의 학습자라면 반드시 '자평진전(子平眞詮)'과 '난강망(欄江網)'을 마스터한 연후, '적천수(滴天髓)'를 물 흐르듯 깨쳐야 한다. 그런데 진소암(陳素庵)이나 임철초(任鐵樵), 서락오(徐樂吾)의 주해(註解)만으로는 원서(原書)의 오의(奧義)를 간파(看破)하기에 부족하다. 하물며 이보다 급수가 낮은 근, 현세의 위인들이 팔자학(八字學)의 참모습을 찌그러뜨린 졸작(拙作)들이야 더 말할 나위가 없다. 독자들은 이제 유기(劉基)와 심효첨(沈孝瞻), 여씨(余氏)의 원작(原作)에 충실히 접근해야 한다. 나아가 낙녹자(珞祿子)와 이허중(李虛中)의 고법(古法)까지 섭렵(涉獵)하고 바른 이치를 터득해 나가면 어느 순간 세련(洗練)된 명리학가(命理學家)의 면모를 갖추게 된다. 게다가 팔자술(八字術) 절정의 '마에스트로'를 꿈꾸는 자라면 마땅히 온고지신(溫故知新)을 새겨 독보(獨步)적 지경에 올라야 할 것인데, '적천수'에 녹아든 진리(眞理)의 정수(精髓)에서 전파되는 영묘(靈妙)한 감응(感應)을 하나도 놓칠 수는 없는 법. 무한대의 지식 창고를 다 헤집어 풀어 보고, 종내 정교하고 치밀한 한 페이지의 핵심으로 머릿속에 담아야만 대가(大家)의 반열에 오를 것이다.

분투(奮鬪). 견인불발(堅忍不拔).

속진(俗塵)의 굴레에서 번민(煩悶)타가 다다른 명리구(命理區). 이곳에서만은 한번쯤 집중된 정신적 환희(tense mental ecstasy), '인스퍼레이션'을 실감해봐야 하지 않겠는가. 이를 모르고 어찌 명리(命理)를 논할 수 있으랴. 신(神)과 하나 되는 자신의 천재성을 확인하고 정화(淨化)를 만끽해보기를. 그리고 몹시 겸손(謙遜)하게 영혼(靈魂)의 자유를 구가하길.

丙戌, 立春 이수 씀

通天論(통천론)

오 양 종 기 부 종 세　오 음 종 세 무 정 의

五陽從氣不從勢, 五陰從勢無情義.

오양간(五陽干) 중에 丙이 최양(最陽)하며, 오음간(五陰干) 중에 癸가 가장 지극(至極)하다. 양간(陽干)은 사시(四時) 계절의 기(氣)를 따르니 월령(月令)에 좌우되지만, 음간(陰干)은 세(勢)를 따르니 월령(月令)의 중요성은 상대적으로 약해진다. 이 말은 일간(日干)의 강약(强弱)을 조율할 때 양간(陽干)의 경우에는 계절이 몹시 중요하지만, 음간(陰干)일 때는 계절보다 타간지(他干支)의 오행(五行)에 좌우되는 것으로 응용할 수 있다. 또 양간(陽干)이 동일한 오행(五行)의 계절에 속하면 종격(從格)이 되는 법이 없지만, 음간(陰干)은 종격(從格)으로 성립될 여지가 있는 것이다. 이를테면 辰月 甲木의 춘목(春木)은 종재(從財)가 성립되는 법이 없지만, 辰月 乙木은 지지(地支) 토국(土局)를 보아 기명종재(棄命從財)를 이루기도 한다.

✍ Note

1. 丙火와 癸水는 지지(地支)에 통근(通根)되지 않아도 타간(他干)과 달리 제 역할을 다하는 특징이 있다.

丙癸와 丁壬은 서로 다르다. 丙火는 태양의 불이니 자연적인 양기(陽氣)고, 丁火는 등불과 같으니 기세가 쇠약하다. 까닭에 丙火를 보아 귀격(貴格)이 되는 팔자(八字)가 丁火를 보면 그만 못하고, 이때는 丙火가 암장(暗藏)된 지지(地支)에 丁火가 통근(通根)해야만 귀(貴)를 논할 수 있게 된다. 마찬가지로 癸水는 우로(雨露)의 공(功)이고, 壬水는 관개(灌漑)의 공(功)이니 윤택함은 같으나 자연적인 것과는 비교가 되지 않는다. 이것은 마치 여름철의 논밭에 저수지 물을 대는 것과 단비가 내리는 차이와 같은 것으로 만일 癸水를 보아 귀격(貴格)을 이루는 명(命)이 壬水를 대신 본다면 기대만큼 귀(貴)에 미치지 못하고 의록(依祿)이 있을 뿐이다. 즉 丙과 癸는 신공(神功)의 자연적인 파워를 지니므로 비록 지지(地支)에 뿌리를 내리지 못해도 자체적인 힘을 잃었다고 볼 수 없는 것이다.

戊 乙 戊 癸
寅 卯 午 未

상관격(傷官格)에 인수(印綬) 癸水를 용(用)하는데 戊土가 癸를 합(合)하여 성중유패(成中有敗)로 파격(破格)된 명(命)이다. 그럼에도 불구하고 '조화원약평주'에 군장(軍將)에 오른 사람으로 서술되어 있다. 음간(陰干) 癸水는 지지(地支)에 뿌리를 내리지도 못했고, 戊土로 인해 더욱 곤(困)하게 되었다. 그래도 癸水는 최소한의 윤택함을 잃지 않는다. 만일 차명(此命)이 戊대신 丙을 보았다면 귀(貴)함이 더욱 커졌을 것이다. 하목(夏木)이 丙癸를 다 같이 보면 불청불우(不晴不雨)로 귀명(貴命)을 이룬다고 했다.

2. 팔자(八字)의 세력(勢力)을 살펴 강약(强弱)을 판별할 때, 양일간(陽日干)은 지지(地支)의 통근(通根) 여부를 살펴 강약(强弱)의 셈에 포함시키지만, 음간(陰干)일 때는 셈에서 제외한다.

戊 丙 甲 戊　　戊 丁 甲 戊
申 寅 寅 戌　　申 卯 寅 戌

양간(陽干) 丙日 생은 월지(月支) 寅에 인비(印比)가 공히 통근(通根)하여 신강명(身强命)이다. 반면 음간(陰干) 丁日 생은 일간(日干)을 배제한 인수(印綬) 甲木만 월지(月支)에 통근(通根)하여 공히 월지(月支)에 통근(通根)한 편재(偏財), 양(兩) 戊土의 세력에 미치지 못하므로 신약명(身弱命)이 된다.

天干論(천간론)

<table>
<tr><td rowspan="2">甲木</td><td>甲木參天, 胞胎要火, 春不容金, 秋不容土, 火熾乘龍, 水蕩騎虎, 地潤天和, 植立千古.</td></tr>
<tr><td>甲木이 천간(天干)에 있으면 포태(胞胎: 가을과 겨울)에 火를 필요로 한다. 봄철의 甲木은 金을, 가을철의 甲木은 土를 꺼린다. 火가 치열하면 용(龍: 辰土)에 오르고, 水가 넘치면 호(虎: 寅木)에 올라탄다. 지지(地支)에 癸水의 뿌리가 되는 亥나 辰이 있고 천간(天干)에 丙火가 적당하면 오랜 세월동안 뿌리를 내린다.</td></tr>
<tr><td rowspan="2">乙木</td><td>乙木雖柔, 刲羊解牛, 懷丁抱丙, 跨鷄乘猴, 虛濕之地, 騎馬亦憂, 藤蘿繫甲, 可春可秋.</td></tr>
<tr><td>乙木은 비록 유(柔)하다고 하나, 未와 丑을 찌르고 가르는 힘이 있다. 丁이나 丙을 품으면 계(鷄: 酉金)을 타넘고, 후(猴: 申金)를 업신여긴다. 지지(地支)가 습(濕)하여 뿌리가 썩을 정도면 마(馬: 午火)에 올라도 역시 우환(憂患)이 있다. 등라(藤蘿: 乙木)가 甲木과 연계하면 가춘가추(可春可秋)라, 계절에 구애됨이 없이 뿌리가 뽑히는 법은 없다.</td></tr>
<tr><td rowspan="2">丙火</td><td>丙火猛烈, 欺霜侮雪, 能煆庚金, 逢辛反怯, 土衆成慈, 水猖顯節, 虎馬犬鄉, 甲來焚滅.</td></tr>
<tr><td>丙火는 맹렬(猛烈)하여 눈과 서리를 얕보고 업신여긴다. 능히 庚金을 녹이지만, 辛金을 보면 반대로 겁낸다. 土가 무리를 이루면 자애(慈愛)가 있고, 水가 넘치면 절개(節槪)를 나타낸다. 호마견(虎馬犬: 寅午戌)이 있는 곳에 甲木이 오면 분멸(焚滅)된다.</td></tr>
</table>

<table>
<tr><td rowspan="2">丁火</td><td>丁火柔中, 內性昭融, 抱乙而孝, 合壬而忠, 旺而不烈, 衰而不窮, 如有嫡母, 可秋可冬.</td></tr>
<tr><td>丁火는 부드러운 가운데 내성(內性)은 소융(昭融)하다. 乙을 품어 효(孝)하고, 壬을 합(合)해 충(忠)한다. 왕(旺)해도 강렬하지 않고 쇠(衰)하여도 궁(窮)하지는 않다. 만일 친어머니가 있으면 가추가동(可秋可冬)하다.</td></tr>
<tr><td rowspan="2">戊土</td><td>戊土固重, 既中且正, 靜翕動闢, 萬物司命, 水旺物生, 火燥喜潤, 若在坤艮, 怕沖宜靜.</td></tr>
<tr><td>戊土는 단단하고 무거우며 원래 치우침이 없고 또 곧고 바르다. 정(靜)해도 합(合)하고, 동(動)하면 열리니 만물(萬物)의 목숨을 주관한다. 水가 왕(旺)하면 만물이 생(生)하고, 火가 조열(燥熱)하면 자윤(滋潤)을 기뻐한다. 만약 곤간(坤艮)에 뿌리를 두면 충(沖)을 두려워하고 의당 고요함을 원한다.</td></tr>
<tr><td rowspan="2">己土</td><td>己土卑濕, 中正蓄藏, 不愁木盛, 不畏水旺, 火少火晦, 金多金明, 若要物昌, 宜助宜幇.</td></tr>
<tr><td>己土는 낮고 습(濕)하며 치우침이 없어 곧고 바른 기운을 축장(蓄藏)한다. 木이 성(盛)함을 걱정하지 않고, 水가 왕(旺)함을 두려워하지 않는다. 火가 적으면 불이 어두워지고 金이 많은 즉 금이 빛난다. 만약 물(物)을 창성하게 하려면 조방(助幇)해야 마땅하다.</td></tr>
<tr><td rowspan="2">庚金</td><td>庚金帶煞, 剛强爲最, 得水而淸, 得火而銳, 土潤則生, 土乾則脆, 能勝甲兄, 輸於乙妹.</td></tr>
<tr><td>庚金은 살기(殺氣)를 띠며 강강(剛强)하기로는 최고다. 水를 얻으면 맑아지고 火를 얻으면 예리해 진다. 土가 윤택하면 생(生)을 얻고 土가 건조하면 취약해진다. 갑형(甲兄)은 능히 이겨도 을매(乙妹)에게는 애쓴다.</td></tr>
</table>

辛金	辛金軟弱, 濕潤而淸, 畏土之疊, 樂水之盈, 能扶社稷, 能救生靈, 熱則喜母, 寒則喜丁.
	辛金은 연약(軟弱)하며 습윤(濕潤)하면 청(淸)해진다. 土가 겹쳐지는 것을 두려워하고, 水가 가득 차는 것을 좋아한다. 능히 사직(社稷)을 떠받치며 능히 생령(生靈)을 구(救)한다. 더운 즉 인수(印綬)를 기뻐하며, 차가운 즉 丁火를 기뻐한다.
壬水	壬水旺洋, 能洩金氣, 剛中之德, 周流不滯, 通根透癸, 沖天奔地, 化則有情, 從則相濟.
	壬水는 왕양(旺洋)하니 능히 금기(金氣)를 설(洩)한다. 강(剛)한 가운데 덕(德)이 있으며 주류(周流)하여 막힘이 없다. 癸水가 통근(通根)하여 투(透)하면 하늘을 찌르고 땅을 내딛는다. 화(化)한 즉 유정(有情)하고, 종(從)한 즉 상제(相濟)한다.
癸水	癸水之弱, 達於天津, 得龍而運, 功化斯神, 不畏火土, 不論庚辛, 合戊見火, 化根乃眞.
	癸水는 약(弱)하나 천진(天津)에 달(達)한다. 용(龍)을 얻으면 운(運)하며, 공(功)이 사신(斯神)을 따른다. 火土를 두려워하지 않고 庚辛을 논하지 않는다. 戊를 합(合)하고 火를 보게 되면 화(化)의 뿌리가 참된 것이다.

地支論(지지론)

註 : 적천수의 지지론은 온전치 않다. 지지에 관한 이론은 이수명리의 형충회합 논리로 보다 세분화되고 보정됐다. 까닭에 여기서는 지지론의 요약을 생략한다.

干支論(간지론)

註 : 간지론에서 陽順陰逆, 其理固殊, 陽生陰死, 其論勿執의 구절과 이 수명리는 정면 대치된다. 포태진기胞胎珍技와 '命理26禽獸'를 보면 양생음사, 십간 생왕묘절의 철저한 포태법을 응용하고 있음을 잘 알 수 있다.

天全一氣, 不可使地道莫之載, 地全三物, 不可使天道莫之覆.

보통 천복지재(天覆地載)란 동주(同柱)의 간지(干支)가 서로 상생(相生)하는 조합을 의미한다. 그러나 원시(原詩)가 말하는 天全一氣의 地載와 地全三物의 天覆은 다소 의미를 달리 한다. 천원일기(天元一氣)란 팔자(八字)의 천간(天干)이 모두 동일한 글자로 不可使地道莫之載란 통근(通根)하는 지지(地支)를 보지 못하면 천간(天干)의 청기(淸氣)를 용(用)할 수 없다는 뜻이다. 지전삼물(地全三物)이란 팔자(八字)에서 방국(方局)을 이룬 경우를 말하는데, 不可使天道莫之覆란 방국(方局)의 오행(五行) 천간(天干)의 글자가 투(透)해야만 진실된 용(用)의 역할을 수행함을 뜻한다. '임철초'는 이를 두고 방국(方局)의 기세를 거스르는 천간(天干) 글자의 불리함을 논했는데, 복(覆)은 순(順)의 개념이 아니므로 적절한 설명이라 할 수 없다. '임철초'의 견해는 방국론(方局論)의 成局干透一官星, 左邊右邊空碌碌에 부합되는 설명으로 간지론(干支論)의 원뜻과는 거리가 있다.

陽乘陽位陽氣昌, 最要行程安頓, 陰乘陰位陰氣盛, 還順道路光亨.

이 구절은 陽氣昌과 陰氣盛의 상황을 먼저 구분해야 한다. '임철초'는 양한(陽寒)과 양난(陽暖), 음한(陰寒)과 음난(陰暖)으로 구분하여 적합한 대운(大運)의 향방을 논하고 있는데 원시(原詩)의 安頓과 光亨의 대구(對句)를 감안할 때 핵심을 비껴나간 해설이다. 한편 '장요문'은 하월(夏月)의 火日과 동월(冬月)의 水日로 양기(陽氣)와 음기(陰氣)를 구분하고 하월(夏月)의 火는 북방운(北方運)을 동월(冬月)의 水는 남방운(南方運)을 필요로 하는 것으로 요약했다. 그러나 이 또한 安頓과 光亨의 의미를 살리지는 못한다. 만일 安頓 대신에 潤澤을 거론했다면 부합되는 설명이라 할 수 있을 것이다. 결론적으로 陽氣昌은 하월(夏月)의 木을 의미하며, 陰氣盛이란 동월(冬月)의 金을 뜻하는 것이다. 즉 양기(陽氣)와 음기(陰氣)는 木火와 金水로 대별되며, 목화상관(木火傷官)의 水를 기뻐하여 水木火의 상관패인(傷官佩印)으로 정렬되는 현상을 두고 安頓이라 한 것이다. 따라서 이 대목은 팔자(八字)와 대운(大運)과의 관계에서 음양(陰陽)의 조후위급(調候危急)을 논한 것이다.

❒ 음양(陰陽) 조후위급(調候危急)

陰陽	區分	調候		備考
陰氣盛	冬金	安頓	金水傷官喜見官	傷官用財不貴燥土不甚靈秀
陽氣昌	夏木	光亨	木火傷官喜見水	傷官用財小富不貴凍水不能生木

形象論(형상론)

✌ COMMENT

양기(兩氣)가 조합(調合)하여 성상(成象)하면 상(象)을 파(破)해선 불가(不可)하다. 오기(五氣)를 취합(聚合)하여 성형(成形)되면 형(形)을 해(害)해선 불가(不可)하다.

독상(獨象)은 화지(化地)로 행(行)함을 기뻐하고, 화신(化神)이 창(昌)함을 요(要)한다. 전상(全象)은 재지(財地)로 행(行)함을 기뻐하고, 재신(財神)이 왕(旺)함을 요(要)한다.

형전(形全)하면 유여(有餘)함을 손(損)해야 마땅하고, 형결(形缺)하면 부족(不足)함을 보(補)해야 마땅하다.

✍*Spectrum

형상론(形象論) 편에서는 격국(格局) 전반의 희기(喜氣)를 다루고 있다. 원시(原詩)가 언급하는 팔자(八字)의 형상(形象) 또한 여러 가지 견해가 존재하나 다음의 다섯 가지로 구분하는 게 무난하다.

❐ 형상(形象) 구분

刑象	區分	類型
別格	兩氣合而成象	兩神成象相生, 兩神成象相剋
	五氣聚而成形	一行得氣(曲直, 炎上, 稼穡, 從革, 潤下)
變格	獨象	從化(從旺, 從兒, 從財, 從殺, 化木, 化火, 化土, 化金, 化水)
正格	形全	內格으로 日干이 月令을 得한 것
	形缺	內格으로 日干이 月令을 失한 것

方局論(방국론)

✌ COMMENT

방(方)은 방(方)이며 국(局)은 국(局)으로, 방(方)은 방(方)을 득(得)함을 요(要)하며 국(局)과 섞임이 없어야 한다.

국(局)에 방(方)이 섞이면 순(純)과 자(疵)가 있으므로, 행운(行運)이 남(南)을 기뻐하기도 하고, 혹은 북(北)을 기뻐하기도 한다.

만약 방(方)과 국(局)이 일제(一齊)히 왔다면, 모름지기 천간(天干)에 반복(反覆)됨이 없어야 한다.

방(方)을 이루고 하나의 원신(元神)이 간투(干透)하면, 생지(生地)와 고지(庫地)는 모두 복(福)이 아니다.

국(局)을 이루고 하나의 관성(官星)이 간투(干透)하면, 그것이 좌변(左邊)이나 우변(右邊)에 있건 간에 헛되고 녹록(碌碌)하다.

✌*Spectrum

局混方(국혼방)이란 일단 방합(方合)과 삼합(三合)을 이루는 글자들이 섞이는 것을 말하고, 이때 어느 한편으로 합국(合局)이 성립되면 純(순), 어느 쪽으로든 합국(合局)이 성립되지 않으면 疵(자)가 되는 것이다.

❒ 국혼방(局混方)의 순자(純疵)

純疵	例示	註
純	戊午寅巳	寅午戌 火局을 이루어 純이다. '임철초'는 混局의 疵로 취한다
	亥卯寅辰	寅卯辰 木局을 이루어 純이다. '임철초'는 混局의 疵로 취한다
	未卯亥寅	亥卯未 木局을 이루어 純이다. '임철초'는 混局의 疵로 취하고, '장요문' 또한 寅亥 合으로 木氣를 약하게 해서 疵로 취한다
疵	寅戌巳午	合局을 짓지 못해 疵가 된다

❒ 순자(純疵)의 행운(行運) 희기(喜忌)

純疵	八字 型	大運 喜忌	歲月 喜忌
純	□丙□□ 戊午寅巳	木火土 運을 기뻐하고, 金水 西北向을 꺼린다	木火土 – 喜 金水 – 忌
疵	□丙□□ 寅戌巳午	運支의 合局運을 기뻐하고, 이외는 일반 內格과 마찬가지로 用法을 취한다	木火土 – 喜 金水 – 忌

格局論(격국론)

從化論(종화론)

註 : 이 부분은 앞의 '적천수적요해설' 편에서 설명되었으므로 생략한다.

歲運論(세운론)

Original

休咎係乎運, 尤係乎歲, 衝戰視基孰降, 和好視其孰切.

COMMENT

휴구(休咎:길흉화복)는 운(運)에 관계(關係)되는데 특히 세운(歲運)과 관계(關係)하고, 충전(衝戰)은 어느 것이 항복(降伏)함을 시(視)하며 화호(和好)는 어느 것이 절(切)되는지를 시(視)해야 한다.

*Spectrum

衝戰和好에 대해 '진소암'은 衝戰은 지충(支沖)과 간극(干剋)이고, 和는 간합(干合)과 지합(支合), 그리고 好는 동기(同氣)의 운(運)으로 구분해서 설명한다. 그러나 和好視其孰切의 의미를 감안한다면 和好는 지합(支合)과 간합(干合)을 말하는 것으로 봐야 옳다고 생각한다. 무릇 衝戰이 되면 응당 운(運)의 간지(干支)가 항복(降伏)함이 마땅하고, 和好 또한 운(運)의 간지(干支)가 절(切)될 때 무리가 없다. 그러나 衝戰和好의 현상이 명주(命主)에 이로운 방향으로만 진행되는 경우는 몹시 드물기에 어떤 형태로든 성패희기(成敗喜忌)의 변화가 나타나기 마련이다.

註 : '스펙트럼'에서 휴구休咎에 대한 해석이 '저조와 정체, 재앙'의 부정적인 현상으로 묘사되었는데 이것은 단순히 길흉을 의미하므로 잘못된 해석이다.

體用論(체용론)

註 : 체용론은 '자평진전리뷰' 전체를 관통하는 화두였다.

精神論(정신론)

오행(五行)은 대략 金水의 정기(精氣)와 木火의 신기(神氣)로 양분된다. 精이 응축(凝縮: condensation)이라면 神은 발산(發散: radiation)과 같은 개념이다. 팔자(八字)는 木火 혹은 金水의 이행(二行)으로 편중(偏重)되는 경우를 가장 꺼리게 된다. 이것은 기후(氣候)와 관련이 깊다. 하목(夏木)의 목분화열(木焚火熱), 동금(冬金)의 금침수탕(金沈水蕩)을 특히 기피(忌避)하고, 화염토조(火炎土燥)도 역시 좋지 않다. 이상은 모두 빈천(貧賤), 병약(病弱), 절사(絶嗣) 등을 암시하여 흉한 사상(事象)을 지니고 있다. 木火傷官喜見水나 金水傷官喜見官하는 이치도 같은 맥락이다. 가령 木의 종아격(從兒格)은 진종(眞從)의 귀(貴)를 이루어도 목분화열(木焚火熱)의 흉의(凶意)를 피할 수 없으므로 귀명(貴命)을 논하기 어려운 것이다.

✍ Note

정신론(精神論)에서 자칫 양신성상(兩神成象)과 혼동을 범할 소지가 있는데, 팔자(八字)의 오행(五行)이 이기(二氣)로 균등하게 양분(兩分)되고, 잡기(雜氣)가 개입되지 않으면 청순(淸純)하여 절대(絶對) 귀(貴)로 여긴다. 즉 일간(日干)을 제외한 여타의 이기(二氣) 균등(均等)은 차격(此格)에 해당되지 않는다. 상생(相生)의 양신성상(兩神成象)은 비식(比食)의 관계로 대개 천여(天與)의 자격(資格)을 유지하고 대업(大業)을 성취하며, 상극(相剋)의 양신성상(兩神成象)은 보통 비재(比財)의 관계로 관록(官祿)이나 경영(經營)으로 일대부영(一代富榮)이 보증된다.

❒ 양신성상격(兩神成象格)

상생 오국 相生 五局		상성 오국 相成 五局	
목화광휘 木火光輝	목화상생격 木火相生格	목토배양 木土培養	목토상성격 木土相成格
화토협잡 火土夾雜	상생격 相生格	토수윤하 土水潤下	토수상성격 土水相成格
토금육수 土金毓秀	상생격 相生格	수화기제 水火旣濟	수화상성격 水火相成格
금수극청 金水極淸	상생격 相生格	화금주인 火金鑄印	화금상성격 火金相成格
수목청기 水木淸奇	상생격 相生格	금목성기 金木成器	금목상성격 金木相成格

衰旺論(쇠왕론)

註 : 쇠왕강약에 대한 명료한 본칙은 '공망비약'을 통해 한층 간결하게 설명됐다. 이기쇠왕론은 해당 서책의 개관에서 학습할 수 있다.

中和論(중화론)

中和는 자평(子平)의 도(道)라 할 수 있다. 精神을 알고, 衰旺을 분간하면 일원(日元)의 중용(中庸)을 알 수 있다. 부억지도(扶抑之道)는 단순히 세력(勢力)의 강약(强弱)을 조율하는 정법(定法)에 국한 된 것이 아니므로, 기세(氣勢) 양면을 고려해야 하고 병약(病弱)을 가려 취(取)하는 법에 익숙해져야 한다. 한정된 지식 틀에 자만(自慢)하지 않고 새로운 지평에 도달해야 비로소 오행(五行)의 묘리(妙理)에 밝아진다.

❒ 여섯 가지 용신(用神)과 '챕터'

用神	'장르'	八字와 大運, 歲月의 體用 '필드' 구분
調候	精神, 衰旺, 寒暖	八字와 大運의 體神 영역
扶抑	中和, 體用	體用 전 영역, 歲月 喜忌는 扶抑이 主管
專旺	順逆	大運, 歲月의 體用 전 영역
通關	通隔	大運 영역, 歲月에서는 大運에 成格 여부에 따라 제한 運用
病藥	衰旺, 寒暖, 中和	八字 元局의 體神 영역으로 正法이 따로 없음
十干	剛柔	八字와 大運의 體神 영역, 調候와 달리 藏干을 취하지 않음

剛柔論(강유론)

剛柔는 동일한 것이 아니며 제(制)할 수 없는 것은 설(洩)이 마땅한 것이다. 강유론(剛柔論)의 요체(要諦)는 不可制者에 있다. 그렇다면 '제(制)할 수 없는 것'이란 무엇일까. 이는 두 가지 경우를 말한다. 하나는 세력이 지나치게 왕성해서 그것을 제복(制伏)하기 보다는 설기(洩氣)하는 것이 효율적인 처리가 될 때고 나머지 하나는 너무 유약해서 극제(剋制)가 불가(不可)한 때다.

'진소암'과 '임철초'는 전자의 경우에 주목하여 '춘목(春木), 하화(夏火), 추금(秋金), 동수(冬水), 계토(季土)'와 같이 당령(當令)했을 때 원국(原局)에 극신(剋神)이 없으면 설기(洩氣)하여 팔자(八字)를 청수(淸秀)하게 만든다고 했다. 그러나 록겁격(祿劫格)이나 양인격(陽刃格)은 기본적으로 관살(官殺)로써 귀(貴)를 결정한다. 이를테면 祿劫用官이나 祿劫用殺, 陽刃露殺, 陽刃用官으로 성격(成格)되는 것이다. 반면 祿劫食傷, 즉 식상(食傷)의 수기(秀氣)로 귀격(貴格)을 이루는 경우는 唯春木之木火通明而秋

金之金水相涵으로 오직 춘목(春木)과 추금(秋金)의 木火通明, 金水相涵에 한정된다.

십간론(十干論) '서베이'

❐ 음양(陰陽) 속성(屬性)에 따른 효과적 부억(扶抑)관계

陰陽	身强	身弱
陽干	七殺	印綬
陰干	傷官	劫財

이상의 일반적 부억(扶抑) 육신(六神) 처리법을 각 십간(十干)에 대입하면 반드시 일치하는 결과를 보진 못한다. 또 음양간(陰陽干)의 일반적 속성(屬性)에 위배되는 경우도 있다. 먼저 양간(陽干)이 강한 경우, 칠살(七殺)과의 관계를 중심으로 희기(喜忌)를 살펴보겠다.

❐ 양간(陽干)과 칠살(七殺)의 희기(喜忌) 관계

陽干	喜: 좋은 관계	忌: 나쁜 관계	주안점
甲	庚	辛	
丙	壬	癸	
戊	乙		七殺 甲木과의 관계는 喜忌가 정해지지 않음
庚	丁		七殺 丙火와의 관계는 喜忌가 정해지지 않음
壬	戊	己	

양간(陽干)이 약한 경우, 인수(印綬)와의 관계는 모두 무난하다.

❐ 양간(陽干)과 인수(印綬)의 관계

陽干	喜
甲	壬, 癸
丙	甲, 乙
戊	丙, 丁
庚	戊, 己
壬	庚, 辛

음간(陰干)이 강할 경우, 상관(傷官)과의 관계는 모두 좋다. 원시(原詩)의 不可制者, 引其性情而已矣에 부합되는 내용이다.

❐ 음간(陰干)과 상관(傷官)의 관계

陰干	喜
乙	丙
丁	戊
己	庚
辛	壬
癸	甲

음간(陰干)과 상관(傷官)의 관계를 강약(强弱)의 세력(勢力)적 측면이 아닌, 쇠왕(衰旺)의 기후론(氣候論)적 관점에서 살피면 乙木과 辛金은 사시(四時)를 막론하고, 상관(傷官)을 기뻐하므로 丙火와 壬水는 부귀(富貴)의 요체가 되는 것이다. 즉 乙日과 辛日은 팔자(八字)에서 장간(藏干)까지 포함하여 丙火나 壬水가 구비(具備)되지 않는 한, 참다운 부귀(富貴)를 논할 수 없다는 얘기다. 따라서 柔의 일반적 속성(屬性)에 가장 부합되는 십간(十干)은 乙木과 辛金이라 할 수 있고, 이 같은 내용이 세력에 따른 부억(扶抑) 일반과 차별되는 기후론(氣候論)의 단면이라 할 수 있다. 음간(陰

干)이 약하면 대개 겁재(劫財)의 방조(傍助)를 기뻐하지만, 인수(印綬)와 더 좋은 관계를 이룰 때도 있다.

❐ 음간(陰干)이 약할 때 십간(十干) 처리법

陰干	劫財	印綬
乙	甲	
丁		甲
己		丙
辛	庚	
癸	壬	

총론해서 팔자(八字)의 강약(强弱)에 따른 부억(扶抑)의 효율적인 십간(十干) 관계를 정리하면 다음과 같다. 다만 이것은 쇠왕(衰旺)과 기후(氣候)가 배제된 것으로 온전한 내용은 아니다. 이를테면 戊土는 丁火보다 丙火의 생조(生助)가 부귀(富貴)를 결정짓는 필수 요건이 되는 경우를 일례로 들 수 있다.

❐ 부억(扶抑)에 따른 십간(十干) 리법

<table>
<tr><td rowspan="5">甲</td><td rowspan="3">身强</td><td>丙</td><td rowspan="2">八字에 水가 있으면</td></tr>
<tr><td>丁</td></tr>
<tr><td>庚</td><td>八字에 水가 없으면</td></tr>
<tr><td rowspan="2">身弱</td><td>甲</td><td>八字에 水가 있으면</td></tr>
<tr><td>癸</td><td>八字에 水가 없으면</td></tr>
<tr><td rowspan="5">乙</td><td rowspan="3">身强</td><td>丙</td><td rowspan="3">☞ 不可制者, 官殺로 貴格을 이루는 경우가 없음</td></tr>
<tr><td>丁</td></tr>
<tr><td>戊</td></tr>
<tr><td rowspan="2">身弱</td><td>甲</td><td>八字에 水가 있으면</td></tr>
<tr><td>癸</td><td>八字에 水가 없으면</td></tr>
</table>

丙	身强	壬	☞ 癸水는 보통 殺의 작용으로 기피하지만, 太旺한 경우에는 用神으로 취함
		癸	
		己	
	身弱	甲	☞ 印綬보다는 寅巳에 通根하거나 火局을 얻는 것이 효율적
丁	身强	戊	
	身弱	甲	
戊	身强	甲	☞ 甲木은 보통 殺의 작용으로 기피하지만, 太旺한 경우에는 用神으로 취함
		乙	
	身弱	丁	
己	身强	乙	☞ 陰干이 七殺을 用하는 것은 陰干의 일반적 屬性에 위배되는 사항
		庚	
		辛	
		癸	
	身弱	丙	
庚	身强	丁	八字에 火가 있으면
		丙	八字에 火가 없으면
		壬	
	身弱	庚	八字에 火가 있으면
		戊	八字에 火가 없으면
辛	身强	壬	八字에 火가 있으면
		丙	八字에 火가 없으면
	身弱	庚	八字에 火가 있으면
		戊	八字에 火가 없으면

壬	身强	戊	
		丙	
	身弱	癸	
癸	身强	己	☞ 陰干이 七殺을 用하는 것은 陰干의 일반적 屬性에 위배되는 사항
	身弱	壬	

팔자(八字)의 강약(强弱)에 따른 십간(十干)별 희기(喜忌) 관계를 구분하면 다음과 같다.

❐ 신강(身强)시, 십간(十干) 희기(喜忌) 관계 구분

日干		甲	乙	丙	丁	戊	己	庚	辛	壬	癸
좋은 관계	食	丙, 丁	丙, 丁	己	戊	庚, 辛	庚, 辛	壬	壬		甲
	財		戊				癸			丙	丙
	官	庚		壬		乙	乙	丁		戊	己
나쁜 관계	食							癸			乙
	財						壬				
	官	辛	辛	癸	癸				丁	己	

順逆論(순역론)

종격(從格)의 희신(喜神)은 종신(從神)과 화신(化神)으로 정해진다. 화(化)란 외격(外格)의 용신(用神)과 상생(相生)하는 오행(五行)으로 이를테면 양신성상(兩神成象)의 통관(通關), 일행득기(一行得氣)의 토수(吐秀) 등을 들 수 있다.

❒ 독상(獨象)의 육신(六神) 희기(喜忌) 처리법

區分	喜神	化地	忌神
一行得氣	印比	食傷	財官
從旺	比劫	印綬	食財官
從强	印綬	比劫	食財官
從兒	食傷	財星	官印比
從財	財星	官殺	印比
從殺	官殺	財星	印比食

寒暖論(한난론)

✎*Spectrum

天道有寒暖, 發育萬物, 人道得之, 不可過也.

天道에 寒暖이 있다고 했는데, 寒暖은 음양(陰陽)으로 나뉘어 천간(天干)에 한난(寒暖)을 대표하는 글자는 癸水와 丙火를 들 수 있다. 만물(萬物)의 발육(發育)은 癸水와 丙火를 떠날 수 없다. 人道에서 寒暖을 얻을 때 不可過也란 동월(冬月)의 癸水가 강하거나, 하월(夏月)의 丙火가 강한 것을 일컫는 말이다. 팔자(八字)에 동월(冬月) 계수(癸水)나, 하월(夏月) 丙火가 강하면 생의(生意)를 잃게 되어 좀체 양호한 명(命)으로 성격(成格)되기 어렵다.

地道有燥濕, 生成品彙, 人道得之, 不可偏也.

地道에 燥濕이 있다고 했는데, 燥는 '寅, 巳, 午, 戌, 未'의 글자를, 濕은 '申, 亥, 子, 辰, 丑'의 글자를 가리킨다. 팔자(八字)에 燥濕의 글자가 치우치지 않고 배합(配合)되면 生成品彙, 즉 생의(生意)를 상실하는 법이 없으므로 최소한의 조후(調候)는 상실하지 않은 것이다. 따라서 의식(衣食)은 잃지 않는다.

'적천수'는 寒暖燥濕의 이치를 간지(干支)로 구분해서 논했다. 이것이 바로 '난강망'이 규정하는 조후용신(調候用神)의 동태를 천간(天干)뿐만 아니라 장간(藏干)까지 살펴야 하는 근거(根據)가 되는 것이다. 또한 천도(天道)와 인도(人道)와의 관계에서 여름철과 겨울철이 아니면 기후(氣候)가 오행(五行)의 생극제화(生剋制化) 이법(理法)을 뒤엎을만한 영향력을 행사하지 못함을 시사하기도 한다. '자평진전'의 論用神配氣候得失은 바로 이점을 논한 것이다. 寒暖燥濕의 일반적 규칙에 대한 '임철초'의 해설은 한마디로 함량 미달이다. '난강망'은 寒暖燥濕과 연계되는 팔자(八字)의 빈부귀천(貧富貴賤)을 일간(日干)의 생월(生月)에 따라 적시(摘示)하는 세밀한 공을 들였다. 후대에 십간론(十干論)을 표방하는 유파(流波)들은 '난강망'의 지식 체계를 압축하여 지지(地支)는 水와 火의 존재 여부로만 살피고 천간(天干)의 효율적인 십간(十干) 분포를 중시하여 이론을 요약하였는데, '난강망'이 열거한 십간(十干)의 조후(調候)와 보좌(輔佐) 관계만큼 정밀하지 못하다. 이를테면 명징파(明澄派)는 지지(地支) 장간(藏干)의 丙丁이나 壬癸 구분은 필요치 않다고 여기지만, '난강망'은 이를 중요하게 가려 부귀(富貴)를 결정짓는 글자로 취하므로 십간론(十干論)에 비해 보다 세련(洗練)된 이론체계를 구사한다. 실상에는 '난강망'의 용신(用神)체계가 한결 정교하게 부합되므로 이론의 정치(精緻)와 우수성에는 재론(再論)의 여지가 없다.

결론적으로 팔자(八字)의 귀천(貴賤)은 먼저 생극제화(生剋制化) 이법(理法)에 따라 격국(格局)의 성패(成敗)를 가리고, 동시에 기후(氣候)와 제강(提綱)의 희신(喜神) 경중(輕重)을 가려 성패고저(成敗高低)를 분별하는 것이다. 이때 격국(格局) 성패(成敗)의 일반적 '모델'을 결정짓는 상신(相神), 희신(喜神)은 천간(天干)과 지지(地支)의 회지(會支)로 존재 의미를 갖게 되지만, 조후용신(調喉用神)은 천간(天干)에 투(透)하면 더욱 귀(貴)하고, 지지(地支)의 장간(藏干)에 분포하는 것도 능히 취(取)하므로 귀천(貴賤)의 판단법이 한결같지는 않은 것이다. 한편 외격(外格)의 경우에는 방국(方局)과 기상(氣象)이 순일(純一)하면 그것으로 곧 귀(貴格)을 확정짓는 경우가 많지만, 때에 따라 기후(氣候)가 전혀 배제될 수 없는 상황이 있다. 더욱이 일말의 잡기(雜氣)가 개입되면 寒暖燥濕의 이치를 거스를 수 없는 것이다.
아래의 내용은 내가 명리(命理)를 종합하고 학문적 원칙을 공고히 하는 취지에서 선학(先學)들이 확고하게 정리하지 못한 내용을 면밀하게 정리해서 밝혀 두는 것이니 온전하게 이해할 때까지 숙독(熟讀)하길 권한다.

月令論(월령론)

월령론은 '적천수써머리'의 요체와 같다. 초기 이수명리의 관법을 요약하면 투출된 천간에 비중을 둔 택향묘혈론宅向墓穴論이라 할 수 있다. 이 택향묘혈론의 월령론으로 하이텔 역학통신망을 통해 최초의 이수신드롬을 불러왔다.

Original

월령제강, 비지댁야
月令提綱, 譬之宅也.

人元用事之神, 宅之向也, 不可以不卜.

✌ COMMENT

월령(月令), 제강(提綱)은 비유컨대 집과 같다.

인원용사지신(人元用事之神)은 집의 향(向)과 같아 이를 따져 쓰지 않음은 불가(不可)하다.

✍*Spectrum

月令提綱, 譬之宅也.

月令은 명주(命主)가 몸을 누일 수 있는 곳으로 가택(家宅)과 같은 것이다. 풍수(風水)에 가택(家宅)은 좌향(坐向)이 중요하고, 묘지(墓地)는 혈처(穴處)가 중요하다. 이를 구체화한 택향묘혈론(宅向墓穴論)은 '적천수적요'의 관법을 대표하는 내용이다. 이것은 한 마디로 대지 위에 지어진 집의 거주자는 대문의 방향인 향(向), 땅 속에 묻힌 유체(遺體)는 혈(穴)이 팔자(八字)의 체용(體用)과 귀천길흉(貴賤吉凶)을 좌우하는 근거가 된다는 뜻이다. 이때 향(向)은 노출(露出)된 천간(天干)의 글자가, 혈(穴)은 분각용사법(分刻用事法)에 따라 득시(得時)한 장간(藏干)이 관건이다.

월령(月令)	가택의 향(向)은 월지에서 통근(通根)하여 출간(出干)한 글자의 세력에 따라 정해진다.
생시(生時)	묘지의 혈(穴)은 생시(生時)를 각(刻)으로 구분하여 분각용사법(分刻用事法)을 취한다.

人元用事之神, 宅之向也, 不可以不卜.

명리(命理)는 원래 이기(理氣) 양면을 모두 가려 취하는 것이다. 즉 기세

(氣勢)를 다 같이 보아야 한다. 가령 午月 庚金은 매우 뜨거운 때에 있으므로 패지(敗地)를 만나 약(弱)하기 쉽다. 이것은 계절의 기(氣), 쇠왕(衰旺)을 중시한 입장이다. 반면 세(勢)로 보자면 午 중에는 己土가 있고, 己土가 출간(出干)하면 신강(身强)으로 변한다. 이것은 '자평진전'의 관점에서 보아도 마찬가지다. 午月 庚金은 원래 정관격(正官格)이다. 그러나 이때 己土가 투간(透干)하면 격국(格局)이 인수격(印綬格)으로 변한다. 즉 택향(宅向)이 '土'로 정해진다는 얘기다. 이를 두고 '용신(用神)의 변화', 즉 격국(格局)이 바뀌는 것으로 설명하고 있다. 따라서 월지(月支)에서 통근(通根)하여 출간(出干)한 글자를 중시하여 택향(宅向)을 정하고, 그것으로 격(格)을 삼는 '적천수적요'의 관법은 '심효첨'의 이론과 흡사하다. '진소암'이나 '서락오' 역시 마찬가지다.

독자들은 이때 人元用事之神, 즉 宅之向에 대해서 체용(體用)에 따른 이원적(二元的)인 사고를 실행해야 한다. 첫째 午月에는 丁火가 사령(司令)한 때로 庚金이 몹시 약(弱)하니 팔자(八字)에 水가 있는가를 살펴야 한다. 하월(夏月) 군금(群金)은 원무(元武)가 있으면 묘(妙)하다고 했는데, 원무(元武)는 북방(北方) 壬癸水로 사주(四柱)에 水가 없다면 대운(大運)이라도 북방(北方)으로 흘러야 하는 것이다. 午月 庚金에 壬水가 투(透)하면 일원(日元)이 몹시 허약해져 얼핏 불리하게 여기기 쉽지만 지지(地支)에 庚辛金이 있어 통근(通根)한 이상 대개 부귀격(富貴格)을 이룬다. 이상은 팔자(八字)와 대운(大運)의 체신(體神)에 한정되어 人元用事之神을 살핀 것이다. 이때 戊己土가 출간(出干)하여 水를 제(制)하면 평범한 명(命)이 되기 쉽다. 그런데 이미 戊己土가 투(透)했다면 宅之向이 火에서 土로 변화한 것이다. 따라서 신약(身弱)이 신강(身强)으로 변한다. 이때 水를 용(用)하는 것은 전자의 조후(調候) 개념이 아닌 인수용재(印綬用財)의 부억(扶抑) 차원을 뜻한다. 즉 체(體)가 아닌 용(用)의 영역에서는 월지(月支)

에 통근(通根)한 투간(透干)의 동태가 관건이 된다. 한 마디로 세월(歲月)의 희기성패(喜忌成敗)를 주관하는 법칙은 부억(扶抑)이라 할 수 있는데 여기에서는 조후(調候)나 병약(病藥)과 같은 원칙은 논할 여지가 없다. '서락오'는 체용(體用) 전체의 영역에서 일관되게 작용하는 법칙을 부억(扶抑)으로 확정지었으므로 후에 병약(病藥)을 강조한 명리정종(命理正宗)을 심하게 비난하는 입장을 취했다. 그러나 이것은 엄밀한 체용(體用)의 분할 선상에서 고찰하면 크게 비난을 살 대상이 못된다. 결론적으로 人元用事之神 또한 체용(體用)의 분할에 따라 달리 적용되는 이치를 터득하는 게 중요하다.

❐ 기세(氣勢)에 따른 인원용사지신(人元用事之神)

氣勢	體用	宅之向	喜神	備考
氣	體	司令之神	調候之神, 病弱之神, 扶抑之神	八字, 大運
勢	用	月支에 通根하여 透한 天干	扶抑之神	歲月

투파(透派)는 인원(人元)을 용사(用事)함에 있어, 즉 택향(宅向)을 정할 때 종래의 분일용사법(分日用事法)을 견지하는 유파들과 별반 차이가 없는 관점을 피력한다. 따라서 午月 庚金에 己土가 투간(透干)했다 할지라도 火의 계절을 취해 택향(宅向)은 火가 된다. 이것은 결국 체신(體神)에 집중되는 종래의 관법과 얼핏 유사하지만 절입일(節入日)에 따라 초기, 중기, 정기로 엄밀하게 구분하는 식이 아니므로 같다고 볼 수 없다. 어쨌든 택향(宅向)을 정하는 방법에 따라 각 유파가 정의하는 격(格)의 명칭이 달라지므로, 먼저 午月 庚金에 己土가 투(透)한 팔자(八字)의 유형을 통해 이를 구

분해 보겠다.

<table>
<tr><td rowspan="3">己庚□□
□□午□</td><td>현대적 관법으로는 인수(印綬)가 주도하는 팔자로 규정한다.</td></tr>
<tr><td>'투파'적 관법으로는 火가 주도하는 관격(官格)의 팔자로 규정한다.</td></tr>
<tr><td>종래의 '분일용사법'으로 보자면 절기 소서(小暑) 이후의 절입일을 따져 전반기에는 丙火가 주도하는 살격(殺格), 10일 이후 19일 전 사이는 己土가 주도하는 인수격(印綬格), 19일 이후는 丁火가 주도하는 정관격(正官格)으로 규정한다.</td></tr>
</table>

午月에 화기(火氣)가 왕(旺)한 것은 누구도 부정할 수 없는 사실이다. 따라서 金은 약해진다. 그러나 己土가 투(透)하면 약변강(弱變强)이 된다. 따라서 신강(身强)한 팔자(八字)로 능히 재관(財官)을 감당할 수 있고, 운(運)에서 대개 재운(財運)을 기뻐한다. 바로 이러한 입장이 근세 '서락오' 이후 최근 관법으로 굳어진 대세라 할 수 있다. '적천수적요' 또한 이 같은 틀을 견지했는데 이것은 다분히 세월(歲月)의 성패희기(成敗喜忌)를 가리는 법을 중시했기 때문이다. 그러나 체신(體神)의 범주에서 따지면 水木은 단순히 인수격(印綬格)의 신강(身强)한 팔자(八字)가 식재(食財)를 기뻐하는 이상의 의미를 지닌다. 水는 팔자(八字)를 조후(調候)하고 木은 水를 극하여 병(病)이 되는 土를 파(破)하여 구(救)하는 약(藥)이 되는 것이다. 이렇게 체신(體神)의 범주에서 먼저 용신(用神)을 가려 격국(格局)의 귀천(貴賤)을 취하는 단계를 거쳐 다음으로 세력(勢力)의 강약(强弱)을 구분하여 부억용신(扶抑用神)을 정하는 과정을 다 같이 밟아야 마땅한 것이다. 그러므로 각 유파마다 주장하는 논리에 틀림은 없다. 다만 '적천수'는 여타의 고서(古書)와는 달리 체용(體用) 전체를 논한다. 그렇다면 기본적으로 세(勢)에 따른 부억(扶抑)의 잣대로 택지향(宅之向)을 정하는 것이 가장 효율

적이다. 이때 전술한 바와 같이 체용(體用)을 구분하여 인원용사(人元用事)하는 이치를 명백히 구분해서 설명해 두었더라면 후학(後學)들의 학습이 좀 더 용이했을 터이고, 다른 각도에서 보면 선학(先學)들이 수월하게 극복하지 못한 체용론(體用論)의 한계로 볼 수도 있는 것이다.

다만 고전적인 월령(月令)의 분일용사법(分日用事法)은 청대(淸代)부터 이미 부정되어 온 상황인데, 아래 '진소암'의 입장을 살피면 내용의 대강을 이해하기 용이하다.

"고서에 보면 12월의 지지(地支)에 내포되어 있는 천간(天干)은 모두 분일용사(分日用事)의 적용으로 이미 오래되어 마치 금과옥율(金科玉律)과 같이 중요한 것이 되었다. 그러나 실은 그렇지 않다. 가령 巳에 戊가 있다고 말할 수는 있다. 그런데 亥에 戊가 있는 것은 어떤 이치인가. 과거나 지금이나 명(命)을 논할 때 어떻게 亥를 보면 戊를 취할 수 있는가. 사계절(四季節)은 365일에 그치고, 매 지지(地支)의 천간(天干) 일수(日數)는 모두 합하면 30일이 된다. 그렇다면 사계(四季)는 왜 모두 372일이 되지 않는가. 하나하나 모두 이해하기 어려우니 어떤 설(說)을 따라 이것을 이해할 수 있겠는가. 그러므로 각각의 지장간(支藏干)에 날 수를 배정한 것에 구애될 필요가 없다."

'진소암'의 이론은 현재의 투파(透派)가 견지하는 이론체계와 맥락이 닿아 있다. 그래서인지 현재 투파(透派)가 견지하는 분일용사(分日用事)의 시스템은 한결 진화된 것임에는 틀림없다. 투파(透派)는 매 지지(地支)별 일수(日數)를 30일로 맞추어 계절별로 왕성(旺盛)한 오행(五行)을 분류하여 인원용사(人元用事)하는 지침을 삼았다. 즉 춘하추동(春夏秋冬)의 사계절을 구분하고, 이를 각각 木火金水로 배정하며 辰未戌丑 사시(四時)에 한 해 절입(節入)일로부터 12일간은 계절 오행(五行)을 쓰고, 13일 이후부터는 土를 취하는 방식을 취했다. 이것은 다소 변형된 분일용사법(分日用事法)으로 볼 수 있다.

그런데 세월(歲月)의 성패(成敗)를 주관하는 부억(扶抑) 시스템에서는 분일용사법(分日用事法)이 유용하지 않다. 현대 명리(命理)의 이론적 근거는 동정설(動靜說)이 제공한다. 동정설(動靜說)에 의하면 천간(天干)은 사시(四時)에 동(動)하므로 겨울철에도 여름의 기운이 태성할 수 있고 여름철에도 겨울의 기운이 태성할 수 있게 만드는 요체가 된다고 했다. 즉 현대 명리(命理)가 투간(透干)의 상태를 중시하는 바는 변화의 열쇠인 천간(天干)의 동인(動因)에 근거한다는 뜻이고 그것이 곧 택향(宅向)을 결정짓기 때문이다. 그러므로 분일용사(分日用事)를 적용할 필요는 없고, 24절기(節氣)와 기(氣)의 진퇴(進退)를 고려하는 것으로 족하다는 얘기다.

그러나 어느 일면에서 효율성이 뛰어나다고 해서 그것을 곧 정론(正論)으로 삼을 수는 없다. 이미 내가 여타의 저술을 통해 명리학(命理學)은 이미 4세대로 진화하고 있음을 논한 바 있는데 이것은 결국 체용(體用)의 엄격한 구분에 따른 용법(用法)을 말한 것이다. 결론적으로 인원용사지신(人元用事之神)을 정하는 최종 용법(用法)과 운용(運用) 기법 상의 차이는 다음과 같으므로 체용(體用)에 따라 가려 써야 하는 것이다.

체(體)	팔자와 대운	기세(氣勢)	팔자 원국과 대운법에 해당하는 범주에서는 팔자의 기세(氣勢) 모두를 살펴 귀천과 변화를 논해야 한다. 따라서 분일용사(分日用事)가 유효
용(用)	팔자와 세월	세력(勢力)	팔자의 매년 희기(喜忌)는 오직 세력의 강약(强弱)을 살펴 부억(扶抑)으로 가늠한다. 분일용사(分日用事)로 정하는 택향(宅向)은 의미가 없음

이상에서 동정설(動靜說)은 용(用)의 영역인 매년(每年) 세월(歲月)의 성패(成敗) 추이를 가르는 실전 기법에서 중요시되어야 할 이론임을 알 수 있다. 또 체용(體用)의 구분 없이 분일용사(分日用事)만을 중시하는 인사들

은 비록 체신(體神)의 영역인 팔자의 격국(格局) 고저(高低)나 대강(大綱)의 성패(成敗) 사안에는 주효할지 모르나, 정작 절실한 세월(歲月)의 성패(成敗)에서는 몹시 허무한 추명(推命)에 그치기 십상이다. 반면 기세(氣勢)를 다 같이 보지 못하고 오직 오행(五行)의 세력(勢力)만 살펴 팔자 추론에 임하는 정도의 실력이라면 한 마디로 팔자의 그릇을 헤아리지 못한다. 또한 매년의 적확한 성패 추론은 부억(扶抑)에만 달린 것이 아니므로, 형충회합(刑沖會合)의 선후(先後), 득실(得失) 변화 등을 추산(推算)하는 첨단 기법에 달하면 또 다른 한계에 봉착하고 만다. 요점은 기세(氣勢)와 세력(勢力)을 살펴 적용하는 영역을 가리는데 있고, 이는 팔자학(八字學)의 '베이식'에 지나지 않는다는 얘기다.

한편 월령(月令)의 분일용사(分日用事)에 대해서는 '삼명통회(三命通會)', '연해자평(淵海子平)', '신봉통고(神峯通考)', '성평회해(星平會海)' 등 역대의 고서(古書)부터 최근의 숱한 교재에 이르기까지 모두 예시되어 있다. 약간의 일시(日時) 차이가 나타나지만 대체로 다음과 같다.

子	丑	寅	卯	辰	巳	午	未	申	酉	戌	亥
壬 10일3분5 癸 20일6분5	癸 9일3분 辛 3일1분 己 18일6분	戊 7일2분3 丙 7일2분3 甲 16일5분4	甲 10일3분5 乙 20일6분5	乙 9일3분 癸 3일1분 戊 18일6분	戊 5일1분7 庚 9일3분 丙 16일5분3	丙 10일3분5 己 9일3분 丁 11일3분15	丁 9일3분 乙 3일1분 己 18일6분	己 7일2분 戊 3일1분 壬 3일1분 庚 17일6분	庚 10일3분5 辛 20일6분5	辛 9일3분 丁 3일1분 戊 18일6분	戊 7일2분3 甲 5일1분7 壬 18일6분

투파(透派)의 변형된 분일용사(分日用事)는 다음과 같다. 이를 통해 팔자(八字) 체신(體神)의 중화(中和)를 위주로 귀천(貴賤)을 가리는데, '난강

망' 이론과 거의 흡사하다.

寅	卯	辰	巳	午	未	申	酉	戌	亥	子	丑
春			夏			秋			冬		
木	木	木 12일 土 18일	火	火	火 12일 土 18일	金	金	金 12일 土 18일	水	水	水 12일 土 18일

복습의 차원에서 택향(宅向)을 결정짓는 법, 즉 각 유파(流波)간 격국(格局)을 정(定)하는 방식에 대해 구분하여 설명한다. 가령 寅月 壬水 일주(日主)로 입춘(立春) 이후 5일째 태어난 팔자(八字)로 타간(他干) 丙火를 보았다고 치자.

丙壬□□ □□寅□		
	1	'써머리'는 寅月에서 투(透)한 丙火에 주목, 재격(財格)이 된다
	2	분일용사(分日用事)로 따져 戊土가 사령(司令)하므로 살격(殺格)이 된다
	3	투파(透派) 관점에서는 寅月에는 甲木이 주관하므로 식신격(食神格)이 된다.
	4	이것저것 가릴 것 없이 월지(月支)의 정기(正氣)를 채용, 식신격(食神格)으로 간주한다.

이상의 예에서 각기 관점에 따라 격(格)이 상이해짐을 알 수 있다. 의외라면 '4'의 관점인데, 이런 식으로 격(格)을 정하는 부류도 적지 않다. 가령 일본(日本)에서 출시된 몇 종의 교재들과 '사주정설'과 같은 교재는 '4'의 관점만을 언급할 뿐이다. 이게 보통 문제인가. 격(格)의 정의조차 분분하다면 학문의 원칙이 애매해진다. 아무튼 '1'의 관점이 대세다. 더구나 세월(歲月)의 성패를 세력(勢力) 위주의 부억법(扶抑法)으로 가리는 원칙상에서는

오직 '1'의 관법만이 타당한 것이다. '2'와 '3'은 기세(氣勢)를 살피는 팔자 원국의 체신(體神) 관법에서는 유효하지만, 이 또한 24절기(節氣)로 구분되는 '난강망' 지식체계로 커버되는 것이므로 굳이 분일용사(分日用事)를 채택할 필요가 없다.

生時論(생시론)

동일 팔자(八字)와 생시(生時) 용법

생시(生時)의 분할로 격국(格局)의 귀천(貴賤) 여부를 귀납적으로 가리기란 현실적으로 쉽지 않다. 최근에는 정확한 생시(生時)가 병원에서 기록되므로 비교적 용이하지만, 과거에는 생시(生時) 조차 정확하게 기억하지 못하는 경우가 비일비재했기 때문이다. 따라서 격국(格局)의 고저(高低)를 세분화하는 이론적 틀을 제공하는 데만 의미를 두겠다. 생시론(生時論)의 철저한 임상의 징험이 축적된다면 쌍생아(雙生兒)와 같은 동일사주(同一四柱)의 차이를 분별하는 영역에서 적지 않은 효용을 실감할 수 있을 것이다. 더욱이 팔자 원국(元局)의 원형이정법((元亨利貞法)을 응용할 수 있다면, 만년운(晩年運)의 차별로 종내 희비(喜悲)가 엇갈리는 현상을 설명하기에 유리하다. 정확히는 종국(終局)의 상황뿐만 아니라 대운(大運)과 관련해서도 변화를 수반하는 요인이 되므로 정확한 생시분초(生時分秒)를 입수하여 팔자를 차분히 따져본다면 의외의 학습 수확을 기대할 수 있다. 생시(生時)는 다시 15분 단위의 각(刻)과 각(刻)을 다시 쪼갠 분(分)으로 나뉘는데, 대강 다음과 같이 각(刻) 단위로 간추려 현대 시간으로 분할한 분각용사법(分刻用事法)을 취하면 무난하다. 시간 구분은 동경시를 기준으로 했다.

子時	丑時	寅時	卯時	辰時	巳時	午時	未時	申時	酉時	戌時	亥時
壬 23:01 - 23:40 癸 23:41 - 01:00	癸 01:01 - 01:35 辛 01:36 - 01:50 己 01:51 -03:00	戊 03:01 - 03:25 丙 03:26 - 03:50 甲 03:51 -05:00	甲 05:01 -05:40 乙 05:41 - 07:00	乙 07:01 - 07:35 癸 07:36 - 07:50 戊 07:51 - 09:00	戊 09:01 - 09:20 庚 09:21 - 09:50 丙 09:51 - 11:00	丙 11:01 - 11:40 己 11:41 - 12:15 丁 12:16 - 13:00	丁 13:01 - 13:35 乙 13:36 - 13:50 己 13:51 - 15:00	戊 15:01 - 15:35 壬 15:36 - 15:50 庚 15:51 - 17:00	庚 17:01 - 17:40 辛 17:41 - 19:00	辛 19:01 - 19:35 丁 19:36 - 19:50 戊 19:51 - 21:00	戊 21:01 - 21:25 甲 21:26 - 21:50 壬 21:51 - 23:00

가령 亥月 丙日 생(生)으로 亥時에 태어난 명(命)이 있다고 치자. 亥月 丙火는 태양이 영(令)을 잃은 때이므로 戊土로 水를 제(制)하면 木을 배양(培養)하고, 木이 왕(旺)하면 丙火를 생(生)하므로 귀격(貴格)을 이루기 쉽다. 따라서 亥月 亥時라면 두 개의 亥水가 부담스럽지 않을 수 없다.

己 丙 □ □
亥 □ 亥 □

이때 가급적이면 亥時라도 21시 25분전에 태어나 인원용사지신(人元用事之神)이 戊土로 정해지는 게 한층 유리하다. 만일 22시가 넘어 壬水로 묘혈(墓穴)이 정해진다면 강력한 칠살(七殺)의 흉의(凶意)가 잠복하는 것이다. 이렇게 같은 亥時의 동일사주(同一四柱)하도 길흉(吉凶)이 극명하게 엇갈릴 소지가 다분하다. 만일 연간(年干)이 壬水라면 亥時는 더욱 위태해진다.

己 丙 □ 壬
亥 □ 亥 □

이때는 필시 亥時의 초반, 21시 25분 이전에 태어나야만 불의의 재난을 면할 가능성이 높아진다. 이를 두고 묘(墓)는 애매하나 혈(穴)은 생성되었다고 표현한다. 이른바 묘난혈집(墓亂穴集)의 상(象)이다.

源流論(원류론)

根源의 시작은 득령(得令)한 천간(天干)의 자리로 정해진다. 원두(源頭)의 분명한 의미는 바로 이것이다. 만일 월지(月支)에서 통근(通根)한 천간(天干)이 나타나지 않으면 월지(月支)가 곧 원두(源頭)가 되는 것이다. 다시 말해 원두(源頭)는 곧 격국(格局)을 의미하는 동시에 根源의 시발점을 나타내는 것이다. 원류론(源流論)은 결국 '자평진전'의 논생극선후분길흉(論生剋先後分吉凶)의 챕터가 다루는 내용과 일부 맥락을 같이 한다. 가령 정관격(正官格)의 팔자(八字)에 재(財)와 상관(傷官)이 모두 투(透)했다고 한다면 그 앞뒤의 위치에 따라 길흉(吉凶)의 추이가 달리 나타난다. 상관(傷官)이 月에 있고 재(財)가 時에 있다면 원두(源頭) 정관(正官)이 상관(傷官)으로 流向하여 재방(財方)으로 住했으니 초년에는 귀(貴)할 수 없으나 만년에는 발달(發達)할 것이다.

'사주추명술오의'에서 '좌등육룡'은 중국의 대 사상가 후스(胡適)의 팔자(八字)을 두고 단순히 십간(十干) 희기(喜忌) 관계로 팔자(八字)의 길흉(吉凶)을 설명했는데, 다분히 함량에 미치지 못하는 내용이다.

戊 丁 庚 辛
申 丑 子 卯

한 마디로 이 팔자(八字)는 以丁煉庚, 有火有爐로 최상의 명식(命式)이라는 것이다. 丁火와 좋은 관계의 십간(十干)인 戊土와 庚金이 배합되고,

특히 庚金이 시지(時支) 申金에 통근(通根)하여 희신(喜神)이 영속성을 갖는다고 설명한다. 그러나 단순히 십간(十干)의 희신(喜神) 관계로 팔자(八字)가 온전한 귀격(貴格)을 짓지는 않는다. 또한 희신(喜神)과 기신(忌神)에 대한 구체적인 정의 없이 막연한 쓰임새는 옳지 않다. 더욱이 국내에 번역된 '완전풀이 적천수'에는 종재격(從財格)으로 논하는데 이것은 명백한 오류다. 차명(此命)은 甲午 대운(大運)이 절정기였다. 子月 丁火는 甲木과 庚金으로 귀(貴)를 이룬다. 격국(格局)의 겉모습으로 보면 원두(源頭) 水가 戊土에 머물러 상관가살(傷官駕殺)로 만년의 귀(貴)를 논할 수 있고, 月의 庚金과 年의 卯木이 전체적인 부귀(富貴)를 조율한다.

일반적으로 희신(喜神)이 시지(時支)에서 나와 年月에 투(透)하는 것을 가장 이상적인 유형으로 보는 것은 매우 특징적이고 타당한 견해지만, 체용(體用)의 분간과 각 필드에서 희기신(喜忌神)의 구분 잣대가 다소 모호한 점은 현재 드러난 십간론(十干論)의 한계라 할 수 있다. 장요문(張耀文)의 투파(透派) 계열은 '난강망'의 이론체계를 꽤 함축적으로 다루고 있지만, 위의 후스(胡適)의 팔자(八字)에 대한 설명과 같이 단순한 견해를 피력하지 않는다. 따라서 '사주추명술오의'만을 살피면 '좌등육룡'이 '장요문'의 견해를 전적으로 수용해서 체득한 것으로 보긴 어렵다.

通隔論(통격론)

☝ Original

양신본상통, 중간유관격, 차관약통야, 도처환상득
兩神本相通, 中間有關隔, 此關若通也, 到處歡相得.

✌ COMMENT

양신(兩神)이 본래 상통(相通)하는데 중간(中間)에 관여(關與)함이 있어 간격(間隔)이 나타나면, 이러한 관문(關門)을 통(通)하게 할 때 도처(到處)

에 환희(歡喜)로 서로 사이좋게 지낼 것이다.

清濁論(청탁론)

Original

일 청 도 저 유 정 신 　 관 취 평 생 부 귀 진
一淸到底有精神, 管取平生富貴眞.

징 탁 구 청 청 득 거 　 시 래 한 곡 야 생 춘
澄濁求淸淸得去, 時來寒谷也生春.

만 반 탁 기 령 인 고 　 일 국 청 고 야 고 인
滿盤濁氣令人苦, 一局淸枯也苦人.

반 탁 반 청 무 거 취 　 다 성 다 패 탁 신 혼
半濁半淸無去取, 多成多敗度晨昏.

COMMENT

하나의 청기(淸氣)가 끝까지 철저(徹底)하고 정신(精神)이 있으면 틀림없이 평생(平生) 참다운 부귀(富貴)가 있다.

징탁(澄濁)에서 청(淸)을 구(救)하여 청(淸)을 얻어 가면 때가 도래(到來)하여 한곡(寒谷) 또한 춘(春)을 생(生)한다.

탁기(濁氣)가 가득하면 사람을 고(苦)되게 하고, 하나의 국면(局面)이 청고(淸枯)해도 또한 고(苦)한 사람이다.

반탁반청(半濁半淸)에 취사선택(取捨選擇)의 여지가 없다면 다성다패(多成多敗)하니 조석(朝夕)으로 헤아려 보아야 한다.

眞假論(진가론)

진 신
眞神의 분명한 의미는 팔자(八字)의 귀(貴)를 결정짓는 가장 적합한 용신(用神)이고, 그것은 월령(月令)에 의해서 결정되는 것이다. '장요문'이 용신(用神)을 정의하기를, '팔자(八字)에서 가장 중요한 천간(天干)'이라 했다. 이것은 썩 명쾌하지 않는 설명이지만, 내면을 들여다보면 이유가 있다. 가령 '조화원약'의 한 대목을 빌리면 巳月 戊土에 丙火가 투(透)했을 때 眞神이 득시(得時)한 것으로 丙火와 甲木이 출간(出干)하여 인봉관살(印逢官殺)로 성격(成格)되면 조정(朝廷)의 재목이 된다고 했다. 이때 丙火는 戊土의 생의(生意)를 북돋아 팔자(八字)의 귀(貴)를 결정짓는 眞神임에 틀림없지만, 부억(扶抑)의 틀에서 보면 왕(旺)한 戊土의 입장에서 부담스럽기만 할 기신(忌神)이 될 가능성이 높다. 그래서인지, 투파(透派)가 견지하는 십간론(十干論)에서는 좋은 관계의 십간(十干)은 그것이 비록 기신(忌神)의 역할을 해도 별로 나쁘지 않다는 식의 애매한 의견을 내놓고 있다. 그러나 巳月 戊土에 丙火는 무해(無害)한 정도가 아니라, 眞神으로서의 지위가 확고하고 그것이 바로 팔자(八字)의 귀(貴)를 결정짓는 제일 요소가 되는 것이다. 이만하면 '장요문'의 두루뭉술한 용신(用神)의 정의에 대해 대략 이해가 갈만하다. '좌등육룡'은 아무래도 '장요문'의 법수(法手)에 미치지 못한다는 느낌이 든다. 결론적으로 眞神이란 팔자(八字)의 참다운 부귀(富貴)를 결정짓는 최선의 용신(用神)으로 정의할 수 있다.

십간(十干)별 진신(眞神) 속취법(速取法)

甲木	庚, 丙, 丁, 壬, 癸

1. 甲木의 富貴를 결정짓는 三者는 庚丁癸로 壬丙의 調和가 關鍵.

2. 寅月 萌芽의 계절에는 庚辛金을 不容하고, 이때 庚辛이 透하면 丁火가 藥으로 眞.

3. 辰月에는 壬水를 위주로 庚金을 洩氣, 甲木을 潤.

4. 寅酉亥子丑月(인유해자축월)에는 丙火(병화)의 調候(조후)를 要(요).

5. 寅巳午未戌月(인사오미술월)에는 癸水(계수)의 滋扶(자부)를 要(요).

乙木(을목)	丙(병), 癸(계), 己(기)

1. 乙木(을목)은 四時(사시)를 막론하고 丙火(병화)를 喜(희).

2. 乙木(을목)은 退氣(퇴기)하니 癸水(계수)의 生扶(생부)를 要(요).

3. 乙木(을목)은 柔(유)하여 庚辛金(경신금)을 不用(불용).

4. 申月(신월)에는 己土(기토)가 妙(묘).

5. 亥子丑月(해자축월)에는 丙火(병화)의 向陽(향양)으로 富貴(부귀).

丙火(병화)	甲(갑), 壬(임), 己(기)

1. 丙火(병화)는 貴(귀)는 壬水(임수)로 調律(조율).

2. 亥月(해월)에는 丙火(병화)가 失令(실령)하여 가장 弱(약)한 때로 壬水(임수)를 用(용)하지 않고 甲木(갑목)을 取(취).

3. 亥子丑月(해자축월)에는 己土(기토)를 混用(혼용).

丁火(정화)	甲(갑), 乙(을), 丁(정), 戊(무), 庚(경)

1. 丁火(정화)는 衰竭(쇠갈)하여 母星(모성) 甲木(갑목)을 필시 要(요).

2. 丁火의 富貴는 대개 甲庚의 짝으로 完成.

3. 申月과 酉月에 甲木이 없으면 乙木을 取하는데, 이때는 丙火로 말려 枯草引燈.

戊土	甲, 丙, 壬, 癸

1. 戊土의 富貴는 無丙不生, 無甲不靈, 無癸不長으로 丙甲癸 三者의 調和가 關鍵.

2. 午月에 癸水로는 微弱하여 壬水를 先用.

3. 酉月에는 秋土生金을 主眼삼아 甲木의 疏土는 不必.

4. 亥子丑月에는 水旺하니 癸水를 不用.

己土	甲, 丙, 戊, 癸

1. 己土 田園은 丙火로 溫土하고, 癸水로 潤土하면 己土의 精神을 補.

2. 亥子丑月에는 濕泥가 寒冬하므로 癸水는 不用.

庚金	甲, 丁, 戊, 壬, 癸

1. 剛金은 丁火로 鍛鍊하면 銳利해지고, 丁火는 甲木에 依.

2. 三冬 庚金는 金寒水冷하여 丁火로 煅煉하고 丙火로 調候.

3. 夏月 庚金은 몹시 柔弱하여, 壬癸水의 藥으로 火病을 制해야 妙.

4. 戌月에는 戊土가 司令하여 丁甲이 아닌 甲壬을 取.

5. 酉月은 陽刃으로 丁丙의 官殺混雜으로 成格.

辛金	丙, 己, 壬

1. 辛金 珠玉은 四時를 막론하고 壬水를 用.

2. 辛金이 몹시 衰弱하면 濕泥로 보호해야 하므로 己土로 生扶.

3. 三冬 辛金은 丙火로 調候.

壬水	甲, 丙, 戊, 庚, 壬, 癸

1. 春月 壬水는 庚辛金으로 水原을 發.

2. 夏月 壬水는 壬癸水의 比劫으로 幇身한 다음, 金으로 水原을 發.

3. 汪洋한 壬水를 戊土로 制防하면 福壽가 完全.

4. 壬水는 丙戊의 짝의 成格되면 大貴.

5. 卯月에는 물이 湛深하므로 먼저 戊土로 막은 다음에 辛金을 用.

6. 巳月에는 巳中 戊土가 癸水를 合해 오는 것을 경계하여 壬水를 先用.

7. 午月에는 午中 丁火가 壬水를 合해 오는 것을 경계하여 癸水를 先

用.

8. 申月에는 庚金을 制하기 위해 丁火를 取하니 戊丁을 用.

9. 酉月의 金白水淸은 戊己土가 病이므로 甲木을 用.

癸水	甲, 丙, 丁, 庚, 辛, 壬, 癸

1. 癸水는 柔弱하여 庚辛金의 生助를 喜.

2. 申月에는 印綬가 生하지 않아도 무방하므로 丁火를 用하고 甲木으로 佐.

3. 丑月에는 丙火가 得祿하고, 壬水가 出하면 水輔陽光으로 富貴가 極品.

투파(透派)식 진신(眞神) 구분

투파(透派) 십간론(十干論)의 특징은 십간(十干)별 좋은 관계의 십간(十干)으로 일괄 나열된 진신(眞神)과 부억용신(扶抑用神)이 일치하는 경우에 이를 최적의 용신(用神)으로 삼는 것이라 할 수 있다. 그러나 원래 진신(眞神)의 용(用)은 부억(扶抑)과 관련이 없는 것임을 염두에 두어야 한다. 또한 진신(眞神)은 단순한 사계절이 아닌 월령(月令) 각각에 의해 정해지므로 '난강망'을 참고하는 게 좋다.

日元	眞神	透派 脚註	正誤
甲	甲, 丙, 丁, 己, 庚, 壬, 癸	1. 丙火는 夏木의 경우 제외 2. 庚은 秋木에 水가 없을 때 유용 3. 壬癸水는 冬木일 경우 제외	庚金은 初春을 제외한 四時에 유용
乙	甲, 丙, 戊, 己, 庚, 壬	1. 丙火는 夏木의 경우 제외 2. 壬癸水는 冬木일 경우 제외	丙火는 四時를 막론하고 眞神이고 庚金은 眞神으로 볼 수 없음
丙	甲, 乙, 己, 壬		
丁	甲, 丁, 戊		庚金은 眞神群에 속함
戊	丙, 戊, 庚, 辛, 癸	1. 丙火는 夏月일 경우 제외 2. 癸水는 冬月의 경우 제외	巳月 戊土는 外實內虛로 寒氣가 내재되어 火炎을 꺼리지 않음
己	甲, 乙, 丙, 戊, 己, 癸	1. 丙火는 夏月일 경우 제외 2. 癸水는 冬月의 경우 제외	
庚	丁, 戊, 壬		丁火는 甲木이 있어야 함

辛	戊, 庚, 辛, 壬		戊土는 水局을 制하는 藥으로의 效用만 있음
壬	丙, 戊, 庚, 壬, 癸		
癸	甲, 乙, 丙, 丁, 己, 壬, 癸		從殺이 아닌 한 己土를 眞神으로 볼 수 없음

병약용신(病弱用神) 간취법(看取法)

병약(病藥)의 팔자(八字)의 중화(中和)와 관계가 깊으며 십간(十干)별 희기(喜忌) 관계를 떠나 약신(藥神)이 요긴한 경우 그것이 곧 진신(眞神)이 되므로 항시 염두에 두고 전국(全局)을 살펴야 한다. 보통 일원(日元)을 부조(扶助)하는 것이 좋은데 이를 상(傷)하게 하는 것이나, 억제(抑制)하는 것이 좋은데 이를 상(傷)하게 하는 것을 병(病)이라 하고, 병(病)을 제거하는 것이 약(藥)의 개념이다. 그러나 이것은 '진소암'이 일간(日干)의 강약(强弱)에 따른 부억(扶抑)의 측면에서만 간추려 정의한 병약용신(病藥用神)의 정의고, 사주(四柱)의 전체 오행(五行)의 중과(衆寡)를 고려해서 병약법(病藥法)을 쓰는 것이다. 병약용신(病藥用神)을 특히 강조한 장남(張楠)의 신봉통고(神峰通考)에는 거의 원칙이 없을 정도로 병약법(病藥法)이 강조되고 있다. 이로 인해 후대 '서락오'의 신랄한 비판을 받기도 했지만 원래 약(藥)을 구하는 법에는 정법(正法)이 따로 존재하지 않는다. 병약법(病藥法)의 월령(月令)을 기준으로 성립되므로 조후법(調候法)과는 따로 떼놓고 생각할 수 없다. 가령 '난강망'의 각론(各論)은 거의 예외 없이 병약(病藥)을 다룬다. 이때 병(病)은 한 마디로 팔자(八字)의 균형을 깨뜨려 격국

(格局)에 손상(損傷)을 주는 위협적인 존재로 이를 치유(治癒)하는 적합한 십간(十干)의 글자가 곧 약신(藥神)인 것이다. '난강망'에서 대개 병(病)으로 작용하는 요인은 일파(一派)내지 일편(一片), 혹은 태다(太多) 및 중중(重重)한 상황과 일간(日干)이 월령(月令)을 잃어 심히 약한 경우 등이 해당되는데, 이때 팔자(八字)의 균형을 깨는 오행(五行)은 양성(陽性)을 띠게 되므로 이를 효율적으로 제복(制伏)할 수 있는 십간(十干) 역시 양간(陽干)이 적합할 때가 많다. 다만 金이 병(病)이 될 때는 丁火 음간(陰干)의 제련(製鍊)이 용이하여 거의 대부분 丁火를 용신(用神)으로 삼는다. 까닭에 병약용신(病藥用神)은 십간론(十干論)에 부합되는 면이 적지 않다.

❐ 십간(十干)별 병약용신(病弱用神)

病	藥	備考
一派 木	庚	
一派 火	壬	丙火가 透하면 辛金과 癸水를 用하는 것도 효과적
一派 土	甲	
一派 金	丁	秋冬에는 丙丁火를 竝用
一派 水	戊	冬月에는 丙火의 調候가 時急

隱顯論(은현론)

❐ 길신(吉神)과 흉신(凶神)의 상황 구분

<table>
<tr><td rowspan="4">吉神</td><td>1. 喜神이 當令하여 透하면 爭奪의 害가 크지 않음</td><td></td></tr>
<tr><td>2. 透한 喜神을 좌우에서 輔佐하면 최적</td><td></td></tr>
<tr><td>3. 透한 喜神이 孤立되면 다소 위태</td><td>←吉神太露, 起爭奪之風</td></tr>
<tr><td>4. 喜神이 暗藏되면 福神의 역할은 하나 貴는 낮아짐</td><td></td></tr>
<tr><td rowspan="3">凶神</td><td>1. 忌神이 透하면 破格의 요인이 되어 貴가 흩어짐</td><td></td></tr>
<tr><td>2. 忌神이 暗藏되고 得令하면 養虎</td><td>←凶物深藏, 成養虎之患</td></tr>
<tr><td>3. 忌神이 暗藏되고 失時休囚되면 크게 두려워할 바 없음</td><td></td></tr>
</table>

衆寡論(중과론)

✎*Spectrum

抑強扶弱者常理, 用強舍弱者元機.

중과론(衆寡論)의 원시(原詩)는 한 마디로 "抑強扶弱은 常理, 用強舍弱은 元機"로 요약되었다. 常理란 일반적인 이치(理致)를 말하고, 元機란 으뜸가는 기교(機巧)를 의미한다. 元機라는 단어는 뒤에 기술(記述)될 출신론(出身論)에서도 나타나는데 이때는 계기(契機)나 근거(根據)로 해석됨이 옳다. 다시 말해 강한 오행(五行)은 억제하고 약한 오행(五行)은 부조하는 부억법(扶抑法)은 일반적인 법칙이고, 강한 오행(五行)을 희신(喜神)으로 용(用)하고, 약한 오행(五行)을 기신(忌神)으로 처리해서 버리는 전왕법(專旺法)은 특별한 법칙으로 설명할 수 있다. 그런데 이것은 격국(格局)의 내외(內外) 유형에 한정된 이해에 불과하다. 이 장(章)을 단순히 내격(內格)과 외격(外格)의 구별만으로 해설한 '좌등육룡'의 시각은 협소하다. 이보다는 '임철초'의 주장대로 須分日主四柱兩端而論, 즉 "일주와 사주를 구분해서 논해야 한다"는 입장이 보다 진전된 견해라 할 수 있다. 다만 이 대목에서 세운(歲運)과의 관계를 들어 설명하는 점은 꽤 이채로운데, '임철초'의 체용(體用) 구분은 분명한 '미스'를 범하고 있으므로 더한 설명은 하지 않겠다.

'진소암'의 소(疏:주해)에 보면 "强重敵寡면 勢在去其寡라" 했다. 이 말에 대한 구체적인 설명은 '조화원약평주'에 더러 잘 설명되어 있다.

壬 丁 甲 丙
寅 卯 午 子

'서락오'는 차명(此命)에 재(財)가 없어 고관(孤官)을 보좌(輔佐)하지 못하니 壬子 水가 木에 설(洩)되어 종왕격(從旺格)으로 변한다고 했다. 따라서 이 사주(四柱)는 敵寡 壬水를 제거(除去)하는 戊戌, 己 운(運)의 15년간에 큰 뜻을 얻고 子 운(運)에 재앙(災殃)이 일었다고 설명한다. 대운(大運)을 간지(干支)로 5년씩 분할한 시각은 다소 유감이지만, "强衆而敵寡者, 勢在去其寡"의 가장 적합한 사례 중 하나다.

奮鬱論(분울론)

*Spectrum

局中顯奮發之機者, 神舒意暢.

팔자(八字)에 奮發之機가 드러나면 마음이 여유롭고, 뜻이 통달(通達)한다. 奮發之機란 한 마디로 희신(喜神)이 득령(得令)하여 힘을 갖춘 것을 말한다. 반대로 기신(忌神)은 모두 시령(時令)을 잃어 세력(勢力)을 잃어야 그 사람이 억울함이 없고 뜻을 창달(暢達)하게 되는 것이다.

局內多沉埋之氣者, 心鬱志灰

沉埋之氣가 많다는 뜻은 팔자(八字)의 어느 오행(五行)이 태과(太過)하여 편고(偏枯)됨이 있거나, 희신(喜神)이 월령(月令)을 잃고, 무력(無力)하여 소용이 없을 때를 의미한다. 팔자(八字)가 이와 같으면 울분(鬱憤)이 있고 뜻이 재와 같이 무용지물(無用之物)로 되고 만다.

恩怨論(은원론)

*Spectrum

兩意情通中有媒, 雖然遙立意尋追.

兩意가 情通하는데 媒가 있다는 말은 보통 연간(年干)과 월간(月干)에 공히 희신(喜神)이 투(透)한 경우로 이해하면 대개 무방하다. 예컨대 申月 壬水는 戊丁이 함께 투(透)하면 과갑(科甲)하여 관직(官職)에 오른다고 했다. 다음은 '궁통보감'에 상서(尚書)의 명(命)으로 예시된 팔자(八字)다.

庚 壬 戊 丁
戊 申 申 亥

壬水에 丁火는 이렇다 할 작용을 하지 못하지만, 戊土의 작용력은 몹시 긴요(緊要)하므로 월간(月干) 戊土가 媒가 되어 丁火 재(財)를 더욱 유용(有用)하게 만들었다고 볼 수 있다. 그런데 이 경우 실제적인 기능(機能)면에서 살피면 丁火가 오히려 戊土 용신(用神)을 원활하게 하는 촉매(觸媒)의 작용을 한 셈이다. 壬水는 申金을 발원지(發源地)로 삼아 일사천리(一瀉千里)로 흐르므로 戊土로 제방(堤防)을 쌓아야 한다. 그런데 신궁(申宮)의 戊土로는 수왕(水旺)하여 土가 유탕(流蕩)되므로 제방(堤防)을 쌓기 어렵다. 또한 월령(月令)의 庚金이 戊土를 설(洩)하여 약하게 하므로 丁火로 庚金을 제(制)해야만 戊土가 유용(有用)해진다는 얘기다. 이렇게 보면 兩意情通中有媒는 보다 협의(狹義)의 상황으로 논할 수도 있다. 즉 일원(日元)과 연간(年干)의 관계가 좋은 가운데, 월간(月干)이 연간(年干) 용신(用神)을 보좌(輔佐)하는 상황을 뜻한다.

戊 庚 甲 丁
寅 辰 辰 卯

차명(此命)은 2005년 4월 콘클라베(교황비밀투표)에서 교황(敎皇)에 선출된 베네딕토 16세의 팔자(八字)로 일원(日元) 庚金과 년간(年干)의 丁火 관(官) 용신(用神)의 가장 적합한 媒로 월간(月干) 甲木이 자리 잡은 경우다. 관(官)을 재(財)로 보좌(輔佐)하는 이상적인 격국(格局)으로 兩意情通中有媒에 정확히 부합되는 명(命)의 유형이다. 이때 丁火 관(官)은 비록 일원(日元)과 떨어져 있으나 용신(用神)의 작용력은 그만큼 확실하게 나타난다. 바로 이를 두고 然遙立意尋追라 한 것이다.

有情卻被人離間, 怨起中間死若灰.

有情은 일원(日元)과 년간(年干)의 관계가 좋은 상황을 의미하는데 郤被

人離間되었다는 것은 년간(年干) 희신(喜神)의 작용력이 월간(月干)에 의해 무력해졌음을 뜻한다. 이를테면 동목(冬木)은 한목향양(寒木向陽)으로 丙火를 용신(用神)으로 삼는데 木과 丙火의 中間에 怨이 되는 癸水가 있거나, 辛金이 개입되면 丙火의 효용(效用)을 잃게 되므로 파격(破格)되기 쉽다. 이렇게 년간(年干)의 희신(喜神)이 작용력을 상실하는 현상을 死若灰로 비유, 표현한 것이다.

順反論(순반론)

❒ 모다멸자(母多滅子)와 군뢰신생(君賴臣生)

區分	印	財	格局 外形
母慈滅子	太旺	有力 - 通根하여 透	外格 - 從强
君賴臣生	太旺	無力 - 없거나 藏, 透했으나 無根	內格 - 印綬用財

母慈滅子는 일간(日干)의 근기(根氣)가 없거나, 무력(無力)하다는 점에서 일반적인 從强格과는 의미를 달리 한다. 따라서 인수운(印綬運)을 기뻐하진 않는다. 다만 순모지리(順母之理)로 비견운(比肩運)은 크게 기뻐한다. 夫健怕妻란 지아비가 아내를 두려워한다는 뜻으로 일간(日干)을 부(夫), 재(財)를 처(妻)로 취한 이론(理論)이다. 즉 일간(日干)이 비록 유근(有根)하여 힘이 있다 해도 재(財)가 관살(官殺)을 생(生)하여 전체적으로 신약격(身弱格)을 이룬 상황을 말한다. 그러므로 재관격(財官格)이나 재살격(財

殺格)에서 주로 夫健怕妻의 상황이 나타나는데 夫健, 즉 일간(日干)이 최소한 뿌리를 지닌 신강(身强)이므로 일단 부격(富格)을 이루는 유형이다. 한 마디로 夫健怕妻란 재다신약(財多身弱)의 파격(破格) 상황을 의미하는 것이 아니라는 얘기다. 그래서인지 '임철초'는 夫健怕妻의 명(命)에 자못 귀(貴)하게 된 사람이 많다고 했는데, 이것은 너무나 당연한 얘기다. 주로 신약격(身弱格)을 이루므로 인비운(印比運)에 발달(發達)하고 재관운(財官運)에 고전하는 특징을 나타낸다. 만일 일간(日干)이 무근(無根)하면 夫健이 되지 않으므로 재다신약(財多身弱)의 패격(敗格)이 되기 십상이다. 또 재투칠살(財透七殺)과 같이 파격(破格)에 속하면 怕妻의 상황이 현실로 나타나게 된다.

✍ Note

반국론(反局論)의 투파(透派)적 해설

반국론(反局論)의 원시(原詩) 전후의 대구(對句)를 살피면 모두 일간(日干)을 중심으로 아(兒: 食傷), 자(子: 食傷), 신(臣: 財), 처(妻: 財)의 관계로 반국(反局) 유형 일반을 다룬 것이 틀림없어 보인다. 특히 君賴臣生과 母慈滅子의 대비는 일간(日干)과 식상(食傷)의 상관관계가 분명하다. 그러므로 군(君: 官殺), 신(臣: 財), 모(母: 印), 자(子: 食傷), 부(夫: 官殺), 처(妻: 財)로 육신(六神)을 구분하여 십간(十干) 상호간의 희기(喜忌) 조합을 거론한 '장요문'의 견해는 이채롭지만, 원시(原詩)의 오의(奧義)에 가깝다고 보기 어렵다. 특히 兒能生母洩天機에서 위의 'Spectrum' 편의 설명과 달리, 兒能生母의 상황을 식상(食傷)과 인수(印綬)의 십간(十干) 상대 관계로만 거론하는 부분에서는 십간론(十干論) 일반의 장점이 축소되는 부득이한 용법으로 여겨진다.

여기에서 兒能生母란 즉 식상(食傷)이 인수(印綬)를 생(生)하는 상황으로 국한된 십간(十干) 조합의 관계라는 단서를 붙이지만, 아무래도 빈약한 설명이라는 느낌이다. 가령 甲乙 일주(日主)의 경우 식상(食傷)은 丙丁이 되는데, 丙은 壬을 생(生)하는 관계가 성립되지만 丙대 癸, 丁대 壬, 丁대 癸는 통하지 않는 것으로 구분하는 식이다. 그러나 乙木은 통상 丙癸로 귀격(貴格)을 이루고, 寅月 甲木 또한 丙과 癸로 일격(一格)을 이루므로 절후(節侯)를 가려 취하지 않는 십간용신(十干用神) 체계는 실관(實觀)에서 적합지 않을 때가 종종 있다. 아무튼 투파(透派)의 이상적인 兒能生母 십간(十干) 관계는 다음과 같은데 최적의 인비식(印比食) 관계로 받아들이면 무난하다. 다만 이 또한 월령(月令)에 따라 적합하지 않을 수도 있다.

印-母	日主	食傷-兒	成語
壬	木	丙	江輝相映浮柳影
甲	丁	戊	有火有爐薪自烈
己	金	癸	水扶主土潤生金

戰合論(전합론)

✎*Spectrum

天戰猶自可, 地戰急如火.

天戰은 천간(天干)의 극(剋)을 말하는데, 천간(天干)은 자연 동(動)하니 극(剋)이 되어도 可하다는 것이다. 이때 可란 '나쁘지는 않다' 내지 '그래도 좋다'는 의미를 지닌다. 반면 지지(地支)는 정(靜)이 마땅하고 동(動)은 바람직하지 않다. 한 마디로 지지(地支)는 정(靜)하면 유용(有用)하지만 충동(衝動)하면 뿌리가 뽑혀 기물(器物)이 파괴되므로 이를 두고 地戰急如火라 한 것이다. '임철초'는 지지(地支)에 유력(有力)한 합신(合神)이 있어 회국(會局)을 이루면 충동(衝動)하는 기(氣)를 멈출 수 있다고 했다. 이상은 동정(動靜)의 속성에 근거한 원론적인 설명에 지나지 않는다고 볼 수 있는데 일단 천간(天干)은 합(合)이 중(重)하고, 지지(地支)는 충(沖)이 중(重)한 것으로 인식하면 무리가 없다.

合有宜不宜, 合多不爲奇.

合에는 宜와 不宜한 것이 있는데, 천간(天干)의 경우 기본적으로 기신(忌神)의 합(合)은 좋지만 희신(喜神)의 합(合)은 좋지 않은 것이다. 또한 양인합살(陽刃合殺)과 같이 흉신(凶神)이 합(合)이 되면 격국(格局)이 높아지는 경우도 있다. 예컨대 午月 丙火에 丁壬이 투(透)하여 양인합살(陽刃合殺)이 되면 위권(威權)이 만리(萬里)에 미친다고 했다. 팔자(八字) 원국(原局)에서는 합화(合火)의 기(氣)가 일간(日干)에 도움이 될 때가 있으므로 이때의 合은 宜한 것으로 이를 두고 충효(忠孝)가 나타난다고 말한다. 지지(地支)의 경우 합(合)은 충(沖)을 해소하여 동(動)을 정(靜)하게 하므로 흉(凶)을 길(吉)로 변화시킬 때가 적지 않다. 그러나 지지(地支)의 합(合)은 宜, 不宜가 일괄적으로 정리되지 않는 특성이 있다. 이 대목에서 '임철초'의 견해는 독특하다. 가령 寅申이 충(沖)하는데 희신(喜神)이 寅이면 亥를 얻어 寅을 합(合)하는 경우가 宜다. 이와 달리 巳亥가 충(沖)하는데 희신(喜神)이 巳라면 申이 巳와 합(合)하는 경우 水가 火를 극(剋)하니 不宜가 되는 식이다.

震兌論(진태론)

辰巳［巽方］	午［離方］	未申［坤方］
卯　［震方］		酉　［兌方］
寅丑［艮方］	子［坎方］	戌亥［乾方］

震은 木, 兌는 金을 말한다. 이 둘의 勢는 兩立하기 어렵지만, 서로가 인의(仁義)로써 이루고자 하는 마음은 강한 것이다. 相成이 있어 存한다는 것은 어느 하나가 살아남는 게 아니라, 震兌의 배합(配合)을 이루는 글자가 있어 이로써 둘 다의 가치를 실현하는 바를 의미한다. 이것은 다음 장(章)의 감리론(坎離論)에서 언급되는 有相濟者在의 뜻과 맥락을 같이 한다. 즉 相成이나 相濟는 대적하는 두 가지의 오행(五行) 가운데 어느 하나의 오행(五行)을 생부(生扶)하는 역할에 그치는 게 아니라 서로가 의미를 다 하는 조화(調和)의 공(功)을 나타내는 말이다. 아래는 '임철초'가 '적천수천미'에 주해(註解)한 다섯 가지 震兌相成의 이치(理致)를 도해(圖解)한 것이다.

攻	初春之木	木嫩金堅	火以功之	萌芽의 계절에는 火로 金을 공격해야 木을 보호
成	仲春之木	木旺金衰	土以成之	木旺하고 金衰하면 土로 金을 生해야 貴를 이룸
潤	夏令之木	木洩金燥	水以潤之	夏木은 水로 滋潤하고 金이 水를 도와 貴를 이룸
從	秋令之木	木凋金銳	土以從之	※ 土로 從하게 함은 일반적인 처리법이 아님
暖	冬令之木	木衰金寒	火以暖之	寒木向陽하니 火의 調候로 富貴를 이룸

坎離論(감리론)

坎은 水, 離는 火로 坎離의 氣는 竝行할 수 없으나 서로 구제(救濟)하면 이 둘은 존재(存在)의 의미를 잃지 않는다. 震兌의 배합(配合)은 절후(節侯)가 관건(關鍵)이 되지만, 坎離는 간지(干支)의 중기(中氣)를 주재(主宰)하므로 水火의 간지(干支) 분포 상황에 따라 相濟의 공(功)을 이루는 주역이 정해진다. 다음은 '임철초'가 해설한 坎離相濟의 다섯 가지 유형을 도해(圖解)한 것이다.

昇	天干離衰, 地支坎旺	必得地支有木, 則地氣上升
降	天干坎衰, 地支離旺	必得天干有金, 則天氣下降
和	天干皆火, 地支皆水	必須有木運以和之
解	天干皆水, 地支皆火	必須有金運以解之
制	水火交戰於干支	必須歲運視其强者而制之

✍ Note

감리(坎離)의 체용(體用) 분할

감리론(坎理論)에서 '임철초'가 제기한 상제(相制)의 다섯 가지 이치(理致)는 체용(體用)의 영역을 분할해서 용신(用神)을 정하는 기법(技法)의 단서를 제공한다. 이 대목에서 '임철초'의 사유(思惟)가 보다 심화되었더라면 '천미'에서 종래의 체용(體用) 분할 한계를 극복할 수 있었을 것이란 아쉬움이 남는다.

昇	天干離衰, 地支坎旺	必得地支有木, 則地氣上升
降	天干坎衰, 地支離旺	必得天干有金, 則天氣下降

팔자(八字)의 천간(天干)에 火가 쇠약(衰弱)하고 지지(地支)에 水가 왕성(旺盛)하면 지지(地支)에 寅이나 亥가 있을 때 지지(地氣)가 상승(上昇)한다. 반대로 천간(天干)에 水가 쇠약(衰弱)하고 지지(地支)에 火가 왕성(旺盛)하면 천간(天干)에 庚辛金이 있을 때 천기(天氣)가 하강(下降)한다. 이상은 모두 팔자(八字) 원국(原局)의 체신(體身) 영역에서 이미 수화기제(水火旣濟)를 이루어 중화(中和)된 귀격명(貴格命)을 상정하고 있다. 이때의 용신(用神), 寅亥中의 甲木이나 庚辛金은 조후용신(調候用神: 輔佐神)의 범주에 드는 것이다. '임철초'나 '서락오'는 이를 모두 부억용신(扶抑用神)의 테두리에서 인지했으므로 체(體)의 용(用)이 되는 조후용신(調候用神)의 정의를 명백하게 하지 못했다.

<table>
<tr><td>화
和</td><td>천간개화 지지개수
天干皆火, 地支皆水</td><td>필수유목운이화지
必須有木運以和之</td></tr>
<tr><td>해
解</td><td>천간개수 지지개화
天干皆水, 地支皆火</td><td>필수유금운이해지
必須有金運以解之</td></tr>
</table>

팔자(八字)의 천간(天干)이 모두 火이고 지지(地支)가 모두 水면 목운(木運)에 화목(和睦)해지고, 천간(天干)이 모두 水고 지지(地支)가 모두 火면 금운(金運)에 대립이 해소(解消)된다. 이렇게 원국(原局)에 없는 木과 金을 용(用)하여 대운(大運)에서 격국(格局)을 성격(成格)시키는 오행(五行)의 글자 또한 체(體)의 용(用)으로 체신(體神)의 범주에 속하는 용신(用神)이라 할 수 있다. 이때 木과 金은 부억용신(扶抑用神)과도 부합되므로 부억(扶抑) 일반의 사유에 그쳤을 법하다. 그러나 천간(天干)이 모두 水고 지지(地支)가 모두 火인 경우에도 대운(大運) 목운(木運)에 통관(通關)의 효용(效用)이 나타날 수 있다. 그러나 세월(歲月)에서 木은 분명 기신(忌神)이 된다. 이것이 바로 대운(大運)을 체신(體神)의 범주로 구분하는 근거의 일면이 되고, 부억용신(扶抑用神)만으로는 체신(體神)의 용(用)을 논할 수 없다는 점을 시사한다.

制	水火交戰於干支	必須歲運視其强者而制之

팔자(八字)에 水火가 교전(交戰)하는 형세를 띠면 반드시 세운(歲運)에서 강한 것을 평정시켜 제복(制伏)해야 한다. 이 대목이 바로 오직 부억용신(扶抑用神)만이 통하는 세월(歲月), 용(用)의 '필드'와 직결된다. '서락오'의 구분대로 부억용신(扶抑用神)은 용(用)의 체(體)로 위의 체(體)의 용(用)과는 다른 것이다. 세월(歲月)의 용신(用神) 영역에서는 조후용신(調候用神)이나, 병약용신(病弱用神) 등이 통하지 않고 부억용신(扶抑用神)이 적효(適效)하다. '서락오'는 부억용신(扶抑用神)을 용(用)의 체(體)로 구분하는 단계까지 진전했지만, 체(體)의 용신(用神)에 대해서는 보다 유연하지 못했다. '임철초'는 체용(體用)의 구분이 '서낙오'에 미치지 못했다. 그럼에도 불구하고 각론(各論) 전반에서 간간히 대운(大運)과 세월(歲月)의 용법을 구분해서 언급하는 모양새를 갖추고 있다. 확실한 경계를 구분하진 못했지만, 체신(體神)과 용신(用神)의 '필드' 각각에서 다른 '메커니즘'이 작동하는 바를 전혀 인지하지 못했을 리 없다. 그러므로 그가 견지한 부억(扶抑)의 일관된 논리는 다소 무리를 나은 셈이다.

君臣論(군신론)

✎*Spectrum

君不可抗也, 貴乎損上以益下.

君은 일주(日主)로 臣의 재(財)와 맞서 겨룸은 좋지 않다. 그러므로 上이 되는 君을 損하여 下의 臣을 益하면 매우 貴한 것이다. 즉 이것은 食傷生財格의 身强命을 뜻한다.

臣不可過也, 貴乎損下以益上.

臣이 過하면 不可함은 財多身弱의 敗格을 뜻하고, 이때는 下의 財를 損하고, 上의 일주(日主)를 益해야 매우 貴한 것이다. 이것은 財旺生官格에 印透한 命을 말한다.

母子論(모자론)

✎*Spectrum

知慈母恤孤之道, 方有瓜瓞無疆之慶.

慈母는 恤孤의 方道를 知한다. 恤孤之道란 곧 외로운 사람이나 고아(孤兒)를 동정(同情)하여 돌보는 방도(方道)를 말함이니 이때는 瓜瓞綿綿해야 비로소 無疆之慶이 나타나는 것이다. 즉 자손(子孫)이 귀하면 박과가 주렁주렁 열려 끊이지 않을 때에 이르러야 경사(慶事)가 넘쳐난다는 얘기다. 가령 모왕자쇠(母旺子衰) 내지 모중자고(母衆子孤)한 경우에는 필시 식재운(食財運)으로 흘러야 모성(母性)이 자식(子息)을 향하니 후손(後孫)을 보게 되어 천세(千歲)의 경사(慶事)를 보는 것이다. 만일 인수(印綬)를 본다면 필시 자식(子息)이 다칠 것이고, 관살(官殺)은 모성(母性)을 범(犯)하여 모자(母子)의 인연(因緣)을 더욱 박(薄)하게 할 것이다.

知孝子奉親之方, 始能克諧大順之風.

孝子는 奉親의 方道를 知한다. 克諧大順之風이란 克을 諧和하여 대세(大勢)에 순종(順從)하는 풍조(風潮)를 말한다. 始能은 위 구절의 方有와 마찬가지로 '비로소 가능해진다'는 뜻이다. 그러므로 知孝子奉親之方은 자중모쇠(子衆母衰) 내지 자중모고(子衆母孤)의 상황을 의미하고, 이때는 종왕격(從旺格)과 같아 보통 인비(印比)의 세력(勢力)을 따라야 하는 것이다. 예컨대 木 일주(日主)에 木이 태왕(太旺)하고 水가 적으면 모심(母心)은 자식(子息)에게 의지하므로 어머니를 편안하게 해야 한다. 만일 재(財)를 본다면 자식(子息)은 처(妻)만 사랑하고, 모(母)를 돌보지 않으니 어머니는 불안(不安)해진다. 또 관(官)을 보면 모(母)가 강해져 자식(子息)을 관용(寬容)치 않게 되니 모(母)를 거역하게 되는 것이다. 따라서 인비(印比)로 종(從)해야만 편안해진다. 묘(妙)한 것은 克諧(극해)의 상황이다. 이것은 인수(印綬)과 관살(官殺)의 극해(極害)를 조정하는 경우다. 이를테면 木의 종왕격(從旺格)이 대수지금운(帶水之金運)을 향하는 것과 같은 상황인데, 이때 金이 무력(無力)하고 水가 주도하는 국면(局面)이면 모정(母情)은 자(子)에 의지(依支)하고 자정(子情)은 모(母)에 순종(順從)하니 大順之風(대순지풍)이 나타나는 것이다. 다음은 '적천수천미'에 성목(省牧)의 명(命)으로 예시된 팔자(八字)다. 辛亥 운(運)에 승진(昇進)하였는데, 원시(原詩)의 克諧(극해)는 이와 같이 무근(無根)한 辛金이 水로 화(化)한 상황을 거론한 말이다.

乙 甲 乙 癸
亥 寅 卯 亥

✍ Note

혹 자중모고(子衆母孤)를 자왕모쇠(子旺母衰)와 동일시하는 경우가 있는데 이 둘은 크게 다른 것이다. 자중모고(子衆母孤)란 일주(日主)를 자(子)로 인수(印綬)를 모(母)로 논한 것으로 종왕격(從旺格)을 의미하고, 자왕모쇠(子旺母衰)란 모체(母體)가 되는 일주(日主)는 약(弱)한데 자손(子孫)이 되는 식상(食傷)이 강(强)한 경우를 말한다. 즉 추월지토(秋月之土)과 같은 상황으로 모쇠자왕(母衰子旺)과 같은 말이다.

才德論(재덕론)

*Spectrum

德勝才者, 局全君子之風.

德勝才者란 格局이 완전하여 곧 君子의 모습과 일치함을 의미한다. 이것은 곧 팔자(八字)의 진신(眞神)이 건전(健全)하게 투(透)하여 손상(損傷)되지 않은 부귀격(富貴格)을 말한다.

才勝德者, 用顯多能之象.

才勝德者란 格局이 온전하지 않은 가운데 용신(用神)의 다툼이 있거나, 암장(暗藏)되어 효용(效用)이 떨어진 경우를 말한다.

性情論(성정론)

*Spectrum

五行不戾, 惟正淸和, 濁亂偏枯, 性情乖逆.

五行에 어그러짐이 없으면 바르게 사유(思惟)하고 탐욕(貪慾)이 없으며 화합(和)하나, 탁란(濁亂), 편고(偏枯)하면 성정(性情)이 어그러지고 거역(拒逆)함이 있다. 즉 간화왕(肝火旺)이면 감정적으로 역정(逆情)을 내기 쉬운 것이다.

不戾	格局의 氣勢가 純粹하거나 五行의 配合이 잘 이루어져 中和를 얻은 것
濁	喜神을 剋하는 忌神이 강하게 있는 것
亂	喜忌神이 어지럽게 뒤섞여 있는 것
偏	一派 五行이 病이 되는 것
枯	水氣가 없거나 微弱하여 調候를 상실한 것

火烈而性燥者, 遇金水之檄.

火가 烈하고 性이 燥한 사람은 金水를 만나 檄해지기 때문이다. 팔자(八字)에 화기(火氣)가 강하면 대략 조급(躁急)하고 밝으며 트인 기질(氣質)을 함유한다. 중국인들은 상쾌(爽快)하거나, 가슴이 후련한 상태를 조비(燥脾)로 표현한다. 火와 金水가 만나면 격노(激怒)하기 쉽다. 따라서 상쾌하고 흥분된 상태와 우울하고 불안한 상태가 주기적으로 번갈아 나타나는 조울병(躁鬱病)의 증세는 火水나 火金이 교착(交着)되는 팔자(八字)의 유형에서 틀림없이 발생한다.

水奔而性柔者, 全金木之神.

水가 奔하고도 性이 柔한 사람은 金木이 全한 까닭이다.

水는 분류(奔流)하는 성질(性質)이 있어 대개 동분서주(東奔西走)하며 현실이 아주 힘차게 변화, 발전하는 상태를 보이고 간혹 광분(狂奔)할 때가 있다. 水가 강(强)하면 분방(奔放)하여 규율(規律)이나 어떠한 틀에서 벗어나 마음대로 나아가는 기질(氣質)을 나타내게 된다. 水가 강(强)해도 팔자(八字)에 金木을 모두 갖추어 상생(相生)하면 강(剛)한 중에도 덕성(德性)을 품고 온유(溫柔)한 성품(性品)이 나타난다.

木奔南而軟怯.

木이 南으로 奔하면 軟하고 怯이 있다.

木이 지지(地支)의 화국(火局)을 보거나, 설기(洩氣)가 심하면 연약(軟弱)하고 겁나(怯懦)해진다. 한 마디로 흔들리는 갈대와 같은 심정(心情)의 소유자로 갈팡질팡하기 쉽다. 수기(水氣)나 혹은 辰土를 얻어 火의 치열(熾熱)함을 흡수하면 중화(中和)를 얻어 중용(中庸)의 절도(節度)가 나타날 것이다.

金見水以流通.

金이 水를 見하면 流通된다.

팔자(八字)에 金水가 공히 강(强)하면 상당한 융통성(融通性)을 발휘하게 된다. 바른 기(氣)를 얻었다고 하는 것은 왕(旺)한 金이 水를 만난 것으로 수천금다(水淺金多)의 형세(形勢)로 체전지상(體全之象)이 되면 세사(世事)에 막힘이 없다. 반대로 금쇠수왕(金衰水旺)하면 구심심비(口是心非)로 언행(言行)이 일치하지 않는 탁(濁)함이 나타난다.

最拗者, 西水還南.

가장 拗한 것은 西水가 南으로 還하는 것이다.

고집불통이거나 가장 집요(執拗)하기로는 강(强)한 추수(秋水)가 화운(火運)을 만나는 상황을 들 수 있다. 팔자(八字)에 水가 강(强)하고 火를 보면 충동(衝動)적으로 치닫는 환란(患亂)을 만날 우려가 있다. 마음이 비뚤어질 때는 인예(仁禮)를 찾아보기 어려울 정도가 된다.

至剛者, 東火轉北.

지극히 剛한 것은 東火가 北으로 轉하는 것이다.

강직(剛直)함이 최고로 나타남은 춘화(春火)가 수운(水運)을 만나는 상황을 들 수 있다. 팔자(八字)에 火가 강하고 水를 보면 포악(暴惡), 무례(無禮)해질 염려가 있다.

順生之機, 遇擊神而抗.

順生之機에 擊神을 遇하면 抗한다.

순생(順生)의 기틀을 갖춘 가운데 격신(擊神)을 만나면 반항심(反抗心)이 나타난다. 이를테면 甲丙으로 목화통명(木火通明)의 상(傷)을 갖춘 팔자(八字)가 壬水를 보아 식신봉효(食神逢梟)로 파격(破格)이 되면 수운(水運)에 공명(功名)을 이루지 못하고 재산(財産)을 잃게 되니 평정심(平正心)이 사라지는 것이다.

逆折之序, 見閒神而狂.

逆折之序에 閒神을 見하면 狂한다.

역절(逆折)의 질서가 잡힌 가운데 한신(閒神)을 만나면 광맹심(狂猛心)이 나타난다. 가령 木의 종왕격(從旺格)에 木은 해궁(亥宮)에서 생(生)하는데 庚金이 득지(得地)한 申이나 巳를 보거나 금국(金局)을 이루어 생기(生氣)를 거역(拒逆)하면 광기(狂氣)가 맹렬(猛烈)해지는 현상을 들 수 있다.

陽明遇金, 鬱而多煩.

陽明이 金을 遇하면 鬱하고 煩이 多하다.

지지(地支) 화국(火局)을 이루고 천간(天干)에 金을 보면 우울(憂鬱)하고 번민(煩悶)이 많다.

陰濁藏火, 包而多滯.

陰濁에 火가 藏하면 包되고 滯가 多하다.

지지(地支) 수국(水局)을 이루고 지지(地支)에 火를 보면 매사(每事) 막히고 정체(停滯)됨이 많다.

陽刃局, 戰則逞威, 弱則怕事, 傷官局, 淸則謙和, 濁則剛猛.

陽刃局은 戰한즉 逞威하나 弱한즉 怕事하고, 傷官局은 淸한즉 謙和하나 濁한즉 剛猛하다.

양인격(陽刃格)은 관살(官殺)을 보아 양인로살(陽刃露殺)이나 양인용관(陽刃用官)으로 성격(成格)되어야 위세(威勢)를 과시(誇示)하지만, 관살(官殺)과 식상(食傷)을 함께 보아 약(弱)해지면 양인용관살대상식(陽刃用官殺帶傷食)의 파격(破格)이 되면 담소파사(膽小怕事), 즉 담이 작아 일하는 것을 겁내는 지나치게 소심한 위인이 된다. 혹은 무사안일주의자인 파사귀(怕事鬼)가 된다. 상관격(傷官格)이 상관생재(傷官生財)나 상관패인(傷官佩印)의 성격(成格)되면 격국(格局)이 청순(淸純)하여 겸양(謙讓)하고 온화(溫和)하지만, 금수상관(金水傷官)이 火를 보지 못하거나 상관생재이대살(傷官生財而帶殺) 혹은 패인상경신왕(佩印傷輕身旺)으로 파격(破格)되어 격국(格局)이 탁란(濁亂)하면 억세고 사나운 성격(性格)을 보이게 된다.

用神多者, 性情不常, 支格濁者, 作爲多滯.

用神이 多한 者는 性情이 常치 않고, 支格이 濁한 者는 作爲함에 滯가 多하다.

용신다자(用神多者)란 일간(日干) 체(體)에 대응하는 월지(月支) 용신(用神)이 변화(變化)했거나 득령(得令)란 글자가 여러 개 투(透)한 상황을 의미하는데 이러한 경우 일정한 '패턴'의 성정(性情)이 나타나기보다 복합다면성(多面性)을 지니게 된다. 지격탁자(支格濁者)란 지지(地支)에 형충(刑沖)이 있거나 서로 극(剋)하는 상황으로, 이때는 마음을 먹고 벌인 일이 장애(障碍)나 정체(停滯)를 겪는 일이 많다.

疾病論(질병론)

✎*Spectrum

五行和者, 一世無災.

五行이 和한 者, 一世에 無災하다.

오행(五行)의 균형(均衡)이 잡히고 조화(調和)되면 일생 질병(疾病)이나 재난(災難)을 당하는 일이 드물다. 그러므로 오행(五行)이 불화(不和)하거나 편고(偏枯)됨이 있으면 풍증(風症), 열증(熱症), 냉증(冷症), 습증(濕症), 한증(寒症)과 같은 병(病)의 증세가 나타난다. 이때는 오미(五味)의 조화(調和)를 얻어 치유(治癒)가 가능하다.

風症(풍증)	神經(신경) 계통의 탈로 생기는 온갖 病(병), 風氣(풍기), 風疾(풍질), 風症(풍증).
熱症(열증)	말라리아, 티푸스 등 높은 身熱(신열)이 따르는 病(병), 睡眠病(수면병), 象皮病(상피병).
濕症(습증)	濕氣(습기)로 인하여 나는 病(병), 浮腫(부종).
燥症(조증)	皮毛(피모)가 傷(상)하고 津液(진액) 등이 잘 나오지 않는 病(병).
寒症(한증)	대개 下體(하체)를 차게 하여 생기는 몸이 冷(냉)한 증상, 冷症(냉증).

추명가(推命歌)에 "戊己日 생(生) 관(官) 부족(不足)은 생 것 신 것 좋아하고, 壬癸日 생(生) 관(官) 부족(不足)은 감미음식(甘味飮食) 좋아한다."라는 구절이 있다. 오미(五味)란 산(酸), 고(苦), 감(甘), 신(辛), 함(鹹)의 오종(五種)을 말한다. 오장(五臟)은 오미(五味)에 대하여 각각 다른 수요(需要)가 있으며, 오미(五味)도 오장(五臟)에 대해 각기 상이(相異)하게 적응(適應)한다. 이는 곧 오미(五味)에는 그 종류(種類)에 따라 각기 적응(適應)하는 장부(臟腑)가 있다는 얘기다. 보통 오미(五味)를 조화(調和)시켜 오장(五臟)의 수요(需要)에 적응(適應)시키는 바는 술가(術家)의 상식(常識)에 속한다. 편식(偏食) 등으로 오미(五味)에 편향(偏向)이 생겨도 장부(臟腑)의 기능(機能)이 평형(平衡)을 상실(喪失)하여 병변(病變)을 일으키는 원인(原因)이 되기도 한다. 대개의 경우 팔자(八字)에 부족한 부분을 자연 보기(補氣)하려는 습관이나 취향을 지니게 되어 이로써 권형(權衡)을 찾는다. 팔자(八字)가 균형을 잃으면 편향(偏向)된 식습관을 갖기 쉬우므로 처방(處方)이 필요한 경우가 많다. 이것은 기호(嗜好)로써 희신(喜神)

오행(五行)을 귀납(歸納)할 수 있는 여지를 제공한다.

❐ 오미(五味)와 오장(五臟)

五味	五臟	靈樞 五味	素問 陰陽應象大論	診斷 및 處方
酸	肝	신맛은 간장으로 간다.	酸이 지나치면 筋이 傷한다.	肝虛하면 酸을 좋아한다. 筋病에 酸을 피한다.
苦	心	쓴맛은 심장으로 간다.	苦가 지나치면 氣를 傷한다.	心虛하면 苦를 좋아한다. 骨病에 苦를 피한다.
甘	脾	단맛은 비장으로 간다.	甘이 지나치면 肉을 傷한다.	脾虛하면 甘을 좋아한다. 肉病에 甘을 피한다.
辛	肺	매운맛은 폐로 간다.	辛이 과하면 皮毛를 傷한다.	肺虛하면 辛을 좋아한다.
鹹	腎	짠맛은 신장으로 간다.	鹹이 지나치면 血을 傷한다.	腎虛하면 鹹을 좋아한다. 血病에 鹹을 피한다.

팔자(八字)에 水가 없으면 한증(寒病)에 성질이 더운 약(藥)을 써도 한기(寒氣)가 사라지지 않고, 팔자(八字)에 水가 없으면 열증(熱病)에 찬 약(藥)을 써도 열(熱)이 가시지 않을 때가 많다. 내경(內經)에는 이때 "생리작용의 근원(根源)을 보(補)해야 한다"고 씌어 있다. 동원(東垣)은 근원이 이미 끊어졌으면 약으로는 진수(眞水)와 진화(眞火)를 보(補)할 수 없다고 했다. 이러한 경우 가령 심(心)이 실(實)하여 열(熱)이 날 때에는 필시 신수(腎水)를 보(補)해야 하고, 신(腎)이 허(虛)하여 한증(寒症)이 생겼을 때에는 심(心)을 보(補)해야 한다. 그래야 심화(心火)가 내려가면서 한증(寒

症)이 저절로 없어진다는 얘기다. 이것이 바로 차게 하여도 열(熱)이 나는 것은 음(陰)에서 찾고, 덥게 하여도 차지는 것은 양(陽)에서 찾으라는 뜻이다.

血氣亂者, 平生多疾.

血氣가 亂한 者는 平生에 疾이 多하다.

혈기난자(血氣亂者)란 한 마디로 오행(五行)이 배반(背反)하고 불순(不順)함을 이르는 말이다. 혈기(血氣)에만 국한한다면 수기(水氣)를 중심으로 화승수(火勝水)나 수극화(水剋火)로 논할 수 있으나 난(亂)이란 비단 水火의 관계뿐만 아니라 오기(五氣)가 반역(反逆)하고 상하(上下)가 불통(不通)하며 왕래(往來)가 불순(不順)한 모든 경우를 다 이르는 것이다. 특히 화승수(火勝水)와 같이 오행(五行) 상극(相剋)의 이치(理致)가 전도(顚倒)되면 하나로 인해 두 가지가 직접적인 해(害)를 입으니 필시 재앙(災殃)과 질병(疾病)이 많이 따르게 된다. 이를테면 火가 왕(旺)하여 水가 증발(蒸發)되면 木 또한 분멸(焚滅)되기 쉽다. 또 水가 왕(旺)하여 土를 쓸어버리면 金 또한 가라앉게 되는 식이다.

忌神入五臟而病凶.

忌神이 五臟에 入하면 病을 얻어 凶하다.

기신(忌神)이 어느 오행(五行)을 극(剋)하여 해치면 그 오행(五行)이 대표하는 오장(五臟)의 병(病)을 얻기 쉽다.

❐ 십간(十干)별 장부(臟腑) 배속

※ 질병(疾病)은 십간(十干)보다 오행(五行)을 우선해야 함

木		火		土		金		水	
甲	乙	丙	丁	戊	己	庚	辛	壬	癸
肝	膽	小	心	胃	脾	大	肺	膀	腎

❒ 오행(五行)별 기관(器官) 배속

木	眼目、肝、膽囊、神經、分泌系統	눈, 간, 담낭, 신경과 분비기관
火	舌、心臟、小腸、循環系統、造血器官	혀, 심장, 소장, 순환과 조혈 기관
土	嘴脣、膵臟、胃、消化系統	입술, 췌장, 위장, 소화 기관
金	鼻、肺、大腸、呼吸、代謝器官	코, 폐, 대장, 호흡과 대사 기관
水	耳、副腎系統、膀胱、生殖、泌尿系統	귀, 부신 계통, 방광, 생식과 비뇨기

客神遊六經而災小.

客神이 六經에 遊하면 災가 小하다.

객신(客神)은 팔자(八字) 체신(體神)에 존재하는 글자가 아닌 세월(歲月) 행년(行年)의 지지(地支)를 말하는 것이다. 육경(六經)은 지지(地支)이 충(沖)으로 발생하는 육기(六氣)를 뜻한다. 즉 유년(流年)에서 지지(地支)가 충(沖)을 당할 때는 대개 발병(發病)으로 인한 치명적인 피해(被害)가 나타나지 않는 상황을 말하는 것이다.

木不受水者血病.

木이 水를 受하지 못하면 血病에 걸린다.

혈증(血症)은 피와 관계되는 모든 병(病)을 일컫는데 대개 木 일주(日

主)가 수기(水氣)를 받아들이지 못하는 상황에 혈액(血液)의 질환(疾患)이 나타나기 쉽다. 예컨대 하목(夏木)에 水가 고갈(枯渴)된 경우가 위험하다.

土不受火者氣傷.

土가 火를 受하지 못하면 氣를 傷한다.

예컨대 동토(凍土)에 火가 미약(微弱)하거나 상(傷)하면 기병(氣病)에 노출되기 쉽다. 대개 팔자(八字)의 火에 문제가 나타나면 조혈(造血) 작용이 원활하지 않고, 근심이나 걱정 등으로 울적해지기 쉬운 것이다.

金水傷官, 寒則冷嗽, 熱則痰火.

金水傷官이 寒하면 冷하여 嗽하고, 熱하면 痰火를 앓게 된다.

동령(冬令) 金 일주(日主)에 壬癸水가 강(强)하면 해수병(咳嗽病)에 걸리기 쉽고, 丙丁火가 많으면 가래가 심히 나오는 담화(痰火)를 앓게 된다.

火土印綬, 熱則風痰, 燥則皮癢.

火土印綬가 熱하면 風痰이 있고, 燥하면 皮癢하다.

하월(夏月) 土 일주(日主)에 丙丁火가 강하고 木이 분목(焚木)되면 풍증(風症)으로 인한 담(痰)이나, 담(痰)으로 인해 풍증(風症)을 유발하는 풍담(風痰)을 앓게 된다. 이때 水가 전무(全無)하거나 충(沖)으로 인해 상(傷)하면 피부병(皮膚病)이 나타나기 쉽다.

論痰多木火, 生毒鬱火金.

痰을 論하면 木火가 多한 경우고, 毒을 生함은 火金이 鬱하기 때문이다.

팔자(八字)에 木火가 많으면 담병(痰病)을 앓기 쉽다. 이것은 몸의 분비액(分泌液)이 큰 열(熱)을 만나서 생기는 온갖 병(病)으로 풍담(風痰), 한담(寒痰), 습담(濕痰), 열담(熱痰), 담울(痰鬱), 기담(氣痰), 경담(驚痰), 주담(酒痰) 등이 있다. 특히 木을 火로 심하게 설기(洩氣)하면 십중팔구 풍담(風痰)을 앓는다. 팔자(八字)에 火金을 土로 소통(疏通)시키지 못하는 때에 심한 종기(腫氣)로 고생하기 쉽다. 보통 지지(地支)의 火金이 상극(相剋)되고 천간(天干)에 투간(透干)되지 않았을 때 증상(症狀)이 주로 나타난다. 이때 특히 火가 치열(熾熱)하면 金을 극(剋)하고, 자연 水가 마르며 木도 타게 되니 조혈(造血)에 문제가 발생하고, 혈맥(血脈) 또한 잘 흐르지 못하므로 우울(憂鬱)해진다. 결국 모든 오행(五行)의 부조화(不調和)는 칠정(七情)의 노애(怒哀)를 더욱 자극하니 火가 강(强)하고 金이 약(弱)하면 마음속의 울화(鬱火)로 몸과 마음이 답답한 심화(心火)를 앓게 된다.

金水枯傷而腎經虛, 水土相勝而脾胃洩.

金水가 枯하거나 傷하면 腎虛하고, 水土가 서로 勝하려 하면 脾胃를 洩한다.

팔자(八字)의 미약(微弱)한 수기(水氣)를 金으로 발원(發源)하지 못하면 신장(腎臟)의 경락(經絡)이 허(虛)하게 된다. 이때는 신장(腎臟)과는 구조나 기능이 전혀 다르지만 부신(副腎)에도 장애가 나타날 수 있다. 팔자(八字)에 水土가 상극(相剋)하는 구조는 특히 수왕(水旺)할 때 신경성 위장병(胃腸病) 등을 앓기 쉽고 이로 인해 속이 더부룩하며 설사(泄瀉)가 반복된다. '적천수천미'에는 水土相勝이 아닌 水木相勝으로 언급되어 있는데 이 또한 타당하다. 가령 춘월(春月) 土 일주(日主)에 한 무리의 壬癸水를 보게 되면 위(胃) 출혈(出血)을 경험하는 경우가 잦다.

閒神論(한신론)

Original

閒神一二未爲疵, 不去何妨莫動伊.

半局閒神任閒著, 要緊之地立根基.

COMMENT

한신(閒神)은 한두 개 있어도 흠이 아니니 제거(除去)하지 않아도 무방(無妨)하고 그것을 동(動)해서는 안 된다.

반국(半局)의 한신(閒神)은 설사 한가(閑暇)로이 있다가도, 요긴(要緊)한 곳에서는 근기(根基)가 나타난다.

絆神論(반신론)

Spectrum

出門要向天涯遊, 何以裙釵恣意留.

장부(丈夫)가 말한다. "내가 出門하여 天涯를 向해 遊하기를 要하는데, 어째서 裙釵가 恣하게 意를 留하는가." 다시 말해 이 말은 장부(丈夫)가 하늘가를 유람(遊覽)하고자 문을 나서는데, 여인(女人)이 사사롭게 뜻을 꺾고 말리는지를 꾸짖는 내용이다. 핵심(核心)은 裙釵恣意留로 여인이 남자의 큰 뜻을 가로막는 상황으로 볼 수 있다. 즉 일주(日主) 양간(陽干)과 합(合)을 이루는 月이나 時의 음간(陰干)이 투(透)한 그림이다. 양일간(陽日干)의 팔자(八字)에 음간(陰干) 재성(財星)이 첩(貼)하면 첩신(貼身)의 작용력이 배가(倍加)되어 격국(格局)의 유형까지 변화시킬 때가 더러 있을 정도다. 이러한 상황을 두고 원시(原詩)는 여자(女子)가 장부(丈夫)의 큰 뜻을 거스르고, 전도(前途)를 막는 애물과 같은 것으로 묘사(描寫)했다. 이를테면 하월(夏月) 壬水가 지지(地支)에 화국(火局)을 짓지 않아도 월간(月干) 丁火가 첩(貼)하고 戊土의 극(剋)을 받으면 종재격(從財格)이 되기도 하는 식이다. 또한 비록 종(從)하지 않더라도 첩신(貼身) 丁火의 위력(威力)으로 인해 희기(喜忌)의 작용력이 크고 길게 나타난다. 까닭에 일간(日干)과 합(合)하는 재신(財神)이 투(透)하면 눈여겨볼 필요가 있는 것이다.

裙釵恣意留에 대한 '징의'와 '천미'의 해석(解釋) 관점은 약간 다르다. '裙釵가 장부(丈夫)의 의지(意志)를 만류(挽留)하는 상황'으로 보지 않고, '장부(丈夫)가 裙釵에게 意(마음)을 留(두는)하는 것'으로 설명한다. 즉 위에서 장부(丈夫)가 연인(戀人)을 타박하는 정황(情況)으로 바라본 '스펙트럼'의 입장과 달리, "장부가 큰 뜻을 펼치지 않고 어째서 여인에게 마음을 두는가"라는 훈계(訓戒)를 늘어놓는 식이다. 여기에서 '치마와 비녀', 즉 여인(女人)을 뜻하는 裙釵는 여타의 원문(原文)에는 모두 裙□로 표기되어 있다.

<table>
<tr><td>스펙트럼</td><td>장부가 세상에 나와 꿈을 펼치려는데, 어째서 방자하게 뜻을 가로막는 여심을 보이는가.</td><td>何以裙釵恣意留</td></tr>
<tr><td>推命術奧意</td><td>문에서 나와 멀고 먼 곳으로 여정에 오르는데, 연인이여 무엇 때문에 함부로 막는 것입니까.</td><td>何以裙□恣意留</td></tr>
<tr><td>徵義</td><td rowspan="2">장부가 멀리 떠나 유람하러 문을 나서는데, 무슨 일로 여인에게 마음을 두는가.</td><td>何事裙□恣意留</td></tr>
<tr><td>闡微</td><td>何事裙□恣意留</td></tr>
</table>

'징의'와 '천미'는 이 대목을 두고 '此乃貪合不化之意也', 즉 '합(合)을 탐(貪)하지만 화(化)할 뜻은 없는 상황'으로 설명했다. 더하여 "旣合宜化, 化之喜者, 名利自如, 化之忌者, 災咎必至"라, "이미 합(合)하였으면 마땅히 화(化)를 해야 하고, 화(化)해서 희신(喜神)이 된다면 명리(名利)가 뜻과 같을 것이며 화(化)해서 기신(忌神)이 된다면 재앙(災殃)과 허물이 반드시 생길 것이다"고 했다. 이어지는 해설에 대해서는 더 이상 거론하지 않겠다. 무엇보다 합화(合化) 오행(五行)의 희기(喜忌)를 간지(干支) 오행(五行)의 희기(喜氣)와 동일시하는 것은 이치(理致)에 맞지 않는 말이다. 이점에 있어서는 후대의 '서락오'가 '임철초'를 전혀 극복하지 못하고 그대로 답습(踏襲)하고 있을 뿐이다. '서락오'는 합화(合化)와 관련하여 조금씩 차이가 나는 견해를 드러냈지만, 정작 삼명통회(三明通會)와 같은 고서(古書) 일반의 내용과 그대로 옮기는 역할에 그쳤다. 가령 "甲木 일주(日主)가 庚金을 보았는데 乙木이 이를 합(合)하여 庚金이 기반(羈絆)되면 이롭다"고 한다. 또 "甲木 일주(日主)에 丁火가 壬水를 합(合)하면 암암리에 목기(木氣)가 생겨 이롭다"고 한다. 그렇다면 乙庚이 합(合)하여 나타난 금기(金氣)는 木 일주(日主)에 해롭지 않다는 것인가. 대략 이러한 경우에 대한 구체적인 설명이 미비(未備)하고, 이현령비현령(耳懸鈴鼻懸鈴) 식의 입장을 보인 때가 많다. 명례(命例)의 해설에서 합이불합(合而不合)이나 합이불화(合而不化)에 대한 설명 또한 분명한 원칙(原則)을 고수하지 못할 때가 더러 발견된다.

일설(一說)에 '적천수'의 서두를 여는 통천론(通天論)의 첫 구절(句節), "欲識三元萬物宗, 先觀帝載與神功"에서 帝載란 '내경(內經)에 실린 내용'이라는 주장이 있다. '스펙트럼'에서는 帝載와 神功을 지지(地支)와 천간(天干)의 작용 내지 기능(機能)으로 대비하는 입장을 취했기에 쉽게 동조

(同調)하기란 어려운 견해다. 그러나 이러한 주장은 자못 의미심장한 한 마디임에는 틀림이 없다고 생각한다. 내경(內經)은 운기학(運氣學)을 바탕으로 하는데, 즉 이 말은 오운육기(五運六氣)를 모르고는 애초에 명리(命理)가 제대로 서지 않는다는 얘기다. 간단히 말해 丙丁火와 戊癸 합화(合火)의 속성(屬性)과 그 차이를 모른다면 완전한 명리(命理)를 터득하기란 요원(遙遠)한 일이다. 합화(合化)와 관련해서는 이미 '자평진전리뷰'의 '論十干合而不合' 편에서 '서락오'의 오류(誤謬) 일반에 대해 구체적으로 설명한 바 있다. 또한 '팔자술 파이널블로'에서는 오운육기(五運六氣)의 실기(實技)를 따로 언급하고 있다. '리뷰'하는 차원에서 몇 가지 점만 간략하게 되짚어 보겠다. 먼저 일간(日干)을 제외한 여타의 십간(十干)은 모두 쉽게 합(合)을 이룬다. '서락오'는 통근(通根)하거나 득령(得令)하여 투(透)한 천간(天干)은 합(合)이 되지 않는다는 해설을 곧잘 개진(開陳)하지만, 어느 경우에는 특별한 언급이 없이 기반(羈絆) 상황으로 그냥 넘긴다. '심효첨'이 '자평진전'에서 언급한 합이불합(合而不合)의 세 가지 유형에서 '서락오'가 언급하는 내용은 해당사항이 없다. 아무튼 일단 십간(十干)이 합(合)을 이루면 기반(羈絆)되어 각 글자의 희기(喜忌) 작용력은 보통 상실(喪失)되는 것이다. 이때 대개는 합이불화(合而不化)의 경우에 속한다. 그러므로 일정 요건(要件)을 충족시키지 않는 경우에는 따로 화기(化氣)를 거론할 필요가 없다. 합(合)해서 화(化)하려면 먼저 화신(化神)이 월령(月令)의 기(氣)를 얻어야 화(化)가 성립(成立)된다. 일간(日干)의 합화(合化)는 월령(月令)과 오토(五土)가 주재(主宰)하고, 타간(他干)의 합(合) 또한 화기(化氣)가 월령(月令)을 얻었는지가 관건(關鍵)이 되는 것이다. 예컨대 卯月 甲木에 乙庚이 합(合)하면 합화(合化) 오행(五行) 金이 월령(月令)을 얻지 못했으므로 별반 작용력이 없다. 반면 申月이라면 화신(化神)은 분명하게 작용력이 나타난다. 이때 희기(喜忌)를 가려 취하는 방법은 간지(干支) 오행(五行) 희기(喜忌)와는 다르다. 원론적으로 화신(化神)은 팔자(八字)의 희기(喜忌)

와 무관하게 일주(日主)을 생조(生助)하는 것을 기뻐하는 것이다.

❒ 화신(化神)의 효용(效用)

1. 調候 機能	合化 五行을 調候用神과 輔佐의 用으로 取한다.
2. 幇助 機能	八字에 정해진 喜忌와 무관하게 幇助之神으로 有用하다.
3. 獲得 機能	月令이나 方局의 氣를 얻은 化神은 物象의 결합과 같은 작용을 한다.

不管白雲與明月, 任君策馬上皇州.

장부(丈夫)의 물음에 여인(女人)이 대답한다. "白雲과 明月을 不管하고, 설령 君이 策馬할지라도 皇州에 上할 것입니다" 白雲과 明月은 순제(舜帝)의 죽음을 비탄(悲歎)하여 물에 몸을 던진 아황(娥皇)의 비극적인 문명을 자신에게 빗댄 이백(李白)의 시(時)에서 순결(純潔)의 상징(象徵)으로 나타난다. '천미'에는 白雲 대신 白雪로 언급되어 있는데, 대개 이러한 표현들은 '정분(情分)난 남녀(男女)가 풍치(風致)를 찾아 즐기며 멋스럽게 노니는 일'과 연관된 의미로 받아들이면 무난하다. 不管이란 '돌보지 않다' 내지 '~에 관계없이, ~을 막론하고'와 같은 의미로 쓰인다. 그러므로 不管白雲與明月은 '예전의 아름다운 추억을 다 잊고' 정도로 해석하면 적당하다. 任君策馬는 다양한 해석이 가능한 글의 짜임이다. 任은 보통 문장의 첫머리에서 '설령 ~ 할지라도'와 같이 접사(接司)로 쓰이는 경우가 많다. 策馬

는 "말에 채찍질을 가한다"는 의미고, 여기서 馬는 재(財)를 뜻하므로 여인(女人) 자신을 나타내는 말이기도 하다. 上皇州에서 上은 목적(目的)의 실현이나 가능을 나타내는 말이고, 皇州는 위의 天涯와 같은 의미로 장부(丈夫)가 나아갈 먼 여정(旅程) 내지 넓고 높은 세상을 가리킨다. 종합하면, "지난 추억을 다 잊고, 설사 낭군(郎君)이 이 몸을 내치더라도 끝까지 따를 것이다"라는 여인(女人)의 결연한 의지(意志)가 담긴 대목이다. 다시 말해 앞에서 남편(男便)이 처첩(妻妾)의 부덕(不德)함을 일갈(一喝)했다면, 여기서는 여인(女人)이 낭군(郎君)에게 순정(純情)을 속삭이고 있는 셈이다.

팔자술(八字術)에서 이 같은 상황은 합(合)과 극충(剋沖)의 관계로 풀이된다. 예를 들어 亥月 丙日에 辛金이 첩신(貼身)으로 자리를 잡았다 치자. 첩신(貼身)은 辛金은 위력(威力)이 있으므로 격국(格局)을 화격(化格)으로 만들 수 있다. 이때는 君인 丙火가 馬의 辛金에게 정(情)을 다 쏟은 것으로 진화(眞化)가 성립(成立)되면 보통 부귀격(富貴格)을 이루지만, 가화(假化)거나, 화격(化格)으로 성격(成格)되지 않으면 불리하기 쉽다. 만일 亥月 丙日에 지지(地支) 목국(木局)을 이루고 月에 辛金과 年에 丁火가 투(透)했다고 치자. 이때는 인수격(印綬格)을 이루어 丙火 일간(日干)이 약변강(弱變强)이 된다. 그런데 辛金 재(財)를 용(用)하려 하니 이를 극(剋)하는 丁火에 의해 용신(用神)이 무력(無力)해서 무용(無用)한 게 아닐까 하는 의문이 인다. 丁火가 辛金을 극(剋)하는 현상이 바로 策馬의 상황이다. 그런데 비록 策馬의 고통이 있더라고 반드시 上한다고 했다. 즉 辛金은 첩신(貼身)으로 힘이 있기 때문에 극(剋)을 당해도 얼마든지 용신(用神)의 작용을 수행한다는 의미다. 이것이 바로 핍박(逼迫)을 당할지언정 모든 순정(純情)을 바치겠다는 합신(合神), 여인(女人)의 고결한 희생이라 할 수 있다.

이 구절(句節)에 대한 '장요문'의 해석은 자못 특별하다. 白雲과 明月이 나타내는 기후(氣候)와 풍월(風月)에 주목하여 白雲은 癸巳月, 明月은 辛酉月을 가리킨다는 것이다. 풀이하면 戊日 癸巳月은 화격(化格)이 성립되는 요건(要件)이 되고 丙日 辛酉月은 화격(化格)이 되지 않지만, 이중 어느 경우라도 첩신(貼身)이 되는 재성(財星)은 모진 마음을 품고 일주(日主), 君을 끝까지 좇는다는 의미니 한 마디로 첩신(貼身)의 힘이 매우 강렬(剛烈)함을 시사(示唆)한다. 이러한 주장은 팔자술(八字術)의 실용(實用)에 부합되는 매우 참신(斬新)한 견해로 아마도 학파(學派)의 비전(秘傳)으로 내려온 것 같다. 그러나 任君策馬에서 策馬를 충극(沖剋)의 상황으로 보지 않고, 단지 "낭군(郎君)에게 몸을 맡겨(任) 자신이 직접 말을 채찍질해 달린다"는 해석은 어법(語法)과 상황에서 아무래도 어긋나는 감이 있다. 任君策馬는 분명 합(合)과 충극(沖剋)이 대치되는 상황을 논하는 것으로 단순히 첩신(貼身)의 위력(威力)만을 재차 강조하기 위함은 아닌 것이다.

'任君策馬上皇州'는 '징의'나 '천미'에 '任君策馬朝天闕'로 표기되어 있다. 上皇州와 朝天闕은 별반 의미가 다르지 않으므로 문젯거리가 되지 않는다. 여기서는 이 구절(句節)을 '此乃逢沖得用之意也'라 해서 "충(沖)을 만남으로써 용신(用神)의 뜻을 얻을 수 있다"고 해설한다. 이것은 '스펙트럼'의 결론과 다르지 않다. 그러나 任君策馬를 해석하는 입장은 차이가 크다. 선학(先學)들의 견해를 요약하면, "馬(財)를 策(用)하는 것은 君(日主)의 任이다"와 같은 식으로 해설했다. 즉 "풍류(風流)로 한가로이 시간을 보내지 말고, 말에 채찍을 가해 속히 대궐(大闕)로 드는 게 마땅하다"는 얘기다.

스펙트럼	정을 나누던 시절을 잊고, 설령 내치더라도 낭군을 따를 겁니다.	임군책마상황주 任君策馬上皇州
추명술오의 推命術奧意	날이 덥고 차갑더라도, 당신을 따라 말을 달리며 먼 곳으로 함께 가겠습니다.	임군책마상황주 任君策馬上皇州
징의 徵義	사사로운 정에 매이지 말고, 말을 채찍질해 대궐로 드는 것은 그대에게 달렸다.	임군책마조천궐 任君策馬朝天闕
천미 闡微		불관백설여명월 不管白雪與明月

원시(原詩)의 오의(奧義)에 대한 사유(思惟)는 각자 나름이다. 그러나 세사(世事)의 현상을 실감나게 짚어 내는 명술(命術) 실전(實戰)에서는 '텍스트'가 나타내는 다양한 '스펙트럼' 가운데 정수(精髓)를 가려내야만 통(通)함이 있을 것이다.

✍ **Note**

원시(原詩)는 여간 아름다운 시(時)가 아니다. 반신론(絆神論)은 모든 명리서(命理書)를 통틀어 가장 서정적(抒情的)인 표현을 담아냈다. 장부(丈夫)가 꾸짖는 여인(女人)의 부덕(不德)이 알고 보면 여인(女人)이 정인(情人)에게 읍소(泣訴)하는 순정(純情)과 하등 다를 게 없다. 술객(術客)은 그저 실기(實技) 하나의 배양에 힘쓸 것이고, 학인(學人)은 짐짓 교훈(敎訓)을 담아내기에 몰두한다. 범인(凡人)은 처첩(妻妾)을 가려 취하려 애쓸 것이고, 군자(君子)는 처첩(妻妾)을 이해하고자 한다. 완인(完人)은 있는 그대로 즐기고 조용한 덕(德)을 쌓는다. 성인(聖人)은 초탈(超脫)한다.

일찍이 선학(先學)들의 주해(註解)는 건조(乾燥)하기 이를 데 없어 아쉬운 감이 적지 않은 것이다. 세사간파(世事看破)는 술가(術家)에게 필수적인 과정이다. 남자는 처첩(妻妾)의 지순(至純)한 내조(內助)와 견딜 수 없는 등쌀을 다 겪어보고, 현상과 원인을 깊이 헤아려 일정한 결론에 도달(到達)해야 여자의 본질에 다가설 수 있다. 실제 겪어보지 않고, 궁리(窮理)로만 깨닫기에는 아무래도 한계가 있다. 그런데 이 또한 자의적으로만 이루어지지 않는다. 그래서인지 원래 진리(眞理)의 모습은 각각이다. 명리(命理)는 아무리 진의(眞義)를 드러내도 범속지류(凡俗之流)에겐 추길피흉(諏吉避凶)의 도구 내지 천박한 점술(占術)로만 받아들여지기 마련이다. 사물(事物)을 보는 시야(視野)는 오직 인연(因緣)을 수반하는 경험(經驗)과 명리(命理)의 궁구(窮究), 원천적인 애정(愛情)이 결합될 때 확장된다.

六親論(육친론)

***Spectrum**

夫妻姻緣宿世來, 喜神有意傍妻財.

夫妻의 姻緣이 宿世에서 來함은 喜神이 妻財를 傍하는 意가 有하기 때문이다.

팔자(八字)의 희신(喜神)이 대개 재(財)와 조화(調和)를 이룬다면 부부(夫婦)의 인연(因緣)은 좋은 것이다. 宿世來함은 전생(前生)부터 인연(因緣)이 두터웠다는 것으로 현생(現生)에서 일생(一生)을 함께 보낼 수 있다는 뜻이다. 이것은 격국(格局)을 성격(成格)시키는 글자가 식상(食傷)이나, 재(財), 관(官)과 같은 것으로 팔자(八字)에 나타난 재성(財星)을 돕는 경우를 말한다. 예컨대 정관격(正官格)에 재(財)가 투(透)했거나, 인수(印綬)가 많은 사주(四柱)에 재(財)를 보았거나, 식상격(食傷格)에 재(財)가 투(透)하여 귀격(貴格)을 이루면 가히 내조(內助)의 공(功)을 기대할만하다. 반면 재(財)로 인해 격국(格局)이 파괴되면 형극(刑剋)의 우려가 있다. 보통 팔자(八字)에 재(財)를 방조(傍助)하는 식상(食傷)이 나타나면 부부(夫

婦) 관계가 원만(圓滿)하다. 예컨대 인수격(印綬格)에 식신(食神)이 투출(透出)하여 설기(洩氣)하는 용신(用神)으로 삼는데, 다시 재(財)가 노출(露出)되면 성중유패(成中有敗)가 된다. 그래도 식신(食神)이 재(財)를 도우므로 명주(命主)는 처(妻)에 대해 더없이 만족할 때가 많은 것이다.

보통 육친(六親)을 논할 때는 궁(宮)과 성(星)의 통변을 '믹스'하기 마련이다. 이를테면 처덕(妻德)를 논할 때 처궁(妻宮)이 되는 일지(日支)와 처성(妻星)이 되는 재성(財星), 이렇게 양면을 모두 살펴 희신(喜神)과의 관계로 길흉 전반을 가리게 된다. 그런데 '적천수'는 후자의 용법만을 논했을 뿐 전자를 거론하지 않았다. 한 마디로 육친론(六親論)에서 '적천수'는 육친궁(宮)보다는 팔자(八字)의 희신(喜神)과 육친성(星)과의 조화 여부를 중시했다. 왜 그랬을까. 두 가지 측면에서 원인을 찾을 수 있다. 첫째는 처궁(妻宮)보다 처성(妻星)을 주안(主眼)삼아야 하는 점, 둘째는 부처(夫妻)나 부자(父子) 상호 간의 인연(因緣)에 특화하여 주목한 점을 들 수 있다. 희신(喜神)과 대비되는 처궁(妻宮)은 지지(地支)의 글자지만, 처성(妻星)과의 관계는 십간(十干)을 위주로 하는 것이다. 남편과 아내, 아버지와 아들의 두터운 인연은 곧 격국(格局)의 성패(成敗)을 좌우하는 투간(透干)이나 회지(會支)의 동태로 파악하는 게 우선이다. 바로 이점을 파악하면 처자(妻子)의 길흉(吉凶)을 파악하는 순차적인 기법상의 요령을 터득할 수 있다.

팔자에 육친성이 투간(透干)하면	희신(喜神)과 육친성의 조화로 길흉 판단
팔자에 투간(透干)된 육친성이 없으면	궁(宮)에 따른 육친법에 주안

가령 식신격(食神格)에 재(財)로써 성격(成格)되는 명(命)이 있다 치자. 이때 팔자(八字)에 재(財)가 투(透)했다면 식신생재격(食神生財格)으로 말할 것도 없이 처덕(妻德)이 두터운 것이다. 그러나 재(財)가 투(透)하지 않

아 식신격(食神格)에 그쳤다면 팔자는 식상태다(食傷太多)의 파격(破格)일 수도 있고, 식신대살(食神帶殺)의 귀격(貴格)일 가능성이 있다. 이때 처궁(妻宮)인 일지(日支)에 재(財)가 있다면 그것은 어떤 의미를 지닐까. 이는 한 마디로 팔자의 귀천(貴賤) 여부를 떠나 처(妻)의 내조(內助)가 분명함을 뜻하는 것이다. 여기에서 기존의 일반적인 관법으로 일지(日支)에 재관(財官)이 있으면 대체로 배우자의 덕(德)이 있다고 했는데, 그러한 설명이 그대로 적용되는 것으로 혹 오인(誤認)할 여지가 있다. 실상 이런 식이라면 몹시 허술한 논리 조각에 지나지 않는다. 예컨대 인수격(印綬格)의 팔자라면 일지(日支)의 재(財)는 마치 적(敵)과 같아 화근(禍根)이 될 우려가 있다. 부처(夫妻) 간의 인연(因緣)에 관한 문제는 결코 간단치가 않은 문제다. 가령 식신생재격(食神生財格)으로 이미 처덕(妻德)이 보증된 듯한 팔자가 있다고 치자.

食 身 財 □
□ □ 食 □

그런데 이때 처궁(妻宮)인 일지(日支)에는 재(財)를 파(破)하는 刃의 글자가 나타나면, 처(妻)를 어떻게 추리할 수 있을까.

食 身 財 □
□ 刃 食 □

답은 어렵지 않다. 처성(妻星) 재(財)는 희신(喜神)과 일치하므로 처(妻)와의 인연은 두텁고, 처궁(妻宮)은 희신(喜神)을 파극(破剋)하므로 처(妻)의 내조(內助)는 부실(不實)하기 짝이 없을 가능성이 높다. 이렇게 남편에게 아무런 공(功)을 들이지 않아도 사랑받는 부인이 있다. 한편 인수용살격(印綬用殺格)의 팔자로 처궁(妻宮)에 칠살(七殺)이 있다고 한다면,

殺 身 印 □
□ 殺 印 □

팔자(八字)에 처성(妻星) 재(財)가 나타나지 않았으므로 오직 처궁(妻宮) 일지(日支)의 육신(六神)이 관건이 된다. 팔자(八字)는 칠살(七殺)로 인해 귀격(貴格)을 이루었으므로 칠살(七殺) 희신(喜神)이 일지(日支)에 있다면 좋은 아내를 맞이하게 될 가능성이 높은 것이다. 이때 재(財)가 투(透)했다면 문제가 다소 복잡해진다.

殺 身 財 □
□ 殺 印 □

인수용살격(印綬用殺格)에 재(財)가 투(透)하면 성중유패(成中有敗)로 격국(格局)이 파격(破格)된다. 이렇게 되면 재신(財神)은 기신(忌神)으로 처(妻)와의 인연(因緣)이 좋을 리 없다. 이때는 형극(刑剋)을 초래하는 원인이 되어 여러 가지 결과를 야기하는데, 아무튼 부부의 사이가 좋지 않다는 점만은 확실하다. 그러나 일지(日支)는 희신(喜神) 칠살(七殺)이므로 부인은 남편을 내조(內助)하고 정성을 들이게 된다. 이런 식으로 계속 응용해보면 제대로 현실을 반영하는 육친(六親) 추론이 어렵지 않을 것이다. 결론적으로 육친성의 희기(喜忌)는 인연(因緣)을 주재(主宰)하고, 육친궁은 내조(內助)와 무관심 내지 극형(剋刑) 등의 관계를 주관하는 것이다.

星(天干)의 동태	명주(命主)와 육친 상호 간의 인연 내지 해당 육친의 귀천
宮(地支)의 동태	명주(命主)에 대한 해당 육친의 생조 내지 극형

그런데 묘한 점이 하나있다. '적천수'가 부부(夫婦)의 관계를 거론하면서 희신(喜神)이 처재(妻財)를 방조(傍助)하면 인연이 좋다고 한 구절이다. 이것은 팔자의 천간(天干)에 투(透)한 식상(食傷)으로 격국(格局)이 성립되기만 하면, 비록 재(財)가 동시에 투(透)하여 격국(格局)을 해칠지라도 부부(夫婦)의 금슬(琴瑟)이 좋다는 점을 시사(示唆)한다. 다음은 '사주정설'에

재(財)가 무력(無力)하기 짝이 없고, 양인(羊刃)이 중(重)하여 세 부인과 사별(死別)했다고 설명된 팔자(八字)다.

甲 丙 戊 癸
午 辰 午 酉

午月 丙火는 양인격(陽刃格)으로 관살(官殺)을 용(用)하고 이를 재(財)로 생조(生助)하면 부귀격(富貴格)을 이루는데, 일점 재기(財氣) 마저 미약(微弱)하니 처덕(妻德)을 기대하기가 애초에 무리다.

자녀근지일세전, 희신간여살상련
子女根枝一世傳, 喜神看與殺相聯.

자녀 근지 일세 전 희신 살 여 상련 간
子女의 根枝가 一世에 傳함은, 喜神이 殺에 與하여 相聯함을 看하기 때문이다.

건강(健康)하고 현출(顯出)한 자녀(子女)는 먼저 살(殺)과의 조화(調和) 여부에 달렸다. 예컨대 재왕생살(財旺生殺)로 귀격(貴格)을 이루는 팔자라면 귀자(貴子)를 많이 두게 된다. 한편 양인격(陽刃格)이 아닌 한, 칠살(七殺)은 대개 식신(食神)의 제복(制伏)이 있어야 마땅하다. 따라서 관살(官殺)이 태왕(太旺)하고 제화(制化)가 없거나, 탐재괴인(貪財壞印)의 형국(形局)에 놓이면 아들을 두기 어렵다. 칠살(七殺)과 달리 정관(正官)은 재인(財印)으로 보필(輔弼)함을 기뻐하므로 정관(正官)은 홀로 있는 것을 좋아하지 않는다. '진소암'이 '신왕(身旺)하면 재성(財星)이 자녀가 되고, 신약(身弱)하면 인수(印綬)가 자녀'라고 한 이치는 바로 관(官)의 특성에 연유(緣由)하는 말이다. 다음은 '명리정종'에 일곱 아들, 다섯 딸이 모두 성공(成功)한 것으로 설명된 팔자(八字)다.

丁 丁 癸 癸
未 卯 丑 丑

卯未 회국(會局)으로 인해 살격용인(殺格用印)으로 성격(成格)되었다.

이것은 칠살(七殺)과 희신(喜神) 인수(印綬)의 관계가 잘 조화(調和)된 것이다.

보통 자녀(子女)의 동향은 희신(喜神)과 관살(官殺), 그리고 시지(時支) 육신(六神)과의 조화(調和) 여부로 판단하게 된다. 시간(時干)이 자식(子息)의 경사와 출세를 가늠하는 요소라면 시지(時支)는 봉양(奉養)이나 효심(孝心)과 관련이 깊은 것이다. 자녀의 많고 적음을 가릴 때는 여명(女命)의 수기(水氣)로 보는 방법과 장생목욕(長生沐浴)으로 보는 가결(歌訣)이 있다. 봉건 시대(封建時代)에는 자녀의 수(數)가 팔자술(八字術)의 영역에서 차지하는 비중이 컸으므로 관련된 많은 실기(實技)가 존재했다. 이중 생시(生時)의 희기(喜忌)로 자식(子息)을 살피는 정통적인 관법(觀法)은 다음과 같다.

時干	▪ 자녀의 출세 관련	시간(時干)이 희신(喜神)이면 필시 귀자(貴子). 이때는 설사 시지(時支)에서 관살(官殺) 오행(五行)이 사절(死絶)된다 해도 역시 귀자(貴子)를 두나 자녀 수가 많지는 않음
時支	▪ 자녀의 효심 반영 ▪ 자녀의 숫자 관련	관살(官殺)과 시지(時支)의 생왕사절(生旺死絶) 여부로 자녀의 많고 적음을 가림. 이를테면 甲乙 일간(日干)은 庚金과 시지(時支)의 관계를 살피는 식으로 간지(干支) 공히 양호하면 기린아(麒麟兒)가 즐비함

처자(妻子)에 대한 고인(古人)들의 견해가 일치하지 않는 점은 흥미롭다. 먼저 육친성(六親星)의 구분부터 다르다. 이를테면 대개 재(財)를 처(妻)로 삼고 살(殺)을 자(子)로 보았지만, 혹자는 식상(食傷)을 자식으로 보기도 했다. 또 살(殺)은 남아(男兒)며 관(官)은 여식(女息)으로 보는 견해와 이와 정반대로 보는 견해가 있다. 재(財)를 처(妻)로 살피는 견해도 정편(正偏)을 나눠 처첩(妻妾)으로 가리는 경우와, 이를 따지지 않는 경우가 있다.

실상 이런 식은 현상에서는 잘 통하지 않는다. 따라서 명가(命家)들은 비교적 견해가 일치하는 육친궁(六親宮)과 희용신(喜用神)의 동태로 처자(妻子)의 동향 본질을 파악하는데 힘썼다. 이를테면 '심효첨'의 "일생 동안 부귀(富貴)가 희신(喜神)에 있고, 처자(妻子)도 희신(喜神)에 속한다"는 의견에는 대부분이 동조한 것과 같다. 그러나 팔자(八字)에 희신(喜神)이 건전하다고 해서 반드시 처자(妻子) 육신(六神)이 또한 건재하다는 법은 없다. 한편 '난강망'은 용신(用神)을 자식으로 보고, 희신(喜神)을 자식으로 논했는데, '난강망 마스터리'에서 설명하기를 처자(妻子)는 희용(喜用)을 자종모출(子從母出)의 육친 관계에 비유한 것에 지나지 않는다는 점을 분명히 밝힌 바 있어 이 부분은 재론(再論)의 여지가 없다. 이때 '용신(用神)이 곧 자식'이라는 현상에서 일치하지 않는다는 점을 '서락오' 또한 알고 있었다. 그럼에도 불구하고, 그는 '조화원약평주'에서 부단하게 희신(喜神)과 처자(妻子)의 일치성을 강조하는 해설을 시도하고 있다. 이상에서 제반 견해의 대강을 살펴보겠다.

서자평	財가 妻고 殺이 子다
진소암	食傷이 자식이 되고 財星이 妻가 된다
심효첨	妻子의 동태는 喜神에 달렸다
임철초	食傷과 用神이 子로 만일 用神이 火라면 木火運에 자녀를 출산
서락오	用神이 子, 用神을 生助하는 喜神이 妻로 身弱하면 印比가 妻子
유백온	妻子의 동태는 喜神에 달렸고, 특히 喜神이 財를 傍하면 夫妻의 인연이 두텁다

처자(妻子)에 대한 결론을 말하자면, 선학들의 공통된 견해에 답이 있는 것이 아니라, 실상에서 증험(證驗)되고 논리가 분명해야만 정론(正論)이라 할 수 있다. 결국 '자평진전'과 '적천수'의 내용이 가장 실제에 부합한다. 즉

희신(喜神)이 처자(妻子)의 동태를 주관하며, 희신(喜神)이 재관(財官)이거나, 혹은 격국(格局)과 조화(調和)되는지의 여부로 처자(妻子)의 희기(喜忌)를 가리는 방법이 가장 옳는 것이다. 일지(日支)와 시지(時支)의 처자(妻子) 육친궁(六親宮)에는 별다른 이견이 없으므로 희신(喜神)과의 관계를 살펴 궁(宮)의 희기(喜忌)를 논한다면 무리가 없을 것이다. 다만 육친궁(宮)보다 육친성(星)과의 희신(喜神) 관계 여부가 귀천길흉(貴賤吉凶)를 가리는 우선적인 사안인 것만은 확실하고, 해당 육친성(星)이 투간(透干)치 않으면 육친궁(宮)의 동태로 희기(喜忌)를 가리는 후차적인 방식이 가하다. 결론적으로 육친성(星)과 육친궁(宮)이 모두 희신(喜神)에 부합(符合)된다면 최선의 인연(因緣)이 보증되는 것이다.

父母或興與或替, 歲月所關果非細.

父母의 或興或替는 歲月 所關의 果가 非細하다.

부모(父母)의 흥망성쇠(興亡盛衰)는 세월(歲月) 소관(所關)이라 했다. 즉 년주(年主)와 월주(月主)의 육신(六神) 희기(喜忌)로 부모(父母)와의 인연(因緣)을 살피라는 뜻이다. 가령 정관격(正官格)에 인수(印綬)나 재(財)를 보면 정관패인(正官佩印)이나 정관용재(正官用財)로 성격(成格)된다. 이렇게 팔자, 격국(格局)이 기뻐하는 재인(財印)의 글자가 세월(歲月)에 분포하면 부모와의 인연(因緣)이 두텁고, 창성(昌盛)한 집안임에 틀림없다.

부모(父母)를 육친성으로 나눈다면 재(財)와 인수(印綬)가 된다. 또 육친궁을 논한다면 월지(月支)가 된다. 많은 교재들이 팔자의 희신(喜神)과 재인(財印)을 나눈 육신(六神)과의 관계로 부덕(父德)과 모친(母親)의 자애(慈愛)를 설명한다. 이 같은 주장은 일면 수긍이 가지만 실상 현실과는 괴리(乖離)가 있다. 또한 부모궁(父母宮)인 월지(月支)는 곧 격국(格局)이 되므로 年日時의 궁(宮)과 달리 체(體)로 희기(喜忌)를 구분한다는 것은 적합지 않다. 즉 부모(父母)의 경우, 궁(宮)에 의한 일반적 육친법(六親法)은 잘 통용되지 않는다. 까닭에 원시(原詩)의 세월소관(歲月所關)이야 말로 부모(父母), 양친(兩親)과의 인연과 선대(先代)의 흥망성쇠(興亡盛衰)를 분간하는 최적의 논리라 할 수 있다. 부모(父母)대의 흥망희기(興亡喜忌)를 추론(推論)하는 내용 일반은 다음과 같이 요약할 수 있다.

月支	월지 육신 자체의 길·흉신 구분으로 부모대의 흥망성쇠 구분	財官은 유력, 印綬는 무난, 食神은 평범, 殺刃劫은 파가(破家) 우려
月干	월간과 희신(喜神)의 조화 관계로 인연, 덕(德)의 유무를 구분	월간을 위주로 년주(年主)에 분포된 육신이 희신이면 부모의 원조를 수혜. 이때 월간 印綬가 희신이면 모친, 財星이 희신이면 부친의 자애와 조력을 기대할 수 있음

대개 육친(六親)의 희기(喜忌)는 팔자의 희신(喜神)과 육친성(星), 육친궁(宮)과의 조화 여부에 달린 것이다. 부모(父母)를 볼 때 일단 육친궁은 논외(論外)로 친다고 했다. 그렇다면 주로 육친성의 희기(喜忌)로 양친(兩親)과의 인연(因緣)을 살펴야 할 것인데, 인수(印綬)는 모친(母親)이요, 재(財)는 부친(父親)이 된다. 이때 재(財)는 처(妻)를 의미하기도 하므로 처(妻)와 부(父)는 정재(正財)와 편재(偏財)로 구분하여 해당 육친(六親)의 덕(德)을 가리기도 했다. 그런데 부모(父母)의 육친성(六親星) 또한 선학(先學)들의 견해가 일치하지 않는다.

서자평	印綬가 母, 偏財가 父
만육오	陽日干은 正印이 母, 偏財가 父. 陰日干은 偏印이 母, 正財가 父
진소암	陰陽干을 불문하고 印綬가 父母. 財는 妻

일간(日干)을 위주로 음양(陰陽) 생극(生剋) 관계를 따져 육친성(六親星)을 정하는 이치는 이해가 용이하지만, 그것으로 육친(六親)의 희기(喜忌)을 판단하는 논리는 현상에서 잘 통하지 않는다. 이를테면 양친(兩親)이 부귀(富貴)하고 자식과의 인연이 두터울 때는 재(財)도 희신(喜神)이고, 인수(印綬)도 희신(喜神)이어야 하는데 실제 이러한 유형은 몹시 드문 것이다. '진소암'이 인수(印綬)만을 부모(父母)로 본 까닭은 이러한 현상과 무관치 않다. 많은 선학(先學)들이 육친성(六親星)의 구분조차 의견을 달리 하는 이유도 여기에 있다. 결론적으로 부모(父母)와의 인연(因緣)을 살필 때는 육친궁(宮)이나 육친성(星)으로 판단하는 방법이 유용(有用)하지 않다는 얘기다. 그래서인지 부모궁(父母宮)을 살피는 또 다른 방편으로 年月에 분포된 사길신(四吉神)과 사흉신(四凶神)의 구성 여부에 따라 흥망희기(興亡喜忌)를 가리는 '스킬'이 주류를 이루기도 한다. 이에 더하여 팔자의 희신(喜神)이 年月에 분포하면 육친성(六親星)과 무관하게 조부(祖父)대의 부귀영화(富貴榮華)를 시사하는 것으로 판단했다. 실제 이러한 방법이 가장 적중률(的中率)이 높으므로 권할만한 기법(技法)이다. 까닭에 '적천수'의 원시(原詩)에 언급된 세월소관(歲月所關)이야 말로 가장 간결한 핵심이 되는 것이다. 다음은 '사주추명술오의'에 양친(兩親)과의 인연(因緣)이 두텁다고 설명된 팔자(八字)다.

丁 庚 丁 甲
亥 寅 卯 戌

'좌등육룡'은 차명(此命)이 종살격(從殺格)으로 재관(財官)을 기뻐하는 바, 년월(年月)에 희신(喜神)이 강하게 자리 잡아 부모(父母)와 인연(因緣)이 좋다고 설명했다. 그러나 팔자(八字)에 방국(方局)이 이루어지지 않은 한, 진종(眞從)을 논할 수 없다. 그런데 진종(眞從)이 아닌 가종(假從)의 경우에도, 대개 팔자(八字)에는 희신(喜神)이 주도적으로 분포된다. 이런 식이라면 가종격(假從格)은 십중팔구 육친(六親)의 덕(德)이 두터울 수밖에 없는데 실제는 그렇지 않다. 그러므로 진종(眞從)이 아닌 경우라면, 세월(歲月) 간지(干支)에 분포된 사길신(四吉神)과 사흉신(四凶神)의 여부로 부모(父母)와의 인연(因緣)을 헤아리는 게 옳다. 차명(此命)은 年月에 재관(財官)의 길신(吉神)으로 분포되어 양친(兩親)과의 인연(因緣)이 두텁다고 보면 적합하다.

고설(古說)에 이르길, 길신(吉神)이 년주(年柱)에 있으면 조상이 현달(顯達)했으며 조상의 음덕(陰德)을 받는다고 했다. 반대로 흉신(凶神)이 년주(年柱)에 있으면 조상이 한미(寒微)하고 음덕(蔭德)을 받지 못한다는 것이다. '자평진전'에는 길흉신(吉凶神) 중이 특별히 재관(財官)과 상인(傷刃)을 나누어 조부대의 길흉(吉凶)을 살피는 법이 유효(有效)하다고 했다. 조상이 부귀영화(富貴榮華)를 누린 가문은 보통 년주(年主)에 재관(財官)이 왕(旺)하고, 반면 파패(破敗)하고, 유산(遺産)을 물려주지 못함은 상관(傷官), 양인(陽刃), 겁재(劫財)가 있기 때문이다. '임철초'는 年月의 길신(吉神)과 희신(喜神)과의 관계를 논했다. "부모(父母)는 전적으로 세월(歲月)의 희기(喜忌)를 논하는데, 재관인(財官印)이 年月에서 희신(喜神)이 되면 부모가 부귀(富貴)하고, 기신(忌神)이 되면 부모가 빈천(貧賤)하다"는 것이다. 이것은 논리적으로 꽤 타당한 설명이다. 그러나 '임철초'의 주장을 여과(濾過)없이 받아들이면 곤란할 때가 있다. 예컨대 年月의 재관인(財官印)이 기신(忌神)으로 격국(格局)을 해치면 과거에 부모(父母)는 흥륭(興隆)했고, 당대의 자신은 몰락(沒落)하는 경우로 나타나기가 더 쉽다. 혹자는 인수(印綬)와 재관(財官)을 나누어 설명하기도 했다. 年月의 인수(印綬)는 부모의 자애(慈愛)를, 재관(財官)은 부귀(富貴)와 관련이 깊다는 얘기다.

총론하면 부모(父母)는 여타의 육친(六親)과 달리 길신(吉神)과 흉신(凶神)의 분포에 따라 인연의 후박(厚薄)이 구분되는 특징이 있다. 또한 희신(喜神)과의 관계 여부도 관건이다. 만일 팔자의 희신(喜神)이 상관(傷官)인데 年月에 상관(傷官)이 중(重)하다면 이는 어떻게 해석해야 할 것인가. 年

月에 분포된 살상겁인(殺傷劫刃)의 흉신(凶神)일지라도 그것이 희신(喜神)이라면 오히려 복(福)이 된다는 견해가 합당할 것이지만, 실상이 그렇지 않다. 이것이 부모(父母)와 관련된 가장 특이한 점이라 할 수 있다. 처자(妻子)는 성장해서 평생을 같이 하는 존재지만, 부모(父母)와의 인연은 성장기만으로 구분되기 때문이다. 그러나 年月의 길신(吉神)이 팔자의 희신(喜神)이라면 부모와의 인연이 오래토록 두터울 것이다. 또 재인(財印)을 부(父)와 모(母)로 구분하여 각각의 희기(喜忌)를 따져 부모(父母) 중 어느 한편과의 두터운 인연을 묘사하는 추리도 어느 정도는 타당하다. 그러나 재(財)는 처(妻)와 겹치므로 처복(妻福)이 있는 명주(命主)가 필시 부친(父親)과의 인연이 두텁지만은 않은 것이다. 따라서 일부는 처(妻)와 부(夫)를 정편(正偏)을 구분해 논하기도 했지만, 어지럽기만 할뿐 적중률은 떨어진다. 인수(印綬)만으로 부모(父母)와의 관계를 설정하려한 논법도 같은 맥락에서 나타난 논리다. 이상은 모두 일면 적중하고, 일면 빗나간다. 가장 효과적인 방법은 年月의 財官은 부친(父親), 印綬는 모친(母親)에 포커스를 두고 희신(喜神)과 조화되면 해당 육친(六親)과의 특별히 두터운 인연(因緣)을 추리(推理)해도 무방하다. 비록 재관인(財官印)이 기신(忌神)이라 해도 보통의 가정 출신은 되므로 '임철초'의 설(說)대로 부모(父母)의 파패(破敗)를 단언해선 곤란하다. 반면 年月의 상관(傷官)이나 겁재(劫財), 양인(陽刃)은 비록 그것이 희신(喜神)이라 해도 조부(祖父)대의 풍파(風波)를 암시하는 작용이 매우 강하다.

兄第誰廢與誰興, 堤綱喜神問重輕.

兄第의 誰廢誰興을 알려면 堤綱 喜神의 重輕을 問하다.

형제(兄弟) 중에 누가 황폐(荒廢)하고 누가 흥성(興盛)하는지를 알려면 월지(月支) 희신(喜神)의 경중(輕重)으로 가려야 한다. 형제(兄弟)의 흥폐(興廢)를 분별하기란 쉽지 않다. 그래서인지 존재하는 여러 가지 주해(註解) 가운데 공통점과 상이점이 있다. 그러나 어느 것 하나도 시원스런 해법을 제공하지 못한다. 가령 '천미'에는 '堤綱喜神問重輕'이 '堤用財神看重輕'으로 표기되어 있는데, 이는 곧 "제강(提綱)의 용신(用神), 재(財)의 경중(輕重)이 관건(關鍵)이 된다"는 뜻으로 변질되어 원의(原義)에 부합되는 것으로 볼 수 없다. 이것은 아마도 비겁(比劫)과 재(財)의 관계를 위주로 형제(兄弟)의 길흉(吉凶)을 논하려 한 것 같다. '임철초'의 설(說)은 대략 다음과 같은 식이다. "비견(比肩)과 겁재(劫財), 양인(陽刃)이 모두 형제(兄弟)다. 재신(財神)을 위주로 재관(財官)이 약(弱)하면 삼자(三者)가 약탈(掠奪)한 자취가 나타나니 형제(兄弟)들이 좋지 않다. 재관(財官)이 왕(旺)하고 비겁(比劫)이 강(强)하면 형제(兄弟)가 모두 좋다. 일주(日主)와 함께 재관(財官)이 평등하고 삼자(三者)가 암장(暗藏)되어 있으면 형제(兄弟)가 필시 귀(貴)하다." 또한 이르길, "비견(比肩)과 록(祿)은 형(兄)이 되고, 겁인(劫刃)은 제(弟)로 칠살(七殺)을 양인(陽刃)이 합살(合殺)하면 동생의 조력(助力)이 있고, 비견(比肩)이 있어 신살양정(身殺兩停)을 이루면 형(兄)이 도움이 된다."는 식의 설명이 이어진다. 정작 형제(兄弟)의 흥망(興亡)을 좌우하는 요체(要諦)가 되는 제강(提剛)에 대한 언급이 별로 없다. 단지 신왕(身旺)하고 재왕(財旺)하며 관인(官印)이 지지(地支)에 뿌리를 내리고 소통(疏通)할 때만 형제(兄弟)간에 우애(友愛)가 있다는 일반적인 견해를 넘지 못했다.

'적천수'는 형제(兄弟)의 부귀(富貴)가 堤綱의 喜神에 달렸다고 단정(斷定)했다. 형제(兄弟)를 육친성으로 나눈다면 비겁(比劫)이 되고, 육친궁을 논하자면 월지(月支)로 볼 수 있다. 그런데 월지(月支)는 궁(宮)에 따른 육친법(六親法)이 잘 성립되지 않는다고 했다. 대개의 해설서는 거의 예외 없이 이 대목에서 특별한 고심의 흔적 없이 다만 월지(月支)의 희기(喜忌)로 형제(兄弟)의 길흉(吉凶)을 설명하기도 한다. 이것은 잘못된 것이다. 원시(原詩)의 '堤綱喜神問重輕'은 가히 육친론(六親論)의 백미(白眉)라 할 만한 내용이다. 형제(兄弟)의 흥망(興亡)과 추이(推移)는 한 마디로 "팔자의 희신(喜神)이 월지(月支)에서 비롯되었는가"로 결정되는 것이다. 희신(喜神)이 월령(月令)을 얻으면 형제(兄弟)들이 출세(出世)하고 부자(富者)가 된다. 따라서 형제(兄弟)를 논할 때는 궁(宮)에 의한 추론은 별반 의미가 없고, 희신(喜神)의 득령(得令) 여부와 비겁(比劫)과 희신(喜神)의 관계가 관건(關鍵)이 된다. 誰廢誰興의 구분은 희신(喜神)이 투(透)한 자리로 가정하는 방법이 있다. 가령 월지(月支)에 뿌리를 내린 희신(喜神)이 시간(時干)에 투(透)하면 동생이 출세(出世)하고, 年月에 투(透)하면 현출(顯出)한 형이 있다고 보는 식인데 반드시 일치하지만은 않는다. 월지(月支)의 형충(刑沖)은 형제(兄弟)의 신상(身上)과 관련해서 몹시 위태로운 요소다. 세상을 먼저 떠나는 형제가 나타날 가능성이 높다.

희신(喜神)의 득령(得令) 여부	형제의 흥망(興亡)을 좌우
비겁(比劫)과 희신(喜神)의 관계	형제와의 인연, 덕(德) 유무를 구분

형제(兄弟)의 길흉(吉凶)을 논할 때 喜神은 세월(歲月)의 성패희기(成敗喜忌)를 주재(主宰)하는 부억법(扶抑法)과 전왕법(專旺法)에 한해 처리하는 것이 적합하다. 위에서 夫妻나 子女는 각각 財와 殺과의 조화(調和) 여부를 우선시하므로 이때의 喜神은 체신(體神)의 용(用)인 상신(相神)이나 진신(眞神)을 염두에 둘 수 있으나, 궁(宮)에 따른 육친법(六親法)을 고려하지 않는 兄弟의 廢興을 논할 때는 부억용신(扶抑用神)이나 전왕용신(專旺用神)만 고려해도 문제가 없다. 아래는 '천미'에 예시된 팔자(八字)다. 해설은 필자의 견해다.

丁 丙 壬 丁
酉 子 寅 亥

寅月에 丙丁만이 온전히 투(透)해 세월(歲月)의 희기(喜忌)는 염상격(炎上格)과 같이 木火土를 기뻐한다. 丁火 희신(喜神)이 월지(月支)에 뿌리를 내리고, 시간(時干)에 투(透)하여 형애제경(兄愛弟敬)했다고 한다.

庚 丙 戊 癸
寅 午 午 巳

양인격(陽刃格)으로 관살(官殺)을 쓸 수 없으니 파격(破格)이다. 庚金은 사궁(巳宮)에서 생(生)하므로 이때는 "強衆而敵寡者, 勢在去其寡"가 적용되지 않는다. 희신(喜神) 庚金은 실령(失令)하고 무력(無力)하므로 성공하는 형제(兄弟)를 기대하기 어렵다. 다음은 '사주추명술오의'에 동생을 셋이나 잃었다고 설명된 팔자(八字)다.

癸 辛 丁 辛
巳 巳 酉 巳

희신(喜神) 丁火는 월령(月令)을 잃었다. 서자평(徐子平)은 비겁(比劫)이 형제자매(兄弟姉妹)가 되고, 월령(月令)이 형제자매를 보는 문호(門戶)라고 했다. 따라서 관살(官殺)이 많으면 형제(兄弟)가 드물고, 비겁(比劫)이 지나치면 군겁쟁재(群比爭財)가 되어 싸우고 불목(不睦)한다는 것이다. 양간(陽干)이 칠살(七殺)을 많이 보면 겁재(劫財)를 얻어 매씨합살(妹氏合煞)할 때 형제가 화목(和睦)하다는 것이다. 이것은 '임철초'의 해설과 같다. 만민영(萬民英)은 "비겁(比劫)을 형제로 보는데 비겁(比劫)이 득령(得令)하면 형제가 부귀(富貴)하고 영화(榮華)를 누린다"고 했다. 돋보이는 주장이다.

出身論(출신론)

***Spectrum**

巍巍科第邁等倫, 一個元機暗裏尋.

科第란 등과급제(登科及第)를 뜻하고, 邁等倫이란 최상의 엘리트 코스(the elitist course)를 거쳐 초고속 승진(昇進)을 한 케이스를 뜻하는 말이다. 또한 과정상에 좌절(挫折)됨이 없이 존귀(尊貴)한 직책(職責)에 올랐으니 巍巍라 한 것이다. 이런 경우는 응당 보통의 귀격(貴格)과는 차별되는 특별한 무언가가 있을 것이다. 보통 말하는 부귀격(富貴格)의 전형(全形)으로 진신(眞神)과 이를 보좌(輔佐)하는 희신(喜神)이 건전(健全)하게 투(透)한 상황을 들 수 있다. 각종 해설서에는 이러한 일반적 정황으로 科第邁等倫을 논하고 있는데, 원뜻은 그런 게 아니다. 巍巍란 위에서 언급한대로 처음부터 끝까지 부귀(富貴)가 무변(無變)하고 무쌍(無雙)한 계층의 격국(格局)을 말하는 것이다. 즉 기특(奇特)한 격국(格局)이라는 얘기다. '임철초'는 몰라도 '조화원약평주'를 주해(註解)한 '서락오'가 출신론(出身論) 전반에서 다소 초점(焦點)을 벗어난 장황한 해설로만 덮는 이유를 잘 모르겠다. 이 외에도 본토인들조차 원시(原詩)의 정확한 뜻에서 한참 벗어난 경우가 더러 있는데, 그들의 논리를 답습하기에 급급했던 우리로서는 정궤(正軌)에 오르기가 쉽지 않다. 명리(命理)를 잘 모르는 인사들은 기격(奇格)이나 이격(異格)을 잘 알지 못하고 그저 부정하는 목소리에 편승하는 이들이 많다.

기특(奇特)한 격국(格局)은 몇 종(種)을 들 수 있으나 원시(原詩)가 거론하는 상황은 상관상진(傷官傷盡)과 관련이 깊다. 상관상진(傷官傷盡)이란 일단 상관(傷官)이 득세(得勢)하고 관살(官殺)이 없는 상황을 말한다. 연해자평(淵海子平)에 상관상진(傷官傷盡)이 최위기(最爲奇)라 했는데 후세에 이를 부정하는 이들이 많았다. 이것은 격국(格局)의 겉모습만 보고 속을 파악하지 못했기 때문이다. 기격(奇格)은 대개 암장(暗藏)된 하나의 글자가 조습(燥濕)을 조절하는 묘(妙)한 효용(效用)을 나타낸다. 이를 두고 바로 一個元機를 暗裏에서 尋할 수 있다고 한 것이다. 상관상진(傷官傷盡)에 관한 '난강망'의 상반(相反)된 두 가지 이론을 살펴보겠다. '조화원약평주'에 이르길, 巳月 戊土가 지지(地支) 금국(金局)을 짓고 癸水가 출간(出干)하면 비단 대부대귀(大富大貴)에 그치지 않고, 경륜(經綸)과 지용(智勇)을 겸비(兼備)한다고 했다. 반면 巳月 丁火에 戊土가 많아 상관상진(傷官傷盡)이 되면 출중(出衆)한 수재(秀才)가 되나 부귀(富貴)는 재능(才能)에 미치지 못한다고 했다. 다 같은 상관상진(傷官傷盡)인데 그 차이는 어디에서 비롯될까. 巳月 戊土는 癸水가 土를 윤택(潤澤)하게 만들어 토윤생금(土潤生金)하는 공(功)을 이루었지만, 巳月 丁火는 상관(傷官)이 태중(太重)하여 설기(洩氣)가 지나치므로 丁火의 빛이 어두워졌을 뿐이다. 이때는 상관생재격(傷官生財格)을 이루어야 부(富)가 천금(千金)에 이른다. 이제 원시(原詩)가 논하는 元機暗裏尋에 들어맞는 상관상진(傷官傷盡)의 유형을 알아보겠다. 삼동(三冬) 己土에 한 무리의 庚辛金이 있으면 丙火로 조후용신(調候用神)을 삼는 것이 정법(正法)이다. 이때 庚金이 투(透)하면 丁火로 제(制)해야 유용(有用)하다. 그러므로 토금상관(土金傷官)에 인수(印綬)가 있으면 부귀격(富貴格)을 이룬다. 이와 같이 추동(秋冬)의 土가 金火를 만나면 金火의 조화(調和)를 조화검봉금(劍鋒金)이 홍노화(洪爐火)를 만난 것에 비유하여 대기(大器)를 이루는 경우가 적지 않은데, 丙火가 암장(暗藏)되면 金土를 따뜻하게 하여 귀(貴)를 더한다. 바로 이 암장(暗藏)된 丙火가 暗裏의 一個元機인 것이다. 따라서 이때 丁火가 투(透)하고, 丙火가 암장(暗藏)되면 기특지명(奇特之命)으로 부귀무쌍(富貴無雙)하다.

출신(出身)이란 한정적인 의미로 '벼슬아치들의 (최초) 경력'과 같은 것으로, 기격(奇格)은 태생(胎生)이 좋고, 등용(登龍)의 과정이 좋으며 경력(經歷)도 눈부신 팔자(八字) 유형을 말한다. 다음은 관위(官位)가 시랑(侍郎)에 이른 명(命)으로 '궁통보감'에 예시된 팔자(八字)다.

甲 甲 丙 丁
子 寅 午 巳

子中 癸水가 조후(調喉)의 효용(效用)을 나타낸다. 이를 두고 바로 元機暗裏尋이라 하는 것이다. 이것은 차명(此命)이 최적의 코스를 거쳐 왔음을 시사한다.

淸得靜時黃榜客, 雖雜濁氣亦中式.

淸得靜時란 팔자(八字)의 부귀(富貴)를 결정짓는 용신(用神)이 월령(月令)을 얻거나, 진신(眞神)이 용신(用神)으로 건전(健全)하게 투(透)한 상황을 말한다. 黃榜의 客이란 과갑(科甲)으로 오늘날 '사법 시험', '행정 고등고시', '외무 고등 고시', '기술 고등 고시'의 고시(高試) 출신(出身)으로 이해하면 무난하다. 다음은 중국 외교부장(外交部長)을 지낸 팔자(八字)다. 丙丁火가 투(透)하고 지지(地支) 화국(火局)을 이루어 淸得靜時한 진종(眞從)이다.

己 壬 丙 丁
酉 寅 午 亥

淸得靜時와 달리 청기(淸氣)가 비록 당령(當令)하지 못해도 얼마든지 귀격(貴格)을 이룰 수 있다. 원시(原詩)에서 거론하는 雖雜濁氣는 두 가지 경우다. 비록 용신(用神)을 극(剋)하는 기신(忌神)이 있더라도 그것이 미약(微弱)하여 크게 해(害)를 미치지 못하거나, 또는 용신(用神)이 월령(月令)의 극(剋)을 받는 경우로 이때 극신(剋神)이 투(透)하면 곤란하다. 中式이란 장원(壯元)급의 과갑(科甲)에 미치진 못하는 감이 있어도 과거(科擧)에 급제(及第)하는 것을 뜻하는 말이다. 예컨대 卯月 壬水는 戊辛이 양투(兩透)하면 과갑(科甲)에 준(准)함이 있다. 다만 용신(用神) 戊土가 월령(月令)의 극(剋)을 받으므로 부귀(富貴)가 극품(極品)에 이르는 경우는 좀체 없다. 戊辛이 투(透)하지 않고 庚金이 있어 출간(出干)해도 귀격(貴格)을 이룬다. 다음은 '조화원약평주'에 과갑(科甲)한 명(命)으로 예시된 수목상관패인격(水木傷官佩印格)의 팔자(八字)다.

庚 壬 乙 戊
子 子 卯 午

秀才不是塵凡子, 淸氣只嫌官不起.

秀才는 塵의 凡子와는 달리 淸氣가 있다. 嫌官不起는 두 가지로 해석될 수 있다. 첫째는 嫌官하여 不起하는 것이고, 둘째는 官不起를 嫌하는 것이다. 전자의 예로 위에서 언급한 巳月 丁火에 戊土가 많은 경우를 들 수 있다. 이때는 水의 관(官)을 꺼리므로 水가 없어야만 상관상진(傷官傷盡)으로 淸氣가 나타나니 수명(秀命)을 이룬다. 만일 水를 보게 되면 평범(平凡)한 명(命)이 되고 만다. 이렇게 嫌官하고 元機暗裏尋에 해당되지 않으면 부귀(富貴)가 재능(才能)에 미치지 못한다. 官不起를 嫌한다는 것은 관살(官殺)을 기뻐하는데, 관살(官殺)이 투(透)하지 않고 암장(暗藏)되거나 보이지 않는 경우를 말한다. 예컨대 卯月 壬水는 戊土와 辛金이 투(透)하면 과갑(科甲)에 준(准)한다. 그런데 戊辛이 투(透)하지 않고 암장(暗藏)되면 수재(秀才)로 그치기 쉽다. 이때는 격국(格局)이 순수(純粹)해도 관작(官爵)과 봉록(俸祿)과 인연이 잘 닿지 않는 것이다. 또 조후(調候)가 위급한데 기후(氣候)의 배합(配合)이 이루어지지 않으면 한유(寒儒)에 지나지 않는다. 다음은 '조화원약평주'에 수재(秀才)로만 묘사된 팔자(八字)다.

壬 壬 己 庚
寅 辰 丑 午

丑月 壬水에 丙火가 있으면 해동(解凍)하니 명리(名利)가 쌍전(雙全)한다. 丙甲이 투출(透出)하면 과갑(科甲)의 귀(貴)가 있고, 戊土만 투(透)해도 의금(衣衿)과 록수(祿壽)가 있다. 이때는 壬水가 丙火를 핍박(逼迫)하지 않아야 길하다. 차명(此命)은 관인상생(官印相生)으로 성격(成格)되었지만, 壬水가 투(透)하여 관(官)이 무용지물(無用之物)이 되었다. 일주(日主)가 관(官)을 용(用)할 수 없거나, 관(官)이 무력(無力)하여 일주(日主)를 극(剋)할 수 없는 것도 官不起라 한다.

異路功名莫說輕, 日干得氣遇財星.

異路功名이란 이도(異途)로 귀(貴)를 이루는 것으로 등용문(登龍門)의 정식 과정을 거치지 않고 부귀(富貴)를 실현하는 유형을 총칭(總稱)하는 말이다. 종래에는 주로 무직(武職)으로 관료(官僚)에 오르는 현상을 두고 異路功名의 출신(出身)을 논했다. 이외에도 책사(策士)로 개국(開國)의 공신(功臣)에 등극한다거나, 배우(配偶)가 장관(長官)에 취임(就任)하거나 이루 헤아릴 수 없이 경우의 수가 많다. 문치(文治)의 시대에는 주로 살인(殺刃)으로 나타나는 무직(武職)의 귀(貴)를 재관(財官)으로 용신(用神)을 삼는 귀격(貴格)의 전형(全形)에 비해 낮은 등급으로 다루었다. 그런데 異路功名을 莫說輕하라고 했다. 무릇 일국(一國)을 건설하거나, 만인(萬人)을 제압(制壓)하는 효웅지상(梟雄之象)은 異路功名의 예가 많았기 때문이다. 다음은 '조화원약평주'에 승상(丞相)의 명(命)으로 예시된 팔자(八字)다.

丙 庚 丁 辛
子 午 酉 卯

酉月 庚金이 丙火가 중(重)한데 하나의 丁火가 높이 투(透)하면 관살병용(官殺竝用)으로 과갑(科甲)을 한다. 丙火가 출간(出干)하고 丁火가 암장(暗藏)되면 이로(異路)로 공명(功名)을 이룬다. 이것은 살인(殺刃)이 균등(均等)함을 논한 것으로 귀(貴)가 왕후(王侯)에 이른다고 했다. 살왕인경(殺旺刃輕)하면 과갑(科甲)으로 벼슬길에 오른다. 살인(殺刃)은 주로 귀(貴)가 무직(武職)에 있는데 이를 두고 이도(異途)의 귀(貴)라 한다. 異路功名에서 원시(原詩)는 따로 日干이 得氣하고 財星을 遇하는 상황을 거론했다. 이것은 부(富)한 가운데 귀(貴)를 취(取)하는 부중취귀(富中取貴)의 격국(格局)을 뜻한다. 부중취귀(富中取貴)에는 여러 유형이 있으나, 이중 재신(財神)이 관살(官殺)을 생조(生助)하는 격국(格局)의 부귀(富貴)가 높다고 보면 무난하다. 다음은 엘리자베스 2세(Queen Elizabeth II), 영국 여왕의 팔자(八字)다.

丁 庚 壬 丙
丑 辰 辰 寅

辰月 庚金에 甲丁이 양투(兩透)하고 비견(比肩)을 보지 않으면 과갑(科甲)에 이르나 반드시 대운(大運)이 도와야 한다. 대개 체용(體用)이 동궁(同宮)에 있는 상등(上等)의 격국(格局)은 원명(原命)에 복택(福澤)이 두터워 호운(好運)이 없어도 발전하나, 차등(次等)의 격국(格局)은 원명(原命)에 약점이 있어 대운(大運)의 도움이 필요한 것이다. 차명(此命)은 丁이 투(透)하고, 甲이 암장(暗藏)되어 이도(異途)로 현직(顯職)한다. 庚金 일간

(日干)은 생시(生時)를 얻어 신강(身强)하고 甲木 재(財)가 인궁(寅宮)에 득소(得所)하여 丁火 관(官)을 생(生)하니 "遇財의 異路功名은 說輕하지 말라"는 말이 실감나는 명(命)이다.

地位論(지위론)

***Spectrum**

臺閣勳勞百世傳, 天然淸氣顯機權.

臺閣勳勞란 내각(內閣)에서 세운 훈공(勳功)으로 百世에 傳함은 한 마디로 높은 벼슬을 하는 동안 공명(功名)을 이루고, 그 이름이 오래도록 빛나는 바를 뜻한다. 이러한 팔자(八字)는 天然淸氣가 機權으로 顯하기 때문이라고 했다. 天然의 淸氣란 가장 자연스러운 용신(用神)으로 진신(眞神)과 같은 말이다. 혹은 원국(原局)에 이미 있는 용신(用神)으로 해석할 수 있지만, 이는 별반 의미가 없는 내용이다. 顯機權이란 용신(用神)의 원기(元機)가 사권(司權)한 것이니 월령(月令)을 그대로 얻어 투현(透顯)한 상황을 말한다. 그러므로 대략 팔자(八字)의 희신(喜神)이 월령(月令)을 얻고, 훼손(毁損)되지 않으면 淸氣顯機權에 해당한다. 가령 申月 甲木은 庚金과 丁火가 투(透)하면 벽갑인정(劈甲引丁)의 상격(上格)을 지어 과갑(科甲)한다. 丁火가 암장(暗藏)되고 庚金만 투(透)해도 흔목위재(欣木爲財)의 귀격(貴格)을 이루며 丁火가 없어도 평범(平凡)치 않다. 이때 용신(用神)으로 삼는 庚金은 사권(司權)하여 淸氣顯機權이 분명한 경우라 할 수 있다. 이와 같이 체용(體用)이 동궁(同宮)에 놓이면 크게 발달(發達)한다. 巳月 戊土에 癸水가 투(透)하면 토윤생금(土潤生金)으로 토금상관(土金傷

官)의 기격(奇格)을 이루어 부귀(富貴)가 극(極)에 이른다고 했다. 사궁(巳宮)에는 庚金이 장생(長生)하나 火土가 염조(炎燥)하여 금기(金氣)가 미약(微弱)하지만 금국(金局)을 이루면 庚金이 유용(有用)해진다. 이렇게 체용(體用)이 모두 동궁(同宮)에 있고 癸水가 윤토(潤土)하면 묘(妙)해지므로 봉지도랑(鳳池桃浪)의 객(客)이 되어 임금의 은덕(恩德)을 입는다고 한 것이다. 이런 사람은 개인의 부귀(富貴)에 그치지 않고 경륜(經綸)과 지용(智勇)으로 국가의 발전에 기여한다. 가히 天然의 淸氣가 機權으로 드러난 것이다.

職掌兵權豸冠客, 刃殺神淸氣勢特.

掌兵權豸冠의 職은 장수(將帥)와 사법관(司法官)을 말한다. 고대(古代)에 판관(判官)이 썼던 해태의 뿔 모양을 만들어 붙인 관을 해치관(獬豸冠)이라 한다. 이렇게 위세(威勢)가 드러나는 생사지탈(生死之奪)의 권한(權限)은 명중(命中) 刃殺이 주도한다. 刃殺神淸은 刃이나 殺 중에 희신(喜神)이 되는 오행(五行)이 손상(損傷)되지 않는 것이고, 氣勢特은 刃이나 殺의 둘 중 하나는 월령(月令)을 얻어야 세력(勢力)이 왕(旺)한 것을 말한다. 이와 같이 刃殺이 淸과 特의 두 가지 조건을 충족(充足)시키면 군검경(軍檢警)계의 고위직(高位職)에 오를 가능성이 높다.

分藩司牧財官和, 淸奇純粹局全多.

分藩司牧은 봉건(封建) 시대의 제후(諸侯)를 일컫는 말이다. 分藩司牧은 대개 財官이 조화(調和)되어 중화(中和)를 얻은 팔자(八字)에서 발견하기 쉽다. 淸奇純粹局은 한 마디로 용신(用神)이 건전하고, 격국(格局)이 순수(純粹)함을 뜻하는 얘기다. 여기에서 따로 奇局과 純粹局의 외격(外格)을 논할 필요는 없다. 이 경우는 淸氣顯機權에 해당하는 내용이기 때문이다.

便是諸司幷首領, 也從淸濁分形影.

이 대목에서는 위에서 거론한 諸司를 합친 首領의 팔자(八字) 유형 모두가 便是라, 즉 보는 법이 하나 다를 게 없음을 논하고 있다. 무릇 우두머리의 신분(身分)이나 지위(地位)를 나타내는 귀(貴)는 팔자(八字)의 청탁(淸濁)을 헤아려 실체와 그림자를 가리면 알 수 있다는 얘기다.

❐ 청탁(淸濁)의 십간(十干) 관계

지위론(地位論) 전반은 원국(原局)의 희신(喜神)이 손상(損傷)당하지 않는 청기(淸氣)를 주안(主眼)으로 삼고 있다. 청탁(淸濁)의 일면을 희신(喜神) 십간(十干)과 이를 탁(濁)하게 만드는 십간(十干)의 관계로 정리해 볼 수 있다.

喜神	甲	乙	丙	丁	戊	己	庚	辛	壬	癸
忌神	庚 丁	辛 丁	癸	癸 戊	甲	乙 庚 辛	丙 丁 癸	丁 癸	戊 己	己

貴賤貧富吉凶壽夭論(귀천빈부길흉수요론)

***Spectrum**

하지장(何之章)은 귀천(貴賤), 부귀(富貴), 길흉(吉凶), 수요(壽夭)로 팔

자(八字)를 양분(兩分)해서 다루는데, 어느 한편으로 치우치지 않는 평균적인 명(命)이나 신세(身世)가 변(變)하는 상황에 대해서는 따로 논하지 않았다. 따라서 이 장(章)에서는 전체 상황을 헤아릴 필요가 없고, 각 주제별로 추명(推命)의 원칙(原則)만 명료(明瞭)하게 인식(認識)하면 된다.

何知其人貴, 官星有理會.

무엇으로 人의 貴를 아는가, 官星의 理會가 有하기 때문이다.

관성(官星)의 이치(理致)를 회득(會得)하면 귀(貴)를 알 수 있다. 관살(官殺)을 용(用)하여 귀격(貴格)을 이루려면 응당 관살(官殺)이 간투(干透)하고, 유력(有力)할수록 존귀(尊貴)하다. 반면 관살(官殺)을 기피(忌避)하는 격국(格局)은 관살(官殺)이 투(透)하면 매우 불리(不利)하고, 가급적 지지(地支)의 정기(正氣)로 득소(得所)하지 않는 게 좋다.

何知其人賤, 官星總不見.

무엇으로 人의 賤을 아는가, 官星이 總 不見하기 때문이다.

팔자(八字)에 희신(喜神)이 되는 관살(官殺)이 보이지 않으면 하천(下賤)하다. 따라서 이미 관살(官殺)의 글자가 있다면 파격(破格)된 경우라도 그 자체로 천(賤)을 속단(速斷)하지 않는 게 좋다. 보통 관살(官殺) 용신(用神)의 극충(剋沖)을 당하면 평범(平凡)해지기 쉬운 것이다.

何知其人富, 財氣通門戶.

무엇으로 人의 富를 아는가, 財氣가 門戶로 通하기 때문이다.

문호(門戶)란 '집(宅)으로 드나드는 문(門)'이니 제강(提綱)을 염두에 둔 간지(干支)를 비유한 말이다. 즉 팔자(八字)의 재신(財神)이 월령(月令)을 얻고 투(透)하면 부자(富者)일 가능성이 높다. 이때는 겁재(劫財)에 능히 대항(對抗)할 힘이 있고, 신약(身弱)해도 종재(從財)를 지을 수 있으므로 크게 축재(蓄財)하는 기회를 잡는다.

何知其人貧, 財神終不眞.

무엇으로 人의 貧을 아는가, 財神이 終내 不眞하기 때문이다.

재성(財星)이 부진(不眞)하다는 것은 보통 재신(財神)이 기신(忌神)으로 작용하여 파격(破格)되거나, 재격(財格)이 귀격(貴格)으로 성격(成格)되지 못한 경우를 말한다. 그러나 원시(原詩)는 일반적인 재성부진(財星不眞)을 논하는 게 아니라, 부진(不辰)되어 버린 상황에 착안(着眼)하여 빈(貧)을 말한다. 즉 희신(喜神)이 되는 재성(財星)이 합(合)으로 기반(羈絆)되거나 충(沖)으로 손상(損傷)된 팔자(八字)는 빈곤(貧困)하다는 얘기다.

何知其人吉, 喜神爲輔弼.

무엇으로 人의 吉을 아는가, 喜神이 輔弼하기 때문이다.

희신(喜神)이란 한 마디로 일주(日主)와 용신(用神)을 돕는 신(神)이다. 희신(喜神)이 보필(輔弼)하면 기신(忌神)의 공격(攻擊)을 무력(無力)하게 하므로 재앙(災殃)에 노출(露出)되는 일이 드물다. 일주(日主)의 좌우(左右)에 희신(喜神)이 첩(貼)하면 별다른 사고(事故)가 없이 화길(和吉)하다.

何知其人凶, 忌神輾輾功.

무엇으로 人의 凶을 아는가, 忌神이 輾輾功하기 때문이다.

기신전전공(忌神輾輾功)이란 마치 기신(忌神)이 벌 떼와 같이 일주(日主)을 공격하는 것을 말한다. 가령 팔자(八字)의 천간(天干)에 재살(財殺)이 가득하고, 인비(印比)로 구제(救濟)되지 않으면 흉화(凶禍)가 이어지고, 치명적인 재앙(災殃)을 입기 쉽다.

何知其人壽, 性定元氣厚.

무엇으로 人의 壽를 아는가, 性이 定하고 元氣가 厚하기 때문이다.

장수(長壽)하는 사람은 성정(性情)이 안정(安定)되고, 일원(日元)의 기(氣)가 두텁다. 즉 오행(五行)이 조화(造化)되어 편고(偏枯)치 않으면 자연 중화(中和)를 얻어 감정(感情)이 온화(溫和)하고 질병(疾病)으로 고생하는 일이 드물다.

何知其人夭, 氣濁神枯了.

무엇으로 人의 夭를 아는가, 氣가 濁하고 神이 枯하기 때문이다.

요절(夭折)하는 사람은 희신(喜神)이 기신(忌神)의 충극(沖剋)으로 무력(無力)해지거나, 오행(五行)이 木火로만 치우쳐 분목(焚木)되거나 토조(土燥)한 경우에서 많이 찾아볼 수 있다.

❐ 귀천빈부길흉수요(貴賤貧富吉凶壽夭)의 뜻

명리(命理)는 귀천빈부길흉수요(貴賤貧富吉凶壽夭)에 대해 간단하게 정의(定意)한다. 다시 말해 몹시 세속적인 가치로 그것을 구분한다. 가령 "마음이 풍요로우면 부자(富者)다"라는 말은 팔자술(八字術)로 구현되는 명리(命理)의 본질적인 관점에서는 전혀 통하지 않는 얘기다. 즉 형이상학(形而上學)이 형이하학(形而下學)으로 향(向)한다는 얘기다. 비록 일면 기세(氣勢)의 순수(純粹)로 청빈(淸貧)이나 한유(寒儒) 등과 같이 짐짓 점잖은 표현은 하지만, 본질은 '가난뱅이'에 불과하다. 청빈(淸貧)은 빈천(貧賤)과는 사뭇 의미를 달리 하지만, 귀격(貴格)과는 융합(融合)되지 않는다. 명가(命家)는 속진(俗塵)의 현상에 정통(精通)한 연후 다음의 가치(價値)를 향한다. 세사(世事)를 간파(看破)하지 못하고, 도외시하는 일체의 도(道)는 인정할 수 없다는 의미다. 그래서인지 선철(先哲)이나 고승(高僧)들은 술법(術法)에 밝았다. 세사(世事) 일반의 도리(道理)조차 모르는 구제(救濟)의 효용(效用)이 나타날 리 만무다.

貴	개인의 사회적 지위가 높은 것
賤	개인의 사회적 지위가 낮은 것
貧	돈이 없는 것
富	돈이 많은 것
吉	별다른 탈 없이 평화로운 것
凶	뜻밖의 불행한 일을 당하는 것
壽	오래 사는 것
夭	일찍 죽는 것

貞元論(정원론)

✎*Spectrum

造化生生不息機, 貞元往復運誰知.

生生不息의 造化와 貞元을 往復하는 運이란 사주팔자(四柱八字)의 각 기둥별로 구분되는 기능(機能)을 뜻한다. 貞元은 원형이정(元亨利貞)으로 하늘이 갖춘 네 가지 덕(德)을 말함이니 이는 곧 '생기고, 자라고, 이루고, 거두는' 것으로 貞元往復運을 보는 방법은 대략 다음과 같은 것이다. 팔자(八字) 원국(原局) 자체로 구분되는 영역의 길흉변화 추이를 살피는 방법은 크게 '근묘화실론(根苗花實論)'과 '원형이정법(元亨利貞法)'으로 구분된다.

❒ 근묘화실(根苗花實)과 원형이정(元亨利貞)

근묘화실론(根苗花實論)	조부배자(祖父配子)의 육친궁(六親宮)의 희기(喜氣)와 같이 고정된 영역에서 정해진 추리
원형이정법(元亨利貞法)	사시(四時)의 순환과 같이 사람의 성장 별로 시간대를 구분하여 변화 내용을 추리

이중 정원법(貞元法)은 사주(四柱)의 年月日時를 각각 원형이정(元亨利貞)에 배속하여 각 기둥을 15년 단위로 행운(行運)을 살피는 것이다.

時柱	日柱	月柱	年柱
貞	利	亨	元
46세 이후 60세	31세 이후 45세	16세 이후 30세	1세 이후 15세

현재는 과거와 달리 평균수명이 길어지고 활동 기간도 연장되었으므로 20세 단위로 각 기둥을 구분하기도 한다. 그러나 貞元은 往復한다. 따라서 환갑(還甲)을 넘기면 다시 元의 시점으로 돌아가 향후의 추이(推移)를 참고하는 게 옳을 것이다.

有人識得其中數, 貞下元開是處宜.

識得其中數에서 數는 술수(術數)로 곧 음양오행(陰陽五行)의 이치(理致)를 말하는 것이니 이를 터득하면 貞下하고 元開하는 바를 알아 바른 처신(處身)에 도움을 얻을 수 있다. 貞下란 시주(時主)의 기간에서 인생(人生)의 막(幕)이 내린다는 뜻이다. 그러므로 비록 나이 60을 넘겨 元開의 운(運)으로 접어들더라도, 이것은 후손(後孫)의 운(運)과 밀접한 것이어서 자신(自身)은 노욕(老慾)을 부리지 않도록 경계함이 좋다. 貞元往復運을 보는 방법은 주로 팔자(八字)의 희신(喜神)이 어느 간(干)으로 투(透)했는가에 따라 해당 기간의 성패희기(成敗喜忌)를 보는 식이다. 이때 지지(地支)는 희신(喜神)과의 조화(調和) 여부로 길흉(吉凶)을 추리(推理)한다.

註 : 오늘날 수명의 연장으로 정하 이후 원개의 운에 주목할 필요가 있다.

八字空亡秘鑰

'팔자공망비약'은 저자가 2007년 겨울의 초입에 명리학자로서의 약 2년간의 공백을 깨고 일성한 책이다. 책의 출판과 함께 단국대학교 국제회의장에서 독자들을 위한 공개강좌가 이뤄졌다. '공망비약'은 체용體用의 정교한 분할로 발전되어 온 명리의 패러다임을 바꾸었다. 이른바 변變의 영역까지를 포괄하는 개변改變으로 저자의 저력을 나타냈다. 그런데 이 책은 지신知新이기보다 온고溫故에 가까운 특징이 있다. 주제가 공망空亡이기 때문이다. 전체가 74페이지로 명리서로는 거의 찾아보기 힘든 슬림한 책이다. 이 책은 그동안 개론서槪論書 위주의 출판문화에 신선한 충격으로 다가왔다. '터칭 더 보이드(Touching the Viod)'라는 영어 부제가 달린 이 책은 300부로 한정 출판됐다. Touching the Viod는 정복을 허용치 않았던 고산 등반에 성공하고 하산 길에 부상당한 청년과 동료들의 이야기를 다룬 영국에서 제작된 영화 제목이기도 하다.

영화의 줄거리 대강은 다음과 같다. 1985년 페루 안데스 산맥의 시울라

그란데the Siula Grande(6400m)를 정복하려 했던 두 영국 젊은이의 이야기를 다루고 있다. 당시 스물한 살과 스물다섯 살이었던 사이먼 예이츠와 조 심슨이 심한 눈바람 속에서 조난을 당한다. 조 심슨은 한쪽 다리가 부러진 채, 로프에 의지해 허공에 매달려 있게 되고 그렇게 있기를 몇 시간이 지났다. 여느 산악인이 처할 수 있는 최악의 딜레마에 처한 사이먼 예이츠는 이미 친구가 죽었을 것으로 판단하여 로프를 자른다. 그런데 깊은 절벽 아래로 떨어진 조 심슨은 다행히 죽지 않았고, 한치 앞도 볼 수 없는 상황에서 부러진 다리를 질질 끌고 산을 내려와 마침내 베이스캠프에 이르게 된다.

책에는 따로 자서自序가 없으므로 새롭게 모습을 드러낸 저자의 소회나 의지를 따로 찾아볼 수 없다. 크레바스crevasse의 빈 공간인 void에서 책의 제목을 딴 것은 아마도 공망空亡의 허중유성虛中有聲을 말하는 동시에 고된 일상을 살아가는 많은 역학도들이 용기를 내도록 독려하는 의미를 담았던 것 같다. 이 책은 곧 연이어 출판된 '팔자입문八字入門 I II III IV V VI' 시리즈 중 V편으로 출판 보급됐다. 내용의 골자는 인트로 편의 '공망신법'과 텍스트의 '공망왕기'로 짐작할 수 있다.

Intro – 空亡新法

淵海子平에 이르길 甲子 旬中에는 戌亥가 없고, 甲戌 순중에는 申酉가 없으며 甲申 순중에는 午未가 없고, 甲午 순중에는 辰巳가 없으며 甲辰 순중에는 寅卯가 없고, 甲寅 순중에는 子丑이 없다고 했다. 旬이란 十日을 의미하니 天干은 열 개의 글자요, 地支는 열 두 글자라 甲子에서 天干十數가 끝나는 癸酉까지 이르면 地支의 戌亥가 남는 식이다. 이때 戌亥는 애석하게도 천간의 글자와 짝을 이루지 못하니 '하늘이 비고 없다'는 空亡

의 글자가 되고 그래서인지 天中殺로도 널리 회자되었다.

淸代 協紀辨方書에 甲子 旬中에는 戌亥가 空亡인데, 이것의 沖方에 있는 글자인 辰巳는 孤虛神이 된다고 했다. 대개 八字에 空亡이나 孤虛神이 있으면 孤命이기 쉽다 했는데, 이처럼 空亡은 '헛되고, 망하다'는 일반적으로 부정적인 의미를 지녀 진실로 不利하게 여겨지지만, 凶으로만 논하기엔 不可한 점이 있으므로 결국 八字의 짜임에 따라 吉凶의 양면을 정확히 판정할 수 있어야 한다.

空亡은 크게 旬中空亡과 四大空亡으로 나뉘는데 旬空은 먼저 글자로 구분되고, 四空은 納音五行으로 구분된다. 六十甲子에는 모두 納音五行이 배속되어 있는데 이중 甲戌과 甲辰의 二旬中에는 木火土金水의 納音五行이 온전히 갖추어져 있으나, 나머지 甲子, 甲午, 甲寅, 甲申 旬中에는 水나 金의 五行이 비어 있다. 바로 이것이 四大空亡인데, 壺中子가 顔回의 夭折을 두고 四大空亡을 犯했기 때문이라 했으니 섬뜩치 않을 수 없는 얘기다.

이상은 袁樹珊의 命理探原에 간략하게 기술되어 있는 내용을 대략 간추려 서술해 본 것이다. 참으로 간단하고 前後를 살핀들 별반 도움이 되는 점은 없다.

空亡을 구하는 법은 간단하다. 학습 초기에는 다음의 空亡表를 참조하면 그만이겠지만 推命 현장에서는 즉시 짚어야 한다. 보통 空亡을 찾을 때는 머릿속으로 日主에서 六十甲子 순서대로 헤아리면서 甲乙의 글자에 배속되는 地支 두 글자를 空亡으로 이끌어낸다. 이를테면 丁巳 日主의 경우, 戊午, 己未, 庚申, 辛酉, 壬戌, 癸亥, 甲申, 乙酉로 진행되는데 이때 甲乙과 짝을 이룬 申酉 두 글자가 空亡이 된다. 日主가 甲乙이면 六甲을 역행하여 앞의 壬癸에 배속된 地支 두 글자를 空亡으로 보면 된다. 예를 들어 甲子 日主는 壬戌, 癸亥 다음으로 오는 六甲이 되니 戌亥가 空亡이다. 끝으로 日主가 戊己면 가장 신속하게 空亡의 글자를 짚어낼 수 있다. 日支와 沖되는 글자를 불러오면 되는데, 즉 戊午, 己未 日主의 空亡은 子丑이 되는 식이다.

이와 같이 地支의 空亡 두 글자, 즉 旬中空亡을 도출해내면 戌亥와 辰巳의 四大空亡은 水, 午未와 子丑의 四大空亡은 金, 申酉와 寅卯는 無임을 미리 새겨두면 空亡을 모두 구할 수 있다. 空亡은 먼저 地支와 五行으로 정해지지만, 天干의 글자도 空亡이 된다. 예를 들어 寅申이 空亡이면 庚辛도 空亡이니 전자는 支空 후자는 干空으로 약기한다.

■ 空亡表 [THE VOID SIGN - standard*]

旬	海中金 해중금		爐中火 노중화		大林木 대림목		路傍土 노방토		劍鋒金 검봉금		旬中空亡	五行空亡	四大空亡
一旬	甲子	乙丑	丙寅	丁卯	戊辰	己巳	庚午	辛未	壬申	癸酉	戌亥	無	水
	山頭火 산두화		澗下水 간하수		城頭土 성두토		白蠟金 백랍금		楊柳木 양류목		旬中空亡	五行空亡	四大空亡
二旬	甲戌	乙亥	丙子	丁丑	戊寅	己卯	庚辰	辛巳	壬午	癸未	申酉	金	無
	泉中水 천중수		屋上土 옥상토		霹靂火 벽력화		松柏木 송백목		長流水 장류수		旬中空亡	五行空亡	四大空亡
三旬	甲申	乙酉	丙戌	丁亥	戊子	己丑	庚寅	辛卯	壬辰	癸巳	午未	火	金
	砂中金 사중금		山下火 산하화		平地木 평지목		壁上土 벽상토		金箔金 금박금		旬中空亡	五行空亡	四大空亡
四旬	甲午	乙未	丙申	丁酉	戊戌	己亥	庚子	辛丑	壬寅	癸卯	辰巳	土	水
	覆燈火 복등화		天河水 천하수		大驛土 대역토		釵釧金 채천금		桑柘木 상자목		旬中空亡	五行空亡	四大空亡
五旬	甲辰	乙巳	丙午	丁未	戊申	己酉	庚戌	辛亥	壬子	癸丑	寅卯	木	無
	大溪水 대계수		沙中土 사중토		天上火 천상화		石榴木 석류목		大海水 대해수		旬中空亡	五行空亡	四大空亡
六旬	甲寅	乙卯	丙辰	丁巳	戊午	己未	庚申	辛酉	壬戌	癸亥	子丑	水	金

干支(간지) 空亡(공망)에 四大空亡(사대공망)이 더해지고, 거기다 運法(운법)에 이르면 어느 八字(팔자)든 空亡(공망)의 그물에 걸리기 마련이다. 문제는 命理家(명리가)들이 空亡論(공망론)을 잘 모르고, 또 子平(자평) 이전의 古法(고법)에 밝은 학자라도 대개 實技(실기) 면에서 鈍(둔)하므로 溫古(온고)나

知新 모두를 구비한 인사를 찾아볼 수 없다는 데 있다. 덕분에 제대로 된 空亡看法 하나만 챙겨두면 백지 한 장의 지식 차이로 확고한 실력의 우위를 점유한다. 空亡은 命理를 형성하는 여타의 챕터와 달리 그 자체만으로 體, 用, 變의 妙理를 담고 있어 推命 전체를 관통하는 무거운 존재다.

내가 子平의 3대 古書를 註解하고, 刑沖會合의 尖端技를 풀어내며 命理를 보는 새로운 프레임을 세웠지만, 子平에서 空亡은 위축되어 있으므로 이것을 특별히 다룬 바가 없다. 納音과 神殺은 祿命의 것인데, 돌이켜보면 아무래도 知新에만 치우친 게 아니가 하는 생각이 드는 것이다. 한편으로는 顯出한 後學의 출현에 기대는 심리도 있었는데, 주변에는 온통 口耳之學 일색이니 時機尙早인가 싶다. 祿命과 子平이 혼재된 현재에는 溫故知新하여 命理의 새로운 원칙을 세울만한 鬼才의 등장이 절실히 요구되는 때다.

다시 말해 萬民英의 三命通會 하나만 제대로 리뷰한 인사가 나타난다면 이 이수가 쌍수를 들어 一位로 모시겠다. 그저 원문의 조악한 해석에 급급한 작문이 아니라, 五星에서 子平 까지 貫通하는 틀을 갖춘 우아한 해설서 말이다. 不才하여 專攻을 바꾸거나 혹은 兩者擇一한 것까지야 그렇다 치더라도 그저 제 것만 옳다하니 이거 원 바보들의 합창도 아니고. 게다가 한눈에 보기에도 雜說 부스러기 한줌에 불과한 가벼운 지식으로 創造를 말하고 第一로 꼽다니, 空이요 亡이 다름이 아니다.

이제 과거부터 오늘에 이르기까지 더러는 歪曲(왜곡)되어 잡다하게 널린 空亡說(공망설)들을 모두 취합해서 效用(효용) 여부를 따져 추리고, 덧붙여 한결 진전된 새로운 看法(간법)을 선보이고자 한다. 原理(원리)를 알고 原則(원칙)을 세운 空亡必殺技(공망필살기)다. 아니다. 지금은 論理(논리)에 맞는 空亡論(공망론)의 요약, 空亡校飭(공망교칙) 정도라 말하는 게 낫겠다. 空亡(공망)을 옳게 運用(운용)하고 그 效用(효용)을 실감하려면 아이러니하게도 시간을 되돌릴 필요가 있다. 空亡(공망)을 제 모습을 찾기 위해서다. 그렇다고 子平(자평)을 도외시하자는 게 아니다. 다만 徐樂吾(서락오) 이후에 보완, 定立(정립)된 이론들은 별반 쓸모가 없다.

결론하자면, 清代(청대) 초기에 유행하던 관법에서 일단 멈추고 시작해야 한다. 즉 扶抑(부억)이나 調候(조후) 喜忌(희기)에 크게 얽매이지 말고 六神(육신) 자체의 吉凶(길흉)에 주안점을 두고, 다음으로 空亡(공망)을 응용하는 식이다. 子平(자평)은 陰陽五行(음양오행)의 生剋制化(생극제화)와 五行(오행)의 生旺死絶(생왕사절)이 다다. 그럼에도 불구하고 채워지지 않는 무언가를 구하고자 숱한 先學(선학)들이 苦心(고심)해왔다. 답은 거듭된 創案(창안)보다 먼저 溫古(온고)에 있었다. 空亡(공망)의 原理(원리)에 보다 충실했다면 反轉(반전)의 變(변)을 놓칠 리 없었다. 그러니 子平(자평)의 기본 原則(원칙)에 空亡(공망)을 더하면 十中八九(십중팔구)에 通(통)한다. 무서운 이야기 아닌가.

Text - 必殺技單式

▶ deathblow-1 : 空亡旺氣

靈感으로 가는 유일한 通路는 孤獨이라 했다. 누가. 괴테(Goethe)다. 空하면 채워지고, 亡하면 깨닫는다. 그래서 空亡은 일견 無爲하고 虛無하지만, 發展의 조건이 된다. 빈 것이 채워지고, 發하려면 氣가 살아야 한다. 古人들이 空亡에 虛中 有德하고, 亡中 有聲의 義가 있다고 한 뜻은 바로 이 말이다. 빈 수레가 요란하지만, 비지 않으면 채울 수가 없다. 無에서 有가 창조될 때는 먼저 공간에 氣가 응집되어야 하고 때에 이르러 動해야 한다. 그것이 旺氣다. 한 마디로 空亡이 旺氣를 띠면 發福한다는 얘기다.

까닭에 八字에 空亡이 月令을 얻어 旺氣를 띠면 도량이 관대하고, 의외의 名利를 구하는 암시가 있다. 旺氣는 보통의 生氣와는 달라서 적어도 月支의 祿旺氣를 얻어야만 그것을 논할 수 있다. 즉 月支는 空亡에 해당하는 글자의 의미를 파악하는 근거가 된다. 그러므로 月支가 空亡이라 해도 능히 用하며, 다만 月支 자체의 空亡 의미는 여타의 글자와는 다른 기준을 적용한다. 大運 運支의 空亡 또한 따로 적용치 않는 것은 月支에서 출발한 계절의 흐름이기 때문이다. 空亡은 合과 沖에 의해 해소되므로 月支나 運支가 合沖이 되면 解空되어 用으로서의 의미는 퇴색된다.

空亡은 정해진 地支의 글자만이 아니라 天干에도 적용된다고 했다. 즉 申酉가 空亡이면 庚辛도 空亡이 된다. 天干의 空亡을 볼 때는 비단 여기에서 그치지 않고 空亡의 地支 글자에 앉은 天干도 空으로 참작할 때가 있다. 空亡의 글자가 정해지면 먼저 六神의 吉凶을 가리고, 다음으로 干支를 막론하고 生旺氣를 띠는지의 여부를 살펴 喜忌를 논한다.

空亡의 生旺氣는 기본적으로 五行의 休旺에 근거하지만, 天干의 空亡에 있어서만은 일반적 계절에 따른 五行의 旺相期와는 약간 의미를 달리 적용한다. 이른바 空이 채워지고 힘을 받아 發하기 위해서는 먼저 月支에 通根함은 기본이고, 다음으로 旺相의 기운을 얻는 두 가지 요건을 충족시켜야 한다. 이상은 陰陽干의 속성 차이에서 오는 生死의 다름을 극복하는 하나의 방편이기도 하다. 따라서 通根이 되지 않는 相의 계절은 空亡의 生旺氣로 간주하지 않는 점이 核心이고, 이때는 解空이나 脫空이 아닌 半空 정도의 상황으로 고려한다.

空亡의 生旺氣는 곧 空亡旺氣로 일컬으며 이를 결정하는 요소는 다음 세 가지다.

1. 月令
2. 會局
3. 大運 運支

空亡별 旺氣로 구분되는 글자 조합은 다음과 같다.

▪ 空亡旺氣

空亡	月支	會局	運支
甲乙寅卯	寅卯亥	木局, 水局	寅卯亥
丙丁巳午	寅巳午	火局, 木局	寅巳午
戊己辰戌丑未	寅巳午辰戌丑未	火局	寅巳午辰戌丑未
庚辛申酉	丑巳申酉戌	金局	丑巳申酉戌
壬癸亥子	申亥子	水局, 金局	申亥子

六神의 吉凶이란 財官印食의 四吉神과 殺傷劫梟의 四凶神을 말한다. 空亡을 볼 때는 淸代 초기 방식을 主流로 삼는데, 최근에는 空亡을 아예 도외시하거나 종종 六神의 길흉을 扶抑 喜忌神으로 구분해서 空亡을 적용하는 愚를 범할 때가 있으므로 이는 마땅히 시정되어야 한다. 吉神과 凶神으로 六神을 구분하고 나면 보통 吉神의 空亡은 꺼리고, 凶神의 空亡은 참된 것으로 본다. 이를테면 女命의 時에 印이 있거나 男命에 傷이 있으면 자식과의 인연이 薄해질 수 있으나 이들이 共亡되면 오히려 吉해져 자손의 德이 있다는 것이다.

空亡이 旺氣를 띠면 예사롭지 않은 發福의 기운이 서린다. 가령 時柱 空亡이 旺氣를 얻으면 비상한 발전을 예고하는 식이다. 空亡旺氣를 논할 때는 六神의 吉凶에 얽매일 필요가 없다. 즉 財, 官, 印, 食, 殺, 傷, 劫, 梟를 막론하고 空亡旺氣가 성립되면 기대 이상의 名利가 따르는 것이다.

坤,
己 己 甲 戊
巳 巳 寅 戌

戌亥 空亡. 年支 劫, 戌土가 공망이다. 戌土 공망지에 坐한 戊土 역시 劫으로 비록 年主는 凶神으로 구성되었지만 父母는 有力했다. 空亡旺氣의 작용이다.

乾,
丙 己 丙 甲
子 酉 寅 辰

寅卯 空亡. 月支 寅木, 年干 甲木이 공망이다. 甲木은 月支 寅木, 祿을 보아 空亡旺氣다. 名望家 집안의 出身이다. 月支 寅木 空亡地에 坐한 印, 丙火도 旺氣를 얻어 내세울만한 학벌이다.

乾,
丁 戊 乙 戊
巳 子 卯 申

午未 空亡. 時干 丁火가 공망이다. 印, 丁火는 月支 卯木의 生을 받고 時支 巳火를 얻어 위인은 비록 총명하나 旺氣를 띈 게 아니다. 이 사람의 印空은 뼈아픈 일이다. 雁搭에 이름을 올리기는 어렵기 때문이다. 運支 巳午를 보면 印空의 旺氣를 기대할 수 있으나 巳申合, 子午沖으로 無用이다.

八字鏢槍(↭Bazi Lancit⇝)

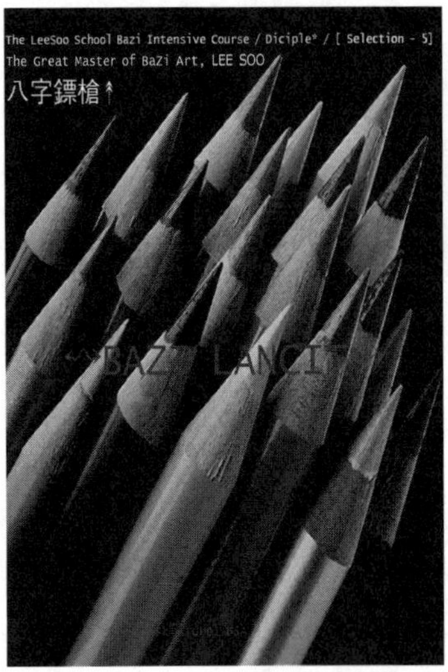

'바찌랜셋', '팔자표창'이라는 부제가 달린 이 책은 세간에 모습을 다 드러내지 않았다. 이 책은 팔자술 실전서로 전체 30개의 항목으로 구성되어 있다. 이중 5개의 항목이 문하 사사용으로 제작되어 인터넷과 저자의 특강으로 공개됐다. 내용이 쉽고 실전에서 요긴하게 쓸 수 있어 동호인들의 관심이 쏠려있다. 이 책은 2009년 신년벽두에 정식으로 출간될 예정이라 독자들이 당분간 시간 여유를 갖고 기다려야 할 듯싶다.

최근에 발표된 이수명리학의 고급과정을 살피면 물상론(합반합생합작), 허자론(비합비출감응), 합충론(형충회합득실)로 범주가 정해진다. 이 같은 첨단실기이론은 매우 유용하지만 원론에 대한 충분한 학습과 이해가 결여된 상태에서 접하면 간혹 혼란에 빠질 우려를 배제할 수 없다. 그래서 이 책은 철저히 음양오행陰陽五行의 원론에 충실하여 기초부터 고급 단계에 이르기까지 학學과 술術, 지식과 운용이 잘 연계되도록 하는데 초점을 맞춘 게 특징이다. 본문 내용 중에 '팔자표창'의 1번 항목인 내외법內外法을 아래 인용한다.

八字鏢槍 ↑ 1. 內外法

펄벅Pearl Sydenstricker Buck, 1892.6.26 ~ 1973.3.6					
年	月	日	時	大運	歲月
外外		內外			
庚	己	丙	壬		
午	丑	午	辰		
外內	有情	內內	無情		

소설 ‘대지’ 3부작으로 노벨문학상과 퓰리처상을 수상해 여류 작가로서 최고의 영광을 안았던 ‘펄벅’은 ‘캐롤’이라는 딸이 있었는데 아이는 정신지체장애를 갖고 태어났다. 그녀는 딸이 손을 바들바들 떨며 연필을 쥐고 글씨를 쓰는 모습을 보면서 딸에 대한 교육이 자신의 허영심을 채우기 위한 사실을 깨달았다. 후에 ‘펄벅’은 딸로 인해 인도주의자가 될 수 있었다고 회고했다. 그녀는 출생으로 인해 고통 받는 아동을 돕기 위해 비영리 국제기구 ‘펄벅인터내셔널(Pearl S. Buck International)’을 1964년 미국 필라델피아에 설립하여 혼혈, 고아, 장애 등의 문제로 사회에서 소외된 아동들을 도왔다. 자신도 8명의 혼혈아동을 입양해 키우면서 문인으로서 뿐만 아니라 사회사업가로도 큰 업적을 남겼다.

BAZI LANCIT ↭	시간時干, 외외外外의 자리에 식상食傷이 자리하면 평생토록 자식에게 헌신하게 되고, 봉양을 받기 어렵다.
the gist 1	팔자의 월주는 내內, 시주는 외外
the gist 2	팔자의 지지는 내內, 천간은 외外
the gist 3	월지는 내내內內, 시간은 외외外外

건명乾命의 처妻, 재財는 내內의 자리에 있는 것을 안태하게 보는 관점

이 있다. 내內의 자리에 위치한 재財는 정수庭樹와 같아 집안을 벗어나는 일이 좀체 없기 때문이다. 반면 외外, 시時의 자리에 있는 처妻는 대개 수완手腕이 좋고, 재才가 있어 남편을 외조外助하기도 하지만 가정에 충실하기만을 기대하긴 어렵다. 한편 곤명坤命의 부夫, 관官은 외外의 자리에 위치하는 게 알맞다. 만약 내內의 자리에만 관官이 있다면 출근하지 않는 남편과 같아 부부간에 다툼이 잦을 우려가 있다. 결론하자면 봉건적 관점이 유효한 사회에서 팔자의 재는 내궁內宮에 관은 외궁外宮에 자리 잡는 것이 바람직하다. 이는 곧 육친六親이 다 같이 편하다는 뜻이기도 하다.

명운命運에서 대운의 자리는 외外로 보는데 그래서인지 대개 재운財運에는 망신수가 동하는 일이 많다. 반면 관운官運에는 넉넉지 않아도 의식衣食이 분탈分奪되는 경우가 드물다.

여명女命에 식상食傷이 외궁外宮에 자리 잡으면 자식을 먹이기 위해 노구를 이끌게 된다는 표현을 할 정도로 일단 불리한 뜻을 품는다. 반대로 외궁外宮에 인수印綬가 있으면 언제나 부모가 자신을 보호하는 형국이 되어 평생토록 귀인의 조력을 입을 암시가 크다. 역으로 발상하면 이 사람은 부모의 은혜를 갚지 못한다는 얘기가 된다. 이와 달리 시주時柱에 식재食財가 있는 사람은 타인의 도움이나 은공에 보답하게 되며 신용信用이 있는 자다. 팔자의 비겁比劫이 부정적으로 작용하면 대개 아귀다툼으로 나타나는데 내궁內宮에 있다면 육친과 직장에서 그 같은 현상을 보기 쉽다. 일지日支에 있으면 동기同氣간에 다툼이 일고, 결혼 후에는 처가妻家와 시가媤家의 불편한 관계로 전이되는 양상을 보이기 쉽다.

八字入門 Ⅰ·Ⅱ·Ⅲ·Ⅳ·Ⅴ·Ⅵ

2007년 '공망비약'의 발표 이후 이듬해 초반까지 선보인 '팔자입문(a bazi primer)'의 6종 시리즈는 이수명리의 진화進化된 면모를 유감없이 드러냈다. 책의 제목은 입문서지만 정작 살피면 1권을 제외한 나머지 5권은 중급과 고급과정을 다루고 있다. 한 마디로 '팔자입문' 시리즈는 이수명리학의 교과서로 볼 수 있다. 이 책 전체의 목차를 살피면 다음과 같다.

The LeeSoo School BaZi-Art Mastery Course™ / a Bazi primer - ■ / Diciple*

體 - Body

Module 1, 干支八字(간지팔자), The Sexagenary Cycle

Module 2, 五行十星(오행십성), The Five Elements

用 - Use

Module 3, 生旺死絶(생왕사절), The rise and fall

Module 4, 六神物象(육신물상), Phases of the BaZi

變 - Turn

Module 5, 空亡秘鑰(공망비약), Touching the Void

Module 6, 刑沖會合(형충회합), The Kaleidoscope of Life

Module 1, 干支八字, The Sexagenary Cycle

體. 干支八字(간지팔자)

- ▶ 十干(십간)
- ▶ 十干陰陽(십간음양)
- ▶ 十干五行(십간오행)
- ▶ 十二地陰陽(십이지음양)
- ▶ 地支藏干(지지장간)
- ▶ 四孟四正四庫(사맹사정사고)
- ▶ 干支陰陽五行圖解(간지음양오행도해)
- ▶ 十干擬獸(십간의수)

▶ 十二支獸(십이지수)

▶ 十二獸月(십이수월)

▶ 二十四時(이십사시)

▶ 六十甲子(육십갑자)

▶ 四柱名稱(사주명칭)

▶ 二十四節氣(이십사절기)

▶ 月建表(월건표)

▶ 時辰表(시진표)

▶ 年頭時頭法(연두시두법)

▶ 時間變更史(시간변경사)

▶ 四柱構成(사주구성)

▶ 干支字意(간지자의)

▶ 干支物象(간지물상)

▶ 六甲物象(육갑물상)

Module 2, 五行十星, The Five Elements

體. 五行十星(오행십성)

▶ 中和(중화)

오행(五行; 5 Elements)

▶ 五行屬性(오행속성)

▶ 五行表(오행표)

▶ 五味五臟(오미오장)

▶ 五行形象(오행형상)

▶ 五行相生(오행상생) (Generation)

▶ 五行相剋(오행상극) (Restriction)

도 서 생 극
▶ 圖書生剋

오 행 생 극
▶ 五行生剋

오 행 반 생
▶ 五行反生

오 행 반 극
▶ 五行反剋

오 행 역 극
▶ 五行逆剋

논 오 행 생 극 제 화 연 해 자 평
▶ 論五行生剋制化, 淵海子平

강약(强弱; Strength & Weakness)

이 기
▶ 理氣

장 간 오 행
▶ 藏干五行

병 화 강 약
▶ 丙火强弱

기 세
▶ 氣勢

간 지 생 극 우 선 순 위
▶ 干支生剋優先順位

왕 상 휴 수 사
▶ 旺相休囚死

통 근
▶ 通根

통 근 력
▶ 通根力

육신(六神; 6 Aspects)

육 신
▶ 六神

육 신 육 친
▶ 六神六親

육 신 십 성
▶ 六神十星

음양(陰陽; Yin & Yang)

- ▶ 陰陽圖 음양도
- ▶ 太極圖 태극도
- ▶ 陰陽表 음양표
- ▶ 天干陰陽 천간음양
- ▶ 地支陰陽 지지음양

합충(合沖; Combination and Clashing)

- ▶ 干合 간합
- ▶ 天干合化五行 천간합화오행
- ▶ 地支合化五行 지지합화오행
- ▶ 天地相合 천지상합
- ▶ 方合五行 방합오행
- ▶ 三合五行 삼합오행
- ▶ 三合圖 삼합도
- ▶ 半合 반합
- ▶ 五行顚倒(Reverse) 오행전도
- ▶ 干支會合化表 간지회합화표
- ▶ 六沖 육충
- ▶ 生沖敗沖朋沖 생충패충붕충
- ▶ 六害 육해
- ▶ 半合六沖 반합육충

▶ 三刑構成

▶ 三刑

십성(十星; 10 Gods)

▶ 六神十星

▶ 十星

▶ 十星表

▶ 十星略稱

▶ 十星吉凶

▶ 四吉神四凶神

▶ 用神

▶ 用神法

성정(性情; Character)

▶ 第問師答 - 比劫

▶ 第問師答 - 食傷

▶ 第問師答 - 財星

▶ 第問師答 - 官殺

▶ 第問師答 - 印綬

Module 3, 生旺死絶, The rise and fall

用. 生旺死絶(생왕사절)

▶ 强弱休旺分(강약휴왕분)

▶ 强弱衰旺分(강약쇠왕분)

▶ 五行休旺分(오행휴왕분)

▶ 胞胎法例(포태법례)

▶ 五行旺衰表(오행왕쇠표)

干支屬象(간지속상)

▶ 類象(류상), 趨乾(추건), 謠巳(요사), 拱貴(공귀)

Note 1 : 十干分配天文(십간분배천문)

Note 2 : 十二支分配地理(십이지분배지리)

胞胎論(포태론)

▶ 十二運星表(십이운성표)

1. 胎(태)

2. 養(양)

3. 生(생)

4. 浴(욕)

5. 帶(대)

6. 祿(록)

7. 旺(왕)

8. 衰(쇠)

9. 病(병)

10. 死(사)

11. 墓(묘)

12. 胞(포)

胞胎運法(포태운법)

▶ 甲子運星(갑자운성)

附錄(부록) - 格局特輯(격국특집)

Module 4, 六神物象, Phases of the BaZi

用. 六神物象(육신물상)

A letter of recommendation, 推薦의 글

outline, 物象概要

warm-up, ★ Tips on inference, 八字 物象 조각 練習

1. 傷旺官沖(상왕관충)

2. [字形(자형)] 縣針(현침) ▶ 甲(갑), 辛(신), 卯(묘), 午(오), 辛(신) cf. 丁(정), 子(자), 未(미), 申(신)

3. [字形(자형)] 曲脚(곡각) ▶ 乙(을), 己(기), 巳(사), 丑(축)

4. 入墓(입묘), 첫 번째 버전

5. 入墓(입묘), 두 번째 버전

6. 入墓, 세 번째 버전

7. 入墓, 네 번째 버전

8. 羅網 cf. 八卦

9. 卯酉는 日月陰陽의 門으로 淫亂

10. 死

11. 子는 丑과 辰에 入庫

12. 午는 未와 戌에 入庫

13. 干合은 分離

14. 寅申은 機械

15. 巳申刑合은 法의 物象

16. 華蓋, 宗教星의 발현

17. 合破, 取捨

18. 鬪合의 대상은 損傷

19. 微弱한 五行이 疾病과 職業

20. 焚木은 精神異常

21. 護財

22. 殺動

23. 六合은 생성된 五行으로 合作

Module 5, 空亡秘鑰, Touching the Void

變. 空亡秘鑰(공망비약)

i Intro - 空亡新法

ii Text - 必殺技單式

▶ deathblow-1 : 空亡旺氣(공망왕기)

▶ deathblow-2 : 落空(락공)

▶ deathblow-3 : 五行空亡(오행공망)

▶ deathblow-4 : 四大空亡(사대공망)

▶ deathblow-5 : 空亡六親(공망육친)

▶ deathblow-6 : 六神空亡(육신공망)

▶ deathblow-7 : 雜論(잡론)

iii Outro - 八字運法

Module 6, 刑沖會合, The Kaleidoscope of Life

變. 刑沖會合

- ▶ 得失(gain or loss)
- ▶ 八字鏢槍↑- 實得論
- ▶ 成敗(Success or failure)
- ▶ 八字入門(BAZI PRIMER SERIES) 體用變 學習 體系
- ▶ 損益(profit and loss)

1. 원리(原理, Principle)

1. 刑

2. 沖

3. 會

이상으로 '팔자입문八字入門 I II III IV V VI' 시리즈의 전체 목차를 살펴보았다. 타이틀은 입문서지만 팔자학의 처음과 끝을 모두 수렴하고 있음을 알 수 있다. '팔자입문'의 내용을 간추려 이 책에 담기는 어렵다. 내용이 알맹이로만 채워졌기 때문에 전체를 다 옮길 수 없기 때문이다. 간단히 특징만 열거할 도리밖에 없다.

1권 '간지팔자'는 저자의 명리서로 유일한 입문서다. 이 책은 처음부터 끝까지 일체의 단락을 짓지 않고 명리의 ABC를 물 흐르듯 설명해나간다. '간지팔자'를 읽고 나면 2권으로 넘어가는 게 정석이지만 4권의 '육신물상'으로 건너뛰어도 무방하다.

2권 '오행십성'은 명리의 골격을 이루는 내용을 주로 다뤘다. 여기에는 오행五行의 작용에 관한 설명 전체가 하나도 빠짐없이 공식처럼 잘 짜여 설명되고 있다. 이중 '삼회三會와 리버스reverse'같은 긴요한 실전 기법들도 소개되고 있으므로 빼놓을 수 없는 필독서의 하나다. 3권 '생왕사절'로 학습이 이어져도 좋고, 6권 '형충회합'으로 건너뛰어도 무방하다.

3권 '생왕사절'은 '팔자입문'에서 비중을 두는 강약쇠왕과 휴왕의 분명한 정의를 내리고 있다. 자평子平의 선학들이 명료하게 설명하지 못했던 개념을 구체적으로 지적하고 쉽게 정리하여 종래 학습자들이 혼동했던 왕쇠강약의 구분을 용이하도록 지도했다. '생왕사절' 다음으로 4권 '공망비약' 학습이 연계되면 명리학의 원칙과 함께 팔자를 가장 쉽고 빠르게 판독하는 기법을 익히게 된다.

입문 시리즈는 종래 역학서의 커버디자인과 크게 차별됐다. 영어로 채워진 겉표지는 마치 외국소설책과 같은 느낌을 주어 용龍이나 구름, 태극 문양 등으로 장식되던 이미지에서 탈피했다. 내용이나 구성 면에서도 혁신적인 이 책들은 역학서의 통념을 깼다. 입문 시리즈는 문하門下 11회부터 교육된 내용이다. 기존의 문제자들과 동호인들을 위해 강의 현장에서 촬영된 동영상 프로그램은 '유투브www.youtube.com'를 통해 공개되었다. 지금도 바로 관련 영상을 시청할 수 있다.

☞ 이수 선생의 팔자학 동영상 강의는 '유투브'를 통해 시청하실 수 있습니다.

www.youtube.com	leesoo bazi	search

놀랍게도 '팔자입문' 시리즈는 저자가 각 권당 일주일 정도 남짓의 시간 동안에 속필로 저술된 책이다. 즉 저자가 견지한 박식한 명리의 지식들을 특별한 참고 문헌이 없이 명리의 시종始終을 체계가 있게 정리한 셈이다. 그래서인지 간혹 미스를 범한 부분이 눈에 띄기도 한다. 어쨌든 이 책의 탄생과 함께 이수명리는 끊임없이 진화, 발전하는 현재진행형이라는 사실을 알린 셈이 됐다. '팔자입문시리즈'는 숨 돌릴 틈도 없이 이 책을 통해 문하門下 사사師事를 받은 직계 문제자들에 의한 해설서가 발간되기 시작했다. 전 세계를 통틀어 이처럼 왕성한 저술 문화가 활발한 집단은 찾기 어렵다. 더욱이 동양 사상·철학계에서 한 문파의 사제師弟 간에 원서와 주해서로 이어지는 갈피가 선 경우는 전무후무한 일이다. 학습자들은 이를 교과서와 자습서(참고서)로 활용할 수 있다.

이수문파 '팔자입문' 학습서 연계도

원서	주해·관련서(문제자 저술)
干支八字, The Sexagenary Cycle	五行干支叢論
五行十星, The Five Elements	
生旺死絶, The rise and fall	胞胎珍技
六神物象, Phases of the BaZi	命理物象實戰57招
空亡秘鑰, Touching the Void	空亡秘鑰十八技
刑沖會合, The Kaleidoscope of Life	刑沖會合精解
八字虛字論, The Invisible Star	李修八字虛字論講解

'팔자입문' 시리즈는 6권 '형충회합'으로 대미를 장식했다. 말미에는 저자

의 짧은 맺음말이 있다. 2008년 초입에 이수가 명리를 어떻게 규정했는지에 대한 사유의 일면이 엿보인다.

맺음말, Epilogue

이제 八字入門(팔자입문)의 綜結(종결)을 고한다.

궁극적으로 命理(명리)는 慰安(위안)의 학문이다.

松栢(송백)이 아니라 苔類(태류)라도 다 사는 맛이 있다.

韓國(한국)에서 태어나 命理(명리)를 접한 것만도 幸(행)이다.

독자들의 좋은 運數(운수)를 빈다.

悤悤(총총).

八字虛字論

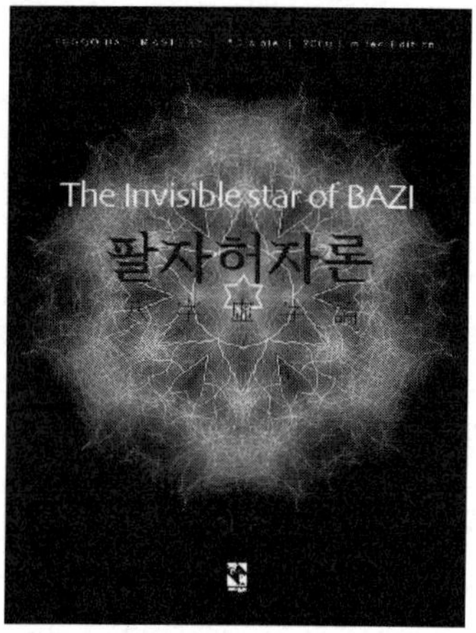

'팔자입문八字入門 I II III IV V VI' 시리즈로도 다 포괄하지 못한 명리의 영역이 마음에 걸린 걸까? 결국 저자는 허자론虛字論을 본격적으로 다뤘다. 허자 실기는 이미 '팔자술파이널블로'에서 일부가 설명된 장르다. '팔자허자론'이 지니는 의미는 특별하다. 이미 주해를 마친 자평子平의 3대 고서 외에 '삼명통회三命通會'를 본격적으로 조명하기 시작한 분기가 됐다. 이 책에서는 '삼명통회'의 관련 원문만 따로 인용해 두었지만, 오행五行 생극生剋의 자평법과 거의 동일한 비중으로 기학氣學의 체계를 세우는 본격적인 연구가 시작되었음을 알리는 신호탄이 되었다. 이 책을 통해 명리 학습자들은 팔자술 실제에서 겪게 되는 고질적인 두 가지 장벽을 넘을 수 있게 되었다.

명운命運에 재관財官이 보이지 않아도 부귀富貴한 사람이 있다. 또 팔자에 재관이 유기有氣해도 빈한을 면치 못하는 사람이 있다. 이 두 가지의 엄연한 현상에 대한 명쾌하고도 간결한 답을 바로 이 책에서 찾을 수 있다.

이 책은 승상昇想 권오인의 '이수팔자허자론강해李修八字虛字論講解'로 자세한 해설이 이어졌다. '팔자허자론'은 고전에 대한 저자의 정치精緻한 식견과 이론의 요약이 돋보이는 책이다. 한편 일정한 단계에 오른 학습자들이 읽기에도 이해가 쉽지 않은 어려운 내용으로 채워져 기존의 저술과 달리 다소간 답답한 마음을 갖게도 한다. 아래 프롤로그와 차례에서 확인할 수 있듯 내용이 무척 심플해서 해설서가 나오기 전에는 저자의 친절한 배려가 이전에 비해 부족하다 싶은 느낌이 들 정도였다.

Prologue

'虛字論'은 오랜 기간 命理 분야에서 도외시되었다. 한 마디로 法手가 얕은 人士들이 도처에 깔렸기 때문이다. 간단히 말해 運氣를 모르고 命理를 알 수 없다. 近世 命理의 大家들은 溫故에 치밀하지 못했다. 徐樂五 또한 溫故知新을 누차 말했지만 스스로 月令用神을 扶抑用神을 비약하는 過를 범했다. 그러나 命理家로는 드물게 수려한 문장으로 後學들에게 적지 않은 가르침을 주었으니 어찌 스승의 禮遇를 저버릴 수 있겠는가. 생전에 두 가지를 難解하다 숨김없이 말한 바 있는데 그것은 刑沖會合과 生旺死絶이었다. 韓國에서 태어나 이 좋은 學文을 접하게 된 것이나마 幸運으로 여기는 不敏한 자, 필자로서는 先學의 경지에 근접하기조차 버거운 일이나 어쨌든 그것을 극복하고자 힘썼다. 運이 좋게도 두 가지 문제의 해결 실마리를 찾아 이를 公開하기를 마다하지 않았다. 옛것을 좋아하다 보면 절로 答이 나온다. 게다가 創作의 계기가 되는 기발한 착상이나 자극을 덤으로 얻는다. 근자에 이 '이수'를 두고 이 분야에 선천적으로 타고난 재주가 있는 것으로 여기는 인사들을 더러 보고 접했다. 맞지 않는 얘기다.

따져보면 그동안 著述한 모든 命書는 스스로 創造한 것이 아니고 오직 '述而不作, 不偏不黨'의 입장에서 古人들이 남긴 글을 반복해서 읽어보고 정리한 결과물에 지나지 않는다. '八字虛字論'도 마찬가지의 스탠스를 견지하며 기록해 본 것이다.

독자들.

命理는 가볍게 취할 바가 못 된다. 그러나 처음부터 무겁게 접근할 필요는 전혀 없다. 즐겁게 들어섰다가 일정한 속도가 붙기 시작하면 沒入하는 행복감에 젖어보길 바란다.

다시 이제부터, 工夫는 늘 시작이다. 이상이다.

戊子 立春, 盆堂 寓居

차례

이 책에서는 '팔자술필살기'에 버금가는 이수명리 특유의 다양한 신어新語 들을 발견할 수 있다. '이수팔자허자론강해'의 '허자제요강해虛字提要講解' 편에서는 이 책의 핵심 키워드가 되는 두 가지 개념을 잘 간추려 정리하고 있다.

팔자정명허신감응八字定命虛神感應

八字는 오행 생극의 이법을 위주로 格局의 外皮를 논하고 다음으로 음양 상대의 기학에 바탕을 둔 屬象, 내면을 보는데 이때의 키워드는 合生合

作에 달렸다. 이상은 모두 미리 헤아려 짐작할 수 있는 것으로 그런대로 현상에 부합되기 일쑤다. 虛神의 작용력은 정밀한 지식 체계를 갖추지 않으면 좀체 살피기 어려운 것인데, 비록 暗神의 존재와 가치를 안다고 실상에 비추어 高低의 분별이 쉽지 않다. 感應이란 어떠한 因子에 感觸되어 그에 따르는 어떠한 반응이 천양지차로 달라질 수 있음을 암시하는 말이다. 만일 虛神感應의 미세한 작용력을 읽지 못하면 사람은 곧 믿는 마음이 神에 通했다고 믿을 것이다. 예컨대 飛出의 神이 유력하게 작동하려면 飛合의 중첩이 마땅하다. 또 拱夾의 神을 쓸 때는 팔자의 他支他干에서 相合, 扶合해야만 비로소 妙한 것이다. 自虛가 같은 오행의 글자를 보아 더욱 유용해지는 이치도 마찬가지다. 虎午奔巳나 羊擊豬蛇가 妙用을 찾는 조건을 떠올려보라. 여기에 모두 감응의 이치가 담겨있다. 요약하면 예컨대 癸水가 夾神 巳火를 취용할 때 丑字 하나를 본다면 虛神의 효용이 극대화되어 기대를 훨씬 뛰어넘는 부귀를 불러오게 된다. 이것이 곧 허신의 감응 일례다.

'팔자허자론'의 백미는 한 마디로 종래 난삽하게 여겨진 허자용신격국의 정제된 원리원칙을 간결하게 세운 데서 찾을 수 있다. 무릇 大貴한 팔자는 虛實을 아울러 여러 貴格에 부합되기 쉽다. 이 또한 感應이다. 결론적으로 '팔자허자론'에서 '팔자정명허신감응'의 단 한 줄로 맺은 글귀는 허자론 전체를 관통하는 하나의 법칙을 정의한 것으로 볼 수 있다.

비합비출飛合飛出

'팔자허자론'에서 확고하게 규정한 飛合飛出의 개념은 허자용신론의 하이라이트라 할 수 있다. 飛出은 虛字의 藏干을 對沖하여 꺼내 쓰는 것을 말한다. 일반적으로 實字의 藏干은 沖出이라는 용어를 쓴다(고전에서는 비출과 충출을 혼용함). 고전에는 飛出만을 언급하고 있으나 飛出된 허신을 팔자의 천간이 合神하지 않으면 별반 의미가 없으므로 飛合을 飛出의 효용이 드러나는 전제가 됨을 원칙으로 세운 용어가 비합비출인 셈이다.

이를테면 壬辰 騎龍에서 대충하는 戌中丁戊는 그 자체로 재관의 효용이 있는 것이 아니라 팔자 천간에 壬이나 癸, 또는 甲을 보아 丁己戊를 飛合해야만 진정한 임기용배를 논할 수 있다는 것이다.

한편 문파에서는 비합비출을 實字의 장간을 인출해 쓰는 경우로도 확장해서 활용하는데, 이때 실자의 장간이 이미 沖하여 沖開되면 合絆되어 대개 쓸모가 없으므로 沖이 되지 않은 靜物의 상태에서만 의미가 있다. 이를테면 壬辰이 팔자에 癸水를 보면 癸가 辰中戊土를 인출하여 飛合하는 구조를 말한다. 만일 辰戌沖이 일어나면 戊癸는 合去되기 일쑤이므로 의미가 퇴색된다.

沖出의 의미는 잘 가려 취해야 한다. 飛出과 마찬가지로 藏干物을 쓸 때를 일컫는 용어지만 엄밀히 따져 實字는 沖으로 合絆되어 무용지물이 되는 경우가 적지 않으므로 자세히 살펴야 한다. 虛字의 경우 合絆이 성립되는 상황이 나타나지 않으므로 귀한 것이다. 여기에서 유추된 내용이 虛字와 實字가 沖할 때 實字만 개고開庫되는 '허전실개虛全實開'의 논리다. 暗沖起란 虛字의 沖出이 아니라, 허신으로 인한 實字의 沖出이 가져오는 긍정적인 현상을 의미한다.

또 하나 중요한 점은 暗合에서 飛出을 논하지 않는 이치를 간과해선 안 된다.

命理36禽獸

제목도 특별한 이 책은 2008년 7월 2일에 출간되었다. '명리36금수'는 상·하의 두 권으로 구성되어있다. 명리학자로서의 컴백과 동시에 저자는 100권의 명학서를 보유한 세계 제일의 학파를 공언했다. 이 땅의 명리 학습자와 동호인들을 위한 약속은 지체 없이 실행됐다. 올해 들어서만도 '팔자입문' 시리즈를 필두로 대략 스무 권 정도의 신서新書가 쏟아져 나왔다. 경이로운 속도의 필력이 아닐 수 없다. 그보다 어디에 이처럼 보배로운 내용들을 담고 있었는지가 궁금할 따름이다. 이수의 책은 항상 새롭고 특출하다. 비교의 대상이 없다. 특히 '명리36금수'는 저자의 바다와 같은 깊고 넓은 견식과 방대한 독서량을 헤아리기 어려울 정도다. 이 책은 최근 이수명리의 선진성과 수월성을 또 한 번 각인시킨 '명리물상실전57초'와 '포태진기'를 아우르는 음양陰陽 기론氣論의 포태법胞胎法을 위주로 연계된 내용을 다룬다. 그 방법이 실로 독창적이다. 간지干支 상호 간의 모든 관계를 서른여섯 마리의 동물 관계로 다 풀어냈다. 여기에는 고사성어와 성경의 구절, 심지어 이솝우화에 이르기까지 모두가 망라됐다. 그리고 각 동물의 관계는 모두 네 글자의 한자 성어로 저자가 정리해서 따로 표기하고 있다.

삼십육금三十六禽은 십이지十二支에 각각 셋씩 벼른 서른여섯 가지의 짐승을 나타내는 말이다. 곧 자子의 제비・쥐・박쥐・축丑의 소・게・자라, 인寅의 너구리・표범・범, 묘卯의 고슴도치・토끼・오소리, 진辰의 용・교룡蛟龍・상어, 사巳의 드렁허리・지렁이・뱀, 오午의 사슴・노루・말, 미未의 양・매・기러기, 신申의 고양이・원숭이・후猴, 유酉의 꿩・닭・까마귀, 술戌의 개・이리・늑대, 해亥의 돼지・유雌・멧돼지로 술가術家는 이 짐승들을 12시에 별러 미래를 예지했고, 불가佛家에서는 각각의 시각마다 해당 짐승이 나타나 좌선坐禪하는 이를 괴롭힌다고 전해진다. 이 책에서는 다음과 같이 36수를 정해 간지干支에 배당했다.

寅(인)	卯(묘)	辰(진)	巳(사)	午(오)	未(미)	申(신)	酉(유)	戌(술)	亥(해)	子(자)	丑(축)
狸(리)[1]	蝟(위)[1]	龍(룡)[1]	鱓(선)[1]	鹿(록)[1]	羊(양)[1]	猫(묘)[1]	雉(치)[1]	狗(구)[1]	豚(돈)[1]	燕(연)[1]	牛(우)[1]
豹(표)[2]	兎(토)[2]	鮫(교)[2]	蚯(구)[2]	馬(마)[2]	鷹(응)[2]	猿(원)[2]	鷄(계)[2]	狼(낭)[2]	猪(저)[2]	鼠(서)[2]	蟹(해)[2]
虎(호)[3]	貒(단)[3]	魚(어)[3]	蛇(사)[3]	獐(장)[3]	雁(안)[3]	猴(후)[3]	鳶(연)[3]	豺(시)[3]	貛(환)[3]	蝠(복)[3]	鱉(별)[3]

목차는 36마리의 각 동물을 순서대로 논하는 식으로 정해졌다.

命理36禽獸 目次

上卷

論牛

論蟹

論鱉

論狸

論豹

論虎

論蜎

論兎

論猯

論龍

論蛟

論魚

論鱓

論蚯

論蛇

下卷

尊師自記

論鹿

論馬

論獐

論羊

論鷹

論雁

論貓

論猴

論雉

論鷄

論鳶

論狗

論狼

論豺

論豬

論貛

外篇

이중 범례와 자기自記 편의 내용 일부를 옮겨 보겠다. 여기에는 이 책의 탄생 배경과 기초 지식이 담겨 있다. 또 대강의 줄거리를 맛보는 의미로 子와 壬에 속하는 제비, 논연論燕과 卯와 甲에 속하는 고슴도치, 논위論蝟 편을 인용했다. 이를 통해 독자들은 간지干支의 포태胞胎는 물론 형충회합파해刑沖會合破害의 전 관계를 짧은 동물 관계의 글로 엮어내는 저자의 탁월한 필법 일면을 느낄 수 있을 것이다.

凡例

十干은 甲, 乙, 丙, 丁, 戊, 己, 庚, 辛, 壬, 癸를 말한다.

十二支는 子, 丑, 寅, 卯, 辰, 巳, 午, 未, 申, 酉, 戌, 亥다. 옛사람들은 十二支에 '쥐, 소, 호랑이, 토끼, 용, 뱀, 말, 양, 원숭이, 닭, 개, 돼지'의 열두 동물을 배당했으니 이를 일러 十二獸라 한다.

虎(호)	兎(토)	龍(용)	蛇(사)	馬(마)	羊(양)	猴(후)	鷄(계)	狗(구)	豬(저)	鼠(서)	牛(우)
寅(인)	卯(묘)	辰(진)	巳(사)	午(오)	未(미)	申(신)	酉(유)	戌(술)	亥(해)	子(자)	丑(축)
정월	이월	삼월	사월	오월	유월	칠월	팔월	구월	시월	십일월	십이월

論地支屬相 三命通會 卷一 (※ 원문 생략)

또 十二支(십이지)에 각각 셋씩 배분한 서른여섯 가지의 짐승을 더했으니, 子(자)에 제비·쥐·박쥐, 丑(축)에 소·게·자라, 寅(인)에 삵·표범·범, 卯(묘)에 고슴도치·토끼·오소리, 辰(진)에 용·교룡·물고기, 巳(사)에 드렁허리·지렁이·뱀, 午(오)에 사슴·말·노루, 未(미)에 양·매·기러기, 申(신)에 고양이·원숭이·긴팔원숭이, 酉(유)에 꿩·닭·솔개, 戌(술)에 개·이리·승냥이, 亥(해)에 돼지·암돼지·멧돼지로 정해졌으니 곧 三十六禽(삼십육금)이다. 禽蟲(금충)의 이름은 각 고서와 민속에 약간의 차이가 있는데, 이치의 앞뒤를 살펴 다음과 같이 三十六禽獸(삼십육금수)로 확정했다.

寅(인)	卯(묘)	辰(진)	巳(사)	午(오)	未(미)	申(신)	酉(유)	戌(술)	亥(해)	子(자)	丑(축)
狸(리)[1]	蝟(위)[1]	龍(룡)[1]	鱓(선)[1]	鹿(록)[1]	羊(양)[1]	猫(묘)[1]	雉(치)[1]	狗(구)[1]	豚(돈)[1]	燕(연)[1]	牛(우)[1]
豹(표)[2]	兎(토)[2]	鮫(교)[2]	蚯(구)[2]	馬(마)[2]	鷹(응)[2]	猿(원)[2]	鷄(계)[2]	狼(낭)[2]	猪(저)[2]	鼠(서)[2]	蟹(해)[2]
虎(호)[3]	貒(단)[3]	魚(어)[3]	蛇(사)[3]	獐(장)[3]	雁(안)[3]	猴(후)[3]	鳶(연)[3]	豺(시)[3]	貛(환)[3]	蝠(복)[3]	鱉(별)[3]

三十六禽獸(삼십육금수)를 순서대로 나열하면 다음과 같다.

燕(연)	鼠(서)	蝠(복)	牛(우)	蟹(해)	鱉(별)	狸(리)	豹(표)	虎(호)	蝟(위)	兎(토)	貒(단)	龍(룡)	鮫(교)	魚(어)	鱓(선)	蚯(구)	蛇(사)
제비	쥐	박쥐	소	게	자라	삵	표범	범	고슴도치	토끼	오소리	용	교룡	물고기	드렁허리	지렁이	뱀

鹿(록)	馬(마)	獐(장)	羊(양)	鷹(응)	雁(안)	猫(묘)	猿(원)	猴(후)	雉(치)	鷄(계)	鳶(연)	狗(구)	狼(낭)	豺(시)	豚(돈)	猪(저)	貛(환)
사슴	말	노루	양	매	기러기	고양이	원숭이	긴팔원숭이	꿩	닭	솔개	개	이리	승냥이	돼지	암퇘지	멧돼지

論三十六禽 五行大義 第卄四、論禽蟲(※ 원문 생략)

支(지)는 靜(정)하나 干(간)은 動(동)하여 본래 十干(십간)에 禽獸(금수)를 나누어 정하는 설이 없다. 하지만 전연 안 된다는 법이 없다. 三十六禽(삼십육금)을 十干(십간)에 배정하는 방법은 세 가지다.

干(간)	甲(갑)	乙(을)	丙(병)	丁(정)	戊(무)	己(기)	庚(경)	辛(신)	壬(임)	癸(계)
法 1	虎(호)[3]	兎(토)[2]	蛇(사)[3]	獐(장)[3]	豺(시)[3]	鱉(별)[3]	猴(후)[3]	鳶(연)[3]	貛(환)[3]	蝠(복)[3]
法 2	蝟(위)[1]	貒(단)[3]	鹿(록)[1]	獐(장)[3]	狼(낭)[2]	蟹(해)[2]	雉(치)[1]	鳶(연)[3]	燕(연)[1]	蝠(복)[3]
法 3	狐(호)	貂(초)	鹿(록)	獐(장)	豹(표)	蟹(해)	烏(오)	雉(치)	燕(연)	蝠(복)

法(법) 1은 地支(지지)의 정기를 그대로 十干(십간)에 배당한 것이고, 法(법) 2는 四正(사정)에 배당된 禽獸(금수)의 前後(전후)의 陽陰(양음)에 따라 배정한 것이며, 法(법) 3은 法(법) 2와 유사한데

짐승의 부각된 속성에 따라 운용의 妙用을 살려 배합한 것이다.

自記

어느 날 삼명통회三命通會를 주마간산하다가 "又古人看命之法以十二相生加三十六禽, 就知其人平生發達及食祿之方, 或宜於朝, 或宜於外, 或宜於水, 或宜於山, 或江湖海畔, 而南北東西有定分焉. 其術微妙. 又不專子平看也. 故術者必兼諸家之長方盡其理"의 대목에 머물러 잠시 생각에 잠긴 적이 있다. "옛사람들은 운명을 헤아릴 때 십이상생十二相生에 삽십육금三十六禽을 더하여 그 사람의 평생 발달과 식록의 방향, 혹 조정朝廷이 마땅한지 외정外庭이 마땅한지, 산이 좋은지, 물이 좋은지, 강가나 못 언저리 바닷가 등 동서남북으로 정해진 분수를 알았다. 그 술수가 미묘하고 또 자평子平으로만 본 게 아니므로 술가들은 필시 제가諸家의 장점과 방법을 겸해야만 이치에 도달할 것이다."

하지만 지금 구체적인 기록을 찾을 수 없다. 사고전서四庫全書를 죽 더듬어 살펴도 실제적인 내용이 없다. 오행대의五行大義를 시작으로 몇 종의 연관되는 단문들을 찾아 읽어보았지만 그다지 쓸 데가 없다. 학자여우모성자여린각學者如牛毛成者如麟角이라 했던가! 원래 배우는 사람은 소의 털과 같이 많고 이룬 사람은 기린의 뿔과 같이 드문 법이다. 사정이 이러하면 나는 스스로 연구하고 창작하는 사람이다.

오래전부터 십이지에 배속된 동물들의 생태와 성향에 바탕을 두고 한 개인의 성정과 행동 패턴의 일면을 밝히는 가벼운 소재들이 널리 퍼져있었지만, 그 내용이 보잘 것 없고 일정한 원칙이 서있지 않으므로 별반 흥미를 가지지 않았다. 그런데 고인들은 이미 사람들의 다양한 삶과 중대사를 두고 서른여섯 마리의 금수에 비유하여 요긴히 분석했다는 얘기다. 그렇다면 그 간명看命의 비결이 무엇이었을까? 명리命理의 원칙은 연年이 본本이고, 일日이 주主다. 이것은 자평子平 이전 전국시대戰國時代, 명리학의 시원始原을 연 귀곡자鬼谷子의 찬문撰文에 '연위일지본일위명주年爲日之本日爲命

主'로 확정된 사항이다. 얼핏 떠올려 연일年日의 관계로 동물 상호 간의 관계를 살핀다면 조금 더 개량된 통설이나 고법古法의 복원을 꾀할 수 있을 법하다. 그러나 보통 가벼운 궁리는 그저 잡설 하나를 보태는 것으로 그치고 만다.

먼저 동한東漢의 사상가인 왕충王充의 글을 살펴보겠다. 논형論衡, 물세편物勢編에 "혹자는 주장하길, '寅은 木이며 해당 동물은 호랑이다. 戌은 土로 이에 해당하는 동물은 개다. 丑가 未도 土로 소와 양이다. 木은 土를 극克하므로 개와 소, 양은 모두 호랑이에게 제압당한다. 亥는 水고 동물은 돼지다. 巳는 火로 동물은 뱀이다. 子 또한 水로 동물은 쥐다. 午 또한 火로 동물은 말이다. 水는 火를 극하니 돼지는 뱀을 먹는다. 火는 水로 인해 해를 입으므로 말이 쥐똥을 먹으면 창자가 꼬인다'고 한다. 이 말을 논박하겠다. 과연 논자의 말대로라면 혈기를 지닌 동물 중에 상호 제압하지 못하는 증거도 나타난다. 午는 말이고, 子는 쥐다. 酉는 닭이고, 卯는 토끼다. 水가 火를 극한다면 쥐는 왜 말을 쫓지 못하는가? 金이 木을 극한다면 닭은 왜 토끼를 쪼지 못하는가? 亥는 돼지다. 未는 양이다. 丑은 소다. 土가 水를 극한다면 소와 양은 왜 돼지를 죽이지 못하는가? 巳는 뱀이다. 申은 원숭이다. 火가 金을 이긴다면 뱀은 왜 원숭이를 먹지 않는가? 원숭이는 쥐를 겁낸다. 원숭이를 무는 것은 개다. 쥐는 水고 원숭이는 金이다. 水는 金을 극하지 않는데 원숭이가 왜 쥐를 겁내는가? 戌은 土다. 申은 원숭이다. 土가 金을 극하지 않는데 원숭이는 왜 개를 겁내는가? 동쪽은 木이며 그 별은 창룡倉龍이다. 서쪽은 金이며 그 별은 백호白虎다. 남쪽은 火로 그 별은 주조朱鳥다. 북쪽은 水로 그 별은 현무玄武다. 하늘에는 네 별의 정기가 있으며 그것이 내려와 네 짐승의 형체(용, 범, 새, 거북)를 이루었다. 무릇 혈기를 지닌 동물 중에 네 짐승을 으뜸으로 치며 이들이 지닌 오행의 기가 가장 뚜렷하다. 용과 호랑이가 만나도 서로 해하지 않고, 새와 거북이 만나도 서로 해하지 않는 것을 살펴보라. 네 짐승으로 증험하고 십이지의 동물로 고찰해보면 오행을 지닌 동물이 기의 성질에 따라 서로 제압된다는 것은 더욱 사실과 맞지 않는다. 만물이 서로 누르고 해치며 혈기를 지닌 동물이 상호 복종하고 서로 잡아먹게 되는 것은 치아의 둔하고 예리함, 근력의 우열, 움직임의 민첩성, 기세의 흉맹함 정도에 달렸다고 생각한다. 만일 사람이 세상에서 서로의 세력이 필적하지 못하고 힘이 균등하지 못하면, 자연히 상대를 이기고 복종하는 현상이 생긴다. 힘으로 상대를 복종시킬 때는 칼로 상대를 해친다. 사람이 칼로 상대를 해하는 것은 마치 동물이 이빨이나 뿔, 발톱 등으로 상대와 맞서 싸우는 것과 같다. 힘이 강하고 뿔이 예리하여 기세가 크고 이빨이 길다면 이길 수 있고, 기세가 약하고 발톱이 짧고 담이 작고 발톱이 둔하다면 복종하고 두려워한다. 사람에게 용감하고 겁을 내는 성질이 있기 때문에 싸움에 이기고 지는 것이지, 승자가 반드시 金의 기운을 받고 패자는 필시 木의 정기를 받았기 때문이 아니다. 공자孔子가 양호陽虎를 두려워하고 도망가며 땀을 흘린 것은 양호의 안색이 희어서도 아니고, 공자의 안색이 푸르기 때문도 아니다. 매가 기러기나 참새를 공격하고, 올빼미가 고니나 기러기를 쪼아 먹는 것은 매나 올빼미가 남쪽에서 나고 고니나 기러기가 서쪽에서 나기 때문이 아니다. 자연적인 근력으로 용맹한가, 겁이 많은가에 따라 서로 이기고 복종하는 것이다. 한 집안에는 반드시 논쟁거리가 있고 마을에는 송사訟事가 있다. 송사에는 필시 곡직曲直이 있고 논쟁에는 시비是非가 있다. 대개 바르지 않고 왜곡된 자는 패하고, 옳고 바른 자는 이긴다. 말재주가 좋고 예리한 변설을 지니며 말이 분명하고 유창한 사람이 이길 수도 있으며, 언변이 약하고 둔하며 말을 더듬고 달변이지 못한 자는 패할 수도 있다. 혀로 논쟁하고 송사하는 것은 마치 칼과 창으로 싸우는 것과 같다. 예리한 칼과 긴 창을 지닌 데다 손과 발이 건장하고 빠른 자는 이기고, 둔한 칼과 창을 지닌 데다 손발이 느리고 둔한 자는 진다. 동물이 상대를 이기는 것은 근력이 있거나, 기세가 있거나 혹은 민첩함이 있기 때문이다. 기세가 있고 입과 발이 민첩하면 몸집이 작아도 큰 것을 제압하며 근력이 없고 뿔과 날개에 힘이 없다면 몸집이 커도 작은 것에 복종한다. 까마귀가 고슴도치의 껍질을 먹고 때까치가 뱀을 먹는 것은 고슴도치와 뱀이 민첩하지 못하기 때문이다. 문망주우양蚊蝄走牛羊, 모기나 등에의 힘은 소나 말만 못하지만 소와 말이 그들에게 곤혹을 당하는 것은 모기와 등에의 기세 때문이다. 사슴의 뿔은 개를 해치기에 충분하고 원숭이의 손은 쥐를 잡기에 충분하다. 그러나 사슴이 개에게 제압당하고 원숭이가 쥐한테 복종하는 것은 뿔과 이빨이 예리하지 못해서다. 까닭에 큰 소가 목동에게 몰리고, 거대한 코끼리가 월越나라 아이들에게 구속을 받는 것은 민첩하지 못하기 때문이다. 그러므로 민첩하고 영민함을 가지고 있으면 몸집이 작아도 큰 것을 이길 수 있고, 영민하지 않다면 힘이 세도 연약한 것에 굽히게 된다.”

무엇이 옳고 그른가? 木이 土를 이기니 범이 개를 제압한다고 말한 일부 유자儒者들의 단견에 비해 왕충의 논변은 한층 합리적으로 여겨진다. 그러나 이게 다가 아니다. 무릇 오행은 절대적인 관계로만 성립되지 않는다. 木과 土, 水火와 같이 양자 간에 어느 한쪽이 일방적으로 이기고, 지는 법이 없다. 이 보다 훨씬 복잡하고 유기적이어서 어느 것 하나 단정하기 어렵다. 그리고 반드시 변한다. 이를테면 寅과 戌은 木이 土를 이기는 게 아니라 오히려 합생合生한다. 巳와 亥에서 水가 火를 이기는 게 아니라 둘 다 절멸絶命하는 관계가 기본이다. 돼지는 뱀을 먹지만, 뱀도 돼지를 삼킬 수 있다는 얘기다. 어디 이뿐이겠는가? 지지에 36마리의 금수禽獸를 배당하면 한층 복잡한 관계가 성립된다. 오소리가 닭장을 습격하지만, 솔개는 토끼를 사냥한다. 卯가 酉를, 酉가 卯를 각기 이기는 상황이다. 우주와 자연 뿐만 아니라 동물계에도 일방적으로 제압하거나, 제압당하는 법이 없다. 인간은 지렁이도 먹고, 지렁이를 먹은 물고기도 먹는 만물의 영장이지만 생태계의 최하부에 놓인 지렁이에 의해 시신이 해체된다. 자연계의 질서는 이 같은 식으로 순환한다. 왕충이 말한 근력과 지혜, 민첩함의 이면에는 음양오행의 거스를 수 없는 계기契機가 작동한다.

이제 간지干支의 회합會合과 형충파해刑沖破害 등의 제 작용을 모두 동물이 살아가는 모양이나 상태로 설명해보겠다. 이것이 서둘러 내린 결론이다.

論鷲 子 壬*

제비는 철새인데 몸집이 작아도 강남을 가니, 子의 본주本主는 견문이 넓고 박식함을 상징한다. 제비는 넓적한 주둥이로 벌레를 잘 잡으므로 기회를 포착하는 능력이 뛰어나다. 현대에는 콘크리트 지붕 아래 어렵사리 연소燕巢를 마련해 새끼를 위해 먹이를 나르느라 눈코 뜰 새 없지만 부지런히 키워 다시 강남으로 돌아갈 생각에 마음이 바쁘다. 이것은 곧 현조玄鳥의 창조력과 고단한 삶을 암시한다. 燕은 또한 향연과 연회를 뜻하니 사람들을 모아 먹이고 노는 잔치를 벌이기를 즐긴다. 제비는 사람이 집을 지으면 제 집도 생겼다 하여 기뻐하는데 남이 집을 지었을 때 마음으로 기뻐하며 축하하는 것을 연하燕賀라 한다. 주변 환경은 늘 바쁘게 돌아가지만 쉴 때는 한없이 편하게 자고, 하는 일없이 한가하게 지낼 때가 더러 있다. 제비에게는 동굴 속에서 안식하는 박쥐蝙蝠의 속성이 있기 때문이다. 공직자나 직장인이 출근하지 않고 집에서 쉬는 것을 연식燕息이라고 한다. 팔자 본주本主에 子가 들면 대개 날씬하고 용모가 아름답다. 연燕나라에는 미인이 많았다. 그래서인지 미인을 일컬어 연녀燕女라고 말했다.

제비가 날아올 즈음에 기러기는 떠나는데, 사람이 서로 멀리 떨어져 사이가 두텁지 않고 거리가 있어서 서먹서먹한 관계를 두고 연안대비燕雁代飛라 한다. 제비, 子와 기러기, 未는 서로 반대의 입장이 되어 만나지 못하니 이를 한탄하는 말이 바로 연홍지탄燕鴻之歎이다. 이것이 곧 子未害요, 원진怨嗔의 관계가 된다. 이 두 글자에 해당하는 육신六神은 도모하는 일이 항상 어긋난다. 제비가 기러기를 만나면 묘지墓地에 들고, 기러기가 제비를 만나면 절지絶地에 든다.

제비의 천적은 뱀과 까마귀다. 뱀이 새집을 잘 넘본다는 것은 옛날부터 흔히 알려져 있는 사실이다. 사겁연추蛇劫燕雛라, 뱀은 제비새끼들의 가장 무서운 적이 아닐 수 없다. 육식성인 까마귀는 제비 알은 물론 새끼까지 잡아먹는다. 연파금오燕怕金烏다. 까마귀는 제비처럼 자유롭게 곡선 비행을 못한다. 金과 水가 이 같이 다르다. 壬이 巳를 보면 절지絶地에 들고, 子

또한 酉를 꺼린다. 酉에서 병病이 드는 까닭이다. 반대로 酉는 子에서 생生을 얻는다. 팔자에 戌亥나 戌子가 보이면 위병胃病을 예고하는데 이때 子酉破가 겹치면 위胃수술을 피해가기 어렵다. 마치 마당개가 제비새끼, 연추燕雛가 떨어지기를 기다리는 형세와 같다. 子巳는 태胎의 조합으로 신속히 합슴을 짓지만, 여기에 卯나 寅申의 형刑이 들면 필시 이변과 변고가 나타난다. 소위 제비가 꽃뱀에게 물린 꼴이 된다.

壬, 제비는 寅이 마馬로 이에서 합록合祿한다. 반면 子는 寅에서 패지敗地에 놓인다. 연산燕山이 폐위되고 죽은 중종반정中宗反正의 해는 1506년 丙寅이었다. 子는 卯에서 장생長生한다. 제비집은 마치 고슴도치의 형상과 같아 곧 子卯刑의 물상이다. 卯는 子에서 병病들지만, 子는 卯에서 생生을 얻는다. 卯는 午와 未에서 壬의 丁재, 財를 파출破出한다. 그래서 壬의 귀인貴人이 된다. 이것은 마치 횡재橫財와 같다. 또 巳도 壬의 귀인이다. 하지만 속단은 금물이다. 제비 한 마리가 왔다고 여름이 온 것은 아니기 때문이다. One swallow does not make a summer. 巳에 형刑이 들면 재궁財宮에 풍파가 있다. 子巳合이 형刑을 겸하는 것은 앞에서 이미 말했다.

***memory**

燕	子	丑	寅	卯	辰	巳	午	未	申	酉	戌	亥
子 壬			子 寅 浴	子 卯 刑		壬 巳 絶		子 未 害		子 酉 破	子 戌 衰	
√			√	√		√		√		√	√	
			燕 敗 於 寅	卯 病 子 生		蛇 劫 燕 雛		燕 雁 代 飛		燕 怕 金 烏	燕 巢 落 庭	

論蝟 卯 甲*

겨울이 닥치자 추위에 떨던 고슴도치 두 마리가 고민을 시작한다. 서로 가까이 가면 체온을 나눌 수 있지 않을까. 하지만 가까이 다가간 고슴도치들은 상대방 가시에 찔려 상처를 입을 뿐이다. 다시 떨어지자 또 추위에 온몸이 얼어붙는다. 그 유명한 쇼펜하우어(Schopenhauer)의 '고슴도치 딜레마' 이야기다. 卯는 현침懸針의 글자로 쌍침雙針의 모양이라 고슴도치가 가장 닮았다. 卯는 子에서 병病이 든다. 고슴도치는 子月에 갈등 속으로 빠지는 것이다.

팔자에 현침이 있으면 성정이 예민하고, 종종 수술이나 상해傷害 등을 당하기 쉽다. 자형字形이 그러하고 포태胞胎가 그렇다. 그래서 의약醫藥, 활인성活人星이기도 하다. 외부의 환경에 민감한 고슴도치는 적을 만나면 두려워 몸을 움츠리는데 이를 일러 위축蝟縮이라 말한다. 고슴도치의 천적은 수릿과다. 卯와 酉는 서로 절지絶地가 되어 찌르고 찔린다. 올빼미가 고슴도치를 잡아채지만, 오소리도 닭을 문다. 이것이 卯酉沖이 금수禽獸 물상이다. 고슴도치는 작은 뱀이나 지렁이를 잡아먹는다. 장마철엔 지렁이 찾아 배드민턴장으로 내려오기도 한다. 巳가 卯에서 욕패浴敗에 드는 현상이다. 뱀도 토끼를 삼킨다. 그러니 卯도 巳에서 욕패浴敗에 든다. 고슴도치가 뱀 그물에 갇히는 경우도 종종 있다. 뱀을 먹으러 왔다가 자기가 갇힌 격이다. 사정이 이러하니 卯巳衝이라 했을 정도다. 乙이 巳를 보거나 丙戊가 卯를 봐도 마찬가지다.

"고슴도치도 제 새끼는 함함하다고 한다"는 속담이 있다. 누구나 제 새끼는 귀여워한다는 뜻이다. 그런데 이 속담을 뒤집어 보면 어미 고슴도치의 눈에는 새끼가 예뻐 보일지 모르나 다른 이의 눈에는 지극히 못생겼다는 말이 된다. 한 마디로 고슴도치는 기묘하게 생겼다. 포유류의 상식을 벗어난 모습이기 때문이다. 우리나라가 속한 온대혼합림 지역에는 유별나게 생긴 동물이 거의 없다. 우리나라 육상포유류 중 고슴도치는 단연 이단아의 모습이다. 건드리면 몸을 둥글게 말고 가시를 곧추세워 난공불락의 요새로 변한다. 다 자란 고슴도치를 잡아먹을 수 있는 육식동물은 거의 없다. 그것이 호랑이라 해도 말이다. 몸을 둥글게 말고 있는 고슴도치를 발로 걷어차도 고슴도치는 큰 충격을 받지 않는다. 각각의 가시는 뿌리 부분이 가늘어 유연하게 구부러지므로 충격을 완화시키기 때문이다. 바로 이것이 卯이자 甲의 형상이다. 비가 잠시 그치면 고슴도치는 숲 밖으로 나올 때가 있다. 지렁이가 호흡하러 여기저기 나와 있기 때문이다. 때로는 폭우에 휩쓸렸다 길을 잃어 그런 경우도 있다. 甲은 亥에서 생生하고 子에서 패敗한다. 물은 고슴도치를 살리기도 하고, 낭패를 당하게도 한다. 굶주림에도 강해서 물만 있으면 십 수 일을 먹지 않고 버틸 수 있다. 늦가을부터 동면을 시작하는데, 고슴도치가 동면하는 근본 이유는 추위 자체가 아니라 먹이 부족 때문이다. 이것은 卯의 성질이다. 戌亥子가 卯의 묘사병墓死病이 되는 까닭이다. 등산로가 아닌 숲속에서 고슴도치를 보기란 매우 어렵다. 그러나 개를 풀어놓고 숲속을 걸을 경우 개가 고슴도치를 발견하고 어쩔 줄 모르는 경우가 있다. 후각으로 세상을 판단하는 개는 고슴도치의 존재를 잘 알아챈다. 卯戌합의 물상이다. 卯戌合이나 辰酉合은 결국 끝이 좋지 않다. 서로가 다 부정적인 기운을 받기 때문이다. 乙辛은 戌辰이 묘지墓地가 된다. 丙戊도 卯酉에서 욕사浴死에 든다. 다시 말해 卯戌은 묘패墓敗, 辰酉는 사장死葬의 합合이 되는 것이다.

***memory**

蝟	子	丑	寅	卯	辰	巳	午	未	申	酉	戌	亥
卯甲	卯子病					卯巳浴				卯酉沖	卯戌合	
√	√					√				√	√	
	蝟蝟葛藤					蝟食蚯蚓				梟飛蝟縮	蝟見犬括	

■ 李修命理學會叢書

스피디 萬歲曆

'최이린의 스피디만세력'은 2005년 4월에 출간된 책이다. '스피디만세력'은 여타의 만세력과 차별되는 뚜렷한 특징이 있다. 만세력이 캘린더와 같이 만들어져 달력의 해당 날짜만 찾으면 한 번에 사주팔자를 세울 수 있도록 편집되어 있다. 예컨대 양력으로 2008년 7월 1일의 사주를 세울 때 아래와 같은 해당 날짜의 칸만 찾으면 되는 것이다. 즉 가장 신속하게 팔자를 세울 수 있는 만세력이라 해서 스피디speedy라는 문패를 단 것 같다.

2008년 7월

日曜日	月曜日	火曜日	水曜日	木曜日	金曜日	土曜日
		1 二壬戊戊 八寅午子	2 二癸戊戊 九卯午子	3	4	5
6	소서 7	8	9	10	11	12

위 캘린더에서 7월 1일의 칸을 보면 해당일이 戊子年 戊午月 壬寅日임을 바로 알 수 있다. 여기에 표기된 二는 건명乾命의 대운수大運數고 아래 八은 곤명坤命의 대운수다. 책에는 생시生時의 간지 조견표가 템플릿으로 끼워져 있다. 이것으로 책의 앞뒷면을 오갈 필요 없이 한눈에 사주를 세울 수 있게끔 배려되었다. 저자는 이수문파의 2회 문하 출신으로 현재 코끼리 문파 직계 문하 양성과 LBBC Speaker Bureau 대표로 활동 중이다. '스포츠조선'과 '스포츠한국' 등의 매체에 오늘의 운세를 연재했고 심심치 않게 방송 전파도 탄 재원이다. 학부에서는 무용학을 전공했다.

六十甲子人間學(Sexagenary Humanics)

'육십갑자인간학Sexagenary Humanics'은 일주론日柱論을 다룬 내용으로 2008년 1월에 개정판으로 선보이게 됐다. 이 책은 2005년 3월에 '신일주론新日柱論'으로 초판이 나왔다. 내용이 쉽고 적중률이 높아 독자들의 관심이 높았던 책이다. 비교적 내용이 가볍고 일찍이 여러 사람이 정리했던 일주론을 다루고 있지만 이수문파의 비결이 적지 않게 녹아 있고, 갑자甲子 별 상세한 설명과 편집이 잘 되어 있으므로 지금도 독자들의 호응이 높은 편이다. 현재 인터넷에 퍼져있는 일주론은 십중팔구 이 책에서 인용된 것으로 보면 틀림없다. 명리를 모르는 일반 독자들도 보기에 무리가 없으므로 대중들의 읽기를 고려한 명리서라 할 수 있다. 저자는 최이린.

胞胎珍技

이수문파 2회 문제자인 최이린의 세 번째 작품이다. 십이운성十二運星의 포태법胞胎法을 전문적으로 다룬 유일무이한 명리서다. 포태론은 명리 기학氣學의 첫 관문인 동시에 독립된 한 갈래로 중요한 의미를 갖는다. 그럼에도 불구하고 이에 대한 상세한 해설을 기한 명서가 없었다. 저자는 포태를 모르고 사주추명四柱推命을 논할 수 없다고 딱 잘라 말한다. 이러한 주장은 이수명리학회의 후속 발간서인 '명리물상실전57초'를 보면 바로 확인할 수 있는 부분이다. 이 책은 포태법의 정론正論에 초점을 맞추고 실전 고급 테크닉을 익힐 수 있도록 꽤 많은 내용을 담았다. 십이운성의 봉법逢法과 거법居法, 인종引從과 좌법坐法에 이르기까지 포태 이론 전체를 망라해 정리했다.

이 책에서는 '포태요결胞胎要訣' 편의 10개 항목으로 요약된 '이린포태'와 중간 부분의 포태일주론에 해당하는 '갑자포태甲子胞胎', 그리고 말미의 '운성인종運星引從BAZI COMPLEX' 편이 특히 중요하고 눈길이 가는 대목이다. '팔자입문'의 '생왕사절'에서는 운성거법을 중심으로 포태술을 설명하고 있는데 '포태진기'는 곧 '생왕사절'의 해설서로 분류되기도 한다. 그러나 이 책은 포태 이론의 전반을 모두 다루었으므로 독립된 서책으로 보는 게 옳다. '포태진기'는 쉽고도 어렵다. 이수명리의 중급서로 구분되었지만 고급 단계에서도 반복해서 봐야할 내용으로 채워졌다. 오히려 '명리36금수'가 '포태진기'의 원활한 학습을 위해 저술된 책으로 느껴질 정도다. 이 책은 명리학의 고급 단계를 학습하는 과정에서 필수적으로 통과해야 하는 관문과 같다. 문파의 15회 광주무등산포럼에서만 유일하게 사사師事된 교재이기도 하다. 필자도 아직 전체를 정독하지 못했다.

八字來情

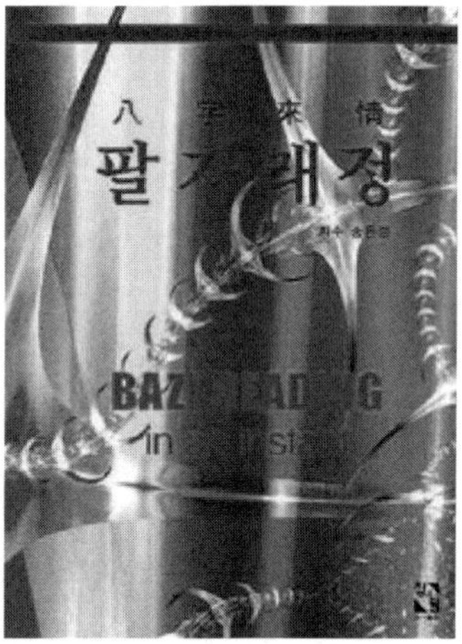

내방객來訪客의 방문 시간대로 내인來人의 의중과 향후사의 길흉성패를 순식간에 예단하는 스킬을 주제별로 담아 낸 독특한 책이다. 보통 래정來情은 육임六壬이나 육효六爻의 점복占卜의 술수에서 주로 다루는 분야인데 팔자명리로 래정법의 체계를 세운 책이다. '팔자래정Bazi Reading in an instant'은 이수의 초고가 선보일 무렵부터 강호 학도들의 큰 관심을 불러일으켰다. 이를 토대로 문파의 1회 문하생인 송은경이 엮어 간행한 게 바로 '팔자래정'이다. 이 책에서는 무엇보다도 '공망비약' 이후 체계화된 왕쇠강약의 기틀을 잘 요약해서 설명하고 있는 특장이 돋보인다. 따라서 '팔자입문' 시리즈를 읽고 나서 이 책을 읽으면 복습의 효과가 배가된다. '팔자래정'과 관련된 동영상 자료를 인터넷으로 검색해서 찾아보면 학습에 적지 않은 도움을 얻을 수 있을 것이다.

八字來情 目錄

자서自序

팔자래정八字來情

래정원칙來情原則

십성쇠왕十星衰旺

팔자즉간八字卽看

래정공망來情空亡

래정시칭來情時稱

구전래정口傳來情

래정형충수법來情刑沖手法

래정물상관통기來情物象貫通技

이상이 이 책의 순서인데 '구전래정'을 제외한 나머지 챕터는 이수명리의 이론체계가 골고루 스며든 독창성이 내재되어 있다. 특히 말미의 '래정물상관통기'는 '팔자래정' 분야의 첨단기법이라 할 만한데 향후 보다 업그레이드된 내정 기법을 예고하고 있는 듯하다.

命理物象實戰57招

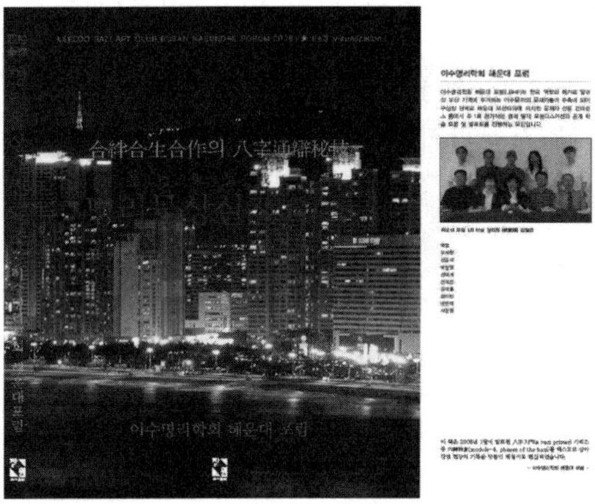

'명리물상실전57초'는 이수문파의 부산 문제자들이 공동 저술로 펴낸 책이다. 그래서 저자가 '이수명리학회 해운대 포럼'으로 되어 있다. 해운대에 위치한 문하 전용 컨퍼런스룸에서 이수 스승이 하룻밤에 걸쳐 물상物象 이론을 전수한 현장 강의록을 녹취해서 기록해 펴낸 게 이 책이다. 이 책의 표지 사진은 부산의 해운대를 배경으로 하고 있는데 그림 우측에 자리 잡은 건물에 컨퍼런스룸이 위치하고 있다. 물상론은 강호 명리학도들의 오랜 관심 분야였다. 그래서인지 이 책의 출간과 동시에 예상대로 반응이 뜨거웠다. 전체 23수, 57초의 명례命例로 구성된 매우 특별하고 귀중한 내용으로 채워졌다. 마치 팔자술 실기의 공식과 같이 짜여진 23수의 한자성어는 거의 모두 이수 스승이 직접 만든 조어造語다. 그레이트 마스터로서의 위용偉容과 천재적인 재기가 자연스레 빛난다. 현재 해운대포럼의 대표인 동락東樂 우석현이 포럼 2회를 지도하고 있다. 주 교재가 바로 이 책이다. 한 마디로 이수명리를 상징하는 또 하나의 뉴 챕터가 '명리물상실전57초'다.

'명리물상실전57초' 23수 의미 요약

일수: 合絆合生

합반합생의 이론은 이수명리의 독창적인 테마다. 형충회합의 첨단 기법과 함께 오리지낼러티를 지녔다. 합반은 팔자의 각 글자가 이미 합이 성립된 것으로 일단은 무용한 상태를 말하고, 합생은 합이 되지 않은 채 합의 짝을 짓는 글자의 육신이 매우 유용함을 일컫는 표현이다. 득실의 측면에서도 '합생=실득'의 공식이 유효하다. 과거 '팔자술파이널블로'에서 강조한 간지干支의 물상 결합에서 한결 진전된 최신 논리다. 예컨대 팔자에 뿌리 없이 투간透干한 미약한 육신의 글자라도 그것이 지장간의 어느 글자와 합생이 성립되면 취용할 수 있다는 것이다.

이수: 先合後破

이수명리는 형충회합의 각 글자 조합이 모두 영향력과 의미가 다른 점을 규명해냈다. 가령 육합에서 午未合은 각 글자가 대록帶祿의 조합으로 서로 유리하지만, 寅亥合은 먼저 합했다가 다시 깨진다는 불리한 암시를 지니는 복잡성이 나타난다. 이때 寅은 亥에서 장생長生하지만, 亥는 寅에서 병病이 든다. 다시 말해 먼저 합한 다음 나중에 떨어질 때는 亥에 해당하는 육신이 피해를 보는 상황을 설명할 수 있다.

삼수: 合庫動失

합고동실이란 子丑合에서 子가 丑에 입묘入墓되는 상황을 논한 성어다. 가령 丑을 戌이 동요시키면 子의 해당 육신은 여지없이 축고丑庫에 입고하므로 해당 육신의 성분과 분리된다는 점을 강조한다.

사수: 合後疾忌

합후질기란 먼저 합했다가 나중에 원망하고 질시하는 관계가 되는 글자 조합을 말한다. 辰酉合과 卯戌合의 관계는 묘墓와 사死의 극히 불리한 포태 관계로 연결된다. 이런 면에서 '명리물상실전57초'는 포태법의 실기를 다뤘다고 해도 과언이 아니다.

오수: 入庫形解

입묘현상이 다 나쁜 게 아니다. 팔자의 삼형에 해당하는 육신이 입묘하는 글자를 보아 형액의 흉의를 피할 수도 있다는 얘기다. 책에 예시된 명례는 입고형해보다 오히려 합생합작의 관계에 중점을 둔 설명을 전개하고 있다.

육수: 木金衝絶

목금충절이란 寅申沖과 卯酉沖을 설명하는 말이다. 간혹 金과 木이 沖하면 木이 일방적으로 타격을 입는 것으로 설명하는 내용이 있는데 몹시 잘못된 경우다. 沖은 공히 절지絶地에 놓이는 글자 조합으로 이루어진다. 여기에는 전자專字라는 신어가 선보인다. '간지오행총론'의 논십간 편을 살피면 천간은 모신母神이라 해서 지지의 글자를 보호하는 작용력이 있다. 까닭에 寅申이 沖하면 寅과 申이 공히 절멸하기 쉬운데 이때 팔자에 甲이라는 글자가 있다면 甲寅은 전자로 寅은 沖의 위력으로부터 甲에 의해 구제되는 현상이 나타난다. 즉 申의 육신이 다치는 결과를 보기 쉽다는 얘기다.

칠수: 水火衝絶

수화충절은 巳亥沖과 子午沖을 설명하는 말이다.

팔수: 木金衝墓

목금충묘란 丑未沖을 설명하는 말이다. 사고四庫의 글자가 沖할 때는 먼저 팔자의 木과 金의 글자가 입묘되는 현상에 주목해야 함을 강조한다.

구수: 水火衝墓

수화충묘란 辰戌沖을 설명하는 말이다. 이때는 팔자의 水와 火에 해당하는 글자 육신이 입묘하는 현상에 주안을 둔다.

십수: 病者刑厄

병자형액은 寅申巳 삼형의 관계를 다뤘다. 寅巳刑하면 일단 寅의 육신에 손상이 나타나기 쉽다. 寅은 巳에서 병病이 들지만 巳는 寅에서 장생長生하는 까닭이다. 巳申刑이면 巳의 육신이 병病드는 결과를 보기 쉽다.

십일수: 逢沖現發

辰戌이 沖하면 먼저 水와 火의 육신이 입묘되는 현상이 나타난다. 다음으로 土의 육신도 상하기 쉽다. 이때 천간에 戊己土가 드러나 있으면 土의 육신은 오히려 발전하는 현상을 논한 말이 봉충현발이다. 종래의 왕자입묘설이 土에는 해당 사항이 없다는 점을 분명히 한 대목이다.

십이수: 刑者怕開

사고四庫의 글자가 刑하면 입묘하는 육신이 刑의 물상을 짓기 쉬운 경우를 들어 형자파개로 표현한다.

십삼수: 懸針浴死

午, 卯, 未, 申 등의 현침 글자는 각기 욕浴, 병病, 사死, 절絶 등의 불리한 포태 조합을 짓게 된다. 현침의 글자 조합이 왜 무서운 현상으로 나타나는지에 대한 명료한 이론적 근거를 제시하는 말이 현침욕사다.

십사수: 懸針劍難

현침의 글자가 양인과 짝을 이루면 수술, 상해 등의 물상으로 나타나기 쉽다는 말이 현침검난이다.

십오수: 曲脚刑疾

乙, 己, 巳, 丑의 곡각 글자가 삼형과 연계되면 신병을 피하기 어렵다는 말이 곡각형질이다.

십육수: 三會顚倒

팔자에 삼회가 성립되면 조건반사적으로 전도reverse 상황을 떠올리는 실기 용어가 삼회전도다. 이 말은 '삼회와 리버스'의 공식으로 잘 알려진 내용이다. 가령 수국水局을 지으면 반극反剋이 되는 금침金沈, 반생反生이 되는 목표木漂, 역극逆剋이 되는 토류土流의 현상을 보는 것이다. 즉 삼합이나 방합을 짓는 운에는 팔자의 미약한 육신 글자가 전도되는 현상을 포착해서 통변하는 요긴한 법수를 일컫는 말이다.

십칠수: 胎刑異變

태형이변이란 子巳合과 卯申鬼의 글자 조합이 가져오는 특이한 현상을 이른 말이다. 이들 글자 조합은 모두 태지胎地인데 이때 삼형과 연계되면 변고가 나타난다.

십팔수: 成象怕破

성상파파는 양신의 성상을 파하는 게 불가함을 이른 말이다. 이것은 팔자를 판독하는 정석의 하나다.

십구수: 庫出移入

고출이입은 팔자에 입고물入庫物이 이미 충출沖出된 경우에 입고 현상이 빈번하게 나타남을 뜻하는 말이다. 가령 팔자에 丑戌刑이 있고 천간이나 지지에 丙丁이나 巳午가 있다면 고출이입의 전형이 된다.

이십수: 北庫水鬼

子丑合이 나타내는 여러 가지 질병과 흉의를 강조한 말이 북고수귀다. 예컨대 팔자에 子丑合이 있고 酉가 있어 子酉破가 겹치면 위장에 물이 차는 질환을 면하기 어렵다.

이십일수: 寅生精神

寅에서는 甲丙의 木火가 록생祿生한다. 곧 정신계를 지향하기 쉬운데 이를 일러 인생정신이라 말한다.

이십이수: 合財維生

재財는 양명지원이다. 팔자에 재성을 일원日元이 합생하는 구조라면 대개 삶의 터전이 확고한 편이다. 이러한 구조가 깨지면 수명에 타격을 입을 우려가 있다. 합재유생은 이 같은 상관관계를 이른 말이다.

이십삼수: 羅網暗昧

천라지망이 나타내는 복잡한 현상을 수렴한 말이 라망암매다. 보통 팔자에 사정四正의 沖이 있고 여기에 亥水 라망이 겹치면 관재官災를 면키 어렵다.

五行干支叢論

이수명리학회의 학회장인 흔조昕曹 전경백이 저술한 원론서다. 이 책은 자평子平의 3대 고서와 '삼명통회', '자평일득' 그리고 '포태진기'에 이르기까지 십간십이지와 오행론에 관계되는 원문을 모두 채록해서 정확한 해석과 해설을 붙인 책이다. '오행간지총론'은 이수문파 문하생들이 반드시 거쳐 가는 기본학습서다. 기본 이론을 다루지만 내용이 무거운 편이어서 정독해야만 한다. 명리 원론의 과거와 현재가 공존하는 면에서 특별한 점이 있다. 서락오徐樂吾의 이론서로 드물게 '자평일득'을 접할 수 있어 학습자들에게는 행운이다. 저자는 문파의 2대 장문인掌門人이기도 하다. 문파의 장문이 갖는 권위와 위치는 각별하다. 丁亥生으로 한양대학교 공과대학을 졸업한 금융계 출신이다. 이 책의 목차는 다음과 같다.

窮通寶鑑一讀

'궁통보감일독'은 이수명리학회 해운대포럼 대표인 동락東樂 우석현이 궁통보감을 해설한 책이다. 이 책은 궁통보감을 통독할 수 있도록 군더더기를 빼고 원문의 정확한 번역에만 충실하여 물 흐르듯 편집되어 있다. 학습자들의 고전 읽기 문화를 고양하는 차원에서 학회가 기획한 총서叢書이기도 하다. '난강망(궁통보감)'은 다른 고서에 비해 읽기가 수월치 않고 체계적으로 숙지하기가 쉽지 않다. 다독多讀을 통해 익숙해지는 것이 최상이다. 저자는 현재 부산에서 '명리물상실전57초'를 강의하고 있다. 동아대학교 경영학과를 졸업했다.

李修八字虛字論講解

이 책은 '팔자허자론'의 주해서다. The Invisible이라는 글자의 의미 그대로 팔자로 나타나지 않는 허자虛字의 이론 체계는 강호에서 절정의 고수들만이 공유하는 전유물로 여겨진 영역이기도 하다. 그러나 속을 들여다보면 허자론 이론 체계의 틀이 부실하고 원칙이 불분명했다. 허자론의 명료한 원리와 원칙은 '팔자허자론'에서 세워졌다. 독자들이 쉽게 접근하기에는 아무래도 부담스러운 내용이므로 문파의 11회 문제자인 승상昇想 권오인이 자세하게 풀이했다. 그래도 난해한 감이 있다. 이 책은 '삼명통회' 권삼券三의 '잡취각격' 편을 정확히 해석하는데 상당히 공을 들였다. 이것은 이수명리학회가 본격적으로 '삼명통회' 전체를 번역하는 작업에 돌입했음을 의미하는 시초이기도 했다. 이후에 발간된 총서들이 한결같이 '삼명통회'의 해당 챕터를 원문과 함께 실어 해설을 붙이고 있다. 이 책의 목차는 다음과 같이 구성되어 있다.

目錄

일덕日德

괴강魁罡

복덕수기福德秀氣

록원호환祿元互換

자오쌍포子午雙包

청룡복형青龍伏形

백호지세白虎持勢

주작승풍朱雀乘風

현무당권玄武當權

구진득위勾陳得位

환혼차기還魂借氣

팔전록왕八專祿旺

곡직曲直

염상炎上

종혁從革

윤하潤下

가색稼穡

토국윤하土局潤下

금백수청金白水清

목화교휘木火交輝

화금주인火金鑄印

화토협잡火土夾雜

묘살墓煞

사위순전四位純全

일기생성一氣生成

배록축마背祿逐馬

십간십이지대귀인례十幹十二年生大貴人例

3부 허자제요강해虛字提要講解

팔자정명허신감응八字定命虛神感應

비합비출飛合飛出

팔자허자론강독八字虛字論講讀

팔자술의 마스터를 꿈꾸는 학도라면 이 책을 지나치기 어려울 것이다. 종래에는 접근하기 어려운 범주였고, 비록 난해한 감이 있어도 도전해서 정복하는 학습자들이 나타나기 마련이다. 이점에 있어서는 문파의 문하들 또한 예외가 아니다. 특히 1부의 팔자원칙개관 편에서는 이수명리학의 원칙과 허자론 체계에 대한 설명이 잘 요약되어 있다. 내용이 다음과 같다. 여기에는 '팔자허자론'의 본문도 인용되어 있으므로 적지 않은 학습의 도움을 얻을 수 있을 것이다.

논쇠왕근거論旺衰根據

자평진전子平眞詮 논용신論用神 편에 "금인부지전주제강今人不知專主提綱, 연후장사주간지然後將四柱干支, 자자통귀월령字字統歸月令, 이관희기以觀喜忌"라 했다.

이 말은 한 마디로 "팔자의 격국(용신)은 오직 월지를 기준으로 세우고, 다음으로 마땅히 팔자의 간지를 모두 월령과의 관계로 살펴 '좋고, 나쁨'을 살피라"는 뜻이다.

지당한 말이다. 심효첨沈孝瞻은 자평진전에서 '전주제강專主提綱'의 규칙에는 충실했지만, '사주간지자자통귀월령四柱干支字字統歸月令'은 도외시한 셈이 됐다. 지지의 왕쇠는 따로 논하지 못했다.

이것이 바로 후대에 이수 선생이 '공망비약空亡秘鑰'에서 '간지자자통귀월령干支字字統歸月令'을 팔자술의 원칙(BaZi Doctrines)으로 새삼 정립한 계기가 되었다. 선철先哲들은 이미 명리의 정법을 알고 있었다는 얘기다.

음양가의 고인들은 이렇게 명료한 본칙을 남겼다. 문제는 늘 아둔한 후대 인사들로부터 비롯된다. 다수의 위인들은 속절없이 잘못을 따라가기 쉽다.

'간지자자통귀월령'을 다른 말로 표현하면 십성쇠왕十星衰旺이라 할 수 있다. 십성법은 팔자의 육신을 사길신과 사흉신의 십신으로 구분하여 이를 모두 월지에 대조해서 길흉희기의 의미 대강을 살피는 기법으로 요약된다. 이를테면 재관인식의 사길신이 왕하면 복록이 두텁게 작용하고, 쇠하면 복록이 감하는 식이다. 반대로 살상겁효의 사흉신이 왕하면 흉조를 피해가기 어렵고, 쇠하면 덜 위태로운 것으로 간주한다.

그런데 정작 문제는 쇠왕을 판정하는 기준에 있다. 보통 월령을 얻으면 왕으로, 월령을 잃으면 쇠로 보는 견해가 널리 퍼져있다. 월령이란 곧 제강의 부府로 '월령을 얻고, 잃는 것'은 따지고 보면 모두 '통근通根의 유무'와 직결되는 얘기다.

그래서인지 寅月에 투透한 戊丙甲은 모두 왕신旺神으로 볼 수 있다. 그렇다면 申月에 투출한 戊壬庚 또한 마찬가지로 왕으로 볼 수 있을까. 壬과 庚은 득시得時하고 당령當令하여 진신眞神으로 볼 수 있으나 戊土는 실시失時하고 퇴기退氣한 오행으로 가신假神에 속하니 왕하지 않다.

이렇게 보면 쇠왕의 기틀은 오행의 진가와 맥락을 같이 한다. 다만 십성의 쇠왕법에 억가부진抑假扶眞을 따로 논하지 않으므로 내용이 일치하지는 않는다. 게다가 실시해도 왕신으로 성립되는 경우가 있다. 가령 巳月 庚辛이 그러하다.

한편 오행의 휴왕休旺이 있다. 예컨대 甲木이 春月에 출생하면 볼 것도 없이 왕신으로 보는 관점이다. 寅卯月의 록왕祿旺절이야 시비의 여지가 없지만, 문제는 辰月이다. 辰月에 甲木은 분명 계절을 얻고 득령하여 왕신으로 결함이 없어 보이지만, 퇴기하므로 진정한 왕으로 논할 수 없다.

까닭에 辰月 甲木은 오행의 휴왕으로 볼 때 여지없이 왕이나, 십성의 쇠왕으로 보면 쇠로 구분된다. 독자들은 이즈음에서 쇠왕을 구분하는 기준을 대략 설정해 볼 수 있다. "득령하고 진기하면 왕신이다" 정도로 요약한다면 훌륭한 착상이다.

그런데 쇠왕의 기틀은 이보다 복잡하고 미묘한 의미를 지닌다. 오죽하면 徐樂吾조차 강약쇠왕이 헛갈렸을 정도니까. 원래 理와 氣는 동질과 이질로 교차하기 때문이다. 예컨대 丑月이나 戌月의 庚辛 또한 왕신으로 분류한다. 이로써 득령, 진기의 진신만이 왕신에 해당한다고 보는 관점은 어긋난다.

복습의 차원에서 정리해보자.

辰月에 甲木이 통근하므로 세기가 강强하다고 볼 수 있다. 이때 강하다는 표현은 辰中乙木의 같은 기운에 근거하는 것으로 이는 오행 생극제화의 이법에 통하는 말이다.

辰月에 甲木이 계절을 얻어 운기가 왕旺하다. 이때 왕하다는 표현은 계절의 기운을 얻어 기氣의 외적 측면에서 고찰할 때 그러하다는 뜻이다.

그런데 辰月 甲木을 강왕强旺한 것으로 단정하기에는 속사정이 복잡하다. 十干의 생왕묘절로 보면 쇠지衰地에 앉아 기氣의 진행으로 살필 때 이미 퇴기로 접어들고, 또한 이理의 측면에서 보아도 辰土가 甲木을 생부生扶, 협력하지 않는다. 까닭에 辰月 甲木을 온전한 왕신으로 논하기엔 결격하다.

한편 亥月 甲木은 어떠한가. 득령득시에 진기다. 이것은 두말할 나위 없이 왕신이다. 또 子月 甲木은 어떠한가. 득시하였으나 실령했다. 쇠신과 다를 바 없다.

앞에서 득시하지 않아도 왕신이 성립되는 경우가 있다고 했다. 巳月 庚辛. 또 퇴기해도 왕신이 되는 수가 있다. 戌月과 丑月의 庚辛이나 寅月 戊土와 같이.

지금부터 팔자의 왕신이란 理氣 양면을 긴밀히 조율하여 통합된 관점에서 理氣가 통합된 상태에 한정해서 쓰는 용어로 정의한다. 십성의 쇠왕을 판별하는 간단한 기준을 세우면 다음과 같이 정리할 수 있다.

첫째, 팔자의 각 오행 글자가 氣의 운성으로 생록왕生祿旺의 월지를 보면 그것을 왕신으로 보아 무방하다.

둘째, 팔자의 각 오행 글자가 월지에 통근하면서 월지 정기의 생을 얻으면 이 또한 왕신에 속한다고 볼 수 있다.

총론해서 각 오행(干支)의 글자가 온전한 왕신으로 성립되려면 아래 그림에 표기된 월지나 운지(대운 지지)의 글자를 보아야 한다.

五行	月支	運支	會局
木	亥寅卯	亥寅卯	木局
火	寅巳午	寅巳午	火局
土	寅巳午辰戌丑未	寅巳午辰戌丑未	火局
金	巳申酉戌丑	巳申酉戌丑	金局
水	申亥子	申亥子	水局

왕신이란 달리 '왕기旺氣를 띠는 글자'로 말할 수 있다. 왕기를 띠는 조건은 먼저 월지에서 찾는 것이 마땅하고 다음으로 운지에서 그것을 찾는다. 월지나 원지가 아니어도 왕기를 띠는 조건으로 작용하는 지지의 구조가 있다. 바로 회국會局이다. 회국은 그 자체로 왕기를 띠기 마련인데 반합半合의 경우에는 왕쇠 판정에 주의를 기울여야 한다. 이를테면 寅午 火局에 火는 응당 왕기를 띤다. 火가 생하면 土의 글자 또한 마찬가지다. 午戌도 이와 같다. 이때는 특별한 문제가 없다. 그런데 巳酉와 酉丑의 金局일 경우 水의 입장에서는 왕기를 띠는 조건이 제한된다. 水가 통근하는 酉丑일때만 왕기를 논할 수 있다.

논허실호환論虛實互換

쇠왕을 가려서 취할 때는 팔자에 보이는 글자만이 아닌 보이지 않는 글자, 허자虛字 또한 반드시 살펴야 한다. 허신虛神은 크게 세 가지 종류로 나눌 수 있다. 첫째는 지지에 숨은 장간藏干과 같은 암신暗神이고, 둘째는 공협拱挾된 자허自虛다. 셋째는 합래合來 내지 인합引合하는 합허合虛의 글자를 들 수 있다. 이상을 다른 말로 장신藏神[1], 협신挾神[2], 허합虛合[3]으로 표현한다.

장신	寅中에 품은 보이지 않는 戊丙甲의 글자
협신	寅辰 사이에 끼어 보이지 않는 卯
허합	寅寅이 合來하는 亥나 申
	寅卯가 引合하는 辰이나 亥卯가 引合하는 未

'팔자허자론'에서는 장신藏神[1]과 협신挾神[2]을 자허自虛로, 허합虛合[3]을 합허合虛로 대별하고 양자간에 분명한 차이가 있음을 밝혀두고 있다. 허신虛神은 보통 팔자에 같은 오행의 글자가 있으면 성립되지 않는 것으로 이를 전실塡實(impletion)이라 한다. 다시 말해 전실되면 허자가 성립되지 않는다는 뜻이다.

이 같은 전실의 규칙은 허신 중에 합허合虛에 한해서만 적용된다는 점이 골자다. 이를테면 寅中甲木은 팔자에 甲木이 투透했을때 더욱 가치가 있다. 寅과 辰 사이에 협挾한 卯木은 팔자에 이미 甲乙이나 寅이 있다고 해서 전실의 규칙을 적용하지 않는다. 오히려 같은 오행의 글자를 보아 더욱 유용해진다. 반면 팔자에 寅寅이 있고 亥나 申이 있다면 亥水의 암합暗合이나 申金의 암충暗沖을 말할 수 없다. 전실로 인해 무용하기 때문이다.

요약하면 전실의 적용은 장신藏神[1], 협신挾神[2], 허합虛合[3]이 각기 다르다. 대개 자허는 전실의 적용을 거의 받지 않는다. 반대로 허합은 같은 오행은 모두 전실에 해당된다. 다만 협신挾神[2]에 한해서는 같은 글자에 한해 전실을 적용하기도 하는데, 이것은 단지 귀기貴氣의 고저에 한할 뿐, 성립 자체와는 무관한 요소다. 이상이 전실 적용의 정확한 용법이다.

팔자에 보이지 않는 글자를 파악하는 기초적인 연습을 자조自造로 살펴보겠다.

時	日	月	年
辛	癸	壬	壬
酉	未	寅	寅

연월의 寅寅은 亥와 申을 합하여 오지만, 팔자에 壬辛이 전실되어 허합虛合[3]이 성립되지 않는다. 일지 未와 酉 사이에 申金이 협신挾神[2]으로 존재하는데 이것은 辛金을 보아 전실을 논할 필요가 없이 오히려 인수印綬로 유용하다. 덧붙여 辛이 丙을 兩壬이 丁을 품고 있는 상황을 비합飛合[4] 이라 하는데, 이때는 지지에 寅이나 未를 보아 장간藏干의 장신藏神[1], 火를 보아야만 그것이 유용해진다. 바로 이것이 '팔자허자론'에서 집약된 비합비출飛合比出의 개념으로 허자론 전체를 관통하는 긴요한 뜻이라 할 수 있다. 만약 壬寅生이 팔자에서 寅이나 未를 보지 못하고, 같은 글자들이 허신으로 성립되면 이를 두고 비재飛財로 표현한다. 이와 같이 팔자에 비록 재신財神이 유기有氣하지 않으나 보이지 않는 허신들의 작용에 의해 그럭저럭 재기財氣가 유여한 국면이 됐다.

앞에서 글자의 쇠왕을 가릴 때 허자도 유심히 살펴야 한다고 강조했는데 이때의 허자는 자허, 즉 협신挾神[2]이 중요하다. 가령 申月에 甲木이 투한 팔자가 있다고 치자. 그러면 甲木은 자연 쇠신衰神이 되기 쉽다. 그런데 일과 시에 寅辰이 있다고 치면, 두 글자 사이에 공협된 卯로 인해 목국木局으로 회합되므로 甲木은 왕기를 띠는 조건을 갖추게 된다.

이때의 작용력은 다음과 같은 순서를 밟게 된다. 먼저 협신挾神[2], 卯木은 팔자에 투한 甲木으로 인해 유용해지고 - 실자實字가 허자虛字를 유용하게 하는 법칙 - 이로써 마치 실자와 같이 유력해진 卯木이 재차 寅辰과 합작하여 목국木局을 형성하며 팔자의 甲木을 왕신旺神으로 변모시키는 것이다. 이것이 바로 '팔자허자론'이 무겁게 다루는 허실호환虛實互換의 개념이다.

논집어일점論集於一點

오늘날 명리학자들이 강약왕쇠를 여전히 잘 알지 못한다. 예컨대 신왕재왕身旺財旺과 신강재강身强財强을 구분하지 못하고 그 차이를 선명하게 설명한 바가 없다. 한 마디로 빈부貧富를 가리는 법수도 매끄럽지 않을 때가 많지만 부富의 정도를 논하는 단계에 이르면 원칙이 없고 서툴기 일쑤다. 하나의 보기로,

時	日	月	年
	甲	戊	
		寅	

은 재왕財旺한 것이고

時	日	月	年
	庚	甲	
		辰	

은 재강財强한 것인데 양조兩造를 공히 재기통문호財氣通門戶의 부격富格으로만 논한다면 실상과의 차이를 좁히기 어렵다. 재강은 재왕에 미치지 못한다. 이는 마치 타고난 부자와 운에 편승한 부자로 구분될 정도로 축재의 유형이나 복록의 성격, 차이가 달리 나타난다. 따라서 길신吉神이 왕기를 띠면 복록을 타고 나고 안태함이 오래 가지만, 통근通根하여 강하기만 하다면 시운時運이 미쳐야 부富를 이루고, 그렇지 않다면 곡절을 겪기 쉽다.

그렇다면 신왕재왕명은 언제나 변함없이 부자로 살아갈 수 있다는 말인가. 그렇지 않다. '적천수'에 이르길, "길신태로吉神太露, 기쟁탈지풍起爭奪之風"이라 했으니 왕기를 띤 재신이 합거合去로 합반合絆되는 시점에 이르면 재물의 산실을 실감하게 되고 같은 시기에 뿌리마저 상한다면 몰락

을 피하기 어려운 것이다.

그런데 실상의 주변에서는 일단의 부침은 겪더라도 종신토록 유수한 부자로 살아가는 사람들이 더러 있다. 이러한 팔자의 구조는 한 마디로 재財를 비출飛出하는 구조의 유형이라 할 수 있다. 예컨대

時	日	月	年
戊	戊	壬	
		辰	

와 같이 비록 편재 壬水를 운에서 쟁탈당해도 辰中癸水를 일시의 戊土가 비합비출하는 구조라면 여간해서 가난뱅이로 전락하는 법이 없다.

다음은 게이츠(Bill Gates)의 팔자다.

時	日	月	年
庚	壬	丙	乙
戌	戌	戌	未

마이크로소프트(MS)사의 회장직을 맡고 있는 그는 1994년 이후 최근에 이르기까지 미국 갑부 1위에 선정된 인물이다. 팔자의 지지 戌未의 장신藏神[1], 丁火의 무수한 재를 일원日元이 비출해서 쓰는 구조다.

비합비출은 앞에서 언급한 비재와 같이 실자가 아닌 처자의 장신藏神[1]도 마찬가지로 적용한다. 이를테면 庚金 일주가 허자 未土를 보고 未中乙木을 인출해서 쓰는 유형이라면 이 사람의 재복 또한 한층 각별한 것으로 미루어 짐작할 수 있다. 이때 특히 고庫의 글자가 공협된 것을 특별히 여긴다. 다음은 '팔자허자론'에서 인용한 관련 대목이다.

∴ **thinking-10**

古人들은 庫의 글자가 拱夾된 것을 특별히 여겼다. 가령 甲寅日 甲子時면 丑庫를 夾한다. 이것은 貴人이자 財로 몹시 有用한 것이다. 이때 八字에 財와 庫位가 塡實되지 않으면 夾丘格, 내지 拱財格이라 稱한다. 乙卯日 丁巳時는 辰土 財를 夾하고, 甲午日 壬申時도 未土 財를 夾하니 拱財로 보기에 무리가 없다. 이상은 모두 淵海子平의 外十八格에 夾丘로 예시된 유형이다. 그런데 문제는 癸酉日 癸亥時를 언급한 부분이다. 拱夾된 虛神, 戌土는 官이지 財가 아니기 때문이다. 후대의 命理家들은 이런 점을 責잡아 夾丘는 하등 이치에 맞지 않는 格으로 매도하기 일쑤였다. 조금 만 더 생각해보면 癸酉日 癸亥時에서 戌土의 夾庫는 財官을 飛出해서 쓸 수 있는 유형임을 어렵지 않게 유추해낼 수 있다. 時干 癸水가 戊土를 飛合하고, 戌中 辛金이 丙火를 暗合해 오는 현상은 앞의 'Textual-1, 外格' 편에서 충분히 학습한 바 있다. 三明通會에서 인용한 古歌의 夾庫를 논한 대목 또한 마찬가지의 관점에서 살피면 이치를 살피는 데 별반 어려움이 없다.

古歌에는 乙巳生人喜見卯夾辰이라, 乙巳日 己卯時를 언급하고 있다. 淵海子平에는 乙卯日 丁巳時를 말했는데 이 둘의 차이는 무엇인가. 八字에 財, 己土가 있으면 塡實되어 拱財格으로 취할 수 없다고 생각한 까닭이다. 따라서 이 같은 시각에서 보면 乙巳日은 己巳日의 誤記로 볼 수 있다. 그러나 답은 乙巳日이 분명하다. 무릇 時에 財神이 透해야만 財庫의 貴가 發顯되기 때문이다. 또한 自虛는 虛字 자체로만 塡實을 적용한다. 이외 古歌는 "癸酉亥時必發早夾戌, 庚午逢申錦繡文夾未, 丙子寅時多財寶夾丑"로 癸酉日 癸亥時, 庚午日 甲申時, 丙子日 庚寅時의 유형만을 다루고 있다. 이상은 모두 財庫를 夾하는 구조를 띤다.

乙巳日 己卯時	夾辰 財庫
癸酉日 癸亥時	夾戌 財庫
庚午日 甲申時	夾未 財庫
丙子日 庚寅時	夾丑 財庫

결론적으로 夾庫를 특별히 다루면서 日時의 유형을 제한한 연유는 모두 飛合, 飛出의 상황을 염두에 둔 까닭이다. 癸酉日은 戊土를 飛合하여 좋은 것인데 夾戌은 空亡되어 必發무만을 논한 것이다. 庚午日은 夾貴 印綬에 甲이 己를 飛合하여 錦繡文을 강조한 것이고, 또한 乙木 官을 飛出해 쓴다. 丙子日은 먼저 辛金 財를 飛出하기에 특별히 多財寶라 했다.

飛出이란 원래 庫地, 虛字의 藏干物을 天干의 相合으로 引出해 쓰는 것을 뜻하는 말이다. 그러나 實字의 藏干物도 飛合하는 형태를 띠면 沖出 이전에 飛出해 쓸 수 있다는 점에서 暗神의 效用을 나타낸다. 그런데 庫는 좋을 때가 있고 그렇지 않을 때가 있다. 八字의 구조가 飛合할 수 있는 유형이면 庫가 아름답게 작용한다. 보통 八字의 財庫에서 透한 財神이 있으면 巨富를 논하기도 하는데, 이때 財神을 飛出해 쓸 수 있는 구조가 前提되어야 참다운 富貴를 논할 수 있다. 古人들이 따로 財庫를 貴하게 살핀 연유는 바로 財神을 引出해서 쓸 수 있는 구조와 더불어 官印의 貴氣를 飛出하는 유형을 염두에 두고 논한 까닭이다.

한편 柱中에 自庫나 財庫, 官庫가 있는 것은 運에서 入墓 상황을 야기하여 불리하게 작용하는 요소로 볼 수도 있다. 그래서인지 전해지는 因緣法에도 自庫, 財庫, 官庫가 있으면 이를 刑沖하는 글자의 '띠'가 配緣이요, 吉緣이라는 說이 있다. 어쨌든 墓庫의 글자를 살필 때면 먼저 飛合, 飛出을 염두에 두고 판단해야 한다.

庚 丁 丁 丁
戊 酉 未 未

坤命, 丁未生은 庚金이 乙木을 飛合하여 木庫 印綬의 飛出로 現發한다. 此命은 甲辰生을 配緣하여 自庫의 凶意를 덜었다.

★ 허자가 아닌 실자의 비출은 합반합생의 물상법에서는 합생합작의 긴요한 뜻으로 통변한다. 이를테면 丁未生이 인수의 비출로 현발한다고 한 것은 財印의 합생합작合生合作을 말하는 것이다.

비합비출이 크게 효용을 드러내려면 가급적 여러 개의 공통적인 합이 도출되는 구조여야 한다. 다시 말해 암신暗神들을 상합相合하는 구조로 마치 여러 개의 화살을 한 점으로 집중시켜 모을 때 효용이 크다고 볼 수 있다. 서락오는 비합비출의 작용력을 구체적으로 언급하여 해설하는 선명성은 띠지 못했지만, 중시집어일점衆矢集於一點의 비유는 종종 들었을 정도로 맥락의 대강은 헤아리고 있었다. 이점이 여타의 선학들과 구분되는 동해東海 선생만의 진일보한 관점이라 할 수 있다.

★ 상합이란 합이 모인다는 뜻인데 이것은 합반이 아닌 합생을 전제로 하는 것이다. 합반과 합생의 차이는 온전한 合 여부로 갈린다. 이를테면 乙과 庚이 서로 붙어 합하면 합반으로 양자가 무용지물이다. 반면 乙이 申中庚金을 본다면 합반이 아닌 합생으로 양자가 모두 유용해진다. 이것은 이수명리의 물상법을 학습하는 키워드라 할 수 있다.

다음은 현대그룹 창업자 고故 정주영 회장의 팔자다.

時	日	月	年
丁	庚	丁	乙
丑	申	亥	卯

차조此造는 두 말할 나위 없이 乙木 재신이 왕기를 띠는 부명富命인데, 재벌총수로서의 두터운 복록은 허자, 未中乙木에 있다. 앞에서 장신藏神[1]이나 협신挾神[2]은 팔자에 해당 오행의 글자가 투透해야 더욱 유용해진다고 했는데, '팔자허자론'에서 인용한 'thinking-10'이 같은 말이다. 未中乙木이 연간에 투하고, 합생하는 구조라 묘용이 있는 것이다. 아산峨山은 癸酉年에 의원직을 사퇴하고, 그룹 경영을 맞았으며 辛巳年, 癸未月에 영면하였다. 이상은 모두 허자의 유실과 관계되는 시점이다.

한편 얼핏 보기에 재가 왕하지 않고, 비출하는 구조 또한 아닌 것 같은데도 거부를 이루는 경우가 있다.

時	日	月	年
壬	戊	戊	庚
戌	申	寅	戌

庚戌生은 寅月에 戊土가 투했으나 비견으로 격을 이루지 못하니 재를 용신으로 삼아 재용식생의 부격으로 성격시킬 수 있다. 차명此命은 삼성그룹의 창업자, 고故 이병철의 팔자다. 壬水 재신은 왕하지 않고, 그저 강할 뿐인데 부의 원천을 어디에서 찾을 수 있을까? 일시의 申과 戌 사이의 협신挾神[2], 酉金에 착안하면 어렵지 않게 실상을 이해할 수 있다. 허실호환으로 재가 왕신으로 변모한 셈이다. 호암湖巖은 허신이 해체되는 丁卯年에 작고했다.

★ '형충회합요결'에 이르면 충출沖出되어도 파괴되지 않는 성분이 있다고 있다. 합생하는 육신은 충으로 지지 기물이 파괴되어도 구생求生의 기미가 있다고 했는데 호암의 명조에서 酉金 협신은 합생의 대상을 찾아볼 수가 없다.

다음은 '삼명통회'를 편저한 만민영의 팔자다.

時	日	月	年
丙	庚	癸	壬
戌	寅	丑	午

육오산인育吾山人은 '삼명통회' 이외 오성五星을 논한 '성학대성星學大成'을 지어 성평星平에 두루 능한 인사였다. 스스로 자신의 명을 평한 바 있는데 그 내용이 대략 다음과 같다.

"나의 명은 庚寅日로 12월 大寒 후에 출생하여 太陽이 丑宮斗 19度에 있고, 천월이덕이 庚에 있으며 또 丑이 귀인이다. 그러므로 '장성부덕將星扶德, 천을가임天乙加臨'이다. 庚金이 丑月에 생하니 비록 休하나 약하지 않다. 년이 壬午이니 本은 旺이고, 시가 丙戌이니 사주에 편관이 있다. 그러므로 병형兵刑을 당하였고, 청대淸臺의 벼슬을 맡았지만, 일주가 휴폐休廢하여 직책이 높지 않았다."

만민영은 1550년에 진사進士가 되어 지현知縣, 어사御使, 참의參議의 벼슬을 했다. 지금의 차관보 정도에 해당하므로 객관적으로 그 벼슬이 낮다고 볼 수 없다. 기고氣高에 직위가 걸맞지 않았던 듯하다.

壬午生은 午火 관官을 협挾하는데 이것은 매우 귀한 것으로 관록을 암시한다. 이로써 丙火 살殺이 왕기를 띠게 되었는데 이것이 병형을 당하는 요인으로 작용했다. 살왕하면 필시 극심한 화액이 미친다. 그런데 화난이 수습되고, 전화위복이 되는 까닭은 공망이 왕기를 띠기 때문이다. 종내 일가一家를 이룬 것은 살왕이 왕기를 띠기 때문이다. 희기편喜忌編에 공록拱祿은 공망을 기피하여 실즉무용實則無用이라 했다. 그래서 협자가 공망이 되면 필발조必發早로 그치고 만다는 것이다. 그러니 실자와 허자 어느 것을 막론하고, 그것이 왕기를 띠면 공망의 부정적인 의미는 반전되기 마련이다. 공망왕기空亡旺氣에 대해서는 '공망비약'을 참조하기 바란다.

내친 김에 '적천수천미'에서 비장히 설명하는 임철초의 자조自造를 감상해보자.

時	日	月	年
壬	丙	戊	癸
辰	午	午	巳

"이것은 1773년 4월 18일 진시 출생인 임철초 나의 팔자다(乾隆三十八年四月十八日辰時). 한창 여름인 午月에 태어났는데, 이전 팔자와는 달리 丑, 한자만 바뀌었을 뿐인데 운명이 하늘과 땅 차이만큼 난다. 앞의 丑土는 북방의 습한 토이므로 능히 맹렬한 丙火의 기운을 흡수하고, 午火의 불길도 받아 드릴 수 있으며, 또한 水를 저장하고 金도 축장할 수 있다. 그러나 巳火란 것은 남방의 왕성한 火로 癸水가 절지에 임한 상태라 한 잔의 물로

한 수레의 장작불을 끄려 하는 것과 같으니 혼탁한 것이 좋고 맑은 것이 좋지 않다. 앞의 팔자에서는 戊癸가 합을 하였어도 化는 하지 않았지만 이 경우는 戊癸가 합하면 반드시 化하게 되어 살을 도와주지 못할 뿐만 아니라 도리어 火로 化해서 겁재가 되니 양인을 도와 발광하게 한다. 그러니 巳中庚金을 끌어 내 도와줄 방법이 없다. 또한 壬水가 비록 자고自庫에 통근 했지만 金이 없어 도와주지를 못하니 맑고 메마른 형상이 됐다. 게다가 대운까지 40년간 木火로 향하니 이것은 겁재와 양인을 도와주게 되어 위로는 부친의 뜻을 이어 공명을 이루지 못했고, 아래로는 전원을 지키지 못했으며 창업도 하지 못했다. 혈육육친은 모두 그림의 떡과 같았고 반평생의 하는 일이 떠도는 구름과 같았다. 卯木運이 되자 壬水가 절지에 임하고 양인이 생을 받아 혈육에 재난이 발생되어 가산이 탕진되었다. 예전에 내가 명리를 배우기 전의 일이 기억난다. 당시에 어떤 이에게 팔자를 상담했는데 그 사람이 덮어놓고 좋은 소리만 하기를, 명예와 재물이 모두 뜻과 같을 것이라 해서 스스로 믿었는데 후에 하나도 적중된 바가 없으니 얼마나 통탄할 일인가! 그런데 나는 본래의 천성이 괴팍하여 성실함을 좋아하지, 헛소리로 떠들어대는 것을 좋아하지 않고 아첨할 줄 모르며 오만하기만 하여 친구들과도 서로 뜻이 잘 맞지 않았다. 다만 조부께서 말씀하신 부친처럼 충직하고 온순하여야 한다는 교훈은 잊지 않고 있었다. 부친께서 세상을 떠난 후 가업은 점점 소실되어 먹고 살 요량으로 마음을 가라앉혀 명리 공부를 하였다. 키가 육척六尺이나 되는 남자로서 원대한 포부가 없는 것은 아니었지만, 하찮은 재주로서 웃음거리가 되고 있으니 스스로 생각하기를 운명이 그런가 싶어 아무 쓸모가 없다고 생각한다. 까닭에 수레바퀴의 마른 안 자리에 있는 붕어(涸轍之鮒)가 한 바가지의 물을 바라고 있을 뿐이다. 천시天時와 지리地理가 그러하니 아마도 운명인가 싶다. 그래도 그냥 받아 드릴 도리밖에 없는가 보다."

時	日	月	年
壬	丙	戊	癸
辰	午	午	巳

신유辛有는 일원 丙火가 안식할 합생의 재財가 없으니 비출飛出이 불가하다. 한 마디로 명리名利는 재관인의 합작에 달렸는데 癸水, 관官은 합반되었고 오직 巳中庚金이 辰中乙木가 합생합작合生合作하니 午月이라 때를 잃었다. 임철초는 자신이 명리를 공부하여 호구지계餬口之計로 삼은 까닭을 명운命運의 부조화로 대강을 헤아리고 있지만, 필연의 숙명宿命을 암시하는 합작물상을 읽어 내는 법수에는 이르지 못한 것이다.

다음은 '자평일득'의 논부명論富命에서 서락오가 자조自造에 대해 언급한 내용이다. 덧붙어 각 유파의 견해를 간략히 비교해본다.

時	日	月	年
丙	丙	壬	丙
申	申	辰	戌

"申辰회국에 壬水가 투했으니 壬을 용신으로 삼는다. 살격으로 마땅히 식신으로 제하던지, 혹은 인수로 화살해야 하지만 일원이 왕하지 않으므로 식상의 설기를 기피하고 억제가 불가능하다. 辰중에 乙木이 여기로서 미약한데 화살하기에는 무력하다. 칠살을 제어하는 덕도 없고, 화살도 불가능하다. 만약 재성을 보게 되면 인수를 파괴하고 식신을 설기하니 칠살의 무리가 더욱 공세를 취하게 되니 申운 전반에 이미 그러한 상황이 나타났다"

한 마디로 동해東海는 자신의 명을 당살공신黨煞功身으로 정의했다. 본시 격국格局과 체용體用은 명리의 기본이므로 간과할 바 못된다. 그러나 그것은 껍데기에 불과한 것인데 이로써 모든 현상을 헤아리고 단정하는 우를 명가命家가 스스로 범한다면 어찌 타인의 명을 논할 것인가? 팔자에 辰

戌이 충沖하는 구조면 水火가 입묘入墓하는 구조로 차조此造는 왕자입묘旺者入墓가 관건이라 할 수 있다.

아래 격국格局과 관련하여 '자평진전리뷰'에서 저자가 논단한 대목을 살펴보겠다.

"사주학의 대가(大家), '서락오'는 이같이 자신의 명에 대해 냉정하고 확고한 시각을 견지하고 있다. '자평일득'에서 언급한 내용은 '격국론자'의 입장을 그대로 대변하는 식이다. 근자에 내가 국내의 어느 학인이 '자평일득'을 강론한 교재를 우연히 입수하여 보게 되었는데, 그 첫대목부터 '申辰會局而透壬水爲用也'의 구절을 두고 무언가 잘못되었다는 해당 저자의 견해를 덧붙인 것을 발견하게 되었다. 대강의 취지가 '壬水가 투간해서 용신으로 정한다는 것' 자체부터 논리가 정연하지 못하다는 것이다. 무릇 용신이란 격(格)을 정하고 난 뒤에 후차적으로 정해야하는데 용신부터 정하니 순서가 맞지 않는다는 내용을 서술하고 있다. 대다수의 명리학가들이 이런 식의 내용으로 후학을 지도한다면 문제가 적지 않다. 壬水가 용신이자 격국으로 정해지는 바는 전술(前述)한 '체신의 용신'을 일컫는 것인데, '용신의 용신'을 가지고 왈가왈부하는 바는 재고의 대상조차 되지 못한다. 다음으로 "참 용신 - 아마도 진신(眞神)을 뜻하는 듯함 - 이 암장된 사주의 주인공으로 씁쓸함을 느꼈을 법하다"는 감정 이입까지 덧붙여 '식상은 멀고 편재는 가까우니' 이로 인해 스스로의 작품보다는 평주를 내는 게 더 많았던 모양이라는 논평을 접하기도 했는데 그 같은 수준이하의 평은 후학의 한 사람으로 더욱 씁쓸한 느낌을 지울 수 없게 하는 것이다. 편재로 재편집을 하고, 편관으로 남의 편의를 위해 정리한 것 같다는 논리적 비약이나 '서락오'의 설명이 조리 정연하지 못하고 해설의 논리성이 다소 떨어지는 것 같다는 식의 약평은 마치 소주잔으로 포도주잔을 덮어 평가하려는 객쩍은 시도에 지나지 않는다. 육신(六神)의 배열을 가지고 심리적인 단편을 묘사하는 내용은 아직 별도로 검증되지도 않았을 뿐더러 예측의 주가 되는 팔자술의 본류와는 거리가 있는 잡설에 불과하다. 사학계에는 선학의 학문적 업적에 제대로 된 비판을 가하는 학자의 예봉, 보다 발전적인 시각의 피력 등이 필요하다. 아무튼 화자는 辰중 乙木을 용신으로 판단하고, '서락오' 자신도 그렇게 생각하여 우울한 심정이 되었을 것이라고 전한다. 그러나 명백한 사실은 '자평일득'에서 '서락오'가 자신의 명식을 두고 용신을 뚜렷이 정해 둔 바가 없다는 점이다. 다만 식신의 제어도 불가하고, 인수의 화살도 여의치 않다는 관점을 밝힌 것에 불과하다. 즉 당살공신(黨煞功身)의 흉의만 정의했을 뿐, 하나의 용신을 정하지는 않고 있다. 간단하게 말해서 체신의 범주에서 살격을 성격시키려면 ① 살용식제殺用食制 ② 살격용인殺格用印 ③ 살격봉인殺格逢刃의 세 가지 용법이 있는데 어느 것 하나 용이하지 않다. 따라서 '서락오'는 팔자 원국에서 용신(후대의 학자들이 마음대로 규정한 부억용과는 개념이 다른 체신의 용, 혹은 동해 스스로 왜곡시킨 부억용)을 정하지 못하고 대운의 의해 격국이 변하는 '행운성격변격(行運成格變格)'의 '자평진전' 시각에 충실하여 자신의 명을 관조해 보았을 것이다. 한편 '조화원약평주'에서는 스스로의 명을 두고 평하기를 壬水은 투했지만 甲木이 없는 것(壬甲兩透, 科甲定宜)으로 격을 낮추었다. 지지에 辰戌 토국(土局)이 있는데 申궁의 庚金이 토를 설하여 壬水를 생조하므로 재(財)가 당살(黨殺)하여 극신(剋身)하니 흉하다는 정의를 내리고 있다. 또한 辰月 丙火가 지지에 수국(水局)을 이루면 壬水를 취하지 않으며 이때는 반드시 戊土로 용신을 삼고, 부귀(富貴)을 기대할 수 있다고 했다. 그런데 이때 戊土로 壬水를 제하려면 반드시 신왕(身旺)해야 함을 강조하였다. 따라서 그는 戊戌 대운 또한 쓸 수 없으며 이 대운 중에 수명이 멈출 것임을 추리했는데, 그 원인으로 戊土의 조열함을 거론한 대목은 다소 의외라 할 수 있다. 정리해 보면 먼저 이법(理法)적인 측면에서 '서락오'는 자신의 명식을 두고 '자평진전'의 관법에 충실한 접근으로 단번에 격국용신을 정했지만 취할 수가 없었고, 부억용신은 언급하지 않았다. 따라서 격국의 성패를 규정하는 상신(相神)에 대해서는 확실히 해두지 않았다. 살격은 역용(逆用)의 격국으로 마땅히 식신 戊土를 상신으로 정해야 하지만, 그는 신약(身弱)명에 식신을 쓸 수 없다는 관점을 취한 것이다(無如日元不旺, 忌食傷洩氣). 따라서 그는 식상의 설기를 기피하므로 '戊土는 기신(忌神)'이라는 점을 분명히 하고 있다. 그러나 엄밀하게 따져 체신의 입장에서 기신은 격국과 상신을 파괴하는 글자를 말한다. 戊土는 용신의 영역에서 기신이 될 수는 있지만 체신의 입장에서는 상신으로 보는 게 마땅하다. 결론적으로 투한 천간이나 지지의 회국을 이루지 못한 이상 상신을 거론할 수도 없는 실정이다. '서락오'는 부억용신의 범주를 용(用)의 영역에 한정시키지 않고, 체(體)의 영역까지 포괄하는 입장을 취했기 때문에 戊土를 상신(체신의 희신)으로 삼지 못했다. 申金 재(財)는 불리하지만 불행 중 다행으로 투(透)하지는 않았다. 젊은 시절인 甲乙운에도 壬甲의 부귀(富貴)를 크게 실감하거나 현달하지 못했고, 지방의 한직에 머문 바는 辰중 乙木 인수가 무력함에 기인하는 것이 아니라 戊土 상신을 파괴하는 운이기 때문이다. 대개 辰중 乙木을 용신으로 보는 인사들이 많은데 이렇게 인수(印綬)를 용하여 학문에 정진하고 후세에 전파하였다거나, 또는 용신이 무력해서 당대에 꽃을 피우지 못했다는 식의 이현령비현령식의 견해는 합당치 않다. 객관적으로 '서락오'는 자타가 공인하는 명리학의 대가이자, 실제 업적 면에서 비교 대상을 불허한다. 중국의 사상 철학계에서 근대의 가장 저명한 명리학가로 공인된 대학자를 두고 암장된 인수를 용신으로 삼는 것은 팔자의 고저(高低)를 가리는 명리학의 베이식(Basic) 부재를 뜻한다. 이러한 바는 아마도 '서락오'가 '자평진전평주'의 '잡기취용법' 편에서 스스로의 명을 두고 辰중 乙木을 화살(化殺)하는 용신으로 정했기 때문이다. 그런데 이때 乙木을 취한 논거를 비록 辰月이지만 청명(清明) 절입 이후 1일이 지났으므로 乙木 사령(司令)이라는 '월령의 분일용사(分日用事)'에 둔 것이다. 이러한 논법은 '적천수보주'에 여실히 투영되어있는데, 그는 乙木을 용신으로 정하면서 壬水가 戌중 戊土와는 무정하고, 辰중 乙木과는 유정한 관계라고 본 것이다. 그러나 종래에는 갈피를 잡지 못했다. '서락오'의 저술을 연대별로 분석하고 그가 매 저술마다 자신의 명를 조망한 각론을 살피면 그것을 자연스럽게 알 수 있다. 따라서 결국에는 '자평일득'에서 언급한 당살(黨殺)의 흉의만 강조했을 뿐, 乙木에 무게를 두는 입장을 취하지 않았다. 궁극적으로 '서락오'식으로 정해진 용신은 특별히 변함이 없다. 그러나 '자평진전'이 말하는 용신의 유정, 무정 관계는 운(運)에서 변화가 무쌍하다. '적천수'가 말하는 격국은 고정되지만, '자평진전'의 격국은 성격에서 변격으로 변동될 여지가 충분하다. 이 차이를 명백하게 구분하면 한층 성숙한 지명(知命)의 단계에 돌입한다. 결론적으로 '서락오' 이론의 아쉬운 한계는 체용(體用)의 분별과 이기(理氣)법의 혼용, 그리고 형충회합(刑沖會合)의 미완성을 들 수 있다. 만약 그가 단순히 戊 대운의 불리함을 논했다면 신약명의 식상 설기를 기피하는 기본적인 관법 틀을 유지했다고 판단할 수 있다. 그런데 자조自造를 논하면서 그는 戊土의 조열(燥熱)함이 문제라고 했다. 수국(水局)을 이룬 명식에 戊土의 조열함이 문제될 리 만무하다. 戊土에 뿌리를 내리는 戊土운의 기세를 두고 왕신(旺神)을 극하는 위험을 논할 수는 없다. '자평진전평주'에서 설명하였듯이 명리의 변화는 간지의 회합형충을 벗어나지 못하므로 戊戌운 중의 변화를 예감하였을 것이다. 결국 그는 자신이 견지하는 지식체계의 틀에 모두 부합되는 '당살극신(當殺剋身)'으로 규정하고, 서방 금운(金運)의 흉의를 체감하였다. '장요문'은 차명(此命)을 두고 '적천수', '논천간(論天干)'의 구절을 인용하여 수창현절(水猖顯節)의 명으로 논했다. 辰戌 충(沖: '투파(透派)'는 반합국을 채용하지 않으며 충을 우선시함)으로 인해 일간 丙火의 뿌리는 상실되므로 신경살왕(身輕殺旺)의 명식으로 일주를 생부(生扶)하는 甲乙과 壬水를 억제하는 戊를 희신으로 삼는다. '유백온'의 본류를 자부하는 '명징파'가 일반 여타의 관법에 비해 비교적 우세를 보이는 바는 '운의 희기' 이전에 '격국의 고저'를 판별해 내는 견고한 틀을 유지하는 점에 근거한다. '서락오'가 명리 대가로 부상한 바를 두고 하등 미약한 인수(印綬) 乙木으로 논단하는 이법(理法)에 국한된 이론의 한계를 노출시키지 않고, 기론(氣論)적 차원의 십간(十干) 체계로 수월하게 풀이해 낸다. 한 마디로 丙火는 壬水의 극을 두려워하지 않으며 "수창(水滄)해도 절(節)을 현(顯)한다"는 '적천수'의 丙火 편을 그대로 적용한다. 명리학에 대한 식지 않은 절개와 '서락오'의 일관되고 치열한 학풍과 학문적 업적은 결국 壬水가 암시한 것이었다. 그러나 '명징파'의 '십간론(十干論)'은 대운과 세운의 구분을 두지 않으므로 이것은 엄밀히 체용(體用)의 구분이 없는 것임을 뜻한다. 본래 십간론(十干論)이나 십간용신은 체신의 영역에서 활용되는 게 정법이므로 '명징파(透派)'가 견지하는 십간론은 단편적이고 획일적인 한계를 극복하지는 못했다."

이상은 격국용신에 대한 저자의 높은 견식見識이 두드러지는 설명이라 할 수 있다. 그러나 후에 스승께서 이 또한 부끄러운 현학적 태도에 지나지 않는다는 말씀을 한 바 있다. 동해東海의 학문적 업적은 서방운西方運에 화개지의 辰中乙木이 申中庚金과 집어일점集於一點으로 합생합작한 현상에 근거를 둔다는 점을 명확히 한 바 있다.

다음은 근대에 명성이 높았던 위천리의 팔자로 자술自述한 내용이다.

時	日	月	年
庚	庚	辛	辛
辰	子	卯	亥

"식자들이 모두 말하기를 火가 없어 아쉽다고들 한다. 춘금春金은 고固하고 당령하지 못했다. 土는 모자라고 또한 뿌리도 약하다. 천간으로는 나무가 줄서듯이 庚辛이 늘어져 있다. '자평진전'에 이르길, "천간의 비겁 셋이 하나의 장생록인長生祿刃만 못하다"고 했는데 여러 비겁들이 달리는 것을 볼 수 있으나 일원은 기가 약하다. 그래서 진강眞强은 아니다. 하물며 亥卯 목국에 子辰 수국이라, 金보다 더욱 강한 자리를 차지하고 있다. 만일 火기운 이라도 있었더라면 한낱 추운 선비에 머물지는 않았으련만. 또 차갑고 약한 金이 火를 만나더라도 약하다면 일부 뜻을 이루었을 것이고 火가 강했더라면 그 剋을 어찌 감당했을까 싶다. 공자님 말씀에 과유불급이라 했던가? '적천수'에서 말하기를 "하지기인부何知其人富, 재기통문호 財氣通門戶"라 하지 않았던가? 맡길만한 몸이 없으니 부옥빈인富屋貧人을 면하기가 어렵겠구나. 그런 까닭에 부귀의 큰 대망은 없으니, 이미 신약명이라 丑運은 오히려 순리하였고, 戊運은 진일보하였고, 子運은 병과 주색으로 액난이 많았고, 丁運은 조금 정리가 됐고, 亥運은 엎드려 지냈고, 丙運은 허명으로 많이 뉘우치며 지냈으며 다가오는 戌運에는 높이 올라가지 않으면 혹 이름이나 재물을 좀 취하지 않을까 기대가 된다. 乙運은 크게 아름답지 못할 것이며 아마 65세 되는 乙卯年에 죽지 않을까 싶다."

'명운담설'에서는 다음과 같이 말했다.

"천간에 兩辛 兩庚이 있고 지지는 水木으로 이루어진 局이니 신약이다. 甲乙 寅卯의 유년이나 대운에 불리했다. 더욱이 45세 乙未年에는 亥卯未 木局으로 재가 중하고 일주가 더 약해져 공산 당원에게 붙잡혀 두세 번의 조사를 받았고 감옥에 가기 직전에 이르기도 했다. 작년 乙卯年에 木이 중하여 죽는 다는 것을 의심할 필요가 없었는데 그것을 일찍이 예언한 바가 있다. 다행이 작년은 이미 다 지나 갔지만 그 해 일 년 동안에 세 번의 불쾌한 일이 있었다. '길융파'에서 냉방장치가 된 버스를 타고 신산까지 가는 길에 길융파 교외에 이르자 땅거미가 질 무렵 차가 큰 돌에 부딪쳐 버스 창문 전체가 흔들려 깨지면서 오른쪽 얼굴에 파편이 날아와서 피가 줄줄 흘려내린 일이 있다. 신산에 도착하고 업무가 아주 바빴지만 그 곳의 어느 술객이 시기하여 여행객이 영업을 한다는 이유로 이민국에 밀고를 했다. 이민법 조항에 위반되어 당일 늦게부터 유치장에서 하룻밤을 지냈다. 다음날 아침 벌금을 물고 석방되어 그날 바로 홍콩에 돌아왔다. 11월 달에는 완군과 같이 월간 '복서성상'을 창간했는데 철판신수鐵板神數와 명리를 함께 풀어주는 것은 믿을 수 없다는 이유에서 또 한 차례 소송이 있었다. 그 와중에 한 가지 좋은 일이 있었으니 그것은 막내딸의 혼인이었다. 속담에 기쁜 일이 있으면 재난을 면한다고 하지 않았던가? 내가 무덕하고 무능한데 여러 난관을 헤치고 나왔으니 아침에는 향을 피우고 밤에는 촛불을 밝히면서 자주 하늘에 감사를 드린다."

위천리의 학설은 '위천리명고'로 대표된다. 요약해서 격국의 신강약과 부억법이 주다. 辛亥生은 전반적으로 비합비출이 재관을 불러 다복한 팔자다. 위천리는 상해 푸단(復旦)대학을 나와 상해에서 이름을 날렸다. 乙未年의 고초는 간단히 인합자引合字, 未土의 전실운塡實運으로 비출比出의 고리를 끊은 것이고, 乙卯年이 단지 부억의 기신운으로 죽는다고 판단한 것은 아무래도 오행생극의 이법 틀에만 국한된 발상에 지나지 않는 것이다.

결론하자면 명리에서 오행생극의 이학理學은 팔자의 외피에 불과하다. 눈에 보이지 않는 오운육기의 기학氣學에서 큰 줄기가 되는 '팔자허자론'의 세계는 지평선 너머로 펼쳐진 광대한 바다 속의 그림과 같을 것이다.

辛丑生의 저자는 현재 NH투자증권사의 지점장으로 재직 중이다. 서울시립대학교 경영학과를 졸업했다.

刑沖會合精解

이수명리를 상징하는 '형충회합'의 최신작이 바로 이 책, '형충회합정해'다. '팔자입문' 6권 '형충회합'의 해설서로 각주脚註를 통해 학습자들의 길잡이 역할을 한다. '팔자술필살기'로 시작되어 '형충회합정해'로 마무리되는 형충회합 실기의 숙련 과정이 이수명리의 파노라마를 연상하게 한다. 이 책의 하이라이트는 'chapter 1· 刑沖會合 Check-up' 부분이다.

chapter 1 · 刑沖會合 Check-up

'형충회합' 은 두 가지의 중요한 뜻을 담고 있다.

Vital point [1]> 첫째, 합작合作하여 생산한다.

Vital point [2]> 둘째, 명주命主의 성패와 직결된다.

합작이란 합하여 생하는 것을 말한다. 이를테면 甲과 己가 합하여 土를 낳거나, 寅과 亥가 합하여 木을 낳는 것이다. 또 寅과 午, 혹은 戌과 합해 火를 낳는다.

무릇 생산이란 다 합으로 나타난다. 그런데 왜 회합이 아닌 형충에 합작의 의미가 있다고 하는가? 子와 午가 충하면 子中壬水와 午中丁火가 합하여 木을 낳는다. 寅과 申이 충하면 寅中甲木이 타간他干, 己土를 보았을 때 둘이 합하여 土를 낳는다. 丑과 戌이 형하면 丑中癸水와 戌中戊土가 합하여 火를 낳는다. 이렇게 형충은 장간을 개고開庫시키는 작용력이 있다.

이상이 형충회합을 특징짓는 생산의 의미다.

명주命主의 성패와 직결되는 뜻은 무엇인가? 대개 팔자의 진신, 용신用神과 관련된다. 예컨대 甲木을 用할 때 己土가 이를 합하면 기반羈絆되어 쓸모가 사라진다. 이것이 일차적인 패敗의 요인이 된다. 또 子午가 충하여 午中己土가 甲을 합하여 거去해도 패로 귀결되기 쉽다. 丑戌이 형하여 丑中己土가 甲木을 합거合去해도 마찬가지다. 이뿐만이 아니다. 寅午가 戌을 보아 염화炎火로 甲木을 불태워도 패한다.

이상이 성패를 좌우하는 형충회합의 위력이다.

앞에서 합은 생산의 동기가 된다고 했는데, 이어 합으로 인해 패의 요인이 되는 까닭은 얼핏 모순으로 여겨질 법하다.

이것이 바로 합으로 인해 '잃고, 얻는' 물상의 나들이다. 대개 합은 먼저 잃는 것이다(실제로는 먼저 들었다가 잃게 되고, 다시 얻는다). 용신이 합되면 용신은 일단 무력해진다. 이러한 현상을 합거 내지 합반合絆으로 표현한다.

그런데 먼저 실失하고, 후차적으로 득得하는 상황으로만 나타나지 않는 게 문제다. 잃는 것으로만 귀결되는 경우도 허다하다. 가령 甲木을 己, 土가 합하면 甲과 己는 합탐合貪하여 제 속성을 잃어버리기 일쑤다. 이점이 바로 일차적인 패인敗因으로 작동한다. 다음으로 甲己가 합하여 낳는 土는 득得이 되는데 이때는 일단의 조건에 부합되어야 합작생산이 가능해지는 것이다.

형충회합 이론에서 매우 중요한 개념이 '성패成敗와 得失득실'이다. 얼핏 '成=得, 敗=失'로 받아들이기 쉽지만, 엄밀히 따져 그렇지 않다. 실제에서는 '成이나 失, 敗지만 得'의 현상도 빈번하게 일어난다. 예를 들어 관격官格의 팔자가 직장에서 승진하면 당해는 성운成運으로 보아야 마땅하다. 실상에서 승진을 했지만, 심대한 재산상의 손실을 보는 수가 있다. 이때는 성운으로 규정하지만, 잃은 게 많은 한해가 된다. 즉 成이나 失이다. 반대로 재격財格의 팔자가 막대한 금액을 기부하고 명예를 얻었다면 명리로 볼 때 이것은 패운이다. 반면 명망을 얻었으니 인印을 득得한 것은 분명하다. 敗지만 得이다. 이외 재물도 얻고 승승장구하는 수가 있다. 성득成得이다. 반대로 가산을 탕진하고 건강마저 잃어 재기불능의 상태가 되는 敗失의 경우도 얼마든지 볼 수 있다. 또 무위無爲한 기간도 있을 것이다.

요약하면 성패의 의미는 팔자의 격국(용신), 즉 정체성과 관련된다. 득실은 그것과 무관하게 나타나는 현상이다. 그런데 합화나 불화로 귀결되는 득실이 곧 성패와 관계될 때가 있다. 이를테면 재격에 합화가 재로 귀결되거나, 관격에 합화가 관으로 귀결되는 경우다. 그러나 엄격하게 비추어 성운成運과 동등하게 간주할 수는 없고 득실의 확장된 차원에서 살필 문제다.

이제 독자들은 형충회합이 '합'이라는 프리즘을 통해 성패와 득실의 결과를 야기하는 과정을 대강 이해하였을 것이다.

정리해보자.

甲과 己가 합하면 이 둘은 합반되어 모두 기능을 상실한다. 패인敗因으로 작용하거나 유실流失의 상황을 야기한다. 다음으로 이 둘이 합하여 土

를 낳는다고 했는데 土를 배양할 수 있는 분위기가 조성되어야 한다. 그것은 일차적으로 월령月令에 달렸다. 하월夏月이나 사계四季에 생生해야만 土를 생산하여 득得할 수 있는 것이고, 춘추동절春秋冬節이라면 土를 얻을 수 없으니 '패敗요, 곧 실失'로 귀결되기 쉽다. 甲己가 합하여 土를 낳으면 합화合化, 土를 낳지 못하면 합거合去라 표현한다.

합화合化가 되느냐 아니면 불화不化, 즉 합거合去로 그치고 마느냐의 문제는 월령의 휴왕休旺에 달렸다. 다시 말해 왕상기旺相期를 얻으면 합화요, 휴수기休囚期에 속하면 불화가 된다. 아래 '팔자표창八字表彰(BaZi Lancet)'의 실득론實得論에서 인용된 내용을 살피면 이해가 한결 용이해진다.

- 중략 -

월령만이 합화의 절대 조건은 아니다. 월령을 잃었다고 해도 운지運支(대운의 지지)에서 왕상기를 얻었다면 해당 기간에는 합화의 득得을 기대할 수 있다. 또 삼회三會(삼합, 방합)의 회국會局도 합화와 불화를 결정짓는 준거가 된다.

합화와 불화의 득실得失을 판단하는 연습을 필자의 자조自造로 살펴보면,

乾

時	日	月	年
己	甲	己	壬
巳	戌	酉	辰

가령 丁年에는 壬丁이 합해도 酉月이라 木을 낳지 못한다. 壬丁合去에 불과하다. 甲年에도 甲己가 합하지만 酉月로 불화不化니 木을 낳지 못한다. 癸運도 마찬가지다. 戊癸가 합하지만 월령을 잃어 불화다. 그런데 지금은 乙卯運이다.

時	日	月	年	大運
己	甲	己	壬	乙
巳	戌	酉	辰	卯

이 기간 중에는 丁年이나 癸年에 壬丁이 합하여 木을 낳고, 戊癸가 合하여 능히 火의 식록食祿을 구할 수 있다. 기간 중 丁亥年은 어떠한가?

時	日	月	年	大運	歲月
己	甲	己	壬	乙	丁
巳	戌	酉	辰	卯	亥

팔자를 볼 때는 처음에 천간의 작용력부터 살펴야 한다. 이는 후차적으로 설명될 선후론先後論의 한 가지 테마다. 먼저 壬丁의 합으로 인수와 상관이 합하여 먼저 묶이니 문서나 지위, 진로의 봉쇄나 차단을 암시한다. 이때 卯運이라 능히 합화하여 재차 목록木祿을 낳으니 고립, 단절된 국면과는 거리가 멀다.

Vital point 3> 운에서 천간은 3차원 입체, 지지는 2차원 평면에서 작동한다.

천간은 공간에서 작동하므로 가령 壬辰生의 팔자 시간이 壬이라 해도 丁이 합하는 데 걸림돌이 없다. 다만 팔자 원국 체신에서는 정물靜物, 평면으로 존재하므로 연월의 천간이 시간과 합하는 법은 없다. 천간과 달리 지지는 땅에 고착된 사물과 같아 운에서 달리 작동한다. 이를테면 세운의 지지는 운지, 연지, 월지, 일지, 시지의 순으로 단계적으로 동動한다.

천간의 합운은 최초로 작동하는 운기이므로 보통 당해의 辰月을 기점으로 일단의 기미가 드러나고 상반기에 결정되는 현상으로 귀결되기 쉽다. 丁亥年의 亥水는 대운의 卯木과 반합半合으로 최초에 동한다. 이렇게 먼저 卯가 동하면 卯는 월지의 酉와 충한다. 합충론合沖論에 육합은 육충을 해소하고, 육충은 육합을 해소한다는 논리가 있다. 육합과 육충은 동력動力의 선후에서 같은 단계에 놓이기 때문이다. 그런데 이게 실제의 작용면에서는 말처럼 간단치가 않다. 한 마디로 별로 맞지 않는 설명이다.

時	日	月	年	大運	歲月
己	甲	己	壬	乙	丁
巳	戌	酉	辰	卯	亥

우선 壬辰生의 팔자에 辰酉合을 卯가 충하여 합을 풀게 되면 개고된 卯中甲木이 팔자에 투透한 己土와 합하여 재財의 유실이나 해당 육친과의 분리가 따른다. 甲己의 합은 불화하여 합거合去의 유실로만 귀결될 뿐이니 이는 터전의 유실로 변동사를 예고한다. 卯는 개고되었는데 酉는 어떠한가. 팔자에 이미 辰酉合이 성립되어 있으므로 合이 해소되는 결과로 그치고 만다. 즉 酉金은 개고되지 않는다는 뜻이다. 한편 합반合絆이 충으로 인해 합동合動하여 합기合起하는 긍정적인 국면이 도래할 가능성이 높아진다. 재관인식財官印食은 모두 팔자에 합하는 글자가 있어야만 비로소 길신의 유용함을 드러내는 묘妙가 나타난다. 이것이 바로 합생合生이 오의奧義다.

丁亥生은 팔자 원국에 辰酉가 합반合絆된 유형으로 재관합생財官合生의 의미가 기대만큼의 효용이 나타나지 않는다. 이상적인 합생의 상황은 시지 巳의 역마식신과 월지 정관의 합작에 있다.

卯運이 辰酉合을 충격하면 辰酉合이 해소되면서 합반合絆이 합생合生으로 변이變移된다. 고인들이 팔자에 정관이 합하면 귀기貴氣가 사라지지 않는다고 한 뜻이 바로 이러한 현상에 근거한다. 다시 말해 팔자의 육합을 충운沖運에 육충이 해소하는 것으로 그치지 않고, 합반을 합생으로 변이시키는 합기合起의 긍정적인 현상을 간과해서는 안 된다는 얘기다.

그렇다면 팔자의 육충을 합운合運에 육합하는 현상은 어떠할까? 이것은 육합의 충운沖運과 전혀 다른 형태로 나타난다. 팔자의 육충을 육합하면 육충은 충동沖動하여 두 글자 모두 개고되는 상황을 야기한다. 재차 말해 육충을 육합이 해소하기는커녕 오히려 육충을 촉발시키는 결과를 가져온다.

합충合沖의 관계를 정리하면 다음과 같다. 먼저 충하면 합할 수 없고, 먼저 합하면 충할 수 없다. 육합을 충하면 합생하지만, 육충을 합하면 충동하여 개고된다. 전자에서는 충해 온 한 글자만 개고되는 것이고, 후자에서는 두 글자가 개고되는 큰 차이가 있다. 그렇다면 육충이 육합을, 육합이 육충을 해소한다는 설이 전혀 의미가 없다는 뜻인가? 그렇지 않다. 다만 팔자 원국의 체신에서 충합이 교차하면 이 둘의 작용력이 해소된 국면으로 간주해서 살피면 된다. 요는 일단 육충이 성립된 지지를 동요시키는 순간 충개沖開한다는 점에 있다. 이상이 동력선후動力先後와 시제선후時制先後의 차이라 할 수 있다.

時	日	月	年	大運	歲月
己	甲	己	壬	乙	丁
巳	戌	酉	辰	卯	亥

卯酉沖에 따른 甲己合去와 辰酉合起의 상황은 먼저 합기하고, 재차 합거로 나타난다. 그리고 곧 卯木의 기물 파괴로 이어진다. 그러면 현상은 언제 일어나는가?

일반적으로 팔자의 원형이정元亨利貞(춘하추동의 사시)에 배정하여 추리하면 무난하다. 월지는 형亨, 즉 여름철에 해당하므로 상반기 이전으로 짐작하면 크게 벗어나지 않는다. 보다 적시 適時를 찾으려면 卯酉沖에 주안을 두고 卯月을 전후한 시점으로 헤아리면 적확할 때가 많다. 酉月 또한 卯酉沖이 예고하는 현상이 실상에 맺히기 쉬우므로 간과하지 말고 지켜보아야 마땅하다. 보통 관도官途가 열릴 때는 酉月에 앞선 申月에 유관酉官의 제왕지가 되므로 그 기미를 드러낼 가능성이 높다. 이상은 재성의 합거로 인해 터전을 상실하고, 재차 정관의 합기 현상이 나타나므로 대개 이런 변화는 교체나 전환, 전보轉補와 같은 상황으로 나타나기 쉽다. 卯木의 손상은 卯酉沖의 병상病象으로 나타날 우려가 크다. 팔자에 드러나지 오행五

行의 글자가 도래하여 파괴되면 병증病症을 유발할 때가 많기 때문이다.

질병疾病과 관련해서 문중門中에서 활용하는 포태胞胎의 긴요한 법수 하나를 소개하겠다. 壬辰生은 乙卯運에 발생하는 卯酉沖이 병증을 유발하기 쉽다고 했는데 치유는 언제 되는 것일까? 대략 파운破運에 병이 낫는다고 보면 된다. 파破는 현상에서 잘못된 부분을 보수補修하거나, 혹은 개선改善되는 상황으로 나타날 때가 많다. 이를테면 질병으로 시달리던 이들이 파운破運에 쾌차하는 경우와 같다. 그런데 이 같은 개량은 실제로 모든 육파六破의 관계가 아닌 '卯가 午, 午가 酉, 酉가 子'를 볼 때에 한정되어 암시되는 상황이다. 바꾸어 말하면 팔자의 글자가 운에서 장생長生이 되는 글자를 보아야만 개선된다는 뜻이다. 특히 원국의 酉金, 격국(體)의 입장에서 살피면 亥水는 욕패浴敗가 되고 子水는 장생長生이 된다. 관도官途의 기미도 또한 마찬가지다. 亥年보다는 子年이 대개 우월하다. 子보다는 申이 제왕지로 관록의 입장에만 국한한다면 세월에서 申을 가장 반기는 것이다. 관련 내용은 포태진기胞胎珍技를 참고하면 좋다.

時	日	月	年	大運	歲月
己	甲	己	壬	乙	丁
巳	戌	酉	辰	卯	亥

卯酉沖으로 인해 酉가 동하면 자연 연지의 辰이 동한다. 辰은 일지의 辰戌沖을 야기한다. 지지는 본래 평면에서 작동하지만, 일단 동인動因으로 격동되면 마치 천간의 움직임과 유사하게 첩貼한 글자를 뛰어넘어 요동搖動한다. 팔자가 일단 동하여 움직이면 지지도 3차원 공간에서 자유자재로 작동하는 것처럼 여겨질 정도다. 이 같은 상태는 물상의 법수에서 즐겨 활용되는 재료다. 辰戌沖이 나타내는 실상은 본문의 'chapter 3· 沖Clashes' 편을 통해 어렵지 않게 추리할 수 있을 것이다.

辰戌沖이 동하면 팔자의 水와 火의 육신이 입고入庫하는 물상物象을 예고한다. 연간 壬水는 이미 합거되어 유실되었고, 남은 것은 시지의 巳火 하나다. 예컨대 辰丑未運이 도래하여 일지 戌土를 직접 충격衝擊하면 巳火는 여지없이 戌土에 입묘入墓되는 불운을 보기 십상이다. 이때 巳酉合生이 매몰埋沒 상황을 면하게 하는 요인이 된다. 반면 연지의 辰이 동하거나, 시지의 巳가 동하여 후차적으로 戌이 요동하는 경우는 완전한 입묘가 아니므로 관련 물상의 실상으로 대체되기 일쑤다. 이를테면 巳戌 원진怨嗔으로 포착되는 숱한 물상 중의 하나로 빈번한 움직임을 예고한다. 식신 차마車馬가 戌土 도로를 질주하는 남서南西간의 행로다. 이에 그치지 않는다. 巳가 동하면 酉도 동한다. 이 둘은 식관합작食官合作의 상이다. 결론하자면 직업職業과 연관된 출행出行이다.

Vital point [4] > 지지의 파해破害 및 기타 수상數象의 부조화에는 합작 생산의 뜻이 없다.

형충회합과 달리 육파六破와 육해六害, 귀문鬼門, 원진怨嗔 등의 작용에는 본연의 합작 생산 기능이 없다. 다만 이 같은 인자因字들이 다른 글자를 동하게 하여 형충을 야기하면 합화로 이어지는 수가 적지 않으므로 간과할 재료가 아니다.

한 마디로 팔자는 형충회합의 작용으로 요동한다. 여기에 복잡다단한 삶의 득실, 성패 줄거리가 모두 투영되는 셈이다. 형충회합의 선명한 원칙과 작동 원리를 알고 물상을 배합하면 마스터의 직각直覺 경지에 오르는 것이다. 우인愚人은 아직 학學과 술術 어느 하나에도 통하지 못했다. 그러나 양사良師를 연緣하여 길을 알았고 학습하는 방법을 배웠다. 쉼 없이 익히고 연마하면 누구나 어느 정도의 경지에 오를 수 있겠지만, 명리命理는 자칫 길을 잘못 들면 오리무중을 헤어나기 어렵다. 지금 필자는 선진 명리의 참된 지남指南을 좇고 있다. 독자들, 눈을 떠라.

성패와 득실, 형충회합의 전반적인 개념의 이해를 돕는 의미에서 보기를 하나 더 들겠다. 다음의 명례命例를 보라.

乾

時	日	月	年
丙	壬	丁	癸
午	申	巳	丑

차조此造는 재중용겁財重用劫인데 재財가 잡雜하다. 요는 겉으로 드러난 정편재의 혼잡(염화야초艶花惹草)에 있는 게 아니다. 무수한 재의 합생합작이 팔자의 부귀를 돕는다. 이것이 외피外皮와 속상屬象의 차이다. 명중命中 丙火와 丑中辛金, 丁火와 申中壬水, 戊癸合火 이뿐만이 아니다. 巳丑合印에 이르기까지 재인財印의 합작을 강력하게 시사한다. 팔자 원국에 재경직에 응시하거나, 곧 합격이 유력함을 암시한다.

時	日	月	年	大運	歲月
丙	壬	丁	癸	甲	
午	申	巳	丑	寅	

癸丑生은 甲寅運을 맞아 수회 자격시험(CPA)을 치렀다. 이중 甲申年, 乙酉年, 丙戌年 삼년간 고배를 마셨다. 丙戌年에 혼인했다. 丁亥年에 합격했다. 혼인은 재財의 득得에 불과하다. 합격은 성成이다.

八字는 水火의 상쟁지국相爭之局이다. 이때는 조화(통관通關)를 귀貴로 삼는다(調和爲貴). 甲寅運에 재용식생財用食生으로 성격되고, 用은 甲木이다.

※ 相爭之局, 調和爲貴, 陽刃架殺, 官用印綬, 刃與財遇, 宜見食神, 官傷相見, 用財解爭, 才印交差, 官殺調停, 梟印奪食, 比劫可解, 不論旺衰, 不論强弱, 格有高下, 用神無差

時	日	月	年	大運	歲月
丙	壬	丁	癸	甲	甲
午	申	巳	丑	寅	申

甲寅運, 甲申年 甲用의 뿌리를 손상하니 敗다. 이것이 바로 沖이 성패를 主因으로 작용한 현상의 하나다. 애초에 甲寅은 간지干支, 전자專字로 충기沖起(chapter 3· 沖 Clashes 참조)를 기대할 수 있었다. 그러나 甲申年에는 두 개의 申이 하나의 寅을 충한다. 이때는 충기가 충파沖破로 귀결된다. 이때는 숨겨진 중대한 하나의 기기氣機가 있다. 寅申巳 삼형三刑으로 일지 申金에 손상이 가면 협신夾神 未土가 빠져 나간다. 이렇게 되면 未中乙木과 비합飛合하는 庚金의 합생이 불가해진다. 기간 중에 좀체 득인得印을 기대할 수 없다는 의미다.

時	日	月	年	大運	歲月
丙	壬	丁	癸	甲	乙
午	申	巳	丑	寅	酉

甲寅運, 乙酉年 금국金局을 지어 甲用을 파극破剋하니 敗다. 이것은 회會가 성패를 가른 결과다. 용신이 극상剋傷되면 비록 득인得印해도 무위無爲에 지나지 않기 마련이다.

時	日	月	年	大運	歲月
丙	壬	丁	癸	甲	丙
午	申	巳	丑	寅	戌

甲寅運, 丙戌年 화국火局을 지어 甲用은 무력해졌다. 이 또한 회會로 인한 敗다. 이때 癸丑生은 得妻하여 결혼했다. 앞은 삼회가 성패에 영향을 미친 것이고, 뒤는 개고된 戌中丁火의 申中壬水와의 합생 현상이다.

세운歲運의 득실은 단순한 육신六神관계로 정해지는 게 아니다. 다시 말해 재관인운財官印運이 곧 득재득관득인의 상태를 뜻하지 않는다. 모든 육신은 팔자의 각 글자와 합생되는 전제 하에서만 구체화된다. 보통 합생의 이상적인 구조는 실자와 암신暗神의 합작이다. 이점을 모르는 부류는 둘 중 하나를 맞추기가 어려울 것이다. 근세 자평子平의 거두들도 예외가 아니었다. 이것은 마치 달걀을 세우는 것과 같다.

時	日	月	年	大運	歲月
丙	壬	丁	癸	甲	丁
午	申	巳	丑	寅	亥

차인此人은 丁亥年에 이르러 용신이 건전하므로 합격했다. 丙戌年에는 개고된 戌中辛金이 시간 丙火와 합거되어 실인失印하지만, 丁亥年에는 丙辛合生의 뜻이 훼손당하지 않는다. 더하여 亥水는 보이지 않는 공功을 실현한다. 공협拱夾된 未土를 합하는 묘용妙用을 발휘한다. 이로 인해 巳와 申에서 개고되는 庚金은 未中乙木과 합생하는 의미를 지킬 수 있다. 이 대목의 설명은 몹시 난해한 것인데, 아래 '팔자허자론강해八字虛字論講解'의 관련 내용이 독자들의 이해를 다소 도울 것이다.

虎午奔巳

此格乃辛癸日見醜寅, 取寅刑、醜合, 刑合出巳中丙戊爲辛癸官星, 更得一酉字合貴爲妙, 有刑無合, 祿不能住, 柱見申巳, 卽不人格。如壬戌、辛亥、辛醜、庚寅, 甲戌、辛未、癸醜、甲寅, 二命合格爲貴。詩曰：辛癸日生歲月時, 若逢寅醜便爲奇, 寅刑醜合巳中祿, 此是功名福貴基.

此格은 辛癸日이 丑寅을 보면 寅이 巳를 刑하고 丑이 巳와 合하는 것을 취한 것이다. 刑가 合으로 巳中丙戊가 出하여 辛癸의 官이 되는 것이다. 이에 하나의 酉字가 있어 貴와 合을 이루면 妙하다. 가령 壬戌 辛亥 辛丑 庚寅과 甲戌 辛未 癸丑 甲寅의 二命이 격에 부합되어 貴하다. 시에 이르길 辛癸日生이 만일 歲月時에서 寅丑을 만나면 기이한 것이다. 巳中祿을 寅이 刑하고 丑은 合하여 부귀공명의 근본이 된다고 했다.

※ '호오분사'란 호랑이(寅)가 뱀(巳)과 교착하여 합하는 것을 뜻한다.

羊擊猪蛇

此格乃辛未、癸未二日，以二三未字合起亥字，沖出巳中丙戊爲辛癸之官，柱有酉醜一字合住貴氣爲妙，怕塡實沖刑。如甲戌、辛未、癸未、癸醜，庚申、癸未、辛未、乙未，二命合格，俱貴。詩曰：羊擊猪蛇格最强，日逢辛癸未相當，柱中逢酉申字，合祿無傷人廟當。以上諸格，須柱中無財官方用，有則不取。

此格은 辛未, 癸未 二日에만 한한다. 두세 개의 未字가 있으면 亥字와 合을 이루고, 巳中丙戊를 충출시켜 辛癸의 官으로 삼는다. 柱中에 하나의 酉나 丑이 있으면 貴氣가 머물러 妙하고 塡實과 刑沖을 두려워한다. 가령 甲戌, 辛未, 癸未, 癸丑 과 庚申 癸未 辛未 乙未 二命이 격에 부합하니 貴한 것이다. 시에 이르길, 羊擊豬蛇格은 최강이다. 日이 辛癸未로 걸맞고 만약 柱中에 酉申字를 보면 合祿하고 傷함이 없으므로 조정에 든다. 이상의 제격들은 柱中에 財官이 없어야 하니 財官이 있다면 격으로 취할 수 없다.

※ '양격저사'란 양(未)이 돼지(亥)를 충격해와 뱀(巳)을 쓰는 것을 말한다. 삼합의 글자가 암충하는 유형으로 井欄叉와 유사하다.

時	日	月	年	大運	歲月
丙	壬	丁	癸	甲	丁
午	申	巳	丑	寅	亥

참고삼아 丁亥年에 수반되는 복잡다단한 물상의 줄거리를 요약하면 다음과 같다.

丁火財入(申中壬水合生) -> 寅亥合動食財合絆 -> 寅申巳三刑(寅巳刑起) -> 甲丙食財刑起 -> 丑午鬼門 -> 巳中戊土癸水合火得財(巳火動力喪失) -> 申中壬水丁火合木得食

끝으로 癸丑生의 元命과 이에 十干十二支運을 모두 배합하여 형충회합의 작용력과 기본 용어를 정리해보겠다. 지지는 이차적 동요 상황까지만 국한해서 언급한다.

時	日	月	年	運
丙	壬	丁	癸	甲
午	申	巳	丑	

得食(丑中己土合生)

時	日	月	年	運
丙	壬	丁	癸	乙
午	申	巳	丑	

開路(巳中庚金合生)

時	日	月	年	運
丙	壬	丁	癸	丙
午	申	巳	丑	

得財(丑中辛金合生)

時	日	月	年	運
丙	壬	丁	癸	丁
午	申	巳	丑	

得財(申中壬水合生)

時	日	月	年	運
丙	壬	丁	癸	戊
午	申	巳	丑	

戊癸合絆(巳月合化)

時	日	月	年	運
丙	壬	丁	癸	己
午	申	巳	丑	

貪官無爲(己土不合)

時	日	月	年	運
丙	壬	丁	癸	庚
午	申	巳	丑	

得印(未中乙木合生)

時	日	月	年	運
丙	壬	丁	癸	辛
午	申	巳	丑	

丙辛合絆(巳月不化)

時	日	月	年	運
丙	壬	丁	癸	壬
午	申	巳	丑	

壬丁合絆(巳月不化)

時	日	月	年	運
丙	壬	丁	癸	癸
午	申	巳	丑	

得勢(巳中戊土合生)

時	日	月	年	運
丙	壬	丁	癸	
午	申	巳	丑	子

丁火生動 -> 子丑合絆

時	日	月	年	運
丙	壬	丁	癸	
午	申	巳	丑	丑

丙火生動 -> 巳丑合作

時	日	月	年	運
丙	壬	丁	癸	
午	申	巳	丑	寅

癸水生動 -> 寅刑巳起

時	日	月	年	運
丙	壬	丁	癸	
午	申	巳	丑	卯

卯申鬼門 -> 申刑巳起

時	日	月	年	運
丙	壬	丁	癸	
午	申	巳	丑	辰

癸水生動 -> 辰丑六破

時	日	月	年	運
丙	壬	丁	癸	
午	申	巳	丑	巳

癸水生動 -> 巳起申刑

時	日	月	年	運
丙	壬	丁	癸	
午	申	巳	丑	午

午丑鬼門 -> 巳丑合作

時	日	月	年	運
丙	壬	丁	癸	
午	申	巳	丑	未

丑未六沖 -> 癸申入庫

時	日	月	年	運
丙	壬	丁	癸	
午	申	巳	丑	申

丁火生動 -> 申巳刑破

時	日	月	年	運
丙	壬	丁	癸	
午	申	巳	丑	酉

丙火生動 -> 三會金局

時	日	月	年	運
丙	壬	丁	癸	
午	申	巳	丑	戌

丙癸生動 -> 丑戌三刑

時	日	月	年	運
丙	壬	丁	癸	
午	申	巳	丑	亥

丁火生動 -> 亥沖巳起

저자인 박염朴焰은 현재 문하 11회로 학회의 부회장직을 맡고 있다. 한국외국어대학교 불어과를 졸업했고 현재 KOTRA의 무역관장으로 재직 중이다. 책의 서문에는 저자의 생각을 담은 아래와 같은 대목이 있다.

"지금 한국은 팔자학八字學의 제일 강국이 틀림없다. 대만은 두수의 시대로 접어들었고, 일본에서 명리는 자취를 감추고 있기 때문이다. 서기 2000년도에 이수 선생의 등장과 함께 인터넷 시대의 도래로 그간 비인부전非人不傳이란 미명 하에 공개되지 않았던 방대한 자료들이 전면적으로 공개, 방출되었기 때문이다. 그러다보니 부작용도 적지 않았던 것 같다. 일종의 패션과 같이 형성된 지신知新의 열품이 무원칙적으로 번져나가는 현상을 심심치 않게 발견할 수 있다. 가령 형충회합이나 물상운기, 허자론虛字論 등이 원류와 원칙이 망각된 채 시중의 저급한 잡기雜技로 둔갑하는 일이 비일비재하다."

神煞括要 Ⅰ·Ⅱ

'신살괄요'는 신살론神煞論을 전문적으로 설명한 유일한 책이다. 책은 Ⅰ·Ⅱ의 두 권으로 구성되어 있다. 아직 Ⅱ권은 출간되지 않았다. 출간된 Ⅰ권은 길신吉神 류를 다루고 있다. 이 책은 '삼명통회'와 '신봉통고', '연해자평'를 원문으로 삼아 주해했다. 이것은 곧 이수명리학회가 본격적으로 명리학의 고서 전체를 수렴할 계획임을 예고하는 듯하다. 표지 뒷면에는 발간 취지를 담은 글이 있다.

命理가 유행한 明代의 子平書는 오직 五行의 生剋을 논하고 神煞을 도외시했다. 五行生剋의 理法을 위주로 論命하면 神煞의 應用에 큰 문제가 있음을 알 수 있다. 그러나 滴天髓에 '咸池驛馬半推祥', 欄江網에 "貴在折衷, 歸於中道, 使無有餘不足之累, 即才官印食貴人驛馬之微意也"라 했으니 神煞을 완전하게 부정하지는 못한다. 왜 그런가?

책의 목차를 살피면 전체 구성을 짐작할 수 있다. 이 책의 논신살論神煞

과 논천을論天乙 편을 보면 이수명리가 바라보는 신살론에 대한 관점을 파악할 수 있다.

目次

自序

主要參考文獻

神煞括要 I

論神煞 / 論天乙 / 論天德 / 論天赦 / 論太極 / 論學堂 / 論三奇 / 論金與 / 論干祿 / 論祿馬 / 論正印 / 論德秀 / / 論驛馬 /論華蓋

神煞括要 II

論衝擊 / 論三刑 / 論六害 / 論陽刃 / 論羊刃 / 論空亡/ 論元嗔 / 論劫煞 / 論亡身 / 論災煞 / 論六厄 / 論勾紋 / 暗金的煞 / 孤辰 / 寡宿 / 隔角 / 破軍 / 懸針 / 平頭 / 天羅地網 / 十惡大敗 / 四廢 / 天地專日 / 返吟伏吟 / 紫暗星 / 流霞煞 / 衝天煞 / 五鬼煞 / 紅艶煞 / 呑陷煞 / 太白星

論神煞

고법古法에 명命을 논할 때는 年을 위주로 했다. 그러므로 신살神煞은 모두 年에서 취했다. 그러다가 사주학四柱學이 점차 발전하면서 日을 위주로 하는 자평子平으로 바뀌었고, 지금은 신살神煞을 취하는 이치에 합당한 의견이나 주장을 찾기 어렵다. 자평子平은 송대宋代부터 비롯되었지만, 명말明末에 이르러서야 일간日干이 주체가 되는 간명법看命法의 변개變改가 있었다. 이때부터 오행五行의 생극生剋이 팔자술八字術의 근간이 되었는데, 이러한 관점에서 보면 신살神煞의 응용은 자연 문제가 된다. 그래서인지 명대明代에 적천수滴天髓가 선보인 이래 자평子平이 부흥한 청대淸代의 명서命書에는 오직 오행五行의 생극生剋을 논할 뿐 신살神煞을 말하지 않았다.

적천수滴天髓에 천덕天德, 월덕月德, 삼기三奇는 무시되어 있고, 함지咸池나 역마驛馬도 특별히 중시重視하지 않았다. 자평진전子平眞詮에 "今人不知輕重, 見是吉星, 遂致抛卻用神, 不管四柱, 妄論貴賤, 謬談禍福, 甚可笑也"라, "요즘 사람들이 길성吉星만 보면 즉시 용신을 버리고 사주 구성을 아랑곳하지 않은 채 망령되게 귀천貴賤을 논하고 함부로 화복禍福을 논하니 심히 가소롭다"고 했을 정도다. 성신星辰, 즉 신살神煞은 좋던 나쁘던 간에 애초에 생극生剋의 작용이 없으므로 격국格局의 성패成敗와 무관하다는 게 요지다. 참으로 단호한 심효첨沈孝瞻의 일갈一喝이다.

서락오徐樂吾 또한 이에 의견을 일치시켰다. "今之妄談星辰者, 皆未究其源流也, 今之看法, 旣易年以日, 星辰納音, 已無所用." 그런데 이어지는 설명이 조금 모호하다. "藉以作考, 固未嘗不可, 憑以斷禍福, 寧不爲識者所笑耶? 更有江湖術士之流, 並看星辰之法, 未曾明瞭, 以日代年, 牽強附合, 自作聰明, 數典忘祖, 更爲可嗤" 풀이하면 다음과 같다. "성신납음星辰納音, 그것을 빌려 참고하는 것은 확실히 불가하지 않으나, 그것에 의거해서 화복禍福을 단안하면 어찌 식자識者가 웃지 않겠는가? 또한 강호江湖의 술사術士들이 여전히 성신법星辰法을 겸해 살피는데 아직 명료明瞭한 바가 없다. 日로 年을 대체하여 견강부회牽强附會하고 스스로 총명한 체 하며 근본을 알지 못하니 비웃음을 더한다"는 것이다. 락오씨樂吾氏 특유의 이중어법이다.

주지하다시피 자평진전子平眞詮의 원문原文과 그것의 평주評註가 별반 다르지 않다. 오행五行의 생극生剋을 위주로 보면 응당 격국格局이 우선이다. 그런데 신살神煞의 시각에서 보면 엇갈리는 미묘한 차이가 있다. 심효첨沈孝瞻은 "격국格局이 성격成格되면 고신팔살孤辰八煞이 가득 차도 귀貴를 해치지 않으며, 파격破格되면 천덕위인天德貴人이 가득해도 공功이 없다"고 했다. 한 마디로 신살神煞은 별 쓸모가 없다는 얘기다. 서락오徐樂吾는 그나마 자신의 확고한 입장을 유보했다. "神煞之用, 可信而不可信"이라, 어느 정도는 취할 게 있다는 태도를 나타낸 셈이다. 이를테면 귀인貴

人은 관官, 이덕二德은 인수印綬, 역마驛馬는 재財, 문창학관文昌學館은 마땅히 식상食傷과 배합되어야 신살神煞이 효용이 뚜렷해진다는 것이다. 이것은 일견식一見識이라 할 수 없다. 이른바 근본을 아는 인사로 강호 술가術家들의 무원칙한 신살법神煞法을 웃음거리로 삼을만한 견해로는 부족하다.

서락오徐樂吾의 견해見解를 요약하면 다음과 같다. 성격成格에 같은 격국格局이라도 고하高下가 다르니, 길신吉神이 보조하면 금상첨화錦上添花고, 패격敗格에 흉살凶煞이 겹치면 설상가상雪上加霜이 되니 신살神煞을 무턱대고 황당무계한 것으로만 배척할 필요는 없다는 것이다. 하지만 결국 경중輕重을 가리자면 응당 격국格局이 본주本主가 되므로 근대近世의 명가命家들과 의견의 일치를 본 셈이다.

이제 번거로운 설명은 덜고 중요한 사실과 관점부터 피력해보겠다.

한 마디로 명리命理는 오행五行의 생극生剋만이 결코 다가 될 수 없으며 고도의 법수法手에 올라설수록 반半 이상을 넘지 않는다는 점을 깨닫게 된다. 생각건대 중도를 표방하는 인사라해도 자평子平의 주객主客 관점에서 볼 때 아무리 양보해도 격국格局이 주主가 됨은 부정할 수 없을 것 같다. 그러나 실은 그렇지 않다. 이학理學과 기학氣學은 동등한 지위를 나타내는 게 옳다. 까닭에 오늘날의 신살론神殺論은 지나치게 위축된 분야임에 틀림없다. 굳이 경중輕重을 가린다 해도 양자는 다 같이 중요한 것이다. 재관인식財官印食이나 귀인역마貴人驛馬의 작용력은 팔자가 드러내는 현상에 비출 때 어느 한쪽으로 치우쳤다고 볼 수 없는 것이다.

현대 명리命理에 고법古法대로 신살神煞을 적용해서 사주四柱를 판단하면 드물지 않게 화복禍福의 진단이 어긋나는 바를 누구나 체험해보았을 것이다. 그러니 어쩌면 본인의 단언斷言에 냉소할지도 모르겠다. 결국 답은 정확한 지식과 실상實狀과의 부합 여부에 달렸는데, 가령 어떤 사람이 팔자八字의 지지地支에 모두 귀인貴人을 깔아 호환귀인명互換貴人命이 되었는데, 파격破格이 되어서인지 별반 존귀尊貴하지 않다고 치자. 보기를 하나

더 들어보겠다. 모인某人은 팔자八字가 성격成格되어 틀림없이 귀貴할 법한데 도화桃花가 중重한 수명水命이었지만, 결코 음탕淫蕩하거나 흉凶하지 않았다. 이런 사례는 실제에서 적지 않게 찾을 수 있을 것이다. 이만하면 오행五行 생극生剋의 이법理法, 즉 격국格局의 성패成敗가 명命의 귀천貴賤을 좌우하는 절대 기준으로 내세울만하다. 그렇다면 적천수滴天髓는 예외 없이 맞고 삼명통회三命通會는 얼추 반이 빗나가는 무수한 내용으로 채워졌단 말인가. 터무니없는 얘기다.

근세近世 자평子平의 대가大家들은 대략 이상과 같은 식의 접근으로 신살神煞을 부정하거나 가치를 깎아내렸다. 그렇다면 되받아 물어보겠다.

甲은 신강身强하고 재財 또한 강强하여 능히 용用할 수 있었는데 부富하기는커녕 평생을 고생만 하다가 영면했다. 乙은 신살양정身殺兩停했으나 현달顯達과 권세威勢와는 전혀 인연이 없었다. 丙은 상관패인傷官佩印으로 성격成格되었지만 한 점 수기秀氣를 발견하지 못했다.

이 같은 의문에 격국용신格局用神을 숭앙하는 유파流波라면 대개 운運이 돕지 않았다 할 것이고, 이외도 부회府會할만한 재료들을 찾아 나설 것이다. 그러나 어떤 답변을 제시해도 그것을 반박할만한 무수한 명례命例를 주변에서 거두어 제시하는 게 어렵지 않다.

필자는 오행五行의 생극生剋을 중시하는 관법을 부정하거나 그 효용效用을 깎아내리고 싶은 생각이 없다. 오행五行의 이법理法은 그 자체로 이론적 체계를 갖추고 있기 때문이다. 그런데 왜 실상에서 成格된 팔자八字라해도 귀貴라고는 눈을 씻고 찾아도 발견할 수 없을 때가 있다. 대체로 보아서 이것은 거개 공망空亡과 연관된다. 재관인식財官印食의 상신相神, 혹은 부억용신扶抑用神이 생왕生旺되지 않는 한, 공망空亡에 속하면 딱히 쓸모가 없어진다. 즉 용신用神이 무용無用이란 뜻이다.

심효첨沈孝瞻이 생극生剋의 용用이 없다고 한 바로 그 신살神煞, 공망空亡이 성패成敗를 좌우하는 요소로 부상되는 실제의 상황을 어찌 설명할 것인가? 이것은 생극生剋의 용用과는 개념이 다른 변變의 영역이다. 공망비약空亡秘鑰에는 이점이 분명하고도 간결하게 적시되어 있다. 공망법空亡法의 핵심이 무엇인가? 바로 쇠왕衰旺이다. 그러니 신살神煞에 배합配合의 용用이 없는 게 아니다.

이즈음에서 앞의 두 사례에 대한 답을 말하겠다. 호환귀인互換貴人이 존귀尊貴하지 않은 것은 격국格局이 파격破格되어서가 아니라 귀인貴人이 사절死絶되었거나 혹은 공망空亡을 범했기 때문이다. 도화桃花가 중重한 수명水命이 부귀富貴했던 바는 팔자八字의 성격成格이 틀림없는 영향력을 미쳤을 것이나, 청수淸秀함을 잃지 않은 면모에는 격국格局의 성패成敗와 무관하게 함지咸池가 공망空亡되었을 가능성이 높다. 귀인貴人과 역마驛馬는 공망空亡을 대기大忌하고, 함지咸池는 공망空亡을 희구希求한다. 이것은 신살론神煞論을 관통하는 하나의 법칙이다.

격국格局의 성패成敗 못지않게 귀인역마貴人驛馬가 중요한 것은 이 또한 팔자八字의 절충折衷, 즉 권형權衡과 관계되기 때문이다. 壬癸가 巳卯를, 丙丁이 亥酉를 귀하게 여기는 까닭은 간지팔자干支八字의 중도中道를 취하는 것인데 어찌 가볍게 넘길 수 있으랴. 역마驛馬가 다르지 않다. 申이나 子, 辰이 寅을 보면 이로 인해 다 같이 역마驛馬로 작용하는 게 아니라 壬癸에서 본 寅이 천리마千里馬가 되는 이치로 발상의 전환이 필요한 때에 이르렀다. 대저 고법古法에 회합會合에서 취한 신살神煞은 모두 일간日干을 위주로 살필 때 간지干支 상호 관계로 작동함을 확인할 수 있다.

師教★ 문파에서는 귀인과 역마를 일간 대비로 추정하여 중도, 배합의 용을 살리고 있다. 이를테면 壬이 巳를 보거나 寅을 보면 귀인과 역마로 구분하여 다 같이 효용이 있다고 보는 식이다. 다시 말해 亥卯未가 巳를 보아 역마로 정하기보다는 甲乙日이 巳를 볼 때 역마로서의 가치를 헤아린다. 귀인과 역마는 대표적인 길성吉星으로 간주하므로 이때 필시 공망空亡 여부를 참작한다.

결론적으로 부수적인 신살神煞로 그치는 게 아니라 팔자八字 배합配合

의 용用으로 마땅히 격상格上되어야만 할 가치가 있는 분야가 신살론神煞論이다. 물론 배합의 묘妙를 살릴수록 실상의 적중률은 배가된다. 명리命理에 무수한 신살神煞이 존재하지만, 오늘날 일간日干을 위주로 한 자평술子平術로 개변改變된 이상 간지干支 배합配合의 효용效用이 있는 신살神煞은 특히 주목할 필요가 있다. 다만 확정적인 생명력을 지녀온 고법古法을 무시할 수만은 없다. 학습자들은 명리命理에서 오행五行 이법理法과 신살神煞 기론氣論이 다 같이 요긴하다는 점을 잊어서는 안 된다. 다시 말해 양자는 경중輕重을 논할 대상이나 개념이 아니라는 것이다.

자평일득子平一得에 "原局配合適宜, 吉星助之, 自更增吉, 否則, 神煞退處於無權, 所謂錦上添花, 逢凶有解是也, 吉之爲吉, 如是爾爾, 則凶之爲凶, 亦可知矣"라 했는데 이 말이 과연 적절한 수위의 논조인지, 일단은 판단을 유보하기 바란다. 원문을 풀이하면 그 내용이 다음과 같다. "원국原局의 배합配合이 적의適宜하면 길성吉星이 보조할 때 스스로 길조吉兆가 증가할 것이고, 그렇지 않다면 신살神煞이 작용하지 못하는 곳으로 밀려난다. 길신吉神은 이른바 금상첨화錦上添花로 흉凶을 만나면 이를 화해和解하고, 길吉은 더욱 길吉하게 하니 이 같은 식이면 흉살凶煞이 흉凶을 더함을 알 수 있다."

명리命理의 언저리에서 여전히 살아 숨 쉬는 신살神煞, 과연 보조적 수단 이상의 가치는 없는 것일까? 신살神煞을 가장 많이 다룬 경經은 연해자평淵海子平이었다.

論天乙

천을天乙은 천상天上의 신神으로 자미원紫微垣에 있고, 창합문閶闔門 밖으로 태을太乙과 행렬行列을 나란히 하여 천황대제天皇大帝를 섬기며 아래로 삼진가三辰家에서 유遊한다. 乙丑은 두우斗牛 다음에 나타나고 己未는 정귀井鬼의 사舍에 나가서 옥형玉衡을 잡아 천인天人의 일을 교량較量하니 이름을 붙이길 천을天乙이라 했다. 천을天乙의 신神은 가장 존귀하니 가는 곳마다 일체一切의 신살神殺이 숨어서 피避한다.

脚註: 천을天乙은 길성의 일선一線을 차지한다. 간지干支로 배합되어 정해지는데 여기에는 권형權衡의 뜻이 담겨있기 때문이다.

통원경通元經에 이르길, "선천先天에는 곤坤이 북방자위北方子位에 있으니 양귀陽貴는 선천곤先天坤에서 일으킨다. 이에 子에서 갑간甲干을 일으키니 갑덕甲德이 子에 있는데 甲이 己와 합合하므로 갑덕甲德은 취取하지 않고, 합기合氣만을 취取하는 까닭에 己의 귀인貴人이 된다"고 했다. 양귀陽貴는 순행順行하며 을덕乙德이 丑에 있는데 을경합乙庚合에 庚은 丑이 양귀陽貴가 된다. 다음으로 병덕丙德은 寅에 있는데 병신합丙辛合에서 辛은 寅으로 양귀陽貴를 삼는다. 정덕丁德이 卯에 있는데 정임합丁壬合에서 壬은 卯를 양귀陽貴로 삼는다. 辰은 천라天羅로 귀인貴人이 임臨하지 않는 까닭에 戊는 辰을 뛰어서 덕德이 巳에 있다. 戊癸合에 癸는 巳가 양귀陽貴가 되고 午는 子와 대충對沖이 되어 이름을 천공귀인天空貴人이라 하니 홀로 상대相對가 없는 까닭에 巳는 午를 뛰어 덕德이 未에 있으니 己가 甲으로 합合하므로 甲은 未를 양귀陽貴로 한다. 경덕庚德은 申에 있으니 경을합庚乙合하여 乙은 申을 양귀陽貴로, 신덕辛德은 酉에 있으니 신병합辛丙合하여 丙은 酉를 양귀陽貴로 삼는다. 戌은 지망地網으로 귀인貴人이 임臨하지 않는 까닭에 壬은 戌을 뛰어서 덕德이 亥에 있으니 정임합丁壬合에 丁은 亥를 양귀陽貴로 삼고, 子는 선천先天에서 귀인貴人을 일으킨 곳이므로 귀인貴人이 재임再臨하지 않는 까닭에 癸는 子를 뛰어 덕德이 丑에 있으므로 癸合戊하니 戊는 丑을 양귀陽貴로 삼는다.

脚註: 通元經에서 정한 陽貴는 다음과 같다.

干	甲	乙	丙	丁	戊	己	庚	辛	壬	癸
貴	未	申	酉	亥	丑	子	丑	寅	卯	巳

이렇게 해서 甲戊庚의 우양牛羊과 육신六辛의 봉마호逢馬虎가 밝혀졌다. 후천곤後天坤은 서남西南에 있는 즉, 오늘의 중위中位라 음귀인陰貴人

은 후천後天의 곤坤에 일으킨다. 이에 申에서 갑간甲干을 일으키니 갑덕재신甲德在申인데 甲己合으로 己는 申을 음귀陰貴로 삼는다. 역행逆行하면 을덕재미乙德在未하니 을경합乙庚合에 庚은 未를 음귀陰貴로 하고, 병덕재오丙德在午하니 병신합丙辛合에 辛은 午를 음귀陰貴로 한다. 정덕재사丁德在巳하니 정임합丁壬合하므로 壬은 巳를 음귀陰貴로 삼고, 丙은 이에 천라天羅로 귀인貴人이 임臨하지 않는 까닭에 戊는 辰을 건너 덕德이 卯에 있으니 무계합戊癸合하는 癸는 卯을 음귀陰貴로 삼고, 寅은 申과 대충對沖함으로 이름을 천공귀인天空貴人이라 하니, 홀로는 상대相對가 없는 까닭에 己는 寅을 뛰어 덕德이 丑에 있으므로 기갑합己甲合하니 甲은 丑을 음귀陰貴로 한다. 경덕庚德은 子에 있으니 경을합庚乙合하여 乙은 子를, 그리고 신덕辛德은 재해在亥하니 신병합辛丙合하여 丙은 亥를 음귀陰貴로 삼는다. 丙은 이에 지망地網으로 귀인貴人이 임臨하지 않는 까닭에 壬은 戌을 건너 덕德이 酉에 있으니 임정합壬丁合하여 丁은 酉를, 申은 이에 후천後天에서 귀인貴人을 일으킨 곳이므로 귀인貴人이 임臨하지 않는 까닭에 癸는 申을 뛰어서 덕德이 未에 있으니 무계합戊癸合하므로 戊는 未를 음귀陰貴로 삼는다. 이런 식으로 미루어 가면 甲戊庚의 귀인貴人은 丑未에 있어 선후천先後天에서 음양귀인陰陽貴人을 일으키는 것이 밝혀진다. 반드시 모두 곤坤에서 일으키는 것은 귀인貴人의 집이 己丑에 있고, 己未로 나오니 선후천先後天이 모두 토土에 속하기 때문이다. 곤괘坤卦, 이오황중二五黃中의 합기合氣라, 간干을 지支에다 배합配合시켜 덕기德氣가 상합相合하는 이치가 모두 자연自然에서 비롯된 것이다. 양귀음귀陽貴陰貴하는 것이 있다. 하지夏至 후 동지冬至에 이르기까지는 양陽을 용用하고, 동지冬至 후 하지夏至에 이르기까지는 음陰을 용用한다. 즉 주야晝夜로 구분하는 것이 아니다. 이러한 설說에 따르면 천을天乙은 십간十干의 수기秀氣이지, 하늘에 있는 성星이 아니다.

脚註: 通元經에서 정한 陰貴는 다음과 같다.

干	甲	乙	丙	丁	戊	己	庚	辛	壬	癸
貴	丑	子	亥	酉	未	申	未	午	巳	卯

내가 어느 술사術士에서 물어보니 그가 말하길, "일출日出이 寅에 있어 뭇별이 떨어지고 일日이 申에 빠져 뭇별이 나타나므로 낮晝의 귀貴는 寅에서 일으키고 밤夜의 귀貴는 申에서 일으키니 수數가 丑未에 이르러 이에 천을天乙의 집이 되는바, 십간十干이 천을天乙을 보아 귀貴라 한다"는 것이다. 갑록甲祿이 寅에 있는데 寅으로 寅을 가加하며 순수順數로 丑에 이르면, 곧 본가本家가 되므로 갑귀甲貴가 丑에 있고, 을록乙祿이 卯에 있으니 卯로 寅을 가加하여 수數가 子에 이르면 丑을 보기 때문에 을귀乙貴는 子에 있다. 병록재사丙祿在巳하니 巳로 寅을 가加하여 수數가 戌에 이르면 丑을 보나 戌은 악약惡弱의 땅으로 천을天乙이 임臨하지 않아서 일위一位를 더 나아가니 병귀丙貴는 亥에 있다. 정록재오丁祿在午하니 午도 寅에 가加하여 수數가 酉에 이르러 丑을 보는 고故로 정귀丁貴는 酉에 있고, 戊는 간艮에 위치位置한 고故로 戊도 역시 寅으로 일으켜 甲과 같고 己는 곤坤에 위치位置하니 未로 寅에 가加하여 수數가 申에 이르러 丑을 보므로 기귀己貴는 申에 있다. 경록庚祿은 재신在申하니 申으로 寅에 가加하여 수數가 未에 이르러 丑을 봄으로서 경귀庚貴는 未에 있고, 신록재유辛祿在酉하니 酉로 寅에 가加하여 수數가 午에 이르러 丑을 보기 때문에 신귀辛貴가 午에 있다. 임록재해壬祿在亥하니 亥로 寅에 가加하여 수數가 辰에 이르러 丑을 보나 辰은 악약惡弱의 땅으로 천을天乙이 임臨하지 않아서 일위一位를 더 진進하므로 임귀壬貴는 巳에 있게 되는 것이며 계록癸祿은 재자在子하여 子로 寅에 가加하여 수數가 卯에 이르러 丑을 보는 고故로 계귀癸貴는 卯에 있다고 했다.

호중자壺中子가 이르길, "귀인貴人은 주야晝夜를 갈라 다스려 각각 스스로 전권專權하니 주생晝生은 주귀晝貴를 만나고 야생夜生은 야귀夜貴를 만나는 것이 득력得力이다"라고 했다. 혹은 자후子後를 낮이라 하고, 오후午後를 밤이라 하며 혹은 일출日出로 낮을 삼고 일입日入으로 밤이라고 하나 모두 다 억설臆說이다. 다만 寅申으로 음양陰陽을 가리고, 동지후冬至後에는 양귀陽貴를 쓰고, 하지夏至 후에는 음귀陰貴를 쓴다. 인명人命은 일양생후一陽生後 양귀陽貴를 만나는 것이 득력得力이고, 일음생후一陰生後 음귀陰貴를 만나는 것이 득력得力이다.

師教★ 스승께서 말씀하시길, "天乙을 취할 때 양귀, 음귀에 얽매이지 말라. 두루 쓰면 그만이다. 다만 명리의 절대 요결인 합생合生과 비출飛出에 진귀珍貴가 있다."고 했다. 그 뜻이 다음과 같다. 甲이 甲 자체로 온전하지 않다. 이것은 己土와 합을 이루어야만 효용을 드러낸다. 甲이 己를 직접 합하면 합반合絆으로 기능이 정지되지만, 암신暗神과 합하면 생명력을 잃지 않는다. 이것이 바로 합생合生인데 甲은 未中己土와 丑中己土를 합合하여 생生하므로 甲은 丑未를 귀인으로 삼게 된다. 乙은 子申을 귀인으로 삼지만 진귀珍貴는 申이다. 申中庚金과 합생合生해야 乙은 육신의 효용을 드러내는 것이다. 丙의 귀인은 亥酉인데, 酉에서 합생하니 酉가 진귀다. 丁은 亥가 진귀다. 戊는 丑이 진귀다. 己는 申이 진귀인데 여기에는 합생의 뜻이 없다. 그런데 왜 申을 己의 진귀라 하는가? 申이 대충對沖하는 寅中甲木을 비출飛出하는 까닭이다. 이때는 申이 필시 생왕生旺해야만 묘용妙用이 나타난다. 庚의 진기는 未다. 辛의 진기는 寅과 午다. 壬의 진기는 卯다. 왜 卯인가? 卯는 午未中己土를 파출破出하기 때문이다. 癸의 진기는 巳다. 정리하면 이수문파李修門派에서 정의하는 진귀珍貴란 합생비출合生飛出하는 글자로 성립되는 것이다. 여기에는 공망空亡이 따로 적용되지 않는 귀기貴氣가 보존된다.

干	甲	乙	丙	丁	戊	己	庚	辛	壬	癸
貴	丑未	申	酉	亥	丑	申*	未	寅午	卯*	巳

아직까지 거의 모든 학자들이 허자론虛字論에 대한 충분한 견식見識이 없으므로 비출飛出(沖出)이나 파출破出이 몹시 생소할 수도 있다. 아래 '이

수팔자허자론강해'의 비재飛財와 파재破財 편을 살피면 개념을 이해하기가 수월할 것이다.

- 중략 -

삼차일람三車一覽에 "갑양목甲陽木이 소양小陽의 기氣를 타고 동방東方에서 나며 巳에 이르러 용사用事가 끝나 未에서 퇴장退藏하므로 귀貴가 된다"고 했다. 무양토戊陽土는 중앙中央에서 충화冲和하여 사시四時에 득파得播하니 甲으로 인因하여 만물萬物이 생生하고 庚으로 인하여 만물萬物이 성成하면 생성生成의 이치理致가 끝나는 것이다. 乙은 음목陰木이고, 己는 음토陰土므로 이위二位가 기운이 없어 류類를 잃었기 때문에 거居할 곳이 없으나 반드시 申子가 생왕生旺하고, 수토水土가 자양충실滋養充實하며 부족不足을 보조輔助하는 것을 기다리니 이 두 가지는 申子를 보는 것을 기뻐하는바 귀貴한 것이다. 丙丁이 화火가 성하盛夏를 당해 지혹至酷하면 만물萬物을 해롭게 한다. 그 성정이 酉에서는 꺼지고 亥에서는 감추어지니 서북성제西北成齊의 기운氣運으로 이 두 가지를 화和하게 하는 것은 酉亥의 음기陰氣로써 고르게 되어 귀貴한 것이 된다. 壬癸의 수水는 궁동窮冬에 이르면 그 성품性品이 엄嚴하여 만물萬物을 죽인다. 그렇지만 오직 卯에는 인색하고 巳에는 잠겨버리니 동남東南의 온환기溫煥氣로써 이 두 가지를 고르게 하는 것은 巳卯의 양기陽氣로서 화和가 되어 귀貴한 것이 된다. 辛은 이에 음금陰金이니 능히 스스로 화化하지 못하고 곧 寅午가 생왕生旺하는 화火를 빌어서 강剛을 좌절挫折시켜 변초變草하여 형形을 이루므로 귀貴가 된다.

광록廣錄에 이르길, "甲은 양목陽木이고, 戊는 양토陽土며 庚은 양금陽金이니 모두 토위土位를 기뻐한다"고 했다. 未는 토土의 정위正位이고 丑은 토土가 안정安靜한 땅이므로 우양牛羊이 귀貴가 되는 것이며, 세분細分한다면 甲은 더욱 未를 기뻐하고 庚은 더욱 丑을 기뻐하니 각기 그 고장庫場에 돌아가는 것이고 戊子, 戊寅, 戊午는 丑을 기뻐하는데, 丑은 화인火人의 태양胎養의 자리이기 때문이다. 戊辰, 戊申, 戊戌은 未를 기뻐하므로

未는 목인木人의 고庫이고 토인土人이 생왕生旺하는 자리이기 때문이다. 乙은 음목陰木이고 己는 음토陰土인데 음토陰土는 생왕生旺을 기뻐하고, 음목陰木은 양금陽金을 사랑하니 서후鼠猴가 귀貴가 된다. 그러나 乙은 더욱 子를 기뻐하는데 子는 수위水位가 왕旺한 자리이기 때문이다. 己는 더욱 申을 기뻐하니 申은 곤坤의 정위正位기 때문이다. 丙丁은 화火에 속屬하고 화묘火墓는 戌에 있으며 壬癸는 수水에 속屬하는 수묘水墓는 辰에 있으나 辰戌은 괴강魁罡의 자리로서 귀인貴人이 임臨하지 않기 때문에 화火에 붙인 것은 酉亥에 귀貴하고 수水에 붙인 것은 卯巳에 귀貴하여 모두 뿌리에 돌아가고 명命에 회복하는 자리가 되기 때문이다. 육신六辛은 음금陰金이고 양화陽火가 생왕生旺하는 자리를 기뻐하기 때문에 마호馬虎로 귀貴를 삼는다. 다시 마땅히 납음納音으로 서로 바꾸어 추심推尋하니 곧 비화比和하면 그 귀貴가 복福이 된다.

脚註: 廣錄의 설은 이해가 한결 용이하다. 광록은 귀인에서 따로 별귀別貴를 언급하는데 문파의 진귀珍貴와 일치하는 것과 어긋나는 것이 있다. 광록에서 말한 별귀別貴와 진귀珍貴를 대조하면 다음과 같다.

十干	甲	乙	丙	丁	戊	己	庚	辛	壬	癸
珍貴	丑未	申	酉	亥	丑	申*	未	寅午	卯*	巳
別貴	未	子	酉	亥	丑未	子	丑	寅午	卯	巳

염동수閻東叟가 말하길 "천을귀天乙貴를 논함은 곧 오행희기五行喜忌에 나아가는 것이다"라고 했다. 갑인甲人이 戊와 庚이 있고 癸未와 乙丑을 얻어 을길乙吉을 만나고 인印을 띠는 것이 상上이되고, 둔遁하여 丁丑 辛未를 보는 것이 그 다음으로 이에 삼양三陽이 인고印庫에 있는 것을 좋아한다. 을인乙人이 戊申과 庚子의 생왕生旺하는 토土를 얻고 기인己人이 甲申과 庚子의 생왕生旺한 수水를 얻으므로 이는 음목음토陰木陰土가 재왕財旺을 좋아하는 것이다. 丙丁이 丁酉, 乙亥를 얻고 壬癸가 乙卯, 癸巳

를 얻으니 이는 수화水火가 사절死絶을 혐의하지 않는 까닭이다. 육신六辛은 丙寅과 丙午를 얻어 귀승鬼勝을 혐오하지 않으며, 둘을 얻으면 상上이 되고 하나를 얻으면 그 다음이라 했다. 자허국紫虛局에선 이것으로 귀인입묘貴人入廟라고 하여 만나는 자者는 금자귀金紫貴라고 주장하며 옥제보감玉霽寶鑑에 또는 오호원둔五虎元遁으로 귀인본위貴人本位에 이르러 둔遁하게 된 간干이 입묘入廟한 것을 보고 공망박잡空亡駁雜에 범犯하지 않으면 청귀淸貴를 주장主張한다는 것이다.

금서金書에서 귀신貴神을 논論할때에 또 우열優劣을 가르니 곧 전前의 육십갑자六十甲子의 흉길凶吉은 그 록마祿馬가 자리로 돌아감이 좋고 교퇴복신交退伏神을 범犯하지 않으면서 지간支干의 상합相合이 있어야 길吉한 것이므로 월일月日에 지간支干이 상합相合함을 절실히 요한다고 하였다.

脚註: 금서명결金書命訣이 말하는 지간支干의 상합相合은 문파의 합생合生과 같은 말로 곧 진귀珍貴를 뜻한다.

염동수閻東叟는 귀貴와 합合하는 것과 귀貴가 식食하는 것을 말했는데 甲이 乙丑와 己未를 얻고, 丙이 辛酉와 辛亥를 얻고, 丁이 壬寅과 壬辰을 얻으니 이러한 류類를 귀합貴合이라 했다. 甲이 丙을 식食하고 乙이 丁을 식食하니, 병정귀丙丁貴는 酉亥에 있으므로 甲이 丙寅과 丙辰을 얻고, 乙이 丁酉와 丁亥를 얻으면 귀식貴食이라 한다. 庚이 壬을 식食하고 辛은 癸를 식食하니, 임계귀壬癸貴가 卯巳에 있다. 庚이 壬申과 壬戌을 얻고 辛이 癸卯와 癸巳를 얻으므로 이러한 류類를 다 귀식貴食이라 하는 것이다. 귀합貴合이 있으면 관官은 뜻에 부합하고, 귀식貴食이 있으면 록祿이 많다는 뜻이니 이 두 가지가 겹치면 관官이 높고 록祿이 중重하게 된다.

脚註: 염동수가 말하는 귀합貴合은 천을귀인에 해당하는 지지의 천간이 일간과 합하는 구조를 말하고, 귀식貴食이란 일간의 식신 천간이 귀인의 자리에 앉거나 혹은 합귀合貴하는 경우를 말한다.

삼명제요三命提要에 귀신貴神이 육합六合하는 곳에 천을天乙이 있는 것이 있는데, 이를테면 甲戊庚에 子午가 있으면 子는 丑과 합合하고, 午는 未와 합合하는 경우를 들 수 있다. 乙己에 丑巳, 丙丁에 寅辰, 壬癸에 申戌, 辛에 未亥가 귀신貴神의 육합처六合處에 천을天乙이 있는 류類다. 이상은 모두 큰 복福이 있을 것이고, 합合이 겹치면 더욱 귀貴하다.

보감寶鑑에는 천을天乙이 신身을 돕고 귀인貴人이 태세太歲를 안고 와서 옹립擁立하는 것을 취取하니 임인인壬寅人이 甲寅 일시日時를 얻으면 임귀壬歸가 卯에 있고, 갑귀甲歸는 丑에 있어 寅을 래옹來擁하는 것이다. 병신인丙申人이 戊申 일시日時를 얻으면 이에 준準하여 귀격貴格에 드는 것이니 다른 형충刑冲만 없으면 일생一生에 병病이 적고 조년早年에 형복亨福의 재災는 없다고 하였다.

脚註: 보감寶鑑에서 말하는 천을부신天乙扶身, 귀인래옹태세貴人夾擁太歲의 설은 독특하다. 예컨대 壬寅年 甲寅日과 丙申年 戊申日은 각기 壬甲의 귀인과 丙戊의 귀인이 협夾하는 지지의 글자를 드러냈다는 것으로 좀 더 연구해 볼 필요가 있는 분야다.

간래귀신幹夾貴神이 있는데 갑무경인甲戊庚人이 丑未를 얻고, 일시日時에 甲戊庚의 일자一字가 재차 드러난 것으로 기이奇異한 현달顯達이 있다.

지남指南에 이르길, 래귀봉육합來貴逢六合이 있다고 했다. 가령 壬癸人이 辰을 보고 癸酉가 있어 辰이 酉와 합合하는 것과 丙丁人이 戌을 보고 丁卯가 있어 戌이 卯와 합合하는 것인데 辰과 戌의 양쪽이 귀인貴人이 되는 것이다. 다시 록마祿馬가 임臨하면 크게 부귀富貴한다.

진희열陳希烈이 말하길, "간干은 천을天乙의 장將이 되고 지支는 귀인貴人의 사師가 된다"고 했다. 가령 축미생인丑未生人이 월일시月日時에 甲戊庚을 얻으면 이는 정천을正天乙을 만난 것이다. 갑자인甲子人이 십이월생十二月生이면 이에 귀신貴神을 만난 것이다. 기사일己巳日 을해시乙

亥時는 이에 양천을兩天乙을 만난 것이니 이는 합귀인合貴人의 명命으로 보아야 한다. 만일 태세본간太歲本干의 사귀四貴에 있어 화개華蓋에 천을天乙을 만나면 재보宰輔의 명命이고, 사평위四平位에 있어 양천을兩天乙을 만나면 역시 시종청화侍從靑華의 명命이 된다. 또 사기상四忌上에 양천을兩天乙을 만나면 상조常調의 관官이 된다. 무릇 완전한 귀인명貴人命을 논한다면 축미인丑未人이 甲戊庚中에서 두 개의 글자를 얻고, 자신인子申人이 乙己를 얻고, 유해인酉亥人이 丙丁을 얻은 류類라고 했다. 다시 태세太歲 간록干錄을 얻어 정관正官 정인正印이 된 자者는 그 복福이 배가倍加된다고 하였다. 재차 이르기를 시時가 기신忌神을 만나지 않는 것은 재상宰相에 이른다고 하며, 만약 유월생酉月生 기록己祿이 酉에 이르면 패기敗忌가 되니 비록 사자금四字金이라 하나 반드시 대귀大貴에 이르지는 못한다고 했다. 옛사람이 모두 귀인貴人으로 복福만 주장하고 복력福力의 후박厚薄을 말하지 않았으니, 지금 각각 위치에 따라서 요약하여 나눈다면 갑인甲人이 丑을 만나고 경인庚人이 未를 만나서 각기 록고祿庫에 있고, 戊人이 丑未를 만나니 이는 토지土支이고, 기인己人이 申을 만나므로 이는 생왕生旺으로 더불어 위位가 같으며 이상以上 사신四神은 생일生日 생시生時를 만나 정관正官 정인正印을 대동하고 상하上下가 정천을正天乙을 합한다. 본가本家, 천을귀신天乙貴神이 합合한 자者는 복력福力이 배가倍加하고 을인乙人은 申을 만나면 절絶이니 기忌하나 문득 암합暗合이 있고 子를 만나면 취取하나 기忌하며 丙丁이 亥를 만나면 절絶로 기忌하나 丁이 암합暗合하고 酉를 만나면 사기死忌한다. 壬癸가 巳를 만나면 절기絶忌하는데 癸는 암합暗合하고 卯를 만나면 사기死忌요, 辛人이 午를 만나면 취기取忌고, 寅을 만나면 절기絶忌며 이상以上 육귀신六貴神이 모두 기신忌神과 자리를 같이하여 생월일시生月日時를 만나면 복력福力을 얻을 수 있다. 만약 역마驛馬가 자리를 같이하고 또는 정천을正天乙과 본종록本宗祿, 정관正官과 정인正印이나 간합干合에 보조補助가 있는 것을 띤다면 복력福力 배가倍加할 것이다. 이처럼 귀인貴人의 복력福力을 후박

厚薄으로 나눌 수 있으니 귀인貴人은 사절死絶을 기忌하지만, 丙丁과 壬癸는 바로 사절死絶로서 귀貴를 삼기에 그렇지 않다.

脚註: 귀인의 복력을 말하자면 결국 진귀珍貴가 최상임을 알게 된다. 진희열은 귀인에 암합이 있는 것을 복력이 배가하는 조합이라 설파하고 있다.

촉신경燭神經에서 이르길 "천을귀天乙貴가 생왕生旺을 만나면 형모形貌가 근엄하고 성령性靈이 침착하고 이의理義가 분명分明하여 잡술雜術을 좋아하지 않고 순수純粹한 큰 그릇으로 몸에 도덕道德을 쌓아 여러 사람이 흠애欽愛한다"고 했다. 사절死絶이 되면 자기自己만 옳다고 하는 고집固執이 있고 놀기를 좋아한다. 귀貴에 겁살劫殺이 가까이 있으면 용모가 후厚하여 위엄威嚴이 있고 지혜가 많으며 계교計巧가 넉넉하다. 관부官符가 겹치면 문한文翰이 표일飄逸하고 웅변雄辯을 잘 할 것이며, 건록建祿이 겹친다면 문한文翰이 순실純實하고 은혜恩惠를 베풀며 널리 높아져 가히 군자君子라 할 것이다"라고 했다.

脚註: 귀인의 생왕사절을 가리는 것은 팔자의 원칙에 통한다.

만약 천중天中에 떨어지고 혹시 천중天中과 합合하거나 또는 천중天中과 연주連珠되면 영륜伶倫의 재능이 있으니 노래를 읊는 것을 좋아하는 기예인技藝人이다.

脚註: 천중天中은 공망空亡을 말한다.

또 이르기를 천을귀天乙貴는 삼명三命 중에 가장 길吉한 신神이니 만약에 사람이 만나면 공명功名이 조달早達되고 관록官祿에 또한 쉽게 나아간다고 했다. 삼명三命이 모두 왕기旺氣를 대동하면 마침내 장상공후將相公候의 자리에 오르고 대소운행大小運行이 여기에 이르러도 역시 천관진재遷官進財를 하며 더 임臨하여도 모두 길조吉兆가 된다고 하였다. 귀인貴人이 임臨하는 곳은 생왕生旺하여 충파沖破가 없어야 도리道理가 순順한 것이고, 공망空亡에 떨어지지 않아야 한다. 천간납음天干納音이 해화偕和하고 다시 록마祿馬를 얻어서 밤낮이 어그러지지 않으며 혹 연시年時가 서로 귀貴를 바꾸는 것을 기뻐하므로 갑오인甲午人이 신축시辛丑時를 보거나, 丙申이 己亥를 보는 류類 등이 있다. 또는 사간四干이 아울러 일지一支에 귀貴를 보는 것이 있으니, 축미생丑未生이 甲戊庚을 얻는 것과 혹은 사위천간四位天干이 귀貴에 통취通聚하거나 지지地支가 오행취귀五行聚貴하는 것이다. 재차 천월이덕天月二德을 만나면 아름답다고 했다.

脚註: 삼명三命의 일반적 의미는 사람이 타고나는 세 가지 명운으로 수명受命과 조명遭命, 수명隨命으로 구분된다. 천을귀天乙貴는 복을 누리는 수명受命과 관련이 깊다. 착한 일을 해도 해害를 입는 조명과 선악 간에 마땅한 갚음을 갚는 수명은 귀인의 복을 누리지 못하거나, 복력이 가벼운 까닭이다.

리우가理愚歌에서 이르길 "귀인貴人이 혹시 공망空亡에 떨어지거나 록마배위祿馬背違하면 가치가 없다"고 했다. 임개林開도 말하길, 귀인사절貴人死絶은 비린살鄙吝煞이 된다고 했을 정도다. 궁통보감窮通寶鑒에도 천을귀인天乙貴人이 무기無氣하면 비록 있어도 없는 것과 같다는 것이다. 동원경洞元經에서도 이르기를 귀인貴人이 성을 내면 흉凶이 오므로 명중命中에 귀貴가 있어도 길吉이 된다고 못할 것이니 자세하게 살펴야 한다"고 했다.

師敎★ 천을귀인의 묘용妙用은 진귀珍貴에서 비롯된다. 다음으로는 집어일점集於一點하는 경우다. 이를테면 丑年生이 팔자에 甲戊庚을 다 같이 보는 구조나 혹은 甲年 甲日이 일지의 丑을 보는 때를 말한다. 귀인은 공망을 꺼린다. 귀락공망은 귀기를 삭감하기 때문이다.

'신살괄요'는 해운대포럼 1회생인 거해居海 천세진과 문하 13회 김경록이 공동 저술했다. 그동안 자평명리에서 신살론이 도외시되었던 탓인지 매끄럽게 읽어나가기가 쉽지 않은 책이지만 수확은 기대 이상이다.

空亡秘鑰十八技

'공망비약십팔기'는 비교적 가장 최근에 출간된 명리 실전서다. 2007년 '공망비약'이 던진 화두의 열기가 가시기 전에 너무나 방대하고 다양한 이수명리의 선진 이론 체계들이 쏟아져 나왔다. 지금 강단과 강호의 호사가들조차 입을 다물었을 정도다. 아마도 이 책을 기점으로 학회는 당분간 숨고르기에 들어설 것 같다. 그래야만 학습자들도 마음의 여유를 가지고 학업에 정진할 수 있으니까. 독자들이 이수명리의 일부나마 그 진가를 직접 확인하고 싶다면 당장은 '공망비약'과 '공망비약십팔기' 이 두 권의 일독을 권한다. 팔자를 가장 쉽게 빠르게, 그리고 정확하게 읽어내는 기법이 여기에 고스란히 담겨 있기 때문이다. 형충회합이나 허자론 같은 디테일한 실기는 거의 다루지 않는다. 그래도 체용변體用變 삼위일체를 터득할 수 있는 절호의 기회다. 한 마디로 놓쳐서는 안 될 책이 바로 '십팔기'다. 이 책은 문하 10회인 동녹수東淥水 신윤석과 문하 13회 시금석이 공동으로 집필했다. 서자들의 직업이 다소 특별하다. 한 사람은 척추전문물리치료사고 또 한 사람은 공동주택관리사다. 이수문파의 문제자 성향의 특징 중 하나라면 현업에 종사하거나 현업을 지향하는 인사들이 극히 드물다는 점이다. 그러니 필자와 같은 현업의 종사자는 이들의 치열한 학습 태도를 보며 긴장을 늦출 수가 없는 것이다. 신윤석은 방송통신대학교 중문학과를, 서금석은 전남대학교 사학과를 졸업했다. 학회는 연내부터 팔자입문(BaZi Primer)시리즈의 5개국어 출간 작업을 진행하고 있다. 저자인 동녹수가 중국어 번역을 맡았다.

★特輯★

이수명리학회 干支八字
「명리입문」 다국어 지상 연재

학회學會는 이수 존사尊師의 2008년
팔자입문 시리즈 중 I권에 속하는
'간지팔자The Sexagenary Cycle'를
'한/영/불/일/중/서'의 6개 언어로
번역, 본보와 '외교저널'을 통해
연재할 예정입니다.

텍스트가 되는 '간지팔자'는 초학자나 일반 독자의 읽기를 충분히 고려하여 스승이 집필한 내용이므로 누구나 재미있게 습득하고 유용한 삶의 길잡이로 삼을 수 있습니다.
집필진은 LBEC(이수리이터스클럽)의 정회원들로 구성되어 있으며 집필자 명단은 다음과 같습니다.

▶ LBBC 번역 집필 LIST

TEXT〉 간지팔자The Sexagenary Cycle		
영 어	장태익	서울대 공대
불 어	박 열	외대 불어과
중국어	동녹수 · 정두환	북경체대 대학원
서반아어	박기윤	고대 서반아어과
일 어	윤기옥 · 장정해	숙대 일문과
※ '팔자입문: Bazi Primer'의 원문 및 번역판은 '본보 61호'와 '외교저널 9월호'에 연재됩니다.		

2008년 8월 이수문파 2대 장문인 혼조 告

'공망비약십팔기'의 '십팔기' 순서는 다음과 같다.

空亡秘鑰十八技

귀인락공부치貴人落空不値

재공왕기부호財空旺氣富豪
관공왕기귀격官空旺氣貴格
인공학업중단印空學業中斷
식상공망능변食傷空亡能辯
살공천중수앙殺空天中受殃
건록림공무성建祿臨空無成
십악대패빈천十惡大敗貧賤
공망자왕대성空亡自旺大聲
호환공망재심互換空亡災深
역마공망무실驛馬空亡無實
생시순공긴극生時旬空緊極
태리봉파우공胎裏逢怕遇空
화개공유공명華蓋空有功名
절로백사개기截路百事皆忌
사대공망건체四大空亡蹇滯
세월공망무위歲月空亡無爲
공망형충문망空亡刑沖聞望

책이 나온 지가 얼마 되지 않아 필자도 아직 책의 본문을 다 살피지 못했다. 현재로서는 독자들이 직접 구해 학습할 도리밖에 없다. 본문은 '명리물상실전57초'와 같은 구성 형식을 취하고 있다. 내용이 자세하고 명례가 풍부하여 학습자들이 자습하는데 불편을 느끼지 않도록 저자들이 세심한 배려를 한 점이 눈길을 끈다.

八字命理六神大突破

'팔자명리육신대돌파'는 삼명통회三命通會를 재조명하여 형충회합 첨단 실기와 포태물상 등의 최신 이론을 배합, 팔자 통변의 전체 줄거리를 세운 책으로 알려졌다. 아직 정식으로 출간되지 않은 책이다. 원론의 학學과 실제의 술術이 균형감 있게 편집된 방대한 분량으로 강호 뭇 독자들의 궁금증을 자아내고 있다. 문하 2회 출신인 최이린 주해.

李修十干論大突破

저술을 통해 이수명리학의 1기를 크게 구분하면 2001년부터 2008년까지 8년 동안의 기간으로 정할 수 있다. 이렇게 보면 '적천수써머리' 이후 '이수십간론대돌파'에 이르기까지를 1기의 서책으로 열거할 수 있지 않을까 싶다. 2001년에 이수의 첫 명리서인 '적천수써머리'가 출간됐다. 한국의 명리학도들이 십간론에 관심을 가지게 된 계기가 '써머리'의 등장이다. 종래의 십간론은 '적천수'와 '난강망'의 내용이 주종을 이루었다. 투파透派의 십간론이 바로 그것이다. 이미 '데쓰블로'를 기점으로 이수명리는 과거의 이론 체계를 뛰어 넘어 최근에는 간격을 지나치다 싶을 만큼 벌려나갔다. 그리고 다시 베이식으로 돌아와 정리한 십간론이 바로 이 책이다. 이 책 또한 아직 정식으로 출판되지 않았다. 문파의 내부에서 십간론의 이론 체계와 술기가 어떻게 학습되고, 간추려지는지를 연내에 독자들이 직접 확인할 수 있을 것 같다. 필자가 보기에 이보다 선명하게 팔자 원국의 귀천 여부를 단박에 짚어낼 수 있는 비결이 설명된 책은 없을 것 같다. 일부 공개된 내용으로 살피면 책의 편집이 마치 퍼즐같이 짜여 있어 감탄을 금할 수 없다. 아직 전체를 다 보지 못한 입장이라 간략한 소개에 그친 점, 독자들의 이해를 구한다. 문하 12회인 동락 우석현이 주해했다.

Ⅱ부 · 活動年表

2000년

역학 포털, 애스크퓨처닷컴(www.askfuture.com) 런칭

www.hankooki.com

'눈높이 서비스' 하루 10만 페이지뷰

운세 | 에스크퓨쳐닷컴

운세포털 사이트 에스크퓨쳐닷컴(www.askfuture.com)은 하루 10만 페이지뷰를 자랑하는 인기 역술 사이트다.

에스크퓨쳐닷컴의 특징은 획일화된 서비스에서 탈피, 요즘 네티즌의 취향과 눈높이에 맞춘 차별화된 서비스를 제공한다는 점이다.

꿈풀이와 하루 운세는 물론 증시의 등락, 환율 전망, 부동산 운세까지 점쳐볼 수 있어 재테크에 관심있는 네티즌의 발길이 끊이지 않는다.

이런 이유 때문에 국내에서 최초로 증권전문 웹사이트 팍스넷에 '증권관련 투자 운세 정보'를 제공하고 있기도 하다.

또 자미두수(중국의 별점), 정확도가 높은 육효, 이름풀이 성명학, 궁합과 택일의 대가들이 포진해 인터넷 게시판으로 24시간 상담이 가능하다.

없으니 시장을 떠나라" "내년 2월에 어느 지역의 부동산에 투자하라"는 등 직설적인 상담이 이뤄져 인기가 높다. 예측이 틀렸을

닷컴CEO의 옷을 입고 명리학자로서의 본격 행보를 예고한 이수 대표는 '일간스포츠' 인터뷰 기사를 통해 미래 예측의 요긴한 툴로 활용될 역술 콘텐츠를 내세워 나스닥 상장을 자신하며 포문 일성을 열었다. 기사의 사진에는 너무도 자신만만한 패기가 넘쳤다. '애퓨'는 대한민국 대표 운세 사이트를 표방하며 2000년 6월 오픈, 2005년 8월까지 5년간 항진했던 역할 포털 사이트다. 동양 오술 전 분야를 망라한 엄청난 학습 자료와 방대한 상담자료는 전 세계를 통틀어 찾아볼 수 없는 독보적 환경을 구축했다. 한때는 전문 필진CP만도 60명에 달했고 300개 이상의 커뮤니티 게시판이 활기를 띠는 거대한 토론의 창으로 닷컴 업계의 선두에 섰다. 당시 학술 사이트임에도 불구하고, 20만 명의 회원 보유와 일일 방문 페이지 뷰 30만회가 넘는 기록을 유지했다. 약 일만 명으로 추산된 이수마니아는 물론 일반 역학

동호인들의 토론 문화가 가장 성숙된 시기로 전무후무한 기록들을 남겼다. 2001년부터 2003년까지 3년 연속 업계 최우수 사이트로 각 언론매체가 선정했다.

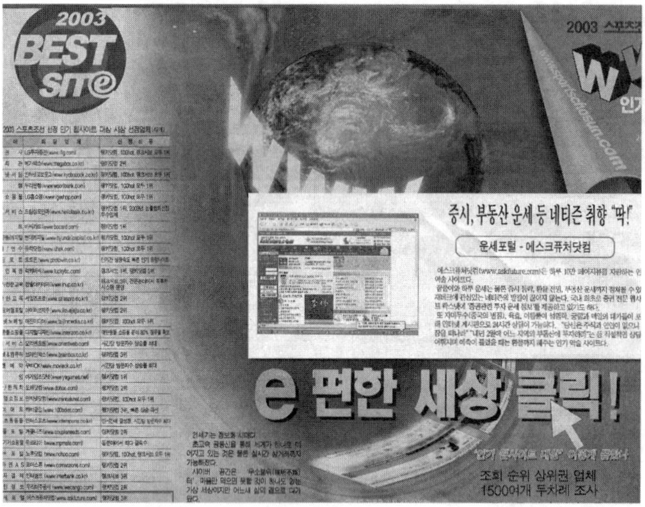

2000년 데뷔 당시 그는 역학계보다 증권계에 더욱 각광을 받았다. 한국경제TV의 '국민주식고충처리반'이란 간판 프로그램을 고승덕 변호사와 함께 진행하며 70만 개미투자자들의 나침반으로 통했을 정도다. 기도 전인 8월에 이수 대표는 증권가의 대표주자로 급부상했다. 닷컴 CEO로 출발한지 3개월이 지나 증권 명리와 증시 예측을 결합한 콘텐츠가 대박의 급물살을 타기 시작한 것이다. '한국경제신문'에는 그가 출연하는 한경WOW-TV의 간판 프로그램이 연일 전면 광고로 도배되었다. 한마디로 대박이 예고되는 순간이었다.

주식 시장에서의 눈부신 활약은 곧 공중파 방송의 메인 뉴스에서 특집으로 다뤄지기 시작했다. 이 대표의 활동을 주제로 한 일련의 다큐 프로그램이 생겨났을 정도로 이수신드롬이 강하게 일기 시작한 것이다. 특유의 제스처와 막힘없는 달변, 자신이 흘러넘치는 그의 카리스마는 일시에 세간의 화제를 낳았다. 역학계에서는 말할 것도 없었다.

JOONG-ANG
ECONOMIST
2000/8.15
CONTENTS

화제 72
"四柱보면 주식투자 勝敗 미리 안다"

특별 인터뷰 / 호리에 제일은행장 74
"정해진 코스 달리지 않으면 결승점에 도달 못해"

동향 76
'법정관리' 중인 한일합섬 경영巡航

심층 77
세진의 '이상한 부도' 뒷말 무성

동향 78
뮤추얼펀드 돌풍의 主役 미래에셋 흔들리나

2001년

한국능률협회, 최고 경영자 과정 세미나 강연 초빙

매번 그러하듯 신년 벽두에는 역학자들이 기고한 희망찬 국운 운세 예측으로 한해의 문을 연다.

46 일간스포츠 www.dailysports.co.kr 신년특집II 2001년 1월 1일(월)

“올핸 2002년 욱일승천 준비기”

역학인 이 수씨가 본 2001년 한국의 운세

여야 화합·주식 반등 연예계는 여성 파워

부침 잦으나 터널끝 본격 상승무드 움터

인터넷 전문사이트 운영 '신세대 대표 역술인'

뱀이 징그럽다구?

삼국시대부터 지혜 상징 숭배 뱀띠생은 달변 외교·예술 두각 꿈도 모두 길몽

A20 동아일보 Metro

젊은 '도사'들 인터넷 점집 '점령'

역술계 전문화·기업화 새바람

'애스크퓨처닷컴' 20~30대가 40%

증권사지점 개장때 투자상담도

'내년 월드컵특수 예상보다 클 것'

상담내용 게시판올려 공개 검증

'작명·해몽·궁합+α' 콘텐츠로 승부

2001년 '애퓨' 이수 대표의 행보는 파죽지세로 나아갔다. 증권가에서 이

미 슈퍼스타로 등극한 그는 기존의 역학계가 진입하지 못한 제도권의 장벽을 여지없이 허물기 시작했다. 그가 맡은 방송 프로그램만 3개가 넘었을 정도다. 모두 역학 콘텐츠를 전면에 내세운 프로그램이라 방송심의위원회의 숱한 견제가 이어졌다. 그래도 전파는 나갔다. 시청자들의 수요를 막지 못하는 것이다. 방송보다 장애가 덜한 신문 매체에서의 활약은 거칠 게 없었다.

화제 Topics

"四柱보면 주식투자 勝敗 미리 안다"

족집게 '주식역술인' (주)애스크퓨처닷컴 이수 대표…사주통한 '찍기'로 인기, 10월에 큰 장 예언

"올 10월 중순께 큰 장이 선다."

주식 애널리스트나 전문가 분석이 아니다. 사주로 주가와 주식재테크의 성공여부를 점쳐 주는 한 역술인의 예언이다.

화제의 주인공은 이수 선생(35). 지난해 6월 문을 연 (주)에스크퓨쳐닷컴(www.askfuture.com)이란 역술포털 사이트의 대표다.

얼마전 주식시장이 폭락장을 겪으면서 그의 인기는 상승세다. 큰 손해를 본 주식투자자들 사이에서 그의 명성이 입에서 입으로 퍼지는 상황. 그 사람의 사주를 분석, 쪽집게처럼 언제 주식을 사고, 언제 팔면 돈을 벌 수 있다는 상담을 여러 매체를 통해 무료로 해 주고 있기 때문이다. 상담을 받아본 이들의 공통된 느낌은 '속 시원하다'는 것. 미적미적 대지 않

이수 대표는 사주를 통한 '찍기'로 인기를 모으고 있다.

그에 대한 소문탓인지 그가 연 에스크퓨처

아라. 당신은 원금회복이 안된다. 창업 적기다 같은 단정적인 대답을 해준다. 그는 또한 질문자의 사주와, 그 자신의 답변을 동시에 자신이 운영하는 사이트에 공개적으로 올려놓는다. 시간이 지난 다음에 이용자들이 직접 확인해 보라는 뜻에서다.

원래는 인생전반에 대한 추명가로 시작했지만, 요즘엔 재테크, 그 중에서도 '주식전문' 추명가로 이름을 날리고 있다. 이유는 간단하다. 주식투자자들의 재운을 묻는 문의가 엄청나게 쏟아지고 있기 때문이다.

그러면 언제 주식을 사야 할까. "갑신월이라고 해서 8월, 9월 장이 좋습니다. 그런데 9월 말, 10월 초가 되면 다시 약세장으로 돌아설 것입니다. 바로 이때가 매수 시기입니다. 그러면 10월 중순부터 11월 초까지에는 일반

이 해에는 언론사 최초로 명사들의 실명과 사주를 예시하고 공개적인 예측 내용을 담은 '명사들의 사주 산책'이라는 칼럼이 '한국경제신문'에 연재되기 시작했다. '애퓨'는 이미 관련업계 1위 사이트로 부상했다. 방송에서는 라이브로 시청자들의 전화를 받아 즉석에서 투자운을 알려주는 '동양학으로

보는 증시 예단'이라는 프로그램이 진행되었다. 간혹 애드립으로 신청자의 신상에 대한 전율이 이는 추명이 흘러나와 시청자들을 자극하며 시청률의 고공행진이 이어졌다. 또 이 해에는 '이코노미스트'에 '이수 선생의 사주-테크', '벤처CEO 탐방추명'과 같은 본격 명리 칼럼 등의 연재로 오피니언리더층의 높은 호응을 이끌어냈다. 그가 보인 일련의 활동은 과거에는 상상할 수 없던 일이다.

2001년 중반 이수 대표는 한국능률협회의 최고 경영자 과정 세미나 과정에 강사로 초빙되어 명리 콘텐츠를 접목한 경영 수칙을 발표하기 시작했다.

이수선생의 벤처CEO 탐방 추명 Stock&Fortune

확장보단 가진 것 지키는 데 주력해야

박창기 팍스넷 사장 명조 분석 … 새해 2분기에 가시적인 경영성과 예상돼

박창기 (1955년 12월8일 18시30분 生) 팍스넷 사장의 사주(명조)개관
편인격(偏印格)의 명조로 편인성(偏印星)
신금(辛金)을 용(用)하는 명식

편인격의 위인은 총명하며 창조력이 뛰어나므로 단조롭고 평범한 직업에는 적합하지 않다. 명(命)중에 편인의 성분이 과다하면 총명하나 '책사궤(策士詭)에 빠진다' 하여 독보적인 행보나 출중한 총명함이 도리어 원수가 되기도 한다고 고서(古書)에 나와 있다. 따라서 때로는 공격적인 성향의 패턴을 제어하고 내부관리에 주력하는 지혜가 필요하다. 물형법상 명조의 형상은 암반에서 맑은 물이 샘솟는 형국. 기세가 중화하고 사주의 배합이 좋으므로 기지가 풍부하다.

기억력이 뛰어나고 총명함이 범상치 않다. 호색하는 경향이 있지만 절제하므로 물의를 일으키는 일은 없으며 계획성이 있어 사물의 처리가 뛰어나다.

편인성인 신금을 용(用)하여 임기응변의 재능이 있으며, 좋은 운을 맞으면 동시에 많은 것을 성취하고 독창적이며 파격적인 발전을 하게 된다.

저조한 운에는 매사 용두사미로 끝나는 경향이 있다.

명식의 특성으로는 극심한 성패의 부침을 겪는다는 암시가 있다는 점. 전형적인 대기만성의 기상이 서려 있으므로 중년 이전에 몇 차례 삶이 수반하는 고초는 피할 도리가 없다. 물론 시기상의 문제지만 문서상의 이득을 의미하는 신금의 뿌리가 안정되어 있는 형상이 아니므로 '문서상의 부자'로만 남을 수도 있다. 따라서 확장도 좋지만 가진 것을 지키는 데도 주력할 필요가 있다. 초, 중년에 가정의 안정과 행복을 만끽하지 못하는 아쉬움이 배어 있다.

1996, 1997년 양해는 화운(火運)의 시기. 따라서 금운을 기뻐하는 박사장에게는 불이 쇠를 녹이는 형상이다. 저조함에서 벗어나기 힘든 시기로 성과를 나타내기 어렵다. 1998년과 1999년은 토운(土運)으로 고독하고 치열한 시기로 규정될 수 있다.

특히 1999년은 부부궁이 불리하여 고독감이 더욱 증대되는 경향이 있다. 그러나 2000년 대망의 금운을 앞두고 분발심을 일으키며 역경에 분투하는 국면이다. 2000년은 인수(印綬)운이라 하여 문서상의 이득이 있고 그 이름이 빛나며 발복하기 시작하는 전환점이다. 그러나 대업 성취의 절정기로 보기에는 힘이 모자란 형국이다.

2001년 신사(辛巳)년이 바로 신금, 용의 해다. 이 시기에 대업을 성취하는 것이다. 따라서 필자는 2001년 신묘월(辛卯月) 이후 두 달간, 양력으로는 3월과 4월께를 주목하고 있다. 이 시기에 비범한 성취가 따를 것이다. 그렇다면 박사장이 2000년 하반기에 손익분기점에 도달하고, 같은 해 4분기에는 본격적으로 수익이 발생할 것이라 판단했던 전망은 다소 늦추어질 것이다. 2001년 2분기에 가시적인 경영성과가 나올 것으로 판단된다.

추명술(推命術: 命을 추론하는 술법) 관점에서는 2001년 초여름에 접어들면서 벤처 수익모델들이 구체적으로 실현될 전망이다. 이때 많은 것을 성취하는 시기이니 그 활약상이 종횡무진할 것으로 예상된다. 새해에는 강단에 서는 일이 잦을 것이다. 팍스의 세계시장 진출이 가속화되고 열매를 거둘 것이다. '팍스'란 회사명 또한 개인 명식에 부합되는 길명(吉名)으로 외국시장 진출에 좋은 시그널로 여겨진다. 이수 (주)애스크퓨처닷컴 대표 · 02-798-1011, leesoofate@askfuture.com · www.askfuture.com. E

'특화된 솔루션'으로 새해 승부 걸어야

필자가 박창기 사장을 만나기 전 그의 사주 명조를 한 번 살펴보고는 단기적인 운의 성패를 짐작했었다. 2000년 경진(庚辰)년은 문서상의 길운(吉運)이 도래한 호운(好運: 좋은 운). 양력 4월께인 경진(庚辰)월에 큰 성과가 있을 것으로 보였다. 양력 10월과 11월은 도식(倒食: 밥그릇을 엎다라는 뜻)운으로 저조할 것으로 판단하였다. 실제 그랬었다. 2001년 신사(辛巳)년은 용신운(用神運: 발복하고 성취하는 운)이 본격적으로 도래하지 않은 모습. 아직 성패를 논하기에는 이른 시점으로 규정하고 그를 찾아갔다.

그는 그동안 성과의 비결을 운이 좋았기 때문이라고 말한다. 인터넷붐이 막 불기 시작한 1999년 3월에 사업을 시작한 게 가장 큰 성공요인이란 설명. 단순한 겸양이 아니다. 성패를 실감한 사람만이 말할 수 있는 '시운(時運: 타이밍)의 중요성'이다. 그는 곧잘 빌 게이츠 사례를 든다. 언젠가 CNN의 '래리 킹 쇼'에 출연했던 빌 게이츠는, 래리 킹이 "미혼도 안 된 나이에 세계 최고의 갑부가 된 이유"를 묻자 '럭(행운)'이라고 짧게 답했다는 것. 그러나 어찌 행운(幸運)으로만 모든 것을 설명할 수 있겠는가. 사주 추명술도, 체용(體用)이라 하여 운(用)을 활용할 수 있는 그릇(體)의 중요성을 강조하고 있다. 기회를 포착할 수 있는 예지력과 재능 · 실천력을 이미 갖춘 재목만이 성공할 수 있다는 얘기다. 상대적으로 광고 수입이 많지만, 초기투자와 인건비를 감안하면 상당기간 적자가 지속될 전망이다. 또한 새로운 수익사업 모델도 별다른 기술적 어려움이 있는 게 아니다. 다만 이미 보유한 회원들간의 막강한 커뮤니티는 팍스넷의 최대 경쟁이자 자산이다. 인터넷 시장에서 특별히 중요한 의미를 지니는 1위를 고수하기 위해서는 보다 특화된 솔루션으로 승부를 내야 한다. 예를 들면 곧 출시될 개인자산관리 솔루션인 '팍스머니' 같은 것이다. '외국시장 진출'도 실 길 중 하나다.

〈수〉

능률협회의 최고 경영자 과정 세미나는 공직자로는 장관급 이상, 기업가로는 대기업의 총수급이 강사진으로 선정되는 고급 강좌프로그램으로 통한다. 그는 최연소이자 가장 이색적인 직업을 가진 강사로 통했다.

일간스포츠 www.dailysports.co.kr

"성공경영 비결도 사주로 풀어요"

인터넷 역술정보 애스크퓨처닷컴 이수 대표

하계 최고경영자 세미나서 이색 강연

"과학적 역술, 미래예측 도구로 사용"

최고 경영자 회의에서 강의하고 있는 애스크퓨처닷컴의 이수 대표(오른쪽).

/김봉구 기자

2001년 후반기에 발간된 '주가등락 알 수 있다'는 그의 높은 인기를 반영하듯 스포트라이트를 받았다.

한국경제 21

"주가 맞힐 수 있다" 책 내놔 화제

애스크퓨처닷컴 이수 대표

books 출판 | 19

"상수역학으로 주가 예측 가능"

인터뷰 이 수 애스크퓨처닷컴 대표

이 해에는 '애퓨'가 역학 사이트에서 주가 예측 사이트로 방향이 전환되는 듯 여겨질 정도로 대단한 반향을 가져왔다. 이 무렵부터 기업 경영과 관련된 명리 강연은 한국표준협회와 상공회의소 등으로 이어지며 특급 강사의 대우로 활발한 활동이 이루어졌다. 강연 현장의 내용을 고스란히 담아 낸 특집 방송이 전파를 타기도 했다. 연말에 '한국일보'에서 '애퓨'를 최우수 사이트로 선정할 때도 예측 정보 기능에 초점을 맞출 정도였다.

일간스포츠
www.dailysports.co.kr 17판
사람·ㅂ

"내일의 주가동향 역술로 알아보세요"

'주가등락 미리 알 수 있다' 펴낸 사주추명가 이수씨

5~6월엔 반짝 장세~ 10년 뒤까지도 예측가능

수많은 역학 동호인들은 금융 분야에 주력하는 그의 활동을 응원하면서도 조금씩 아쉬움을 나타내기도 했다. 그러나 동호인들이 품었던 일종의 우려는 언론사와 제휴한 최초의 역학 대 강좌 프로그램으로 일순 불식됐다. '주가 등락 알 수 있다'의 발간 직전에 출간된 '적천수써머리'는 그가 명리학자로서의 본분을 잃지 않는다는 의미로 해석되기도 했다. 온라인에서 이미 성공을 거둔 그는 오프라인으로의 본격적인 역학비즈니스를 펼쳐나갔다. 닷컴 열풍이 식어가던 시점에 '애퓨'는 2차 펀딩을 무난하게 유치하며 증자했고, 이 대표는 역학계에 집중적인 투자를 시작한 것이다.

'스포츠조선'과 제휴한 2001 역학 대강좌 프로그램은 그의 사업적 수완을 과시하듯 해당 언론의 대대적인 지원이 이뤄졌다. 거의 하루걸러 전면 광고와 기획 기사가 터져 나왔다.

출판

BOOK www.sportschosun.com 스포츠조선

'사주학' 보기쉽게 소개

역술인 이 수씨 명리학 보서 '적천수' 정리

스포츠조선에 '오늘의 운세 나침반'을 연재했던 역술인 이 수씨가 명리학의 보서(寶書) '적천수'의 핵심을 일목요연하게 정리한 '적천수 써머리'(애퓨북스)를 펴냈다.

'적천수'는 최고의 술사(術士)가 되기 위해 필수적으로 읽어야했던 경전과 같은 책으로 저자는 이번 책에서 빈부귀천을 추론하는 기초 단계부터 십간 개념을 논하는 사주학 이론의 최고 단계까지 일목요연하게 소개했다.

이씨는 지난 6월부터 오는 11월까지 매주 토요일 오전 9시부터 오후 8시까지 스포츠조선 목동 본사 강의실에서 명리, 관상, 육임 등을 가르치는 '2001 역학 대강좌'를 진행하고 있는 인기 역술인으로 음지의 역술을 양지로 끌어낸 공을 높이 평가받아 왔다.

이수(李修.40)

1965년 출생. 1999년 역학계 데뷔.

2001년 한국능률협회 최고경영자과정에 초빙강사로 선정되는 등, 동업계 최고 술사(術士)로 떠오름

現 (주)애스크퓨처닷컴(www.askfuture.com) 대표

중앙일보 이코노미스트 칼럼니스트 〈CEO 風水學〉

한국경제신문 칼럼니스트 〈명사들의 사주 산책〉

팍스넷 투자분석가

씀1) 2004년의 간지(干支), 갑신(甲申)을 음양오행(陰陽五行)으로 분해하면 다리가 되는 신금(申金)

'역술을 배우면 IMF도 두렵지 않다"는 캐치프레이즈를 내건 '애퓨'의 역학 강좌 사업은 성공적인 결실을 거두었다. 명리의 이수, 세암, 두수의 김선호, 기문의 용회수 등 12명의 일류 역학자들이 포진된 강사진의 위용도 대단했다. 강좌가 이미 시작된 다음에도 관련 기사가 정기적으로 게재됐다. 이것은 당시의 강좌 프로그램이 일회성이 아닌 향후 연속적으로 진행될 프로젝트임을 시사했다. 당해의 히트 상품으로 선정되었다.

스포츠조선

www.sportschosun.com

역학 열풍의 진원 인터넷

인터넷 역술 사이트들이 활성화되면서 역학에 대한 일반인들의 인식이 크게 달라지고 있다.

동양 역술은 한때 뒷골목 철학관, 길거리 토정비결, 심지어 혹세무민하는 점쟁이로까지 비하되기도 했으나, 최근 인터넷이란 공개된 환경을 통해 생활 학문이란 진면목을 보여주면서 그 위상이 높아지고 있는 것.

게다가 '스승과 제자' 관계로 대물림해왔던 역술 해법이나 비전들을 인터넷 역술 사이트들이 앞다퉈 공개하면서부터 역학을 배우려는 계층들도 폭넓고 두터워졌다.

국내에서도 지난 2000년 동양상수학(사주학) 박사 1호가 탄

"내 운명은 내가 챙긴다"

'생활 학문' 위상 높아져 학습 열기 고조
풍수-육임등 다양한 분야서 전문가 활약

생했으며, 대학생-기업인-기자 등 다양한 계층의 젊은이들이 인터넷 술사로 활동하고 있다.

국내 유력 경제지 기자인 S씨는 2000년 가을부터 인터넷 역술 사이트 애스크퓨처닷컴에서 역학 칼럼을 연재해오며 신선한 화제를 불러 일으키고 있다.

풍수 사이트(poongsujiri.co.kr)를 운영하고 있는 정경연씨도 네티즌들 사이에서 뜨는 바람에 본업인 축산 유통업이 뒷전으로 밀려나고 풍수 전문가로 바쁜 나날을 보내고 있다.

팔도사랑풍수지리회를 조직한 정씨는 매달 두차례씩 60~70명씩의 회원들과 함께 국내 명당을 답사하는 풍수 기행 이벤트까지 운영하고 있다.

역술계에서조차 아직은 생소한 분야로 취급받는 육임을 10년째 공부해왔다는 부산의 대학생 김형규씨는 애스크퓨처닷컴의 기획팀장을 맡으면서 전국구 술사로 무대를 넓혔다.

김씨는 "육임을 배우면 기업의 흥망성쇠나 스포츠 승부수, 사주로 풀기 어려운 날씨와 같은 자연 현상까지 예측 가능하다"고 설명했다.

심리학과 철학을 전공했던 이현덕씨(서울 S대학원 휴학중)는 점성술 공부하는데 깊이 빠졌다. 그는 역학서적 전문 출판사인 동학사에서 별점에 대한 책도 펴냈고, 점성술 사이트(astrologae.com)를 운영하면서 점성술 전문가로 활약하고 있다.

국내 역학시장의 주고객층인 주부 못잖게 직장인들의 비중이 커지고 있다는 것도 새로운 특징.

얼마전 한경WOW-TV에서 생방송으로 내보낸 '동양학으로 보는 증시 예단'이란 공개 프로그램의 경우 방청객의 80% 이상이 '넥타이 부대'였으며, 경제적 어려움과 구조조정에 따른 불안감 등이 맞물린 탓인지 자신의 미래를 예측하고 싶어서 인터넷을 통해 역학 공부를 하는 직장인들도 꾸준히 늘고 있는 추세다.

역술인 김남원씨는 "언제 불황의 터널을 빠져나올 것인가, 내게 도움이 되는 파트너는 누굴까 하는 것을 예측하기 위해 역학을 배우려는 직장인들의 상담 전화가 하루 10여통에 이른다"면서, "자신의 앞날을 개척해나가면서 운의 흐름에 맞게 현명한 대처를 하려면 역학이 최고의 자문 역할을 해줄 것"이라 강조했다.

■편집=박재윤 기자 frisbee@

애퓨'의 이 대표는 온-오프라인에서 동시에 사업적 성과를 냈다. 이른바 역학 기업이 탄생한 것이다. 초창기 그에게 텃세(?)를 부렸던 선학들도 점차 '애퓨'에 동화되기 시작했다. 시대가 변한 것이다. 종래 자신의 학술을 숨기기에만 급급했던 기존의 문화가 바뀌기 시작했다. 학문을 공유하고, 같이 토론하며 자신을 적극적으로 홍보해야만 살아남는 역학계의 지각 변동이 일어난 것이다.

'2001 역학 대강좌' 갈수록 열기 더해

2001-08-21 11:43

스포츠조선-애스크퓨처닷컴 공동기획, '2001 역학 대강좌' 갈수록 열기

매주 토요일 명리-관상등 공부 더위 잊어, 주부부터 의사-소설가등 수강생 직업 다양

◇'2001 역학 대강좌'가 열리고 있는 강의실. 강좌가 중반기에 접어들며 그 열기를 더하고 있다. 원안은 이 수 애스크퓨처 대표.

역학 대강좌의 열기가 갈수록 뜨겁다. 스포츠조선과 애스크퓨처닷컴(askfuture.com 이하 애퓨)이 공동으로 기획, 지난 6월부터 11월까지 이어지는 '2001 역학 대강좌'가 중반기에 접어들며 열기를 더하고 있다.

매주 토요일 160여명의 수강생들이 서울 목동 본사 강의실에 모여 오전 9시부터 오후 8시까지 명리, 관상, 육임 등을 공부하며 학구열을 불태우고 있는 것.

'이색 강의'이다 보니 수강생들의 직업도 산부인과 전문의, 치과 전문의, 한의사, 소방관, IT업계 프로그래머, 소설가, 동양철학과 대학생, 전업 역술인, IMF실직자 등 다양하다.

역학을 공부하는 목적도 '주식시장의 대박을 노린다' '동양철학의 오묘함을 맛본다' '역학을 더 깊이 공부하고 싶다' 등,각양각색이다.

40대 직장인 A씨는 "수업내용이 심도 있고 또 실전적"이라며 "역학을 주식시장에 대입해서 짭짤한 재미를 봤다"고 말했다.

주부 송은경씨(39 · 서울 마포)는 "매일 아침 일진을 점쳐보는데, 잘 맞는 것 같다"며 "주위 사람들이 사주를 봐달라고들 하지만, 선무당이 사람 잡을까봐 아직은 섣불리 보지 않는다"고 말했다.

수강생들의 만족도도 높은 것으로 나타났다. 산부인과 전문의 이경구씨(41 · 경기 성남)는 "원래 역술에는 관심이 없었는데, 스포츠조선에서 공동기획을 하는 것을 보고 호기심이 생겨 강의를 듣게 됐다"며 "동양철학을 공부하다보니 좀더 겸손하게 살아야겠다는 생각이 들었다"고 말했다.

이번 강좌는 역술계, 경영단체 등 사회전반에서 긍정적인 반응과 호기심을 나타내고 있다. 역술계에선 "언론사가 공동기획함으로써, 일반인들의 역술에 대한 인식을 긍정적으로 변화시켰다"며 박수를 아끼지 않고 있다.

추리소설가이자 역술가인 한대희씨(50 · 경기 용인)는 "이번 강좌는 역학계의 혁명이나 마찬가지다. 변화의 시발점이다"라고 말했다.

또 사회 지도층의 관심도 높아지고 있다.

한국능률협회에선 지난달 26일 제주에서 개최한 '하계 최고 경영자 세미나'에 이 수 애퓨대표를 강사로 초빙했다. 당시 초청됐던 다른 강사들은 양승택 정통부장관, 송재갑 LG석유화학 회장 등. 이씨는 쟁쟁한 인사들과 어깨를 나란히 하며 '동양사상을 이용한 새로운 경영 패러다임' 등에 대해 강연을 펼쳤다.

이 수 대표는 "언론사가 역학 강의을 수용함으로써 역학이 양지로 나와 제도권내에 학문적 토대를 마련하게 됐다"며 "남은 기간 동안 공심 공태광씨 등 새로운 역술인들을 초청해 강의를 보강해 나갈 예정"이라고 말했다.

오늘날 한국 역학 수준의 발전은 '애퓨'가 이끌었다 해도 과언이 아니다. 2001년 '애퓨'와 이 대표의 성가는 날로 높아져만 갔다. 연말에는 이듬해의 국운을 예측하는 영문 기고문이 실렸다. 그는 공개적인 예측을 즐겼다. 적중률만이 과학으로 입증되는 최선의 방도라 여겼기 때문이다.

2001. 5. 24 목요일 스포츠조선 www.sportschosun.com

"6개월만 배우면 나도 역술인"

2001 역학 대강좌 본사-'애퓨' 제휴 온-오프라인 연계 완전 책임제 교육

명리사주-육임등 다양한 콘텐츠

이수-김선호등 쟁쟁한 술사들 강의

Herald Tribune

INTERNATIONAL

The numbers don't lie these fortunetellers say

But 2 seers are wary of prognostications on 2002's big events

The Korea Times

City Edition

MONDAY, OCTOBER 29, 2001 The Korea Times FEATURE 11

Explore Your Destiny Inside Askfuture.com

CyberPlaza

2002년

스포츠조선 계열사 SCFM 대표이사 취임

2002년 신년 벽두에 이수 대표는 '코리아타임즈'에 당해 대선에서 집권

당의 정권 재창출이 확실하다는 예측 기고문을 실었다. 전부터 인터넷과 매체를 통한 대담하고도 분명한 내용의 공개 예측은 그의 특장이었다. 2001년에 그가 육십갑자의 순환주기로 예측한 미국의 환난(9·11 테러 사건)으로 인해 로이터 통신과 CNN이 '애퓨'와 이 대표를 대서특필했다.

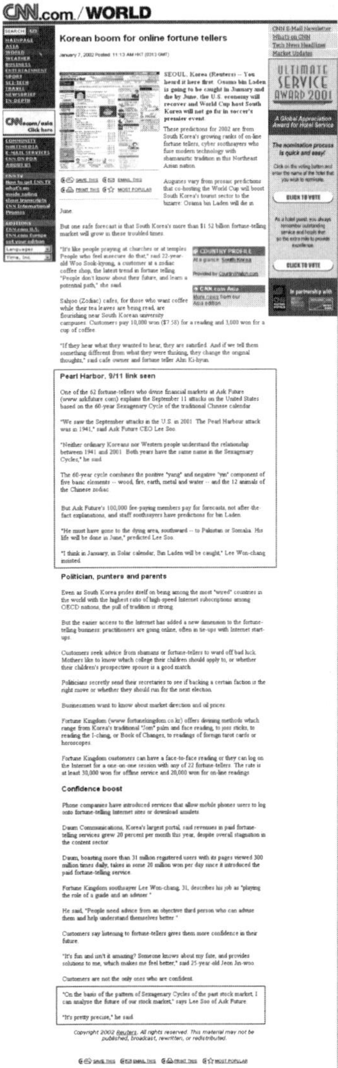

CNN.com/WORLD

Korean boom for online fortune tellers

January 7, 2002 Posted: 11:13 AM HKT (0313 GMT)

SEOUL, Korea (Reuters) -- You heard it here first. Osama bin Laden is going to be caught in January and die by June, the U.S. economy will recover and World Cup host South Korea will not go far in soccer's premier event.

These predictions for 2002 are from South Korea's growing ranks of on-line fortune tellers, cyber soothsayers who fuse modern technology with shamanistic tradition in this Northeast Asian nation.

Auguries vary from prosaic predictions that co-hosting the World Cup will boost South Korea's tourist sector to the bizarre: Osama bin Laden will die in June.

But one safe forecast is that South Korea's more than $1.52 billion fortune-telling market will grow in these troubled times.

"It's like people praying at churches or at temples. People who feel insecure do that," said 22-year-old Woo Sook-kyong, a customer at a zodiac coffee shop, the latest trend in fortune telling. "People don't know about their future, and learn a potential path," she said.

Sahjoo (Zodiac) cafes, for those who want coffee while their tea leaves are being read, are flourishing near South Korean university campuses. Customers pay 10,000 won ($7.58) for a reading and 3,000 won for a cup of coffee.

"If they hear what they wanted to hear, they are satisfied. And if we tell them something different from what they were thinking, they change the original thoughts," said cafe owner and fortune teller Ahn Ki-hyun.

Pearl Harbor, 9/11 link seen

One of the 62 fortune-tellers who divine financial markets at Ask Future (www.askfuture.com) explains the September 11 attacks on the United States based on the 60-year Sexagenary Cycle of the traditional Chinese calendar.

"We saw the September attacks in the U.S. in 2001. The Pearl Harbour attack was in 1941," said Ask Future CEO Lee Soo.

"Neither ordinary Koreans nor Western people understand the relationship between 1941 and 2001. Both years have the same name in the Sexagenary Cycles," he said.

The 60-year cycle combines the positive "yang" and negative "yin" component of five basic elements -- wood, fire, earth, metal and water -- and the 12 animals of the Chinese zodiac.

But Ask Future's 100,000 fee-paying members pay for forecasts, not after-the-fact explanations, and staff soothsayers have predictions for bin Laden.

"He must have gone to the dying area, southward -- to Pakistan or Somalia. His life will be done in June," predicted Lee Soo.

"I think in January, in Solar calendar, Bin Laden will be caught," Lee Won-chang insisted.

Politician, punters and parents

Even as South Korea prides itself on being among the most "wired" countries in the world with the highest ratio of high-speed Internet subscriptions among OECD nations, the pull of tradition is strong.

But the easier access to the Internet has added a new dimension to the fortune-telling business: practitioners are going online, often in tie-ups with Internet start-ups.

Customers seek advice from shamans or fortune-tellers to ward off bad luck. Mothers like to know which college their children should apply to, or whether their children's prospective spouse is a good match.

Politicians secretly send their secretaries to see if backing a certain faction is the right move or whether they should run for the next election.

Businessmen want to know about market direction and oil prices.

Fortune Kingdom (www.fortunekingdom.co.kr) offers divining methods which range from Korea's traditional "Jom" palm and face reading, to joss sticks, to reading the I-ching, or Book of Changes, to readings of foreign tarot cards or horoscopes.

Fortune Kingdom customers can have a face-to-face reading or they can log on the Internet for a one-on-one session with any of 22 fortune-tellers. The rate is at least 30,000 won for offline service and 20,000 won for on-line readings.

Confidence boost

Phone companies have introduced services that allow mobile phones users to log onto fortune-telling Internet sites or download amulets.

Daum Communications, Korea's largest portal, said revenues in paid fortune-telling services grew 20 percent per month this year, despite overall stagnation in the content sector.

Daum, boasting more than 31 million registered users with its pages viewed 300 million times daily, takes in some 20 million won per day since it introduced the paid fortune-telling service.

Fortune Kingdom soothsayer Lee Won-chang, 31, describes his job as "playing the role of a guide and an adviser."

He said, "People need advice from an objective third person who can advise them and help understand themselves better."

Customers say listening to fortune-tellers gives them more confidence in their future.

"It's fun and isn't it amazing? Someone knows about my fate, and provides solutions to me, which makes me feel better," said 25-year-old Jeon Jin-woo.

Customers are not the only ones who are confident.

"On the basis of the pattern of Sexagenary Cycles of the past stock market, I can analyse the future of our stock market," says Lee Soo of Ask Future.

"It's pretty precise," he said.

The Korea Times

NEW YEAR SPECIAL

'Ruling Party Holds Edge in Presidential Election'

By Lee Soo

동시에 일본의 아사히TV와 블룸버그 통신이 그의 주가 예측 모델을 보도하기 시작했다. '스마스테이션'이라는 프로그램을 통해 그는 일본의 시청자들 앞에서 고이즈미 총리의 한해 운을 거침없이 진단했다. 어느 날 갑자기 나타난 한국의 신진 술사가 뿌리는 화제는 끝이 없어 보였다.

新東亞

정계 화제

족집게 예언가 5인의 2002 대선 대예언

"民心은 새로운 대안 찾고있다"

이회창 정몽준 노무현, 3개월 앞둔 대선은 세 사람의 각축으로 판이 좁혀지고 있다. 꾸준한 지지를 얻어온 이회창 노무현 후보와 달리, 월드컵 바람을 타고 온 정몽준 의원의 지지율 상승이 눈길을 끈다. 대선을 3개월 앞둔 지금, 기(氣)와 명리학의 고수들은 누구를 차기 대권의 주인공으로 예상하고 있을까.

김 기 영 | 동아일보 신동아 기자 hades@donga.com

"집권당, 정권 재창출 한다"

이수씨는 신세대 역술인이다. 그가 운영하는 애스크퓨처닷컴(www.askfuture.com)은 풍부한 콘텐츠로도 유명하다. 이씨는 주택은행에서 6년간 외환딜러로 일한 독특한 경력의 소유자다. 그래서 그는 다른 역술인과 달리 금융시장의 미래에 깊은 관심을 갖고 있다. 그가 내놓은 '사주추명에 의한 투자운세 예측' 프로그램은 적중률이 65%에 이른다고 한다.

이수씨는 지난 1월 'The Korea Times'에 '집권여당 정권재창출(Rulling Party Holds Edge in Presidential Election)'이라는 제목의 글을 기고했다. 집권당의 후보가 누가 되는 것과 상관없이 민주당이 정권재창출에 성공할 것이라는 그의 예언은 대단히 도발적이었다.

이씨는 "대부분 사람들이 미래상을 불확실하다고 하지만 실제로 그런 것은 아니다"고 말한다.

"누구나 12월이 되면 추워진다는 것을 압니다. 과거에도 그랬고 10년 뒤의 12월에도 날씨는 추워집니다. 과거 경험을 바탕으로 이런 추론이 가능합니다. 역학도 이와 마찬가지입니다. 선학(先學)들은 우리에게 60갑자라는 부호체계를 내려줬는데 매년, 매월, 매시를 반복되는 숫자로 쪼개 놓음으로써 그 숫자의 반복을 통해 미래의 일도 예측이 가능하다는 것이죠."

이 수
'상수역에 따라 집권당이 정권 재창출에 성공할 것이다.'

바로 이런 '예측 툴'을 활용해봤을 때 올해 집권여당은 정권재창출에 성공한다는 예측이 가능하다는 것이다.

"올해는 임오년입니다. 120년 전 임오년에는 임오군란이 일어났습니다. 임오군란의 결과, 체용(體用)이 바뀌지 않았습니다. 체(體)가 집권자이고 용(用)은 이를 바꾸려는 사람인데 임오군란 당시 체는 명성황후와 고종이었고 용은 대원군이었습니다. 사건 초기 대원군이 우세한 듯했으나 결국 명성황후가 우여곡절 끝에 복귀하는 것으로 끝납니다. 그래서 올 임오년에도 체용이 바뀌지는 않을 것이라는 예측이 가능합니다. 단 임오군란은 일종의 하극상이기 때문에 2002년에도 레임덕현상이 심각해질 거라 예측했는데 실제 그렇게 되고 있지 않습니까."

올해 초 이씨는 이인제 의원의 대통령 당선을 예언했었다. 하지만 이의원은 민주당 경선에서 노무현 후보에게 패해 사실상 대권도전의 길에서는 비켜서 있는 상황. 결국 틀린 예언을 한 데 대해 이씨는 "솔직히 잘못을 인정한다"고 말했다. "하지만 당시에는 상수역(象數易)에 근거해 올해 집권당이 재집권

2002년 중순에는 '스포츠조선'의 계열사인 '스포츠조선퓨처미디어SCFM'의 대표이사로 취임했다. 이로써 그는 두 개의 법인을 이끌게 됐다. 보통의 역학인으로는 상상하기 어려운 행보가 이어졌다. 특이하게도 이 해에는 그가 '중앙일보'에 '오늘의 운세'를 연재하고 있을 때다. 이외 동아일보, 일간스포츠, 스포츠조선, 한국경제, 서울경제 등 어디에나 이 대표의 운세 원고로 도배되었을 당시 이수 대표가 관련된 모든 행사에는 언론과 방송의 전폭적인 지원이 이루어졌다. 이 대표는 실로 대단한 언론계 인맥을 보여줬다. 하지만 그는 애초에 언론계와는 아무 상관이 없는 외환 딜러(은행원) 출신이자 명리학자로 활동했을 뿐이다.

www.sportschosun.com **스포츠조선** 제153호 2002년 6월 17일(월)

자회사 'SC퓨처미디어' 창립

역술여행-출판사업 등 추진

◇송형목 스포츠조선 사장이 SC퓨처미디어 현판식에 참석, 이수 공동 대표와 악수를 나누고 있다.

스포츠조선의 자회사인 (주)SC퓨처미디어가 지난 10일부터 본격 업무에 들어갔다.

본사 사옥 3층에 있는 SC퓨처미디어는 앞으로 교육 강좌, 여행 이벤트, 홍보 마케팅, 주간지 출판 사업 등을 추진한다.

SC퓨처미디어는 본사와 애스크퓨처닷컴이 공동 출자했으며, 구본희 전 광고사업국 기획위원과 이수 애스크퓨처닷컴 대표가 공동으로 대표이사를 맡았다. 구 대표는 기획 운영, 이 대표는 펀딩과 대외접촉 업무를 담당하기로 역할 분담했다.

이수 대표는 스포츠조선을 모기업으로 해서 다양한 특화 사업을 펼칠 수 있는 SC퓨처미디어의 기업 잠재력은 무한하다면서, 벌써부터 투자에 적극적인 관심을 보이는 언론미디어와 기업들이 많다고 강조했다.

구 대표는 임직원 6명의 슬림화된 조직으로 출범하지만, 전문가들을 배치해 최대의 성과를 올리겠다면서 특히 주5일 근무제 확산, 실버 인구 급증 등에 초점을 맞춰 아이템을 기획하고 있다고 설명했다.

두 공동 대표는 정기 이벤트와 역술사이트들의 서버 관리 등을 통한 매월 고정 수입원을 이미 확보해 놓았으며, 사업 제휴도 활발하게 들어오고 있는데 그 중에는 빅 카드도 있다고 말했다.

7월에는 한경와우TV와 함께 '고승덕의 2002 하반기 투자 전망'이란 주식 강좌를 6일 개최하며, 여름 휴가철을 맞아 중국 황산 역술 기행도 마련했다.

이한동 국무총리, 송자 전 연세대총장, 김선구 삼성건설 사장, 박찬법 아시아나항공 사장, 유화선 한경와우TV 사장, 고승덕 변호사, 이종용 ES리조트 사장, 김용식 호텔 오크우드 회장, 박장기 팍스넷 사장, 최승운 내외네트웍스 사장, 김기영 두레CND 사장, 신영섭 한국경제신문 논설위원 등 각계 인사들이 축하 화환을 보내주었으며, ES리조트에선 컴퓨터, 혜초여행사에선 TV를 선물했다.

증권가에서도 그는 여전히 상종가를 쳤다. 이때부터 그는 본격적인 예측 비즈니스를 꿈꾸었던 것 같다. 2002년 증권가의 양대 스타는 이 대표와 고승덕 변호사였다. 이 해의 중순경에는 중앙일보 '이코노미스트'가 주최하고

'머니투데이'와 SCFM이 주관한 하계 투자컨설팅 세미나가 성황리에 진행됐다. 조선일보 계열사의 대표가 주인공인 행사를 중앙일보 계열사가 주최하는 현상은 상상하기 힘든 일이다. 그만큼 그의 상품 가치가 높았음을 반증하는 사례다. 그야말로 종횡무진 활약할 때다.

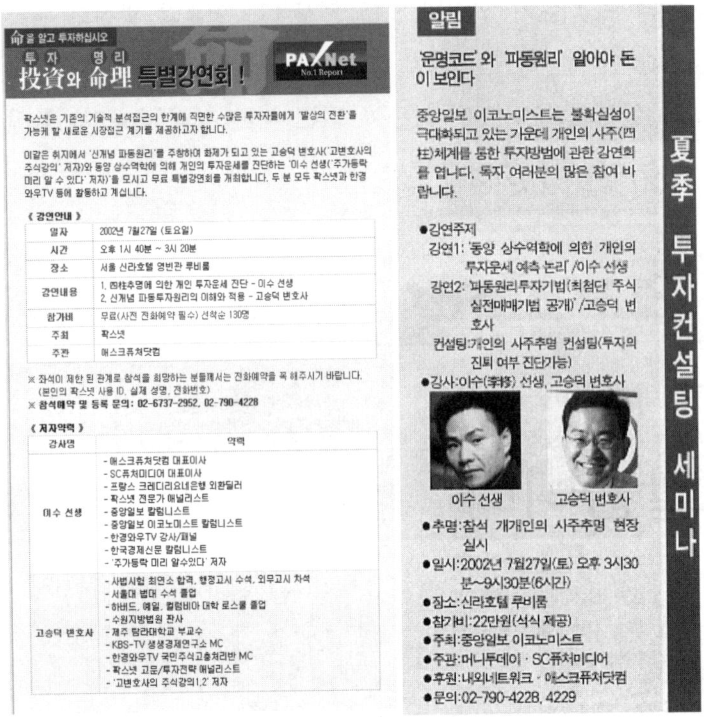

命을 알고 투자하십시오

投資와 命理 특별강연회!

PAXNet No.1 Report

팍스넷은 기존의 기술적 분석접근의 한계에 직면한 수많은 투자자들에게 '발상의 전환'을 가능케 할 새로운 시장접근 계기를 제공하고자 합니다.

이같은 취지에서 '신개념 파동원리'를 주창하여 화제가 되고 있는 고승덕 변호사('고변호사의 주식강의' 저자)와 동양 상수역학에 의해 개인의 투자운세를 진단하는 '이수 선생('주가등락 미리 알 수 있다' 저자)'을 모시고 무료 특별강연회를 개최합니다. 두 분 모두 팍스넷과 한경 와우TV 등에 활동하고 계십니다.

《 강연안내 》

일자	2002년 7월27일 (토요일)
시간	오후 1시 40분 ~ 3시 20분
장소	서울 신라호텔 영빈관 루비룸
강연내용	1. 四柱추명에 의한 개인 투자운세 진단 - 이수 선생 2. 신개념 파동투자원리의 이해와 적용 - 고승덕 변호사
참가비	무료(사전 전화예약 필수) 선착순 130명
주최	팍스넷
주관	애스크퓨처닷컴

※ 좌석이 제한 된 관계로 참석을 희망하는 분들께서는 전화예약을 꼭 해주시기 바랍니다. (본인의 팍스넷 사용 ID, 실제 성명, 전화번호)

※ 참석예약 및 등록 문의: 02-6737-2952, 02-790-4228

《 저자약력 》

강사명	약력
이수 선생	- 애스크퓨처닷컴 대표이사 - SC퓨처미디어 대표이사 - 프랑스 크레디리요네은행 외환딜러 - 팍스넷 전문가 애널리스트 - 중앙일보 칼럼니스트 - 중앙일보 이코노미스트 칼럼니스트 - 한경와우TV 강사/패널 - 한국경제신문 칼럼니스트 - '주가등락 미리 알수있다' 저자
고승덕 변호사	- 사법시험 최연소 합격, 행정고시 수석, 외무고시 차석 - 서울대 법대 수석 졸업 - 하버드, 예일, 컬럼비아 대학 로스쿨 졸업 - 수원지방법원 판사 - 제주 탐라대학교 부교수 - KBS-TV 생생경제연구소 MC - 한경와우TV 국민주식고충처리반 MC - 팍스넷 고문/투자전략 애널리스트 - '고변호사의 주식강의1,2' 저자

알림

'운명코드'와 '파동원리' 알아야 돈이 보인다

중앙일보 이코노미스트는 불확실성이 극대화되고 있는 가운데 개인의 사주(四柱)체계를 통한 투자방법에 관한 강연회를 엽니다. 독자 여러분의 많은 참여 바랍니다.

●강연주제
강연1: '동양 상수역학에 의한 개인의 투자운세 예측 논리' /이수 선생
강연2: '파동원리투자기법(최첨단 주식 실전매매기법 공개)' /고승덕 변호사
컨설팅:개인의 사주추명 컨설팅(투자의 진퇴 여부 진단가능)

●강사:이수(李洙) 선생, 고승덕 변호사

이수 선생 고승덕 변호사

●추명:참석 개개인의 사주추명 현장 실시
●일시:2002년 7월27일(토) 오후 3시30분~9시30분(6시간)
●장소:신라호텔 루비룸
●참가비:22만원(석식 제공)
●주최:중앙일보 이코노미스트
●주관:머니투데이 · SC퓨처미디어
●후원:내외네트워크 · 애스크퓨처닷컴
●문의:02-790-4228, 4229

夏季 투자컨설팅 세미나

그런데 그는 이 행사를 기점으로 증시 애널리스트로의 칼럼과 기고, 방송, 강연 활동 등을 점진적으로 줄여 나갔다. 고 변호사와 달리 더 이상의 국내에서의 활동 프리미엄을 누릴 생각이 없었던 것이다. 그는 해외 시장의 진출을 계획하고 상수역象數易의 예측 분석 툴을 정비하는데 집중하기 시작했다. 또 동호인들과 학습자들의 성원과 요청에 부응하는 명리학자로서의 행보도 중단할 수 없었던 것이다. 그는 역학 콘텐츠를 달러박스로 만드는 순간 역학에 대한 일반 대중의 인식을 순식간에 돌려놓을 수 있다고 판단했다.

금요초대석

18 INVITATION www.sportschosun.com 스포츠조선 2002. 2. 22 금요일

"역술은 과학적 예측…점술과는 다릅니다"

전국 고수들 모아 회사 설립…인터넷서 공개 상담-검증

"역학의 내일은 최고 히트상품"

금요초대석 '에스크퓨처닷컴' 대표이사 이 수

운세는 흥밋거리 넘어 정체성 인식을 위한 정보

정확한 유추와 추론에 근거하면 못맞출것 없어

미래 예측 산업은 국익에 기여할 '슈퍼 콘텐츠'

주가 적중률 62%…서양 증시서도 경쟁력 자신

당시 '애퓨'의 모토는 '국부에 기여하는 수퍼 콘텐트의 개발'이었다. 그는 천성이 한곳에 머물지 못했던 것 같다. 그러나 어느 포지션을 구축하던 역술에 대한 관심과 애정이 지대했다. 이해에 그는 호랑이 등에 올라탄 듯 활발한 활동을 전개했다. 그는 당해에 언론에 가장 많이 히트된 저명한 인사이자 오피니언 리더로서의 확고한 입지를 구축해나갔다. 2002년 '애퓨'의 콘텐츠는 명리와 주식이 반반을 차지하고 있었다. 이 둘은 하나로 연계되기도 하고, 또는 독립적인 영역으로 분류되기도 했다. 2002년 한해에 이 대표가 각종 언론매체에 연재하는 칼럼이나 기고는 그 수를 다 헤아리기 어려울 만큼 다양했다. 대개의 문패가 '역술과 재테크' 내지 '상수역으로 보는 주가 전망'과 같은 콘텐트의 결합 주종을 이루었다.

역술로 주가예측 60% 적중률 이젠 세계로 수출해야죠

■애스크퓨처닷컴 이 수사장

대부분의 사람들에게 '미래'라는 것은 무척 중요한 화두다. 그래서일까. 예전부터 대기업 총수, 정치인은 물론 일반 서민들까지 많은 사람들이 힘들게 번 돈을 예측할 수 없는 미래를 알기 위해 '투자'해왔다. 국내에서만 개인의 길흉화복을 점쳐주는 시장이 연간 3조원에 달하는 것으로 추정된다.

"미래를 예측하는 것은 이제 일종의 산업입니다. 미래예측 산업은 서양에서만 수십억달러의 시장규모를 가졌어요. 앞으로 더욱 커질 겁니다. 미래예측 산업은 이미 한 개인의 미래를 알려주는 미시적인 차원에서 주식·유가·국가경영 등을 전망하는 거시적인 수준으로 산업화되고 있거든요"

애스크퓨처닷컴(www.askfuture.com) 이수 사장(37)은 "앞으로 거시적인 미래예측 산업이 유망산업이 되는 시대가 올 것"이라며 "이중 가장 막강한 슈퍼 콘텐츠는 동양역학"이라고 주장했다.

"서양에서는 일찌감치 점성술사들이 증권시장에 진출했어요. 미국의 유명한 점성술 펀드사인 애스트롤로저펀드(Astrologer Fund)는 5백만달러 가까이 운영자금으로 쓰고 있어요. 이들은 특히 1998년 유가폭락, 99년 유로화 하락 등 굵직한 미래 주요 경제 변화를 예측해 경이적인 수익률을 낸 것으로 알려졌습니다. 그런데 서양 점성술은 적중률이 20% 정도에 불과해요. 동양역학을 주식시장에 이용하면 훨씬 더 높은 적중률을 낼 수 있죠"

이사장은 일찍이 상수역학(象數易學)을 이용한 주가 예측법을 개발해 화제에 올랐던 인물. 그가 홈페이지와 온라인증권사이트 팍스넷 등을 통해 예측한 일일 주가등락은 평균 62.8%의 적중률을 보여 주목을 받고 있다.

"주가등락을 맞추겠다고 하자 '점쟁이가 애널리스트를 하려는 거냐'며 반발이 많았습니다. 제가 개발한 주가예측법은 60갑자로 반복되는 숫자의 논리를 근거로 해서 만든 예측 알고리듬을 통해 주가를 예측하는 거죠. 동양역학에서는 물상(物象) 전체가 낮밤이 변하는 것처럼 반복되거든요. 예컨대 매년 10월쯤이면 날씨가 쌀쌀하다는 것은 굳이 그때가 되지 않아도 알잖아요. 주가도 마찬가지죠. 10년치 간지와 월일을 분석했어요. 주식시장처럼 복잡하고 끊임없이 변하는 것을 예측하는 데는 역술이 제격이더라고요"

국내 최대의 온라인 운세포털사이트를 운영하는 이사장은 금융인 출신이다. 은행 외환딜러로 억대 연봉을 받는다고 언론에 소개되기도 했던 그는 양도성예금증서(CD)에 손을 대다가 96년 금융사고를 냈다. 한순간의 실수로 수십억원의 빚을 지게 된 것.

"내 인생이 왜 이리 꼬였나 알고 싶은 마음에 역술공부를 시작한 거죠"

이사장은 어느 정도 역술에 자신이 생기자 PC통신의 역술인동호회를 통해 '강호의 고수'들과 실력을 겨뤄봤다. 술사로서 자신감이 서자, 직접 인터넷 사이트를 만들었다. 그때가 2000년 6월. 역술 입문 자체가 '이단적'이었던 그는 인터넷을 통해 공개적으로 사주를 풀기 시작했다. 적중률도 다 공개했다.

"점이나 사주는 '맞으면 좋고, 틀리면 그만'이라는 기존 인식에 정면으로 반발한 거죠. 사주추명은 맞다, 틀리다가 명쾌하거든요. 틀린다면 실력 문제라고 생각했습니다"

이사장은 경제학도 출신답게 미래예측을 개인에만 한정하지 않고 범위를 넓히고 싶었다. 주식전망, 시사, 날씨, 스포츠 등 사회 전반에 대한 예측이 가능하다고 믿었기 때문이다. 우선 잘 안다고 생각한 주식시장에 눈을 돌렸다. 그 결과 내놓은 것이 상수역학을 이용한 주가예측법이었다.

그는 그동안 국내에서 60%대 적중률을 보인 이 주가등락 예측법을 갖고 해외시장의 문을 두드릴 예정이다. 동양역술을 무기로 삼아 세계 금융비즈니스의 중심지인 미국 월가 등을 상대로 도전장을 내민 셈이다.

"노무라증권이나 메릴린치 등에서 경제지표를 예측하는 보고서를 비싸게 팔잖아요. 그것도 일종의 미래 예측입니다. 그런데 경제현상은 갈수록 복잡다단해져 정확한 예측은 힘들어요. 이들이 발간한 보고서도 우수한 인재와 연구비를 쏟아붓고도 틀릴 때가 많지요. 그런데 역술을 이용하면 연구비용도 낮추고 적중률도 높일 수 있어요. 한마디로 돈 되는 슈퍼 콘텐츠죠. 오는 8월부터는 미국 다우존스 지수와 일본 닛케이 지수의 등락을 예측한 데일리 리포트를 현지에서 발행할 겁니다. 두고 보세요. 앞으로도 환율·금리·유가 예측 자료를 내서 역술이 미래 예측 산업의 핵심이 된다는 것을 입증할 겁니다"

글 김주현기자 amicus@kyunghyang.com
사진 정지윤기자 color@kyunghyang.com

東亞日報

The Dong-a Ilbo

2002년 5월29일 수요일

주가예측 능력 알아보니…

수학이나 역술이나 비슷비슷

미래에 대한 예측이 맞으면 과학이고 틀리면 미신이라는 말이 있다.

귀신도 알아맞히기 어렵다는 주가가 어떻게 될지에 대해 수학과 역술이 예측한다면 어느 쪽이 맞을까. 언뜻 보면 수학 쪽이 역술 쪽보다 훨씬 예측능력이 뛰어날 것으로 생각된다. 하지만 결과는 우열을 가리기 어려울 정도로 난형난제(難兄難弟)인 경우가 많다.

미국의 경제주간지 비즈니스위크는 최근 예일대학의 지우 첸 교수(금융)가 수학모델을 통해 주가를 예측한 결과 70%가량 맞혔다고 보도했다. 덕분에 첸 교수는 '저격수'라는 별명을 얻었다. 첸 교수의 주가예측방법은 각 종목의 실적과 이자율 변화 및 여러 가지 비합리적 가설을 포함해 개별 종목의 주가가 어떻게 될지 예측하는 기법.

첸 교수는 동료들과 함께 밸류엔진닷컴이란 회사를 만들어 6000개 종목의 주가전망을 금융상담사 헤지펀드매니저 기타 전문투자자 등 2만5000명에 제공하고 있다.

한국의 에스크퓨처닷컴(www.askfuture.com) 이수(李修·본명 이지승·37) 사장은 사주(四柱)를 풀 듯이 일진만으로 주가를 예측해 67%가량을 맞히고 있다고 주장하고 있다. 매년 7월이면 더워진다든지, 겨울철 오후 5시가 되면 어둑어둑해지는 것처럼 자연현상과 인생은 일정 기간을 두고 반복된다는 경험법칙에 따라 10간과 12지로 구성되는 60갑자로 주가를 예측할 수 있다는 것. 그는 작년 3월에 '주가, 예측할 수 있다'는 책에서 장이 열리는 날의 주가등락을 제시했는데 실제 주가움직임과 비교해본 결과 67%가량 맞았다.

이 사장은 골드만삭스증권과 DSK증권을 통해 8월부터 나스닥에 상장된 종목의 주가예측을 제공하는 방안을 추진 중이다.

수학이나 사주풀이 모두 그 뿌리는 통계분석. 주가예측을 둘러싼 수학과 역술의 경쟁은 앞으로도 계속될 것으로 예상된다.

홍찬선기자 hcs@donga.com

SCFM의 설립으로 역학 대 강좌 프로그램의 수익기반이 상실된 '애퓨'는 다양한 수익모델을 모색해나갔다. 본격적인 B2B 역술 컨설팅 분야를 개척하기 시작했다. 2002년 초반 업계의 화제는 동양오리온스 프로농구구단과 '애퓨'의 역술 컨설팅 계약 건이었다. 선수들의 매 일진을 체크한 리포트를 제공하는 형태의 컨설팅 사업은 누구도 생각지 못한 기발한 B2B 수익모델이었다. 다음으로 이어진 게 주가 예측 모델의 제공이다.

People

벤처 역술인 애스크퓨처닷컴 이수 사장

외환딜러에서 '첨단 점쟁이' 변신 주가지수도 역술로 예측

매일경제 2002년 3월 13일 수요일

농구팀 동양 占덕분에 우승?

신의수 기자

"전희철/일진양호/충분한 기량 발휘할 수 있음/주전 추천. 페리맨/승부에 약한 운/일단 식스맨으로 활용/교체투입 유효."

도대체 이게 뭘까. 만년 꼴찌의 설움을 벗고 인생역전의 신화를 이룬 프로농구의 동양이 게임 시작 전마다 받아보는 선수 개개인의 운세파일이다.

농구게임에 웬 운세(?).

더구나 철저히 실력으로 승부가 나는 프로의 냉혹한 세계에? 최근 인터넷 점집이 유행하면서 재미삼아 즐기던 운세 콘텐츠가 기업의 운세 전반을 조율하는 고급 컨설팅 콘텐츠로 변모하고 있다.

동양 역시 마찬가지. 동양은 운세포털사이트인 애스크퓨처닷컴(askfuture.com)과 올 초 제휴하고 게임 전마다 선수들의 일일 운세를 점검하는 정성을 들였다.

운세 콘텐츠 고급화 기업·연예인등 종합컨설팅 문의 늘어

컨디션 못지않게 선수 개개인의 일진 역시 중요하다는 판단에서다.

극비리에 진행되기는 했지만 애스크퓨처는 선수 개인별 운세에 따른 선수기용뿐만 아니라 상대팀 전체의 운기를 점검해 승부에서 이길 확률까지 서비스한 것으로 알려졌다.

승패예측 적중률은 80%를 훨씬 웃돌았다는 게 애스크퓨처측의 설명.

물론 운세콘텐츠가 동양의 우승에 어느 정도 기여했는지 수치로 데이터화하기는 힘들지만 철저히 실력으로 승부가 나는 프로스포츠 업계에 최초로 운세를 활용했다는 점에 의미를 둘 수 있다.

브랜딩 전문컨설팅업체인 메타커뮤니케이션스(metacomm.co.kr)는 최근 애스크퓨처와 제휴해 기업브랜딩은 물론 개인브랜딩 등 종합 브랜딩컨설팅 콘텐츠를 제공하는 서비스를 준비중이다.

서양적인 브랜딩컨설팅 개념에 동양적인 운명학을 접목해 상승효과를 도모한다는 전략이다.

최근 겨울연가로 인기 상한가를 기록중인 타로점으로 유명한 점술왕국(fortunekingdom.com)도 VIP코너를 따로 마련해 기업과 연예인 프로스포츠선수를 대상으로 한 업그레이드 운명서비스를 하고 있다.

이 해의 초반에는 또 하나의 이색적인 이벤트가 열렸다. 이른바 집단 공개추론의 장이다. 이 대표에게 직접 상담을 받기를 원하는 고객들을 모아 공개된 한 장소에서 과거, 현재, 미래를 짚어내는 이른바 진검승부의 장이 오프라인의 현장에서도 펼쳐졌다. 그가 시도하는 이벤트나 사업은 항상 참신했고, 뜨거운 호응을 가져왔다.

2002년 2월 26일 화요일

스포츠조선 SPECIAL 17

스페셜

국내 첫 '공개 운세 추론회'

내달 1-2일 아산 온양 그랜드호텔
참가자들 사주 즉석에서 결과분석

4명의 술사들이 참가자들의 운세를 공개적으로 추론해내는 역술 이벤트가 국내 처음으로 열린다.

애스크퓨처닷컴은 스포츠조선과 공동 기획한 '2002 역학 대강좌'의 3월 16일 개강을 앞두고 국내외 역술계의 관심을 모을만한 색다른 행사를 마련했다.

3월 1~2일 충남 아산시에 있는 온양 그랜드호텔에서 열리는 이번 공개 운세 추론회에는 애스크퓨처닷컴 이수 대표, 인터넷 사주의 귀재 세암 이낙준, 통변의 달인 임혁, 자미두수의 고수 김선호씨 등 국내 정상급 술사들이 나서서 동양 역학의 진면목을 발휘한다.

참가자의 사주(생년 월 일 시) 정보만 가지고 4명의 술사들이 그 사람의 과거 현재 미래를 명료하게 추론해 즉석에서 결과를 분석하는 것.

애스크퓨처닷컴 송은경 이사는 "인터넷 운세추론 4만건 돌파 기념으로 펼치는 이번 이벤트에선 참가자들이 4명의 술사들에게 비공개 단독 상담을 받을 수 있는 시간도 별도로 마련했다"고 설명했다.

참가비는 20만원(특급호텔 1박 숙박비와 아침·점심 식사비 포함). 선착순 60명 마감. 신청 문의 (02)790-4228

2002. 3. 11 월요일 스포츠조선 www.sportschosun.com

易學 '젊은 학도' 바람

'공개운명 추론 세미나' 참석사 90% 20~30대 집중

고시준비생-의사-대학생 등 뜨거운 열기
16일 스포츠조선 '2002 역학대강좌' 개강

2002년에는 SCFM을 모체로 한 다양한 형태의 역술 비즈니스가 펼쳐졌다. 역학 대 강좌 프로그램2회가 개최되었고, 해외 역술 기행이란 새로운 상품도 등장했다.

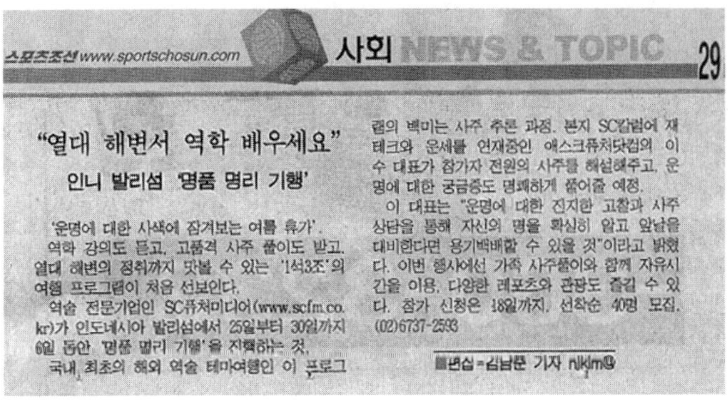

스포츠조선 www.sportschosun.com 사회 NEWS & TOPIC 29

"열대 해변서 역학 배우세요"

인니 발리섬 '명품 명리 기행'

'운명에 대한 사색에 잠겨보는 여름 휴가'.

역학 강의도 듣고, 고품격 사주 풀이도 받고, 열대 해변의 정취까지 맛볼 수 있는 '1석3조'의 여름 프로그램이 처음 선보인다.

역술 전문기업인 SC퓨처미디어(www.scfm.co.kr)가 인도네시아 발리섬에서 25일부터 30일까지 6일 동안 '명품 명리 기행'을 진행하는 것.

국내 최초의 해외 역술 테마여행인 이 프로그램의 백미는 사주 추론 과정. 본지 SC칼럼에 재테크와 운세를 연재중인 애스크퓨처닷컴의 이수 대표가 참가자 전원의 사주를 해설해주고, 운명에 대한 궁금증도 명쾌하게 풀어줄 예정.

이 대표는 "운명에 대한 진지한 고찰과 사주 상담을 통해 자신의 명을 확실히 알고 앞날을 대비한다면 용기백배할 수 있을 것"이라고 밝혔다. 이번 행사에선 가족 사주풀이와 함께 자유시간을 이용, 다양한 레포츠와 관광도 즐길 수 있다. 참가 신청은 18일까지. 선착순 40명 모집. (02)6737-2593

■변삼=김남문 기자 nkim@

원래 'SC퓨처미디어'는 '위클리포춘'이라는 운세 주간지를 만들 목적으로 세워진 회사다. 그런데 '굿데이'가 먼저 '굿데이365'라는 잡지를 창간했다. SCFM의 사업계획서를 '스포츠조선'에서 퇴직한 임원이 카피해서 만든 것이다. 까닭에 SCFM은 주로 역학 콘텐츠가 결합된 이벤트 위주의 행사를 주 수익모델로 삼았다. 이것은 결국 '애퓨' 고유의 수익을 잠식하는 결과를 낳았다. 이듬해 초 실행된 역학 대 강좌 프로그램도 마찬가지였다. 당시 '애퓨'의 본사는 여의도에서 한남동의 'UN빌리지'로 옮겨 자리 잡고 있을 때다. SCFM의 본사는 목동의 스포츠조선 본사 건물이었으므로 두 곳을 매일 번갈아 출근하는 이 대표의 일정은 빡빡하기 이를 데 없었을 것이다. 반짝이는 아이디어는 무궁무진했지만 시도해 볼 시간적 여유조차 없다고 실토했을 정도다. 바쁘다고 해서 무조건 좋은 게 아니다. 이때 '애퓨'의 수익모델을 확고히 다지지 못한 점은 후일 이 대표의 패착 중 하나로 지적되는 부분이다.

朝鮮日報

The Chosun Ilbo

사이버 점집도 기업화

점 닷컴 주식회사?

사이버회사가 역술인 고용
하루 매출 2000만원까지…
취업서 株價·油價 예측
입시시즌 맞아 月20% 성장

'역술(易術) 사업'이 기업화·대형화 바람을 타고 있다. 특히 경기침체·실업 등 사회 불안요인의 증가와 입시·취업시즌을 맞아 점(占) 시장이 사상 최대의 호황을 맞고 있다.

SK텔레콤 무선 인터넷 '네이트'(www.nate.com)에는 현재 22개 '점 회사'가 운세·해몽·성명학 등을 서비스하고 있다. 지난 10월에만 3억2000만원의 매출을 올렸으며, 입시·취업시즌을 맞아 매달 20%의 성장률을 보이고 있다.

김기미 대리는 "점집의 낡은 이미지를 벗고 신세대의 취향에 맞춘 서비스를 발굴했다"고 말했다.

수익모델 부재에 고심하고 있는 포털 사이트도 운세 덕을 톡톡히 보고 있다. '다음커뮤니케이션'(www.daum.net)은 운세 분야 하루 매출이 2000만원에 달하며, '프리챌'(www.freechal.com)은 매달 20%의 성장세를 보이고 있다.

인터넷으로 부적을 내려받아 인쇄하는 '사이버 부적', 만화 '주역(周易)'까지 등장했다. '사주닷컴'(www.sazoo.com)에는 25명의 역술인이 '사이버 입점'해 있다. 이 중 10여명이 20~30대 신세대 역술인이며, 이들의 1대 1 서비스는 1회 5만원의 복채에도 하루 50여건이 성사된다.

'역술의 산업화'를 주장하는 회사도 있다. 서울 여의도 증권가에 있는 '애스크퓨처닷컴'(www.askfuture.com)은 62명의 역술인이 주가(株價)·유가(油價) 예측 같은 경제영역까지 도전하고 있다.

이수(36) 사장은 "온·오프라인을 합치면 국내 역술 시장은 1조원에 달한다"고 말했다. 그러나 역술인 노해정(34)씨는 "역학(易學)에 대한 과학적 이해 없이 상업주의로 빠질 위험도 있다"고 지적했다.

/鄭佑相기자 imagine@chosun.com

어쨌든 2001년에 이어 실행된 제 2회 역학 대 강좌 프로그램은 예정대로 잘 진행됐다. 당시로는 가장 권위 있고 공식적인 역학 강의의 통로가 '스포츠조선'의 역학 강좌였다.

30판 www.sportschosun.com

스페셜

2002년 2월 26일 화요일

스포츠조선 SPECIAL 17

"부채도사는 이제 옛말"

젊은 '인생 카운슬러'가 뜬다

SC FUTURE MEDIA '2002 역학 大 강좌' 포럼

역학붐

◇'2002 역학 대강좌'가 3월16일부터 스포츠조선 사옥에서 열린다. 사진은 지난 21일 서울 신라호텔에서 열렸던 역학 대강좌 워크샵의 모습.

스포츠조선-애스크퓨처닷컴 공동기획

3월 16일~6월 7일 '2002 역학대강좌'

18명 최고의 강사진 … 온-오프라인 입체 강의

미래예측 산업으로 인식전환 전문 역술인 양성

인터넷과 결합 유망직종으로 급부상

◇강좌 및 강사진

<강병원 기자 hospital@>

이 대표는 2001년부터 직계 문하를 배출하기 시작했다. 그것이 오늘날 사계 최대 문파인 이수학파의 시초가 됐다. 2005년까지 10회에 이르는 이수문파 문제자들을 양성했다. 2002년에는 전년에 수업을 받은 문하들이 역

학계에 정식으로 데뷔하는 러시를 이루며 초기 이수 사단을 형성했다. 초기의 제자들은 주로 일간지에 오늘의 운세를 연재하며 현업에 데뷔했다.

뉴스-화제

스포츠조선 www.sportschosun.com NEWS & TOPIC 33

CEO 겸임 역술인-미녀 꿈풀이전문가

역술계 예비스타 탄생

건설사운영 **온종훈씨**

강좌 수료후 역술로 본업

'CEO 겸임 역술인' '미녀 꿈풀이 전문가' 등 '2001 역학대강좌' 수강생 중에서 역술계 '예비스타'들이 뜨고 있다.

지난해 스포츠조선과 에스크퓨처닷컴이 공동 주관했던 '2001 역학대강좌'를 들었던 수강생은 130여명. 이 중에는 역학에 대한 기초 지식이 별로 없었던 20대 고시 준비생에서부터 전문직 종사자, 50대 명예 퇴직자 등 초보 입문자들의 숫자도 만만찮았다.

전북 전주에서 중견 건설회사를 운영하고 있는 온종훈씨(37)는 2001 역학대강좌를 수료하고 난 뒤부터 본업(건설)과 부업(역술)의 비중이 뒤바뀐 케이스.

기자 출신으로 94년부터 건설회사를 운영해왔던 그가 역학대강좌를 듣게 된 이유는 잘나가던 사업이 2001년 초반부터 부진해졌기 때문.

역학대강좌를 3개월쯤 들은 후, 그는 예서 배운 성패론을 '임상 실험'해보고 싶어서 친지들을 찾아다니며 미래를 예측해주기 시작했다.

두달 뒤부터 '용하다'는 소문이 퍼지기 시작했고, 역학대강좌 수료 직후인 지난해 12월엔 전주 시내 기린오피스텔 1102호에다 상담 사무실까지 냈다.

2002 역술대강좌 16일 개강

오는 6월 꿈풀이 책인 '해몽대전집'(동학사)을 펴내는 선재씨(필명·여·32)도 재미있는 배경을 지닌 예비 역술인.

미인대회에 나갔을 정도로 빼어난 미모를 자랑하는 그녀는 동국대학원 사회복지학과를 수료한 후 여러 계통에서 일을 하다가 지난해부터 역학대강좌와 개별 수업을 통해 명리를 배우고 있다.

그녀는 명리학은 역학 공부의 기본이기 때문에, 굳이 '업'으로 삼지 않더라도 누구나 배워두면 유용하게 일상생활에서도 활용할 수 있다고 강조했다.

선재씨는 올 여름쯤 서울 압구정동에서 고품격 사주 카페를 차릴 예정이다.

올해도 이같은 역술계의 예비 스타를 배출하기 위해 스포츠조선과 에스크퓨처닷컴은 '2002 역술대강좌'를 오는 16일부터 개강한다.

3개월 48시간이란 짧은 과정이지만 이름난 강사들의 프리미엄 강의로 학습 효율을 높일 수 있으며, 우수 수강자를 위한 온-오프라인 활동 지원 프로그램도 운용하고 있다. 수강신청 문의 (02)3219-8421~2.

<강병원 기자 hospital@>

미인대회출신 **선 재씨**

명리 배우고 사주카페 오픈

그는 제자들의 진로에 대한 배려를 아끼지 않았다. 2002년 한해 그가 얼마나 분주했는지 짐작이 가고도 남는 대목이다.

뉴스-화제

스포츠조선 www.sportschosun.com NEWS & TOPIC 29

하루를 정확히 예측하는 '운세 예보'

5개 테마로 구성…남녀 구분 큰 차이점

오늘부터 본지 '지수의…' 연재 역술인 지수씨

"오늘의 음양 운세가 단순히 흥미거리가 아닌, 하루를 예측하는 '운세 예보'가 될 수 있도록 최선을 다할 참입니다."

20일부터 본지에 '지수의 음양 운세'를 연재하는 역술인 지수씨(38·본명 송은경)의 남다른 각오다 <음양운세 27면>

오늘의 음양 운세는 종래의 운세 형식과는 달리 남녀를 구분한 것이 큰 차이점. 남자와 여자는 기본적으로 운의 흐름을 달리하고 있다는 게 지수씨의 설명이다.

예를 들어 여자에게 금전이 생기는 운세는 남자에게는 이성의 유혹이 따르는 운세라는 것. 따라서 남자와 여자의 운세를 뭉뚱그려 표현하지 않고 구분하면 더 정확한 운세를 볼 수 있다는 것이다.

오늘의 음양 운세는 또 건강, 사랑, 금전, 기분 등의 5개 테마로 나뉘 각각 대길, 길함, 무난, 불리의 4단계로 길흉을 설정해 한눈에 쉽게 알아볼 수 있도록 했다.

매 일진 중 띠별로 자신에게 맞는 방향을 제시해 생활속에서 나쁜 일을 피하고 좋은 일을 성취할 수 있도록 한 것도 특징.

"현재 각 신문에 연재되고 있는 오늘의 운세는 내용이 단조롭고 반복되는 경향이 없지 않습니다. 하지만 스포츠조선에 연재하는 오늘의 음양 운세는 정확하면서도 항상 새롭고 아기자기하게 구성해 독자들의 눈길을 끌 생각입니다."

지수씨는 국내 유명 역술인 62명이 참가하고 있는 '대한민국 대표 운세 사이트' 에스크퓨처닷컴(www.askfuture.com)의 필진 중 한명으로, 사주(四柱)에 능통한 역술인이다.

<강병원 기자 hospital@>

이후에도 제자들이 현업으로 들어서기 전에는 '애퓨'를 통해 전격적인 지원을 아끼지 않았다. 당시 이수문파의 일원이 아닌 사람들에겐 부러움과 선망의 대상이기도 했다. 오죽하면 직접 사사師事를 받은 적이 없는 이들조차 이수문파를 자처하는 부류들이 생겨났을 정도다.

www.sportschosun.com 50판

"맞춤운세로 생활의 활력 주고파"

오늘부터 '…오행운세' 본지 연재 박계현씨

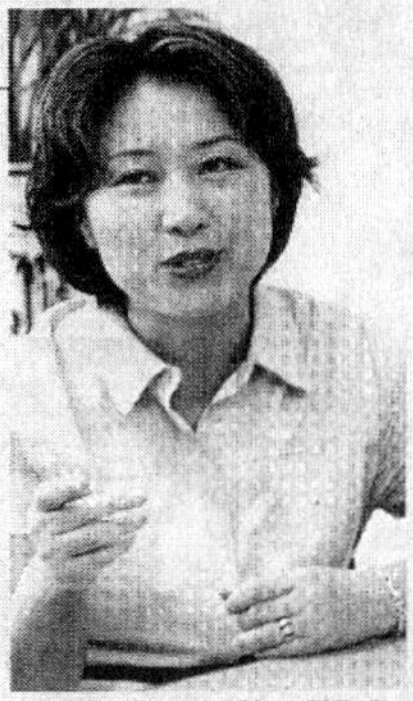

◇본지의 '리마의 오행운세' 연재를 맡은 여성 역술인 박계현씨. <최완규 기자 domonico@>

"아침에 일어나면 오늘 날씨가 어떨지 일기예보에 관심을 갖는 사람이 많아요. 오늘의 운세는 일종의 '운세예보'인 셈이지요. 하루의 운세를 정확히 예측해 생활의 나침반으로 삼을 수 있도록 하겠습니다."

본지에 7월1일자부터 '리마의 오행운세'를 연재하는 박계현씨(44)는 "가급적 많은 사람들에게 희망적인 메시지를 전달해 즐거움과 행운을 선사하고 싶다"면서 "하지만 삼가야 할 일에 대해서는 미리 조심하도록 조언도 아끼지 않을 생각"이라고 말했다.

특히 박씨는 독자의 연령과 취향을 고려한 '맞춤 운세'로 독자들의 호응을 끌어낸다는 각오다.

20대 대학생, 30대 직장인, 40~50대 중년 가장 등 연령에 따라 독자들이 가장 궁금해하고 관심이 많은 분야에 대해 피부에 와 닿는 정확한 예측으로 생활에 활력을 불어 넣어줄 생각이란다.

그녀의 필명인 리마는 뜻밖에도 페루의 수도 이름. "학창시절 책에서 읽은 페루의 역사와 유적 등이 너무 인상 깊어 자신의 필명으로 사용하게 됐다"는 설명이다.

박씨는 역학에 입문하기 전 홍익대 미대 디자인학과를 졸업하고 디자인 계통의 직장에 근무한

디자인 전공 역학 접목
독자 연령-취향등 고려
'하루의 나침반' 서비스

적이 있는 이색 경력의 소유자.

그녀는 자신의 전공을 역학에 접목, 사주를 그림 형태로 풀이하는 물형법(物形法)으로 역학계에 관심을 모으고 있는 여성 역술인이기도 하다.

지난 99년 역학계에 입문한 뒤 운세포털사이트인 애스크퓨처닷컴(www.askfuture.com)에서 오늘의 운세 및 사주 칼럼을 담당했으며 깊이있는 역학 공부를 위해 애스크퓨처닷컴과 본지가 공동으로 주최한 제1기 역학대강좌를 수료, 짧은 경력에도 불구하고 실력있는 역술인으로 평가받고 있다.

<강병원 기자 hospital@>

아래사진교체했습니다.

'춤추던 그녀'가 인생 조언 새삶

본지 일일운세 '행운의 프리즘' 역술인 최윤정씨

"무대에서 관객을 휘어잡았듯 스포츠조선 독자 여러분도 사로잡겠습니다."

[illegible] 일일운세 '[illegible] 행운 프리즘'의 [illegible] 역술가 최윤정씨(31).

[illegible] 한국무용가 [illegible]의 제자로 무대 활동을 했다.

그런 그녀가 역술에 빠지게 된 건 [illegible]

이수씨(애스크퓨처닷컴 대표)의 [illegible]

"무용도 [illegible] 있어야 하는 만큼 사람의 인생과 역학에 관심이 있었다"는 그녀.

[illegible] 독자들의 [illegible] 기분좋게 [illegible] 그날 조심해야할 것은 [illegible] 말했다.

"사람들의 어려움을 미리 예방 차원에서 알려주는 것도 보람있는 일이라고 생각합니다."

[illegible] 사람들을 만날 때마다 그의 [illegible] 사주명식 [illegible] 그는 사주명식에서 그 사람의 모든 것을 다 알수 있을 때 큰 보람을 느낀다고 말한다.

"친구들이 [illegible] 지금도 주위에선 무용을 다시 하라고 권합니다. 하지만 이제는 이쪽 전문가로 우뚝 서야죠."

그녀가 [illegible] 기대해본다. <이[illegible] 기자 [illegible]>

무용 포기하고 새삶…전문가로 우뚝

당연한 얘기지만, 이때까지는 근래와 같은 왕성한 저술 활동이 없었다. 그러나 '애퓨'의 학술 토론 창이나 자료 게시판에는 변함없이 적극적인 참여와 지원이 있었다. '적천수써머리' 이후 개선된 '십간론'의 정리와 '난강망 노트' 그리고 '팽도인'이란 필명으로 게시되는 반짝이는 실전 비결들이 동호인들의 높은 인기를 샀다. 특히 '이수서신'으로 등록되는 그의 글은 순식간에 1만회 이상의 클릭 수를 나타내며 보통 2-3만회의 조회 수를 기록했다. 이른바 이수마니아라 불리는 이들의 층이 시간이 갈수록 두터워졌다.

이수 대표는 이 땅에 역술 기업을 세워 주류권의 궤도에 올린 최초의 인물로 평가되고 있다. 예나 지금이나 그러한 역사가 없었기 때문이다. 문제는 방향성에 있었다. 기업 경영 활동에만 전념하기에는 스타 술사 개인으로서의 자질과 상품 가치가 너무 컸다. 게다가 그가 공개적으로 예언한 크고 작은 일들이 현실이 되면서 한 우물을 팔 타이밍을 포착하기가 쉽지 않았을 듯싶다.

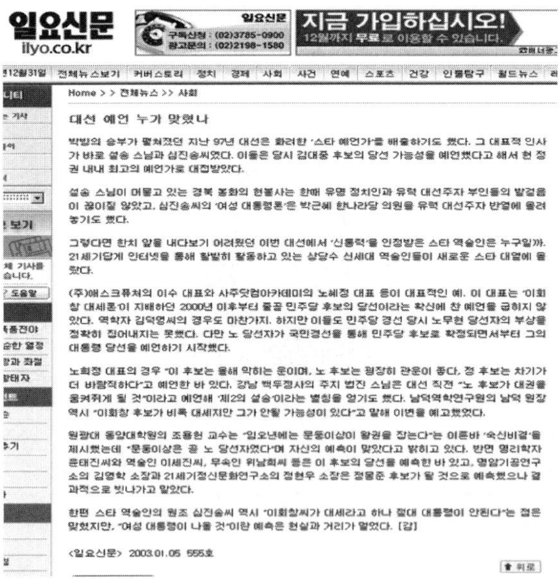

일요신문
ilyo.co.kr

일요신문 구독신청 : (02)3785-0900 광고문의 : (02)2198-1580

지금 가입하십시오! 12월까지 무료로 이용할 수 있습니다.

전체뉴스보기 | 커버스토리 | 정치 | 경제 | 사회 | 사건 | 연예 | 스포츠 | 건강 | 인물탐구 | 월드뉴스

Home > > 전체뉴스 >> 사회

대선 예언 누가 맞혔나

박빙의 승부가 펼쳐졌던 지난 97년 대선은 화려한 '스타 예언가'를 배출하기도 했다. 그 대표적 인사가 바로 설송 스님과 심진송씨였다. 이들은 당시 김대중 후보의 당선 가능성을 예언했다고 해서 현 정권 내내 최고의 예언가로 대접받았다.

설송 스님이 머물고 있는 경북 봉화의 현불사는 한때 유명 정치인과 유력 대선주자 부인들의 발걸음이 끊이질 않았고, 심진송씨의 '여성 대통령론'은 박근혜 한나라당 의원을 유력 대선주자 반열에 올려놓기도 했다.

그렇다면 한치 앞을 내다보기 어려웠던 이번 대선에서 '신통력'을 인정받은 스타 역술인은 누구일까. 21세기답게 인터넷을 통해 활발히 활동하고 있는 상당수 신세대 역술인들이 새로운 스타 대열에 올랐다.

(주)애스크퓨처의 이수 대표와 사주닷컴아카데미의 노해정 대표 등이 대표적인 예. 이 대표는 '이회창 대세론'이 지배하던 2000년 이후부터 줄곧 민주당 후보의 당선이라는 확신에 찬 예언을 굽히지 않았다. 역학자 김덕영씨의 경우도 마찬가지. 하지만 이들도 민주당 경선 당시 노무현 당선자의 부상을 정확히 짚어내지는 못했다. 다만 노 당선자가 국민경선을 통해 민주당 후보로 확정되면서부터 그의 대통령 당선을 예언하기 시작했다.

노해정 대표의 경우 "이 후보는 올해 악하는 운이며, 노 후보는 굉장히 관운이 좋다. 정 후보는 차기가 더 바람직하다"고 예언한 바 있다. 강남 백두정사의 주지 법진 스님은 대선 직전 "노 후보가 대권을 움켜쥐게 될 것"이라고 예언해 '제2의 설송'이라는 별칭을 얻기도 했다. 남덕역학연구원의 남덕 원장 역시 "이회창 후보가 비록 대세지만 그가 안될 가능성이 있다"고 말해 이변을 예고했었다.

원광대 동양대학원의 조용헌 교수는 "임오년에는 운동이상이 왕권을 잡는다"는 이른바 '숙신비결'을 제시했는데 "운동이상은 곧 노 당선자였다"며 자신의 예측이 맞았다고 밝히고 있다. 반면 명리학자 윤태진씨와 역술인 이세진씨, 무속인 위남희씨 등은 이 후보의 당선을 예측한 바 있고, 명암기공연구소의 김영학 소장과 21세기정신문화연구소의 정현우 소장은 정몽준 후보가 될 것으로 예측했으나 결과적으로 빗나가고 말았다.

한편 스타 역술인의 원조 심진송씨 역시 "이회창씨가 대세라고 하나 절대 대통령이 안된다"는 점은 맞혔지만, "여성 대통령이 나올 것"이란 예측은 현실과 거리가 멀었다. [감]

<일요신문> 2003.01.05 555호

급기야 2002년 말에는 노 대통령이 당선되며 세칭 잘 나간다는 역술인으로서만 규정되기도 했다. 당시 뉴욕시장 선거에 출마 한 블룸버그도 그에게 사주추명을 의뢰했을 정도였다.

2002년 12월 24일 화요일 46판 일간스포츠

29 사회 www.dailysports.co.kr

민주당 재집권 족집게 예측

애스크퓨처 닷컴 운영 이수씨 '신점'

한치 앞을 내다볼 수 없는 혼란스러운 대선 레이스가 펼쳐지던 지난달 16일 본지는 5명의 역술인으로부터 유력한 대권 주자 3명의 대선운을 바탕으로 최후의 승자를 점쳐 봤다. 당시의 판세는 이회창 한나라당 후보가 지지율 1위를 달리며 '창 대세론'을 확산시켜가는 중이었으며, 노무현 민주당 후보와 정몽준 국민통합 21 후보가 단일화를 놓고 팽팽한 줄다리기를 벌이고 있었다.

결과적으로 불확실한 미래를

민주당 재집권을 정확히 예측한 이수 애스크퓨처닷컴 대표.

6년간 외환딜러 경력 사주로 주식투자

정확히 예측한 '신점'은 이수 씨. 애스크퓨처닷컴(www.askfuture.com)을 운영하는 이 씨는 사주로 주식 투자를 예측하며, 주택은행에서 6년간 외환 딜러로 일한 독특한 경력의 소유자다. 이 씨는 "집권당의 후보가 누가 되는 것과 상관없이 민주당이 정권 재창출에 성공할 것"이라고 정확히 예언했다.

이 씨는 120년 전 임오군란 결과를 16대 대선에 변환 적용한 '체용론'을 미래를 예측하는 수단으로 삼았다. "임오군란은 결과적으로 체용(體用)이 바뀌지 않았다. 체(體)가 집권자이고 용(用)은 이를 바꾸려는 사람인데 임오군란 당시 체는 명성황후와 고종이었고, 용은 대원군에 해당된다. 사건 초기 대원군이 우세한 듯했으나 결국 명성황후가 우여곡절 끝에 복귀했다. 올해도 임오년이기 때문에 체용이 바뀌지는 않을 것이다"고 말했다. 이 씨만이 민주당의 재집권을 확신했다.

기 전문가인 명암 김영학 씨(명암기공연구소)는 정몽준 대표를 유력한 대권 후보로 꼽았다. 결과는 틀렸지만 대선 레이스 막판에 끼친 영향을 고려하면 영 틀린 예측만은 아닌 듯싶다.

역술가 남덕 씨(남덕역학원구원)는 이 후보의 당선이 유력한 시점에서 이번 대선은 끝까지 가 보지 않으면 예측하기 어렵다고 말해 막판 뒤집기를 예고했다.

명리학자 윤태현 씨와 사주를 방정식으로 풀어온 이세진 씨는 이 후보의 당선을 예측했지만 빗나가고 말았다. 하지만 두 사람은 모두 정 후보의 중도 탈락을 예상했다.

/김정민 기자 kjm@

2003년

실용 사주학 大 강좌 프로그램 실행

다사다난했던 壬午年 한해가 지나고, 癸未年의 아침이 밝았다. 여느 때와 마찬가지로 새해에는 이수 대표의 신년 기고문으로 시작된다.

WEDNESDAY, JANUARY 1, 2003 NEW YEARPECIAL THE KOREA TIMES 13

Fortuneteller Predicts NationaDestiny for Upcoming Year

서울경제 증권 2003. 1. 1. 수 25

올해도 국운이 융성하고 주가 대망의 1,000 넘는다

대세흐름 읽어 행운이 넘쳐나

꼭 기회오니 관리능력 길러야

흘린 기대말고 짧게 끊어쳐라

임기응변 능력 뛰어나 큰성과

새살이 돋아날때까지 쉬어라

터널의 끝 보이니 희망 가져라

원칙대로 하면 후회없는 결과

실력 갈고닦아 후일 대비해야

직관버리고 한번 더 생각하라

무리한 투자는 확실하게 손해

유통·서비스업 종사자는 대길

금전융통 원활 사는보람 만끽

희망을 담는 밝은 메시지도 잊지 않았다. 그는 예측의 적중률에 역학계 미래의 성패가 달렸다고 생각한 인사지만, 밝은 미래를 예언하는 덕담이나 가벼운 일상을 터치하는 오늘의 운세 같은 엔터테인먼트 적인 기능도 중시했다.

스포츠조선 www.sportschosun.com 만화 - 칼럼 23

SC 칼럼 이수의

재테크와 역술

투자 성패에도 '인과법' 존재

"안전하고 투자 수익도 높은 상품이나 투자처 없을까요?"

많은 사람들이 내게 물어본다. 하지만 이런 생각은 당장 버리는 것이 현명하다.

투자에서 수익률과 위험 부담은 정비례한다. 위험하면 기회가 더 많이 찾아오지만 하루 아침에 전 재산을 날릴 수도 있다.

금융 상품 역시 예외가 아니다. 수익이나 위험부담 중 하나를 선택할 수밖에 없다. 고리대금업자도 망하는 법이다. 투자한 비용에 터무니없이 큰 이자를 붙여 채무자에게 고통을 주다가도 결국은 채권을 회수하지 못해 주저앉는 일이 허다하다. 높은 이자를 붙이면 회수 가능성이 그만큼 줄어드는 이치인 셈이다.

성공한 사채업자들을 보면 열이면 열 모두 검소하기 짝이 없으며 분산투자의 귀재들이다. 상대의 신용이 아무리 좋아도 일정기간이 지나면 자금을 절대 융통해 주지 않는다. 쉽게 돈을 벌 유혹을 스스로 물리치는 것이다. 주식투자를 들여다보면 더욱 실감나는 이야기가 나온다. 주식으로 성공한 사람들의 과거는 드라마틱한 경우가 많다.

한마디로 톡톡히 수업료를 치르지 않는 한 큰 성공을 거두기란 요원한 일. 따라서 운 좋게 큰 투자 성과를 실현했다면 가진 것을 지키는 데 충실할 필요가 있다. 그것을 자신의 재능만으로 얻었다고 여긴다면 후에 큰 화(禍)가 미칠 수도 있음을 알아야 한다. 실제 그런 일을 주변에서 많이 보아 오질 않았는가. 세상 모든 일에 공짜 점심은 없는 법이다.

동양의 운명학술은 개인의 흥망성쇠를 모두 운의 흐름으로 가늠하고 추론하지만 여기에도 뿌린 만큼 거둔다는 인과법(因果法)은 엄연히 존재한다. 지난 시기의 치열한 학습 과정이 없었다면 좋은 성적을 내기란 불가능한 일이다. 그렇다면 노력하면 다 잘 된다는 말인가. 운명학술은 그것을 운(運)의 흐름으로 정의하고 있다. 즉 운이 와야만 더욱 분발하게 된다는 것이다. 학습의지나 동기부여 역시 운에 달려 있다. 운이 없으면 일체의 노력이나 향상심(向上心)이 생기지 않는다. 분발심이 일어나도 곧 사그라지는 용두사미격이 되어 성과를 나타내지 못한다.

사주학의 세계에서도, 그저 입만 벌리고 있으면 감나무에서 감이 떨어지는 일은 없다는 것을 분명히 하고 있다.

손해본 투자자라면 지난 손실분을 수업료로 치자. 그리고 지난 과거 투자 패턴의 문제점을 스스로 진단하여야 한다. 그저 막연히 이제는 운이 좀 나아지려니 한다면 그것은 오산이다. 제대로 시간을 투자하고 공부할 생각을 갖자. 그것은 일종의 분발심이다. 그리고 그러한 분발심이 용두사미로 끝나지 않도록 인내하고 꾸준히 나아가야 한다. 지금 같은 약세장에서는 무슨 일이 있더라도 살아남아야 한다. 대책 없이 요행을 바라는 형태로 힘을 다 소모하는 우(愚)를 범해선 안된다.

이미 언급했지만 약세장에서는 강세장이 아니라 보합장으로만 터닝해도 한 번은 크게 먹을 기회가 있다. 따라서 최소한의 마지막 힘은 비축해두어야 한다. 기관의 소극적 매매 행위나 외국인의 매도세에 휘둘린다고 해서 그들을 비난하고 원망하는 건, 스스로 자신의 운기를 깎아 내리는 일이다.

약세장에서도 꾸준히 수익을 내는 냉철한 투자자들이 스스로를 쉽게 드러내고 타인을 원망하는 사례를 보았는가. 명(命)을 안다는 것이 무엇인가. 지명(知命)이다. 지명이면 적어도 위로는 하늘을, 아래로는 타인을 원망하지 않는 법이다. 세상에 공짜 점심은 없다. 투자의 모든 책임은 전적으로 자신에게 있다. 더하여 겸양의 미덕이 최상의 처세이듯, 혹시 큰 투자 성과를 보았다 해서 스스로의 재능을 자만하거나 교만함을 드러내는 일은 절대로 삼가야 한다. 스스로의 운기를 깎아 내리는 우는 범하지 말아야 한다.

그리고 과거의 우울한 기억은 향후 기쁨으로 보상되는 비용으로 보면 될 것이다. 이를 운명학술에서는 '운명의 기회비용(opportunity cost of fate)'을 치르는 것으로 간주하고 있는데, 이는 '고통이 큰 만큼 큰 보상이 주어지는 것이 인생'이란 얘기다.

문제는 이런 보상을 어떻게 운용하고 스스로 지켜나가느냐는 것이다. 그리고 하늘이 인간에게 이 같은 보상의 기회조차 주지 않은 사례는 결코 없다는 걸 명심하자.

<애스크퓨처닷컴(www.askfuture.com) 대표>

이 대표는 방송 출연 시 생방송만을 고집한다거나, 라이브로 시청자의 사주를 받아 즉석에서 주식 매수, 매도를 예측하는 실력으로 폭발적인 반응을 불러왔다. 뜬구름 잡기 식의 예측이 아닌 예스와 노가 딱 부러지는, 그리고 긴밀한 과거사를 현장에서 단박에 짚어내는 실력으로 '뜬' 사람이다. '맞으

면 과학이고, 틀리면 미신'이라는 제로섬 게임을 선택한 그다. 그런 명쾌함이 그가 주목받는 가장 큰 이유였고, 또 자연스레 느껴지는 일종의 사명감이 동호인들의 지지를 받았다.

IT World 2002년 5월 15일 수요일 매일경제 www.mk.co.kr

이수 팍스넷 선물옵션 이색필진 등장

六十甲子로 선물옵션 맞힌다

개미군단이라면 누구나 알고 있는 증권정보 전문사이트 팍스넷(www.paxnet.co.kr). 최근 선물옵션 전문가분석실에 이색 경력의 필진 한 명이 등장해 화제다.

주식보다 세 배로 어렵다는 선물옵션. 오직 신(神)만이 흐름을 안다는 주식시장에서 동양학으로 거시적 주가예측에 도전한 전문가는 이수 애스크퓨처닷컴(www.askfuture.com) 대표다.

선물옵션은 주식과 다르다. 상·하한 제한이 없어 순간적인 주문 실수로 일순간에 '쪽박'과 '대박'이 교차하는 철저한 약육강식의 시장. 팍스넷의 게시판이 공개환경인 만큼 예측이 빗나가면 비난은 고스란히 필진에게 돌아간다.

이수 대표는 일체의 직관이나 감각을 배제한 채 오직 육십갑자의 흐름으로 선물옵션의 등락 사항을 예측하고 있다.

지난 4월 8일부터 4월 26일까지 총 14일 거래일 동안 적중률은 놀라울 정도. 전체 14일 중에서 4일만 빗나갔을 뿐 나머지 10일이 예측과 일치한 것으로 나타났다. 특히 4월은 전문가들의 예측이 번번이 빗나갈 정도로 주가 급등락이 심했던 달.

일진별 통계에 상수역학 결합 14일중 10일 예측적중

투자자들에게는 4월이 '잔인한 달'로 남아 있어 이 같은 적중률은 더욱 관심을 끈다.

이는 전문 애널리스트들도 혀를 내두를 만한 예측이라는 게 팍스넷 게시판에 올라온 투자자들의 설명이다.

이수 대표는 "주식시장의 일진별 기록을 토대로 한 통계적 접근과 상수역학을 결합해 예측 알고리즘을 만들어냈다"며 "네티즌들이 찬반 양쪽으로 극명하게 갈라져 있지만 반응은 놀라울 정도로 뜨겁다"고 말했다.

실제로 '이수(李修)'라는 필명으로 올린 분석글은 다른 선물옵션 전문가들의 글보다 조회건수가 3~6배 이상 많다.

현재 미국에서는 온라인상에서 운영되는 점성술펀드만 수십 곳에 달한다. 가장 유명한 애스트롤로저 펀드(Astologer Fund)는 500만달러 정도를 운영하고 있다.

98년의 유가폭락과 함께 98년 한국시장의 붕괴를 예측했으며 99년 유로화 하락도 전망해 네티즌들의 관심을 모은 바 있다.

신익수기자 soo@mk.co.kr

그래도 그는 본연의 따뜻한 감성을 숨길 수 없었다. 거시적인 분야에서 차갑고 단호한 예언보다는 밝고 희망 섞인 미래를 말하는 것을 선호했다. 그는 예측이 빗나가면 '애퓨'를 통해 공개적으로 자신의 자질 부족을 사과했다. 한번은 월드컵 16강 탈락을 예측했다가 4강에 진입하는 바람에 망신을 사기도 했다. 오류를 인정하는 그의 진솔한 태도 앞에 누구도 더 이상의 비난을 하지 않았다. 오히려 성원과 격려가 쇄도하는 바람에 인기와 명성은 높아져 더 갔다.

2003 · 1.7(신년호) ECONOMIST

이색전망

"火기운으로 IT 활성화 꾀할 것"

역학자 3인에게 물어본 노무현 당선자와 IT산업 찰떡궁합

2003년은 육십갑자의 스무해째인 계미년(癸未年). '순함'으로 상징되는 양띠해를 역학자들은 어떻게 보고 있을까? 이코노미스트는 인터넷 운세 사이트 중 현재 네티즌들에게 인지도가 높은 사주닷컴(노해정 사주아카데미 대표 · sazoo.com), 에스크퓨처(이수 대표 · askfuture.com), 도통(강현무 대표 · dotong.com)에서 대표이사를 맡고 있는 세 역학자들에게 노무현 당선자와 IT 분야의 궁합을 물었다. 이들 역학자들은 IT경기가 올 하반기부터 숨통이 트일 것으로 내다봤다.

서광원 이코노미스트 객원기자

▶이수 대표=노당선자는 관(官)에서의 성취 운이 좋고 화(火)의 기운이 상당히 강한 사주인데, IT 분야 또한 오행으로 볼 때 화(火)에 해당된다. 하지만 노당선자의 화 기운이 워낙 강한데다 긍정적인 화이기 때문에 강한 불이 약한 불을 이끌 듯 IT분야를 잘 리드할 것이다. IT 분야는 1분기부터 활기가 살아나 하반기에는 숨통이 트이는 기조를 보일 것이다.

▶노해정 대표=노당선자의 사주는 대립과 경쟁의 기질이 강하고 원리원칙을 중시하는 사주여서, IT 분야에 대한 정책도 주가를 인위적으로 띄운다든지 하는 즉흥적 정책보다 원리원칙에 입각해 경쟁을 유도하는 방향으로 갈 것이다. 즉, 각개 기업을 살리는 것보다 국가 전체적인 시각에서 옳은 방향으로 경쟁을 유도한다는 것이다. 2003년은 형세를 관망하겠지만 2004년부터는 이 같은 정책을 표면화시킬 것이다. 내년 하반기부터 IT기업에 햇볕이 드는 것은 분명해 보인다. 특히 이동성이 강한 모바일 분야에 호운(好運)이 지속되겠다.

▶강현무 대표=사회적으로 빈부격차의 문제가 확산되고 벤처 업계에서도 이 같은 형세가 빈익빈 부익부 현상으로 심화될 것이다. 노당선자는 정신적인 화합을 중시하는 사주여서 IT업계에 대한 눈에 보이는 행동은 두드러질 것 같지 않다. 있다 하더라도 결과를 쉽게 얻기는 힘들다.

2003년 3월에는 대만의 '무릉출판유한공사'에서 '적천수써머리'의 중국어판이 현지에서 출간됐다. 이것은 역학계 내부에서 실로 큰 사건이자, 경사로 받아들여졌다. 동양 사상철학 계 전체를 통틀어 외국인으로는 두 번째, 한국인으로는 사상 최초로 본토에 저술이 출간된 것이다. 대만에서 '적천수적요'가 발간된 지 한 달 정도가 지날 무렵 '연합통신'이 이 사실을 최초로 보도했다. 역학계로서는 빅뉴스가 아닐 수 없었다. 곧이어 각종 매체가 '적천수적요'의 출판 소식을 실었다. 일반 대중들은 특별한 뉴스로 받아들이기 어렵지만, 필자와 같은 동호인들 사이에는 대단한 화제였다.

역술인 이수씨, 대만에서 전문서 출간

(서울=연합뉴스) 김은주 기자 = 한국 역술인이 대만에서 역술 전문서를 최초로 출간했다.

역학전문 출판사인 대만의 무릉출판유한공사(武陵出版有限公司)는 최근 국내 인터넷 운세 애스크퓨처닷컴(www.askfuture.com) 이 수(李 修·37) 대표의 사주명리전문서를 펴냈다.

역술인 이수씨, 대만에서 전문서 출간

대만의 역학전문 출판사인 무릉출판유한공사(武陵出版有限公司)에서 펴낸 국내 인터넷 운세 애스크퓨처닷컴(www.askfuture.com) 이 수(李 修·37) 대표의 사주명리전문서 「적천수적요(滴天髓摘要)」.

책의 제목은 「적천수적요(滴天髓摘要)」. 중국 명나라 주원장의 군사로 알려진 유백온이 만든 것으로 전해지는 「적천수」는 사주학의 보전이자 난해서로 꼽힌다.

지금까지 운명학술계의 거장들이 「적천수」의 원문을 해설한 고전들을 펴냈다. 한국 학습자들은 이런 중국인 저자의 책들을 번역해 사용했는데, 이번에 아예 대만에서 「적천수」 해설서를 한국 역학인이 저술해낸 것이다.

이 대표는 "이제 시작에 불과할 뿐이다. 역술은 원래의 학습 고유지식체계의 심화에도 노력해야 하지만 이제는 가시적 성과를 내는 분야에 더욱 주력해야 한다"고 말했다.

예컨대 풍수의 경우 국내에서는 묘자리를 보는 '음택(陰宅)'이 활성화됐지만 이미 홍콩에서는 '펑쉐이(실내풍수)'라는 분야에서 기업적 횡보를 하고 있다는 것.

할리우드의 유명 스타들이 풍수사의 조언에 따라 실내 가구 배치를 다시 하고 있고 이는 미국의 유수한 기업도 예외가 아니어서 대형 사업화하는 추세이다.

이 대표는 금융인 출신의 이색 역술인으로, 금융사고를 겪으며 복역중 치열한 학습을 통해 역학 이치를 터득했다고 한다. 중국판 번역자는 동시통역사로 활동중인 박유신 씨다.

kej@yonhapnews.net
(끝)

China21
The Weekly China Life Magazine

Interview

한국의 역술(易術), 중국 본토 상륙

〈滴天髓摘要〉 펴낸 애스크퓨처닷컴 사장 이수

글_최유리

대만의 무릉출판유한공사는 화교권 전체에 배급망을 보유하고 있는 세계적인 역서 전문 출판사다. 역술계에서는 이 출판사의 도서목록에 이름이 오르는 것만으로도 학술적 권위를 인정받는다고 한다. 지난 4월 인터넷 운세 포털 애스크퓨처닷컴(www.askfuture.com)의 이수 대표(38)가 쓴 〈적천수적요(滴天髓摘要)〉의 출간은 한국 역술계의 쾌거라 할 수 있다. 한국, 중국, 일본 등 동양 3국에서 발전해온 사주학의 수준은 그 우열을 가리기가 쉽지 않지만, 객관적으로는 한국이 가장 뒤떨어져 있다고 평가받기 때문이다. 그 동안 한국의 역학인들이 세계에 선보인 저서 활동이 전무했던 것도 그러한 평가절하를 더욱 공고하게 만든 요인이 되었다. 그런데 〈적천수적요〉의 발간을 계기로 한국의 실력 있는 역술인들이 세계 시장에 선을 보이는 교두보를 확보한 것이다.

운명학서의 정통서인 적천수를 국내 역학인이 직접 주해한 〈적천수적요〉의 대만 시장 출간이 갖는 의미는 역학계에서도 진지하게 받아들여지고 있다. 경기대학교 동양철학과 이선종 교수는 역학계의 많은 인사들과 동호인들은 그 동안 무려 600여 권에 달하는 무릉출판유한공사의 깨알 같은 도서목록을 볼 때마다 '왜 한국 술사(術士)는 한 명도 없는가' 하며 안타까웠는데, 이제야 '이수(李秀)'라는 이름을 보게 되어 기쁘고, 앞으로 젊은 역학들도 이수 대표에게 거는 기대가 크다고 말한다.

〈적천수적요〉의 출간에는 우여곡절도 많았다. 중국판 번역자인 박유신 씨는 외대 통역대학원 출신으로 현재 동시통역사로 활동하고 있다. 이수 대표의 문하생이었던 박유신씨는 〈적천수적요〉의 원본인 〈적천수써머리〉를 사사 받은 뒤 6개월에 걸쳐 번역작업을 완성했다. 그런데 번역 원고를 들고 출간을 의뢰하자 출판사의 편집장은 "한국 역술인이 저술한 적천수 원고라면 볼 필요조차 없다"며 차갑게 거절했던 것.

그러자 박유신씨는 이수 대표와 상의 끝에 지난해 말 애스크퓨처닷컴의 이사진과 함께 직접 원고를 들고 대만에 가 출판사의 편집장과 직접 접촉했다. 그런데 놀랍게도 편집장은 하루 만에 원고 내용을 모두 읽고 구절에 대한 의문점까지 다 체크한 후에 그 다음 날 바로 출간하겠다는 의사를 전해왔다.

역술은 새롭게 떠오르는 빅 비즈니스

중국 명나라 주원장의 군사로 알려진 유백온이 저술한 것으로 전해지는 〈적천수〉는 사주학을 연구하는 사람들이 이구동성으로 꼽는 최고의 보전이자 난해서로 알려져 있다. 중국 사주명리학계에서 무려 천년이 넘게 대학자로 이름이 남아 있는 운명 학술계의 천재들이 적천수의 원문을 해설한 고전들을 펴냈는데 원수산의 〈적천수천미(滴天髓闡微)〉, 임철초의 〈적천수징의(滴天髓徵義)〉, 진소암의 〈적천수집요(滴天髓輯要)〉, 서락오의 〈적천수보주(滴天髓補註)〉 등이 있다.

역학인이라면 적어도 이 정도의 고서들을 거쳐야만 역량을 갖춘 정통군으로 분류된다고 한다. 최근까지 대만의 현존하는 역술인 종의명이 펴낸 〈현대파역적천수(現代派易滴天髓)〉가 가장 최근의 적천수 관련 해설서라 할 수 있다. 국내 연구자들은 중국인 저자의 책을 번역한 국내서로밖에 연구할 수 없었다. 그런데 원저의 정확한 해석 여부를 두고 설왕설래하던 국내 역술계의 현실을 뛰어넘어 적천수 해설서를 국내의 역학인이 저술해낸 것이다.

현재 주요 일간지에 '오늘의 운세'를 연재하는 등 활발하게 활동하고 있는 이수 대표는 "이제 시작에 불과할 뿐입니다. 역술은 원래의 학습 고유지식체계의 심화에도 노력해야 하지만 이제는 보다 가시적인 성과를 내는 분야에 더욱 주력해야 합니다"라고 말한다.

가령 풍수의 경우 국내는 묘 자리를 보는 음택(陰宅)이 활성화되었지만 홍콩의 경우 펑쉐이(Feng Shui · 실내풍수)라는 분야는 이미 기업적인 홍보를 하고 있다는 것이다. 할리우드의 유명 스타들은 풍수사의 조언에 따라 실내 가구를 배치하고 있고, 뉴욕 월스트리트에는 점성술을 이용한 투자회사 즉 애스트롤로저 펀드사가 성행하고 있다고 말한다. 이미 미국에서도 빅 비즈니스화되고 있는 추세라는 것이다.

"미래를 사고 파는 빅 비즈니스의 현장에서 동양의 역술은 얼마든지 활용될 수 있습니다. 특히 그 중에서도 명리 콘텐츠를 통해 우리나라의 역술인들이 세계 무대로 진출할 수 있는 기회는 무궁무진하다고 생각합니다" 우리나라의 역술인들이 세계를 재편할 빅 비즈니스의 현장에서 주도적인 역할을 할 수 있다는 그의 얼굴엔 자신감이 가득하다. ⊙

애스크퓨처닷컴, 대만서 역술전문서 출간

전필수 기자 / 04/04 18:44 / 조회 1709

[머니투데이] 국내 역술인이 대만에서 역술 전문서를 출간해 화제다. 인터넷 운세 포털 애스크퓨처닷컴(www.askfuture.com)의 이수 대표(37)가 그 주인공.

애스크퓨처닷컴은 4일 역학전문 출판사인 무릉출판유한공사(臺灣 武陵出版有限公司)를 지난달 사주명리전문서인 '적천수적요(滴天髓摘要 부제: 적천수 써머리)'를 출간했다고 밝혔다.

애스크퓨처닷컴에 따르면 적천수는 중국 명나라 주원장의 군사로 알려진 유백온이 저술한 것으로 전해지는데 사주학을 공부하는 자들이 이구동성으로 꼽는 최고의 보전이자 난해서다. 이의 해설서들도 역학인들에게 필독 고서로 꼽히고 있다고 한다. 원수산의 적천수천미(滴天髓闡微), 임철초의 (滴天髓徵義), 진소암의 적천수집요(滴天髓輯要) 서락오의 적천수보주(滴天髓補註) 등이 대표적인 해설서.

지금까지 국내 역술계는 이들 해설서를 번역한 국내서적으로 공부할 수밖에 없는 실정이었다고 애스크퓨처닷컴은 전했다. 이런 상황에서 이수 대표의 대만 현지에서의 적천수 해설서 출간은 국내 역술계의 쾌거란 주장이다.

경기대학교 동양철학과 이선종 교수는 "이번 일이 한국 역학계의 경사"라며 "젊은 역학도인 이수 대표에게 거는 기대가 크다"고 말했다.

이수 대표는 "이제 시작에 불과할 뿐"이라며 "역술은 원래의 학습 고유지식체계의 심화에도 노력해야 하지만 이제는 보다 가시적인 성과를 내는 분야에 더욱 주력해야 한다"고 말했다.

이수 대표는 금융인 출신의 이색 역술인. 그는 금융사고를 겪으며 감옥속에서 치열한 학습을 통해 역학의 이치를 터득했다고 전했다. 현재 그의 제자 가운데는 판사출신의 변호사, IT전문 헤드헌팅업체 여성 대표, 한의사, 현역 대학교수, 불교 스님 등이 포함돼 있다고 한다.

이수 대표 프로필

(주)애스크퓨처닷컴(www.askfuture.com) 대표
스포츠조선 퓨처미디어 (SCFM) 대표
중앙일보 이코노미스트 칼럼니스트
한국경제신문 칼럼니스트
한국경제TV MC 및 패널리스트
The Korea Times 칼럼니스트
한국능률협회 최고 경영자 과정 초빙 강사
팍스넷 투자분석가 (전문 애널리스트)
중앙일보 `오늘의 운세` 연재
서울경제신문 `오늘의 재운` 연재
Lee, Soo [Ji Seung]
President / Chief Executive Officer, Askfuture Inc.
Co-founder, Sports Chosun Future Media

서울경제 2003. 4. 22. 화 ㉕ 33

역학서적 타이완 첫 수출

'적천수' 재해석한 사주명리전문서 '적천수적요'

출판가

국내 역술인이 출판사상 처음으로 대만에서 역술 전문서를 발간해 화제다.

국내 인터넷 운세포털 '애스크퓨처'(www.askfuture.com)를 운영하고 이 수(38)씨는 최근 대만 최대 역학전문 출판사 무릉출판 유한공사를 통해 '적천수적요'(滴天髓摘要·사진)라는 사주명리 전문서를 펴냈다.

이 책은 중국 명나라 주원장의 군사로 알려진 유백온이 저술한 것으로 전해지는 '적천수'를 독자적인 시각에서 해석한 것으로, 적천수는 사주학을 공부하는 사람들이면 누구나 독파해야 하는 최고의 고전이자 난해서로 알려져 있다.

금융인 출신의 역술인인 이 씨는 금융사고를 겪으며 역학의 이치를 깨닫고 전업한 케이스. 이 씨는 이번 책 발간을 두고 "그동안 세계시장에서 한국출신 역술가들의 저술활동은 거의 전무했던 게 사실"이라며 "이번 대만시장 출간을 계기로 국내 역술 컨텐츠의 세계시장 진출의 교두보가 확보된 셈"이라고 자평했다.

캐나다 아동 그림책 전시회

주한 캐나다대사관은 올해 한·캐나다 외교수립 40주년을 맞아 종로구 사직동에 위치한 어린이 도서관에서 다음달 20일까지 '캐나다 어린이 그림책 전시회'를 연다고 밝혔다. 이 행사에는 캐나다 영어 그림책 300여권, 불어 그림책, 그리고 한국어로 번역된 캐나다 어린이 그림책 100여 권 등 총 400여권의 그림책이 전시된다.

이 책들은 지난 30여년간 '캐나다 어린이서적센터(CCBC)가 가장 좋은 책으로 선정한 것들로 '빨강머리 앤''까이유''꼬마거북 플랭클린''티모시네 유치원'등 주로 3세~12세 어린이를 대상으로 한 것이다.

2003년은 이 대표가 교육 사업에 치중했던 한해다. 이를 통해 일반 대중에게 주식이 아닌 역학으로 더욱 가깝게 다가서고자 했던 것일까? 사정이 꼭 그렇지만은 않았던 것 같다. 역학 강좌 프로그램의 호응은 예년과 마찬가지로 뜨거웠지만 결과적으로 '애퓨'는 SCFM로 인해 우량한 수익 모델을 하나 내 준 격이 됐다. SCFM의 모기업인 '스포츠조선'은 역학 강좌 사업을 주력 분야로 삼아 대대적인 홍보 마케팅을 실행했다.

스포츠조선 News & Topic

뉴스·화제

"역술, 체계적으로 접근하세요"

10일부터 일반인 강좌

이 수씨

"역(易)의 기본은 확실한 미래 예측입니다."

10일부터 한달간 사주학 집중 강의를 여는 SC퓨처미디어의 대표 이 수씨(37).

2001, 2002년 강좌에서 전문가를 대상으로 고급역학을 전수했던 이씨가 올해는 역술의 저변 확대를 위해 단기 강좌 코스를 마련했다.

"사회교육권이나 문화센터에서 일부 역술을 가르치고는 있지만 체계나 깊이가 없어 오히려 혼란만 가중시킬 뿐"이라는 이씨는 "초보자들이 역술을 쉽게 접하고, 또 이미 산만하게 배운 지식을 체계적으로 정리할 수 있는 강의를 마련했다"고 설명했다.

강좌는 초보와 중급코스로 각 주 1회 6시간씩 총 24시간 동안 소수 정예로 이뤄진다.

◇"역술의 생명은 예단입니다." 역술인 이 수씨가 10일부터 시작되는 사주학 집중 강의 내용을 설명하고 있다. <윤철승 기자 antiq@>

초보-중급코스 소수정예로 강의 "동양철학 현묘함 맛볼 수 있을것"

교재는 이씨의 책 '적천수 써머리' 등을 이용한다. 적천수 써머리는 역학의 본토인 중국으로 역수출된 화제의 책. 적천수 써머리의 중국어판 '적천수 적요'는 대만에서 가장 권위있는 역학 관련 출판사인 무릉출판유한공사를 통해 3월 중 발행될 예정이다.

이씨는 3월 이후 초·중급 코스 외에 고급과 실전 코스를 열어 학습의 깊이를 더할 계획이다. 고급 강좌에선 '난망강' 교재를 이용한 심화교육이 이뤄지고, 실전 코스에선 임상 위주로 강의가 진행된다.

이씨의 강의는 실전 역술인들을 배출하는 아카데미 코스로 유명하다. 본지에 '행운 프리즘'을 연재하고 있는 역술인 윤정(본명 최윤정)과 현업 역술인 지수, 리마 등이 2001, 2002 역학대강좌 수강생 출신이다.

이씨는 "역술은 미래를 내다볼 수 있는 정보학일 뿐 아니라 사람을 겸손하게 하는 수양의 도"라며 "이번 강좌에선 짧은 기간을 통해 동양철학의 현묘함을 맛볼 수 있을 것"이라고 말했다.

이씨는 서강대에서 경제학을 전공한 석사 출신으로 주택은행 국제부 등에서 샐러리맨 생활을 했고, 역술계 입문 후 각종 종합일간지와 경제지 등에서 칼럼니스트로 활동하고 있다. <차병선 기자 acha@>

화려한 행보 이면에는 남모른 고민거리가 싹트고 있었다. 그가 대표이사로 재직한 양 법인 가운데 상대적으로 '애퓨'가 쇠약해지기 시작한 것이다. 그는 수익 구조를 공평하게 배당하고자 애썼다. 두 마리 토끼를 다 쫓는 게 결코 쉽지 않은 법이다. 부득이 그가 꿈꾸었던 예측 비즈니스는 시기를 늦출 수밖에 없었다. 증권가에서 활동 보폭도 줄여나갔다. 결론적으로 역학 교육 사업에 전념하기 시작한 것이다.

'역학 강좌' 애스크퓨처닷컴 인기 <29면>

스포츠조선 www.sportschosun.com 사회 29

2003. 3. 28 금요일

◇예측 가능한 삶을 원하는 수강생들이 애스크퓨처닷컴의 대표인 역술인 이 수씨의 강의를 경청하고 있다. <김경민 기자 kyungmin@>

밤을 잊은 '역학 열풍'

SC 퓨처미디어 사주학 강좌
투자 전문가-한의사등 몰려

이름만 대면 단번에 알만한 명사들이 '역학 강좌'에 몰리고 있다.

역술 전문기업인 SC 퓨처미디어가 지난 10일부터 열고 있는 '사주학 집중 강좌'에 방송 출연 등으로 인기를 끌고 있는 투자 자문 전문 변호사, 대학교수, 한의사, 컨설팅사 대표 등이 수강생으로 참가하고 있는 것.

역학의 초급부터 시작해 중급, 고급 과정을 총 3개월 일정으로 주 1회 6시간씩 강의하고 있다. 이번 강좌는 오후 6시에 시작, 자정이 가까워져야 끝나는 강행군이지만 밤이 깊어질수록 수강생들의 향학 열기는 더욱 뜨겁기만 하다.

수강생의 연령대는 대부분 30대 후반부터 60대 초반까지. 한 달 수강료가 120만원으로 만만치 않아 경제적 능력이 뒷받침 되는 사람들이 대부분.

이 강좌는 동양철학의 한 분야인 역학을 통해 미래를 예측, 보다 윤택한 삶을 살 수 있도록 도움을 주는 것이 목적. 개인의 길흉화복을 점칠 수 있어 운신의 폭을 넓힐 수 있는 것이 가장 큰 매력이다.

강사는 SC 퓨처미디어와 역술 전문 인터넷 사이트 애스크퓨처닷컴(www.askfuture.com) 대표인 이수 사장. 경제학 석사출신으로 금융계에서 활동했던 이력의 '엘리트 술사'로 명성이 높다. 그의 강의는 역술을 알기쉽게 체계적으로 정리할 수 있고 주식, 선물, 옵션 등 투자 결정까지 도움을 받을 수 있어 전문직 종사자들의 큰 호응을 얻고 있다. <김한석 기자 hskim@>

"친근한 역술의 세계로 초대"

이수 '실용 명리학 대강좌'

내달 4일부터 11월 6일까지

'모든 것이 불안정한 세상, 좀 더 확신을 갖고 살 순 없을까?'

한국 최고의 역술가로 명성을 쌓고 있는 이 수 애스크퓨처닷컴(www.askture.com) 대표(사진)가 다시 한번 일반인을 대상으로 역학 강좌를 연다.

다음달 4일부터 11월6일까지 8주간 열리는 '이 수의 실용 명리학 대강좌'는 27일 중앙일보 본사 1층 대강당에서 열린 공개 강좌부터 뜨거운 관심이 모아지고 있다.

이번 강좌는 사업의 성패에 관심이 높은 기업체 대표 등 사회 저명 인사와 전문 역술인 지망생, 역술학에 관심있는 일반인들의 욕구를 골고루 충족시키는 내용으로 진행된다.

음양오행과 팔자술의 기초, 진교 여부를 판단할 수 있는 '인연법', 미래를 예측하는 '용신법', 타인의 성공과 실패를 파악하는 '물상론', 사주의 크기를 순간에 알 수 있는 '조후법' 등을 배울 수 있다. 수강 신청은 다음달 3일까지.

금융계에서 활동하는 등 특별한 이력의 엘리트 술사인 이 대표는 그동안 수많은 강의를 통해 역술을 체계적으로 알기쉽게 설명, 폭발적인 인기를 끌었다.

이 대표는 특히 올 2월 한국 역술계 최초로 대만 무릉유한출판공사에서 중국 사주학의 난해서로 꼽히는 '적천수'의 해설서인 '적천수적요'를 발간하는 등 세계적 역술가로서 주목받은 바 있다. (02)6737-2950~2

이 해의 후반 경에 이 대표가 '중앙일보'와 제휴한 '실용 사주학 大 강좌 프로그램'도 같은 맥락으로 볼 수 있다. 혹자는 이렇게 말할지도 모른다. '스포츠조선'이 대대적으로 지원하는 환경이 이 대표에게 '날개를 단 격'이라고. 그러나 당시의 그는 국내의 어느 매체와도 강좌 프로그램을 제휴할 수 있는 인프라를 구축한 실력자였다. 오히려 어느 한 언론사에 소속된 게 행동반경을 좁히는 결과를 낳은 셈이 됐다. 차라리 이 대표를 내세운 어느 행사를 막론하고 '애퓨'가 주관하면 어느 매체든 전 방위의 지원을 받을 수 있던 시기다. 3회로 이어진 역학 대 강좌 프로그램은 히트를 친 게 분명하지만 시장을 더 키우지는 못했다. 이 와중에 모색한 제휴사가 중앙일보 매체였다. 당시에 그는 '중앙일보'의 오늘의 운세를 연재하고 있을 때다. 또 '중앙데일리'와 '월간중앙', '이코노미스트'에 정기적인 고정 칼럼니스트로 활동하고 있었다. 2003년에는 'CEO풍수학'과 '이수의 명리학 강의'라는 칼럼이 인기가 높았다. 특히 '월간중앙'에 연재된 명리학 칼럼은 오피리언리더층을 대상으로 한 명리에 대한 관심을 증폭시킨 심도 깊은 내용으로 주목을 끌었다

전년부터 장기간 연재되어 온 'CEO풍수학'은 기업인과 직장인 사이에서 인기가 높았다. 이러한 배경을 바탕으로 그는 역학 동호인이 아닌 일반 식

자층을 겨냥하여 명리 커리큘럼을 짰다. 이윽고 '중앙일보' 전 매체의 전폭적인 홍보와 지원이 수반되는 가운데 실용 사주학 大 강좌 프로그램의 닻을 올렸다.

CEO 풍수학

권위는 구석자리에서 나온다

CEO 책상은 출입구 대각선쪽에… 입구 가까이 앉으면 집에 갈 생각뿐

업종을 불문하고 실내 풍수의 첫 고려 대상은 CEO의 집무실이다. 사세(社勢)를 좌우하는 가장 결정적인 단서는 CEO의 사주(四柱)에 있다거나, 회사 전체의 길흉이 사장이나 관리자의 올바른 위치 선정에 달려 있다고 믿는 사람들이 많다. 맞는 말이다. CEO는 권위를 확보하기 위해서라도 지위를 상징하는 위치에 앉아야 한다. 공동 대표를 둔 회사의 경우 각 대표가 사용하는 사무실만 봐도 두 사람간 세력 균형을 어렵지 않게 인지할 수 있다. 도중에 사무실이 바뀌면 균형이 달라지는 경우가 허다하다.

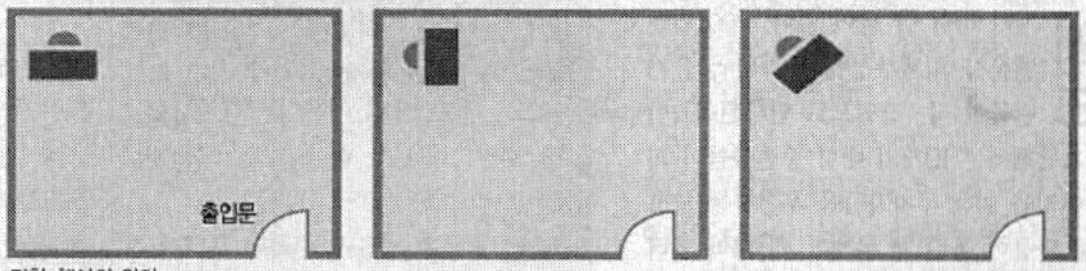

길한 책상의 위치

◆ **팁 1** = 전임자의 사무실이나 책상의 내력은 매우 중요한 고려 대상이다. 혹 전임자가 구설수에 시달렸거나 좌천된 경우라면 사무실의 변경이나 책상 · 의자 등의 교체를 미뤄서는 안 된다.

통상적으로 권위는 입구로부터 멀리 떨어진 구석진 자리에서 나온다. 기업 내 위계 질서와 힘의 작용에 관한 마이클 코르다의 저서 「힘, 어떻게 획득하며 어떻게 사용할 것인가」에서 설명된 힘의 배치 개념은 풍수 이론과 거의 흡사하다.

의견 충돌이 잦거나 업무 추진을 할 때 잦은 태클에 걸리는 느낌이 든다면 사무실이나 책상의 위치를 변경해 쉽게 극복해 낼 수 있다.

드문 경우지만 상사가 문에 인접해 앉아 있으면 하급자들로부터 신망을 잃기 십상이다. 하극상을 유발하게 되고 사무실의 통제권을 잃게 된다. 자리는 양보할 대상이 아니다. 지위의 고하를 막론하고, 문에 등을 돌리면 운기가 저조해지는 법이다.

◆ **팁 2** = 문의 대각선 방향 귀퉁이에 집무 책상이 놓여야 한다. 가정에서도 가장 중요한 가구는 문의 대각선 방향 귀퉁이에 위치한다. 그리고 문의 입구가 한눈에 보여야 한다. 만일 부득이하게 그렇지 못하다면 이를 확인할 수 있는 거울을 설치해야 한다. 이때 거울의 크기는 최소한 가로, 세로 90㎝ 이상이어야 한다.

입구 가까이 앉은 직원들은 일과가 끝나기 전 종종 자리를 뜨고 잔업을 기피하는 경향이 생기게 된다. 그들은 문밖의 일에 관심을 보이고 늘 집에 갈 생각만 하게 된다. 직원의 정면 시야가 입구를 향하게 해서는 안 된다.

◆ **팁 3** = 이러한 경우는 직원 앞에 대형 거울을 부착해 직원의 관심을 문으로부터 돌리거나 입구를 차단하는 칸막이 등의 구조물을 설치하는 게 좋다.

정리해 보면, CEO의 책상은 방문과 일직선 상에 있는 위치에 두지 않는다. 풍수학에서 대문이나 현관이 마주 보이는 방은 흉하다고 판단한다. 방문이 중앙에 있다면 책상은 우측에 두는 것이 좋다. 사람의 동선은 좌회전보다 우회전이 편하고 안정감이 있다. 벽면이나 창문에 붙여 책상을 놓을 경우, 좌우측으로 치우치는 것보다 중앙에 두는 것이 길하다. 사장은 회사 내에서 임금에 해당된다고 할 수 있는데 임금의 자리는 중앙이다. 다만 중앙의 위치가 풍수적으로 흉하다면 약간 좌우측으로 옮겨 길한 방위를 택해준다.

◆ **팁 4** = 만일 복도(용의 아가리로 비유되는) 같은 강력한 영향력이 책상을 겨냥하는 형상이라면 이를 받아치기 위해 책상 위에 수정 구슬을 놓아두는 교정 방법이 있다. 요즘에는 굳이 수정 구슬을 구입할 필요는 없다. 유리 재질의 문진(文鎭) 등을 활용하면 된다.

당신의 책상이 벽을 마주보고 있다면 그 벽에 거울을 달거나 아니면 책상 위에 작은 거울이라도 놓도록 하라. 거울마저 설치할 수 없다면 상징적 보호책으로 거울을 서랍 안에 좋은 방향을 향하도록 놓아야 한다. E

이수 ㈜이스크퓨처닷컴 대표 · www.askfuture.com

THE WEEKLY ECONOMIST 2003/9.30 57

강의에 앞서 조용헌 교수와의 공개강좌가 선행됐다. 월간중앙' 사고社告에 이수의 실용 사주학 대 강좌 공지가 게시되면서 곧바로 중앙일보에 전면 광고가 실렸다. 이 대표 특유의 대담한 홍보 전략과 맞물려 관련 매체의 인터넷 사이트와 지면에는 집중적인 공지가 이뤄졌다. 공개강좌에는 무려 300명 이상의 인파가 몰리며 그의 높은 인기를 반영했다. 이제 본 강좌의 성공적인 결실을 거두는 것만 남은 듯 했다.

새·연·재 이 수의 명리학 강의

세기적 인물의 사주학적 운명①

노무현·김정일·부시·후세인

1999년 역술계에 데뷔 이후 일약 최고의 術士로 떠오른 이 수 씨의 '명리학 강의-세기적 인물의 사주학적 운명'을 연재한다. '중앙일보'에 '오늘의 운세'를 연재하는 이씨는 최근 주식과 역술을 결합한 예측술을 선보이며 장안의 화제가 됐다. 그는 세계 역술계의 진보적 흐름을 섭렵, 연관된 지식의 기반을 다지고 해석의 폭을 확대하고 있다. 생년월일시를 바탕으로 전 세계 명사, 위인들의 미래사를 예측하는 이 흥미로운 작업에 독자 여러분을 초대한다.〈편집자〉

노무현	부시와 用神이 丙火로 일치, 한·미동맹 이상 없다
김정일	2004 甲申년에는 驛馬가 준동하니 核시위는 실패할 듯
부 시	올해는 火局 형성 최고의 해, 내년 악재 출몰, 재선 불투명
후세인	올 7~8월이 위기, 9월에 결정적 타격 입는다

21세기 벽두 뒤흔든 국가지도자 4인의 운명

동양의 豫測術을 말한다

역학의 지식 체계를 응용하여 실생활에 연계시키는 역술의 분야는 매우 다양하다. 자평사주·자미두수(紫微斗數)·육효 등의 역점(易占)류, 기문둔갑(奇門遁甲)·육임·태을 등 삼식(三式)류, 산명술(算命術), 인상(人相)·수상(手相)·성명 판단, 기타 기학(氣學)류에 이르기까지 수십 종으로 나눌 플러의 몰락을 예언하였다가 감옥에 갇히기도 했다. 처칠은 여류 점성가 바바라 해리스를 즐겨 찾았고, 스탈린은 점성가 윌프 메신의 조언대로 동부전선의 승부처를 스탈린그라드로 택해 승전하였다고 전한다.

25년간 드골의 전속 점성가로 암약한 모리스 바세 전 소령은 프랑스 시사주간지 '누벨 옵세르바퇴르' 최신호에서 "군인 겸 점성가의 이중적 의무 때문에 자세히 밝힐 수는 없지만 종종 그에게 필요한 정보를 제공한 것은 사실"이라고 고백한 바 있다.

개인이나 집단의 미래를 예측하는 술법에서 팔자술은 분명한 비교우위를 지니고 있다. 물론 문제는 그것을 운용하는 당사자의 능력에 달려 있지만, 정보시대에 보다 관심을 가지고 적극 활용해 볼 여지는 충분하다.

李修

1965년 출생.
중앙일보 '오늘의 운세', 서울경제신문 '오늘의 재운' 연재중. 한국경제TV의 MC 및 패널리스트, 증시전문 사이트 팍스넷(paxnet.co.kr)의 전문 애널리스트로 활동중. 저서로 '당사주'(唐四柱) '적천수(適天髓) 써머리' '적천수적요'(滴天髓摘要) 등이 있고 운세 포털 '애스크퓨처닷컴(askfuture.com)의 대표이사로 재직중이다.

실전사례 1

아이젠하워 (Eisenhower, Dwight David, 1890년 10월14일 18시30분)

'한미방위조약' 성립, 한·미 동맹의 틀을 짜다

辛 戊 丙 庚
酉 辰 戌 寅

아이젠하워 전 미 대통령의 사주는 일덕격(日德格)으로, 성정은 자애(慈愛)롭고 복록이 두터운 명이다. 무토(戊土) 일간에 술월(戌月)이라, 성격은 굳세고 검질기며 보수적 특성이 강하다. 일단은 척박한 땅의 형세다. 이 척박한 땅은 먼저 계수(癸水)의 기운으로 윤택하게 한 연후 갑목(甲木) 나무를 심고, 이에 병화(丙火) 태양을 브게 하는 식이라면 그 부귀(富貴)를 의심치 않게 된다. 사주를 보면 인(寅) 중에 갑목, 월간(月干)의 병화, 일지(日支) 진(辰) 중의 계수(癸水)로 삼자를 모두 갖춘 셈이다.

또한 묘하게도 재물과 관록을 의미하는 성분인 수(水)와 목(木)이 천간(天干)에 노출되지 않아 제대로 일덕격을 이루었다. 일덕의 신왕명(身旺命)은 능히 횡액을 면하며, 발복(發福)하는 때에 이르면 파죽지세로 대업을 이룬다고 하였다. 팔자에 금(金) 기운이 많거나 금과 화(火)가 많으면 군인이 되는 경향이 많은데, 이때 귀격(貴格)을 짜면 군인으로서 대권(大權)을 장악한다고 전한다.

중첩된 백호(白虎)는 군인의 사주가 갖는 특징 중 하나인 탁기(濁氣)로 작용하나, 신상의 화액(禍厄)은 능히 면하는 구조라고 할 수 있다. 병화의 성분은 창의적이며 뛰어난 기획력을 의미하는 성분으로, 참모로서의 탁월성을 암시하지만 기신(忌神)으로 작용하여 그 재능을 다 인정받기에는 순조롭지 못한 일면이 내포되어 있다.

식상(食傷)의 혼잡은 진로의 유연함으로 다양한 이력을 갖추게 하는 반면 결단력 면에서 약간의 우유부단함을 상징하는 요소가 되기도 한다. 위와 같이 편인과 상관을 갖춘 유형은 자신을 표현하는 능력 면에서는 단연 뛰어나므로 교육자로서의 자질은 최상이다. 용신(用神)은 시상(時上)의 신금(辛金)으로 오행상 금수(金水)의 기운을 기뻐하며 이는 만년에 대업을 성취하는 대기만성(大器晩成)의 전형이라 할 만하다.

아이크(Ike:아이젠하워의 애칭)의 실제 성격은 밝고 포용력이 있었다고 전한다. 웨스트포인트를 졸업하고 군문(軍門)에 들어선 이래 29년간 상관과 동료, 부하들의 신망을 받았다. 그러나 나이 마흔 일곱까지 만년 소령으로서 승진과는 인연이 없었다. 그의 전기

새인재 · 이 수의 명리학 강의 393

2003년 9월 4일부터 실행된 실용 사주학 강의는 이전의 역학 대 강좌 프로그램과 마찬가지로 기대만큼의 성과를 낳았다. 그런데 복병을 만났다.

'스포츠조선'의 노조에서 이를 문제 삼은 것이다. 결국 이 프로그램은 연속적으로 나아가지 못했다.

2003년 9월 16일 화요일 41판 ⓐ 중앙일보

게시판 ▶월간중앙은 운세 사이트 '애스크퓨처 닷컴'과 함께 '이수의 실용 명리학 대강좌'를 18일 시작한다. 중앙일보 '오늘의 운세'를 연재 중인 역술가 이수씨가 중앙일보 시사미디어 강당에서 매주 2회, 8주간 강의한다. 사업의 성패를 진단하는 격국용신법, 사주의 그릇을 파악하는 조후법 등을 강의한다. 접수는 애스크퓨처닷컴 02-6737-2950.

▶제6회 일본어 커뮤니케이션 콘테스트와 일본 유학박람회가 오는 10월 18, 19일 서울 소공동 롯데호텔에서 재단법인 교리쓰(共立) 국제교류장학재단 주최로 열린다. 교리쓰는 오는 23일까지 선착순으로 3백명의 지원을 받아 필기시험 및 일본어 스피치 대회를 실시, 25명을 선발한다. 이들은 무료로 내년 1월 중 7박8일 동안 일본 교육기관을 견학하고 일본 학생과 교류할 기회를 갖는다. 02-757-2343~4.

뉴스 > 전체기사 > 속보 >

가+ 가-

애스크퓨처닷컴 이 수 대표

경영자를 비롯한 오피니언 리더와 일반인을 대상으로 역술의 원리와 자기운세 예측법을 소개하는 목적의 강좌인 '21세기 오피니언 리더를 위한, 이수(李修)의 실용 명리학 대강좌'가 오는 27일 오후 7시 중앙일보사에서 월간중앙 주최로 열린다. 사진은 역술사이트 '애스크퓨처닷컴'(www.askfuture.com)을 운영하는 이 수 대표.(문화부)

연합뉴스 2003-08-25 16:37:24

Joins 중앙일보 문화·연예 미래안심, 운명상

뉴스 | 라이프 | 프리미엄 검색 | 로그인

종합 | 경제 | 스포츠 | 문화 · 연예 | 건강 · 과학 문화 · 연예 > 영화 | 방송 · 연예 | 음악 | 전시

Home > 문화연예 > 문화일반 > 문화 + − 인쇄

이수·조용헌의 실용 명리학 27일 무료 강좌

월간중앙은 9월 4일부터 사주명리학 법인 애스크퓨처닷컴과 함께 '이수의 실용명리학 대강좌'(8주 32시간)를 개설한다. 최고경영자(CEO)급 오피니언 리더, 동양의 운명학적 지혜에 관심 있는 일반인, 전문 역술인 지망생 등을 위한 강좌다.

이수씨는 1999년 역술계에 입문한 후 중앙일보.월간중앙 기고 등 활발한 활동을 하고 있다. 무료 강좌도 마련돼 있다. 8월 27일 오후 7시, 중앙일보 로비 1층 세미나실.

이수씨가 '세계 속의 한국 사주학'을, 원광대 조용헌 교수가 '21세기 개인의 운명과 사주학'이라는 주제로 강연한다. 참가 문의는 애스크퓨처닷컴 02-6737-2951, 2952.

2003.08.24 16:40 입력 / 2003.08.25 09:21 수정

아쉽게도 단 한 번의 이벤트로 그친 것이다. 이러한 결과는 휴유증을 낳았다. 급기야 2003년 연말 SCFM의 주총에서 법인 청산으로 결론이 났다.

그동안 이수 대표의 승승장구에 첫 제동이 걸린 셈이다. 이를 계기로 이후로는 이 대표가 더 이상은 일반 대중과 교감하는 강의 사업을 진행하지 않게 되었다. 아쉬운 일이 아닐 수 없다. 그는 ‘애퓨’의 정상화에 만전을 기울이기로 작심했다. 기고와 칼럼 연재를 제외한 언론 매체와의 제휴 사업에 더 이상 관심을 두지 않게 된 것이다. 일순 강의에 염증을 느낀 그가 선택한 출구는 저술 활동이었다.

연합뉴스 문화 Culture
2003.08.25 (월)

Home 증권 경제 산업·기업 정치 국제 북한 정보과학 사회 지방 스포츠 연예 문화 식품·의약

기사검색 | 인물검색

문화 ▸ 도서/출판 Biz-book 종교/문화재 무용/연극 음악/미술 학술 여성

home > 문화 > 학술

<사주추명가 이 수씨의 '실용 명리학 대강좌'>

(서울=연합뉴스) 함보현 기자 = "경영인들은 과거의 흐름을 잘 파악해 미래를 보다 정확하게 예측할 수 있어요. 역술에서 그러한 예측의 원리를 터득하기를 바랍니다"

경영자를 비롯한 오피니언 리더와 일반인을 대상으로 역술의 원리와 자기운세 예측법을 소개하는 목적의 강좌인 '21세기 오피니언 리더를 위한, 이수(李修)의 실용 명리학 대강좌'가 오는 27일 오후 7시 중앙일보사에서 월간중앙 주최로 열린다.

애스크퓨처닷컴 이 수 대표
경영자를 비롯한 오피니언 리더와 일반인을 대상으로 역술의 원리와 자기운세 예측법을 소개하는 목적의 강좌인 '21세기 오피니언 리더를 위한, 이수(李修)의 실용 명리학 대강좌'가 오는 27일 오후 7시 중앙일보사에서 월간중앙 주최로 열린다. 사진은 역술사이트 '애스크퓨처닷컴'(www.askfuture.com)를 운영하는 이 수 대표

역술사이트 '애스크퓨처닷컴'(www.askfuture.com)을 운영하는 이 수 대표의 '동양 예측술을 말한다'와 '팔자술 실전', 조용헌 원광대 교수의 '음양오행의 원리와 명리' 등이 강좌의 주내용이다.

또 다음달 4일부터 매주 목.금요일 저녁 '21C 리더들을 위한 실용명리대강좌'를 8주 16강 일정으로 개최한다. 역시 이씨의 강의로 진행되는 이 강좌는 '현상과 미래 예측 기본기 배양' '미래사의 성패를 예지하는 단계' '지피지기 필승법' '팔자술 실전과정' 등으로 구성됐다.

"역술은 실사구시의 측면이 강해요. 실전 응용에서 틀렸을 경우 귀납적으로 그 원인을 규명할 길이 없는 점술과는 달리, 직관이나 통찰력을 배제하는 명리학(역학)은 학문적인 지식에 기반한 '과학'입니다"

이 대표는 이러한 과학에 바탕한 역술의 원리와 이를 통한 자기운세 예측법을 알기쉽게 소개하는 것이 강좌를 마련한 배경이라고 밝혔다.

"지피지기면 백전백승이란 말이 있듯 미래에 대한 정보가 있으면 당연히 경쟁력에 우위를 차지할 수 있어요. 서양에서 역술이 인기를 끄는 것도 이런 이유에서죠. 이름과 생년월일로 운명을 예측하는 팔자술이 일본, 대만을 통해 전세계로 퍼져 나가 현재 'bazi art'란 이름으로 유럽에서 성행하고 있어요"

이 대표는 우리 선조들은 역술을 생활화했지만 일제 식민기를 거치면서 예측술이 격하, 왜곡됐다고 설명했다. 1999년 역학계에 데뷔한 그는 일간지와 월간지에 운세와 명리학 강의를 연재하는 등 '추명가'(예측가)로 활동하고 있다. 2000년 역학 전문가들을 모아 애스크퓨처닷컴을 설립했다.

"이번 강좌는 경영인들을 위해서도 유익할 거예요. 동양의 경영 패러다임은 상생과 조화에 기반해있고, CEO의 '명식'(운명)에 따라 기업의 운명이 크게 좌우되는 점에서 CEO의 올바른 예측과 판단이 중요하지요"

hanarmdri@yna.co.kr

(끝)

E10 전면광고 2003년 9월 2일 화요일 40판 JoongAng Ilbo 중앙경제

大韓民國 第一 四柱推命家

李修

애스크퓨처닷컴 李修 대표 直講

21세기 오피니언 리더를 위한, 實用命理大講座

This is Bazi Art

Thursday. Setember 4. 2003

이것이 八字術이다!

이 시대의 리더 -

동양의 예측학, 팔자술을 익히고
선견지명의 혜안과 안목을 갖추라!

현장 최고 술사가 일반 식자층을 상대로 너무나 쉽고 명쾌하게 설명해 나가는 實用命理의 세계!
문화센터 교양강좌, 대학원 석사 과정, 문화생 전수과정 등 여타의 일반 역학 강좌와는 차원이 다릅니다.

知彼知己 百戰百勝

무한 경쟁 시대, 進退의 시기, 敵과 同志를 미리 분별하는 東洋 예측술의 고급 테크닉을 장착하고 평생을 보장 받으십시오!

적천수 써머리

주최 월간중앙 SC퓨처미디어 / 후원 ECONOMIST

社告

월간중앙 주최

한국 最高 역술가 **이 수의 '실용 사주학 大강좌'**

프리미엄급 강좌, 최강의 선택

월간중앙은 '대한민국 대표 운세 사이트' 애스크퓨처닷컴과 함께 '이 수의 실용 명리학 大강좌'를 2003년 9월4일부터 개설합니다. 사업의 성패, 立身의 可否를 예측하고자 하는 CEO급 오피니언 리더, 동양의 운명학적 지혜에 목마른 일반인, 전문 역술인 지망생 등의 관심을 두루 충족시키는 프리미엄급 강좌입니다. 이 수 씨는 1999년 역술계에 입문후 중앙일보에 '오늘의 운세', 월간중앙에 '세기적 인물의 사주학적 운명' 등을 연재하며 국내 최고의 역술가로 자리매김하고 있습니다. 2003년 2월 한국 역술계 최초로 대만 무릉유한출판공사에서 저작을 발간하는 등 세계적인 술사로서의 행보를 가속하고 있습니다. 그는 그간 여러 차례에 걸친 역학 강좌 프로그램을 통해 수많은 직계 문하 그룹을 배출한 바 있습니다. 관심 있는 독자 여러분의 적극적인 참여를 부탁드립니다.

▶강의 내용

- 음양오행 기초
- 八字術 기초
- 친할 사람, 피할 사람 분간하는 인연법
- 미래 예측, 사업 성패 진단하는 격국 용신법
- 타인의 성공과 실패 조망하는 물상론
- 사주의 그릇(크기)을 일순간에 파악하는 조후법
- 운과 기회의 入出 파악하는 지혜술, 행운법

▶강의일정 : 2003년 9월4일~11월6일(8주)
▶강의시간 : 주 2회, 1회 2시간씩(매주 목, 금 오후 7~9시)
▶강의장소 : 중앙일보 시사미디어(서소문 순화빌딩 11층) 강당
▶모집인원 : 100명
▶신청기간 : 2003년 8월18일~9월3일
▶수 강 료 : 78만원
▶접 수 처 : 애스크퓨처닷컴 (02-6737-2950)

무료 공개 강좌 안내

21세기 동양 예측술, 사주명리학의 재조명

본 강좌에 들어가기 전 음양오행의 원리와 사주학의 대강, 세계 속 한국 사주학의 위상을 공개 강의합니다. 八字術 실전 질의 응답 강의를 통해 참석자들의 사주학적 운세를 즉석에서 풀이해 드립니다.

1부 / 세계 속의 한국 사주학 이 수 〈애스크퓨처닷컴 대표〉
2부 / 21세기 개인의 운명과 사주학 조용헌 〈원광대 동양학대학원 교수〉
3부 / 팔자술 실전(질의 및 응답)

● 일시 : 2003년 8월27일 오후 7~10시 ● 장소 : 중앙일보 로비1층 연수실 ● 참가문의 : 애스크퓨처닷컴(02-6737-2950)

2004년

팔자술 필살기(데쓰블로) 탄생

2004년은 이수 대표가 아닌 이수님으로, 일반 대중이 아닌 역학 동호인

과 명리학도들의 고향으로 그가 복귀한 시점으로 볼 수도 있다.

INTERNATIONAL Herald Tribune

THE NEW YORK TIMES

FRIDAY, JANUARY 3, 2003

It's time for some serious woolgathering

'When July arrives, it's time to leave the stock market'

'Young politicians, some in their 20s, will make news'

'If I see bad things, I avoid telling a client about them'

朝鮮경제 IT Chosun.com

◇에스크퓨처닷컴

◇운세사이트닷컴

올해 운세 클릭!

포털 사이트 운세 코너나 전문 사이트도 여럿 있어

새해가 시작되면서 올해 운세에 관심을 갖는 사람이 많다. 인터넷에 속속 들어선 운세 사이트에서 가벼운 마음으로 한 해를 전망해보자.

가장 간단한 방법은 주로 이용하는 포털 사이트의 '운세' 코너를 클릭하는 일.

네이버(www.naver.com)의 운세 코너에서는 이름·결혼여부·생년월일시·성별·직업만 입력하면 전반적인 운세, 직장운, 연애운(기혼자는 부부운)을 보여준다.

야후(kr.yahoo.com)는 회원 가입을 해야 이용할 수 있다. 그만큼 서비스 내용이 충실하다. 회원 가입할 때 적어놓은 생년월일로 사랑·직업·금전·성격·건강운을 한꺼번에 훑어볼 수 있다. 이달 15일까지 5000원짜리 '1년 신수'를 3000원에 할인해주는 이벤트도 벌인다.

2000원짜리 토정비결을 보면 추첨을 통해 50만원어치의 여행권, 플레이스테이션2, 인라인스케이트 등을 선물로 준다.

다음(www.daum.net)도 15일까지 토정비결을 본 사람들을 추첨해 홈시어터, 스노보드 등 경품을 준다.

포털 사이트에서 궁금증을 말끔하게 풀지 못했다면, 전문 운세 사이트에 운명 감정(鑑定)을 맡겨보는 것도 재미있다.

유명 역술인 이수씨가 운영하는 에스크퓨처닷컴(www.askfuture.com)은 전문가 27명이 분야별로 운세를 알려준다. 올해 주가도 이곳에서 예측해볼 수 있다.

운세사이트닷컴(www.unsesite.com)에서도 3000원만 내면 토정비결을 볼 수 있다. 토정비결의 원리와 운명이 갖는 역학 관계도 풀이해준다.

에스크퓨처닷컴의 이수 사장은 "토정비결이 절대적인 것은 아니지만, 한 해를 시작하며 마음의 준비를 하는 데 도움을 받을 수 있다"고 말했다.

/朴乃善기자 nsun@chosun.com

신년 벽두에 한국 명리학의 새로운 장을 여는 '팔자술필살기'가 출간되었다. 전년의 후반부터 '애퓨' 게시판을 떠들썩하게 만들었던 '야부리' 특강 원고를 엮은 책이 출판된 것이다. 종래의 팔자학 영역에서 난제로 남아 숱한 명리학도들의 고민거리였던 '형충회합'의 실마리를 시원스레 풀어헤친 살아있는 신화와 같은 책이 바로 '팔자술필살기'다.

사주추명가 이수 대표 '팔자술 필살기' 출간

2004/06/18 10:37 송고

(서울=연합뉴스) 이봉석 기자 = 저명한 사주 추명가 이수(李修)씨가 지은 '팔자술 필살기(八字術 必殺技)'(장서원刊)가 출간됐다.

1999년 역술계에 데뷔한 저자는 2000년 운세 포탈 사이트 '애스크퓨처닷컴(www.askfuture.com)'을 설립하고 각종 언론의 역술 칼럼니스트로 활동 중인 대표적인 사주 추명가(推命家.예측가)이다.

지난해 4월에는 국내 역술인으로는 최초로 대만에서 '적천수적요(滴天髓摘要)'(무릉출판유한공사刊)라는 사주명리 전문서를 내기도 했다.

저자는 이번 '팔자술 필살기'가 역술 본토인 중국과 일본을 능가하는 최첨단 이론의 사주학 서적이라고 자신하고있다.

이 책은 '팔자술'(사주팔자의 예측술)의 기초 단계부터 시작해 '필살기'의 최신 버전에 해당하는 물상론(物象論)까지 자세하게 설명하고 있다.

저자는 사주학 학습단계를 4단계로 분류하고, 초급 단계인 신살론(神殺論), 중급인 오행론(五行論), 고급인 십간론(十干論), 고급을 뛰어넘는 단계에 해당하는 허자론(虛字論) 등을 차례로 독자들에게 전수한다.

나아가 형충회합(刑沖會合)이라는 팔자술 지식을 고도로 운용하는 테크닉에서 출발하는 물상론의 법수(法手)를 전개할 수 있다면 귀신같은 추론을 펼치는 신산(神算)의 단계로 돌입할 수 있다고 저자는 말한다.

책 중간중간에 약 350명에 달하는 동서양 유명 인사들의 사주를 사례로 제시하면서 독자들이 배운 지식을 점검해볼 수 있도록 했다. 368쪽. 3만원.

anfour@yna.co.kr
(끝)

이 대표는 이미 전년에 '적천수적요'의 대만 출간으로 인해 세계적인 명리학자의 반열에 올랐다. 그때부터 언론은 그를 저명한 명리학자로 수식했다. 그런데 이제는 중국 명리를 본격적으로 앞서나가기 시작한 것이다. '이수'라는 브랜드는 한국 명리학계의 자부가 됐다. 이때 동호인들은 열광했지만, 이 대표 개인으로는 사업이 기울기 시작한 저조한 한해를 맞이하는 순간이었다. SCFM이 4월에 청산 절차를 밟았다. 법인을 청산할 때 CEO가 겪는 현실적인 애로는 사업을 해본 사람들은 능히 예상할 수 있는 상황이다. 어쨌든 한해의 시작은 지난 시기와 마찬가지로 희망찬 예측의 메시지와 함께 다가왔다.

역술인들이 풀어본 2004 국운 대예측

"우리 경제가 살아 나고 있습니다"

"제2의 갑신정변" 일부 예측 불구 "급변 있겠지만 얻는 게 더 많다" 대세

정치는 순탄치 않지만 경제 확실한 상승세 점쳐…대형참사 징후 안보여

'신금' 기운 중공업 자동차 침체 극복

상반기 IT 하반기 수출주 약진 가능성

"주가 1000P 간다" 조심스런 예측도

서울경제 증권 2004. 1. 1. 목 27

3월 하순께 1,000P 돌파

주택보단 토지 강세 예상

역술인이 본 새해 재운

정석대로 투자하면 성과 있다

묻지마 부동산 투자는 말아야

욕심 안내고 신규사업하면 유망

매매등 순조롭지 않으면 쉬어가라

홈런 기다리지 말고 짧게 쳐라

쉬어가면 하반기 횡재수 비친다

현금확보후 적시에 풀 배팅하라

운이 좋다 한층 욕심 부려도 무방

성공했다 오버말고 잘나갈때 조심

손절매않고 지니면 연말 효자노릇

사업확장보다 안정적 관리주력

대세흐름 읽는 능력 탁월하다

2004년 1월 6일 화요일 매일경제

동양역술로 본 올해 IT산업

"내수·수출 모두 늘어 모닥불 지피는 형국"

동양 예측술은 60갑자를 기반으로 한 '순환론(history repeats itself)'적인 수식체계의 반복(numbers don't lie) 원리로 이뤄진다.

다시 말해 반복되는 수식체계에 의해 미래사를 예측하는 원리다.

'갑자(甲子)'로 시작해 다시 '갑자(甲子)'로 돌아오는 60갑자의 순행 규칙을 파악해 재해석하는 과정인 셈이다.

정보기술(IT) 산업은 오행(五行) 상으로는 불(火)의 기운으로 분류된다.

화의 기운은 다시 음양(陰陽)의 두 가지로 구분된다. '태양'을 상징하는 '병화(丙火)'와 모닥불의 형상인 '정화(丁火)'가 그것이다.

SW·컴퓨터 분야 성장 두드러지고 보안·무선은 위축

이렇게 보면, 화의 기운과 상극을 이루는 금수(金水)의 기운이 주를 이뤘던 지난 4년 간(경진·신사·임오·계미)은 IT업계의 침체국면으로 상정해 볼 수 있다.

IT산업이 2003년 골 깊은 불황의 늪에서 예전과 달리 걸출한 기업이나 인물을 배출하지 못한 채 그나마 평작 수준에 머물 수 있었던 요인은 미토(未土)라는 조열한 흙의 기운이 남아 있었기 때문이다.

이처럼 작년이 내수와 소비의 극심한 위축에도 불구하고 수출호조로 명맥을 이어왔다면 신년에는 내수 증가와 시장 다변화가 산업 성장의 관건이라고 볼 수 있다.

새해 갑신(甲申)년은 도끼로 장작을 패는 형상이다. 이는 모닥불(丁火)을 지피기에는 안성맞춤이다.

한마디로 IT산업을 의미하는 불(火)의 기운이 강해진다고 볼 수 있다.

좀더 구체적으로 들어가 보자. 화의 업종 중에서도 특히 음화(陰火)인 정화(丁火)로 분류되는 소프트웨어(SW) 및 컴퓨터 관련 서비스 분야의 높은 성장률을 기록할 것으로 예상된다.

모바일게임이나 아바타 등 디지털콘텐츠 시장 역시 크게 확대될 것으로 예측된다.

반면 병화(丙火)로 분류되는 IT의 대표 업종인 네트워크 텔레콤 부문이나 보안·모바일·무선시장은 기대치에 미치지 못할 공산이 크다.

올해 IT업계가 최대 화두로 꼽는 'e뱅킹 통합 계획' 또한 지연될 가능성이 점쳐진다.

결론적으로 물형법(物形法) 관점에서 보면 2004년 국내 IT 투자는 예년과 비교해 전반적으로 상승할 것으로 보인다.

동방 갑목(甲木)의 나라인 우리의 경우 더욱 활기를 띠게 될 전망이다.

이 과정에서 SW·컴퓨터 분야는 중국·베트남 등 동남아권 시장 다변화로 인해 해외시장이 확대될 전망이며 이 부문 수출 성장률이 급등하는 추세를 보일 것으로 전망된다.

하지만 이러한 기세도 입추(立秋)가 지나 금(金)의 계절이 도래하면서 한풀 꺾일 것이다.

주식시장도 마찬가지다.

올해 양력 2월과 3월은 나무(木)와 불(火)의 기운이 매우 번성한 시점. 상반기 주식시장을 IT가 선도할 가능성이 매우 높다. 2월 병인(丙寅)월부터 3월 정묘(丁卯)까지 기간은 특히 주목할 만한 타이밍이다. 완연한 상승 무드가 펼쳐질 것이다.

전체 업종별로는 철강 등 중공업 분야나 자동차 관련 산업의 내수 침체가 극복되고 수출이 증가하는 국면을 상정해볼 수도 있다. (02)6737-2951

신익수기자 정리

<애스크퓨처 닷컴(www.askfuture.com) 이수 대표>

Joins JoongAng Daily Life & Style

A soothsayer's visions for 2004

Lee Soo, a fortune-teller who correctly predicted Roh Moo-hyun's election victory last year, foresees George W. Bush returning to the White House this year. He foresees North Korea's leader Kim Jong-il having a hard time throughout the year, while his South Korean counterpart, President Roh, finally basks in good fortune beginning next month.

The year 2004 is full of changes and conflicts, according to Mr. Lee, a fortune-teller in Seoul who makes predictions based on the 60-year Sexagenary Cycle theory.

As a gapsin year in the cycle, 2004 is symbolized by an axe embedded in a pine tree, based on the theory of yin and yang. By comparison, the gapsin year of 1884 is remembered as a period of revolution in Korean history, and Mr. Lee – who asserts that "history repeats itself" – thus predicts this year will be more dynamic than static. That does not necessarily mean that 2004 will be shrouded in dark clouds, Mr. Lee says, for the good luck of Mr. Roh and Mr. Bush offset possible

비즈니스

"명예로운 행보 속에 큰 재물이"

甲申年 10대 그룹 총수의 운세 기상도 …"재계 서열에 약간의 변화"

지난해 국내 10대 그룹의 매출액은 국내총생산(GDP)의 60% 정도나 됐다. 그만큼 우리 경제에 미치는 10대 그룹의 영향은 크다. 그렇다면 국내 경제를 리드하고 있는 10대 재벌 총수들의 올해 신년 운세는 어떨까? 팔자술(八字術)을 통해 재계 총수들의 갑신년 기상도를 살펴봤다. (편집자)

지난 1990년대 후반까지 재계 서열 30위권 내에 있던 그룹 가운데 명맥을 유지한 그룹은 14개, 나머지 16개 그룹은 순위권 밖으로 밀렸거나, 역사의 뒤안길로 사라졌다. 이 과정은 모두 최고경영자의 거취와 밀접한 관련이 있었다.

최고경영자의 운이 곧 회사의 운이고 이 운이 사세를 좌우한다는 사실을 보여줬기 때문이다.

그렇다면 2004년 갑신년 10대 그룹 총수들의 운수는 어떨까? 전체적으로 볼 때 올해 재계의 전체적인 기상도는 삼성이 독주하는 가운데 약간의 순위 변동이 있을 듯하다(순위는 공정거래위원회가 지난해 7월 공표한 '상호출자제한 기업집단 현황'을 참고했다).

이건희 회장

1. 이건희 삼성 회장

큰 재물 얻고 명예로운 행보

辛巳年 辛丑月 壬戌日 生:신금(辛金)과 임수(壬水)의 조합, 고서(古書)에는 이를 도세주옥(淘洗珠玉:구슬을 맑은 물로 씻어내는 격)의 명(命)이라 하고 있다. 이는 지닌 재능을 충분히 발휘하는 총명으로 매사 순조롭다는 의미다. 전체적으로 명예로운 행보가 이어지는 와중에 구설이 따른다. 가장 저조하다면 양력 2월 중순께를 전후한 병인(丙寅)월의 시점이다.

올해 팔자술로 본 화두는 '투자의 가일층 확대'다. 이는 사신형(巳申刑)으로 인한 병화(丙火)와 신금(辛金)의 암합(暗合) 현상으로, 이른바 '큰 재물이 문서와 합을 이뤄가는 현상'을 암시한다. 지난해에 비해 한층 확대된 투자가 있을 것이다.

구본무 회장

다만 형(刑)의 현상이 야기하는 신상의 횡액을 면하려면 잦은 외유로 액땜하는 것이 상책이다.

건강은 지난해보다 훨씬 좋아지며 2006년 병술(丙戌)년까지는 이전보다 더욱 왕성한 활동이 이어질 국면이다. 결론적으로 갑신년 재계 부동의 1위는 고수할 전망이다.

2. 구본무 LG 회장

먼저 비우면 채워진다

乙酉年 戊寅月 庚戌日 生:사주에 나타난 정재(正財), 을목(乙木)은 월령(月令) 인목

2004년에는 출판계의 시선을 끈 이 대표의 책이 한권 더 출간됐다. '매일경제신문사'가 펴낸 제목도 자극적인 '부자의 운명으로 갈아타라'라 바로 그것. 이 책은 이 대표가 별도로 집필한 게 아니라 과거에 연재한 칼럼을 모 아 출판사의 데스크에서 편집된 것이다. 반응이 좋았다. 출간과 동시에 베스트셀러의 목록에 올랐다.

서평/신간

부자의 운명으로 갈아타라

티이밍이 중요하다. 어떤 상황에서든 적기를 놓치면 호기도 없다. 때(時)를 감지하는 것을 전적으로 감각에만 의존해서는 안된다. 그러한 역량을 키워낼 줄 아는 것이 중요하다. 저자는 각 언론지 필자로 활약해 온 사주추명가다. 그가 말하는 부자되는 방법은 놀라울 정도로 간단하다. 부자는 스스로 만드는 것이며 그 비결은 윤리적인 삶이 좌우한다는 것이다. 부모에게 효도하고 배우자를 사랑하면 평균 이상의 재물을 얻고, 유지할 수 있다고 말한다. 원만한 대인관계 형성과 부지런한 생활 습관이 바로 부자되기 기본 조건이다.

그동안 너무 높은 곳만 쳐다보며 달려오지 않았는가. 이솝우화에 나오는 파랑새 이야기는 우리에게 시사하는 바가 크다. 늘 돈을 쫓아다니며 부자들의 습관을 따라하고 온통 부자들 행동거지에 집중한다. 하지만 큰 돈, 대박 터뜨리기는 늘 다른 사람 차지다.

이 책에서는 특별하고 어려운 것을 주문하지 않는다. 다만 기본에 충실하라며 기운을 북돋아준다. 용감해지고 과감해져라. 타인에게는 관대하되 자신에게는 엄격한 잣대로 나를 평가하라. 이것이 행운을, 재물을 불러다 줄 것이다.

이수 지음/매일경제신문사/1만3000원

2004.5.12 매경ECONOMY 87

CEO 풍수학

권위는 구석자리에서 나온다

CEO 책상은 출입구 대각선쪽에… 입구 가까이 앉으면 집에 갈 생각뿐

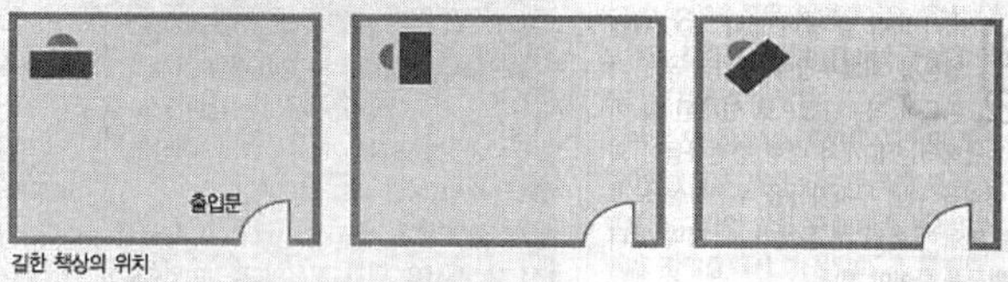

길한 책상의 위치

업종을 불문하고 실내 풍수의 첫 고려 대상은 CEO의 집무실이다. 사세(社勢)를 좌우하는 가장 결정적인 단서는 CEO의 사주(四柱)에 있다거나, 회사 전체의 길흉이 사장이나 관리자의 올바른 위치 선정에 달려 있다고 믿는 사람들이 많다. 맞는 말이다. CEO는 권위를 확보하기 위해서라도 지위를 상징하는 위치에 앉아야 한다. 공동 대표를 둔 회사의 경우 각 대표가 사용하는 사무실만 봐도 두 사람간 세력 균형을 어렵지 않게 인지할 수 있다. 도중에 사무실이 바뀌면 균형이 달라지는 경우가 허다하다.

◆ **팁 1** = 전임자의 사무실이나 책상의 내력은 매우 중요한 고려 대상이다. 혹 전임자가 구설수에 시달렸거나 좌천된 경우라면 사무실의 변경이나 책상·의자 등의 교체를 미뤄서는 안 된다.

통상적으로 권위는 입구로부터 멀리 떨어진 구석진 자리에서 나온다. 기업 내 위계 질서와 힘의 작용에 관한 마이클 코르다의 저서 「힘, 어떻게 획득하며 어떻게 사용할 것인가」에서 설명된 힘의 배치 개념은 풍수 이론과 거의 흡사하다.

의견 충돌이 잦거나 업무 추진을 할 때 잦은 태클에 걸리는 느낌이 든다면 사무실이나 책상의 위치를 변경해 쉽게 극복해 낼 수 있다.

드문 경우지만 상사가 문에 인접해 앉아 있으면 하급자들로부터 신망을 잃기 십상이다. 하극상을 유발하게 되고 사무실의 통제권을 잃게 된다. 자리는 양보할 대상이 아니다. 지위의 고하를 막론하고, 문에 등을 돌리면 운기가 저조해지는 법이다.

◆ **팁 2** = 문의 대각선 방향 귀퉁이에 집무 책상이 놓여야 한다. 가정에서도 가장 중요한 가구는 문의 대각선 방향 귀퉁이에 위치한다. 그리고 문의 입구가 한눈에 보여야 한다. 만일 부득이하게 그렇지 못하다면 이를 확인할 수 있는 거울을 설치해야 한다. 이때 거울의 크기는 최소한 가로, 세로 90㎝ 이상이어야 한다.

입구 가까이 앉은 직원들은 일과가 끝나기 전 종종 자리를 뜨고 잔업을 기피하는 경향이 생기게 된다. 그들은 문밖의 일에 관심을 보이고 늘 집에 갈 생각만 하게 된다. 직원의 정면 시야가 입구를 향하게 해서는 안 된다.

◆ **팁 3** = 이러한 경우는 직원 앞에 대형 거울을 부착해 직원의 관심을 문으로부터 돌리거나 입구를 차단하는 칸막이 등의 구조물을 설치하는 게 좋다.

정리해 보면, CEO의 책상은 방문과 일직선 상에 있는 위치에 두지 않는다. 풍수학에서 대문이나 현관이 마주 보이는 방은 흉하다고 판단한다. 방문이 중앙에 있다면 책상은 우측에 두는 것이 좋다. 사람의 동선은 좌회전보다 우회전이 편하고 안정감이 있다. 벽면이나 창문에 붙여 책상을 놓을 경우, 좌우측으로 치우치는 것보다 중앙에 두는 것이 길하다. 사장은 회사 내에서 임금에 해당된다고 할 수 있는데 임금의 자리는 중앙이다. 다만 중앙의 위치가 풍수적으로 흉하다면 약간 좌우측으로 옮겨 길한 방위를 택해준다.

◆ **팁 4** = 만일 복도(용의 아가리로 비유되는) 같은 강력한 영향력이 책상을 겨냥하는 형상이라면 이를 받아치기 위해 책상 위에 수정 구슬을 놓아두는 교정 방법이 있다. 요즘에는 굳이 수정 구슬을 구입할 필요는 없다. 유리 재질의 문진(文鎭) 등을 활용하면 된다.

당신의 책상이 벽을 마주보고 있다면 그 벽에 거울을 달거나 아니면 책상 위에 작은 거울이라도 놓도록 하라. 거울마저 설치할 수 없다면 상징적 보호책으로 거울을 서랍 안에 좋은 방향을 향하도록 놓아야 한다. E

이수 ㈜에스크퓨처닷컴 대표 · www.askfuture.com

THE WEEKLY ECONOMIST 2003/9.30 57

이때 전국 대형 서점을 중심으로 이 대표의 저자 강연 투어가 진행됐다. '부자의 운명으로 갈아타라'는 '이코노미스트'의 'CEO풍수학'과 '스포츠조선'에 연재되었던 '역술과 재테크' 등의 내용이 주로 담겨있다. 일반 독자들이 읽기에 무리가 없는 흥미로운 내용으로 채워져 꽤 많이 팔려나간 책으로 알려졌다. 당시의 '부자 따라잡기' 열풍과 맞물려 기획된 책인 만큼 일반 독자들에게 어필하기도 수월했고, 매일경제신문'에 지속적인 기사와 광고를 통한 홍보 전략도 유효했다.

16 Books & Cartoons 북/만화 2004년 5월 3일 월요일 제1598호 SPORTS TODAY

"가난한 팔자" 탓할 시간에 부자 운명으로 바꿔라

■ 부자의 운명으로 갈아타라

'부자가 되려면 부자의 운명으로 갈아타라(?).'

중앙일보, 서울경제신문 등에 '오늘의 운세'와 '오늘의 재운'을 연재하는 신세대 역학자 이수씨가 부자 되는 비법을 공개했다. 최근 발간된 '부자의 운명으로 갈아타라'(매일경제신문사)는 인간의 운을 통해 부자가 되는 비결을 담았다.

스스로 부자의 운을 만들면 부자가 될 수 있다고 강조했다. 겉으로는 편안하되, 속으로는 고도의 집중을 하면서 계획을 만들어야 한다는 것. 주어진 상황이 아무리 어려워도 몸과 정신만 건강하면 재기가 가능하니, 부자가 되려는 사람은 먼저 자신의 건강관리에 투자해야 한다는 조언도 잊지 않았다.

부모에게 효도하고 배우자를 사랑하는 것도 부자가 되는 비결 중 하나다. 항상 미소로 상대방을 대하고 관심을 보이면 스스로의 운도 상승할 수 있다는 얘기다. 반면 늦게 자고 늦게 일어나는 습관을 들이면 운이 저조하고 정체되기 때문에 아무리 피곤하더라도 아침에 일찍 일어나는 노력을 게을리해서는 안된다고 강조했다.

경제적인 고통에 빠진 사람들에게 용감해지라고도 강조했다. 고독한 시간을 가지면서 재기를 다짐하고, 생활 태도를 바꾸면 운이 좋아진다는 것. 저녁에 과식하지 말고 6개월간 술집 출입을 삼가라는 등 실생활에서 실천할 수 있는 항목들을 소개해 쉽게 따라해볼 수 있다.

A26 2004년 5월 8일 토요일 매일경제

다. 두뇌 과학이 있으니 그 과학에 따라 두뇌를 활용하라는 것이다.

저자는 두뇌 기반 학습을 '기억'과 '심리' 두 가지 분야로 나누어 설명한다. 두뇌는 '무엇을' '왜' '어떻게' 기억하는지 그래서 공부 방법은 '어떻게 달라져야 하는지' 기억의 편에서 설명한다. 이어 심리의 편에 잠깐. 박 소장 자신이 밝히는 프로필…. 초등학교·중학교 때 내내 문제아였고 고등학교 3학년 때도 하루 2시간 이상을 공부한 적이 없다. 82년 서울대에 계열 수석으로 입학했을 때 집안 어른들 반응은 "무슨 농담을 그렇게 하니?"였다. 길벗 펴냄. 이지형기자

청소 자주하면 富者될 확률높다

'부자의 운명으로…'

부자는 하늘이 내린다는 말이 있다. 참 슬픈 말이다. 하늘에서 점지해 주지 않는 사람은 부자가 될 수 없다는 뜻이니 말이다.

최근 출간된 '부자의 운명으로 갈아타라'(이수 지음)는 그래도 방법이 있다고 가르친다. 부자의 운명으로 갈아타면 된다는 이야기다. 부자 분석가면서 각종 신문에 오늘의 운세를 연재하기도 한 명리학 전문가인 저자는 부자가 될 수 있는 방법을 쉽게 가르친다.

첫번째 주문이 부모에게 효도하고 배우자를 사랑하라는 것. 거꾸로 말하면 가정을 등한시하고 부자가 되는 사람은 드물다는 이야기.

이 밖에도 재미있는 것이 많다. 저녁 때 과식하고 술집 출입이 잦은 사람에게는 운이 따르지 않는다. 당연한 이야기 같지만 의미심장한 구석이 있다.

더 재미있는 것들도 많다. 청소를 자주 하는 습관을 가진 사람이 잘 살 확률이 높고 높은 건물 틈에 끼어 사는 사람은 부자가 될 수 없다. 또 입구가 밝고 깨끗한 건물에 돈이 모인다.

이 책은 부자가 되는 운을 만드는 지혜와 생활습관을 가르쳐 주는 흥미로운 책이다. 역시 부자는 마음가짐과 생활습관에서 나온다. 매경출판 펴냄. 허연기자

연합뉴스 비른언론 빠른뉴스 | 국 제

English | 中文

2004.04.30 (금)

기사검색 [GO] 인물검색 사진검색 ▸동영상뉴스 ▸오디오뉴스 ● 로그아웃

▸홈 연합속보 증권 경제 산업·기업 정치 국제 민족뉴스 정보/과학 사회 지방 스포츠 연예

2004/04/30 15:36 송고

< 부자의 운명을 개척하라 >

(서울=연합뉴스) 함보현 기자 = 「부자의 운명으로 갈아타라」(이수 지음)는 역술을 통한 미래 예측과 재테크, CEO 풍수학, 한반도의 사주학적 운명 등을 살핀 책이다.

역술 인터넷 사이트 애스크퓨처닷컴(www.askfuture.com) 대표인 저자가 각종 언론매체에 기고하거나 연재한 원고들을 묶은 것.

저자가 소개한 '부자되는 법'은 간단하고 상식적이지만 실천하기는 쉽지 않다.

그는 우선 "부자는 스스로 운을 만든다"며 운이 될 때까지 묵묵히 기다리는 지혜와 여유가 필요하다고 말한다. 겉으로는 편안하되 속으로는 고도의 집중을 하고 있어야만 스스로 기회를 만들 수 있는 법.

또 현재의 상황이 아무리 어렵더라도 일단은 '터닝 포인트'까지 견뎌내는 것이 중요하다. 그러기 위해선 몸과 정신 건강을 위해 충분히 투자할 필요가 있다.

저자는 스스로 부자의 운명을 타고 났는지 여부도 미리 알 수 있다고 말한다.

먼저 자신이 재물에 대한 욕구가 상대적으로 강한지 따져 본다. 그리고 그 욕구에 비례한 계획이나 실행이 이뤄지고 있는지를 점검한다. 이 두 가지 조건이 충족되면 능히 부자가 될 수 있다.

저자는 각종 투자를 위한 구체적인 전략도 소개했다. 성정에 따른 주식 투자요령은 다음과 같다.

▲주식투자 원금을 까먹는 것을 견딜 수 없는 안달형: 실권주, 공모주 및 전환사채 같은 발행시장에 관심을 두고 투자함이 좋다. 투기심이 발동하면 크게 잃으므로 펀드 투자가 안전.

▲깨지더라도 큰 시세차익을 원하는 대박형: 직접 투자가 적합. 운이 따르면 신흥 귀족군으로 부상하기도 하나 경제적 고초를 입기도 하는 성패의 부침 현상을 겪음.

▲돌다리도 두드리는 신중형: 펀드 투자가 제격. 대박은 없으나 손실로 타격을 입는 일이 좀처럼 없고 착실히 재물을 쌓아감.

▲투자 행운이 따르는 형으로 재물의 축적과 산실이 신속한 유형: 직·간접 투자 공히 운이 따르는 편이며 다만 주의할 사항은 가진 것을 지키는 데 관심을 기울이고 주력할 필요가 있음.

매일경제신문사 刊. 280쪽. 1만3천원.

2005년

AskFuture USA 미국 법인 설립

전년에 SCFM 법인의 청산으로 사업적 실패를 맛본 이수 대표는 '애퓨'에 복귀하면서 확고한 수익 구조를 세우고자 했다. 주력 모델로 삼은 게 풍수다. '부자의 운명으로 갈아타라'가 세간의 좋은 반응을 얻자 그는 독자들의 읽기를 충분히 배려한 풍수서를 3권 더 연속으로 출간했다. 'CEO풍수학', '풍수인테리어' 그리고 '평수이큐어'를 차례대로 선보였던 것이다. 예상대로 반응이 뜨거웠다.

A28 2004년 11월 1일 월요일 다1 **사람들** 제26082호 **조선일보**

"풍수는 미신 아닌 현실속의 웰빙 수단"

신세대 풍수전문가 이수씨 신개념 해설서 펴내

"묏자리 택하는 것만이 풍수(風水)가 아닙니다. 내 집 침대, 내 사무실 책상 하나 제대로 놓아 건강하게 잘사는 것도 풍수의 중요한 분야입니다."

인터넷에서 더 활발하게 활동하는 신세대 풍수 전문가 이수(李修·40)씨가 신개념 풍수 해설서 '펑수이 큐어'(Fengshui Cure·찬섬 간)를 내놓았다. 이씨는 "'펑수이'란 '風水'의 중국 발음인데 이젠 국제공용어가 됐다"며 "그만큼 '풍수'는 웰빙 열풍과 맞물려 세계인들 관심을 끌고 있다"고 말했다.

갈색 슈트에 향수 냄새를 풍기며 나타난 그는 "클린턴 미국 대통령이 백악관 내부를 개조할 때도 홍콩 풍수학자를 불렀다"며 이런 추세를 반영해 집터, 가구 등 '살아있는 사람의 공간'을 매만지는 풍수를 책에서 주로 해설했다고 했다. 그에 따르면 사무실 책상은 입구에서 멀리, 그러나 출입문을 확실히 볼 수 있는 자리에 벽을 등지고 놓아야 한다. 침대는 누워서 방문이 보이게 놓되, 주방은 침실에서 안 보여야 좋다…. 이런 이론들이 "비이성적인 것 아니냐"고 물었더니 그가 답했다. "풍수 원칙을 따르려는 노력은 결국 희망을 잃지 않으려는 노력입니다. 이런 태도는 우리 스스로를 도와 활력을 주고 일이 잘 되게 할 수 있어요."

이씨는 대학 경제학과를 나와 은행 외환 딜러로 일하다가 금융사고를 내고 실직해 죽을 결심까지 했었다. 그는 한 치 앞도 못 보는 '운명'을 고민하다 96년부터 주역 등을 독학한 끝에 오늘에 이르렀다.

그는 풍수나 동양철학을 새롭게 풀어 내는 애스크퓨처닷컴(www.askfuture.com) 사이트를 히트시켰고 대기업 풍수 컨설팅도 맡아왔다. 올해부터는 원광대 대학원에서 강의도 한다.

글=김명환기자
wine813.chosun.com
사진=김창종기자
cjkim.chosun.com

신년에 부산MBC의 주부회원들을 대상으로 한 그의 풍수 강연에는 무려 400여명의 청중들이 몰려 풍수에 대한 일반인들의 관심을 반영했다. 이때부터 그는 활동 반경을 다변화하는 노력을 기울였다. 전해에는 원광대학교 대학원에서 명리학을 강의했지만, 2005년부터는 성균관대학교의 겸임교수로 금융MBA 과정에서 풍수학 강의를 맡았다. 명리와는 비교가 되지 않는 직접적인 수요가 풍수에 있다고 판단한 그는 '애퓨'의 수익 주력 모델을 풍수 콘텐츠로 삼았다. 자회사로 세우려한 '무브MOVE'는 다름 아닌 풍수컴

퍼니다.

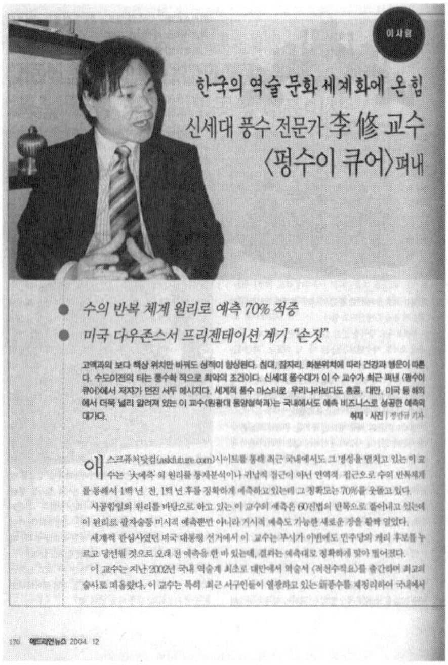

● 수의 반복 체계 원리로 예측 70% 적중

● 미국 다우존스서 프리젠테이션 계기 "손짓"

고액과외 보다 책상 위치만 바꿔도 성적이 향상된다. 침대, 잠자리, 화분위치에 따라 건강과 행운이 따른다. 수도이전의 터는 풍수학 적으로 최악의 조건이다. 신세대 풍수대가 이 수 교수가 최근 펴낸 〈펑수이 큐어〉에서 저자가 던진 서두 메시지다. 세계적 풍수 마스터로 우리나라보다도 홍콩, 대만, 미국 등 해외에서 더욱 널리 알려져 있는 이 교수(원광대 동양철학과)는 국내에서도 예측 비즈니스로 성공한 예측의 대가다.

취재 · 사진 | 정만규 기자

애스크퓨처닷컴(askfuture.com)사이트를 통해 최근 국내에서도 그 명성을 떨치고 있는 이 교수는 '大예측'의 원리를 통계분석이나 귀납적 접근이 아닌 연역적 접근으로 수의 반복체계를 통해서 1백 년 전, 1백 년 후를 정확하게 예측하고 있는데 그 정확도는 70%를 웃돌고 있다.

사공합일의 원리를 바탕으로 하고 있는 이 교수의 예측은 60진법의 반복으로 풀어내고 있는데 이 원리로 팔자술등 미시적 예측뿐만 아니라 거시적 예측도 가능한 새로운 장을 활짝 열었다.

세계적 관심사였던 미국 대통령 선거에서 이 교수는 부시가 이번에도 민주당의 케리 후보를 누르고 당선될 것으로 오래 전 예측을 한 바 있는데, 결과는 예측대로 정확하게 맞아 떨어졌다.

이 교수는 지난 2002년 국내 역술계 최초로 대만에서 역술서 〈허천수작요〉를 출간하며 최고의 술사로 떠올랐다. 이 교수는 특히 최근 서구인들이 열광하고 있는 新풍수를 재정리하여 국내에서

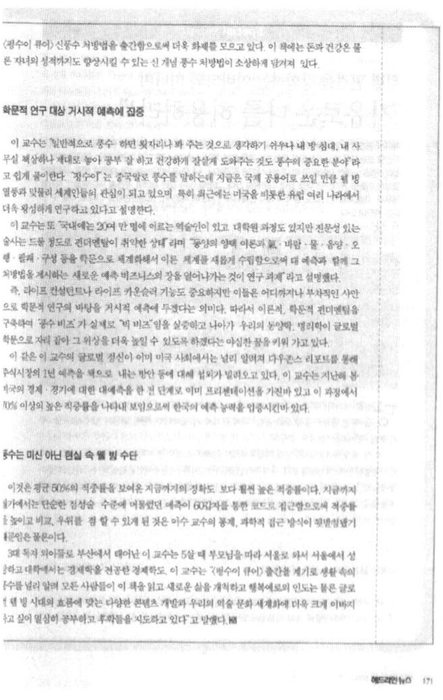

〈펑수이 큐어〉신풍수 처방법을 출간함으로써 더욱 화제를 모으고 있다. 이 책에는 돈과 건강은 물론 자녀의 성격까지도 향상시킬 수 있는 신 개념 풍수 처방법이 소상하게 담겨져 있다.

학문적 연구 대상 거시적 예측에 집중

이 교수는 "일반적으로 풍수 하면 묏자리나 봐 주는 것으로 생각하기 쉬우나 내 방 침대, 내 사무실 책상하나 제대로 놓아 공부 잘 하고 건강하게 잘살게 도와주는 것도 풍수의 중요한 분야"라고 쉽게 풀이한다. "펑수이"는 중국말로 풍수를 말하는데 지금은 국제 공용어로 쓰일 만큼 웰빙 열풍과 맞물려 세계인들의 관심이 되고 있으며 특히 최근에는 미국을 비롯한 유럽 여러 나라에서 더욱 왕성하게 연구하고 있다고 설명한다.

이 교수는 또 "국내에는 20여 만 명에 이르는 역술인이 있고 대학원 과정도 있지만 전문성 있는 술사는 드물 정도로 컨디엔털이 취약한 상태"라며 "동양의 양택 이론과 氣 · 바람 · 물 · 음양 · 오행 · 팔괘 · 구성 등을 학문으로 체계화해서 이론 체계를 새롭게 수립함으로써 대 예측과 함께 그 처방법을 제시하는 새로운 예측 비즈니스의 장을 열어나가는 것이 연구 과제"라고 설명했다.

즉, 라이프 컨설턴트나 라이프 카운슬러 기능도 중요하지만 이들은 어디까지나 부차적인 사안으로 학문적 연구의 바탕을 거시적 예측에 두겠다는 의미다. 따라서 이론적, 학문적 컨디엔털을 구축하여 '풍수 비즈'가 실제로 "빅 비즈"임을 실증하고 나아가 우리의 동양학, 명리학이 글로벌 학문으로 자리 잡아 그 위상을 더욱 높일 수 있도록 하겠다는 야심찬 꿈을 키워 가고 있다.

이 같은 이 교수의 글로벌 정신이 이미 미국 사회에서는 널리 알려져 다우존스 리포트를 통해 주식시장의 1년 예측을 책으로 내는 방안 등에 대해 섭외가 밀려오고 있다. 이 교수는 지난해 몇개국의 경제 · 경기에 대한 대예측을 한 전 단계로 이미 프리젠테이션을 가진바 있고 이 과정에서 70% 이상의 높은 적중률을 나타내 보임으로써 한국의 예측 능력을 입증시킨바 있다.

풍수는 미신 아닌 현실 속 웰 빙 수단

이것은 평균 50%의 적중률을 보여온 지금까지의 정확도 보다 훨씬 높은 적중률이다. 지금까지 업계에서는 단순한 점성술 수준에 머물렀던 예측이 60갑자를 통한 코드로 접근함으로써 적중률을 높이고 비교, 우위를 점 할 수 있게 된 것은 이수 교수의 통계, 과학적 접근 방식이 뒷받침됐기 때문임은 물론이다.

3대 독자 외아들로 부산에서 태어난 이 교수는 5살 때 부모님을 따라 서울로 와서 서울에서 성장하고 대학에서는 경제학을 전공한 경제학도. 이 교수는 "〈펑수이 큐어〉출간을 계기로 생활 속의 풍수를 널리 알려 모든 사람들이 이 책을 읽고 새로운 삶을 개척하고 행복에로의 인도는 물론 글로벌 웰 빙 시대의 흐름에 맞는 다양한 콘텐츠 개발과 우리의 역술 문화 세계화에 더욱 크게 이바지하고 싶어 열심히 공부하고 후학들을 지도하고 있다"고 말했다. HR

2005년에 이 대표는 모 대기업 소속으로 역학 고문으로 활동하기도 했다. 알려지기로 그는 국내 굴지의 건설사가 신설 풍수컴퍼니의 대주주이길 희망했다. 이해에는 신년 국운에 앞서 재계 10대 재벌총수들의 신수를 다룬 기고문이 먼저 선을 보였다. 그가 활동 무대를 어느 곳으로 옮겼는지를 엿볼 수 있는 대목이다. 이 해 초반부터 '애퓨' 사이트에 별도로 풍수전문사이트가 만들어졌다. 한국경제TV에서는 그가 진행하는 '건강충전-생활풍수'라는 프로그램이 인기리에 전파를 타고 있었다.

CEO | ZOOM

新年運勢

乙酉年, 10대 그룹 총수 운세 기상도

분가와 덩치 불리기 잇따라 재계 서열에 많은 변화 예상

내수부진에 시달리는 한국으로서는 2005년에도 수출이 경제성장에 중요한 변수가 될 수밖에 없다. '내수침체-수출호황'이라는 양극화 현상 속에 우리 경제에 미치는 10대 그룹의 영향력은 여전히 크다. 국내 경제를 리드하고 있는 10대 그룹 총수들의 올해 신년 운세는 어떨까. 월간CEO는 이 같은 판도 변화를 재계 총수들의 사주(四柱)에 근거한 팔자술(八字術)로 조망해보았다.

지난 1990년대 후반까지 재계 서열 30위권 내에 있던 그룹 가운데 명맥을 유지한 그룹은 14개, 나머지 16개 그룹은 순위권 밖으로 밀렸거나 아예 역사의 뒤안길로 사라졌다. 이 과정은 모두 CEO의 거취와 밀접한 관련이 있었다. CEO의 운(運)이 곧 기업의 운이고, 이 운이 사세를 좌우한다는 사실을 보여줬기 때문이다.

오늘날 CEO의 경쟁력은 기업의 경쟁력이고, 이는 곧 국가경쟁력으로 연결된다. 따라서 CEO의 사주명식을 근거로 운의 희비를 판단해보면 올해 재계의 전체적인 기상도와 함께 한 해의 경기 국면을 어렵지 않게 가늠해볼 수도 있다. 그렇다면 을유(乙酉)년 10대 그룹 총수들의 운세는 어떨까.

전체적으로 볼 때 올해 재계의 전체적인 기상은 삼성이 독주하는 가운데, '분가'와 '덩치 불리기'가 잇따르면서 재계 서열에 적지 않은 판도 변화가 예상된다.

삼성그룹 이건희 회장(辛巳年 辛丑月 壬戌日 生)

가진 것 지키고, 내부 관리에 주력할 때

신금(辛金)과 임수(壬水)의 조합, 고서(古書)에는 이를 도세주옥(淘洗珠玉 : 구슬을 맑은 물로 씻어내는 격)의 명(命)이라 하고 있다. 이는 지닌 재능을 충분히 발휘하며 가시적인 성과를 순조롭게 낸다는 뜻을 담고 있다. 또한 많은 이들의 성원과 원조에 힘입어 대성(大成)한다는 명이다.

이건희 회장은 현재 국내 기업인 관련 각종 설문조사에서 가장 존경받는 기업인이자 선호하는 경제인으로 부동의 1위 자리를 고수하고 있는 CEO다. 이 같은 성공비결은 이 회장의 경영 철학이 회사 운영 전반에 걸쳐 톱니바퀴처럼 맞물린 결과라 볼 수 있다. 한편으로는 무엇보다 운(運)이 좋았다고 볼 수도 있다. 인재중시 경영을 강화한 것은 삼성전자를 이른바 '엔지니어 천국'으로 만들었고, 그러한 인재들은 귀인(貴人)의 역할을 톡톡히 한 셈이다.

의인불용 용인불의(疑人不用 用人不疑 : 미덥지 않으면 맡기지 말고, 썼으면 믿어라)라는 말로 대변되는 삼성의 자율경영 시스템이 이 회장의 경영 스타일을 보여주는 중요한 대목이다.

그러나 2005년 올해의 상황은 이전과 다소 다를 전망이다. 사유축(巳酉丑)의 금국(金局)이 암시하는 국면은 일단 관록의 유실(遺失)을 의미하므로 경영권 승계 작업이 본격적으로 이루어질 것임을 시사한다. 그러나 일련의 소송과 법적 시비 문제가 재차 대두되면서, 경영권 승계가 연착륙될 만한 운기가 강하지 않다. 올해는 주변의 피아(彼我)를 가려볼 필요가 있다. 이것은 부하 직원에게 전권을 위임하는 것 못지않게 중요한 일이다. 삼성전자의 올해 실적은 지난해보다 못할 전망이다. 양력 7월부터 9월 사이가 부진한 계절이다. 결론적으로 재계 부동의 1위는 고수할 전망이나 몸과 마음이 다소 편치 않을 시기로 예상된다.

58 JANUARY 2005

그러나 풍수컨설팅 법인을 세우려던 그의 계획은 불발로 그치고 만다. 후일 이 즈음부터 '운이 좋지 않았던 것 같다'고 말한 적이 있다. 그가 속했던

기업에서 초기 펀딩이 이루어지지 않았다는 얘기다. 그는 개별적으로 몇몇 유력 기업들의 풍수 자문 활동에 참여했다. 결과적으로 2005년 상반기에 이 대표는 풍수 회사를 설립하지 못했다.

예 측 ! 2 0 0 5 년

乙酉年

국운융성 새시대 온다

역학자가 점치는 을유년 국운, 대립 · 투쟁 줄고 상생의 시대 진입

2005년 새해를 맞이하며 에스크퓨처닷컴(www.askfuture.com)의 이수 대표가 예측하는 올 한 해의 국운(國運)을 개괄한다. 이수 대표(40)는 1999년 역학계에 데뷔한 이래 국내 역술가로는 중국 본토에서 최초로 '적천수적요'라는 명리학서를 출간하면서 사계 최고의 술사(術士)로 부상한 저명한 '사주추명가'로 활동 중이다. 2000년과 2004년의 미 대선에서 부시의 당선을 예측한 바 있으며 노무현 대통령의 당선을 비롯해 푸틴의 재선, 천수이볜의 대만 총통 당선, 이명박 서울시장과 아널드 슈워제네거 캘리포니아 주지사, 블룸버그 뉴욕 시장 등의 당선을 언론매체를 통해 자신있게 예측하면서 화제가 된 바 있다. 〈편집자〉

이수(에스크퓨처닷컴 대표)

을유년, 본격 국운의 융성과 상생, 화합을 향한 마지막 진통 2005년 을유년(乙酉年)은 8 · 15 광복을 맞이한 지 60년, 치욕적인 을사조약을 체결한 지 100년이 되는, 역사적으로 의미가 깊은 해다. 육십갑자로 반복되는 동양의 수식체계에서 60이라는 숫자는 특히 중요하다. 또한 간지(干支)가 상극되는 기간이 2001년부터 시작된 이래 올해로 끝난다. 그러므로 '격변과 역동의 해'로 구분되었던 시기의 끝물에서 이제 본격적인 국운 융성의 토대가 구축되고, 새 시대를 향한 힘찬 전진이 가시화될 시점에 이르렀다.

을유년은 우리 사회의 이해 집단간 갈등이나 반목의 기운은 여전히 남아 있으나, 2004년과는 달리 을목(乙木)과 유(酉) 중의 경금(庚金)이 합(合)하는 의미가 더욱 강렬하므로, 대립이나 투쟁의 기운은 현저하게 사라진다. 이제야말로 상생(相生)의 시대로 향하는 초입에 들어선 셈이다. 2005년 을유년, 닭의 해는 부디 닭이 몰아온다는 상서로운 조짐으로 가득하길 기원해본다. 동양의 역학체계로 진단해보자면 본격적인 국운 융성의 분기가 될 2006년 병술(丙戌)년을 앞두고 우리 사회 전반에 다양한 희망적인 전조가 곳곳에서 나타날 것으로 예측, 전망된다.

정계 무드-상생과 관용의 분위기로 출발하지만 세(勢) 다툼은 치열 최근 청와대 참모들과 측근 인사들은 집권 중반기 국정운영 기조를 '경제 올인'과 '뉴 데탕트(New Detente)'라는 두 개념으로 표현하고 있다. '뉴 데탕트'에는 남북간 및 동북아의 긴장완화는 물론 국내의 남남(南南) 갈등 해소까지 포괄한다는 의미인데, 과연 2005년 한 해에 이러한 의지가 얼마나 실천되고 가시적인 성과물로 나타날지가 관건이다. 한 해의 국운을 조망하는 효율적인 방법으로 통치권자를 위시한 주요 인물들의 사주 명식에 근거한 팔자술(八字術)의 기법을 활용해보는 것도 대강의 그림을 그려보는 데 도움이 될 수 있을 것이다.

노 대통령의 2005년 상황은 한마디로 '득관지운(得官之運)'의 상이라 할 수 있다. 명리(名利)가 따르는 한 해다. 이는 지난 시기보다 안정되고 발전되는 운기 상황을 시사한다. 2004년 노 대통령은 헌정사상 초유의 탄핵사태에 이어 정국을 급반전시킨 4.15 총선 승리, 재계와의 잇단 알력과 갈등, 줄지어 이어진 해외 순방 등을 거치면서 다사다난했던 한 해를 보냈다. 이제 집권 3년차를 맞은 노 대통령은 신년 벽두부터 집권 초기와는 상당히 달라지는 모습을 보일 것으로 여겨진다. 천간 을목(乙木), 정관(正官)의 운은 '관용과 포용의 문화'를 뜻하므로 국정운영 방식에 일대 전환의 기미가 포착될 것이다. 자연스레 바닥을 친 지지율이 신속하게 상승할 추세. 그러나 곧 자신의 색깔을 분명히 드러내며 특유의 강

52 뉴스메이커 2005. 1. 4

초기 사업 계획의 불발로 그는 애초에 꿈꾸었던 예측 비즈니스사업 분야로 진출할 계획을 착수했다. 미국 법인을 설립한 것이다. 그리고 '매직다우닷컴'이라는 사이트를 실행하며 본격적으로 다우지수의 등락을 예측하는 콘텐츠를 선보이기 시작했다.

하지만 사업성과가 기대에 미치지 못했다. 이때부터 이 대표는 물고기들의 입질을 기다리는 낚시꾼과 같은 입장이 됐다. 오랜 기다림이 지루해서였을까? '애퓨'가 한동안 소강 국면을 보이며 커뮤니티가 줄어들 무렵 드디어 '팔자술필살기'의 완성판인 '팔자술파이널블로'의 출간 소식이 찾아들었다. 그는 결국 명리학자였던 것이다. 2004년 '필살기'의 출간과 함께 저자 특강이 충남대학교에서 있었다. '파이널블'로의 공개 강연은 성균관대학교에서 예정되어 있었는데 당일 저자가 모습을 드러내지 않고 제자 중 한 사람이 나와 특강을 진행했다. 동호인들의 아쉬움이 큰 순간이었다. '파이널블로'의 서문에는 ' 이 책이 한국 명리학도들에게 주는 마지막 선물'이라는 글귀가 있다. 이 말은 곧 이 대표가 명리학계를 떠날 준비를 하는 인상을 주기에 충분했다. 그런데 이 해 후반에는 '파이널블로'의 출간과 맞물려 자평명리의 3대 고서를 모두 주해한 보서들이 쏟아져 나오기 시작했다. 그는 다소 침잠된 시기에 저술에 몰두했던 것이다. '애퓨'는 2005년 8월에 대문을 닫았다. 저자인 CEO가 쉽지 않은 상황을 맞이한 것이다. 그런데 강호의 명리학도들은 학문의 갈증을 해소하는 단비를 흠뻑 맞았다. 명리의 텍스트로 불리는

3대 고서의 주해는 누구나 가능한 게 아니다. 중국에서도 근세의 명리 대가 서락오徐樂吾만이 이룬 업적이다. 한국 명리학의 큰 발전을 가져온 계기이자, 우리 명리학사에 길이 남을 업적이 乙酉年에 세워졌다. 연말에 '경향신문'이 전면 기사로 저자의 인터뷰를 다뤘다.

[사람 속으로] 독창적 해석으로 주목받는 **명리학자 이수**씨
경향신문 사회 | 2005.12.18 (일) 오후 7:03

우리는 누구나 자신의 미래를 알고 싶어 한다. 일이 잘 풀리지 않을 때, 고통스러울 때 더욱 그렇다. 역술, 특히 사주명리(四柱命理)는 우리의 이런 갈증을 풀어주는 좋은 도구다. 4세기께 중국에서 시작된 사주명리가 오늘날까지 생명을 유지해 온 이유도 뛰어난 예측 기능에서 찾을 수 있다. 물론 국내에서는 '미신'으로 치부하는 이도 없지 않다. 그러나 최근 들어 사주명리를 학문의 차원으로 끌어올리려는 시도가 활발하게 이뤄지고 있다. 학문적 원칙을 확립하는 작업이다. 사주명리의 학문성은 이론적, 논리적 지식체계와 함께 예측의 적중률로 확인될 수밖에 없다. 이런 흐름의 중심에 이수(41)라는 젊은 사주명리학자가 있다. 현재 그는 운세 역학 포털사이트인 애스크퓨처닷컴(askfuture.com) 대표이사다.

이대표는 올 한 해 사주명리학의 '3대 텍스트'로 불리는 자평진전(子平眞詮), 적천수(滴天髓), 난강망(欄江網)의 주석서를 펴냈다. '자평진전 리뷰 Ⅰ,Ⅱ', '적천수적요 해설', '난강망 마스터리'(도서출판 장서원 발간)이다. 이들 저서는 단순한 해설서가 아니라, 독창적인 해석으로 3대 텍스트를 한 줄로 꿰고 있다는 평가를 받고 있다. 특히 이대표의 학문적 독창성은 지난해와 올해 펴낸 '팔자술 필살기'(데쓰블로)와 '팔자술 파이널블로'에서 확연히 드러난다. 그는 "이들 저서를 통해 현존하는 명리 이론세계를 뛰어넘는 선진이론과 기법을 선보였다"고 자신한다. 사주명리의 본토인 중국에도 앞선다는 것이다. 한자권에서도 그의 실력을 인정할 정도다. 대만의 권위 있는 역술서적 전문출판사인 '무릉출판유한공사'는 그의 첫 저서인 '적천수 써머리'를 중국어로 펴낸 데 이어 다른 저서도 발간키로 약속했다. 대만에는 마니아까지 생겼다. 우리나라 명리학자로서는 처음 있는 일이다. 이대표가 역학계에 입문한 것이 1999년이고 보면 놀랄만한 일이 아닐 수 없다................ 이하 생략 ....

2006년

매경 '창조적 인물 20인' 선정

2006년 한해는 이 대표의 소식을 접하기가 어려웠다. 대다수의 동호인들이 그가 미국에서 활동하고 있는 것으로 알았을 정도다. 하지만 이 해에도 그의 명리학 저술이 이어졌다. '난강망마스터리'는 2006년 3, 4, 5월에 걸쳐 3권이 출간됐다. 그리고 '머니투데이'를 통해 '매직다우'라는 매주 다우존스의 등락을 예측하는 이 대표의 칼럼이 계속 연재되었으므로 국내에서의 활동이 멈춘 게 아니었다. 이 칼럼은 2005년 연말부터 2007년 1월까지 장기간 연재됐다. 이 중 하나를 살펴보면 내용이 다음과 같은 식으로 그의 직접적인 예측 성향이 나타난다.

[매직다우]뉴욕 기상도는 '흐림'

이수애스크퓨쳐USA대표 | 12/18 10:38 | 조회 6668

지난 주 증시는 트리플위칭데이 당일 매수 차익잔고가 상당부분 이월되면서 급등, 주 후반에 탄력을 되찾았다.

다우지수와 상하이종합지수의 사상최고치 경신 등 해외 증시의 호조에 힘입어 주가가 나흘연속 상승, 연말랠리에 대한 기대를 부추겼다. 코스피지수는 지지난주말보다 31.44포인트 상승한 1421.87을 기록했고 코스닥지수도 3.90 오른 612.29로 마감됐다.

[매직다우] 12월 넷째 주

2006년 12월 넷째 주 매일자 주가 등락 예측 [전일대비 오름▲, 내림▼]

일자	太歲, 月建, 日辰	다우 지수	종합주가지수
2006년 12월 18일	丙戌년, 庚子월, 辛巳일	▼	▲
2006년 12월 19일	丙戌년, 庚子월, 壬午일	▼	▲
2006년 12월 20일	丙戌년, 庚子월, 癸未일	▼	▼
2006년 12월 21일	丙戌년, 庚子월, 甲申일	▲	▼
2006년 12월 22일	丙戌년, 庚子월, 乙酉일	▼	▼

트리플위칭데이를 무난히 넘긴데다 시장 자체의 불확실성 회복, 글로벌 시장의 투자심리가 개선 등으로 지난 5월 기록한 사상최고치 1464.70을 넘어설 것인가가 당면 관심사다. 이번 주는 주초의 강세가 예상되므로 일단은 긍정적인 흐름이 이어질 것으로 보이지만, 중반 이후에는 하락할 가능성이 높으므로 조심스러운 접근이 필요하다. 최근 시장동향을 보면 투자심리의 회복 기조가 익어가는 느낌이다.

▶ 동일 갑자 코스피지수

일자	月建, 日辰	동일 일진	종가	전일대비 등락
2006년12월18일	庚子, 辛巳	1996년12월10일	702.83	▲
2006년12월19일	庚子, 壬午	1996년12월11일	704.68	▲
2006년12월20일	庚子, 癸未	1996년12월12일	689.38	▼
2006년12월21일	庚子, 甲申	1996년12월13일	689.07	▼
2006년12월22일	庚子, 乙酉	1996년12월14일	687.34	▼

지난주 14일 다우지수가 1만2400선을 돌파하며 사상 최고치를 경신했다. 전날 종가보다 99.26포인트 오른 1만2416.76에 거래를 마감하며 지난달 17일 기록한 사상 최고치를 가뿐히 넘어섰다.

이날은 기업들의 실적 호재가 석유수출국기구의 추가 감산이라는 악재를 누르며 주요 주가지수가 일제히 상승했다. 그래서인지 지금은 뉴욕증시의 상승랠리가 연말까지 이어질 것으로 보는 투자자들이 많아졌다.

하지만 이번 주 뉴욕증시는 하락기조로 관측된다. 주초에 하락세로 돌아서면 목요일 甲申日을 제외하고는 반등할 가능성이 낮기 때문이다. 과거 뉴욕증시는 대개 지금과 같은 庚子月에 상승세를 보였지만, 辛巳日부터 이어지는 일진(日辰) 흐름에는 조정을 받기 일쑤였다. 따라서 이번 주 뉴욕증시의 기상도는 '흐림'이다.

▶ 다우지수 과거 동일 육갑일 등락 상황 [대상기간 1905년-1995년]

일자	등락률	太歲	月建	日辰
월요일. 庚子月 辛巳日				
1947-01-02	-0.46%	丙戌	庚子	辛巳
1936-12-25	0.00%	丙子	庚子	辛巳
1996-12-10	+0.14%	丙子	庚子	辛巳
1981-12-29	-0.24%	辛酉	庚子	辛巳
1961-12-14	-0.54%	辛丑	庚子	辛巳
1971-12-22	-0.39%	辛亥	庚子	辛巳
화요일. 庚子月 壬午日				
1947-01-03	+0.21%	丙戌	庚子	壬午
1996-12-11	-1.09%	丙子	庚子	壬午
1916-12-11	-1.73%	丙辰	庚子	壬午
1981-12-30	+0.56%	辛酉	庚子	壬午
1901-12-30	+0.03%	辛丑	庚子	壬午
1961-12-15	-0.21%	辛丑	庚子	壬午
1971-12-23	-0.42%	辛亥	庚子	壬午

2006년 3월, '매일경제신문'에는 우리나라에서 가장 창조적인 인물 20인을 선정한 기사가 나왔다. 이 대표가 우리 사회 일반 주류에서 어느 정도로 통하는지 잘 알 수 있는 내용이다. 그는 명리학자로는 거의 유래가 없을 만

큼 유명인사가 틀림없다. 하지만 필자가 보기에 그는 명리학자로 존재할 때 더욱 가치가 빛나고 지존의 자리에 오를 수 있다고 생각한다.

제1058호 10판 머니투데이 17

후 대세상승 내년부터 활황세

3월쯤 올랐다가 조정 거칠 것
연말쯤 IT경기·내수 회복 강세장
부동산 경기는 올해내내 침체 국면

상수역(象數易)에 근거하여 세계 경기와 한국 경제를 조망해 보면 본격적인 활황기는 2006년 병술(丙戌)년부터 시작될 것이다. 이같은 도약, 성장의 추세는 2009년 기축(己丑)년까지 고삐를 늦추지 않을 것 같다. 국내 10대 그룹의 재계 총수를 중심으로 유력한 기업인들의 사주 명식을 감정해 보면 십중팔구가 2006년부터 청신호를 보이고 있다.

2005년은 글로벌경기의 둔화로 수출증가세는 약화될 듯하고, 그동안 구조적인 요인에 의해 부진했던 내수는 하반기부터 회복세로 돌아설 전망이다. 따라서 2005년 상반기 증시는 일단 약세기조를 나타낼 것으로 점쳐진다.

한국 증시는 보통 선진국 경기선행지수에 4개월 정도 앞서가는 모습을 보여왔다. 이렇게 보면 일단 올 3월쯤 오름세로 전환했다가 다시 부진해지거나 조정을 보일 것으로 관측된다. 7월 이후 대세상승의 기운이 완연해질 것으로 보인다. 연말쯤에 이르러 정보기술(IT) 경기의 회복과 내수경기의 반등, 금리 하향 안정 등의 수급요인에 힘입어 1000포인트에 다가서는 강세장이 펼쳐질 가능성이 높다.

반면 부동산경기는 올 한해 침체국면에서 벗어나기 어려울 전망이다. 결론적으로 현 시점에서는 '2005년에 주식을 사고, 2009년에 파는 것'이 최선책이라 할 수 있다. 우량주 위주로 장기적인 투자안목을 견지한다면 기대 이상의 성과를 낼 수 있을 것으로 보인다.

올해부터 내년까지가 투자의 적기다. 2007년에는 일단 장에서 빠지는 것이 상책이다. 그리고 2008년에서 2009년 사이가 또 한번의 대박을 예고하는 중요한 시점이 된다. 2010년에는 매우 위험한 장이 펼쳐진다.

지난해 증시는 지속되는 내수위축과 체감경기 악화에도 불구하고 화학·철강·운수업종 등이 최고가를 경신하며 지속적인 상승세를 시현했다. 음식료업과 보험업 제약업 역시 탄탄한 상승세를 보이며 최고가 경신을 준비해왔다. 이들 업종의 주가는 올 상반기에도 여전히 세를 과시하는 패턴으로 진행할 전망이다. 따라서 상반기에는 경기방어주 위주로 투자하는 게 무난하다. 이렇게 소재산업과 자본재산업을 중심으로 한 지난해의 주가상승세가 올 하반기부터는 IT산업과 금융산업으로 불붙을 것으로 예측된다. 2006년에는 특히 기대할 만하다.

종합주가지수는 1989년 기사(己巳)년에 지수 1000을 돌파한 후 15년 넘게 1000 아래에서 박스권을 형성해 왔다. 현재 종합지수가 900선에 다가서 있고 이제는 '한몫이' 될 할 때가 오지 않았나 하는 성급한 기대가 드는 시점이다. 필자가 보기에 올해는 1000 고지를 돌파할 것이 분명해 보인다. 또한 15년간 정체된 증시가 본격적인 상승세를 탄다면 주가가 엄청나게 상승할 것이란 판단이 서기도 한다. 오랜 기간 침체된 증시가 본격적으로 대세상승 흐름을 타면 수년 내에 폭발적인 신장세를 기록한다는 점도 세계증시의 반복적인 과거 기록과 맞물리기 때문이다.

그러나 올해는 오행상 금(金)과 목(木)이 상극하는 해다. 그러므로 연말까지는 섣불리 '장밋빛 전망'을 내놓기가 저어되는 점이 있다. 다만 내년 장은 폭발적인 상승세가 예약돼 있다는 점은 확실하다. 그 때문에 심리적으로 지나치게 위축돼 있다면 돈벌 절호의 기회를 놓칠지도 모른다. 새해에는 다부지게 돈을 벌고 부자가 될 꿈을 꿔볼 일이다.

이수 에스크뤼치모임 대표

이수 대표(40)는 시중은행 출신으로 99년 역학계에 데뷔, 역리학을 활용한 증시 분석가로 활동중.

창조적 인물이 한국 이끈다(2006년 03월 08일 17:19:02)

99% 노력과 1% 영감으로 이뤄진다"고 한 말은 이를 뒷받침한다. CLC 포럼은 미국과 일본 현지 취재에서 창조 전문가 조언과 연구성과를 참고한 결과 만들어졌다. 창조적인 인물들의 생각과 행동에 노출시키는 빈도를 높이면 창조성이 풍부한 인재로 업그레이드된다는 생각이 바탕에 깔려 있다. [전호림 기자] ...

◆매경 기획 국내 첫 '창조포럼'◆

인류문명을 발전시켜온 것은 창조 의지와 그 결과물이었다.

스티븐슨의 증기기관, 에디슨의 전화기, 영국에서 싹튼 보험산업, 이순신이 만든 거북선은 하나같이 현실을 타개하려는 창조 의지가 만들어낸 산물이다. 창조적인 사람이라고 지목받는 사람들은 우리 주변에 많다. 하지만 객관적으로 창조성이 증명된 인재를 찾기란 쉽지 않다. 이런 인재들 생각과 발상을 곁에서 직접 듣고 체험하기란 더 더욱 어렵다.

이번에 출범한 CLC 포럼은 이 땅에 사는 사람이라면 누구라도 고개를 끄덕일 만큼 창조적인 인사들을 초청해 그들과 함께 창조성을 경험하고 나누는 프로그램이다. 우리나라는 지금이야말로 시대의 새로운 문을 열어젖힐 창조성이 절실한 시점이다. 광복 후 이렇다 할 기술과 산업기반이 없는 처지에서 우리는 미국 유럽 일본 꽁무니만 보고 따라왔다. 그들 제품을 베끼고, 생각을 흉내 내면서 그들과 비슷해지기만 해도 성공이라는 생각으로 살아왔다. 지금까지는 선진국이 닦아놓은 길을 가기만 하면 됐다는 얘기다. 그러나 디지털 기술을 기반으로 산업 패턴이 바뀌고 교육투자에 대한 성과가 나타나면서 우리나라는 2000년 언저리부터 몇몇 산업분야에서 세계 정상에 우뚝 서는 쾌거를 일궈냈다. 맨 앞줄에 서게 된 이상 스스로 새로운 길을 만들어 내면서 나가야 한다. 더욱이 정상에서 만세를 부를 새도 없이 우리는 쫓기는 신세가 됐다. 거침없이 추격하고 있는 중국과 대반격에 나선 선진국, 이들 추격 세력의 거센 도전에 직면해 더 빨리 내달려야 하는 레이스가 시작된 것이다. 비록 몇몇 분야에서 세계 프런티어 라인에 서 있다고는 해도 우리는 아직 많은 분야에서 선진국에 뒤져 있는 것 또한 현실이다. 시장은 갈수록 1등이 독식하는 구조로 바뀌어가고 있다. 뒤처진 분야를 서둘러 따라잡기 위한 처방도 창조성에 있다. 이 같은 국가적 도전에 직면한 매일경제는 지난해 3월 국민보고대회에서 창조혁명을 이뤄내자고 주창했다. 같은 해 10월 세계지식포럼에서도 기업과 개인 창조성을 높여 국가경쟁력을 높이자고 제안했다. 새해 벽두 스위스에서 열린 다보스포럼도 '창조성'을 주제로 삼았다. "새로운 도전에 따른 응전을 위해 개개인 안에 내재돼 있는 창조성을 끄집어내야 한다"고 강조 한 것. 21세기는 근익빈(勤益貧) 창익부(創益富) 시대라고 한다. 진짜 부자가 되기 위해서는 부지런하게 일만 해서는 안 되고 창조적이어야 한다는 것이다. 다카하시 마코토 일본창조협회장은 "창조력도 연마가 필요하다"고 했다. 무술 달인, 피아노 명인처럼 끊임없는 수련 과정에 어느 순간 번쩍하고 창조성이 터져 나온다는 것이다. 에디슨이 "창조는 99% 노력과 1% 영감으로 이뤄진다"고 한 말은 이를 뒷받침한다. CLC 포럼은 미국과 일본 현지 취재에서 창조 전문가 조언과 연구 성과를 참고한 결과 만들어졌다. 창조적인 인물들의 생각과 행동에 노출시키는 빈도를 높이면 창조성이 풍부한 인재로 업그레이드된다는 생각이 바탕에 깔려 있다.

◆창조 리더 연사로 대거 참여◆

창조성 프런티어 역을 하는 연사는 이름만 들어도 알 수 있는 우리 사회 인재들이다. 박현주 미래에셋 회장, 박병엽 팬택계열 부회장처럼 당대에 거대 기업을 일궈 낸 기업가가 있는가 하면 고려대를 환골탈태시킨 어윤대 총장, 금호아시아나 사내 제안왕 윤생진 상무, 싸이월드 개발 주역인 유현오 SK커뮤니케이션즈 사장, 사업 아이디어가 무궁무진한 윤석금 웅진씽크빅 회장 등.

첫 회 강연은 이화여대 국문과를 졸업하고 광고회사 카피라이터로 일하다 현재 프리랜서로 일하고 있는 최윤희씨가 맡는다. 그는 DJ정부 시절 외부강사를 절대 초청 하지 않는 청와대 외교안보수석 비서실에 초청돼 강의를 했을 정도로 강의에 파괴력이 있다.

홍익대 미대를 나온 강우현 남이섬 대표는 한류 열풍 주역 '겨울연가' 촬영지 남이섬을 문화콘텐츠로 탈바꿈시켰다. 김영세 이노디자인 사장은 빌 게이츠가 디지털라이프 시대를 열어 젖혔다고 칭송한 '아이리버 H10'을 디자인했다. 김경섭 한국리더십센터 사장은 미국에서 '창조적 리더십'을 연구하고 온 이 방면 대가다.

이수 에스크퓨처닷컴 대표는 유명 인사 선거 당락을 적중했고 미국 다우지수와 한국 증시 지수를 맞혀 일약 유명해진 한국 역학계 대표주자다.

이성용 베인&컴퍼니 대표는 하버드대에서 MBA를 딴 뒤 미국 국방부에서 일한 경험이 있는 기업혁신·변화관리·리더십 설계 전문가다.

조현정 대표는 대학 3학년 때 비트컴퓨터를 창업했을 정도로 사업 아이디어가 뛰어 났고 기술 또한 남달랐다. 이 회사가 만든 기술 대부분은 한국 최초라는 수식어가 붙을 만큼 창조적인 제품이다.

창조적 인물이 한국 이끈다

창조 리더 연사로 대거 참여

윤홍근 제너시스 회장은 토종 브랜드 BBQ를 맥도널드를 위협하는 프랜차이즈로 키우고 있다.

천호균 사장은 '쌈지'라는 우리말 브랜드를 개발하고 '핸드백을 입는다 '는 파격적인 발상으로 신개념 패션 아이템을 잇따라 선보이고 있다.

박성훈 벅스 뮤직 사장은 '온라인 음악'이라는 새로운 문화영역을 창조해 냈다.

지승룡 대표는 차를 마시면서 책을 읽고 세미나도 하고 영화도 보는 문화공간 '민들레영토'를 국내에서 처음으로 만들어냈다.

김홍국 하림 회장은 닭고기 생산과 유통을 수직계열화해 농축산업을 산업영역으로 끌어올렸다.

이영춘 장생도라지 사장은 수확량과 효능이 뛰어난 도라지 재배기술을 개발했다.

윤순봉 삼성경제연구소 부사장은 디지털 세상을 남다른 눈으로 보는 디지털 전도사 이고, 전성철 IMG 세계경영연구원 이사장은 유연한 발상의 소유자다.

■ 포럼 운영 어떻게= 매일경제가 'Creative Leaders Club' 포럼을 기획한 것은 지난해부터 수차례에 걸쳐 창조성에 대한 중요성을 주창한데서 한 발 더 나아가 우리 사회에 직접 창조성을 전파하는 프런티어 역을 맡기로 한데 따른 것이다. 포럼은 월 2회, 연 20회(여름 휴가철 2회, 연말연시 2회 휴강) 열린다. 각계에서 창조성이 풍부한 인사들만을 초청해 강연을 듣는 형식은 국내는 물론 일본에서도 처음이다. 포럼은 오전 7시부터 1시간 50분 동안 진행된다. 조찬에 이어 7시 30분부터 60분 동안 연사 강연이 있고 이어 지식경영과 창조성을 연구한 이홍 광운대 교수가 강의 요약, 응용과 시사점, 질의응답 순으로 마무리한다. 포럼에 참석하려면 CLC 연회원으로 가입해야 한다. 회원 자격은 창조성이 번쩍이는 이들 연사 강연을 듣고 소화해 조직 내에 전파함으로써 파급효과를 가져올 수 있는 사람들이다. [전호림 기자]

2006년 한해에도 이 대표는 나름 왕성한 활동을 했다. 그럼에도 불구하고 그의 활동이 동호인들에게는 위축된 것 같이 여겨진 바는 '애퓨'가 가동되지 않았기 때문이다. 그만큼 '애퓨'의 영향력이 컸다는 얘기다. 이때부터 포털 사이트의 '블로그'와 '카페'를 통해 '이수명리학'을 표방하는 동호인 환경이 급증하기 시작했다. 역학계에서는 이미 그가 살아있는 신화와 같은 존재가 된 것이다.

2007년에는 의외의 뉴스가 터졌다. 전년 말에 이 대표가 특공대 예비역 중앙회장에 취임했다는 사실과 2월에 창립대회를 갖는다는 것이었다, 이로써 동호인들은 그가 명리학계를 완전히 떠난 것으로 보게 됐다. '이수'가 아닌 본명 '이지승'이란 이름과 함께.

특공대 전우회 초대회장 이지승씨

경향신문 사회 | 2007.02.02 (금) 오후 6:45

대한민국 특공대 전우회가 2일 서울 향군회관에서 창립대회를 갖고 공식 출범했다. 대한민국 특공대는 침투·폭파·첩보수집 및 대테러 진압 등 특수임무를 수행하는... 참여했다. 특공전우회 이지승 회장은 "20만 명의 전우가...

2007년 늦가을에는 명리학계로 이 대표의 컴백 소식이 들려왔다. 명리학자로서의 완벽한 복귀가 아니라, 6개월이라는 한정된 기간에 한해 새로운 학술의 발표와 교육 활동을 한다는 소식이었다. 단국대학교 천안캠퍼스 국제회의장에서 동호인들은 그의 모습을 실로 오랜만에 만나볼 수 있었다. 필자도 예외가 아니었다. 그는 2007년 말부터 올해 상반기에 이르는 기간 동안에 11회부터 15회까지의 5기 문하를 양성 배출했다. 특히 그가 처음으로 부산에 직접 와서 강의하며 지역의 문제자들을 양성하기도 했다. 필자가 속한 부산해운대포럼이 바로 그것이다. 포럼에서는 자체적인 학습 연구의 결과물인 '명리물상실전57초'란 책도 발간했다. 단기간에 이토록 치열한 학습을 전개하리라 예상한 제자들은 하나도 없었다.

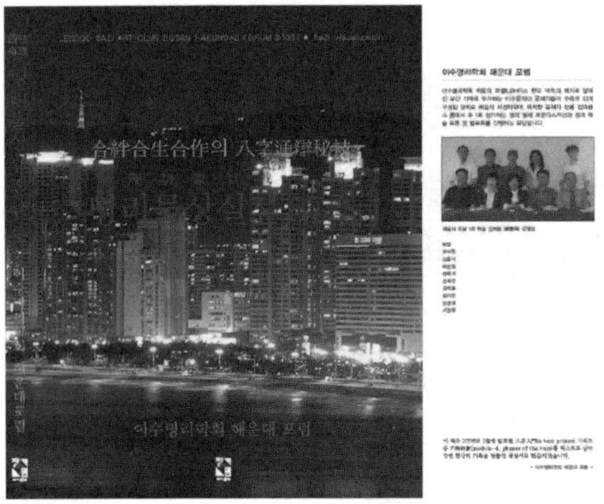

이 대표는 올 한 해에도 팔자입문 시리즈 6권과 팔자허자론(八字虛字論), 명리물상첨단기(命理物象尖端技) 등의 첨단기법에 이르는 수종의 명리서를 펴냈다. 그뿐만이 아니다. 최근에는 문제자들의 저술도 연이어 발표되면서 향후 문파 자체로만 100종에 달하는 명서를 출간하고 보유할 예정이라고 한다. 이수문파의 2대 장문인이자, '이수명리학회'의 학회장인 흔조 전경백(60)씨는 "오늘날 세계에서 한국이 가장 앞서는 게 반도체만이 아니라, 진짜는 사주명리학이다"라며 학파 일원의 자부를 드러냈다. 최근 6개월간에 이 대표가 이룬 성과는 범인들은 상상하기 어려울 정도다. 그가 학회를 세우고, 새로운 문파 문하를 만들어나가는 배경과 이유가 무엇인지 필자는 정확히 모른다. 하지만 그가 과거에 보인 행태와 같은, 혹은 호구지계 삼아 명리학자로 복귀한 것은 아닐 게 틀림없다. '이수'라는 브랜드는 예나 지금이나 그러한 수준에서 머문 적이 없기 때문이다. 한마디로 명리학에 대한 애정과 인연을 끊을 수 없는 것이다.

필자가 원고를 다듬는 이 시간에 '동아일보'에 게재된 이 대표의 글을 오래간만에 보게 됐다. 그런데 의외로 풍수 칼럼이다. 또 명함이 바뀌었다. 종교재단인 세계불교법왕청평화재단의 법왕청 불교 신문과 영문 외교저널의 총괄 회장이 최근의 직함이 됐다. 이미 명리학 콘텐츠가 대폭 보강된 60호 신문이 발행됐다. 향후의 행로에 명리학과 인연이 끊어지는 일은 당분간 없을 것 같다. 무엇보다 곧 재단에서 설립될 대학교의 명리학 커리큘럼을 완성시킨 게 그 근거다. 그렇다고 해서 명리학자로만 활동할 일도 없을 것이다. 팔자가 그것을 말한다. 올해는 이수명리학의 2기가 시작되는 분기로 볼 수 있다. 그동안 상상할 수 없었던 학파의 규모와 새로운 문화의 바람이 일 것이 분명하다. 어쨌거나 명리를 축으로 한 동양 역학의 수퍼콘텐츠를 만들어내는 대역사의 결과를 보게 될 것이라 믿는다. 그게 오래 걸릴 것 같지는 않다. 그가 갈 궁극적인 세계와 사명에 대해서는 언급하지 않는 게 좋겠다. 이제는 필자에게도 그분은 범할 수 없는 자리에 계신 스승이기 때문이다.

맺음말

필자의 직업은 기자다. 기자는 팩트(fact)를 다루는 직업이다. 사건이 되는 현상을 놓고 거기에 의미를 부여하는 게 주된 임무라고 할 수 있다. 이렇다 보니 본능적으로 픽션(fiction)을 혐오한다. 현실성이 없는 것에는 추호도 관심이 없는 것도 아마 기자가 낳은 '직업병' 때문이리라. 미래를 내다본다는 운명학 따위는 그래서 아예 거들떠보지도 않았다.

'이수'라는 필명을 처음 접한 때는 1999년 겨울이었던 것으로 기억된다. 인터넷조차 생소했던 그때 PC통신 하이텔 '역학동'을 통해 이뤄졌던 첫 만남은 10년이 지난 지금도 어제 일처럼 생생하다. 당시에 이수는 한마디로 신화였다. 필명 李修가 떴다 하면 PC통신 조회 수가 껑충 뛰는 건 말할 것도 없는 일. 인터넷이란 용어조차 낯설 당시에도 일평균 조회 수가 2,000여건을 훌쩍 넘었다. 10년이 지난 지금 인터넷 실시간 조회 수로 환산한다면 100배 정도인 20만 건 수준이라고 할 수 있을 만한 폭발적인 인기라고 할 수 있겠다.

처음 오프라인을 통해 만남을 가졌을 때, "기자직이 천직이네. 익수, 넌 2000년 봄 안에 직장 옮길 거야"라는 말을 들었다. 이후 예언대로 거짓말 같이 2000년 4월 직장을 옮겼다. 운명학이 필자에게 픽션이 아닌 '팩트'가 돼 버린 것은 그 해 부터다. 사실 당시 이수 선생의 추명은 혁명적이었다. 투명하면서 날카롭고 가감이 없으면서 또한 직설적이다. '쩐의 전쟁'이란 드라마에 증권시장 '3초의 승부사'로 원형지정이란 인물이 소개된 적이 있다. 원형지정은 술사가 아니다. 그는 데이트레이더다. 그의 트레이딩은 정확히 3초안에 결정이 난다. 증권 시장 종목 선정에 단 1초. 트레이딩에 또 1초. 그리고 복기에 1초가 걸린다.

선생이 그랬다. 그의 추명엔 거침이 없다. 만세력 보고 사주 뽑는데 1초. 간명에 1초. 그리고 풀이에 들어가는 데 1초의 뜸 밖에 들이지 않는다. 이만해도 대단한 데 그는 한술 더 뜬다. 원하는 것까지 콕콕 짚어내 준다.선생이 본격적인 행보를 시작한 것은 이듬해인 2000년 중순경에 애스크퓨처닷컴(www.askfuture.com)이라는 사이트를 열면서부터다. 이 사이트는 그의 성향을 쏙 빼 닮았다고 할 수 있다. 소위 비급으로 묶여 은밀하게 고가로 팔려나가던 명학의 지식체계를 스스로 재가공해 무료로 무한 방출했고 불가능에 가깝다던 주가 등락을 순환론에 기반을 둔 간지의 해석을 통해 정확히 짚어내기까지 했다. 더욱 놀라운 것은 그가 만들어낸 현대적 명학의 지식체계다. 저술만 해도 '적천수 써머리(동학사. 2001년)' 이후 '주가등락 알 수 있다(애퓨북스. 2001년)', '팔자술 필살기(장서원. 2004년)' 등 대표 서적들을 포함해 40권이 넘는다. 2001년부터 본격적인 저술활동을 시작했으니 단 8년 새 연간 무려 5권씩 새로운 책들을 만들어 냈다는 얘기가 된다. 연간 5권이면 2달 정도마다 한 권 꼴이다. 상상을 초월하는 집필능력이라 하지 않을 수 없다. 방대한 저술을 두루 관통하는 핵심은 실제의 적중률이다.

아무리 훌륭한 이론도 맞지 않으면 쓸모가 없는 법. 선생은 저술 활동 중에도 다양한 일(?)을 벌여 나를 놀라게 했다. '오프 더 레코드'를 깨버리고 살짝 한 가지를 공개한다면 한 대기업 총수의 운명을 컨설팅한 일도 있다. 재계 20위권 내에 드는 이 기업 컨설팅을 통해 그가 받은 보수는 대기업 CEO의 1년 연봉. 정확한 예측이 없었다면 상상조차 할 수 없는 액수다. 또 있다. 2002년 프로농구에서 첫 정규리그 우승까지 했던 동양 오리온스 팀의 운명 컨설팅이다. 당시 나는 신문에도 이 기사를 다룬 적이 있다. 선생이 매일 선수들 개개인의 사주를 넘겨받아 엔트리까지 짜는 모험적인(?) 실험에 나선 것. 일진과 세운을 점검해 운기가 좋은 선수들을 내 보낸 게 적중했는지 그해 동양은 정규리그 첫 우승이라는 위업을 만들어 낸다. 선생은 늘 이런 식이다. 남들이 '어, 어…'거리며 주춤할 때 선생은 이미 움직이고 있다. 불쑥 불쑥 저지른 일은 늘 남을 놀라게 한다.

선생은 필자에게 스승이기 전에 형과 같은 존재다. 형과 아우의 관계로 먼저 알고 지냈다. 늘 그를 형이라 불렀고 지금도 형으로 따른다. 막상 형이라 불러도 난 아직 형을 잘 모른다. 여느 땐 고전의 '평주'로 끝나는 그의 저술처럼 엄숙하고 근엄하면서 무게 있게 보이다가도, 어떤 때는 한없이 가벼운 캐릭터인 '팽도인'이나 '야부리'와 같이 해학과 기지가 넘치는 익살스러움을 가득 담고 있다. 어떤 때는 세상을 손에 쥔 선지자의 넘치는 자신감과 카리스마를 내뿜다가도 어떤 때는 세상 무너진 듯 코빼기조차 안 비칠 때도 있다.

한 가지는 분명하다. 보이는 이수가 변화무쌍한 것처럼 보이지 않는 이수 또한 분명 진화를 위한 진통을 겪고 있다는 것이다. 이 책은 진화하는 이수의 명학체계를 한 눈에 볼 수 있게 구성한 안내서 정도로 보면 된다. 한동안 격조했던 형이 갑자기 출간회를 한다며 연락이 왔다. 그 자리에서 턱 하니 "책 한권 쓰라"며 숙제를 던져 준 것이다. 물론 1년 사이에 형이 확 달라진 것은 말할 것도 없다. 명리 신법에 고법을 결합해 창안한 여덟 글자의 '팔자'가 아닌 다섯 글자로 구성된 '오자술'이라는 새로운 간명술을 들고 나왔다. 오자술에는 만세력도 필요 없다. 간단히 손바닥으로 12지를 짚은 뒤 해석의 바탕이 되는 다섯 글자를 뽑아내는 데 1초. 그리고 해석까지 1초가 걸린다. 3초의 승부사가 아니라 이제 '2초의 승부사'로 업그레이드 된 것이다. 난해한 자평명리의 문턱을 낮추고 누구나 접근이 가능토록 만들었다. 향후의 행보에 짚이는 바가 있다.

가만 돌이켜보니 이수명리의 진화 속도는 너무 빨랐다는 생각이 든다. 수천 년의 명리 역사에 현재와 같이 선명한 학문적 원칙이 세워진 적이 없었다. 그것도 불과 10년이 채 안 되는 기간 내에 이뤄졌다. 학습을 통한 지식의 습득은 지성으로 가능하지만, 상상의 영역과 선진 이론체계의 수립은 천재의 몫이다. 선생이 이미 세계적 명리학지의 반열에 오른 지도 수년이 지났다. 2003년에 대만의 무릉출판사에서 출간한 '적천수적요'는 역학 본토인 중국에서 저자로 이름을 올린 한국인 최초의, 외국인으로서는 아부태산 이래 두 번째의 사건이었다. 현재는 이수명리가 너무 많이 앞서 나갔다. 팔자학의 전통 강국인 한중일은 물론이고, 세계의 술가들이 이수명리를 배워야 할 시점에 이른 것이다.

이제 21세기 동양 운명학술의 개변이 한국에서 오자술로 탄생하는 초입에서 팔자명리의 현란했던 이수명리를 한번 간추려보는 것도 나름 의미가 있을 것 같다. 이 책은 필자가 엮긴 했지만 대부분 내용은 이수 선생의 저술에서 정리한 내용을 요약한 형식이기에 이수학파의 지식 체계를 이해하는데 도움이 되리라 믿어 의심치 않는다. 주마간산해도 내용이 방대하고 다채로워 적지 않은 시간이 들었다. 명학 지식이나 간명 체계가 아직 걸음마 수준인 필자가 감당하기엔 벅찬 일이나 이 책이 나오기까지 물심양면 배려를 아끼지 않으신 여러분들에게 진심으로 감사의 마음을 전한다.

2009년 1월 6일

신익수

이수명리학습체계도

1. 팔자학에 처음 입문하는 자는 '팔자입문' 시리즈의 1권인 '干支八字, The Sexagenary Cycle'를 읽는 것이 가장 좋습니다.

- 이수명리학습 초학 과정

1단계	2단계	3단계
간지팔자	육십갑자인간학	팔자래정

2. 취미 삼아 팔자학을 1년 이상 학습한 사람이라면 '적천수써머리'를 읽는 것이 좋습니다.

- 동호인 학습 과정

1단계	2단계	3단계
적천수써머리	적천수적요해설	이수십간론대돌파

3. 명리학 고전을 1권 이상 독파한 학습자는 '자평진전리뷰'부터 학습을 시작하는 것이 좋습니다.

- 명리학자 학습 과정

1단계	2단계	3단계
자평진전리뷰	난강망마스터리	적천수스펙트럼

4. 이수명리학에 눈을 떴다고 판단되면 다음과 같은 학습 과정을 거쳐야 합니다.

1단계	2단계	3단계	4단계
팔자술필살기	팔자술파이널블로	공망비약	공망비약십팔기

5. 명리학 전체를 조망하는 수준에 이르렀다면 기본으로 다시 돌아가는 수순을 밟아야합니다.

1단계	2단계	3단계
팔자입문6종	오행간지총론	신살괄요

6. 학술을 온전히 겸비한 명리 마스터의 경지로 들어서려면 고급 과정을 거쳐야 합니다.

- 이수명리고급과정

1단계-물상론	2단계-허자론	3단계-합충론
명리물상실전57초	팔자허자론	형충회합
포태진기	이수팔자허자론강해	형충회합정해
		팔자명리육신대돌파

7. 이수명리고급과정을 학습하면 이수명리학회총서 어느 하나도 빠뜨릴 수 없다는 점을 자연스레 인식하게 됩니다.

1단계	2단계	3단계
적천수적요해설	포태진기	명리36금수

8. 학습이 거의 완성된 단계에서 정점의 실력을 지속적으로 유지하려면 부단한 반복 독서가 이루어져야 합니다.

이중 '명리36금수'는 초학자가 읽어도 무리가 없습니다. 또한 팔자술 절정의 고수들이 학습하는 교재이기도 합니다. 결국 명리의 시종이 곧 하나로 통하는 이치를 깨닫게 됩니다.

李修命理學叢書

- 八字術 必殺技(A Deathblow) 이 수 | 장서원 | 2004.06.01 | 366p
- 子平眞詮 리뷰 I·II 이 수 | 장서원 | 2005.04.20 | 244p
  이 수 | 장서원 | 2005.07.13 | 378p
- 八字術 파이널블로(Finalblow) 이 수 | 장서원 | 2005.09.12 | 294p
- 欄江網 마스터리 I·II·III 이 수 | 장서원 | 2006.03.30 | 330p
  이 수 | 장서원 | 2006.04.30 | 337p
  이 수 | 장서원 | 2006.05.18 | 385p
- 滴天髓摘要 해설 이 수 | 장서원 | 2006.03.15 | 492p
- 滴天髓 스펙트럼 I·II 이 수 | 장서원 | 2006.04.12 | 241p
  이 수 | 장서원 | 2006.04.30 | 443p
- 八字入門 I·II·III·IV·V·VI
  Module 1, 干支八字, The Sexagenary Cycle
  이 수 | 2007-11-30 | 154쪽 | 223*152mm
  Module 2, 五行十星, The Five Elements
  이 수 | 2007-12-14 | 202쪽 | 223*152mm
  Module 3, 生旺死絶, The rise and fall
  이 수 | 2008-01-12 | 185쪽 | 223*152mm
  Module 4, 六神物象, Phases of the BaZi
  이 수 | 2007-12-04 | 98쪽 | 223*152mm
  Module 5, 空亡秘鑰, Touching the Void
  이 수 | 2007-11-30 | 154쪽 | 223*152mm
  Module 6, 刑沖會合, The Kaleidoscope of Life
  이 수 | 2008-01-22 | 110쪽 | 223*152mm
- 八字虛字論 이 수 | 2008-03-20 | 244쪽 | 223*152mm
- 命理36禽獸 上 이 수 | 2008-07-02 | 107쪽 | 223*152mm

- ❑ 스피디 萬歲曆 최이린 | 2005-04-15 | 555쪽 | 257*188mm
- ❑ 六十甲子人間學(Sexagenary Humanics)
  최이린 | 2008-01-15 | 318쪽 | 223*152mm
- ❑ 八字來情 송은경 | 2008-02-28 | 164쪽 | 223*152mm
- ❑ 胞胎珍技 최이린 | 2008-05-07 | 196쪽 | 223*152mm
- ❑ 命理物象實戰57招
  이수명리학회 해운대포럼 | 2008-05-27 | 111쪽 | 257*188mm
- ❑ 五行干支叢論 전경백 | 2008-06-12 | 224쪽 | 223*152mm
- ❑ 窮通寶鑑一讀 우석현 | 2008-06-12 | 300쪽 | 223*152mm
- ❑ 李修八字虛字論講解 권오인 | 2008-06-20 | 192쪽 | 257*188mm
- ❑ 刑沖會合精解 박 염 | 2008-06-20 | 125쪽 | 223*152mm
- ❑ 神煞括要 I 천세진·김경록 | 2008-07-02 | 142쪽 | 223*152mm
- ❑ 空亡秘鑰十八技
  신윤석·서금석 | 2008-07-12 | 174쪽 | 223*152mm
- ❑ 命理36禽獸 下
  전경백·방영애 | 2008-0 -0 | 쪽 | 223*152mm

지은이 소개

신익수

91년 고려대학교 한국사학과 입학

97년 고려대학교 한국사학과 졸업

98년 3월 한국금융신문 입사

2000년 4월 매일경제신문 입사 ~ 현재까지(산업부. 스포츠레저부. 현재는 골프와 리조트 전담)

지은이 신익수는 매일경제신문 스포츠레저부 골프 전문기자로 활동하고 있다. 고려대학교 한국사학과를 졸업했으며 2000년 매일경제신문사에 입사해 산업부 스포츠레저부를 거쳤다. 현재는 리조트와 함께 골프 분야의 전문 기자로 필드를 누비고 있다.

한권으로 읽는 李修命理學

첫판 1쇄 2009년 3월 9일

지은이 신익수

펴낸이 장석홍

펴낸곳 도서출판 장서원

140-160 서울 용산구 남영동 7-1(201호)

전화 703-5362 팩스 797-5362

등록 제 03-01213호

shjang1011@ hanmail.net

정가 40000원

장서원
도서출판
대한민국 대표 역학서적 출판사
'장서원' 은 출판 100년 후를 생각합니다
사주명리학을 제대로 공부하는 사람들이 읽는 책, 이수명리학회총서
강호 명리학도들이 열광한
2008 이수 八字術必殺技
The Five Elements
Phases of the BaZi
Touching the VOID
The Kaleidoscope of life
命理36禽獸
Sexagenary Humanics
THE INVISIVLE
吉星
도서출판·장서원 [등록제03-C1213호] 140-160 서울시 용산구 남영동 7-1(201호) 전화 02) 703-5362 팩스 02) 797-5362